Lambacher Schweizer 9

Mathematik für Gymnasien

Hessen

Serviceband

bearbeitet von

Christina Drüke-Noe
Edmund Herd
Andreas König
Andrea Stühler

Ernst Klett Verlag
Stuttgart • Leipzig

Begleitmaterial:
Zu diesem Buch gibt es eine Service-CD (ISBN 978-3-12-734394-6).
Das Lösungsheft (ISBN 978-3-12-734793-7) beinhaltet den Lösungsteil dieses Servicebandes.

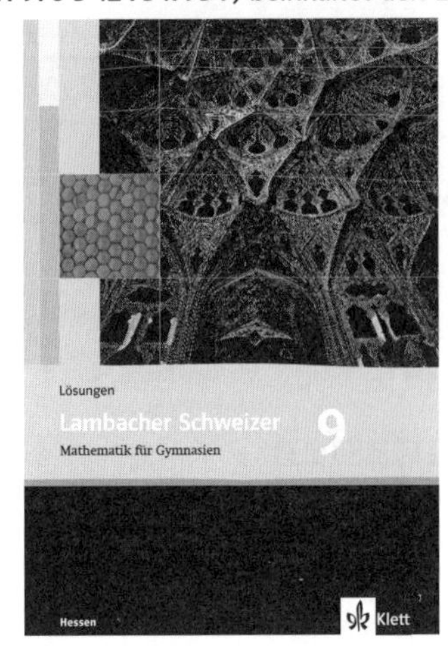

Bildquellen: S 63.1: MEV Verlag GmbH, Augsburg – **S 65.1:** Fotolia LLC (Melanie Todd), New York – **S 65.2:** Klett-Archiv (Heike Tomaschek), Stuttgart – **S 65.3:** Transit Archiv Fotoagentur (Thomas Haertrich), Leipzig – **S 65.4:** Picture-Alliance (Kalaene), Frankfurt – **S 65.5:** AKG, Berlin – **S 66.1:** MEV Verlag GmbH, Augsburg – **S 66.2:** shutterstock (Vova Pomortzeff), New York, NY – **S 66.3:** Klett-Archiv (Heike Tomaschek), Stuttgart – **S 66.4:** Klett-Archiv (Heike Tomaschek), Stuttgart – **S 67.1:** Picture-Alliance (akg-images), Frankfurt – **S 67.2:** Corbis (Angelo Hornak), Düsseldorf – **S 67.3:** Fotolia LLC (Helmut Niklas), New York – **S 67.4:** B&U International Picture Service, Diemen – **S 68.1:** Klett-Archiv (Heike Tomaschek), Stuttgart – **S 68.2:** Klett-Archiv (Heike Tomaschek), Stuttgart – **S 68.3:** Klett-Archiv (Heike Tomaschek), Stuttgart – **S 69.1:** Klett-Archiv (Heike Tomaschek), Stuttgart – **S 69.2:** Klett-Archiv (Heike Tomaschek), Stuttgart – **S 69.3:** Klett-Archiv (Heike Tomaschek), Stuttgart **S 69.4:** Klett-Archiv (Heike Tomaschek), Stuttgart – **S 70.3:** Klett-Archiv (Heike Tomaschek), Stuttgart – **S 70.4:** Klett-Archiv (Heike Tomaschek), Stuttgart – **S 70.5:** Klett-Archiv (Heike Tomaschek), Stuttgart – **S 71.1:** Artothek (Joseph S. Martin), Weilheim

Nicht in allen Fällen war es uns möglich, den Rechteinhaber ausfindig zu machen. Berechtige Ansprüche werden selbstverständlich im Rahmen der üblichen Vereinbarungen abgegolten.

1. Auflage 1 5 4 3 2 1 | 2013 12 11 10 09

Alle Drucke dieser Auflage sind unverändert und können im Unterricht nebeneinander verwendet werden.
Die letzte Zahl bezeichnet das Jahr des Druckes.

Autorinnen und Autoren: Manfred Baum, Martin Bellstedt, Dr. Dieter Brandt, Heidi Buck, Detlef Dornieden, Christina Drüke-Noe, Prof. Rolf Dürr, Hans Freudigmann, Jürgen Frink, Dieter Greulich, Prof. Dr. Heiko Harboth, Dr. Frieder Haug, Edmund Herd, Torsten Jürgensen-Engl, Dr. Michael Kölle, Andreas König, Rolf Reimer, Reinhard Schmitt-Hartmann, Giesela Schneider, Ulrich Schönbach, Reinhold Schrage, Andreas Stühler, Dr. Heike Tomaschek, Dr. Peter Zimmermann
Redaktion: Andreas Marte, Nadine Meitner

Illustrationen: Rudolf Hungreder, Leinfelden-Echterdingen; imprint, Zusmarshausen; media office gmbh, Kornwestheim; Dorothee Wolters, Köln
Bildkonzept Umschlag: Soldankommunikation, Stuttgart
Umschlagfotografie: Getty Images, Digital Vision; Corbis (Diego Lezama Orezzoli), Düsseldorf
Reproduktion: Meyle + Müller GmbH + Co. KG, Pforzheim

Satz: imprint, Zusmarshausen
Druck: Medienhaus Plump, Rheinbreitbach

Printed in Germany
ISBN: 978-3-12-734792-0

Inhaltsverzeichnis

(Die Seiten-Nummerierung entspricht den drei Teilen des Servicebands: K (Kommentare), S (Serviceblätter), L (Lösungen zum Schülerbuch).)

1. Kommentare: Erläuterungen und Hinweise zum Schülerbuch

2. Serviceblätter: Materialien für den Unterricht

3. Lösungen zum Schülerbuch

Der Serviceband als Teil des Fachwerks

Aufgrund der vielfältigen Anforderungen an den modernen Mathematikunterricht erschien es notwendig und sinnvoll, die Lehrerinnen und Lehrer zukünftig durch passende Lehrmaterialien noch mehr zu unterstützen. Das für den neuen Lehrplan entwickelte Schülerbuch des Lambacher Schweizer wurde deshalb durch weitere Materialien ergänzt. Es gibt nun neben dem **Schülerbuch** einen **Serviceband**, eine **Service-CD** und ein **Lösungsheft**. Alle Materialien sind aufeinander abgestimmt und bilden somit ein Gesamtgebäude an Materialien für das Schulfach Mathematik, das **Fachwerk des Lambacher Schweizer**.

Dem **Schülerbuch** kommt dabei nach wie vor die zentrale Rolle zu. Es ist die tragende Säule, die auch ohne Begleitmaterial den Unterricht vollständig bedient. Das Lösungsheft enthält wie gehabt alle Lösungen zum Schülerbuch und kann von Lehrern und Schülern gleichermaßen verwendet werden. Serviceband und Service-CD sind als Service für die Lehrerhand konzipiert.

Der **Serviceband** des Lambacher Schweizer entstand aus der Idee, Lehrerinnen und Lehrer rund um den Mathematikunterricht zu begleiten und zu entlasten. Deshalb finden sich in diesem Band Kommentare für die Unterrichtsvorbereitung (1. Teil) in Form von Erläuterungen und Hinweisen zum Schülerbuch, Serviceblätter für die Unterrichtsdurchführung (2. Teil) in Form von Kopiervorlagen oder Anleitungen für alternative Unterrichtskonzepte in Abstimmung zum Schülerbuch und die kompletten Lösungen zu den Aufgaben des Schülerbuches zur Unterrichtsnachbereitung (3. Teil) oder gegebenenfalls auch zum schnellen Nachschlagen. Der dritte Teil stimmt vollständig mit den Inhalten des Lösungsheftes überein, sodass die Entscheidung für den Serviceband den Kauf des **Lösungsheftes** erübrigt.

Auf der **Service-CD** befinden sich einige der Serviceblätter des Servicebandes noch einmal in editierbarer Form. Darüber hinaus enthält die CD aber auch noch zahlreiche interaktive Arbeitsblätter, Animationen und digitale Materialien, die für den Einsatz im Unterricht geeignet sind.

Der Serviceband im Detail

1. Der Kommentar:
Erläuterungen und Hinweise zum Schülerbuch
Im ersten Teil des Bandes, im Kommentar, wird auf das Schülerbuch Bezug genommen. Für jedes Kapitel werden Zielrichtung, Schwerpunktsetzung und Aufbau kurz erläutert. Es wird darauf verwiesen, welche Leitidee oder Leitideen jeweils angesprochen werden. Den Leitideen kommt die Funktion zu, eine durchgehende und jahrgangsübergreifende Struktur der Inhalte transparent zu machen.
Die Kennzeichnung der angesprochenen Leitideen auf den Auftaktseiten des jeweiligen Kapitels bietet die Möglichkeit, die Zusammenhänge der Kapitel von den Schülerinnen und Schülern in Reflexionsphasen herausstellen zu lassen.

Neben den Leitideen wird in den Kommentaren aufgezeigt, ob und wie die Lerneinheiten aufeinander aufbauen, welche Zielrichtung sie verfolgen, welche Kompetenzen eingefordert werden und an welchen Stellen aufgrund des neuen Lehrplans deutliche Änderungen gegenüber dem bisher üblichen Unterrichtsgang auftreten. Außerdem wird auf bestimmte didaktische Richtlinien verwiesen, die für einen modernen Mathematikunterricht unentbehrlich sind und durchgehend im Buch zu finden sind. Konkret betrifft das die folgenden Aspekte:
- Der Lehrgang ist am Verständnisniveau der Neuntklässler ausgerichtet, d.h., die Jugendlichen sollen nicht mechanisch auswendig lernen, sondern die Inhalte nachvollziehen und verstehen können. Der Formalismus wird nicht mehr ganz so niedrig wie in Klasse 8 gehalten, Begrifflichkeiten werden eingeführt, damit sie dem Verständnis dienen.
- Dem Lehrgang liegt die Idee des spiralförmigen Lernens zugrunde. Viele Inhalte werden an passender Stelle zunächst auf einfachem Niveau angesprochen, um die Schülerinnen und Schüler an diese zu gewöhnen und sie auf dieser Grundlage später vertiefen zu können. Dabei wird darauf geachtet, kein Wissen auf Vorrat einzuführen, d.h. kein Wissen, das danach jahrelang brachliegt.
- Der Lehrgang bietet die Möglichkeit, einen vielseitigen Unterricht zu gestalten, die verschiedenen Kompetenzen der Schülerinnen und Schüler anzusprechen und einzufordern, Methoden zu erlernen und unterschiedliche Unterrichtsformen anzuwenden. Wichtig ist allerdings, dass die Wahl einer alternativen Unterrichtsform immer in der Hand der Lehrperson liegt, um selbst über

die günstigste Form entscheiden zu können. Das Schulbuch macht zahlreiche und flexible Angebote, aber keine zwingenden Vorgaben.

2. Serviceblätter:
Materialien für den Unterricht
Im zweiten Teil des Servicebandes werden zunächst für die Altersstufe besonders geeignete Schülermethoden praxisbezogen vorgestellt. In der 9. Klasse handelt es sich dabei um die übersichtliche Darstellung mathematischer Sachverhalte. Alle weiteren Serviceblätter sind so gestaltet, dass sie keiner zusätzlichen Erläuterung bedürfen und direkt im Unterricht einsetzbar sind. Sie sind nach Kapiteln geordnet und gegebenenfalls auch einzelnen Lerneinheiten zugeordnet, sodass eine schnelle Orientierung für den Einsatz im Unterricht möglich ist. In den meisten Fällen handelt es sich um Kopiervorlagen. Bei einigen Materialien lohnt es sich, diese zu laminieren, um sie für einen wiederholten Einsatz (z. B. bei Lernzirkeln) nutzbar zu machen.

Im Anschluss an die Serviceblätter finden sich die Lösungen derselben, sofern sie sich nicht aus der Bearbeitung des Serviceblattes heraus ergeben (z. B. durch ein Lösungswort oder ein Puzzle). Auch hierbei handelt es sich um Kopiervorlagen, um sie für die Selbstkontrolle zu verwenden.

3. Lösungen zum Schülerbuch
Der dritte Teil enthält wie erwähnt die kompletten Lösungen zu den Aufgaben im Schülerbuch und ist damit identisch mit dem Inhalt des Lösungsheftes. Bei offenen Aufgaben wird je nach Fragestellung erwogen, ob es sinnvoll ist, eine (individuelle) Lösung anzugeben oder nicht. Um das selbstständige Arbeiten mit dem Schülerbuch für die Schülerinnen und Schüler zu erleichtern, ist das Lösungsheft ohne Schulstempel für jeden käuflich zu erhalten.

Übersicht über die Symbole

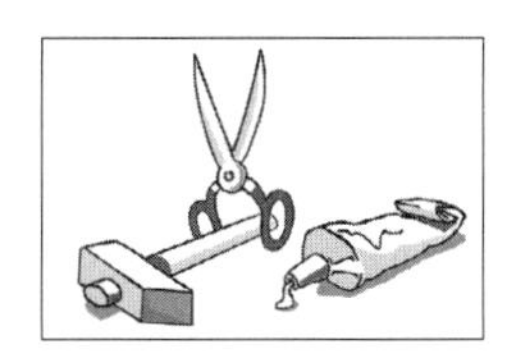

Basteln

Projekte

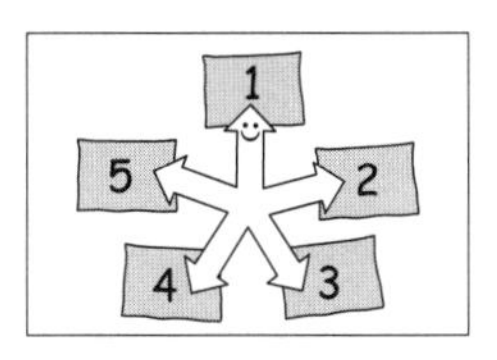

Lernzirkel

Planarbeit

Spiel

Präsentationsmethoden/
Referat

Gruppenpuzzle

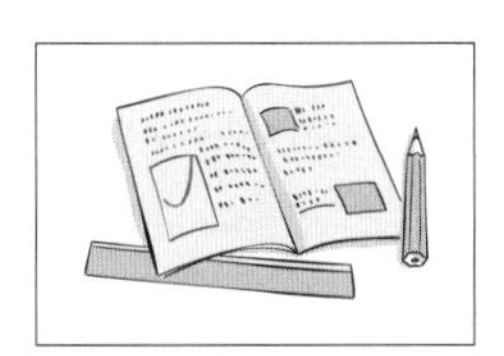

Heftführung/Formelsammlung

Inhaltsmatrix

	Kommentare	Serviceblätter	Lösungen der Serviceblätter	Lösungen zum Schülerbuch
I Quadratische Funktionen und quadratische Gleichungen				
1 Rein quadratische Funktionen	K 1	Lernzirkel 1: Parabeldomino (1) – rein quadratische Funktionen, S 18	S 86	L 1
2 Allgemeine quadratische Funktionen	K 1	Probier's mal mit Punkten, S 11 Gruppenpuzzle: Parabeln, S 12 Gruppenpuzzle: Parabeln: Arbeitsblatt für die Stammgruppe, S 13 Gruppenpuzzle: Parabeln: Expertenblatt 1, S 14 Gruppenpuzzle: Parabeln: Expertenblatt 2, S 15 Gruppenpuzzle: Parabeln: Expertenblatt 3, S 16 Lernzirkel 2: Parabeldomino (2) – allgemeine quadratische Funktionen, S 19 Lernzirkel 3: Quadratische Funktionen, S 20	S 83 S 83 S 83 S 84 S 85 S 86 S 86	L 2
3 Scheitelform und allgemeine Form	K 1	Lernzirkel 4: Scheitelform – allgemeine Form, S 21	S 87	L 3
4 Optimierungsaufgaben	K 1	–	–	L 5
5 Quadratische Gleichungen	K 1	Gruppenpuzzle: Lösen von quadratischen Gleichungen, S 23 Gruppenpuzzle: Expertengruppe 1: Anzahl der Lösungen und zeichnerische Näherungslösung, S24 Gruppenpuzzle: Expertengruppe 2: Zeichnerische Näherungslösung mithilfe der Normalparabel, S 25	– S 87 S 87	L 6
6 Lösen quadratischer Gleichungen	K 1	Gruppenpuzzle: Lösen von quadratischen Gleichungen, S 23 Gruppenpuzzle: Expertengruppe 3: Rechnerisch (und damit exakte) Lösung, S 26	– S 88	L 6
7 Linearfaktorzerlegung	K 1	–	–	L 8
8 Anwendungen	K 1/K 2	–	–	L 9
9 Gleichungen, die auf quadratische Gleichungen führen	K 2	–	–	L 11
Wiederholen – Vertiefen – Vernetzen	–	Lernzirkel: Quadratische Funktionen, S 17 Lernzirkel 1: Parabeldomino (1) – rein quadratische Funktionen, S 18 Lernzirkel 2: Parabeldomino (2) – allgemeine quadratische Funktionen, S 19 Lernzirkel 3: Quadratische Funktionen, S 20 Lernzirkel 4: Scheitelform – allgemeine Form, S 21 „Mathe ärgert mich nicht!" – Aufgabenkarte, S 22	– S 86 S 86 S 86 S 87 –	L 12
Exkursion: Polynomdivision	–		–	L 14
Exkursion: Funktionenscharen am PC	–		–	L 15
II Trigonometrie				
1 Seitenverhältnisse in rechtwinkligen Dreiecken – Sinus	K 3	Trigonometrie mit GEONExT, S 27 Sinus, Kosinus und Tangens – Ein Arbeitsplan (1), S 28 Sinus, Kosinus und Tangens – Ein Arbeitsplan (2), S 29 Sinus- und Kosinusfunktion mit MS-Excel, S 30	S 88 S 88 S 88 S 89	L 20
2 Kosinus und Tangens	K 3	Sinus, Kosinus und Tangens – Ein Arbeitsplan (1), S 28 Sinus, Kosinus und Tangens – Ein Arbeitsplan (2), S 29 Sinus- und Kosinusfunktion mit MS-Excel, S 30	S 88 S 89 S 89	L 21
3 Berechnungen an Figuren	K 3	–	–	L 24
4 Beziehungen zwischen Sinus, Kosinus und Tangens	K 3	–	–	L 26
Wiederholen – Vertiefen – Vernetzen	–	Lernzirkel: 1. Du kennst die Hypotenuse und einen zweiten Winkel ..., S 34 Lernzirkel: 2- Du kennst eine Kathete und einen zweiten Winkel ..., S 34 Lernzirkel: 3. Du kennst die Hypotenuse und eine Kathete ..., S 35 Lernzirkel: 4. Du kennst die beiden Katheten ..., S 35 Sonnenuhren – selbst gemacht, S 36	S 91 S 91 S 92 S 92 S 92	L 28
Exkursion: Pyramiden, Gauß und GPS	–	–	–	L 30

	Kommentare	Serviceblätter	Lösungen der Serviceblätter	Lösungen zum Schülerbuch
III Potenzen				
1 Potenzen mit ganzzahligen Exponenten	K4	Die wissenschaftliche Schreibweise von Zahlen – Ein Arbeitsplan, S 37 Winzigklein und riesengroß – federleicht und tonnenschwer, S 38	S 93 S 93	L 32
2 Potenzen mit gleicher Basis	K4	Gruppenpuzzle: Expertengruppe 1: Addition und Subtraktion von Potenzen mit gleicher Basis und gleichem Exponenten, S 40 Gruppenpuzzle: Expertengruppe 2: Multiplikation und Division von Potenzen mit gleicher Basis, S 41	S 93 S 93	L 32
3 Potenzen mit gleichen Exponenten	K4	Gruppenpuzzle: Expertengruppe 3: Multiplikation und Division von Potenzen mit gleichem Exponenten, S 42	S 93	L 33
4 Wurzeln	K4	–	–	L 34
5 Potenzen mit rationalen Exponenten	K4	Gruppenpuzzle: Expertengruppe 4: Potenzieren von Potenzen, S 43	S 93	L 34
Wiederholen – Vertiefen – Vernetzen	K4	–	–	L 36
Exkursion: Musikalische Stimmungen	K4	–	–	–
IV Wahrscheinlichkeitsrechnung				
1 Laplace-Experimente	K5	Das Gesetz der großen Zahlen, S 44	S 94	L 39
2 Mehrstufiges Zufallsexperiment	K5	Gruppenpuzzle: Auf was würdest du wetten?, S 45 Gruppenpuzzle: Expertengruppe 1: Die Gummibärenwette, S 46 Gruppenpuzzle: Expertengruppe 2: Die Basketballwette, S 47 Gruppenpuzzle: Expertengruppe 3: Die Legosteinwette, S 48 Gruppenpuzzle: Expertengruppe 4: Die Tenniswette, S 49 Gruppenpuzzle: Wahrscheinlich knifflige Probleme, S 50 Gruppenpuzzle: Expertengruppe 1: Das Tennis-Problem, S 51 Gruppenpuzzle: Expertengruppe 2: Das Taxi-Problem, S 52 Gruppenpuzzle: Expertengruppe 3: Das Elfmeterschützen-Problem, S 53 Gruppenpuzzle: Expertengruppe 4: Das Boten-Problem, S 54 „Mathe ärgert mich nicht!" – Aufgabenkarten, S 55	– S 94 S 94 S 95 S 95 – S 95 S 95 S 96 S 96 –	L 39
3 Abzählverfahren	K5	Trainingsrunde – Kombinatorik (1), S 56 Trainingsrunde – Kombinatorik (2), S 57	S 96 S 96	L 40
4 Ziehen mit und ohne Beachtung der Reihenfolge	K5	Trainingsrunde – Kombinatorik (1), S 56 Trainingsrunde – Kombinatorik (2), S 57	S 96 S 96	L 41
5* Bernoulli-Experimente	K5	Bernoulli-Experimente – Ein Arbeitsplan, S 58 Die Formel von Bernoulli – Ein Arbeitsplan, S 59	S 96 S 97	L 42
Wiederholen – Vertiefen – Vernetzen	–	Das Gesetz der großen Zahlen, S 44 Gruppenpuzzle: Wahrscheinlich knifflige Probleme, S 50 Gruppenpuzzle: Expertengruppe 1: Das Tennis-Problem, S 51 Gruppenpuzzle: Expertengruppe 2: Das Taxi-Problem, S 52 Gruppenpuzzle: Expertengruppe 3: Das Elfmeterschützen-Problem, S 53 Gruppenpuzzle: Expertengruppe 4: Das Boten-Problem, S 54 „Mathe ärgert mich nicht!" – Aufgabenkarten, S 55	S 94 – S 95 S 95 S 96 S 96 –	L 43
Exkursion: Das Ziegenproblem	–	–	–	L 45
V Potenzfunktionen				
1 Potenzfunktionen mit ganzzahligen Exponenten	K6	Potenzfunktionen – Ein Arbeitsplan, S 60	S 97	L 47
2 Wurzelfunktionen	K6	–	–	L 49
3 Potenzgleichungen	K6	Grafisches Lösen von Potenzgleichungen, S 61	S 98	L 51
Wiederholen – Vertiefen – Vernetzen	K6	Besondere Quadrate, S 62	S 99	L 52

	Kommentare	Serviceblätter	Lösungen der Serviceblätter	Lösungen zum Schülerbuch
Exkursion: Ellipsen und Kepler'sche Gesetze	K6	–	–	L54
VI Körper				
1 Projektionen	K7	–	–	L56
2 Mehrtafelprojektionen	K7	–	–	L56
3 Potenzgleichungen	K7	Körper darstellen (1), S63 Körper darstellen (2), S64	S99 S100	L58
4 Der Satz des Cavalieri	K7	–	–	L61
5 Pyramide	K7	–	–	L61
6 Kegel	K7	Besondere Prismen und Zylinder, S65 Besondere Pyramiden und Kegel, S66	S102 S103	L62
7 Kugel	K7	Kugeln in der Architektur, S67	S104	L64
8 Näherungsverfahren von Archimedes zur Bestimmung von π	K8	–	–	L65
Wiederholen – Vertiefen – Vernetzen	–	Besondere Prismen und Zylinder. S65 Besondere Pyramiden und Kegel, S66 Kugeln in der Architektur, S67 Einmal quer durch Paris (1), S68 Einmal quer durch Paris (2), S69 Rhombendodekaeder, S70 Von anderen und unmöglichen Perspektiven, S71 Körper-Quintett (1), S72 Körper-Quintett (2), S73	S102 S103 S104 S105 S106 S109 S110 S110 S110	L66
Exkursion: Perspektive in der Kunst	–	–	–	–
Exkursion: Die Geschichte der Zahl π	–	–	–	–
VII Trigonometrische Funktionen				
1 Periodische Vorgänge	K9	–	–	L69
2 Sinusfunktion und Kosinusfunktion	K9	Graph der Sinusfunktion mit GEONExT, S75	S110	L69
3 Sinussatz	K9	Höhenunterschiede, S74 Flächenberechnung im Dreieck, S76	S110 S111	L70
4 Kosinussatz	K9	Flächenberechnung im Dreieck, S76	S111	L73
5 Dreiecksberechnung	K9	–	–	L75
6 Anwendungen	K9	–	–	L75
7* Trigonometrische Funktionen – Bogenmaß	K9	–	–	L76
Wiederholen – Vertiefen – Vernetzen	–	Flächenberechnung im Koordinatensystem, S77 Grundstücksvermessung mit GEONExT, S78	S112 S113	L77
Exkursion: Additionssätze	–	–	–	L81
VIII Sachthema: Vom Himmel hoch	K10/ K11	Projektorientiertes Arbeiten zum Thema: Vom Himmel hoch, S79 Projektorientiertes Arbeiten – 1. Aspekt: Physikalische Zusammenhänge bei der Erde, S80 Projektorientieres Arbeiten – 2. Aspekt: Die stereografische Projektion, S80 Projektorientieres Arbeiten – 3. Aspekt: Die Kugelkappe, S81 Projektorientiertes Arbeiten – 4. Aspekt: Erdumlaufbahnen/Meteoriten, S81 Projektorientiertes Arbeiten – 5. Aspekt: Kugelkoordinaten, S82 Projektorientiertes Arbeiten – 6. Aspekt: Großkreise, S82	– – – – – – –	L83

I Quadratische Funktionen und quadratische Gleichungen

Überblick und Schwerpunkt

Das erste Kapitel des Buches knüpft an die linearen Funktionen und Gleichungen aus dem achten Schuljahr an. Es stehen die inhaltsbezogenen Kompetenzen **Funktionaler Zusammenhang** und **Zahl** im Vordergrund.
Die Schülerinnen und Schüler haben im achten Schuljahr den Funktionsbegriff kennen gelernt. Am Beispiel der linearen Funktionen wurden innermathematische Zusammenhänge und Anwendungsbeispiele behandelt. Als weitere Funktionsklasse kommen nun die quadratischen Funktionen hinzu. Von der Einführung an werden die algebraischen Eigenschaften der Funktion, die geometrischen Eigenschaften des Graphen und Anwendungen stets parallel betrachtet.

Das Kapitel gliedert sich in neun Lerneinheiten. In Lerneinheit **1 Rein quadratische Funktionen** werden quadratische Funktionen betrachtet, die sich durch die Gleichung $f(x) = ax^2$ darstellen lassen. Im Mittelpunkt steht dabei der Zusammenhang zwischen Funktionsgleichung und Graph. An Graphen rein quadratischer Funktionen lassen sich exemplarisch wichtige Eigenschaften von Graphen allgemeiner quadratischer Funktionen behandeln. Die Schülerinnen und Schüler erfahren, dass jede Parabel entweder einen höchsten oder einen tiefsten Punkt besitzt und symmetrisch verläuft.

In Lerneinheit **2 Allgemeine quadratische Funktionen** wird untersucht, welche Auswirkung die Verschiebung einer Parabel auf die Gleichung der Parabel hat. Hierbei wird der besondere Zusammenhang zwischen den Koordinaten des Scheitelpunktes und den Koeffizienten in der Gleichung deutlich.

Liegt die Gleichung einer quadratischen Funktion in Scheitelform vor, so lassen sich viele Eigenschaften der zugehörenden Parabel an ihr ablesen. In Lerneinheit **3 Scheitelform und allgemeine Form** lernen die Schülerinnen und Schüler am Beispiel der quadratischen Ergänzung ein Verfahren kennen, um aus der allgemeinen Form der Gleichung einer quadratischen Funktion die Scheitelform zu erstellen. Hierbei spielt das quadratische Ergänzen mithilfe der binomischen Formeln eine besondere Rolle.

Nach der eher innermathematisch motivierten Erarbeitung des quadratischen Ergänzens steht nun für die Lerneinheit **4 Optimierungsaufgaben** ein geeignetes Verfahren zur Verfügung, um Probleme aus realitätsbezogenem Kontext zu lösen. Modellieren und Problemlösen rücken in den Fokus. Hierbei kann das im LS 6 eingeführte und in LS 7 und LS 8 weiterentwickelte 4-Phasen-Modell des Problemlösens nach George Polya an zahlreichen Anwendungsbeispielen aufgegriffen und konkretisiert werden. Die Schülerinnen und Schüler lernen, Sachzusammenhänge durch quadratische Funktionen zu beschreiben und die jeweils optimale Lösung mithilfe der zugehörenden Parabel zu bestimmen.

In vielen Anwendungen, die sich durch quadratische Funktionen beschreiben lassen, werden Fragestellungen aufgeworfen, die auf die Bestimmung der Nullstellen der jeweiligen quadratischen Funktion führen. In Lerneinheit **5 Quadratische Gleichungen** wird die grafische Lösung thematisiert. Hierbei kommt der Parabelschablone eine besondere Bedeutung zu: Da die Division des Funktionsterms durch den Streckfaktor a der Parabel die Lösungen der quadratischen Gleichung nicht verändert, können diese durch Zeichnen einer (verschobenen) Normalparabel ermittelt werden. Voraussetzung ist, dass die quadratische Gleichung zunächst in Normalform gebracht wird.
Der Zusammenhang zwischen Gleichung und zugehörender Parabel verdeutlicht die Lösbarkeit bzw. Lösungsvielfalt quadratischer Gleichungen.

Die Lösungen vieler quadratischer Gleichungen können grafisch nur näherungsweise bestimmt werden. In Lerneinheit **6 Lösen quadratischer Gleichungen** wird ein rechnerisches Lösungsverfahren vorgestellt, mithilfe dessen sich Lösungen exakt bestimmen lassen. Wie in der vorherigen Lerneinheit werden auch hier quadratische Gleichungen betrachtet, die in Normalform vorliegen. Die pq-Formel ergibt sich dabei als die Lösung der durch quadratische Ergänzung gelösten Gleichung $x^2 + px + q = 0$. Sie kann als Lösungsformel für jede Gleichung angewandt werden, die in Normalform vorliegt. Die Lösbarkeit bzw. Lösungsvielfalt der quadratischen Gleichung ergibt sich dabei aus dem Vorzeichen der Diskriminante.

In Lerneinheit **7 Linearfaktorzerlegung** wird ein weiteres Verfahren zur Bestimmung der Lösungen von quadratischen Funktionen angeboten.

In Lerneinheit **8 Anwendungen** wird erneut das 4-Phasen-Modell des Problemlösens nach George Polya aufgegriffen. Viele innermathematische Problemstellungen und Fragestellungen aus der Anwendung führen auf quadratische Gleichungen, zu deren Lösung nun das Handwerkszeug bereit steht. Zum Aufstellen der zu lösenden Gleichung müssen die Schülerinnen und Schüler manchmal auch auf bekannte Sätze der Geometrie zurückgreifen.

In Lerneinheit **9 Gleichungen, die auf quadratische Gleichungen führen** werden Lösungstechniken für Gleichungen höheren Grades, Bruchgleichungen sowie Wurzelgleichungen vorgestellt. Beim Lösen von Wurzelgleichungen müssen erneut die Äquivalenzumformungen thematisiert werden, da nicht jede Lösung der durch das Quadrieren entstehenden Gleichung auch Lösung der Ausgangsgleichung sein muss.

II Trigonometrie

Überblick und Schwerpunkt

Im Mittelpunkt des zweiten Kapitels steht das Anliegen, zu ebenen Figuren, insbesondere zu Dreiecken, Streckenlängen und Winkelgrößen nicht nur messen, sondern auch berechnen zu wollen. Mit der Begriffsbildung Sinus, Kosinus und Tangens wird anhand rechtwinkliger Dreiecke die Verbindung zwischen Winkelgrößen auf der einen Seite und Seitenlängen auf der anderen Seite hergestellt. Dabei wird der Ähnlichkeitsbegriff aus Klasse 8 zugrunde gelegt. Die Lernenden erleben Sinus, Kosinus und Tangens zunächst als Werkzeuge zur Dreiecksberechnung, sodass der inhaltsbezogenen Kompetenz **Messen** in Verbindung mit einem umfangreichen Aufgabenangebot in besonderer Weise Rechnung getragen wird. Daneben spielt für dieses Kapitel auch die Leitidee **Funktionaler Zusammenhang** eine Rolle.

In Lerneinheit **1 Seitenverhältnisse in rechtwinkligen Dreiecken** wird von vielen möglichen Seitenverhältnissen bewusst nur $\sin(\alpha) = \frac{\text{Gegenkathete}}{\text{Hypotenuse}}$ eingeführt und an verschiedenen Beispielen benutzt. Dies geschieht sowohl bei Berechnungen an rechtwinkligen Dreiecken, als auch in Anwendungen, bei denen rechtwinklige Dreiecke vorkommen oder erzeugt werden können.

Entsprechend werden in Lerneinheit **2 Kosinus und Tangens** $\cos(\alpha)$ und $\tan(\alpha)$ als spezielle Seitenverhältnisse in einem rechwinkligen Dreieck mit dem (spitzen) Winkel α eingeführt. Dadurch entstehen neue Möglichkeiten der Berechnung am Dreieck. Es stehen dafür nun außer der Satzgruppe des Pythagoras drei weitere Werkzeuge zur Verfügung, die insbesondere auch dann eingesetzt werden, wenn es um die Berechnung von Winkeln geht.

Nach dem Einüben und Festigen der neu gelernten Zusammenhänge sollen diese Werkzeuge nun in der Lerneinheit **3 Berechnungen an Figuren** zusammen mit dem Satz des Pythagoras bei verschiedenen Sachaufgaben angewendet werden. Beim Lösen der Aufgaben ist es wichtig, dass zuerst nach rechtwinkligen Dreiecken gesucht wird, mit deren Hilfe dann die Berechnungen durchgeführt werden können.

Die Lerneinheit **4 Beziehungen zwischen Sinus, Kosinus und Tangens** hat zwei Funktionen. Zum einen werden Zusammenhänge zwischen den drei Seitenverhältnissen mithilfe des Einheitskreises verdeutlicht. So wird deutlich, dass beispielsweise $\tan(\alpha)$ der Quotient aus $\sin(\alpha)$ und $\cos(\alpha)$ ist, dass jeder Kosinuswert auch ein Sinuswert ist und umgekehrt und dass die Summe der Quadrate von $\sin(\alpha)$ und $\cos(\alpha)$ stets eins ergibt. Zum anderen werden in dieser Lerneinheit die exakt berechenbaren Sinus- Kosinus- und Tangenswerte zwischen 0° und 90° an geeigneten rechtwinkligen Dreiecken hergeleitet. Sinnvolle Festlegungen die Werte für $\alpha = 0°$ und $\alpha = 90°$ sind mithilfe des Einheitskreises möglich geworden. Dies stellt einen ersten Schritt weg vom rechwinkligen Dreieck dar.

III Potenzen

Überblick und Schwerpunkt

Die Begriffsbildung in Kapitel III knüpft zunächst direkt an das Vorwissen der Schülerinnen und Schüler über Zehnerpotenzen an. Dadurch wird insbesondere auch der Zugang zu negativen Exponenten erleichtert.
Von Zehnerpotenzen ausgehend werden Gesetze für das Rechnen mit Potenzen erarbeitet. Der Vorrat möglicher Exponenten wird auf die Menge der rationalen Zahlen erweitert und in diesem Zusammenhang zugleich der Begriff n-te Wurzel ($n > 2, n \in \mathbb{N}$) eingeführt. Wurzel- und Potenzschreibweise erscheinen hier gleichberechtigt nebeneinander; beim Umformen von Wurzeltermen werden konsequent Potenzschreibweisen verwendet und die Rechengesetze für Potenzen angewendet.
Im Vordergrund stehen bei diesem Kapitel die inhaltsbezogenen Kompetenzen **Zahl** und **Funktionaler Zusammenhang**.

Kapitel III gliedert sich in fünf Lerneinheiten.
In der Lerneinheit **1 Potenzen mit ganzzahligen Exponenten** werden zunächst zur Darstellung besonders großer Zahlen und von Zahlen in der Nähe von null Zehnerpotenzen verwendet. Dadurch ergibt sich ein schülergerechter Zugang zu negativen Exponenten. Zugleich wird mit der Behandlung der „scientific notation" (SCI) ein Beitrag für andere Unterrichtsfächer geleistet, in denen die wissenschaftliche Zahldarstellung Verwendung findet.
Gleichzeitig wird in dieser Lerneinheit die Anwendung der Potenzschreibweise geübt sowie das Potenzieren in die Hierarchie der Rechenoperationen eingegliedert.

In Lerneinheit **2 Potenzen mit gleicher Basis** werden die Rechengesetze für das Mulitplizieren und Dividieren von Potenzen mit gleicher Basis sowie das Potenzieren von Potenzen erarbeitet.

Lerneinheit **3 Potenzen mit gleichen Exponenten** ergänzt die strukturellen Überlegungen aus Lerneinheit 2. Das Umformen von Potenztermen wird in vielfältiger Weise thematisiert und geübt.

Die Erweiterung der Potenzschreibweise auf Potenzen mit rationalen Exponenten erfolgt zunächst in einer eigenen Lerneinheit **4 Wurzeln**. Ausgehend von der Definition der Quadratwurzel wird der Wurzelbegriff auf n-te Wurzeln verallgemeinert. In dieser Lerneinheit beschränken sich die rationalen Exponenten auf Stammbrüche. In der darauffolgenden Lerneinheit **5 Potenzen mit rationalen Exponenten** werden schließlich alle rationalen Zahlen als Exponenten zugelassen. Charakteristisches Merkmal bleiben die Rechengesetze für Potenzen. Entsprechende Gesetze in Wurzelschreibweise können mithilfe der Aufgaben erarbeitet werden. Eine Erweiterung auf irrationale Exponenten ist ebenso möglich; hierzu wird im Rahmen des Aufgabenteils eine Infobox angeboten.

Neben weiteren, zum Teil auch weiterführenden Übungsbeispielen zur Potenzrechnung ist im Abschnitt **Wiederholen – Vertiefen – Vernetzen** auch eine Reihe von Anwendungsaufgaben aus Physik und Geometrie integriert, bei denen der Potenzbegriff eine wesentliche Rolle spielt.

In der Exkursion **Musikalische Stimmungen** werden Querverbindungen zur Musik aufgezeigt. Die vorgestellten musikalischen Stimmungen führen schrittweise zu Potenzdarstellungen, die sich aus zunächst außermathematischen Überlegungen ergeben. Die Lernenden erleben hier Potenzen als systematische Beschreibungsmöglichkeit für die Frequenzen von Tönen und können so mathematische Strukturen auf musikalische Sachverhalte abbilden und umgekehrt.

IV Wahrscheinlichkeitsrechnung

Überblick und Schwerpunkt

Dieses Kapitel knüpft an die Einführung in die Wahrscheinlichkeitsrechnung aus dem sechsten Schuljahr an. Es stehen die inhaltsbezogenen Kompetenzen **Daten und Zufall** und **Zahl** im Vordergrund.
Die Schülerinnen und Schüler haben im sechsten Schuljahr unterschiedliche Zugänge zum Wahrscheinlichkeitsbegriff kennen gelernt. Im neunten Schuljahr steht die Laplace'sche Definition im Mittelpunkt der Betrachtungen. Über komplexere mehrstufige Zufallsexperimente werden die Schülerinnen und Schüler an eine intensive Beschäftigung mit Abzählverfahren und deren Systematisierung herangeführt.

In Lerneinheit **1 Laplace-Experimente** werden zunächst die aus der sechsten Klasse bekannten Grundbegriffe der Wahrscheinlichkeitsrechnung aufgegriffen und um den Begriff des Ereignisses und des Gegenereignisses erweitert. Eine wesentliche Idee für Berechnungen ist in dieser Lerneinheit, Wahrscheinlichkeiten bei Zufallsexperimenten durch Symmetrieüberlegungen anzugeben.

In Lerneinheit **2 Mehrstufige Zufallsexperimente** werden Baumdiagramme als Hilfsmittel zur Veranschaulichung von Zufallsexperimenten und somit zur Berechnung von Wahrscheinlichkeiten thematisiert. Summen- und Pfadregel wurden bereits im sechsten Schuljahr behandelt. Für die übersichtliche Darstellung mehrstufiger Zufallsexperimente ist es manchmal notwendig, nur die für die Fragestellung relevanten Teile des zugehörenden Baumdiagramms zu zeichnen. Vorbereitend auf die nächsten Lerneinheiten werden die beiden Urnenmodelle Ziehen mit Zurücklegen und Ziehen ohne Zurücklegen bereits an dieser Stelle benannt.

Das Abzählen von „günstigen" und „möglichen" Ergebnissen eines Zufallsversuchs kann eine unübersichtliche und schwierige Aufgabe sein, wenn das Zufallsexperiment viele Stufen besitzt. In den beiden folgenden Lerneinheiten werden Abzählverfahren systematisch eingeführt. In Lerneinheit **3 Abzählverfahren** werden zunächst verschiedene kombinatorische Fragestellungen mithilfe der Produktregel der Kombinatorik untersucht.

Vielen Fragestellungen der Kombinatorik können durch die beiden Urnenmodelle Ziehen mit Zurücklegen oder Ziehen ohne Zurücklegen beschrieben werden. Beim Ziehen ohne Zurücklegen ist die Reihenfolge, in der gezogen wird, manchmal wesentlich, manchmal jedoch nicht entscheidend. Dies wird in Lerneinheit **4 Ziehen mit und ohne Beachtung der Reihenfolge** behandelt. Für eine anschauliche Trennung der beiden Fälle ist es sinnvoll, das Ziehen ohne Beachtung der Reihenfolge als gleichzeitiges Ziehen aufzufassen, bei dem sich die Frage nach einer Reihenfolge gar nicht erst stellt.

Den Abschluss der Wahrscheinlichkeitsrechnung in der Sekundarstufe I bildet die fakultative Lerneinheit ***5 Bernoulli-Experimente**. Stochastische Probleme lassen sich oftmals durch Bernoulli-Ketten modellieren. Hat eine Bernoulli-Kette viele Stufen, so wird das zugehörende Baumdiagramm schnell unübersichtlich und lässt sich oftmals nicht mehr sauber zeichnen. Das Abzählen der unterschiedlichen Pfade kann nun unter Zuhilfenahme der in Lerneinheit 4 behandelten Abzählverfahren erfolgen. Bei der Entwicklung der Formel von Bernoulli wird auf diese Abzählverfahren zurückgegriffen.

V Potenzfunktionen

Überblick und Schwerpunkt

Das Kapitel baut auf dem Potenzbegriff auf und bedient neben der Leitidee **Zahl** vor allem die Leitidee **Funktionaler Zusammenhang**. Analog zur Vorgehensweise im Kapitel Potenzen wird der Exponent bei Potenzfunktionen schrittweise von der Menge der natürlichen Zahlen über die Menge ganzzahliger negativer auf die Menge der rationalen Zahlen erweitert. Im Zusammenhang mit den sich daraus ergebenden Wurzelfunktionen wird der Begriff der Umkehrfunktion thematisiert.
Die Frage nach den Stellen x, an denen eine Potenzfunktion einen vorgegebenen Funktionswert annimmt, führt schließlich auf Potenzgleichungen.

Kapitel V gliedert sich in fünf Lerneinheiten.
In Lerneinheit **1 Potenzfunktionen mit ganzzahligen Exponenten** werden zunächst die Graphen von Potenzfunktionen mit ganzzahligen Exponenten zu vier Gruppen zusammengefasst und deren charakteristische Eigenschaften erarbeitet. Neben der Beschränkung der Definitionsmenge wird auch das asymptotische Verhalten der auftretenden Hyperbeln thematisiert.

In Lerneinheit **2 Wurzelfunktionen** findet der Begriff der Umkehrfunktion Verwendung. Die Definitionsmengen der betrachteten Funktionen werden dazu geeignet eingeschränkt. Zu Funktion und zugehörender Umkehrfunktion werden immer auch ihre Graphen betrachtet, so dass algebraische Operationen stets vor einem anschaulichen Hintergrund gesehen werden können.

In Lerneinheit **4 Potenzgleichungen** wird die bereits vorhandene Fähigkeit „Gleichungen lösen" auf das Lösen von Potenzgleichungen erweitert. Existenz- und Eindeutigkeitsfragen werden an geeigneten Beispielen geklärt; auf diese Weise problematisieren Potenzgleichungen modellhaft eine Grundfrage mathematischer Fragestellungen.

Im Rahmen des Abschnitts **Wiederholen – Vertiefen – Vernetzen** wird unter anderem eine Aufgabensequenz zum Strecken, Spiegeln und Drehen von Funktionsgraphen angeboten, mit der die Auswirkungen von Parametern in Funktionsgleichungen auf die jeweiligen Graphen vertiefend und gezielt untersucht werden können.

Die Exkursion **Ellipsen und Kepler'sche Gesetze** vermittelt zunächst einen kurzen Einblick in die Ellipsengeometrie und die damit verbundene Begrifflichkeit, sodass die Aussagen der ersten beiden Kepler'schen Gesetze nachvollzogen werden können.
Mit dem dritten Kepler'schen Gesetz, das Kepler selbst als „Anderthalbfache Proportion" bezeichnete, wird eine Anwendung thematisiert, die die Bedeutung von Potenzfunktionen auch mit gebrochenen Exponenten verdeutlicht.

VI Körper

Überblick und Schwerpunkt

Das sechste Kapitel des Buches behandelt im Wesentlichen die inhaltlichen Kompetenzen der Leitidee **Raum und Form**, die durch Aspekte der beiden Leitideen **Zahl** sowie **Messen** ergänzt werden. Lösungswege bauen in Teilen auf Erkenntnissen aus dem Kapitel II Trigonometrie auf.

Den Einstieg in dieses Kapitel bildet die zeichnerische Darstellung dreidimensionaler Körper in der Ebene. Neben der dabei intendierten Schulung des räumlichen Vorstellungsvermögens sollen zeichnerische Fertigkeiten weiter ausgebaut werden. Verschiedene Beispiele für Projektionsarten werden gegenübergestellt und miteinander verglichen. Die Behandlung der Mehrtafelprojektion erweitert die bereits bekannten Möglichkeiten der Darstellung eines Körpers in der Ebene.
In Lerneinheit 3 Schrägbilder werden die aus der fünften Klasse bekannten Schrägbilder im Sinne eines spiralcurricularen Vorgehens erneut aufgegriffen und an verschiedenen Körpern behandelt und vertieft.
Der in der fünften Lerneinheit behandelte Satz des Cavalieri bildet die Grundlage für die Herleitung der Formeln zur Berechnung des Volumens von Pyramide, Kegel und Kugel in den folgenden Lerneinheiten. Daneben werden Formeln zur Berechnung der Mantelfläche sowie der Oberfläche eines Kegels hergeleitet.
Lerneinheit 7 Kugel rundet die Betrachtung der verschiedenen Körper ab.
In der letzten Lerneinheit wird das Näherungsverfahren von Archimedes zur Bestimmung von π vorgestellt und Ansätze zum infinitesimalen Denken werden erneut aufgegriffen.

Das Kapitel ist in acht Lerneinheiten aufgeteilt.

In **Lerneinheit 1 Projektionen** werden mit der Parallel- und der Zentralprojektion zwei wichtige Beispiele für Projektionsarten behandelt und ihre Wirkung auf die Darstellung von Körpern untersucht. Für ein vertieftes Verständnis der Eigenschaften der Parallelprojektion bieten sich praktische Versuche mit realen Gegenständen an. Bei den Übungsaufgaben erfolgt eine Vernetzung mit den in der 8. Klasse betrachteten Strahlensätzen.

Lerneinheit 2 Mehrtafelprojektionen hat ebenfalls einen deutlichen Schwerpunkt in der Schulung des räumlichen Vorstellungsvermögens sowie der zeichnerischen Fähigkeiten. Von Prismen sowie von spitzen Körpern werden Grund-, Auf- und Seitenrisse gezeichnet. Die hierbei erfolgende phänomenologische Betrachtung spitzer Körper bereitet deren Behandlung in späteren Lerneinheiten vor.

In **Lerneinheit 3 Schrägbilder** werden zunächst Schrägbilder von Würfeln als einfache bekannte Körper gezeichnet und die Variation verschiedener Parameter (Streckfaktor, Verzerrungswinkel) für das Zeichnen von Schrägbildern in ihrer Wirkung untersucht. Die Aufgaben bieten aufgrund des Komplexitätsgrades der einzelnen Körper hinreichend Möglichkeiten zur Binnendifferenzierung.

Lerneinheit 4 Satz des Cavalieri leistet in Vorbereitung auf die Oberstufe einen wesentlichen Beitrag zur schrittweisen Hinführung auf infinitesimales Denken. Von einem intuitiv verständlichen Beispiel ausgehend wird die Aussage des Satzes hergeleitet. Näherungsüberlegungen werden anschaulich begründet. Der Satz des Cavalieri bildet die Grundlage für Berechnungs- und für Begründungsaufgaben.

Auf der Grundlage des Satzes des Cavalieri wird in **Lerneinheit 5 Pyramide** eine Formel zur Berechnung des Volumens gerader und schiefer Pyramiden hergeleitet. Die Übungsaufgaben vernetzen die zeichnerische und die rechnerische Untersuchung von Pyramiden und greifen Inhalte aus zurückliegenden Lerneinheiten dieses Kapitels auf.

Lerneinheit 6 Kegel baut ebenfalls auf dem Satz des Cavalieri auf und so wird auf dessen Grundlage die Gültigkeit der Volumenformel für Pyramiden auf Kegel übertragen. Die Herleitung der Oberflächenformel für Kegel greift auf die in früheren Klassen behandelten Kreisausschnitte zurück.
Die Aufgaben zu Pyramide und Kegel sind inner- und außermathematischer Art und umfassen Berechnungs- und Argumentationsaufgaben.

In **Lerneinheit 7 Kugel** erfolgt die Herleitung der Formel von einer ersten Abschätzung des Kugelvolumens ausgehend mit Bezug zum Volumen eines Kegels und dem eines Zylinders. Im spiralcurricularen Sinne wird erneut auf den Satz des Cavalieri zurückgegriffen. Mit der Herleitung der Formel für die Berechnung der Größe der Oberfläche einer Kugel wird ein weiterer Beitrag zum infinitesimalen Denken geleistet.

Lerneinheit 8 Näherungsverfahren von Archimedes zur Bestimmung von π bietet Gelegenheit zu zahlreichen Vernetzungen zwischen Geometrie und Algebra. Dabei besteht die Möglichkeit zum sinnvollen Einsatz eines Tabellenkalkulationsprogramms.

VII Trigonometrische Funktionen

Überblick und Schwerpunkt

Im Mittelpunkt dieses Kapitels stehen die Sinusfunktion und die Kosinusfunktion.
Dabei wird die funktionale Sichtweise der beiden Funktionen vermittelt. Damit rückt neben der inhaltsbezogenen Kompetenz **Messen** zunehmend die inhaltsbezogene Kompetenz **Funktionaler Zusammenhang** in den Blickpunkt. Zur Erweiterung der Definitionsmenge der Funktionen (auch in den negativen Bereich) dient die Definition von Sinus und Kosinus am Einheitskreis. Mithilfe des Bogenmaßes werden Sinus- und Kosinusfunktion auf $\mathbb{R}$ definiert.

Lerneinheit **1 Periodische Vorgänge** stellt das grundsätzlich Neuartige der Funktionen dieses Kapitels etwas allgemeiner dar. Es werden allgemeine periodische Vorgänge betrachtet und grafisch dargestellt. Dabei wird die Verschiebung des Graphen parallel zur x-Achse zur Erklärung der Periodenlänge herangezogen.

Nach der Definition von Sinus und Kosinus für beliebige Winkel werden in Lerneinheit **2 Sinusfunktion und Kosinusfunktion** Eigenschaften der beiden trigonometrischen Funktionen $\alpha \longrightarrow \sin(\alpha)$ und $\alpha \longrightarrow \cos(\alpha)$ erarbeitet. Form und Verlauf der Graphen werden erklärt und die Zusammenhänge beider Funktionen dargestellt.

Durch die Erweiterung von Sinus und Kosinus auf beliebige Winkel wird es möglich, auch Winkelgrößen und Seitenlängen von nicht rechwinkligen Dreiecken zu berechnen. Dies geschieht in den Lerneinheiten **3 Sinussatz** und **4 Kosinussatz**. Insbesondere wird verdeutlicht, woran es liegt, dass manchmal zwei nicht kongruente Lösungsdreiecke existieren. Hier kann die Unzulänglichkeit des Taschenrechners zum Thema gemacht werden. Es zeigt sich, dass man nach der Verwendung des Sinussatzes zur Berechnung von Winkeln stets entscheiden muss, ob außer dem Winkel, den der Taschenrechner anzeigt, noch ein anderer Winkel möglich ist oder nicht. Dass diese Notwendigkeit bei Verwendung des Kosinussatzes nicht besteht, ist ebenfalls angesprochen.

Lerneinheit **5 Dreiecksberechnungen** stellt die Verbindung zu den Kongruenzsätzen her. Hierbei ist besonders wichtig, dass den Lernenden klar wird, dass für alle konstruierbaren Dreiecke nun auch deren Winkelgrößen und Seitenlängen berechenbar sind. Der Wechsel zwischen Konstruktion und Berechnung steht im Mittelpunkt dieser Lerneinheit.

In Lerneinheit **6 Anwendungen** wird noch einmal der Problemlösekreislauf, wie er auch in anderen Kapiteln vorkommt, aufgegriffen und für Sachaufgaben in Zusammenhang mit Berechnungen an Figuren nutzbar gemacht. Er sollte bei den Aufgaben dann eingesetzt werden, wenn es für sinnvoll erachtet wird.

Lerneinheit **7* Trigonometrische Funktionen – Bogenmaß** beschäftigt sich mit der Übertragung der Eigenschaften der trigonometrischen Funktionen auf $\mathbb{R}$. Dazu wird zunächst das Bogenmaß eine Winkels als Verhältnis zweier Strecken dargestellt. Danach werden die aus Lerneinheit 2 bekannten Eigenschaften der Sinusfunktion und der Kosinusfunktion auf $x \longrightarrow \sin(x)$ und $x \longrightarrow \cos(x)$ übertragen.

Sachthema

Grundgedanke

Die Sachthemen haben das Ziel, unterschiedliche inhaltliche Bereiche einer Klassenstufe in einem geschlossenen Sachzusammenhang vernetzt zu behandeln.

Bei der Erarbeitung eines Sachthemas stoßen die Lernenden auf verschiedene Fragestellungen, die sie mithilfe der Mathematik der Klasse 9 lösen können. Hierbei steht zunächst der Sachzusammenhang und nicht – wie sonst häufig im Unterricht – die mathematischen Inhalte im Vordergrund. Die Lernenden erfahren bei der Behandlung eines Sachthemas die Mathematik als nützliches Werkzeug. Die Bearbeitung eines Sachthemas fördert so das problemorientierte Arbeiten im Unterricht. Die Übersicht auf Seite K11 zeigt das breite Spektrum mathematischer Inhalte, das vom Sachthema abgedeckt wird.

Einsatzmöglichkeiten

Für den Einsatz des Sachthemas im Unterricht gibt es verschiedene Möglichkeiten. Einige dieser Aspekte können auch Teil des Schulcurriculums sein.

Das Sachthema kann einerseits zur Wiederholung und Vertiefung am Ende einer Unterrichtsphase oder der Klassenstufe eingesetzt werden, wenn die mathematisch relevanten Inhalte im vorangehenden Unterricht bereits erarbeitet wurden.

Alternativ kann das Sachthema für einen breiten und anwendungsbezogenen Einstieg in ein umfangreiches Thema verwendet werden. Stoßen die Lernenden hierbei auf Problemstellungen, die zur Lösung noch nicht behandelte mathematische Inhalte erfordern, so kann die Bearbeitung des Sachthemas vorübergehend durch eine Unterrichtssequenz unterbrochen werden, in der die notwendigen Kenntnisse erarbeitet werden. Mit dem neu erworbenen Wissen können die Schülerinnen und Schüler anschließend wieder die Arbeit am Sachthema fortsetzen. Die Behandlung eines Sachthemas kann sich in dieser Form über einen Zeitraum von mehreren Monaten ziehen.

Andere Lernleistung

Anhand eines Sachthemas können sich einzelne Schülerinnen und Schüler oder Schülergruppen in die Fragestellungen einarbeiten und ihre Ergebnisse z. B. in Form eines Referates vor der Klasse vortragen.

Gruppenarbeit

Ein Sachthema bietet im besonderen Maße die Gelegenheit, den Inhalt in arbeitsteiliger Gruppenarbeit, in Form eines Projekts oder mithilfe eines Gruppenpuzzles zu erarbeiten. Die Aufgabenstellungen für die einzelnen Gruppen können dabei den Interessen, dem Vorwissen und dem Leistungsvermögen der Gruppenmitglieder angepasst werden. Auf diese Weise wird zum einen das schüleraktive Arbeiten im Unterricht gefördert und zum anderen der Aspekt der „inneren Differenzierung" berücksichtigt.

Fächerverbindendes Arbeiten

Jedes Sachthema eignet sich aufgrund des hohen Anwendungsbezuges in besonderer Weise dazu, mit anderen Fächern zu kooperieren. Für das vorliegende Sachthema eignet sich insbesondere das Fach Physik oder eine Astronomie AG. Das Thema kann unter Berücksichtigung von unterschiedlichem Expertenwissen betrachtet und sinnvoll vernetzt werden.

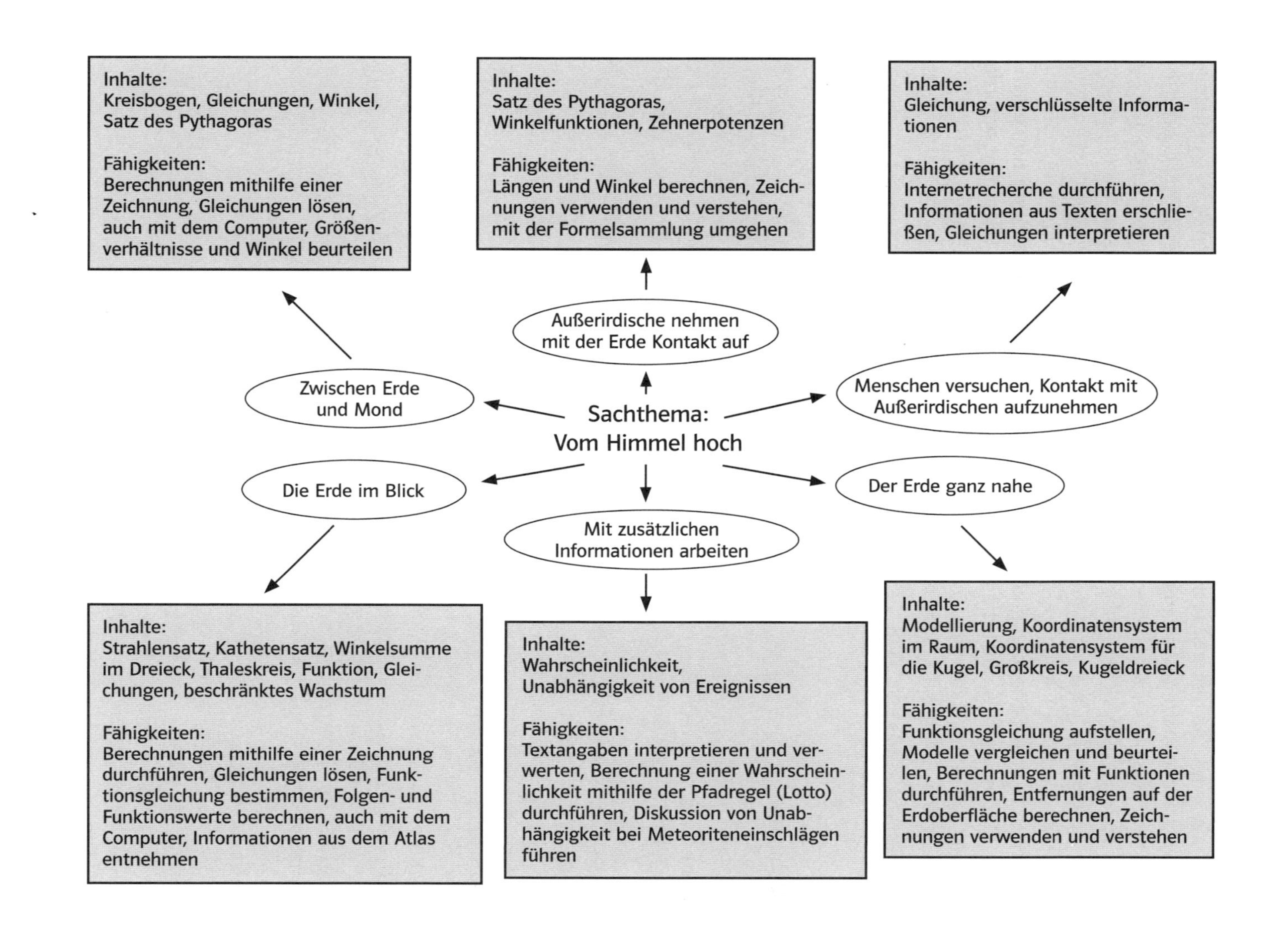
Sachthema: Vom Himmel hoch
Zwischen Erde und Mond
Inhalte:
Kreisbogen, Gleichungen, Winkel, Satz des Pythagoras
Fähigkeiten:
Berechnungen mithilfe einer Zeichnung, Gleichungen lösen, auch mit dem Computer, Größenverhältnisse und Winkel beurteilen
Außerirdische nehmen mit der Erde Kontakt auf
Inhalte:
Satz des Pythagoras, Winkelfunktionen, Zehnerpotenzen
Fähigkeiten:
Längen und Winkel berechnen, Zeichnungen verwenden und verstehen, mit der Formelsammlung umgehen
Menschen versuchen, Kontakt mit Außerirdischen aufzunehmen
Inhalte:
Gleichung, verschlüsselte Informationen
Fähigkeiten:
Internetrecherche durchführen, Informationen aus Texten erschließen, Gleichungen interpretieren
Die Erde im Blick
Inhalte:
Strahlensatz, Kathetensatz, Winkelsumme im Dreieck, Thaleskreis, Funktion, Gleichungen, beschränktes Wachstum
Fähigkeiten:
Berechnungen mithilfe einer Zeichnung durchführen, Gleichungen lösen, Funktionsgleichung bestimmen, Folgen- und Funktionswerte berechnen, auch mit dem Computer, Informationen aus dem Atlas entnehmen
Mit zusätzlichen Informationen arbeiten
Inhalte:
Wahrscheinlichkeit, Unabhängigkeit von Ereignissen
Fähigkeiten:
Textangaben interpretieren und verwerten, Berechnung einer Wahrscheinlichkeit mithilfe der Pfadregel (Lotto) durchführen, Diskussion von Unabhängigkeit bei Meteoriteneinschlägen führen
Der Erde ganz nahe
Inhalte:
Modellierung, Koordinatensystem im Raum, Koordinatensystem für die Kugel, Großkreis, Kugeldreieck
Fähigkeiten:
Funktionsgleichung aufstellen, Modelle vergleichen und beurteilen, Berechnungen mit Funktionen durchführen, Entfernungen auf der Erdoberfläche berechnen, Zeichnungen verwenden und verstehen

Methodenlernen in Klasse 9

Mathematische Sachverhalte übersichtlich darstellen

Warum soll das Darstellen von mathematischen Sachverhalten thematisiert werden?

Um wesentliche Inhalte und sachliche Strukturen eines Textes zu erfassen, zu durchdringen und zu memorieren, ist es für manche Lerntypen hilfreich, den Textinhalt auf das Wesentliche zu reduzieren und Zusammenhänge mithilfe geeigneter äußerer Formen darzustellen.

Texte reduzieren

Werden der Schülerin oder dem Schüler verschiedene Möglichkeiten zur Reduzierung von Texten angeboten, so kann sie bzw. er feststellen, wie sie bzw. er geschickt und effektiv vorgehen kann. In umfangreichen Texten können z. B. Schlüsselbegriffe gesucht und markiert bzw. notiert werden. Manche Schülerinnen und Schüler kennzeichnen dabei die Schlüsselbegriffe am Textrand mit Symbolen.
Hilfreich ist oft auch das Formulieren von Zwischenüberschriften. Eine weitere Möglichkeit bietet das Anlegen eines „Spickzettels". Er beinhaltet die wichtigsten Informationen, die man benötigt, um z. B. den Textinhalt vor einer Gruppe vorzutragen. Das Erstellen einer Formelsammlung wird bereits im Serviceband 3 erläutert und kann unter dem o. g. Aspekt hier wieder sinnvoll aufgegriffen werden.

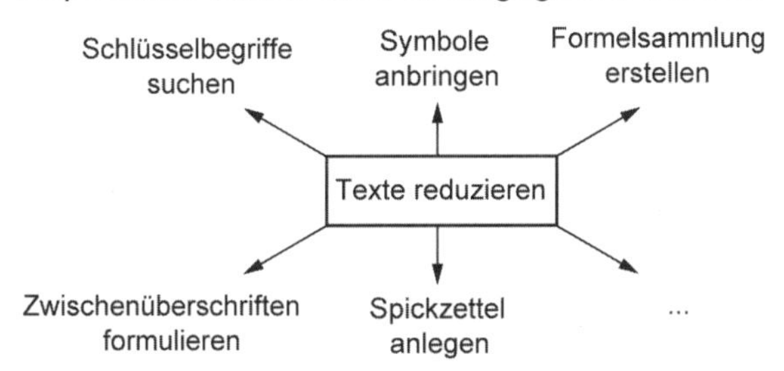

Mathematische Sachverhalte übersichtlich darstellen

Um wesentliche Inhalte und Zusammenhänge eines Textes übersichtlich darzustellen, bieten sich in der Mathematik unterschiedliche Möglichkeiten an. Im Serviceband 3 wurde die Mindmap vorgestellt, mit deren Hilfe man komplexe Fragestellungen strukturiert, Lösungsstrategien zusammenfasst, sich einen Überblick über ein umfangreiches Themengebiet verschafft usw. In diesem Band soll das Anlegen einer Tabelle, das Erstellen eines Schemas und das Strukturieren durch geeignete Skizzen vorgestellt und eingeübt werden. Diese Möglichkeiten werden häufig eingesetzt, wenn man Fallunterscheidungen machen muss oder Vergleiche anstellt.

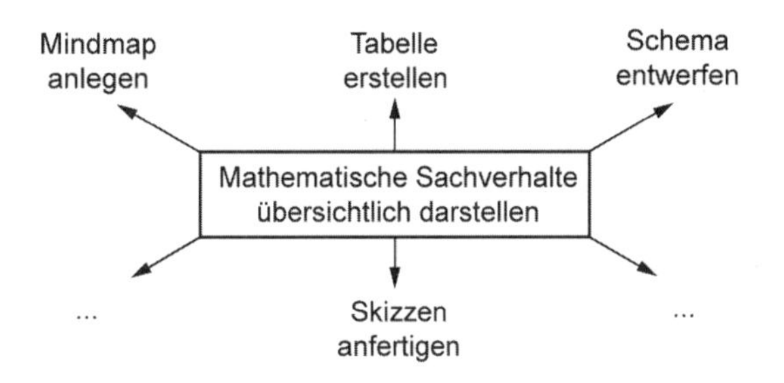

Wie kann die Einführung praktisch gestaltet werden?

Geht man davon aus, dass den Schülerinnen und Schülern in Klasse 9 einige Darstellungsmöglichkeiten bereits bekannt sind – eventuell auch von anderen Fächern –, so bietet es sich an, die folgenden Kopiervorlagen 1 – 5 als Aufgabentheke oder als übenden Lernzirkel einzusetzen. Die angesprochenen mathematischen Inhalte stammen zunächst aus den vorangegangenen Schuljahren. Weitere Übungen zu Themen aus Klasse 9 werden vorgeschlagen, müssen jedoch je nach dem Stand des Unterrichts individuell ausgewählt werden (vgl. Kopiervorlage 5).

Aufbau der Kopiervorlagen:
- Kopiervorlage 1: Texte reduzieren (1) + (2)
- Kopiervorlage 2: Tabelle erstellen
- Kopiervorlage 3: Schema entwerfen
- Kopiervorlage 4: Skizzen anfertigen
- Kopiervorlage 5: Ein Text – viele Möglichkeiten

Zunächst kann das Reduzieren von Texten geübt werden (Kopiervorlage 1). Dies bildet die Voraussetzung für die Kurzdarstellung eines Textes (Kopiervorlagen 2, 3, 4). Zum Abschluss werden die verschiedenen Darstellungsmöglichkeiten angesprochen und verglichen (Kopiervorlage 5). Die Schülerin bzw. der Schüler wählt aus dem Angebot das aus, welches zu ihrem/seinem Arbeitsstil und ihrer/seiner Denkweise passt.

Einsatzmöglichkeiten im laufenden Unterricht:
- Fallunterscheidungen zusammenstellen
- Vergleiche anstellen
- Behandelte Inhalte zusammenfassen
- ...

Texte reduzieren (1)

Hier kannst du üben, Texte so zu bearbeiten, dass sie beim zweiten Durchlesen leichter verständlich und besser einzuprägen sind.

1 Schlüsselbegriffe suchen

Markiere in dem folgenden Text ungefähr fünf Begriffe deutlich, sodass auf einen Blick erkennbar wird, wer sich schon vor langer Zeit mit den Primzahlen beschäftigte und was jeweils von besonderem Interesse war.

Die Geschichte der Primzahlen

Das Studium von Zahlen, über das praktische Rechnen hinaus, hat schon vor über 4000 Jahren Menschen interessiert. Man nimmt an, dass bereits die Sumerer über Teilbarkeitstafeln verfügten.

In der griechischen Mathematik (etwa 600 v. Chr. bis 150 v. Chr.) wurden Primzahlen und zusammengesetzte Zahlen unterschieden. Viele Untersuchungen zur Teilbarkeit sind überliefert. Die Griechen betrieben systematisch eine „Zahlentheorie".

Ein besonderes Interesse gilt seitdem den Primzahlen. Die Griechen hatten beobachtet, dass die Primzahlen unter den natürlichen Zahlen immer seltener auftreten, je größer die Zahlen sind. So gibt es immer größer werdende Lücken, z. B. liegt zwischen 9551 und 9587 keine Primzahl.

Andererseits treten immer wieder einmal dicht beieinander liegende Primzahlen auf, wie z. B. 9677 und 9679, sogenannte Primzahlzwillinge.

Bereits Euklid (um 300 v. Chr.) konnte zeigen, dass es unendlich viele Primzahlen gibt. Obwohl eine Computerfirma vor einigen Jahren einen hohen Preis aussetzte, ist jedoch die Frage nach der Anzahl der Primzahlzwillinge bis heute nicht beantwortet.

2 Zwischenüberschriften formulieren

Einen langen Text kann man besser erfassen, wenn man ihn in Abschnitte gliedert und für diese Zwischenüberschriften formuliert. Führe dies mit dem folgenden Text durch.

Als die Gleichungen noch in den Kinderschuhen steckten

Aufgaben, die wir heute mithilfe von Gleichungen lösen, sind uns schon aus der antiken Mathematik überliefert. Einen wesentlichen Beitrag zur Lösung solcher Probleme hat der griechische Mathematiker Diophantos von Alexandria (um 250 n. Chr.) geleistet. Um 800 n. Chr. schrieb der arabische Mathematiker Al-Hwarizmi sein Lehrbuch, das übersetzt ungefähr heißt: „Ein kurzgefasstes Buch über die Rechenverfahren durch Ergänzen und Ausgleichen". Es behandelt eine Fülle von Aufgaben aus der damaligen Zeit und bildet mit seinen Lösungsregeln die Grundlage für das, was wir heute Algebra nennen. Das Wort al-gabr hatte im Arabischen ursprünglich die medizinische Bedeutung „Knochenbrüche heilen". Es wurde von Al-Hwarizmi in die Mathematik eingeführt, um damit die Methode zu bezeichnen, aus „gebrochenen" Teilen (Bruchteilen) das gesuchte Ganze zusammenzusetzen. Aus dem Wort al-gabr entstand unser heutiges Wort Algebra. Der Kaufmann und Mathematiker Leonardo von Pisa (um 1200) lebte am Hofe des Staufenkaisers Friedrich II. Auf seinen Reisen ins Morgenland lernte er die arabische Mathematik kennen und übersetzte wichtige Teile ins Lateinische. Er trug wesentlich dazu bei, dass sich das Rechnen mit den indischen Ziffern auch im Abendland durchsetzte.

Texte reduzieren (2)

Mögliche Zwischenüberschriften:

____

____

____

____

____

3 Spickzettel erstellen
Erstelle zu folgendem Text einen Spickzettel. Er soll die wichtigsten Begriffe enthalten, die du brauchst, um den Text in einem kurzen Referat vorzutragen.

Historisches zur Kreiszahl π

Die Kreiszahl π gibt das Verhältnis der Maßzahlen von Umfang und Durchmesser eines Kreises an. Da in vielen Bereichen (z. B. Kunst, Technik, Tanz, Spiel, Lebensdeutung und religiöser Mythos) die Gestalt des Kreises vorkommt, geht von dieser den Kreis beschreibenden Zahl eine besondere Faszination aus. Man versuchte daher in allen Epochen der Mathematikgeschichte, diese Zahl immer noch genauer zu erfassen.

Einige versuchten, die Kreiszahl durch einen Bruch anzunähern. Die alten Ägypter besaßen bereits einen recht genauen Wert $\left(\frac{16}{9}\right)^2 \approx 3{,}16$, wie er aus einem sehr alten Mathematikbuch, dem sogenannten Papyrus Rhind (um 1700 v. Chr.) hervorgeht. Von Archimedes stammen die Näherungswerte $3\frac{10}{71}$ und $3\frac{1}{7}$, die er bei der Annäherung eines Kreises durch ein 96-Eck gewann. Einer der besten Näherungsbrüche wurde im 5. Jahrhundert n. Chr. von dem chinesischen Astronomen Tschukong gefunden, nämlich $\frac{355}{113}$. Erst die 7. Stelle nach dem Komma ergibt eine Abweichung vom wahren Wert von π.

In Europa findet sich derselbe Bruch erst 1000 Jahre später. Nach dem zweiten Weltkrieg ging die Jagd nach Stellen mit elektronischen Rechenmaschinen weiter. 1949 brauchte der Computer Eniac 70 Stunden, um bis zur 2000. Dezimale zu kommen. Heute wurden von π schon über 1 Milliarde Stellen ermittelt. Dabei steht nicht mehr der praktische Nutzen im Vordergrund, sondern die Möglichkeit, einen Leistungstest für hochmoderne Computer zu haben.

Mein Spickzettel:

____

____

____

Ernst Klett Verlag GmbH, Stuttgart 2009

Tabelle erstellen

Der Inhalt eines umfangreichen Textes kann durch eine Tabelle übersichtlich dargestellt werden. Häufig wird sie dann eingesetzt, wenn Vergleiche oder Aufzählungen vorgenommen werden. Schlüsselbegriffe des Textes helfen beim Anlegen der Tabelle. Man kann sie dazu verwenden, um die erste Zeile und die erste Spalte der Tabelle zu beschriften.

1 Der vorliegende Aufschrieb ist an manchen Stellen unvollständig. Bearbeite und ergänze ihn so, dass zu jedem Gesetz ein Beispiel und die Formulierung des Gesetzes mit Variablen im Text vorkommt. Fülle anschließend die Tabelle aus.

Rechengesetze für Terme

Terme kann man umformen, indem man geeignete Rechengesetze anwendet.
Kommen in einem Term Klammern vor, so prüft man, ob man ein Distributivgesetz anwenden kann.
Die Gesetze lauten allgemein: $a \cdot (b + c) = ab + ac$ bzw. $a \cdot (b - c) = ab - ac$.
Vielleicht ist es auch möglich, das Assoziativgesetz der Addition oder der Multiplikation anzuwenden.
Manchmal helfen auch die Kommutativgesetze, wie z. B. $2 + 3 = 3 + 2$ bzw. $2 \cdot 3 = 3 \cdot 2$ weiter.

Name	Beispiel	Allgemein
Distributivgesetze	$3 \cdot (x + 5) = 3x + 15$ $3 \cdot (x - 5) = 3x - 15$	$a \cdot (b + c) = ab + ac$ $a \cdot (b - c) = ab - ac$

2 Markiere wichtige Schlüsselbegriffe im folgenden Text. Stelle dann den Inhalt in Form einer Tabelle in deinem Heft dar. Nach welchen Gesichtspunkten beschriftest du die erste Zeile und die erste Spalte der Tabelle?

Anzahl der Lösungen der Gleichung $ax^2 + bx + c = 0$

Die Gleichung besitzt entweder zwei, eine oder keine Lösung.
Dies lässt sich an der Wurzel erkennen, die in der abc-Formel vorkommt:

$x_1 = \frac{-b+\sqrt{b^2-4ac}}{2a}$ bzw. $x_2 = \frac{-b-\sqrt{b^2-4ac}}{2a}$.

Ist die Diskriminante $b^2 - 4ac$ positiv, so gibt es die zwei Lösungen x_1 und x_2.

Ist sie jedoch Null, so ist $-\frac{b}{2a}$ die einzige Lösung.

Ist die Diskriminante negativ, so gibt es keine Lösung.

Ernst Klett Verlag GmbH, Stuttgart 2009

Schema entwerfen

Bei Fallunterscheidungen kann ein Schema mit Verzweigungen Übersicht über einen Inhalt verschaffen.

1 Lies den Text und ergänze das Schema.

Die Gleichung $ax + b = 0$ und ihre Lösungen
Ob die Gleichung eine Lösung hat und wie viele, hängt von a und b ab.
Ist zum Beispiel $b = 0$ und $a \neq 0$, so ist die Lösung Null. Sind weder a noch b Null, so ist $-\frac{b}{a}$ die Lösung. In manchen Fällen gibt es keine Lösung ($a = 0$, $b \neq 0$). Manchmal gibt es sogar unendlich viele Lösungen.

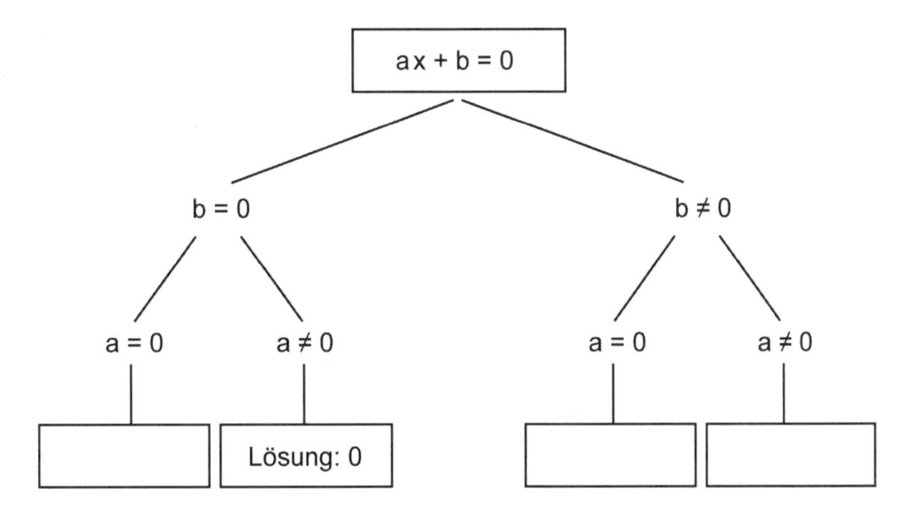

2 Welche Fälle werden im folgenden Text unterschieden? Die Aufzählung ist nicht vollständig. Ergänze sie. Lege ein Schema an, das zunächst die Fälle n gerade und n ungerade unterscheidet.
Wie muss das Schema fortgesetzt werden?

Die Potenzfunktion $y = ax^n$ und ihr Graph

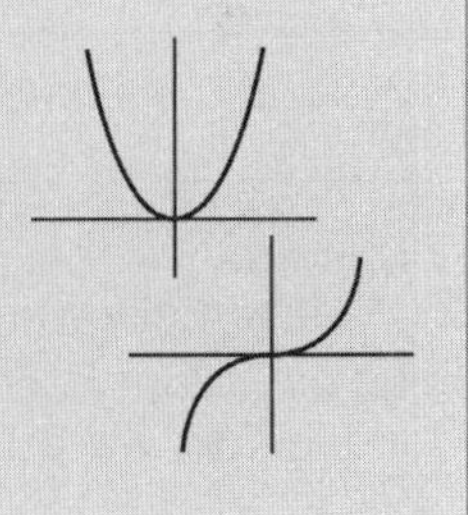

Alle Graphen gehen durch den Punkt O(0 | 0).
Wenn n eine gerade Zahl ist, dann ist der Graph achsensymmetrisch zur y-Achse.
Ist a positiv, so verläuft der Graph oberhalb der x-Achse. Ist a negativ, so verläuft er unterhalb der x-Achse.

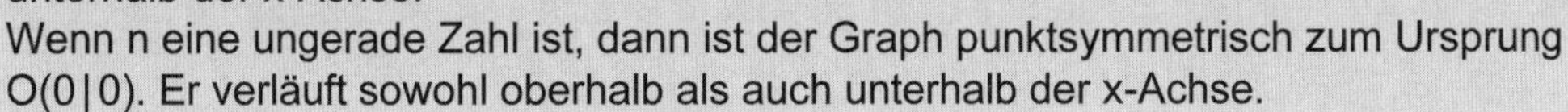

Wenn n eine ungerade Zahl ist, dann ist der Graph punktsymmetrisch zum Ursprung O(0 | 0). Er verläuft sowohl oberhalb als auch unterhalb der x-Achse.

Folgendes sollte im Text noch ergänzt werden:

___

___

Ernst Klett Verlag GmbH, Stuttgart 2009

Kopiervorlage 4

Skizzen anfertigen

Mithilfe von Skizzen lassen sich Sachverhalte häufig einfach und klar darlegen.

1 Um den Inhalt dieses Textes kurz und prägnant darzustellen, ist es günstig, geeignete Skizzen anzufertigen und sie mit knappen Erläuterungen zu versehen.
Suche zunächst Schlüsselbegriffe. Welche wichtigen Aussagen macht der Text?
Ergänze nun die Übersicht, gib eine geeignete Überschrift an und beschrifte die Skizzen.

Bei Geraden, die sich schneiden, nennt man die sich gegenüberliegenden Winkel Scheitelwinkel und nebeneinander liegende Winkel Nebenwinkel.
Zwei sich schneidende Geraden bilden eine punktsymmetrische Figur. Deshalb sind Scheitelwinkel gleich groß. Außerdem beträgt die Summe zweier Nebenwinkel 180°.
Werden zwei Parallelen g und h von einer dritten Geraden k geschnitten, so bilden sie ebenfalls eine punktsymmetrische Figur. Stufen- und Wechselwinkel an parallelen Geraden sind gleich groß.

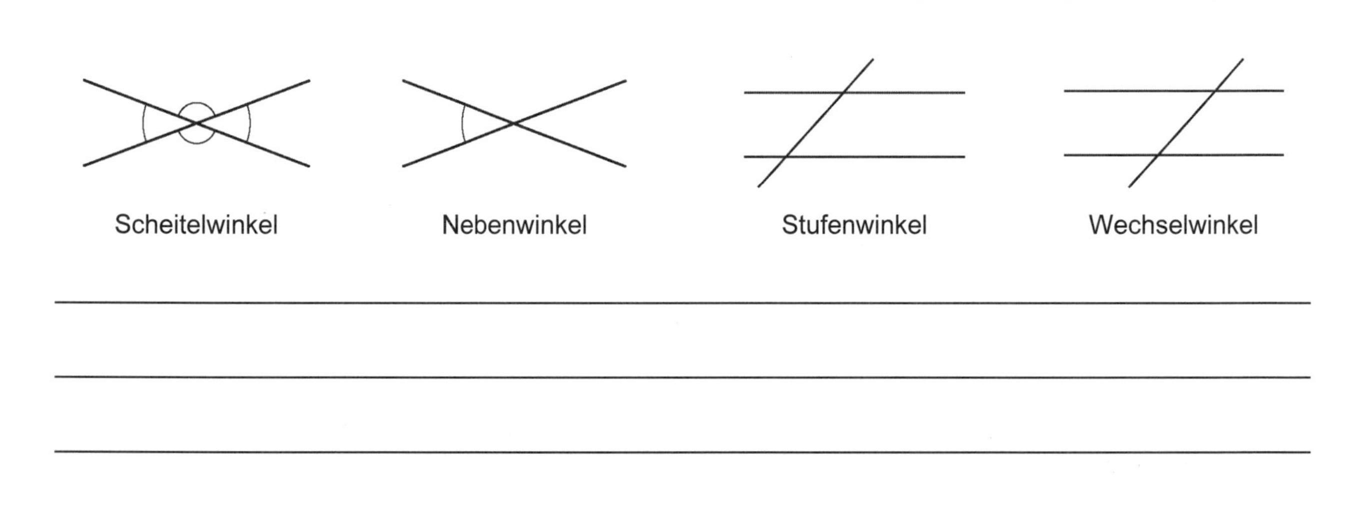

2 Welche Fälle werden im Text unterschieden?
Lege einen Spickzettel für einen Kurzvortrag an. Fertige dazu geeignete Skizzen an und beschrifte sie.
Überlege dir, wie du damit eine Folie für den Kurzvortrag übersichtlich und prägnant gestalten kannst.

Anzahl der Lösungen eines linearen Gleichungssystems

Haben bei einem linearen Gleichungssystem mit zwei Variablen die den Gleichungen entsprechenden Geraden einen Punkt gemeinsam, dann besitzt es eine Lösung. Beispiel: $y = -2x + 4$; $y = x + 1$.
Wenn die Geraden unendlich viele Punkte gemeinsam haben, dann besitzt das Gleichungssystem unendlich viele Lösungen. Die Gleichungen $y = x + 2$ und $2y - 2x = 4$ haben unendlich viele gemeinsame Lösungen.
Die Gleichungen $y = x + 4$ und $y = x - 1$ haben keine gemeinsamen Lösungen. Die entsprechenden Geraden haben keine gemeinsamen Punkte.

Ernst Klett Verlag GmbH, Stuttgart 2009

Kopiervorlage 5

Ein Text – viele Möglichkeiten

Oft bieten sich mehrere Möglichkeiten an, einen Text übersichtlich darzustellen. Versuche den folgenden Text auf mindestens zwei verschiedene Arten kurz zusammenzufassen.
Bewerte den Vorteil jeder gewählten Darstellungsart. Welche ist dein Favorit?

Der Graph einer linearen Zuordnung

Der Graph einer linearen Zuordnung $x \rightarrow y$ mit $y = mx + c$ liegt auf einer Geraden. Dabei ist m die Steigung der Geraden und c ihr y-Achsenabschnitt.

Ist $c = 0$, so geht die Gerade durch den Ursprung $O(0|0)$. Ist dabei auch noch $m = 0$, so verläuft die Gerade auf der x-Achse. Ist $c \neq 0$ und $m = 0$, so ist die Gerade parallel zur x-Achse. Für $c \neq 0$ und $m \neq 0$ schneidet sie die y-Achse im Punkt $P(0|c)$. Sie hat die Steigung m.

ca. 40 min — Einzelarbeit

Weitere Übungen mithilfe des Schülerbuches

Die eingeübten Möglichkeiten zur Bearbeitung eines Textes kannst du an vielen Stellen im Laufe des Unterrichts anwenden. Hier werden dir noch mehr Übungsmöglichkeiten angeboten, die du mithilfe deines Schülerbuches durchführen kannst. Die Vorschläge sind nach den Kapiteln im Buch geordnet. Sicher findest du auch selbst noch andere Themen zum Üben – eventuell auch in anderen Fächern.

Kapitel I
Quadratische Gleichungen: Entwirf jeweils eine Skizze zu den verschiedenen Möglichkeiten, quadratische Gleichungen zu lösen.

Kapitel II
Exkursion „Pyramiden, Gauß und GPS“: Lege einen Spickzettel für einen Kurzvortrag an, der die wichtigsten Begriffe enthält.

Kapitel IV
Wahrscheinlichkeitsrechnung: Entwirf ein Schema, das die unterschiedlichen Kombinationsmöglichkeiten des Ziehens mit und ohne Zurücklegen und mit und ohne Beachtung der Reihenfolge übersichtlich zusammenfasst.

Kapitel V
Potenzfunktionen mit ganzzahligen Exponenten: Fertige eine Tabelle an, die den grafischen Verlauf von Potenzfunktionen der Form $a \cdot x^z$ in Abhängigkeit vom Vorzeichen von a, vom Vorzeichen von z und davon, ob z gerade oder ungerade ist, darstellt.

Kapitel VI
Ergänze die Exkursion Geschichte der Zahl Pi um geeignete Zwischenüberschriften.

Kapitel VII
Stelle in einer Tabelle die Voraussetzungen zusammen, die für die Anwendbarkeit des Satzes des Pythagoras, des Sinussatzes und des Kosinussatzes erfüllt sein müssen.

Unterrichtsform: Projektorientiertes Arbeiten

Grundidee

Zu einem vorgegebenen Rahmenthema sollen die Schülerinnen und Schüler
- einzelne Aspekte auswählen,
- diese in Kleingruppen so weit wie möglich eigenständig erarbeiten,
- ihre Ergebnisse präsentieren.

Wünschenswert ist, dass sich die inhaltliche Verknüpfung der Aspekte in einer Kooperation der Kleingruppen widerspiegelt. Gleichberechtigt neben der Förderung der *Sachkompetenz* steht die Förderung der *Sozialkompetenz* und der *Selbstkompetenz*, wie z. B.
- der Eigenverantwortlichkeit,
- der Kooperationsfähigkeit,

und der Förderung der *Methodenkompetenz*, wie z. B.
- der Fähigkeit zur Informationsbeschaffung,
- der Fähigkeit zur Informationsverarbeitung,
- der Fähigkeit zur Erstellung einer Präsentation.

Die Projektarbeit wird zu Recht als eine Hochform der offenen Unterrichtsform angesehen.

Einsatzmöglichkeiten

- Projektorientiertes Arbeiten bietet sich bei Themen an, die viele „offene Fragestellungen" beinhalten.
- Insbesondere ist es zur Erarbeitung von Themen mit fächerübergreifendem Charakter geeignet.

Geeignete Themen

- Vom Himmel hoch (vgl. S 79 ff.)

Beschreibung der Methode

Ein an der Projektmethode orientiertes Arbeiten könnte z. B. den folgenden Ablauf haben:
- *Themenfindung:* Die Lehrerin oder der Lehrer stellt das Rahmenthema anhand von Material vor, das unterschiedliche Themenaspekte repräsentiert. Alternativ hierzu ist auch ein Einstieg mit der „Moderationsmethode" denkbar. Die unterschiedlichen Aspekte werden gesammelt. Möglicherweise können bereits erste inhaltliche Verbindungen hergestellt werden.
- *Planungsphase*: Jede Schülergruppe wählt einen Aspekt zur Bearbeitung aus und macht sich über mögliche Schwerpunktsetzungen Gedanken. Ein Plan für die Vorgehensweise wird erstellt und schriftlich fixiert. Der Lehrer gibt einen Zeitrahmen vor.
- *Arbeitsphase:* Im Allgemeinen wird die Lehrerin bzw. der Lehrer die Rolle des Projektmanagers übernehmen, der, sollte dies nötig sein, ermutigt, auf Anfrage einer Gruppe Tipps gibt, zur Kooperation zwischen den einzelnen Gruppen anleitet usw.

Die Gruppen arbeiten nach ihrem Plan, den sie bei Bedarf modifizieren. Informationsquellen sind beispielsweise Bücher, Experten und das Internet. Manchmal bietet es sich an, dass die Gruppen ein Protokoll schreiben oder einen Zwischenbericht abgeben.
- *Präsentationsphase*: Die Ergebnisse können in einem Vortrag, z. B. mithilfe von Folien, Plakaten oder einem geeigneten PC-Programm, präsentiert werden. Gegebenenfalls wird vereinbart, dass eine schriftliche Ausarbeitung oder eine Zusammenfassung für die anderen Gruppen erstellt wird.
- *Reflexionsphase*: Im Sinne der Zielsetzung des projekorientierten Arbeitens (s. o.) sollte abschließend eine Reflexion z. B. über Arbeitsabläufe, Schüler- und Lehrertätigkeiten und auch über die Ergebnisse stattfinden.

Voraussetzungen

- Das Rahmenthema sollte in der Regel höchstens mittleren Schwierigkeitsgrad haben und genügend interessante Aspekte, Verknüpfungen und offene Fragestellungen beinhalten. Es muss sich in weitgehend unabhängige Teilthemen aufteilen lassen.
- Die Schülerinnen und Schüler sollten bereits positive Erfahrungen mit Unterrichtsformen gesammelt haben, die auf Stärkung der Eigentätigkeit, Eigenverantwortlichkeit, Selbstdisziplin und Teamfähigkeit abzielen.
- Ein Mindestmaß an Kompetenzen, wie sie etwa zur Erarbeitung und zum Vortrag eines Referats nötig sind, sollten vorhanden sein bzw. geschaffen werden.

Ergebnissicherung
- Nach der Präsentation jeder Gruppe sollen inhaltliche Fragen gestellt werden können.
- Es wäre denkbar, eine Kernaussage aus jedem der bearbeiteten Aspekte bei der Präsentation besonders herauszustellen und von allen Schülerinnen und Schülern dokumentieren zu lassen.
- Eine schriftliche Ausarbeitung kann von der Lehrerin bzw. dem Lehrer eingefordert und eventuell beurteilt werden.

Probleme
- Die Lehrperson als Initiatorin eines projektorientierten Arbeitens befindet sich auf der Gratwanderung: Einerseits möchte sie im Sinne des Projektgedankens Offenheit und freie Gestaltung ermöglichen, andererseits hat sie die Befürchtung, dass die Bearbeitungen im (vor allem mathematisch) Belanglosen stecken bleiben. Jedenfalls ist klar, dass schon aufgrund der genannten zweigleisigen Zielsetzung die inhaltlichen Ergebnisse nicht mit denen eines stärker lehrerzentrierten Vorgehens verglichen werden können.
- Erfahrungsgemäß brauchen Schüler und Schülerinnen eine gewisse „Anlaufzeit", bis die ersten sichtbaren Fortschritte in der Projektarbeit zu beobachten sind.
- Schülerinnen und Schüler, die zu wenig Erfahrung mit selbstständigem Arbeiten haben, können überfordert sein.

Themen, die sich in Klasse 9 für ein mathematisches Referat eignen

Die Zahl Pi
Leitfragen:
- Bei welchen mathematischen Fragestellungen spielt die Zahl Pi eine Rolle?
- Was ist das Besondere an der Zahl Pi
- Wie kann man Pi näherungsweise bestimmen?
- Skizziere die Geschichte der Zahl Pi.

Quellen:
Schülerbuch, Seite 166, S.174–175
Internetsuche: Die Zahl Pi, Kreiszahl

Vermessung
Leitfragen:
- Wie lassen sich mittels Triangulation Entfernungen berechnen?
- Wie funktioniert die Positionsbestimmung mithilfe von GPS?

Quellen:
Schülerbuch, S.71–73
Internetsuche: Triangulation, Satellitennavigation, GPS

Die gleichmäßig temperierte Stimmung
Leitfragen:
- Welche Stimmungen gibt es in der Musik und wodurch unterscheiden sie sich?

Quellen:
Schülerbuch, S.96 ff
Internet: Temperierung, Stimmungssysteme

Kepler'sche Gesetze
Leitfragen:
- Wie lässt sich eine Ellipse konstruieren?
- Was sagen die drei Kepler'schen Gesetze aus?

Quellen:
Schülerbuch, S.140–141
Internet: Keplersche Gesetze, Kepler-Gesetze, Bahnelemente

Probier's mal mit Punkten

Materialbedarf: Spielplan (Kopiervorlage), Würfel, Spielfiguren, Farbstifte

Spielbeschreibung: Die Klasse wird in Gruppen zu zwei Personen eingeteilt.
Der erste Spieler würfelt, zieht und löst dann die auf dem erreichten Feld stehende Aufgabe, indem er eine Punktprobe durchführt bzw. die fehlende Koordinate des Schaubildpunktes berechnet. Hierbei können auch Felder auftreten, zu denen keine Lösung existiert. Der zweite Spieler kontrolliert die Rechnung. Wurde die Aufgabe richtig gelöst, darf der erste Spieler das Feld in seiner Farbe ausmalen. Nun ist der zweite Spieler an der Reihe. Kommt ein Spieler auf ein schon gefärbtes Feld, so muss er dort stehen bleiben und auf die nächste Runde warten. Ist ein Spieler am letzten Feld angekommen, beginnt er wieder beim Startfeld.
Wer nach einer vorgegebenen Zeit die meisten Felder in seiner Farbe ausgemalt hat, gewinnt.

Tipp: Der Spielplan kann wieder verwendet werden, wenn man ihn laminiert und zur Markierung wasserlösliche Farbstifte benutzt.

Start	$y = x^2 + x - 1$ $P(2\mid 3)$ →	$y = -3x^2$ $P(4\mid -48)$ →	$y = \frac{1}{x} + 2$ $P(2\mid ?)$ →	$y = 2x + 7$ $P(?\mid 1)$ →	$y = x^2 + x - 1$ $P(-1\mid 3)$ →
$y = x^6 + 2x$ $P(1\mid 4)$ ←	$y = \frac{1}{2}(x - 1) \cdot x$ $P(\frac{1}{2}\mid \frac{1}{4})$ ←	$y = x \cdot (2x + 1)$ $P(0\mid ?)$ ←	$y = 0{,}5x + 7$ $P(?\mid 4)$ ←	$y = \frac{x+2}{3}$ $P(4\mid ?)$ ←	$y = 5x^3 - 2$ $P(-1\mid -6)$ ←
$y = 10x^2 - 3$ $P(-3\mid 87)$ →	$y = 5(x + \frac{1}{2})$ $P(-0{,}25\mid ?)$ →	$y = \frac{x-7}{x}$ $P(0{,}5\mid -13)$ →	$y = 2(x^2 + 1) - 3$ $P(-7\mid -95)$ →	$y = 10x^2 - 50$ $P(10\mid ?)$ →	$y = 2x^4$ $P(?\mid 32)$ →
$y = x^2 - 0{,}5x + 3$ $P(\frac{1}{2}\mid 3)$ ←	$y = \frac{5}{12}x^2 - 15$ $P(6\mid 1)$ ←	$y = -4 \cdot (x + 2)$ $P(?\mid 2)$ ←	$y = 2x^2 - 1$ $P(\frac{1}{2}\mid ?)$ ←	$y = -0{,}5x^2$ $P(?\mid -32)$ ←	$y = 2x^2 + 7x$ $P(-10\mid ?)$ ←
$y = x^5 - 1$ $P(-2\mid -33)$ →	$y = -4x^2$ $P(5\mid ?)$ →	$y = (x + 1)(x - 1)$ $P(2\mid ?)$ →	$y = \frac{2x+1}{x}$ $P(0\mid ?)$ →	$y = -x^3 + 7$ $P(2\mid ?)$ →	$y = \frac{3}{4}x^2$ $P(6\mid 27)$ →
$y = x^3 - 1$ $P(?\mid 0)$ ←	$y = -x^2 + 2{,}5x$ $P(2\mid 9)$ ←	$y = x^2 - 4{,}5$ $P(-3\mid ?)$ ←	$y = \frac{15}{x}$ $P(0\mid ?)$ ←	$y = 3x^2$ $P(?\mid 75)$ ←	$y = 4x(x - 1)$ $P(-4\mid 60)$ ←
$y = x^2 + 2x$ $P(0{,}5\mid ?)$ →	$y = -\frac{1}{2}x + 2$ $P(?\mid 10)$ →	$y = \frac{2}{3}x^2 - 5$ $P(6\mid 19)$ →	$y = 3 \cdot (x - 5)$ $P(0\mid ?)$ →	$y = x^3$ $P(?\mid 8)$ →	**zurück zum Start**

30 min   Partnerarbeit

Gruppenpuzzle: Parabeln

Problemstellung
Mit diesem Gruppenpuzzle sollt ihr die Darstellungsmöglichkeiten von Parabeln und ihre Funktionsgleichungen kennen lernen.

Ablaufplan
Es gibt insgesamt drei Teilthemen:
- Verschiebung in y-Richtung,
- Verschiebung in x-Richtung,
- Formänderung.

Bildung von Stammgruppen (10 min)
Teilt eure Klasse zunächst in Stammgruppen mit mindestens drei Mitgliedern auf.
Bestimmt in eurer Stammgruppe mindestens eine Schülerin bzw. einen Schüler pro Teilthema. Sie werden zu Experten für dieses Teilthema.

Erarbeitung der Teilthemen in den Expertengruppen (25 min)
Die Stammgruppe löst sich auf und die Experten zu jedem Teilthema bilden die Expertengruppe.
Dort wird anhand der Expertengruppenblätter das jeweilige Teilthema erarbeitet.

Ergebnispräsentation in den Stammgruppen (15 min)
Kehrt wieder in eure Stammgruppen zurück. Dort informiert jeder Experte die anderen Stammgruppenmitglieder über sein Teilthema, steht ihnen für Rückfragen zur Verfügung und schlägt einen Heftaufschrieb vor, den die anderen (eventuell noch verbessert) übernehmen.
Am Ende sollte jeder von euch alle Teilthemen verstanden haben.

Verknüpfung des Expertenwissens und Übungen in den Stammgruppen (30 min)
Bearbeitet das Arbeitsblatt für die Stammgruppe. Dabei lernt ihr zunächst, wie die drei Teilthemen zusammenhängen. Die Testaufgaben sind anspruchsvoll, weitere Informationen dazu findet ihr im Schülerbuch auf den Seiten 14 und 15. Wenn ihr die Testaufgaben zusammen lösen könnt, seid ihr fit für Parabeln.

⏱ 80 min ✝ Gruppenarbeit

Gruppenpuzzle Parabeln: Arbeitsblatt für die Stammgruppe

1 Austausch des Expertenwissens mit Heftaufschrieb

2 Verknüpfung des Expertenwissens

Jeder stellt seinem rechten Nachbarn nacheinander Aufgaben der Art:
Zeichne eine Parabel, die
a) um … nach rechts/links und um … nach oben/unten verschoben ist,
b) mit dem Faktor a = … gestreckt/gestaucht und um … nach oben/unten verschoben ist,
c) mit dem Faktor a = –… gestreckt/gestaucht und um … nach rechts/links verschoben ist.

Gestaltet nun zusammen einen Heftaufschrieb für alle drei Veränderungen, die nacheinander an einer Parabel durchgeführt werden. Beispiel:

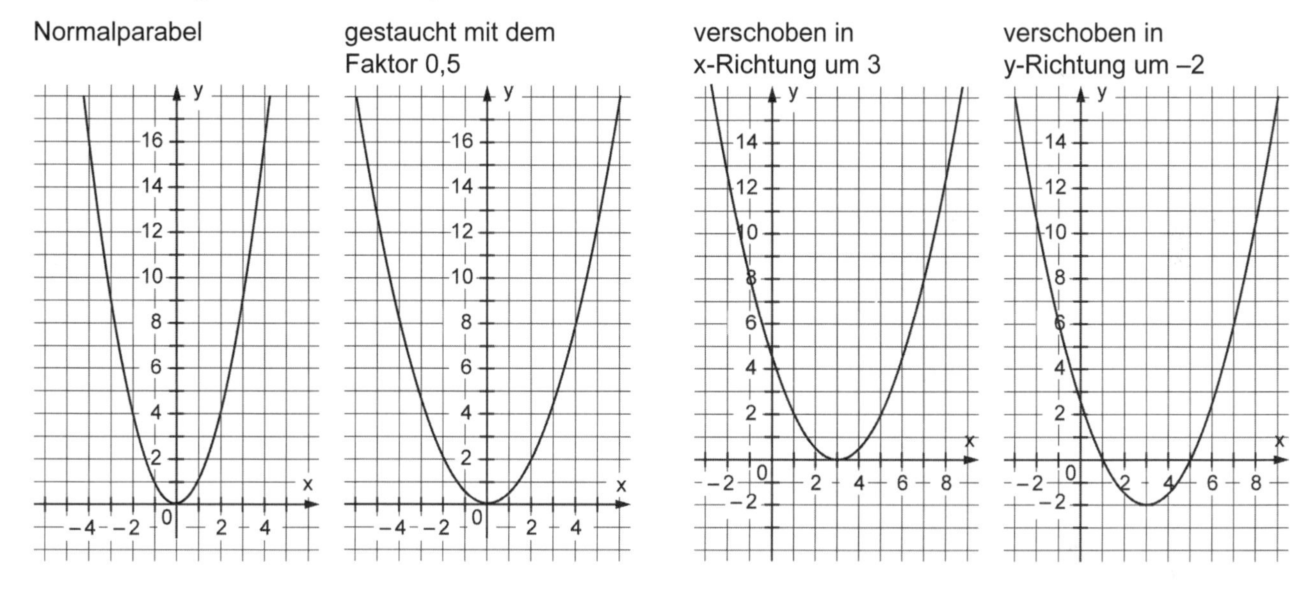

Zeichnet diese Kurven in ein Koordinatensystem, kennzeichnet die Veränderungen mit farbigen Pfeilen und gebt zu jedem Schritt die Funktionsgleichung an.

Zusammenfassung:
In der Funktionsgleichung bewirkt jeder Teil eine Veränderung.
Schreibe dies in die Kästchen (in dein Heft):

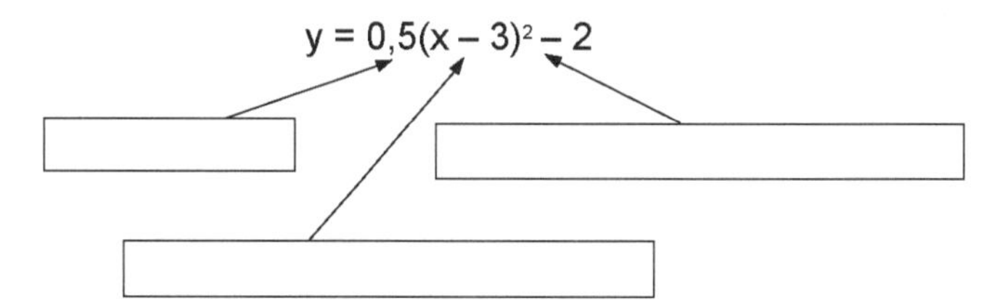

3 Testaufgaben

a) Eine Normalparabel wird mit dem Faktor 1,8 gestreckt, an der x-Achse gespiegelt, um 5 nach oben verschoben und außerdem nach rechts verschoben. Der Scheitel hat die Koordinaten S(3,5|y). Bestimme die Funktionsgleichung und zeichne die Kurve.
b) Eine Parabel schneidet die x-Achse bei $x_1 = -2$ und bei $x_2 = 6$. Der Scheitel hat die Koordinaten S(x|–4).
Zeichne die Parabel und gib die Funktionsgleichung an.
(Anleitung: Die x-Koordinate des Scheitels kannst du aus den Schnittpunkten mit der x-Achse ermitteln. Betrachte dazu einfach deine schon gezeichneten Beispiele.)

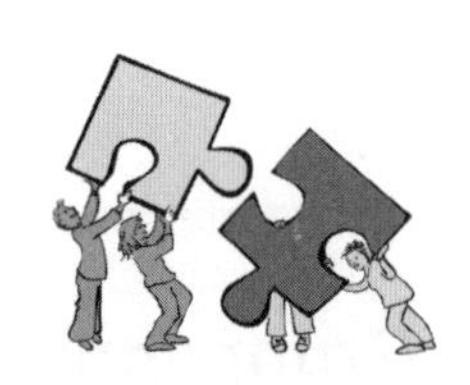

Gruppenpuzzle Parabeln: Expertenblatt 1

1 Die neue Funktionsgleichung
Hier sind zwei Parabeln gezeichnet und mit unvollständigen Wertetabellen versehen.
Ergänzt die Wertetabellen.
Wie entsteht die zweite Wertetabelle aus der ersten?

Macht Vorschläge für die Funktionsgleichung der zweiten Parabel und überprüft sie.

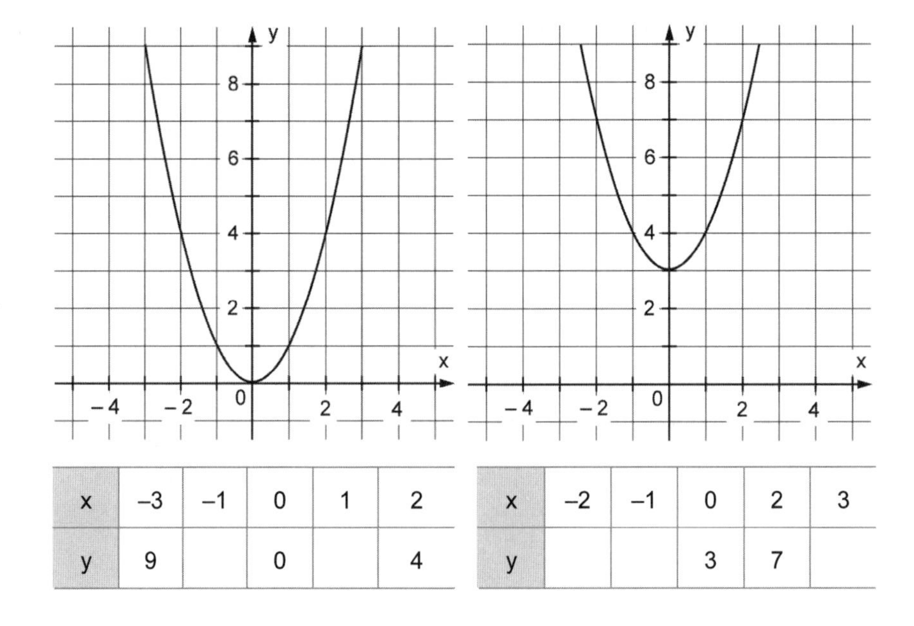

x	−3	−1	0	1	2
y	9		0		4

x	−2	−1	0	2	3
y			3	7	

2 Rauf und runter
Hier sind fünf unvollständige Wertetabellen von Parabeln vorgegeben.

x	−2,5	−1	0	1	2	3
y				2,5	5,5	

x	−4	−3	−1	0	2	4,5
y			$\frac{7}{4}$		$\frac{19}{4}$	

x	−2,5	−2	0	0,5	1	3
y	$12\frac{1}{4}$			$6\frac{1}{4}$		

x	−3	−2	0	1,5	2	4
y	6,5				1,5	

x	−4	−2	−1,5	0	3	5
y		$\frac{17}{3}$			$\frac{32}{3}$	

Jeder übernimmt eine Wertetabelle, ergänzt sie und zeichnet freihand den Graphen dazu.

Die vermutete Funktionsgleichung wird überprüft.

Jeder nennt in der Gruppe seine Funktionsgleichung und beschreibt mit Worten die Lage der Parabel.

3 Vorbereitung der Ergebnispräsentation
Jeder muss in seiner Stammgruppe die hier erarbeiteten Lerninhalte präsentieren können.
Dazu ist notwendig, dass ihr
- eine übersichtliche Musterlösung der Aufgaben erstellt,
- die wesentlichen Schritte eurer Lösung erläutern und für Rückfragen zur Verfügung stehen könnt und
- einen sinnvollen, klar gegliederten Heftaufschrieb erstellt.

Dieser sollte enthalten:
- eine passende Überschrift,
- die allgemeine Funktionsgleichung der hier behandelten Parabeln,
- eine Beschreibung, wie diese Parabeln aus der Parabel zu $y = x^2$ hervorgehen,
- die Lage des Scheitels,
- drei Beispiele mit Graph, Funktionsgleichung und Scheitelkoordinaten in einem Koordinatensystem.

Gruppenpuzzle Parabeln: Expertenblatt 2

1 Die neue Funktionsgleichung
Zwei Parabeln sind gezeichnet und ihre Wertepaare in einer Tabelle zusammengefasst.
Dort ist ein Beispiel von aufeinander bezogenen Werten durch Pfeile markiert.
Jeder wählt ein Beispiel wie das markierte aus, zeichnet die Pfeile ein und überlegt sich den Zusammenhang zwischen den Werten.
Erklärt euch gegenseitig eure Beispiele anhand der Tabelle und der Kurvenpunkte.
Versucht gemeinsam daraus eine Funktionsgleichung zu gewinnen. Überprüft die gefundene Gleichung.

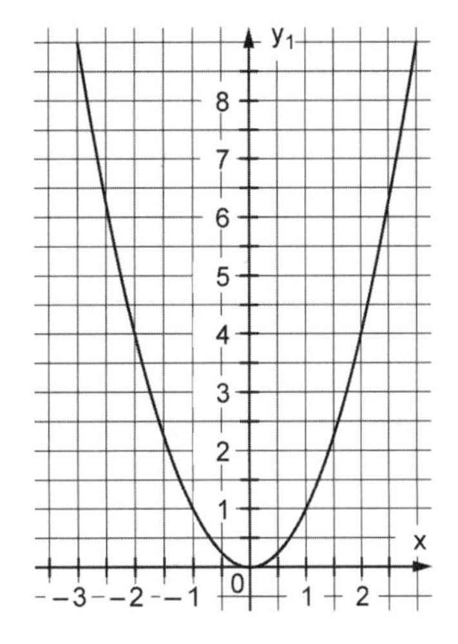

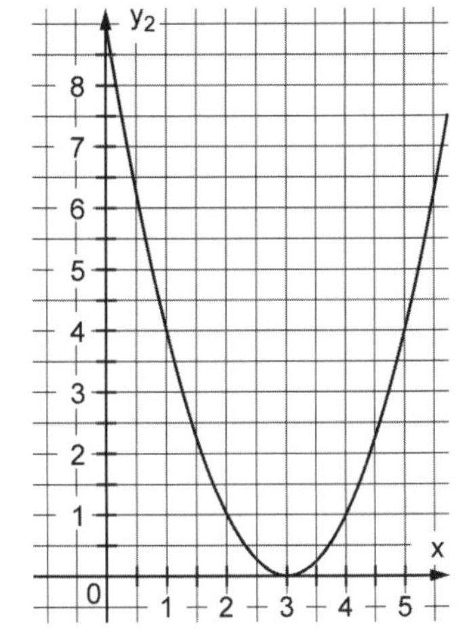

x	–3	–2	–1	0	1	2	3	4	5
y_1	9	4	1	0	1	4	9	16	25
y_2	36	25	16	9	4	1	0	1	4

2 Hin und her
Einerseits sind Parabeln und andererseits nicht dazugehörige Funktionsgleichungen gegeben.

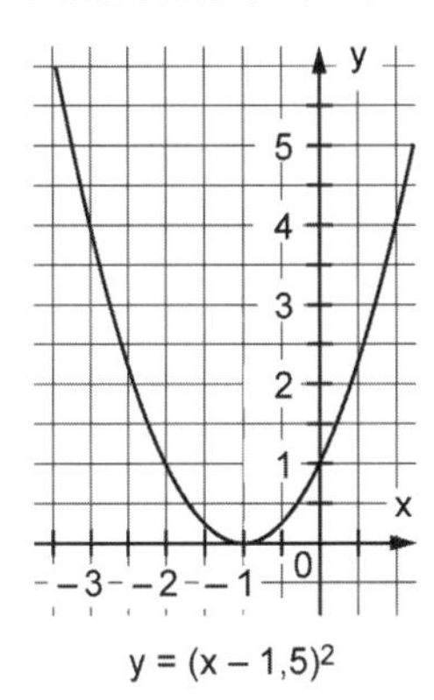

$y = (x - 1{,}5)^2$

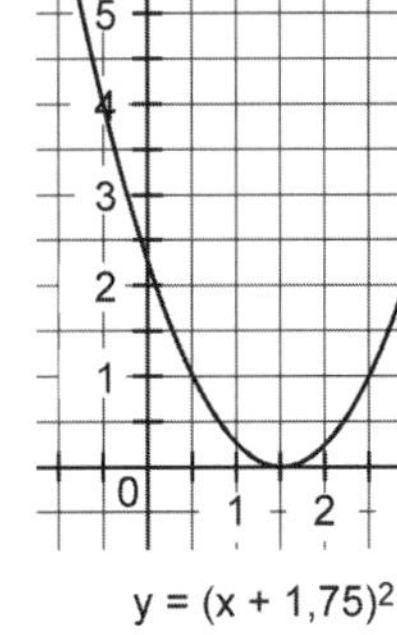

$y = (x + 1{,}75)^2$

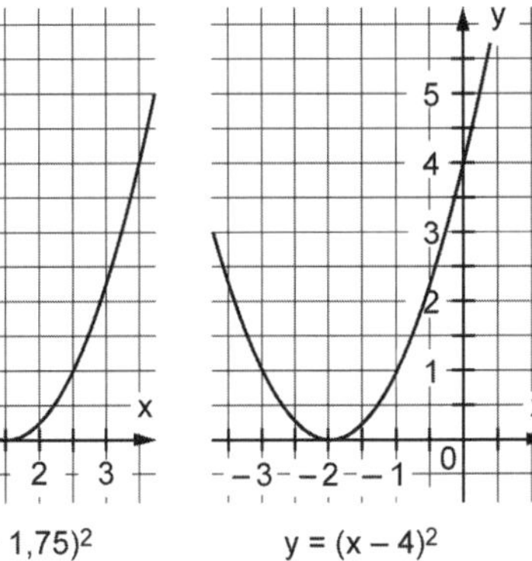

$y = (x - 4)^2$

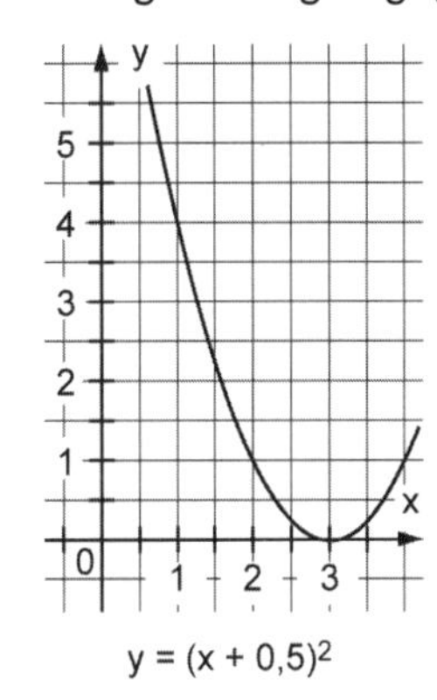

$y = (x + 0{,}5)^2$

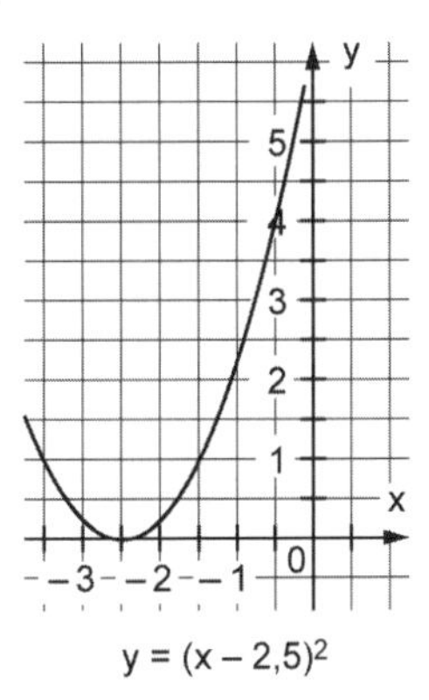

$y = (x - 2{,}5)^2$

Jeder übernimmt eine Parabel und eine Funktionsgleichung. Zur Parabel ist die Funktionsgleichung zu suchen, zur gegebenen Funktionsgleichung ist die Lage der Parabel mit Skizze und kleiner Wertetabelle gesucht. Die Beispiele werden in der Gruppe so vorgestellt, dass der Zusammenhang zwischen Funktionsgleichung und Lage der Parabel klar wird.

3 Vorbereitung der Ergebnispräsentation
Jeder muss in seiner Stammgruppe die hier erarbeiteten Lerninhalte präsentieren können.
Dazu ist notwendig, dass ihr
- eine übersichtliche Musterlösung der Aufgaben erstellt,
- die wesentlichen Schritte eurer Lösung erläutern und für Rückfragen zur Verfügung stehen könnt und
- einen sinnvollen, klar gegliederten Heftaufschrieb erstellt.

Dieser sollte enthalten:
- eine passende Überschrift,
- die allgemeine Funktionsgleichung der hier behandelten Parabeln,
- eine Beschreibung, wie diese Parabeln aus der Parabel zu $y = x^2$ hervorgehen,
- die Lage des Scheitels,
- drei Beispiele mit Graph, Funktionsgleichung und Scheitelkoordinaten in einem Koordinatensystem.

Gruppenpuzzle Parabeln: Expertenblatt 3

1 Die neue Funktionsgleichung

Gezeichnet ist eine Normalparabel. Einige Wertepaare sind besonders gekennzeichnet und in der Tabelle notiert.
Verdoppelt nun alle y-Werte, wie in der dritten Zeile angefangen, tragt die zugehörigen Punkte ein und skizziert die neue Kurve.

x	–2	–0,5	0	1	1,5
y	4	0,25	0	1	2,25
y*	8				

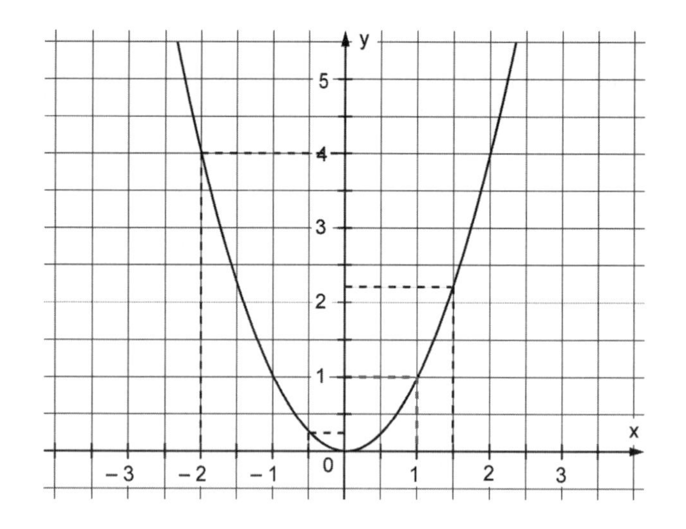

Macht Vorschläge für die Funktionsgleichung der neuen Parabel. Überprüft die Vorschläge.

2 Die Form ändert sich

Gegeben sind einerseits Parabeln und andererseits Wertetabellen, die zu anderen Parabeln gehören.

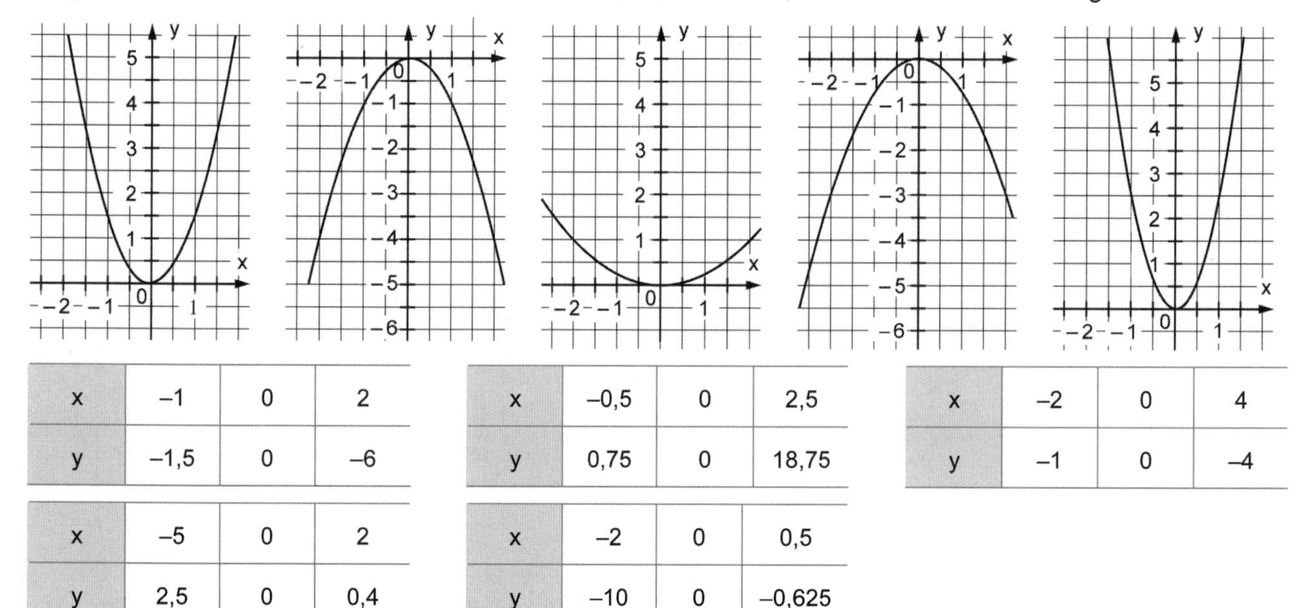

x	–1	0	2
y	–1,5	0	–6

x	–0,5	0	2,5
y	0,75	0	18,75

x	–2	0	4
y	–1	0	–4

x	–5	0	2
y	2,5	0	0,4

x	–2	0	0,5
y	–10	0	–0,625

Jeder übernimmt eine Parabel und eine Wertetabelle. Sucht die zugehörige Funktionsgleichung und überprüft diese. Erklärt euch dann gegenseitig, wie ihr zur Funktionsgleichung gekommen seid.

3 Vorbereitung der Ergebnispräsentation

Jeder muss in seiner Stammgruppe die hier erarbeiteten Lerninhalte präsentieren können.
Dazu ist notwendig, dass ihr
- eine übersichtliche Musterlösung der Aufgaben erstellt,
- die wesentlichen Schritte eurer Lösung erläutern und für Rückfragen zur Verfügung stehen könnt und
- einen sinnvollen, klar gegliederten Heftaufschrieb erstellt.

Dieser sollte enthalten:
- eine passende Überschrift,
- eine Beschreibung, was der Faktor a in der allgemeinen Funktionsgleichung $y = ax^2$ bewirkt,
- die Scheitelkoordinaten,
- je ein Beispiel mit Kurve und Funktionsgleichung für
  a) eine nach oben geöffnete, schlanke Parabel, b) eine nach oben geöffnete, breite Parabel,
  c) eine nach unten geöffnete, schlanke Parabel, d) eine nach unten geöffnete, breite Parabel.

Ernst Klett Verlag GmbH, Stuttgart 2009

Lernzirkel: Quadratische Funktionen

Mit diesem Lernzirkel kannst du den Lernstoff für das Kapitel „Quadratische Funktionen und quadratische Gleichungen" selbst üben und vertiefen. Bei jeder Station bearbeitest du ein anderes Thema. Dieses Blatt hilft dir bei der Arbeit. In der ersten Spalte der unteren Tabelle sind die Stationen angekreuzt, die du auf jeden Fall bearbeiten solltest (Pflichtstationen). Die anderen Stationen sind ein zusätzliches Angebot (Kürstationen).

Reihenfolge der Stationen
Du kannst die Stationen in beliebiger Reihenfolge bearbeiten.

Stationen abhaken
Wenn du eine Station bearbeitet hast, kannst du sie auf diesem Blatt abhaken.
So weißt du immer, was du noch bearbeiten musst. Anschließend solltest du deine Lösung kontrollieren. Danach kannst du hinter der Station in der Übersicht das letzte Häkchen machen.

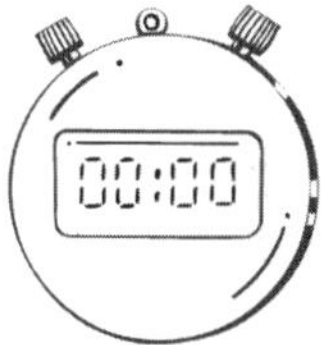

Zeitrahmen
Natürlich musst du auch die Zeit im Auge behalten. Überlege dir, wie lange du für eine Station einplanen kannst.
Am Ende solltest du auf jeden Fall die Pflichtstationen erledigt und deren Themen verstanden haben.

Viel Spaß!

Pflichtaufgaben	Kür	Station	bearbeitet	korrigiert
		1. Parabeldomino (1) – rein quadratische Funktionen		
		2. Parabeldomino (2) – allgemeine quadratische Funktionen		
		3. Quadratische Funktionen		
		4. Scheitelform – Normalform		

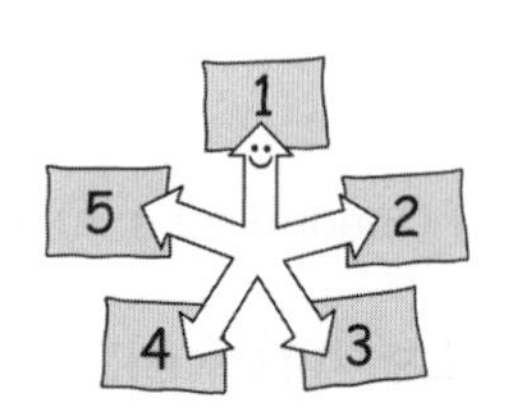

Lernzirkel: 1 Parabeldomino (1) – rein quadratische Funktionen

Schneide entlang der fett gedruckten Linien und lege passend aneinander.

Start	Die Parabel der rein quadratischen Funktion geht durch P(-2|4).	$y = 2x^2$	Die Parabel der rein quadratischen Funktion geht durch R(-3|6).
$y = -x^2$			Für die rein quadratische Funktion gilt: $y(2) = -6$.
	Der Punkt Q(-1,5|4,5) liegt auf der Parabel der rein quadratischen Funktion.	$y = -4x^2$	
$y = x^2$	Der Faktor vor x^2 ist eine Zahl größer als 4.	$y = \frac{2}{3}x^2$	Für die rein quadratische Funktion gilt: $y(-1) = -4$.
	Der Faktor vor x^2 ist eine Zahl zwischen -1 und 0.	$y = 4x^2$	
$y = 0{,}2x^2$	Der Graph der rein quadratischen Funktion ist eine nach unten geöffnete Normalparabel.	$y = \frac{1}{100}x^2$	Ziel

978-3-12-734792-0 Lambacher Schweizer 9 HE, Serviceband Ernst Klett Verlag GmbH, Stuttgart 2009

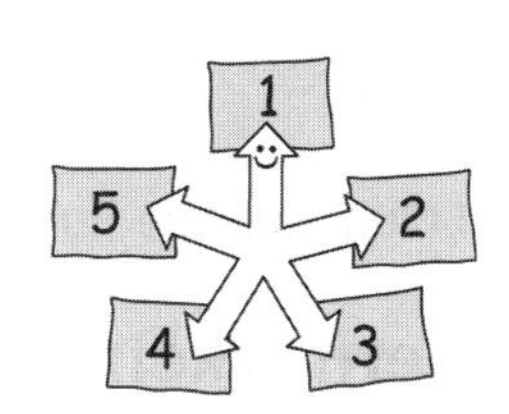

Lernzirkel: 2 Parabeldomino (2) – allgemeine quadratische Funktionen

Schneide entlang der fett gedruckten Linien und lege passend aneinander.

<table>
<tr><td>Start 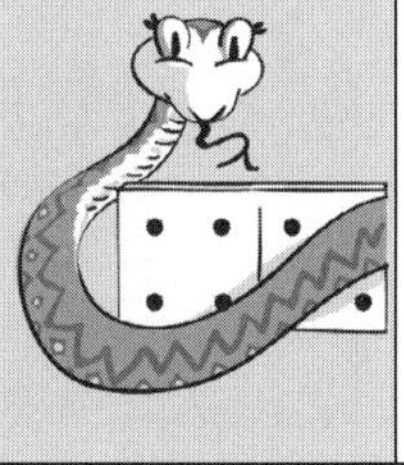</td><td>$y = -x^2 - 1$</td><td>Die oben offene Parabel der allgemeinen quadratischen Funktion ist um 1 nach rechts verschoben und geht durch den Punkt B(2|2).</td><td>$y = \frac{1}{2}(x + 1)^2 - 2$</td></tr>
<tr><td>Der Graph der allgemeinen quadratischen Funktion ist eine um 2 nach links verschobene, nach oben geöffnete Normalparabel.</td><td>$y = -\frac{1}{2}(x + 1)^2$</td><td> 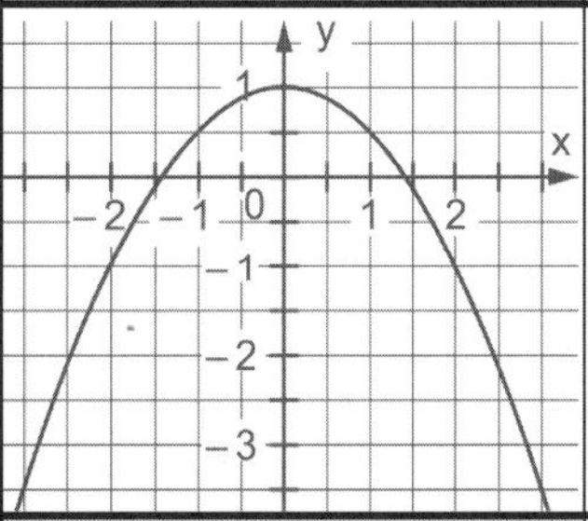</td><td>$y = (x - 2)^2$</td></tr>
<tr><td> 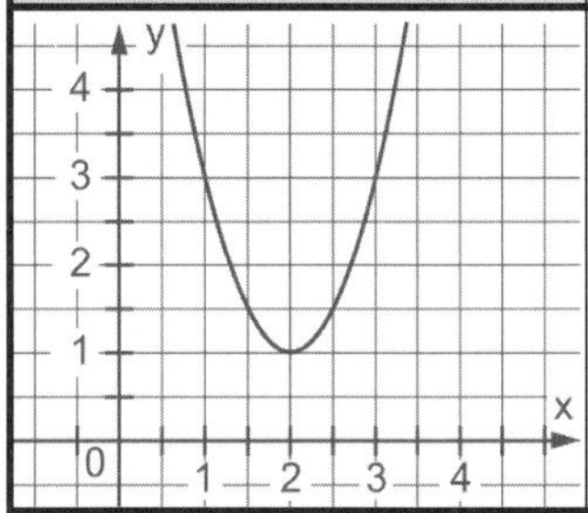</td><td>$y = -(x - 1)^2 + 2$</td><td>Die Normalparabel der allgemeinen quadratischen Funktion ist nach unten geöffnet und hat den Scheitel S(0|-1).</td><td>$y = -\frac{1}{2}x^2 + 1$</td></tr>
<tr><td>Der Punkt A(4|4) liegt auf der Normalparabel der allgeimeinen quadratischen Funktion, die nur in x-Richtung verschoben ist.</td><td>$y = 2(x + 2)^2 - 1$</td><td> 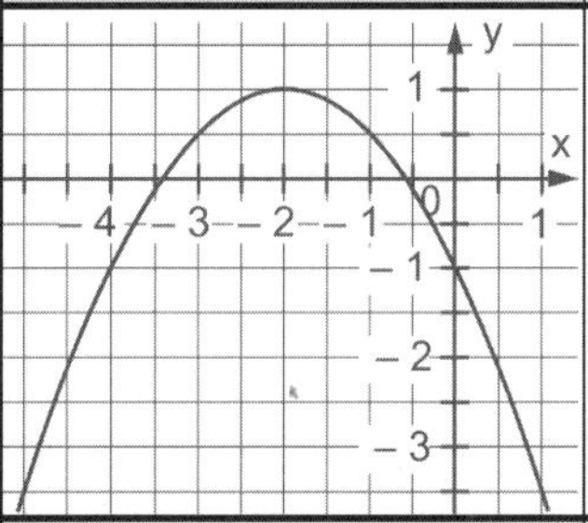</td><td>$y = 2(x - 2)^2 + 1$</td></tr>
<tr><td> 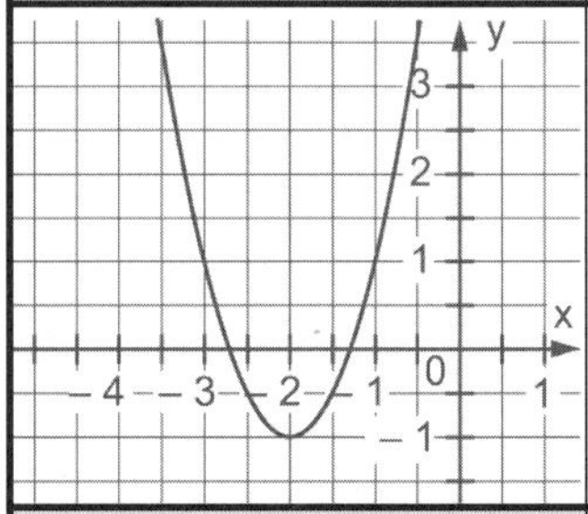</td><td>$y = (x + 2)^2$</td><td>Der Graph der allgemeinen quadratischen Funktion ist eine um 1 nach rechts und 2 nach oben verschobene, nach unten geöffnete Normalparabel.</td><td>$y = 2(x - 1)^2$</td></tr>
<tr><td>Die Parabel der allgemeinen quadratischen Funktion geht durch die Punkte S(-1|0) und T(2|-4,5).</td><td>$y = -\frac{1}{2}(x + 2)^2 + 2$</td><td> 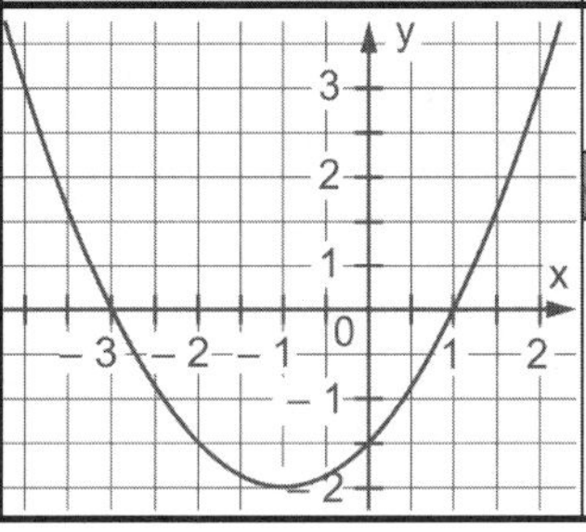</td><td>Ziel </td></tr>
</table>

978-3-12-734792-0 Lambacher Schweizer 9 HE, Serviceband Ernst Klett Verlag GmbH, Stuttgart 2009

Lernzirkel: 3. Quadratische Funktionen

Wanted – Funktionsgleichungen und Graphen gesucht!
Welche Funktionsgleichungen gehören zu den Graphen Nr. 1–5? Bei richtiger Zuordnung ergibt sich in der Reihenfolge der Graphen ein Lösungswort. Zeichne dann die Graphen der Funktionen, die du nicht den Graphen 1–5 zuordnen konntest, in das untere Koordinatensystem.

		Nr.:
A	$y = -\frac{1}{4}(x + 5)^2$	____
C	$y = -\frac{1}{2}(x - 3)^2 + 2$	____
E	$y = -(x - 3)^2 + 4$	____
G	$y = -3(x + 5)^2 - 3$	____
K	$y = \frac{1}{4}(x - 5)^2$	____
L	$y = 3(x - 5)^2 - 3$	____
M	$y = (x - 3)^2 + 4$	____
N	$y = \frac{3}{2}(x + 3)^2 + 2$	____
P	$y = \frac{1}{8}(x + 2)^2 - 4$	____
U	$y = \frac{1}{4}(x + 2)^2 - 4$	____

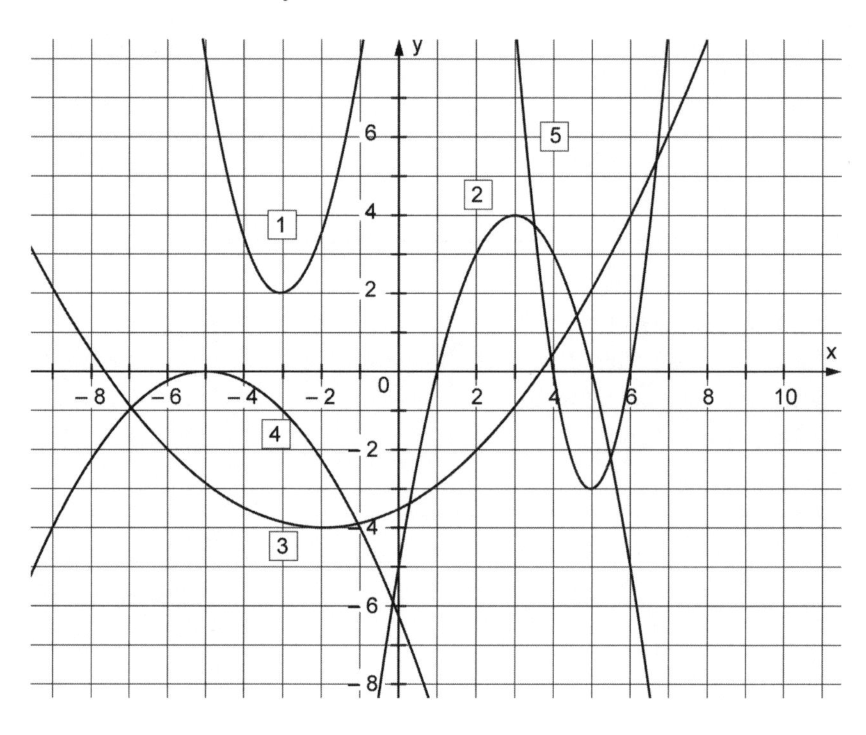

Lösungswort: ________________________________

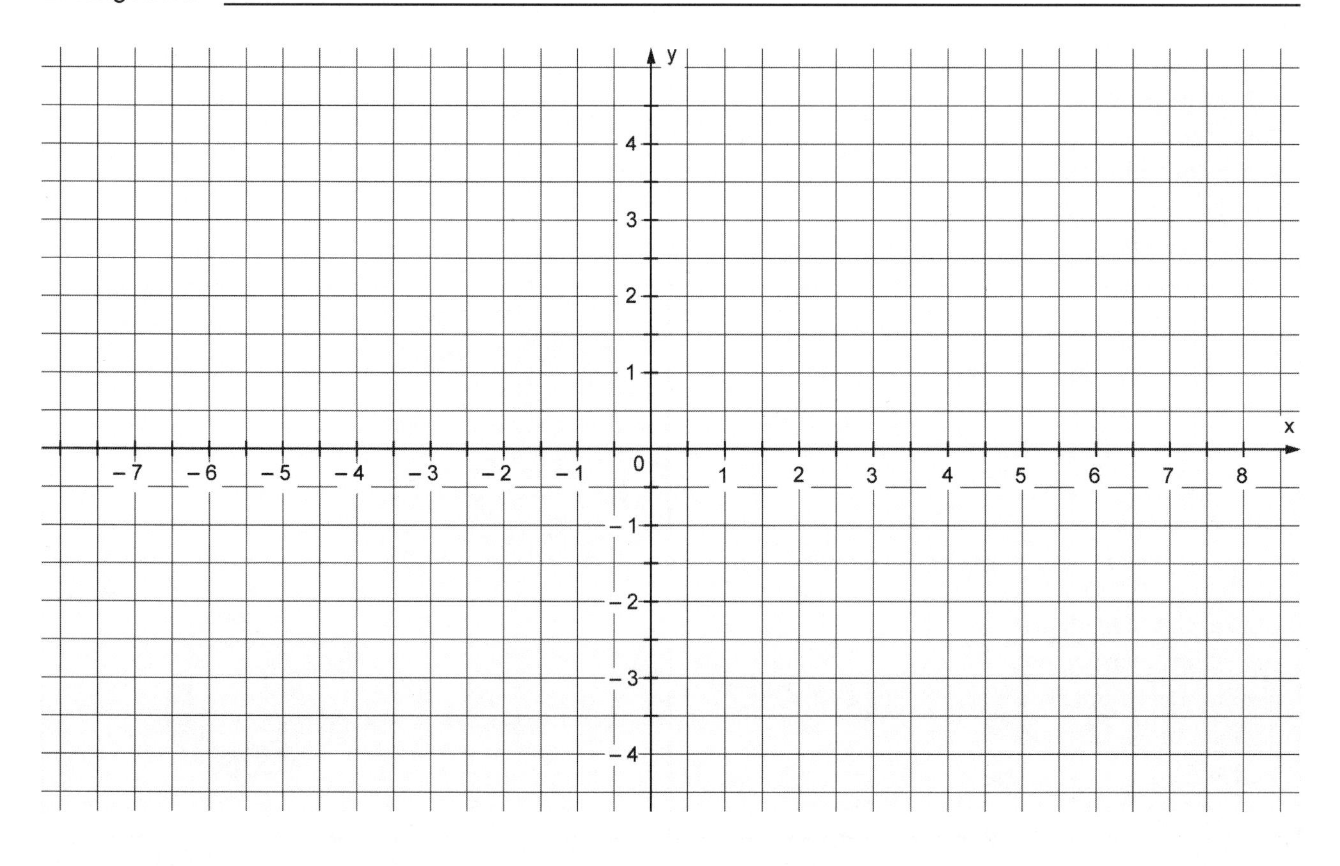

Ernst Klett Verlag GmbH, Stuttgart 2009

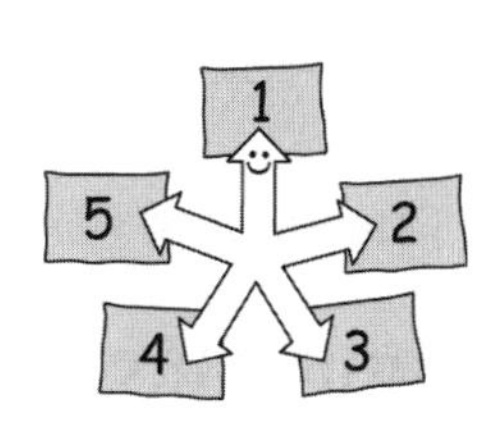

Lernzirkel: 4. Scheitelform – allgemeine Form

1 „Wandertag“

Die Graphen der quadratischen Funktionen sollen „wandern“. Bestimme jeweils die neue Funktionsgleichung.

S(0I0)	S(0I3)	S(2I0)	S(1,5I–2)
a) $y = 4x^2$			

S(2I–0,5)	S(–4I0)	S(0I–4)	S(0I0)
b)		$y = 1{,}5x^2 - 4$	

S(0,5I0)	S(0I0)	S(0I2,5)	S(–3I–1)
c) $y = -\frac{2}{3}(x - 0{,}5)^2$			

2 „Hausnummer“ und Outfit

Funktionsgleichung	Scheitel	Faktor vor der Klammer bzw. x^2	Parabel geöffnet nach	Verschiebung
a) $y = -(x + 3)^2$				
b) $y = 4x^2 - 2$				
c) $y = -2(x - 2)^2 - 1{,}5$	(2I-1,5)	–2		
d) $y = 3(x + 1{,}5)^2 + 3$		3		um 1,5 nach links und 3 nach oben

3 „Verwandlung“

allgemeine Form	Nebenrechnung	Scheitel	Scheitelform
a) $y = x^2 - 2x + 3$	$x(x - 2)$ $x = 0, x = 2$		
b) $y = 3x^2 + 6x - 1{,}5$			
c) $y = \frac{1}{4}x^2 - x + 1$			
d) $y = -4x^2 + 2x - 2$			

„Mathe ärgert mich nicht!" – Aufgabenkarten

Aufgabe	Lösung	Aufgabe	Lösung
Der Bogen einer Brücke hat eine Spannweite von 120m und lässt sich durch $y = -\frac{1}{90}x^2$ beschreiben. Wie hoch ist er? ☺☺☺	h = 40m	Bei einer rein quadratischen Funktion (Typ $y = ax^2$) wird dem 2- bzw. 3-Fachen der ersten Größe das ...- bzw. ...Fache der zweiten Größe zugeordnet. ☺☺	das 4- bzw. 9-Fache
Liegt der Punkt P(2|3) auf der Parabel mit $y = x^2 - 4x + 5$? ☺	Ja. y(2) = 3	Gib die Koordinaten des Scheitels der Parabel mit $y = 2(x - 3)^2 + 4$ an. ☺☺	S(3|4)
Eine Parabel hat ihren Scheitel bei S(3|-2) und schneidet die x-Achse im Punkt N_1(-1|0). Wo befindet sich der zweite Schnittpunkt mit der x-Achse? ☺☺☺	N_2(7|0)	Eine in y-Richtung verschobene Normalparabel geht durch den Punkt P(2|2). Bestimme eine Funktionsgleichung. ☺☺☺	$y = x^2 - 2$
Bestimme den x-Wert des Scheitelpunktes einer Parabel, wenn sie durch die beiden Punkte P(-1|0) und Q(3|0) geht. ☺☺	x = 1	Gib eine Funktionsgleichung an (Graph: y, x, 0, 1, 2, 3, 4) ☺☺☺	$y = -(x - 2)^2 + 3$
Der Punkt P(3|y) liegt auf dem Graphen der Parabel $2x^2 + 4x + 24$ Bestimme die y-Koordinate von P. ☺	y = 54	Bestimme den Scheitel der Parabel mit $y = 3(x + 2,5)^2 - 4$. ☺	S(-2,5|-4)

Gruppenpuzzle: Lösen von quadratischen Gleichungen

Problemstellung
Mit diesem Gruppenpuzzle sollt ihr verschiedene Möglichkeiten kennen lernen, mit denen man quadratische Gleichungen der Form $ax^2 + bx + c = 0$ lösen kann.

Ablaufplan
Es gibt insgesamt drei Teilthemen:
- Möglichkeit 1: zeichnerische Näherungslösung mithilfe einer allgemeinen Parabel.
- Möglichkeit 2: zeichnerische Näherungslösung mithilfe der Normalparabel und einer Geraden.
- Möglichkeit 3: rechnerische (exakte) Lösung mithilfe einer Formel.

Bildung von Stammgruppen (10 min)
Teilt eure Klasse zunächst in Stammgruppen mit mindestens drei Mitgliedern auf.
Bestimmt in eurer Stammgruppe mindestens einen Schüler bzw. eine Schülerin pro Teilthema. Sie werden zu Experten für dieses Teilthema.

Erarbeitung der Teilthemen in den Expertengruppen (20 min)
Die Stammgruppe löst sich auf und die Experten zu jedem Teilthema bilden die Expertengruppe.
Dort wird anhand der Expertengruppenblätter das jeweilige Teilthema erarbeitet.

Ergebnispräsentation in den Stammgruppen (30 min)
Kehrt wieder in eure Stammgruppen zurück.
Dort informiert jeder Experte die anderen Stammgruppenmitglieder über sein Teilthema, steht ihnen für Rückfragen zur Verfügung und schlägt einen Heftaufschrieb vor, den die anderen (eventuell noch verbessert) übernehmen.
Am Ende sollte jeder von euch alle Teilthemen verstanden haben.

Ergebniskontrolle und Übungen in den Stammgruppen (30 min)
Im Schülerbuch auf Seite 137, 140 und 141 findet ihr Informationen zu den verschiedenen Lösungsverfahren.
Lest sie durch und kontrolliert so euren Heftaufschrieb.
Diskutiert kurz die Vor- und Nachteile der drei verschiedenen Verfahren.
Bearbeitet anschließend in den Stammgruppen bzw. als Hausaufgabe im Schülerbuch auf Seite 153 die Aufgabe 8.

⏱ 90 min + Hausaufgabe   🚹 Gruppenarbeit

Gruppenpuzzle: Expertengruppe 1: Anzahl der Lösungen und zeichnerische Näherungslösung

Problemstellung
Die Suche nach Lösungen der quadratischen Gleichung $ax^2 + bx + c = 0$ ist gleichbedeutend mit der Frage, wann eine Funktion f mit einer Funktionsgleichung $f(x) = ax^2 + bx + c$ den Wert 0 annimmt, d. h., wo die Nullstellen der Funktion sind.

Erarbeitung
1 Betrachtet nacheinander mithilfe des Computers die Graphen der Funktionen mit
a) $y = 2x^2 + 3x - 2$, b) $y = x^2 + 2x + 4$ sowie c) $y = 3x^2 - 12x + 12$
und übertragt die Graphen in drei verschiedene Koordinatensysteme in euer Heft.

2 a) Was lässt sich in den drei Fällen jeweils über die Anzahl der Nullstellen und damit über die Anzahl der Lösungen der zugehörigen quadratischen Gleichung sagen?
b) Formuliert drei Sätze nach dem folgenden Muster:
Liegt der Scheitel einer nach oben geöffneten Parabel …, so hat die Funktion … Nullstellen und die zugehörige quadratische Gleichung …

3 Man kann die Lösungen der quadratischen Gleichungen jeweils am Graphen der Funktion ablesen. Gebt in allen drei Fällen die Lösungen näherungsweise an.

4 Bestimmt Näherungslösungen für die quadratischen Gleichungen. Erstellt zum Zeichnen des Graphen eine Wertetabelle.
a) $3x^2 - 2x + 1 = 0$ b) $x^2 - 5x + 1 = 0$ c) $0 = 4x^2 - 2x - 3$

Vorbereitung der Ergebnispräsentation
Jeder von euch muss in seiner Stammgruppe die hier erarbeiteten Lerninhalte präsentieren.
Dazu ist notwendig, dass ihr
- eine übersichtliche Musterlösung der Aufgaben erstellt,
- die wesentlichen Schritte eurer Lösung erläutern und für Rückfragen zur Verfügung stehen könnt und
- einen sinnvollen, klar gegliederten Heftaufschrieb erstellt. Dieser sollte eine Überschrift, Beispiele von quadratischen Funktionen mit keiner, einer und zwei Nullstellen sowie die zugehörigen Merksätze (siehe 2b) enthalten.

Gruppenpuzzle: Expertengruppe 2: Zeichnerische Näherungslösung mithilfe der Normalparabel

Problemstellung
Die Suche nach Lösungen der quadratischen Gleichung $ax^2 + bx + c = 0$ kann durch geschickte Umformungen auf ein Schnittpunktproblem zurückgeführt werden. Dabei werden die Schnittstellen der Normalparabel mit einer Geraden betrachtet. Die Gleichung der Geraden erhält man durch Umformen der Ausgangsgleichung.

Erarbeitung
1 Hannah hat die Gleichung $6x^2 + 3x - 3 = 0$ so umgeformt, dass auf der linken Seite nur noch x^2 steht. Übertragt die Schritte in euren Aufschrieb und schreibt jeweils hinter jede Zeile, welche Umformung Hannah durchgeführt hat.

$$6x^2 + 3x - 3 = 0$$
$$6x^2 + 3x = 3$$
$$6x^2 = -3x + 3$$
$$x^2 = -0{,}5x + 0{,}5$$

2 Formt die untenstehenden Gleichungen wie in Aufgabe 1 um.
a) $2x^2 - 7x + 3 = 0$ b) $-x^2 + 4x - 5 = 0$ c) $4x + 2x^2 + 2 = 0$

3 Nun können beide Seiten der umgeformten Gleichung als Funktionsgleichung angesehen werden. Also im Beispiel aus Aufgabe 1: $y = x^2$ und $y = -0{,}5x + 0{,}5$.
a) Zeichnet die Graphen beider Funktionen in ein gemeinsames Achsenkreuz ein. Verwendet für die Normalparabel nach Möglichkeit eine Schablone. Nun lest ihr die x-Werte der Schnittpunkte ab. Sie sind die Lösung der Gleichung $6x^2 + 3x - 3 = 0$. Diese Werte sind aufgrund von Ungenauigkeiten beim Zeichnen und beim Ablesen natürlich nur Näherungswerte. Je exakter ihr arbeitet, desto besser sind eure Lösungen.
b) Findet auf die gleiche Art und Weise die Lösungen der Gleichungen aus Aufgabe 2. Was fällt euch dabei auf?

4 Bestimmt Näherungslösungen für die quadratischen Gleichungen. Benutzt das oben erarbeitete Verfahren.
a) $3x^2 - 2x + 1 = 0$ b) $x^2 - 5x + 1 = 0$ c) $0 = 4x^2 - 2x - 3$

Vorbereitung der Ergebnispräsentation
Jeder von euch muss in seiner Stammgruppe die hier erarbeiteten Lerninhalte präsentieren. Dazu ist notwendig, dass ihr
- eine übersichtliche Musterlösung der Aufgaben erstellt,
- die wesentlichen Schritte eurer Lösung erläutern und für Rückfragen zur Verfügung stehen könnt und
- einen sinnvollen, klar gegliederten Heftaufschrieb erstellt. Dieser sollte eine Überschrift und eine ausführlich kommentierte Musteraufgabe enthalten.

Ernst Klett Verlag GmbH, Stuttgart 2009

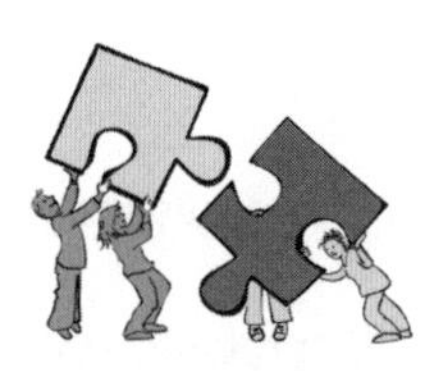

Gruppenpuzzle: Expertengruppe 3: Rechnerische (und damit exakte) Lösung

Problemstellung
Bei der quadratischen Gleichung $ax^2 + bx + c = 0$ kann man nicht durch geschicktes Umformen, so wie etwa bei linearen Gleichungen, die Lösungsvariable x auf eine Seite des Gleichheitszeichens bringen und die Lösung auf diese Weise berechnen. Es gibt jedoch eine Lösungsformel.

Erarbeitung
1 a) Übertragt den folgenden Satz in euren Aufschrieb.
Bei einer quadratischen Gleichung der Form $ax^2 + bx + c = 0$ kann man die Lösungen mit den Formeln
$x_1 = \frac{-b + \sqrt{b^2 - 4ac}}{2a}$; $x_2 = \frac{-b - \sqrt{b^2 - 4ac}}{2a}$ berechnen.

b) Bei der quadratischen Gleichung $2x^2 - 7x + 3 = 0$ ist $a = 2$; $b = -7$ und $c = 3$. Berechnet mithilfe der Lösungsformeln die beiden Lösungen der quadratischen Gleichung.

2 Wendet ebenfalls die Lösungsformeln an, um die folgenden quadratischen Gleichungen zu lösen. Was fällt euch dabei auf?
a) $4x^2 - 2x - 7 = 0$ b) $3x^2 + 2x + 2 = 0$ c) $5x^2 + 30x + 45 = 0$

3 In Aufgabe 2 ist euch aufgefallen, dass die Lösungsformeln nicht immer zu zwei verschiedenen Lösungen führen. Der Term unter der Wurzel ($b^2 - 4ac$) heißt Diskriminante. Überlegt, wie man an der Diskriminante ablesen kann, ob es zwei verschiedene, eine oder keine Lösung bei einer quadratischen Gleichung gibt. Formuliert einen Merksatz.

4 Bestimmt mithilfe der Formeln die Lösungen der quadratischen Gleichungen.
a) $3x^2 - 2x + 1 = 0$ b) $x^2 - 5x + 1 = 0$ c) $0 = 4x^2 - 2x - 3$

Vorbereitung der Ergebnispräsentation
Jeder von euch muss in seiner Stammgruppe die hier erarbeiteten Lerninhalte präsentieren.
Dazu ist notwendig, dass ihr
- eine übersichtliche Musterlösung der Aufgaben erstellt,
- die wesentlichen Schritte eurer Lösung erläutern und für Rückfragen zur Verfügung stehen könnt und
- einen sinnvollen, klar gegliederten Heftaufschrieb erstellt. Dieser sollte eine Überschrift, einen Merksatz mit den Formeln aus Aufgabe 1 und mit einem Hinweis auf die Anzahl der Lösungen in Abhängigkeit von der Diskriminante (siehe Aufgabe 3) sowie ein Beispiel enthalten.

978-3-12-734792-0 Lambacher Schweizer 9 HE, Serviceband Ernst Klett Verlag GmbH, Stuttgart 2009

Trigonometrie mit GEONExT

1 Erstelle mit GEONExT ein veränderbares rechtwinkliges Dreieck nachfolgender Anleitung:

- Zeichne eine Gerade ③ durch zwei Punkte ① und ②.
- Setze einen Punkt ④ als Gleiter auf die Gerade.
- Zeichne einen freien Punkt ⑤ oberhalb der Geraden und verbinde diesen mit dem Gleiter ④ durch eine weitere Gerade ⑥.
- Setze anschließend einen weiteren Punkt ⑦ als Gleiter auf diese Gerade und konstruiere eine Senkrechte ⑧ zu dieser Geraden durch den Gleiter.
- Konstruiere den Schnittpunkt ⑨ der Senkrechten mit der zuerst gezeichneten Geraden.
- Ziehe nun das entstandene Dreieck mit der Polygonfunktion nach, benenne die Dreieckspunkte in A, B, C um und verstecke anschließend alle übrigen Elemente *(Objekte – Spezielle Eigenschaften – Verstecken).*
- Markiere die drei Winkel des Dreiecks (klicke dazu nach Wahl des Befehls Winkel markieren die Punkte in der Reihenfolge BAC, CBA und ACB an) und lasse die Größe von α und die Länge der Dreiecksseiten messen *(Objekte – Texte und Berechnungen – ...)*.
  Nach Anklicken des Pfeils kannst du die Textfelder mit der Maus verschieben.
- Erstelle zum Schluss ein Textfeld, in dem das Längenverhältnis der Seite $\overline{BC}$ zur Seite $\overline{AB}$ berechnet wird. Wähle dazu das Menü *Objekte – Texte und Berechnungen – Text* und gib den folgenden Text ein (beachte dazu die Hinweise unten): <overline>BC</overline> : <overline>AB</overline> = <value>Dist(B,C)/Dist(A,B)</value>

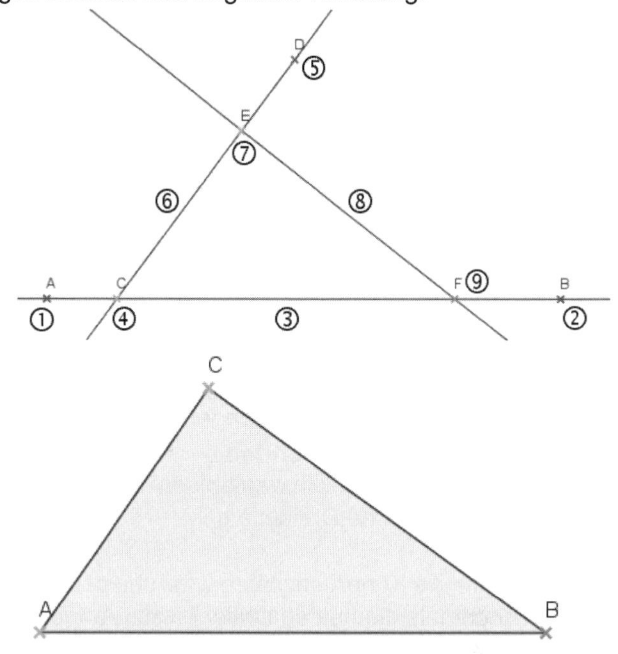

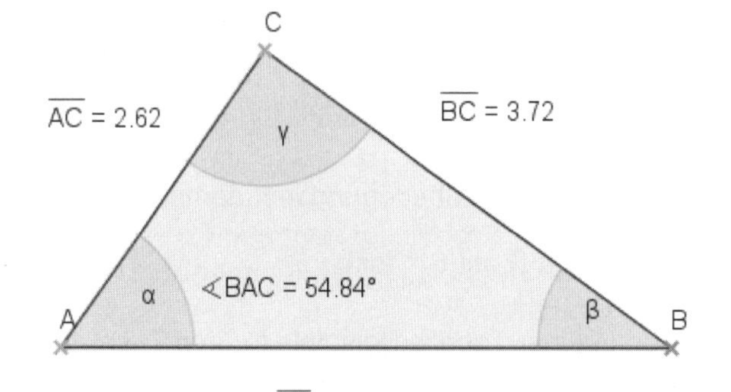

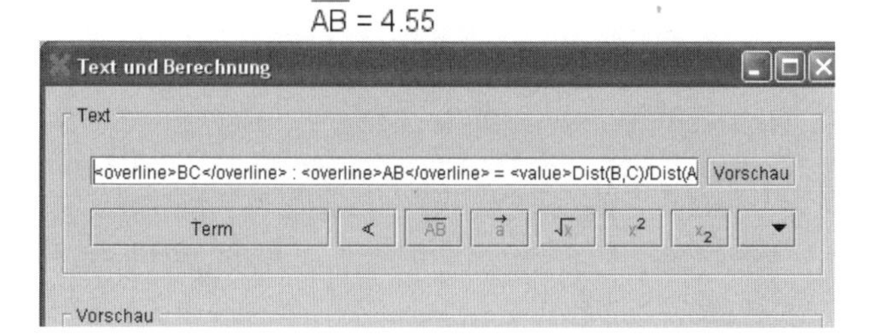

Hinweise zur Texteingabe: Den Ausdruck <overline></overline> kannst du mit dem Schalter AB und den Ausdruck <value></value> mit dem Schalter Term erzeugen. (Teste deine Eingabe zuerst mit dem Schalter Vorschau, bevor du sie in deine Konstruktion übernimmst.)

2 Verändere das rechtwinklige Dreieck, indem du es am Punkt C bewegst. Was fällt dir auf, wenn du dabei den Winkel bzw. das berechnete Seitenverhältnis betrachtest? Was für Dreiecke entstehen durch das Ziehen? Formuliere eine Regel.

3 Verändere nun den Winkel α, indem du das Dreieck am Punkt A bewegst. Was fällt dir auf? Wovon hängt die Größe des Seitenverhältnisses ab? Ist der Zusammenhang proportional?

4 Beantworte die Aufgaben 2 und 3 jeweils auch für das Seitenverhältnis $\overline{AC} : \overline{AB}$ und $\overline{BC} : \overline{AC}$.

30 min · Einzel-/Partnerarbeit

Sinus, Kosinus und Tangens – Ein Arbeitsplan (1)

Arbeitszeit: 2 Schulstunden + Hausaufgaben

Vorüberlegungen

1 Zeichne zwei rechtwinklige Dreiecke ($\gamma = 90°$) mit $a_1 = 4{,}5\,cm$, $\beta_1 = 38°$ und mit $c_2 = 3{,}8\,cm$, $\alpha_2 = 52°$. Vergleiche die Winkelgrößen und Seitenlängen der beiden Dreiecke.

2 Zeichne zwei verschieden große rechtwinklige Dreiecke mit je $\alpha = 29°$.

3 Zeichne zwei rechtwinklige Dreiecke mit $b_1 = 5{,}0\,cm$, $c_1 = 5{,}7\,cm$ und $a_2 = 4{,}2\,cm$, $b_2 = 7{,}5\,cm$.
Was haben die Aufgabenstellungen 2 und 3 gemeinsam? Mache wieder Aussagen über die Winkelgrößen und Seitenlängen der vier Dreiecke. Präzisiere die Aussagen über die Seitenlängen in dieser Aufgabe:

Berechne und vergleiche die Seitenverhältnisse $\frac{a_1}{a_2}$; $\frac{b_1}{b_2}$; $\frac{c_1}{c_2}$.

Erarbeitung und Heftaufschrieb

Du hast bemerkt, dass es in den obigen Vorüberlegungen bzw. Beispielen um ähnliche Dreiecke geht.

1 Formuliere die Kongruenzsätze wsw und sss aus Klasse 8 auf rechtwinklige Dreiecke um.
Sieh dir nochmals die beiden Dreiecke aus Aufgabe 3 der Vorüberlegungen an und mache dir daran klar:

Wenn $\frac{a_1}{a_2} = \frac{c_1}{c_2}$ ist, dann ist auch $\frac{a_1}{c_1} = \frac{a_2}{c_2}$. Schreibe die restlichen Seitenverhältnisse entsprechend auf.

Folgerung: Die erste Gleichheit begründet die Ähnlichkeit und damit die Gleichheit der Winkelgrößen. Die Zahl $\frac{a_1}{c_1}$ bzw. $\frac{a_2}{c_2}$ ist also ein Maß für die Winkelgrößen in den beiden Dreiecken, ebenso auch $\frac{b_1}{c_1}$ und $\frac{a_1}{b_1}$.

In Aufgabe 3 der Vorüberlegung legt demnach die Zahl $\frac{a_1}{c_1} = \frac{a_2}{c_2} = 0{,}49$ die Winkelgröße von α mit 29° und damit auch von β mit 61° fest.

2 Trage in einer Tabelle Beispiele für den Zusammenhang zwischen dem Seitenverhältnis und der Winkelgröße in einem rechtwinkligen Dreieck zusammen. Zu einem Winkel gibt es beliebig viele ähnliche Dreiecke. Zeichne davon jeweils zwei und miss die Seitenlängen.

α	a	b	c	$\frac{a}{c}$ = ______	$\frac{b}{c}$ = ______	$\frac{a}{b}$ = ______
29°	2,8 cm	5,0 cm	5,7 cm	0,49		
29°	4,2 cm	7,5 cm	8,6 cm			
52°						
52°						
40°						
40°						

Eines der drei Seitenverhältnisse genügt, um einen Winkel im Dreieck zu bestimmen. Zu jedem beliebigen Winkel sind diese Seitenverhältnisse mit dem Taschenrechner zu berechnen. Die Unabhängigkeit von der zufälligen Benennung von Seiten und Winkeln erhält man durch folgende allgemeine Bezeichnungen:
Vom Winkel aus gesehen gibt es im rechtwinkligen Dreieck eine Gegenkathete, eine Ankathete und die Hypotenuse. Damit kann man die Seitenverhältnisse eindeutig bezeichnen und ihnen einen Namen zuweisen.

Ernst Klett Verlag GmbH, Stuttgart 2009

Sinus, Kosinus und Tangens – Ein Arbeitsplan (2)

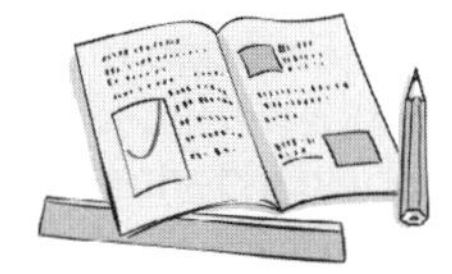

Übertrage mit Zeichnung die Namensgebung im Kasten auf den Schülerbuchseiten 53 und 56 ins Heft und schreibe diese Bezeichnungen auch in die Tabelle auf Seite S 28 in die erste Zeile. Benutze die Zahlen der Tabelle, um mit der Tastenfolge für sin, cos und tan am Taschenrechner vertraut zu werden.
Beispiel: Zu gegebenem Winkel 29° das Seitenverhältnis berechnen: [sin] 29 [=] 0.485.

Zu gegebenem Seitenverhältnis 0,49 den Winkel berechnen: [2ndF] [sin] 0.49 [=] 29.3 oder [$\sin^{-1}$] 0.49 [=] 29.3.

Übungen
Lies zuerst die Beispiele zum Sinus auf Seite 53 im Schülerbuch. Bearbeite anschließend folgende Aufgaben: Seite 54, Nr. 6 und 7 und Seite 55, Bist du sicher? Nr. 1 b), c).
Lies jetzt die Beispiele auf Seite 56 und 57 zu Kosinus und Tangens. Löse dann die Aufgaben Seite 57, Nr. 1 bis 4.

Exkursion:
Besondere Dreiecke
1 Zeichne ein beliebiges gleichseitiges Dreieck mit der Seitenlänge a.
Berechne allgemein die Höhe h.
Damit kannst du ohne TR ausrechnen:

$\sin(60°) = \frac{1}{2} \cdot \sqrt{3}$ und $\sin(30°) =$ ___________

$\cos(60°) =$ ___________ $\cos(30°) =$ ___________

$\tan(60°) =$ ___________ $\tan(30°) =$ ___________

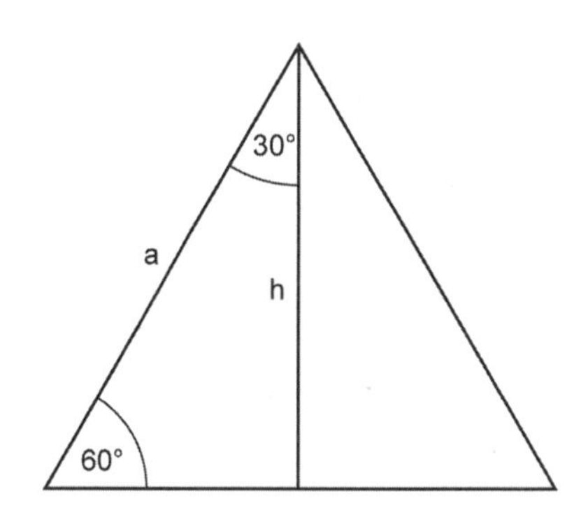

2 Zeichne ein gleichschenklig-rechtwinkliges Dreieck mit der Kathetenlänge a. Berechne damit ohne TR $\sin(45°)$, $\cos(45°)$ und $\tan(45°)$.

Entdeckungen mit dem Taschenrechner
1 Vergleiche $\sin(25°)$ mit $\cos(65°)$, ebenso $\sin(52°)$ mit $\cos(38°)$.
Wähle selbst noch zwei Beispiele. Kannst du das erklären? Schreibe diese Beziehung als Formel.

2 Zeichne ein rechtwinkliges Dreieck mit $c = 1{,}0\,\text{dm}$ und $\alpha = 35°$.
Berechne $\sin(\alpha)$ und $\cos(\alpha)$. Vergleiche diese Werte mit den in dm abgelesenen Seitenlängen von a und b.
Was stellst du fest? Ist das immer so? Untersuche dies an weiteren Beispielen mit $c = 1\,\text{dm}$ und anderen Winkeln.
Drücke für solche Dreiecke den Satz des Pythagoras mit $\sin(\alpha)$ und $\cos(\alpha)$ aus.
Wie ist das bei rechtwinkligen Dreiecken mit beliebiger Hypotenuse?

3 Zwischen sin, cos und tan eines Winkels gibt es eine Beziehung. Beim gleichschenklig-rechtwinkligen Dreieck oben (Besondere Dreiecke Nr. 2) kannst du raten, wie $\tan(45°) = 1$ aus den sin- und cos-Werten berechnet werden könnte. Probiere verschiedene Grundrechenarten. Überprüfe deine Vermutung bei anderen Winkeln.
Gib eine Formel an.
Es gibt noch einen anderen Weg: Durch welche Rechenart muss man die Quotienten $\frac{a}{c}$ und $\frac{b}{c}$ verknüpfen, sodass der Quotient $\frac{a}{b}$ entsteht? Ergibt sich die gleiche Formel?

Ernst Klett Verlag GmbH, Stuttgart 2009

Sinus- und Kosinusfunktion mit MS-Excel®

1 Erzeuge mit MS-Excel eine Wertetabelle mit Sinuswerten für Winkel von 0° bis 360° in 5°-Schritten.

	A	B	C	D	E
1	**Winkel**	**Sinuswert**			
2	0				
3	5				
4					
5		10			
6					
7					
8					

a) Bereite die Tabelle wie auf der rechten Seite vor.
b) Die Angabe von zwei Winkelwerten genügt zunächst – wenn du beide Zellen markierst, werden beim Herunterziehen die Winkelwerte von Excel automatisch in 5°-Schritten ausgefüllt.
c) Trage in die Zelle B2 die Formel zur Berechnung des Sinuswertes ein. Da Excel die Eingabe der Winkel im Bogenmaß und nicht im Gradmaß erwartet, musst du hier =SIN(A2/360*2*PI()) eingeben. Beim Herunterziehen werden die Sinuswerte dann von Excel berechnet. Für eine übersichtlichere Darstellung solltest du die Anzahl der Nachkommastellen auf zwei begrenzen – markiere dazu die ganze Spalte B, wähle Format – Zellen und ändere die Kategorie von Standard auf Zahl.
d) Was fällt dir beim Betrachten der Wertetabelle auf? Schreibe deine Beobachtungen in dein Heft.
e) Zeichne ein Koordinatensystem wie rechts abgebildet in dein Heft. Lies aus der Excel-Tabelle die Werte jeweils in 30°-Schritten ab und skizziere den Verlauf der Sinusfunktion. Beschreibe den Graphen mit eigenen Worten.

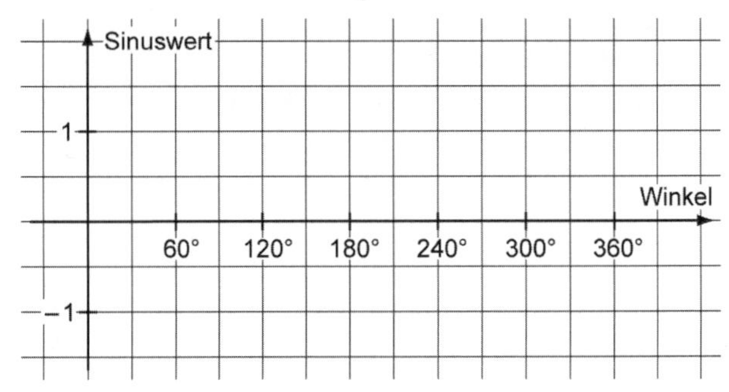

f) Lies aus dem Graphen die Sinuswerte für folgende Winkel ab:

sin(30°) = _________ sin(150°) = _________

Was fällt dir auf? Notiere fünf weitere Winkelpaare für Winkel bis 180° mit der gleichen Eigenschaft im Heft. Addiere jeweils die beiden Winkel der Paare. Was fällt dir jetzt auf? Formuliere eine Regel.
g) Erstelle einen Graphen mit Excel. Markiere dazu die beiden ausgefüllten Spalten vollständig und klicke auf den Diagramm-Assistenten. Wähle als Diagrammtyp *Punkt (X, Y)* und als Diagrammuntertyp *Punkte mit interpolierten Linien ohne Datenpunkte.*
h) Stelle zum Schluss im Diagramm mit einem Doppelklick auf die x-Achse die Skalierung der x-Achse wie rechts abgebildet ein (Karteireiter Skalierung).

Achsen formatieren
Muster | Skalierung | Schrift | Zahlen
Skalierung Größenachse (X)
Automatisch
☑ Minimum: 0
☐ Maximum: 360
☐ Hauptintervall: 30
☐ Hilfsintervall: 6
☑ Größenachse (Y) schneidet bei: 0

2 Erzeuge wie in Aufgabe 1 eine Wertetabelle mit Kosinuswerten mit dem Befehl: =COS(...). Erstelle einen Graphen mit dem Diagramm-Assistenten und beschreibe den Verlauf der Funktion.

Trigonometrie am Einheitskreis mit GEONExT (1) – Anleitung

1 Erstelle mit GEONExT Schritt für Schritt einen Einheitskreis, an dem sich der Sinus- und Kosinuswert eines Winkels direkt ablesen lässt:

– Blende gleich nach dem Öffnen der Zeichenfläche das Koordinatensystem und das Gitter ein. Vergrößere anschließend die Zeichenfläche mit der Lupe (dreimal Anklicken genügt) und rücke den Koordinatenursprung anschließend wieder in die Mitte der Zeichenfläche.

Tipp: Für die folgenden Konstruktionsschritte kannst du den jeweiligen Konstruktionsbefehl über das Menü *Objekte* aufrufen oder durch einen Doppelklick auf die jeweiligen Symbole am linken Rand.

– Zeichne einen (x;y)-Punkt mit den Koordinaten x = 0 und y = 0 und nenne ihn O (*Objekte – Spezielle Eigenschaften – Umbenennen*).

– Zeichne nun den Einheitskreis, indem du nach Auswahl des Befehls Kreis (Radius eingeben) den Punkt O als Mittelpunkt des Kreises anklickst und anschließend im Eingabefeld Term, das sich automatisch öffnet, als Radius die Zahl „1“ eingibst.

– Nun soll der bewegliche Winkel α konstruiert werden. Dafür benötigst du zuerst einen festen Punkt auf der x-Achse. Zeichne deshalb einen (x; y)-Punkt mit den Koordinaten x = 1 und y = 0 und nenne ihn B. Als Zweites benötigst du einen beweglichen Punkt auf dem Kreis, einen so genannten Gleiter. Setze ihn per Mausklick auf den Kreis und benenne ihn in P um.

– Zeichne den Winkel α ein, indem du nach Auswahl des Befehls Winkel markieren die Punkte B, O und P nacheinander anklickst. Stelle anschließend den Winkelradius des Winkels α über das Menü *Objekte – Objekteigenschaften* auf 0.5 ein (verwende dazu den Karteireiter *Darstellung*).

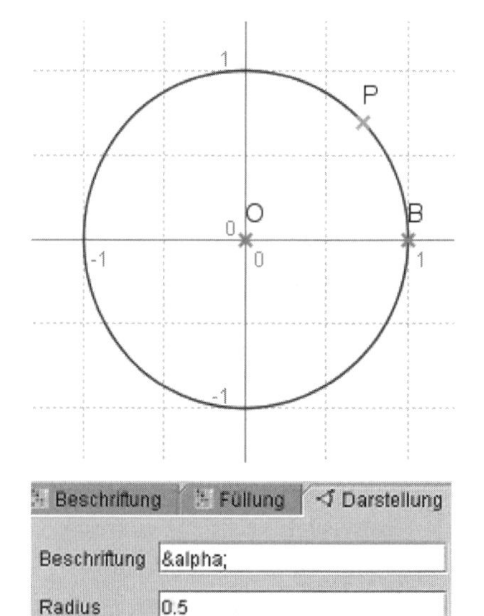

– Zum Schluss soll nun ein rechtwinkliges Dreieck konstruiert werden, bei dem der Sinus- bzw. der Kosinuswert des Winkels jeweils durch eine Kathetenlänge angegeben wird. Dazu wird zunächst die senkrechte Projektion des Punktes P auf der x-Achse benötigt: Zeichne dazu den (x; y)-Punkt A mit den Koordinaten x = X(P) und y = 0. Dieser Punkt hat die gleiche x-Koordinate wie P, bewegt sich aber auf der x-Achse.

– Verbinde nun jeweils die Punkte P und O, P und A sowie O und A mit einer Strecke.

– Färbe anschließend über das Menü *Objekte – Objekteigenschaften* den Kreis und die Strecke $\overline{OP}$ schwarz, die Strecke $\overline{OA}$ rot und die Strecke $\overline{PA}$ blau. Klicke dazu die jeweilige Figur in der Spalte *Objekte* an und weise ihr über den Karteireiter *Umriss* die Farbe zu.

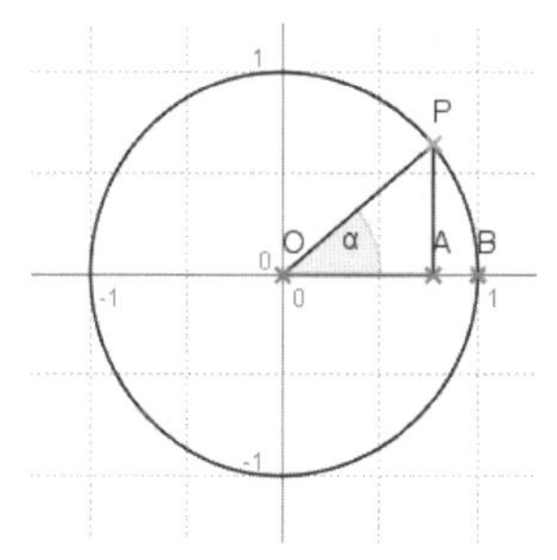

Um dir von GEONExT den Winkel α und den jeweils zugehörigen Sinus- und Kosinuswert ausgeben zu lassen, musst du noch über *Objekte – Texte und Berechnungen – Text* die folgenden drei Textfelder erzeugen:

- Gib „α = <value>Deg(B,O,P)</value>“ ein, um die Größe des Winkels α ausgeben zu lassen;
- Gib „cos(α) = <value>X(P)</value>“ ein, um den Kosinuswert des Winkels ausgeben zu lassen;
- Gib „sin(α) = <value>Y(P)</value>“ ein, um den Sinuswert des Winkels ausgeben zu lassen.

Hinweis: Den Textbaustein „<value></value>“ kannst du mit dem Schalter Term erzeugen, den Ausdruck α mit dem Symbol α aus dem Winkelauswahlmenü. Klicke nach dem Erstellen der Textfelder auf den Pfeil, um die Felder so zu verschieben, dass man alle gut lesen kann.

Trigonometrie am Einheitskreis mit GEONExT (2) – Aufgaben

1 Du hast nach Bearbeitung von Seite S 31 einen Einheitskreis konstruiert, bei dem du den Winkel α verändern kannst, indem du den Punkt P im Zugmodus auf dem Einheitskreis wandern lässt. Verändere die Position des Gleiters P auf dem Kreis und beobachte, wie sich der Winkel und das rechtwinklige Dreieck dabei verändern.

2 Die Längen der Katheten des rechtwinkligen Dreiecks OAP enthalten die wichtigen Informationen: Der Sinuswert entspricht genau der Länge der blauen Kathete und der Kosinuswert entspricht genau der Länge der roten Kathete. Begründe, warum das so ist. Denke dabei daran, was du über Sinus und Kosinus eines Winkels weißt und überlege, wie lang die Hypotenuse des rechtwinkligen Dreiecks ist.

Begründung: ____________________

____

____

3 Verändere den Winkel, um verschiedene Sinus- und Kosinuswerte zu erzeugen. Überprüfe einige Werte mit dem Taschenrechner.
Welche Sinus- bzw. Kosinuswerte können für Winkel zwischen 0° und 360° auftreten?

____

____

4 Für welche Winkel sind die Sinus- bzw. Kosinuswerte positiv bzw. negativ? Probiere aus und ergänze die folgende Tabelle.

	$0° < \alpha < 90°$			
$\sin(\alpha)$	positiv			
$\cos(\alpha)$				

5 Überprüfe folgende Aussagen mithilfe der GEONExT-Figur und kreuze an:

	wahr	falsch
a) Für Winkel zwischen 0° und 180° gilt: Zwei Winkel, die zusammen 180° ergeben, haben den gleichen Sinuswert (gleicher Zahlenwert und gleiches Vorzeichen).	□	□
b) Für Winkel zwischen 0° und 180° gilt: Zwei Winkel, die zusammen 180° ergeben, haben den gleichen Kosinuswert (gleicher Zahlenwert und gleiches Vorzeichen).	□	□
c) Bei Winkeln, die sich um 180° unterscheiden, unterscheiden sich die Sinus- und Kosinuswerte nur durch das Vorzeichen.	□	□
d) Durch Spiegelung des Punktes P an der y-Achse entsteht ein zweiter Winkel, der denselben Kosinuswert besitzt wie der ursprüngliche Winkel (vor der Spiegelung).	□	□

6 Verbessere falsche Aussagen von Aufgabe 5 und begründe richtige Aussagen mithilfe einer kleinen Skizze. Nutze dafür die Rückseite des Arbeitsblattes.

Einzel-/Partnerarbeit

Ernst Klett Verlag GmbH, Stuttgart 2009

Lernzirkel: Berechnung rechtwinkliger Dreiecke

Mit diesem Lernzirkel kannst du den Lernstoff für das Kapitel „Trigonometrie" selbst üben, wiederholen und vertiefen. Stelle, bevor du mit der Lernzirkelarbeit beginnst, alle Zusammenhänge, die du zu Berechnungen an rechtwinkligen Dreiecken kennst, übersichtlich zusammen.

Reihenfolge der Stationen
Auf die Reihenfolge der zu bearbeitenden Stationen 1 bis 4 kommt es nicht an. Die Station 5 solltest du bearbeiten, wenn die Stationen 1 bis 4 bearbeitet sind.

Stationen abhaken
Wenn du eine Station bearbeitet hast, solltest du sie auf diesem Blatt abhaken. So weißt du immer, was du noch bearbeiten musst. Kläre mit deiner Lehrerin oder deinem Lehrer, wann du deine Lösungen mit dem Lösungsblatt vergleichen darfst. Danach kannst du hinter der Station in der Übersicht das letzte Häkchen setzen.

Zeitrahmen
Natürlich musst du auch die Zeit im Auge behalten. Kläre mit deiner Lehrerin oder deinem Lehrer, wie viel Zeit dir insgesamt zur Verfügung steht, und überlege dir dann, wie lange du für eine Station einplanen kannst.

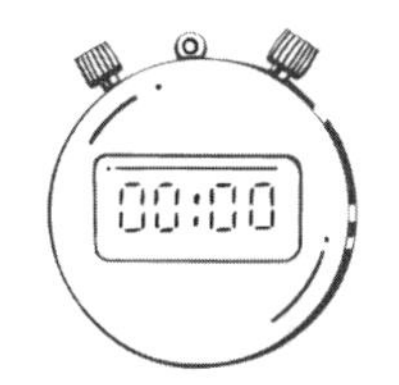

Viel Spaß!

... und darum geht es:

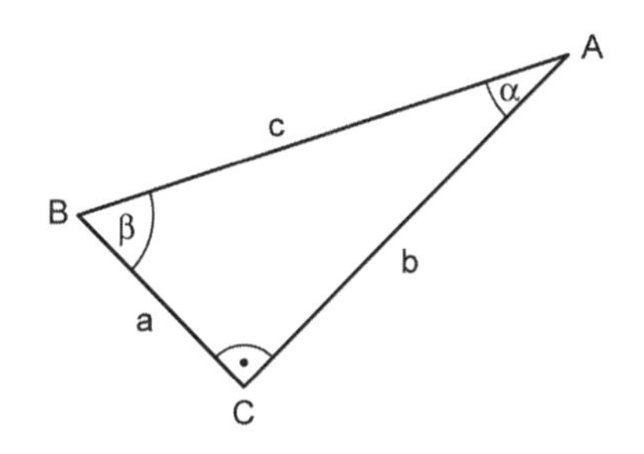

Definition von Sinus, Kosinus und Tangens

Pflicht	Kür	Station: Bestimmung der fehlenden Größen im rechtwinkligen Dreieck aus ...	bearbeitet	korrigiert
x		1. ... Hypotenuse und einem zusätzlichen Winkel		
x		2. ... Kathete und einem zusätzlichen Winkel		
x		3. ... Hypotenuse und einer Kathete		
x		4. ... beiden Katheten		
	x	5. Vermischte Übungen: Schülerbuch, Seite 61, Aufgabe 1 und Seite 62, Aufgaben 7, 9 und 10		

Ernst Klett Verlag GmbH, Stuttgart 2009

Lernzirkel: 1. Du kennst die Hypotenuse und einen zweiten Winkel ...

1 Gegeben ist $c = 8\,\text{cm}$ und $\alpha = 35°$. Verwende die Skizze des Dreiecks, um die bekannten und die unbekannten Größen des Dreiecks farblich hervorzuheben.

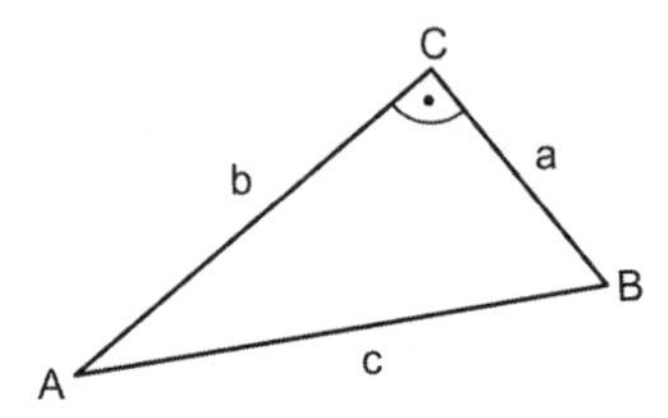

2 Vervollständige die Tabelle zur Berechnung der unbekannten Größen (fehlende Seitenlängen und Winkelgrößen) des Dreiecks. Gib – wenn möglich – mehrere Lösungswege zur Berechnung der fehlenden Größen an.

Bezeichnung	Rechenausdruck bzw. Größe	Alternativer Rechenausdruck	Definitionen und Hilfsgrößen, z. B.
α	gegeben	gegeben	$\sin(\alpha) =$
β			$\alpha + \beta + \gamma =$
γ	90°	90°	$\cos(\alpha) =$
a			$\tan(\alpha) =$
b			$\tan(\beta) =$
c	gegeben	gegeben	$c^2 = a^2 + b^2$

3 Wende eine in der Tabelle angewandte Lösungsstrategie auf das Zahlenbeispiel an und berechne alle fehlenden Größen.

4 Berechne im Heft die fehlenden Größen im rechtwinkligen Dreieck für $c = 12\,\text{cm}$ und $\alpha = 43°$.

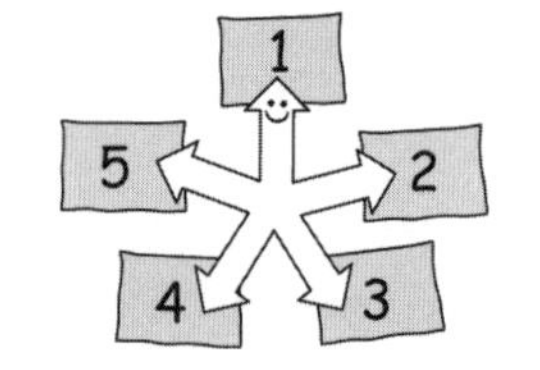

Lernzirkel: 2. Du kennst eine Kathete und einen zweiten Winkel ...

1 Gegeben ist $b = 8\,\text{cm}$ und $\alpha = 35°$. Verwende die Skizze des Dreiecks, um die bekannten und die unbekannten Größen des Dreiecks farblich hervorzuheben.

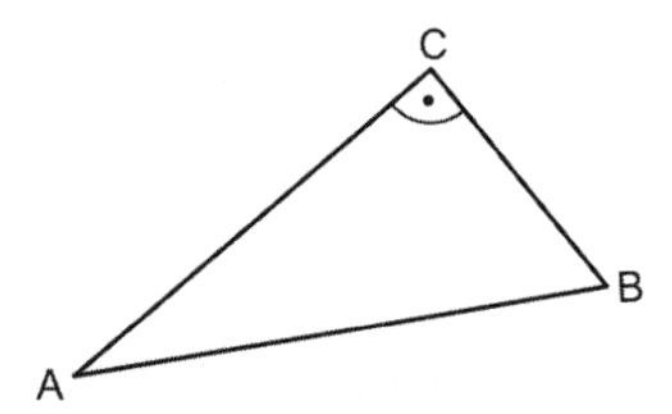

2 Vervollständige die Tabelle zur Berechnung der unbekannten Größen (fehlende Seitenlängen und Winkelgrößen) des Dreiecks. Gib – wenn möglich – mehrere Lösungswege zur Berechnung der fehlenden Größen an.

Bezeichnung	Rechenausdruck bzw. Größe	Alternativer Rechenausdruck	Definitionen und Hilfsgrößen, z. B.
α	gegeben	gegeben	$\sin(\alpha) =$
β			$\cos(\alpha) =$
γ	90°	90°	$\tan(\alpha) =$
a			$\tan(\beta) =$
b	gegeben	gegeben	$c^2 = a^2 + b^2$
c			$\alpha + \beta + \gamma =$

3 Wende eine in der Tabelle angewandte Lösungsstrategie auf das Zahlenbeispiel an und berechne alle fehlenden Größen.

4 Berechne im Heft die fehlenden Größen im rechtwinkligen Dreieck für $a = 12\,\text{cm}$ und $\alpha = 43°$.

ca. 30 min Einzel-/Partnerarbeit
978-3-12-734792-0 Lambacher Schweizer 9 HE, Serviceband S34
© Als Kopiervorlage freigegeben.
Ernst Klett Verlag GmbH, Stuttgart 2009

Lernzirkel: 3. Du kennst die Hypotenuse und eine Kathete ...

1 Gegeben ist c = 8 cm und b = 5 cm. Verwende die Skizze des Dreiecks, um die bekannten und die unbekannten Größen des Dreiecks farblich hervorzuheben.

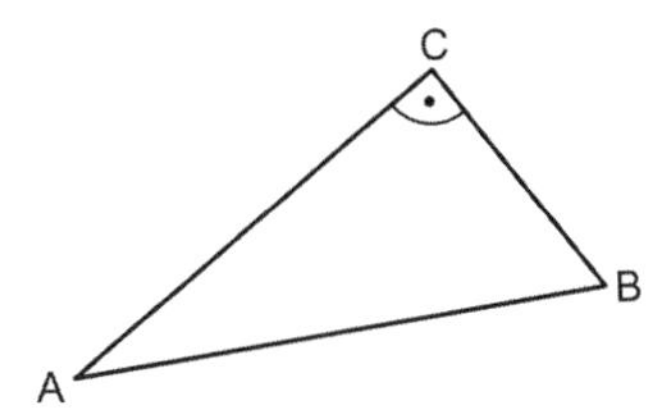

2 Vervollständige die Tabelle zur Berechnung der unbekannten Größen (fehlende Seitenlängen und Winkelgrößen) des Dreiecks. Gib – wenn möglich – mehrere Lösungswege zur Berechnung der fehlenden Größen an.

Bezeichnung	Rechenausdruck bzw. Größe	Alternativer Rechenausdruck	Definitionen und Hilfsgrößen, z. B.
α			$c^2 = a^2 + b^2$
β			$\alpha + \beta + \gamma =$
γ	90°	90°	$\tan(\alpha) =$
a			$\tan(\beta) =$
b	gegeben	gegeben	$\sin(\alpha) =$
c	gegeben	gegeben	$\cos(\alpha) =$

3 Wende eine in der Tabelle angewandte Lösungsstrategie auf das Zahlenbeispiel an und berechne alle fehlenden Größen.

4 Berechne im Heft die fehlenden Größen im rechtwinkligen Dreieck für a = 4 cm und c = 6 cm.

ca. 30 min Einzel-/Partnerarbeit

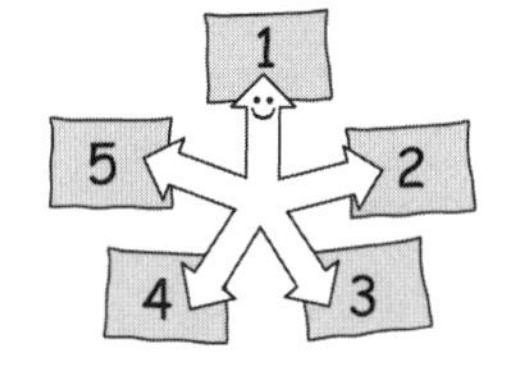

Lernzirkel: 4. Du kennst die beiden Katheten ...

1 Gegeben ist a = 80 mm und b = 5 cm. Verwende die Skizze des Dreiecks, um die bekannten und die unbekannten Größen des Dreiecks farblich hervorzuheben.

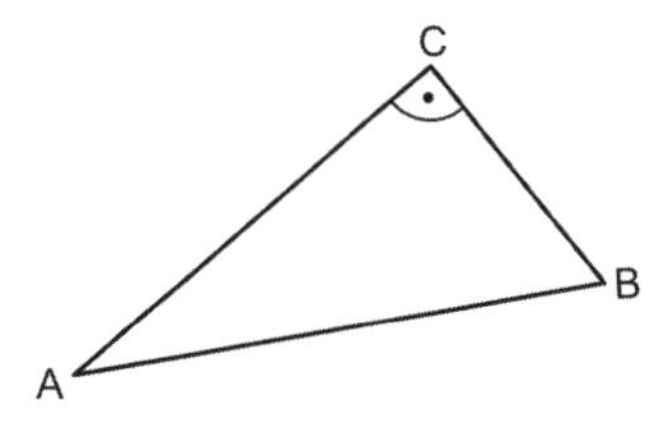

2 Vervollständige die Tabelle zur Berechnung der unbekannten Größen (fehlende Seitenlängen und Winkelgrößen) des Dreiecks. Gib – wenn möglich – mehrere Lösungswege zur Berechnung der fehlenden Größen an.

Bezeichnung	Rechenausdruck bzw. Größe	Alternativer Rechenausdruck	Definitionen und Hilfsgrößen, z. B.
α			$\tan(\alpha) =$
β			$\tan(\beta) =$
γ	90°	90°	$c^2 = a^2 + b^2$
a	gegeben	gegeben	$\alpha + \beta + \gamma =$
b	gegeben	gegeben	$\sin(\alpha) =$
c			$\cos(\alpha) =$

3 Wende eine in der Tabelle angewandte Lösungsstrategie auf das Zahlenbeispiel an und berechne alle fehlenden Größen.

4 Berechne im Heft die fehlenden Größen im rechtwinkligen Dreieck für b = 14 cm und a = 4 dm.

ca. 30 min Einzel-/Partnerarbeit

Sonnenuhren – selbst gemacht

Material: Sperrholzplatten, Stäbe, Pappe, Farbe

Mithilfe dieses Arbeitsblattes kannst du lernen, Zifferblätter von Sonnenuhren verschiedener Aufstellung selbst zu konstruieren und zu berechnen. Dazu brauchst du Sinus, Kosinus und Tangens und etwas Bastelmaterial.

Die Aufstellung

Sonnenuhren haben einen Schattenstab, den Gnomon, der parallel zur Erdachse ausgerichtet wird. Unter welchem Winkel gegen die Horizontale steht er an deinem Wohnort? Die benötigte geografische Breite kannst du aus einer genauen Karte ablesen. Der Gnomon erzeugt Schattenlinien auf dem Zifferblatt. Hier werden die Zifferblätter erklärt, die erstens parallel zum Himmelsäquator und zweitens senkrecht stehend nach Süden zeigend aufgestellt werden.

Die äquatoriale Sonnenuhr

Auf einer Scheibe senkrecht zum Schattenstab wandert der Schatten jede Stunde 15° weiter, wie die Sonne auf ihrer scheinbaren Bahn. Man teilt also die Kreisscheibe in 24 gleiche Teile, steckt senkrecht den Stab durch und richtet seine Spitze zum Polarstern. Die 12-Uhr-Linie zeigt genau nach unten. Von der Tagundnachtgleiche im März bis zu der im September fällt der Schatten auf die obere Seite, im anderen Halbjahr auf die untere Seite der Scheibe.
Eine Variante entsteht, wenn man die Stundenlinien bis zur Tangente im 12-Uhr-Punkt verlängert. Es entsteht eine neue Skala, die auf einer zur Scheibe senkrechten Fläche aufgetragen wird.

Äquatoriale Süduhr

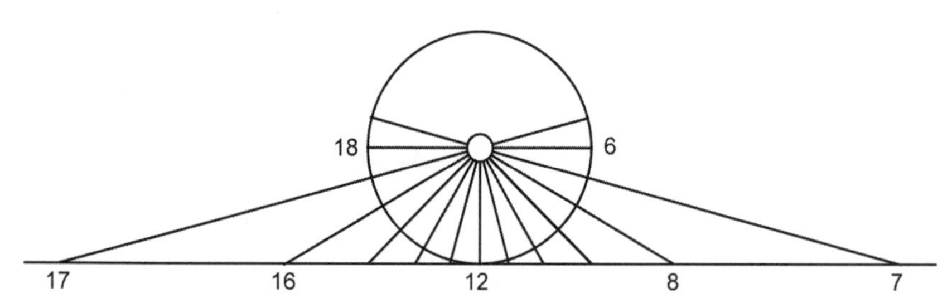

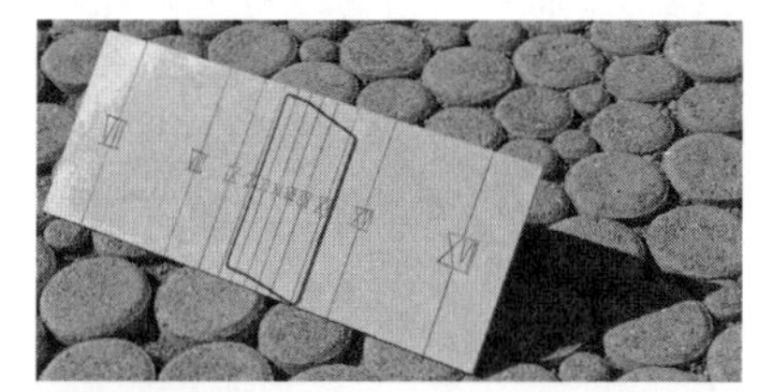
Polare Süduhr

Die Äquatorscheibe hat zum Beispiel einen Radius von 20 cm. Berechne für die neue Skala die Abstände der Stundenmarken vom 12-Uhr-Punkt. Die Schattenlinien auf der neuen Fläche verlaufen nun parallel zueinander und parallel zum Gnomon. Die praktische Ausführung dieser „polaren Süduhr" siehst du auf dem Foto. Der Abstand des Gnomons vom Zifferblatt ist der Radius der Scheibe.

Vertikale Süduhr

Die vertikale Süduhr

Es geht wieder darum, die Schattenlinien der Äquatorscheibe auf eine andere Fläche zu übertragen. Das Prinzip hast du oben kennengelernt: In der Ebene der Scheibe werden die Linien bis zur Tangente im 12-Uhr-Punkt verlängert. Die Tangente liegt auch in der neuen Fläche, hier einer genau nach Süden ausgerichteten Fläche. Die Stundenmarkierungen sind nun mit dem Fußpunkt F des Gnomons zu verbinden (Pfeile) und auf einem beliebig geformten Zifferblatt zu benennen. Den Abstand $\overline{FZ}$ kannst du im rechtwinkligen Dreieck mit dem Neigungswinkel des Gnomons und dem Scheibenradius berechnen.

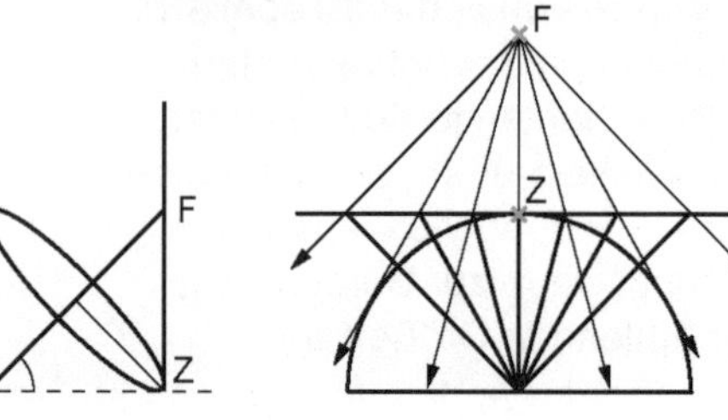

Zum richtigen Gebrauch einer Sonnenuhr solltest du dich über die Begriffe Sterntag, Sonnentag, Zeitgleichung, mittlere Sonnenzeit, Ortszeit und Zonenzeit informieren. (Die Fotos zeigen Schülerarbeiten.)

978-3-12-734792-0 Lambacher Schweizer 9 HE, Serviceband

Ernst Klett Verlag GmbH, Stuttgart 2009

Die wissenschaftliche Schreibweise von Zahlen – Ein Arbeitsplan

Arbeitszeit: 1 Schulstunde + Hausaufgaben

Vorüberlegungen

1 Potenzen mit der Basis 10 und einem ganzzahligen Exponenten nennt man Zehnerpotenzen, wobei

$10^0 = 1$, $10^n = \underbrace{10 \cdot 10 \cdot \ldots \cdot 10}_{\text{n Faktoren}}$ und $10^{-n} = \frac{1}{10^n}$ für $n \in \mathbb{N}$ gilt.

a) Berechne folgende Zehnerpotenzen: 10^1; 10^3; 10^6; 10^{-1}; 10^{-4}; 10^{-3}.
b) Schreibe folgende Zahlen als Zehnerpotenz: 10 000; 0,01; 100 000; 0,00001.
c) Welcher Zusammenhang lässt sich zwischen der Anzahl der Nullen bzw. der Anzahl der Nachkommastellen der Zehnerpotenz und ihrem Exponenten feststellen?

2 Jede Zahl kann man als Produkt aus einer Dezimalzahl mit nur einer Ziffer vor dem Komma und einer Zehnerpotenz darstellen. Man bezeichnet dies als wissenschaftliche Schreibweise der Zahl.
Beispiele: $3500 = 3{,}5 \cdot 1000 = 3{,}5 \cdot 10^3$ und $0{,}0027 = 2{,}7 \cdot \frac{1}{1000} = 2{,}7 \cdot 10^{-3}$

a) Schreibe die gegebenen Zahlen als Dezimalzahlen ohne Zehnerpotenz.
Um wie viele Stellen und in welche Richtung wird dabei das Komma jeweils verschoben?

$8 \cdot 10^4$; $5{,}8 \cdot 10^3$; $0{,}784 \cdot 10^5$; $2 \cdot 10^{-5}$; $1{,}8 \cdot 10^{-3}$; $0{,}034 \cdot 10^{-2}$; $3{,}068 \cdot 10^{-4}$

b) Schreibe nun umgekehrt folgende Zahlen in wissenschaftlicher Schreibweise:
4000; 58 900; 753 219; 0,003; 0,0406; 0,000 781
c) Überlege, bei welchen Zahlen die wissenschaftliche Schreibweise besonders sinnvoll ist.

3 Informiere dich darüber, wie eine Zahl in wissenschaftlicher Schreibweise in deinen Taschenrechner eingegeben wird.
Überprüfe dann durch Eingabe in den Taschenrechner deine Ergebnisse aus Aufgabe 2.

4 a) Bei Größenangaben werden die Zehnerpotenzen der wissenschaftlichen Schreibweise oft durch Vorsilben ersetzt. Ordne durch Pfeile jeder Zehnerpotenz die entsprechende Vorsilbe zu.

10^{-12}	10^{-9}	10^{-6}	10^{-3}	10^{-2}	10^{-1}	10^{2}	10^{3}	10^{6}	10^{9}	10^{12}

Milli (m)	Piko (p)	Zenti (c)	Nano (n)	Mikro (μ)	Dezi (d)	Kilo (k)	Hekto (h)	Giga (G)	Mega (M)	Tera (T)

b) Gib folgende Größenangaben in der in Klammern stehenden Einheit zunächst in wissenschaftlicher Schreibweise und dann als Dezimalzahl an.
3,6 nm (in m); 2,4 GW (in W); 430 kg (in g); 285 hℓ (in ℓ); 456 μg (in g); 0,82 cm (in m)

Erarbeitung und Heftaufschrieb

Im Schülerbuch auf Seite 78 findest du Informationen zu den Zehnerpotenzen und der wissenschaftlichen Schreibweise von Zahlen.
Lies nach und vergleiche mit deinen Ergebnissen.
Erstelle nun einen Heftaufschrieb mit Überschrift, Definition der wissenschaftlichen Schreibweise und Zahlenbeispielen.

Übungen

Bearbeite im Schülerbuch auf Seite 79 die Aufgaben 1, 2, 5 und 6. Kontrolliere deine Ergebnisse.

Ernst Klett Verlag GmbH, Stuttgart 2009

Winzigklein und riesengroß – federleicht und tonnenschwer

Berechne die Rechenausdrücke in der Tabelle.
Die Ergebnisse liefern interessante Längen- bzw. Gewichtsangaben. Markiere diese zur Veranschaulichung und zur Kontrolle auf den unten abgebildeten Achsen.

Längenangaben (in m)		Gewichtsangaben (in kg)	
$(3 \cdot 10^{14}) : (2 \cdot 10^{3})$	Abstand Erde–Sonne	$6{,}5 \cdot 10^{11} \cdot 2 \cdot 10^{-7}$	Gewicht eines Blauwals
$2{,}5 \cdot 10^{-10} - 0{,}15 \cdot 10^{-9}$	Atomdurchmesser	$(0{,}9 \cdot 10^{4}) : (6 \cdot 10^{-5})$	Gewicht eines Kreuzfahrtschiffs
$5{,}346 \cdot 10^{3} + 3500$	Höhe des Mt. Everest	$3{,}8 \cdot 10^{-14} + 0{,}62 \cdot 10^{-13}$	Gewicht einer Grünalge
$(2{,}5 \cdot 10^{-3}) \cdot (4 \cdot 10^{-2})$	Dicke von Papier	$6{,}4 \cdot 10^{-3} - 0{,}0014$	Gewicht eines Bleistifts
$4 \cdot 10^{-9} \cdot 5 \cdot 10^{2}$	Größe eines Bakteriums	$0{,}045 : (3 \cdot 10^{-2})$	Gewicht eines Kaninchens
$12{,}6 \cdot 10^{7} + 0{,}258 \cdot 10^{9}$	Abstand Erde–Mond	$0{,}5 \cdot 10^{-2} : 5000$	Gewicht eines Flohs
$10^{3} - 6{,}75 \cdot 10^{2}$	Höhe des Eiffelturms	$20 \cdot 10^{3} + 2 \cdot 10^{4}$	Gewicht eines Lkw

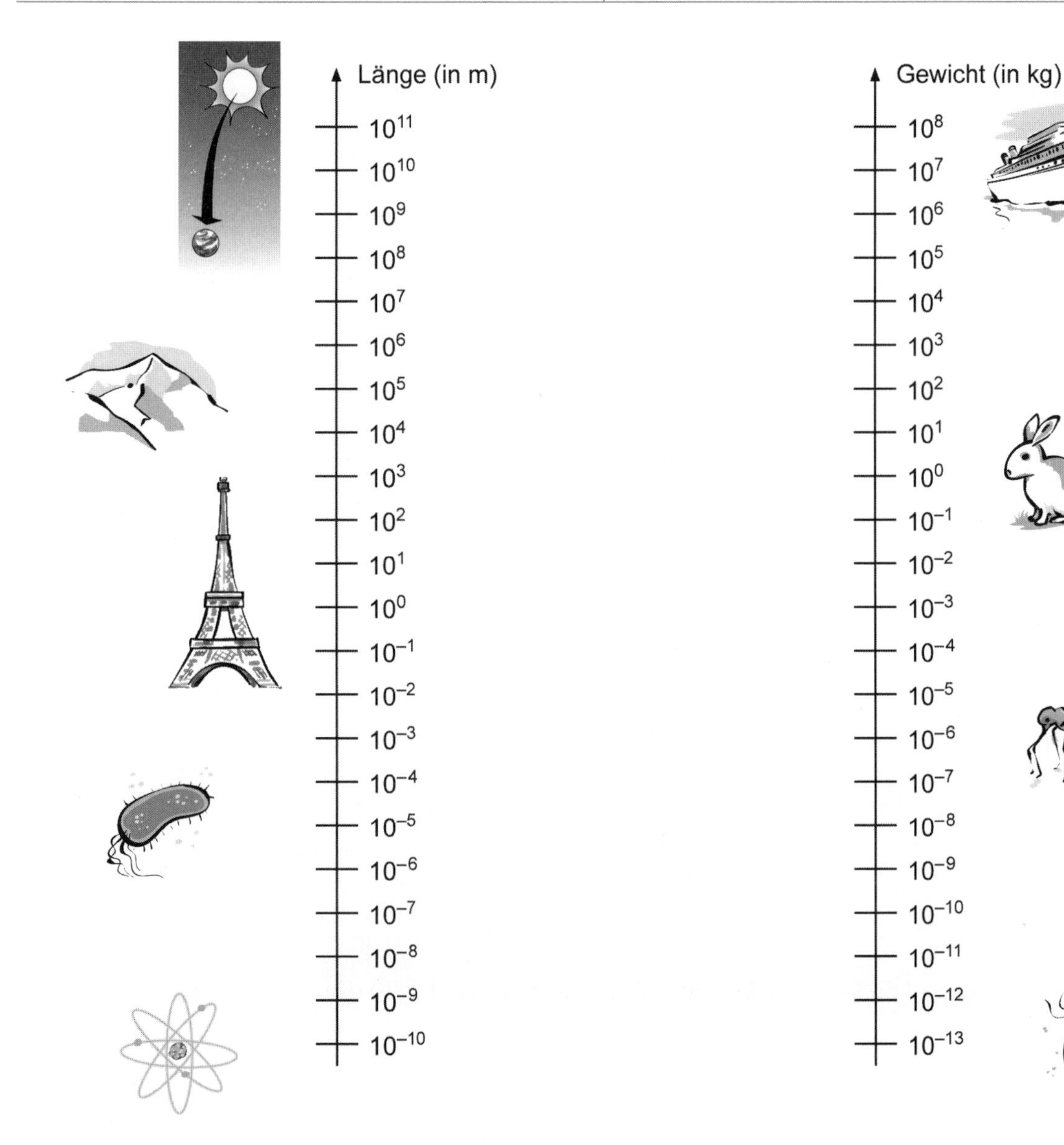

978-3-12-734792-0 Lambacher Schweizer 9 HE, Serviceband Ernst Klett Verlag GmbH, Stuttgart 2009

Gruppenpuzzle: Potenzrechengesetze

Problemstellung
Mit diesem Gruppenpuzzle sollt ihr erarbeiten, welche Gesetze beim Rechnen mit Potenzen gelten.

Ablaufplan
Es gibt insgesamt vier Teilthemen:
- Addition und Subtraktion von Potenzen
- Multiplikation und Division von Potenzen mit gleicher Basis
- Multiplikation und Division von Potenzen mit gleichem Exponenten
- Potenzieren von Potenzen

Bildung von Stammgruppen (10 min)
Teilt eure Klasse zunächst in Stammgruppen mit mindestens vier Mitgliedern auf.
Bestimmt in eurer Stammgruppe mindestens eine Schülerin bzw. einen Schüler pro Teilthema. Sie werden zu Experten für dieses Teilthema.

Erarbeitung der Teilthemen in den Expertengruppen (45 min)
Die Stammgruppe löst sich auf und die Experten zu jedem Teilthema bilden die Expertengruppe.
Dort wird anhand der Blätter für die Expertengruppen das jeweilige Teilthema erarbeitet.

Ergebnispräsentation in den Stammgruppen (45 min)
Kehrt wieder in eure Stammgruppen zurück. Dort informiert jeder Experte die anderen Stammgruppenmitglieder über sein Teilthema, steht für Rückfragen zur Verfügung und schlägt einen Heftaufschrieb vor, den die anderen (ggf. noch verbessert) übernehmen. Am Ende sollte jeder von euch alle Teilthemen verstanden haben.

Ergebniskontrolle und Übungen in den Stammgruppen (45 min)
Im Schülerbuch auf den Seiten 81 und 84 findet ihr Informationen zu den Potenzrechengesetzen. Lest sie durch und kontrolliert so euren Heftaufschrieb.
Bearbeitet anschließend in den Stammgruppen bzw. als Hausaufgabe im Schülerbuch auf Seite 83 und 85 die Aufgaben unter „Bist du sicher?“ und kontrolliert anschließend eure Ergebnisse.
Erstellt zum Abschluss einen Überblick über alle Potenzrechengesetze, z. B. in Form einer Tabelle oder eines Schemas.

Ernst Klett Verlag GmbH, Stuttgart 2009

Gruppenpuzzle: Expertengruppe 1: Addition und Subtraktion von Potenzen mit gleicher Basis und gleichem Exponenten

Vorüberlegungen

Verbindet – falls möglich – die Rechenaufgaben mit den richtigen Ergebnissen. Was beobachtet ihr?

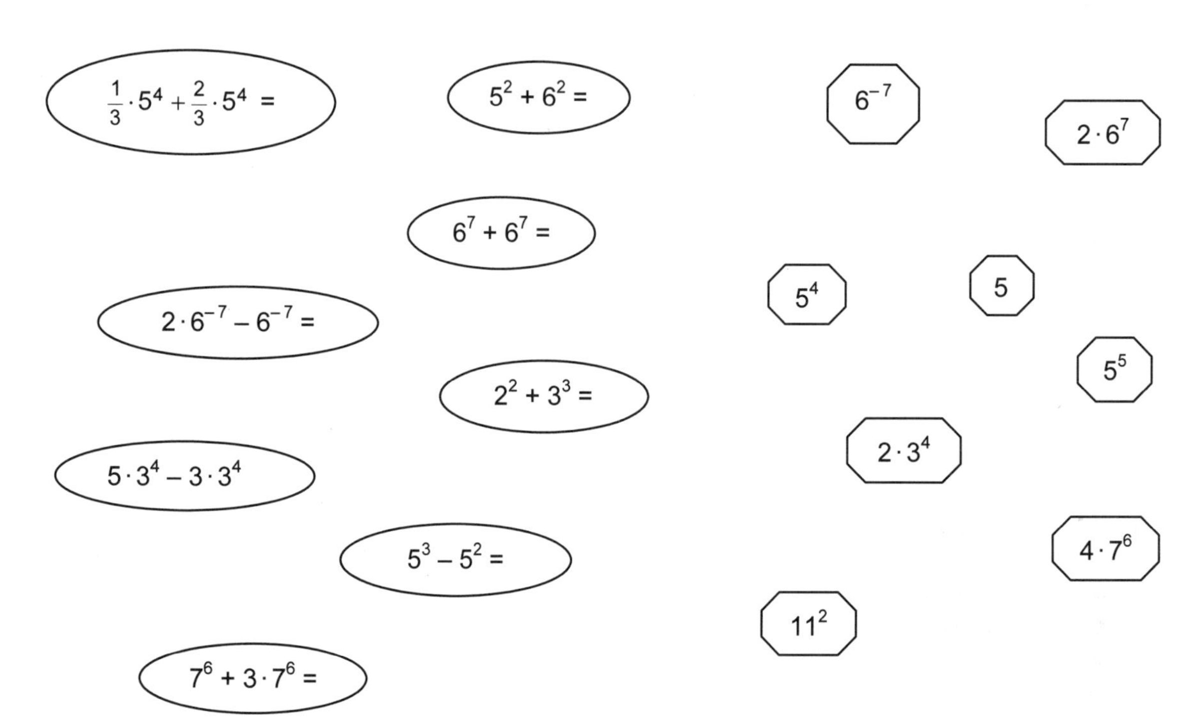

Erarbeitung

Unter welchen Bedingungen lassen sich Summen und Differenzen von Potenzen zusammenfassen? Diskutiert und formuliert mit eigenen Worten Rechenregeln für Summen und Differenzen von Potenzen.

Merksätze

Ergänzt die fehlenden Wörter „gleich" und „verschieden".

Sind die Basen *und* Exponenten von Potenzen ________________, so kann man diese mithilfe des Distributivgesetzes zusammenfassen.

Sind die Basen *oder* Exponenten von Potenzen ________________, so kann man diese nicht vereinfachend zusammenfassen.

Vorbereitung der Ergebnispräsentation

Jeder von euch wird in seiner Stammgruppe die hier erarbeiteten Ergebnisse präsentieren. Dazu ist es notwendig, dass ihr
- eine übersichtliche Musterlösung der in den Vorüberlegungen gestellten Aufgaben erstellt,
- zu den oben angeführten Merksätzen jeweils zwei eigene Beispielaufgaben erfindet,
- eure Lösungsschritte erläutern und Rückfragen beantworten könnt,
- mithilfe der Merksätze einen sinnvollen, klar gegliederten Heftaufschrieb erstellt.

ca. 145 min + Hausaufgabe   Gruppenarbeit

Gruppenpuzzle: Expertengruppe 2: Multiplikation und Division von Potenzen mit gleicher Basis

Vorüberlegungen
Verbindet – falls nötig mithilfe des Taschenrechners – die Rechenaufgaben mit den richtigen Ergebnissen.
Was beobachtet ihr?

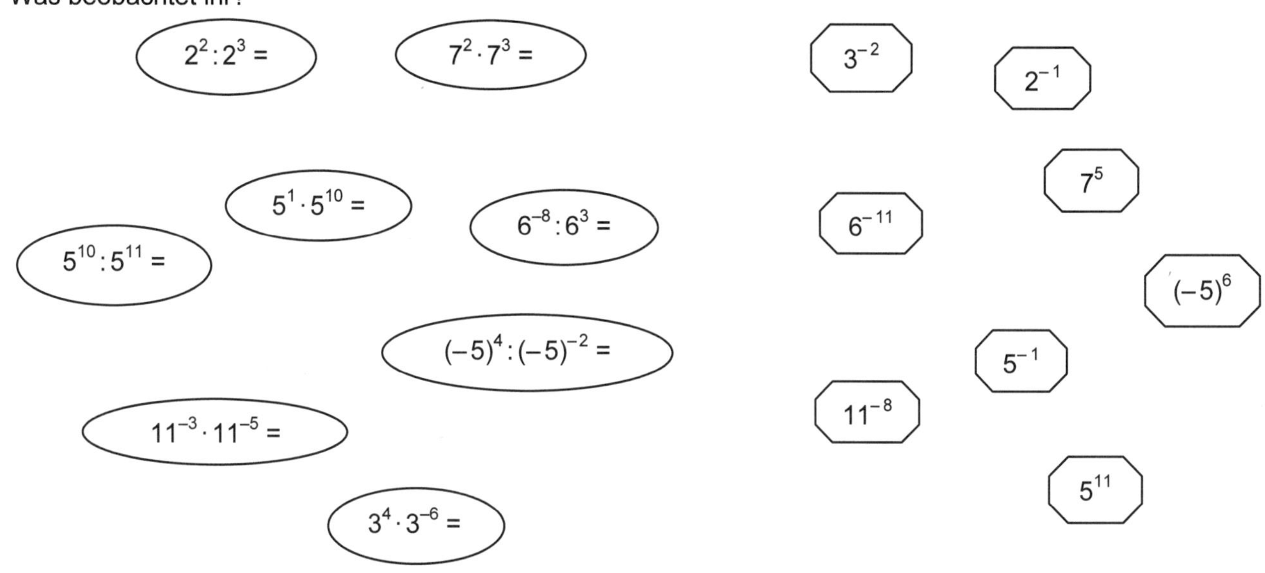

Erarbeitung
Die Multiplikation und Divison von Potenzen mit gleicher Basis (und *natürlichem* Exponenten) kann man sich mithilfe der Definition der Potenz klarmachen:

$$a^n \cdot a^m = \underbrace{a \cdot a \cdot \ldots \cdot a}_{\text{n Faktoren}} \cdot \underbrace{a \cdot a \cdot \ldots \cdot a}_{\text{m Faktoren}} = \underbrace{a \cdot a \cdot \ldots \cdot a}_{(n+m)\text{ Faktoren}} = \text{\_\_\_\_\_\_\_\_\_\_\_\_\_\_\_\_}$$

$$\text{bzw. } a^n : a^m = \frac{\overbrace{a \cdot \ldots \cdot a}^{\text{n Faktoren}}}{\underbrace{a \cdot \ldots \cdot a}_{\text{m Faktoren}}} \underset{\text{gekürzt}}{=} \text{\_\_\_\_\_\_\_\_\_\_\_\_\_\_\_\_}$$

Vergleicht und kontrolliert eure Rechenregeln mithilfe des Kastens im Schülerbuch, Seite 81.

Zusatz
Rechnet nach, dass bei *negativem* ganzzahligen Exponenten eure Rechenregeln genauso gelten.
(Tipp: Beachtet, dass $a^{-m} = \frac{1}{a^m}$ ist und die Division durch einen Bruch gleichbedeutend mit der Multiplikation mit dem Kehrbruch ist.)

Vorbereitung der Ergebnispräsentation
Jeder von euch wird in seiner Stammgruppe die hier erarbeiteten Ergebnisse präsentieren.
Dazu ist es notwendig, dass ihr
- eine übersichtliche Musterlösung der in den Vorüberlegungen gestellten Aufgaben erstellt,
- zu den oben erarbeiteten Merksätzen jeweils zwei eigene Beispielaufgaben erfindet,
- eure Lösungsschritte erläutern und Rückfragen beantworten könnt,
- einen sinnvollen, klar gegliederten Heftaufschrieb erstellt.

Gruppenpuzzle: Expertengruppe 3: Multiplikation und Division von Potenzen mit gleichem Exponenten

Vorüberlegungen
Verbindet – falls nötig mithilfe des Taschenrechners – die Rechenaufgaben mit den richtigen Ergebnissen. Was beobachtet ihr?

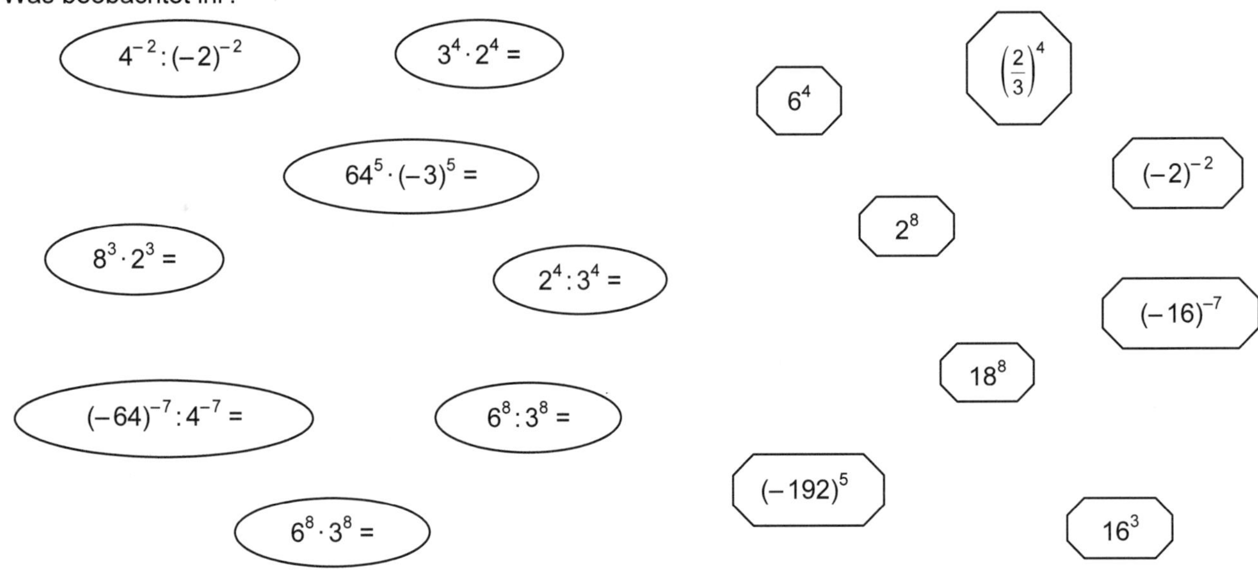

Erarbeitung
Die Multiplikation und Divison von Potenzen mit gleichem Exponenten kann man sich mithilfe der Definition der Potenz klarmachen:

$$a^n \cdot b^n = \underbrace{a \cdot a \cdot \ldots \cdot a}_{\text{n Faktoren}} \cdot \underbrace{b \cdot b \cdot \ldots \cdot b}_{\text{n Faktoren}} \overset{\text{Kommutativgesetz}}{=} \underbrace{(a \cdot b) \cdot \ldots \cdot (a \cdot b)}_{\text{n Faktoren } (a \cdot b)} = \_\_\_\_\_\_\_\_\_\_\_\_\_\_\_\_\_\_\_\_$$

bzw.

$$a^n : b^n = \frac{\overbrace{a \cdot \ldots \cdot a}^{\text{n Faktoren}}}{\underbrace{b \cdot \ldots \cdot b}_{\text{n Faktoren}}} = \underbrace{\left(\frac{a}{b}\right) \cdot \ldots \cdot \left(\frac{a}{b}\right)}_{\text{n Faktoren}} = \_\_\_\_\_\_\_\_\_\_\_\_\_\_\_\_\_\_\_\_$$

Vergleicht und kontrolliert eure Rechenregeln mithilfe des Kastens im Schülerbuch, Seite 84.

Zusatz
Rechnet nach, dass bei *negativem* ganzzahligen Exponenten eure Rechenregeln genauso gelten.

(Tipp: Beachtet, dass $b^{-n} = \frac{1}{b^n}$ ist und die Division durch einen Bruch gleichbedeutend mit der Multiplikation mit dem Kehrbruch ist.)

Vorbereitung der Ergebnispräsentation
Jeder von euch wird in seiner Stammgruppe die hier erarbeiteten Ergebnisse präsentieren.
Dazu ist es notwendig, dass ihr
- eine übersichtliche Musterlösung der in den Vorüberlegungen gestellten Aufgaben erstellt,
- zu den oben erarbeiteten Merksätzen jeweils zwei eigene Beispielaufgaben erfindet,
- eure Lösungsschritte erläutern und Rückfragen beantworten könnt,
- einen sinnvollen, klar gegliederten Heftaufschrieb erstellt.

Ernst Klett Verlag GmbH, Stuttgart 2009

Gruppenpuzzle: Expertengruppe 4: Potenzieren von Potenzen

Vorüberlegungen

Verbindet – falls nötig mithilfe des Taschenrechners – die Rechenaufgaben mit den richtigen Ergebnissen. Was beobachtet ihr?

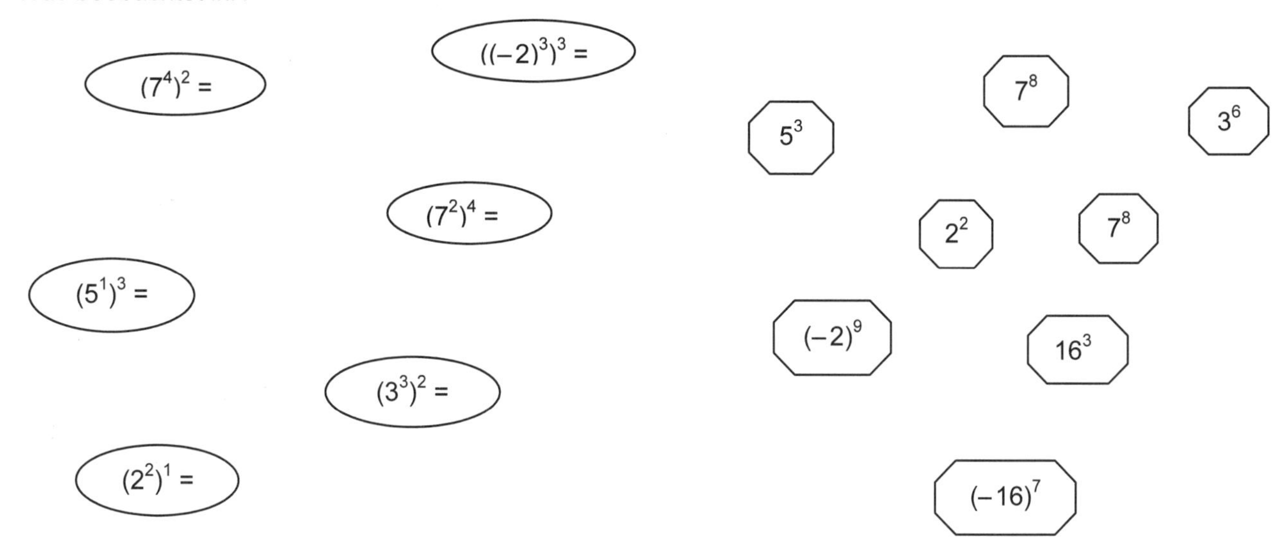

Erarbeitung

Das Potenzieren von Potenzen kann man sich mithilfe der Definition der Potenz klarmachen:

$$(a^n)^m = \underbrace{\underbrace{(a\cdot a\cdot\ldots\cdot a)}_{\text{n Faktoren}}\cdot\ldots\cdot\underbrace{(a\cdot a\cdot\ldots\cdot a)}_{\text{n Faktoren}}}_{\text{m-mal}} = \underbrace{a\cdot\ldots\cdot a}_{n\cdot m\text{ Faktoren}} = \_\_\_\_\_\_\_\_\_\_\_\_$$

Vergleicht und kontrolliert eure Rechenregel mithilfe des Kastens im Schülerbuch, Seite 81.

Zusatz

Rechnet nach, dass bei *negativem* ganzzahligen Exponenten eure Rechenregeln genauso gelten.

(Tipp: Beachtet, dass $b^{-n} = \frac{1}{b^n}$ ist und die Division durch einen Bruch gleichbedeutend mit der Multiplikation mit dem Kehrbruch ist.)

Vorbereitung der Ergebnispräsentation

Jeder von euch wird in seiner Stammgruppe die hier erarbeiteten Ergebnisse präsentieren. Dazu ist es notwendig, dass ihr

- eine übersichtliche Musterlösung der in den Vorüberlegungen gestellten Aufgaben erstellt,
- zum oben erarbeiteten Merksatz zwei eigene Beispielaufgaben erfindet,
- eure Lösungsschritte erläutern und Rückfragen beantworten könnt,
- einen sinnvollen, klar gegliederten Heftaufschrieb erstellt.

978-3-12-734792-0 Lambacher Schweizer 9 HE, Serviceband Ernst Klett Verlag GmbH, Stuttgart 2009

Das Gesetz der großen Zahlen

Materialbedarf: pro Person ein Würfel und ein Reißnagel, Taschenrechner

Du weißt bereits, dass die Wahrscheinlichkeit für eine Sechs bei einem Wurf mit einem Würfel $\frac{1}{6}$ beträgt.

Bei einem gezinkten Würfel kann man nicht so einfach die Wahrscheinlichkeit für eine Augenzahl angeben. Man kann sie jedoch näherungsweise ermitteln (schätzen), wenn man eine genügend große Zahl von Würfen durchführt. Wie zuverlässig ein solcher Schätzwert ist, soll folgendes Klassenexperiment zeigen:

1 Führe 25 Würfe mit einem ungezinkten Würfel durch und notiere die Ergebnisse.

25 x Werfen	Absolute Häufigkeit	Relative Häufigkeit	Relative Häufigkeit in %
Augenzahl 6			

2 Sammle nun die Ergebnisse deiner Mitschüler. Trage in die erste Spalte dein eigenes Ergebnis ein. In die zweite Spalte kommt dann das Ergebnis eines Mitschülers plus deines hinein; addiere in den nächsten Spalten jeweils das Ergebnis eines Mitschülers hinzu.

Wurfzahl	25	50	75	100	125	150	175	200	225	250
Absolute Häufigkeit										
Relative Häufigkeit										

Wurfzahl	275	300	325	350	375	400	425	450	475	500
Absolute Häufigkeit										
Relative Häufigkeit										

3 Trage die Ergebnisse auch in folgendes Schaubild ein und kommentiere es.

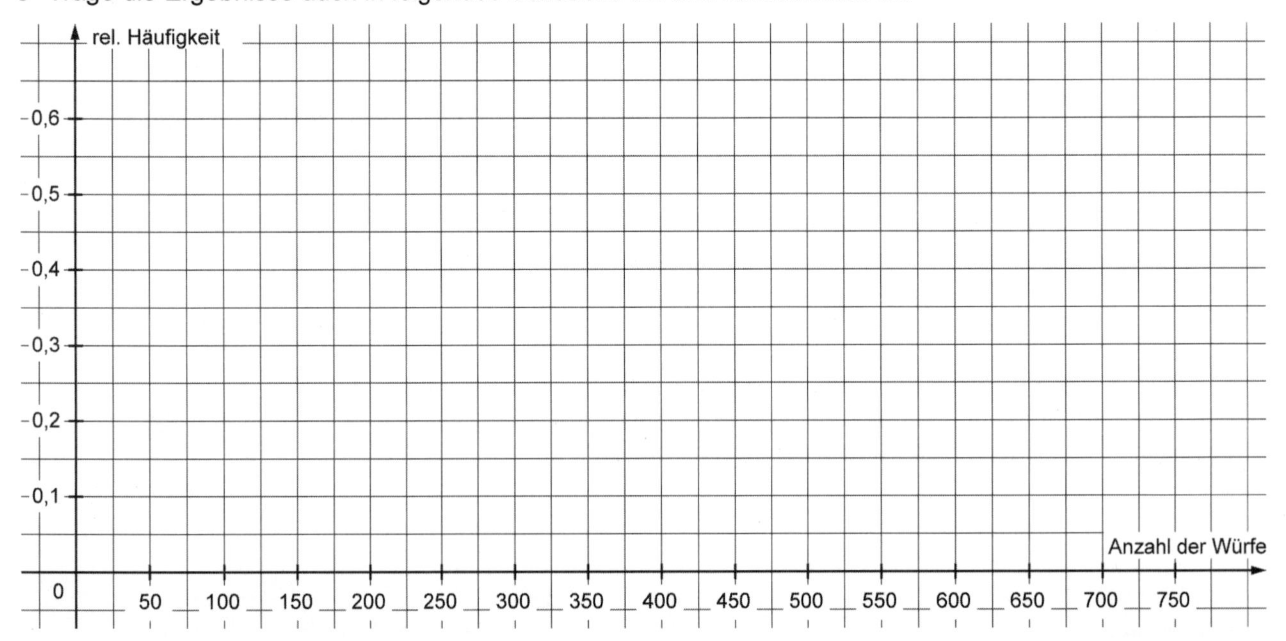

4 Betrachte nun die absoluten Häufigkeiten: Nähern sie sich ihrem voraussagbaren theoretischen Wert?

5 Bestimme in deiner Klasse wie in den Aufgaben 1 bis 3 die Wahrscheinlichkeit für den Ausgang „Kopf" beim Wurf eines Reißnagels.

Gruppenpuzzle: Auf was würdest du wetten?

Problemstellung
Mit diesem Gruppenpuzzle sollt ihr euer bisheriges Wissen über das Rechnen mit Wahrscheinlichkeiten auffrischen. Dazu bekommt ihr verschiedene Wettsituationen, dir ihr beurteilen sollt. Dieses Arbeitsblatt gibt euch einen Überblick über den Ablauf des Gruppenpuzzles.

Ablaufplan
Es gibt insgesamt vier Teilthemen (Wettsituationen):
- Die Gummibärenwette
- Die Basketballwette
- Die Legosteinwette
- Die Tenniswette

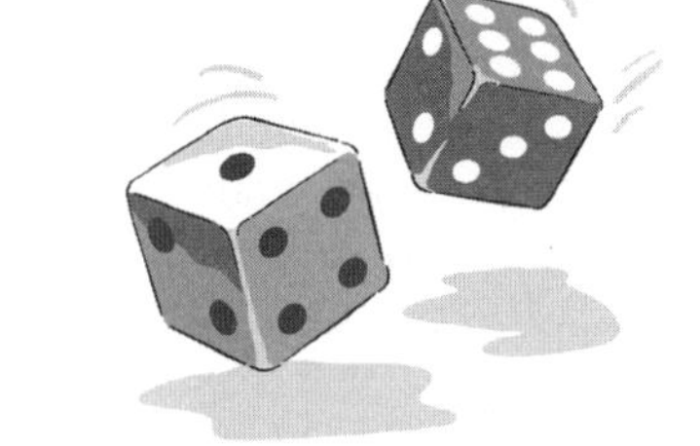

Bildung von Stammgruppen (10 min)
Teilt eure Klasse zunächst in Stammgruppen mit mindestens vier Mitgliedern auf.
Bestimmt in eurer Stammgruppe mindestens eine Schülerin bzw. einen Schüler pro Teilthema. Sie werden zu Experten für dieses Teilthema.

Erarbeitung der Teilthemen in den Expertengruppen (45 min)
Die Stammgruppe löst sich auf und die Experten zu jedem Teilthema bilden die Expertengruppe.
Dort wird anhand der Blätter für die Expertengruppen das jeweilige Teilthema erarbeitet.

Ergebnispräsentation in den Stammgruppen (45 min)
Kehrt wieder in eure Stammgruppen zurück. Dort informiert jeder Experte die anderen Stammgruppenmitglieder über sein Teilthema, steht ihnen für Rückfragen zur Verfügung und schlägt einen Heftaufschrieb vor, den die anderen (ggf. noch verbessert) übernehmen.
Am Ende sollte jeder von euch alle Teilthemen verstanden haben.

Ergebniskontrolle und Übungen in den Stammgruppen (35 min)
Im Schülerbuch auf Seite 105 findet ihr zwei Beispiele. Lest sie aufmerksam durch, klärt auftretende Fragen und bearbeitet im Buch auf Seite 106 die Aufgaben 4 und 8.
Anschließend sollte jeder von euch alleine die Aufgabe 16 auf Seite 108 bearbeiten.
Kontrolliert eure Ergebnisse.

Ernst Klett Verlag GmbH, Stuttgart 2009

Gruppenpuzzle: Expertengruppe 1: Die Gummibärenwette

Problemstellung

In einer kleinen Gummibären-Packung befinden sich 6 rote, 3 grüne und 1 weißes Gummibärchen. Benni und Maike haben fünf solcher Packungen. Nachdem beide zwei bekommen haben, wollen sie um die letzte Packung knobeln …
Maike: Wir machen Folgendes: Du ziehst aus jeder deiner beiden Packungen blind ein Gummibärchen. Wenn beide die gleiche Farbe haben, bekommst du die fünfte Packung.
Benni: Nee, da mache ich nicht mit. Aber ich wette, dass bei den beiden gezogenen Gummibärchen mindestens ein grünes dabei ist.
Maike: Okay, das machen wir. Das dürfte einigermaßen fair sein …

Aufgaben

1 Vervollständigt das unten stehende Baumdiagramm für das Ziehen von zwei Gummibärchen aus zwei verschiedenen Packungen. Bestimmt dann mit der Pfadregel die Wahrscheinlichkeiten für die einzelnen Ergebnisse und füllt die Tabelle aus. Falls ihr nicht weiterkommt, lest im Schülerbuch das Beispiel 1 auf Seite 105 durch.

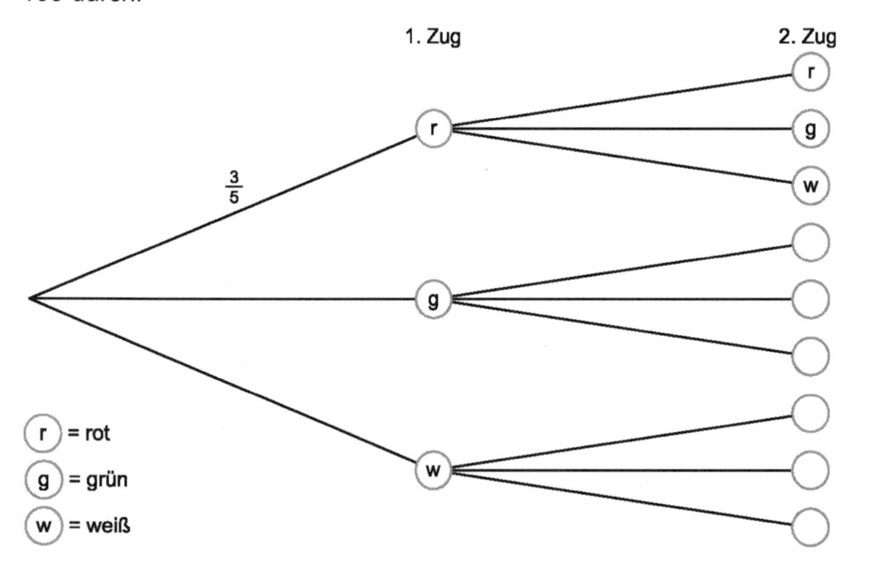

Ergebnis	Wahrscheinlichkeit
rr	
rg	

2 Berechnet die Wahrscheinlichkeit, mit der Benni zwei Gummibärchen gleicher Farbe zieht. War es richtig, dass er Maikes ersten Vorschlag abgelehnt hat?

3 Wie hoch ist die Wahrscheinlichkeit, dass Benni seine Wette gewinnt? Ist sein Vorschlag fairer als der von Maike?

4 Macht selbst einen möglichst fairen Vorschlag für eine Gummibärchenziehung.

5 Wie ändern sich die Wahrscheinlichkeiten bei Aufgabe 2 und 3, wenn Benni beide Gummibärchen aus der gleichen Tüte zieht und das zuerst gezogene Gummibärchen nicht mehr in die Packung zurücklegt? Erstellt dazu wie in Aufgabe 1 zunächst ein Baumdiagramm und eine Wahrscheinlichkeitsverteilung.

Vorbereitung der Ergebnispräsentation

Jeder von euch wird in seiner Stammgruppe die hier erarbeiteten Ergebnisse präsentieren. Dazu ist notwendig, dass ihr
- eine übersichtliche Musterlösung der Aufgaben erstellt,
- die wesentlichen Schritte eurer Lösung erläutern und Rückfragen beantworten könnt und
- einen sinnvollen, klar gegliederten Heftaufschrieb erstellt.

Ernst Klett Verlag GmbH, Stuttgart 2009

Gruppenpuzzle: Expertengruppe 2: Die Basketballwette

Problemstellung
Paul und Francis spielen in der C-Jugend ihres Basketballvereins. Nachmittags treffen sie sich häufig auf dem Schulhof und trainieren Freiwürfe. Paul hat eine Trefferquote von 40 %, Francis von 80 %.

Francis: Wetten, dass ich die nächsten drei Würfe alle treffe?

Paul: Alter Angeber, dass schaffst du nie. Die Wette gilt.

Francis trifft seinen ersten Wurf. Doch bevor er weiter werfen kann, kommen Jana und Alice vorbei, die sich mit den beiden zum Eisessen verabredet haben. Sie spielen im gleichen Basketballverein. Jana hat von der Freiwurflinie eine Trefferquote von 70 %, Alice trifft im Schnitt jeden zweiten Wurf.

Alice: Kommt, lasst uns ein Spiel machen. Wir gegen euch. Jeder wirft einmal von der Freiwurflinie. Die Mannschaft mit den meisten Treffern hat gewonnen. Die Verlierermannschaft muss das Eis bezahlen.

Francis: Wenn ihr unbedingt verlieren wollt! Kein Problem … Ich muss nur noch kurz meine Wette gegen Paul gewinnen.

Aufgaben
1 Wie groß ist die Wahrscheinlichkeit, dass Francis nach dem ersten auch die beiden folgenden Freiwürfe trifft?

2 Mit welcher Wahrscheinlichkeit erzielen Paul und Francis bei ihrer Wette gegen die Mädchen 0, 1 bzw. 2 Treffer? Vervollständigt dazu das unten stehende Baumdiagramm und bestimmt mit der Pfadregel die Wahrscheinlichkeiten für die einzelnen Ergebnisse. Füllt dann die beiden Tabellen aus.

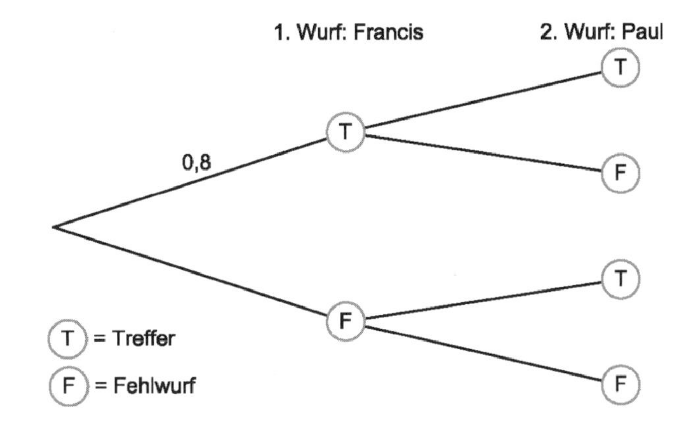

Ergebnis	Wahrscheinlichkeit
TT	
TF	
FT	
FF	

Trefferzahl	0	1	2
Wahrscheinlichkeit			

3 Erstellt auch für das Mädchenteam ein Baumdiagramm und Tabellen, wie bei Nr. 2.

4 Mit welcher Wahrscheinlichkeit endet die Wette zwischen den Jungen und den Mädchen unentschieden?

5 Mit welcher Wahrscheinlichkeit gewinnen die Jungen (die Mädchen) die Wette?

Vorbereitung der Ergebnispräsentation
Jeder von euch wird in seiner Stammgruppe die hier erarbeiteten Ergebnisse präsentieren. Dazu ist notwendig, dass ihr
- eine übersichtliche Musterlösung der Aufgaben erstellt,
- die wesentlichen Schritte eurer Lösung erläutern und Rückfragen beantworten könnt und
- einen sinnvollen, klar gegliederten Heftaufschrieb erstellt.

Gruppenpuzzle: Expertengruppe 3: Die Legosteinwette

Materialbedarf: pro Person einen Legostein (oder einen ähnlichen Quader), Taschenrechner

Problemstellung

Jonas und Verena spielen für ihr Leben gerne Gesellschaftsspiele. Da sie gerade keinen Würfel finden können, behelfen sie sich mit einem Legostein, den sie wie abgebildet mit Zahlen beschriften (gegenüberliegende Seiten haben die Augensumme sieben).

Jonas: Mit diesem „Würfel" können wir unmöglich spielen, Verena! Da wirft man ja nie eine Sechs!
Verena: Stell dich nicht so an, Jonas. Ich wette, dass ich bei zehn Würfen mindestens eine Sechs werfe.
Jonas: Okay, ich wette dagegen.

Aufgaben

1 Um beurteilen zu können, mit welcher Wahrscheinlichkeit Verena ihre Wette gewinnt, müsst ihr zunächst wissen, mit welcher Wahrscheinlichkeit der Legostein bei einem Wurf eine Sechs anzeigt. Dies erfahrt ihr nur durch Probieren: Jeder von euch beschriftet einen Legostein, wie oben abgebildet, und macht eine Versuchsreihe von 100 Würfen. Die Ergebnisse tragt ihr dann in die folgenden Tabellen ein.

	1	2	3	4	5	6
1. Versuchsreihe						
2. Versuchsreihe						
3. Versuchsreihe						
4. Versuchsreihe						

Nun könnt ihr die Wahrscheinlichkeiten für die einzelnen Augenzahlen abschätzen.

Augenzahl	1	2	3	4	5	6
Geschätzte Wahrscheinlichkeit						

2 Berechnet mit euren Ergebnissen aus Aufgabe 1, mit welcher Wahrscheinlichkeit Verena bei zehn Würfen mindestens eine Sechs erzielt. Lest als Hilfe zunächst Beispiel 2 im Schülerbuch auf Seite 105 sorgfältig durch.

3 Berechnet die Wahrscheinlichkeit, mit der Verena beim nächsten Zug keine der beiden (dunklen) Spielfiguren von Jonas schlagen kann.

4 Verena hat durch Zufall drei Mal hintereinander eine Sechs gewürfelt. Ändert sich dadurch die Wahrscheinlichkeit für eine Sechs im folgenden Wurf?

Vorbereitung der Ergebnispräsentation

Jeder von euch wird in seiner Stammgruppe die hier erarbeiteten Ergebnisse präsentieren. Dazu ist notwendig, dass ihr
- eine übersichtliche Musterlösung der Aufgaben erstellt,
- die wesentlichen Schritte eurer Lösung erläutern und Rückfragen beantworten könnt und
- einen sinnvollen, klar gegliederten Heftaufschrieb erstellt.

Gruppenpuzzle: Expertengruppe 4: Die Tenniswette

Problemstellung
Thorsten, Lisa und Robin haben sich nachmittags zum Tennisspielen verabredet. Sie beschließen, dass sie ein kleines Turnier machen. Dabei soll jeder gegen jeden einen Satz spielen. Alle drei wollen gerne das erste Spiel bestreiten …

Thorsten: Wir spielen einfach Stein-Schere-Papier. Zuerst Lisa mit mir und dann der Verlierer noch einmal mit dir, Robin.
Robin: Äh, das ist aber nicht gerecht. Wetten, dass ich zuerst aussetzen muss?
Lisa: Mensch Robin, das ist doch egal. Jetzt lass uns endlich das erste Spiel ausknobeln.
Robin: Na gut, von mir aus.

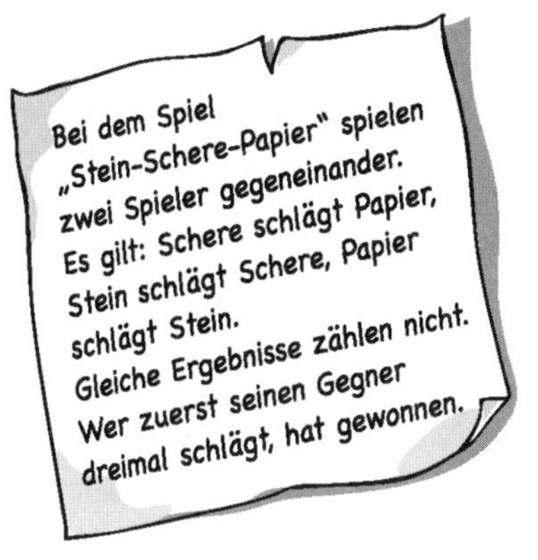

Papier umwickelt Stein

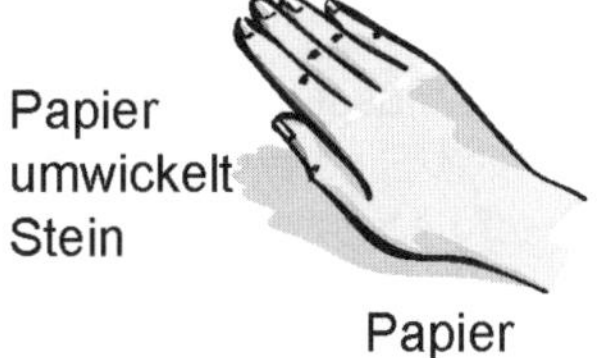

Papier

Stein macht die Schere stumpf

Stein

Schere zerschneidet Papier

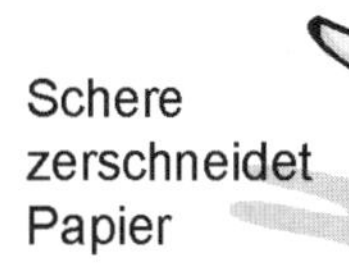

Schere

Aufgaben

1 Mit welcher Wahrscheinlichkeit spielen Thorsten und Lisa das erste Tennismatch gegeneinander, mit welcher Wahrscheinlichkeit Lisa und Robin bzw. Thorsten und Robin? Vervollständigt dazu das unten stehende Baumdiagramm und bestimmt mit der Pfadregel die Wahrscheinlichkeiten für die einzelnen Ergebnisse. Füllt dann die beiden Tabellen aus.

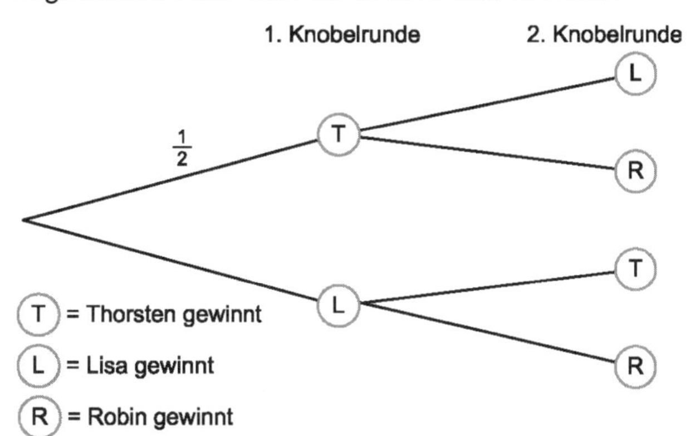

Ergebnis	Wahrscheinlichkeit
TL	
TR	
LT	
LR	

1. Spielpaarung	TL	TR	LR
Wahrscheinlichkeit			

2 Mit welcher Wahrscheinlichkeit ist Thorsten (bzw. Lisa bzw. Robin) im ersten Tennismatch dabei?

3 Lisa hat beim Knobeln mit „Schere" begonnen, Thorsten mit „Papier". Sie führt nun 1:0. Mit welcher Wahrscheinlichkeit wird Thorsten noch gegen sie gewinnen? Zeichnet dazu ein geeignetes Baumdiagramm.

4 Lisa hat Thorsten mit 3:0 besiegt. Erhöhen sich dadurch Thorstens Chancen beim Knobeln gegen Robin?

Vorbereitung der Ergebnispräsentation
Jeder von euch wird in seiner Stammgruppe die hier erarbeiteten Ergebnisse präsentieren. Dazu ist notwendig, dass ihr
- eine übersichtliche Musterlösung der Aufgaben erstellt,
- die wesentlichen Schritte eurer Lösung erläutern und Rückfragen beantworten könnt und
- einen sinnvollen, klar gegliederten Heftaufschrieb erstellt.

45 min   Gruppenarbeit

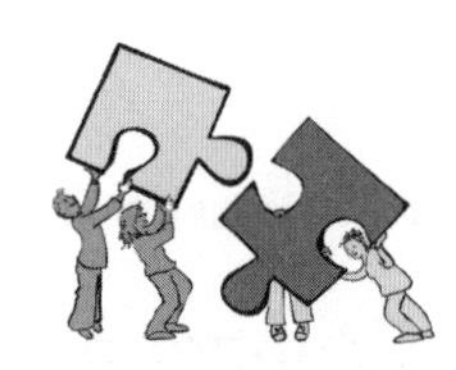

Gruppenpuzzle: Wahrscheinlich knifflige Probleme

Problemstellung
Mit diesem Gruppenpuzzle sollt ihr euer Wissen über Wahrscheinlichkeitsrechnung vertiefen. Dazu sollt ihr euch mit einigen etwas kniffligen Problemen auseinandersetzen. Dieses Blatt gibt euch einen Überblick über den Ablauf des Gruppenpuzzles.

Ablaufplan
Es gibt insgesamt vier Teilthemen (Probleme):
- Das Tennis-Problem
- Das Taxi-Problem
- Das Elfmeterschützen-Problem
- Das Boten-Problem

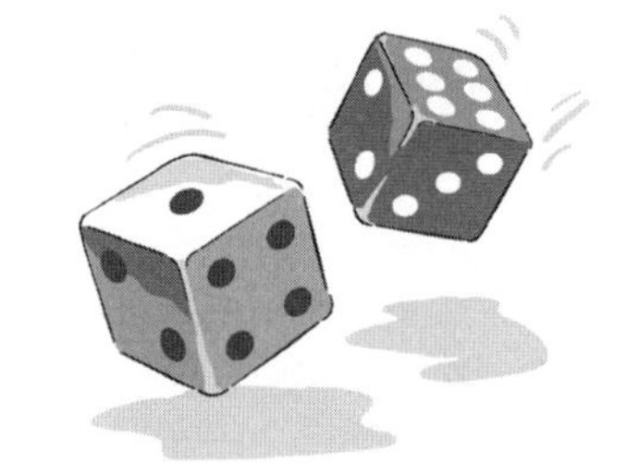

Bildung von Stammgruppen (10 min)
Teilt eure Klasse zunächst in Stammgruppen mit mindestens vier Mitgliedern auf.
Bestimmt in eurer Stammgruppe mindestens eine Schülerin bzw. einen Schüler pro Teilthema. Sie werden zu Experten für dieses Teilthema.

Erarbeitung der Teilthemen in den Expertengruppen (45 min)
Die Stammgruppe löst sich auf, und die Experten zu jedem Teilthema bilden die Expertengruppe.
Dort wird anhand der Blätter für die Expertengruppen das jeweilige Teilthema erarbeitet.

Ergebnispräsentation in den Stammgruppen (45 min)
Kehrt wieder in eure Stammgruppen zurück. Dort informiert jeder Experte die anderen Stammgruppenmitglieder über sein Teilthema, steht ihnen für Rückfragen zur Verfügung und schlägt einen Heftaufschrieb vor, den die anderen (ggf. noch verbessert) übernehmen.
Am Ende sollte jeder von euch alle Teilthemen verstanden haben.

Ergebniskontrolle und Übungen in den Stammgruppen (35 min)
Löst nun das Geburtstagsproblem (Schülerbuch Seite 121 Aufgabe 14) sowie Aufgabe 15 auf Seite 121.
Kontrolliert eure Ergebnisse.

Ernst Klett Verlag GmbH, Stuttgart 2009

Gruppenpuzzle: Expertengruppe 1: Das Tennis-Problem

Problemstellung
Lynn und Sophie haben das Finale der Vereinsmeisterschaften ihres Tennisvereins erreicht. Laut Reglement findet das Finale über drei Gewinnsätze statt, d. h., die Spielerin, die zuerst drei Sätze gewonnen hat, ist Vereinsmeisterin. Wenn beide Finalistinnen einverstanden sind, kann das Finale allerdings auf zwei Gewinnsätze verkürzt werden.
Lynn und Sophie sind langjährige Rivalinnen. Aus Erfahrung wissen sie, dass Lynn 40 % aller Sätze gegen Sophie gewinnt.

Aufgaben

1 Lynn ahnt, dass die Anzahl der Gewinnsätze ihre Chancen auf die Vereinsmeisterschaft ein wenig beeinflusst. Soll sie Sophie vorschlagen, das Finale über zwei Gewinnsätze auszutragen? Begründet eure Antwort.

2 Nehmt Stellung zu folgender Aussage: Je mehr Gewinnsätze zum Sieg notwendig sind, desto geringer sind Lynns Chancen, Sophie zu schlagen.

Vorbereitung der Ergebnispräsentation
Jeder von euch wird in seiner Stammgruppe die hier erarbeiteten Ergebnisse präsentieren. Dazu ist notwendig, dass ihr
- eine übersichtliche Musterlösung der Aufgaben erstellt,
- die wesentlichen Schritte eurer Lösung erläutern und Rückfragen beantworten könnt und
- einen sinnvollen, klar gegliederten Heftaufschrieb erstellt.

Ernst Klett Verlag GmbH, Stuttgart 2009

Gruppenpuzzle: Expertengruppe 2: Das Taxi-Problem

Problemstellung

Ein alter Mann wird Zeuge eines Autounfalls mit Fahrerflucht und berichtet, dass das flüchtende Auto ein blaues Taxi gewesen sei. In der Stadt gibt es zwei Taxiunternehmen. Das eine Unternehmen besitzt 15 blaue, das andere 85 grüne Autos. Zur Tatzeit sind alle Taxen mit der gleichen Wahrscheinlichkeit am Unfallort gewesen.

Aufgrund seines hohen Alters wird die Sehfähigkeit des Mannes in der Verhandlung geprüft. Es stellt sich heraus, dass er in einer vergleichbaren Situation in 80 % der Fälle die richtige Farbe zuordnen kann.

Aufgaben

1 Man könnte annehmen, dass die Wahrscheinlichkeit dafür, dass ein blaues Taxi den Unfall verursacht hat, 80 % beträgt. Dass dies falsch ist, könnt ihr euch folgendermaßen klar machen: Angenommen, es gäbe nur ein blaues und 10 000 grüne Autos. Dann ist es wahrscheinlicher, dass eines der vielen grünen Autos den Unfall begangen und der Zeuge sich geirrt hat, als dass das eine blaue Taxi am Unfallort war und der Zeuge dieses richtig erkannt hat.

Berechnet nun die Wahrscheinlichkeit dafür, dass tatsächlich ein blaues Taxi in den Autounfall verwickelt war. Geht dazu in folgenden Schritten vor.

a) Ergänzt das unten stehende Baumdiagramm.

b) Berechnet mit der Pfadregel, in wie viel Prozent aller Fälle der Zeuge sagt, dass er ein blaues Auto gesehen hat.

c) Berechnet ebenfalls mit der Pfadregel, in wie viel Prozent der Fälle das Unfallauto blau war und der Zeuge aussagt, ein blaues gesehen zu haben.

d) Benutzt b und c, um die ursprüngliche Frage zu beantworten: Wie hoch ist die Wahrscheinlichkeit, dass tatsächlich ein blaues Taxi in den Unfall verwickelt war?

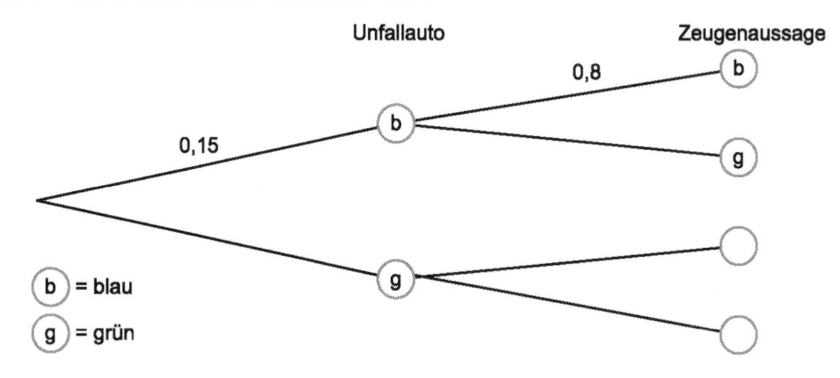

2 Angenommen, der Zeuge hätte geantwortet, dass er ein grünes Taxi gesehen hätte. Mit welcher Wahrscheinlichkeit hätte dann ein blaues Taxi den Unfall verursacht?

Vorbereitung der Ergebnispräsentation

Jeder von euch wird in seiner Stammgruppe die hier erarbeiteten Ergebnisse präsentieren. Dazu ist notwendig, dass ihr
- eine übersichtliche Musterlösung der Aufgaben erstellt,
- die wesentlichen Schritte eurer Lösung erläutern und Rückfragen beantworten könnt und
- einen sinnvollen, klar gegliederten Heftaufschrieb erstellt.

Gruppenpuzzle: Expertengruppe 3: Das Elfmeterschützen-Problem

Problemstellung

Die Freunde Florian und Friedrich spielen gemeinsam Fußball in der C-Jugend ihres Vereins. Florian spielt im linken Mittelfeld und ist Mannschaftskapitän, Friedrich spielt Innenverteidiger und gewinnt fast jeden Zweikampf. Zu Beginn der letzten Saison war Friedrich der Strafstoßschütze seiner Mannschaft, bis er sich einen Bänderriss zuzog und Florian diese Aufgabe übernahm. Vor dem Start in die neue Spielzeit diskutieren sie, wer zukünftig als Elfmeterschütze antreten soll.

Friedrich: Ich werde in Zukunft wieder die Elfer schießen, denn ich habe einfach besser getroffen als du.
Florian: Das kann gar nicht sein, ich habe von den fünf Elfmetern auswärts vier getroffen. Das macht eine Trefferquote von 80 %. Wenn ich mich richtig erinnere, hast du auswärts von zehn Elfmetern gerade sieben Mal getroffen.
Friedrich: Ja schon, aber du musst das insgesamt sehen! Zu Hause hast du immerhin sechs Mal verschossen, davon sogar zweimal hoch über das Tor hinaus.
Florian: Ja, aber ich habe zu Hause auch neun Treffer gelandet, das macht eine Trefferquote von 60 %. Deine Quote ist geringer, denn du hast zu Hause einmal getroffen und einmal vorbei geschossen.
Friedrich: Moment mal, Flori, ich habe aber …
Florian: Vergiss es, Friedrich! Ich habe auswärts eine höhere Trefferquote als du und zu Hause ebenfalls. Du hast keine Chance. Ich bin einfach der bessere Schütze.
...

Aufgaben

1 Berechnet die Trefferquoten von Florian und Friedrich und füllt die folgenden Tabellen aus.

Florian			
Elfmeter	Treffer	Verschossen	Trefferquote
Zuhause			
Auswärts			
Gesamt			

Friedrich			
Elfmeter	Treffer	Verschossen	Trefferquote
Zuhause			
Auswärts			
Gesamt			

2 Führt den Dialog von Florian und Friedrich zu Ende. Versucht auch eine Erklärung für das überraschende Ergebnis der Gesamttrefferquoten zu geben.

3 Beim jährlichen Vereinsfest des Fußballvereins gibt es eine Lotterie. Florian und Friedrich verkaufen insgesamt 500 Lose. Aufgrund der Vereinsfarben bekommen beide einen roten und einen weißen Hut mit Losen. Der Vereinsvorsitzende gibt seiner Tochter 2 Euro, damit sie bei Florian und Friedrich je ein Los kaufen kann. Da er bei der Verteilung der Gewinne und Nieten auf die vier Hüte dabei war, sagt er zu seiner Tochter, dass sie bei beiden Jungs jeweils ein Los aus dem roten Hut ziehen soll. „Geht nicht", entgegnet diese, „Florian und Friedrich wollten jeder nur einen Hut halten, deshalb haben sie alle Lose aus den weißen Hüten zusammengeschüttet und alle aus den roten" – „Okay", sagt der Vereinsvorsitzende, „dann ziehe bitte zwei Lose aus dem weißen Hut!"
Gebt eine mögliche Verteilung von Gewinnlosen und Nieten für die vier Hüte an!

Vorbereitung der Ergebnispräsentation

Jeder von euch wird in seiner Stammgruppe die hier erarbeiteten Ergebnisse präsentieren. Dazu ist notwendig, dass ihr
- eine übersichtliche Musterlösung der Aufgaben erstellt,
- die wesentlichen Schritte eurer Lösung erläutern und Rückfragen beantworten könnt und
- einen sinnvollen, klar gegliederten Heftaufschrieb erstellt.

Ernst Klett Verlag GmbH, Stuttgart 2009

Gruppenpuzzle: Expertengruppe 4: Das Boten-Problem

Problemstellung

Timon will einen wichtigen Brief absenden, der den Empfänger unbedingt am nächsten Morgen erreichen soll. Der Botendienst „Sack und Pack" verlangt für die Überbringung des Briefes 10 €, behauptet jedoch, dass bei ihm nur halb so viele Briefe verlorengehen wie bei der Konkurrenz „Eile die Meile", die für dieselbe Dienstleistung lediglich 5 € verlangt.

Timon überlegt: Statt „Sack und Pack" den Brief überbringen zu lassen, könnte er für den gleichen Preis zwei Kopien des Briefs von zwei Boten von „Eile die Meile" befördern lassen …

Aufgaben

1 „Sack und Pack" hat eine Statistik veröffentlicht, aus der hervorgeht, dass lediglich 1 % aller beförderten Briefe nicht ankommen. Entscheidet, ob Timon besser einen Brief mit „Sack und Pack" oder zwei Briefe mit „Eile die Meile" überbringen lassen soll.

2 Ein Bote von „Sack und Pack" möchte am nächsten Morgen mehrere Briefe in verschiedene Stadtbezirke bringen. Sowohl mit dem Fahrrad als auch mit dem Auto wäre er den ganzen Morgen unterwegs. Laut Wettervorhersage wird es in der fraglichen Zeit regnen. Im Internet findet der Bote folgende Informationen: Die Vorhersagen des Wetterinstituts bezüglich Regens am folgenden Morgen stimmen zu 80 %. Im langjährigen Durchschnitt regnet es in dieser Jahreszeit an etwa jedem zehnten Morgen.

Wie groß ist die Wahrscheinlichkeit, dass der Bote nass wird, wenn er das Fahrrad wählt (ergänzt zunächst das abbgebildete Baumdiagramm)?

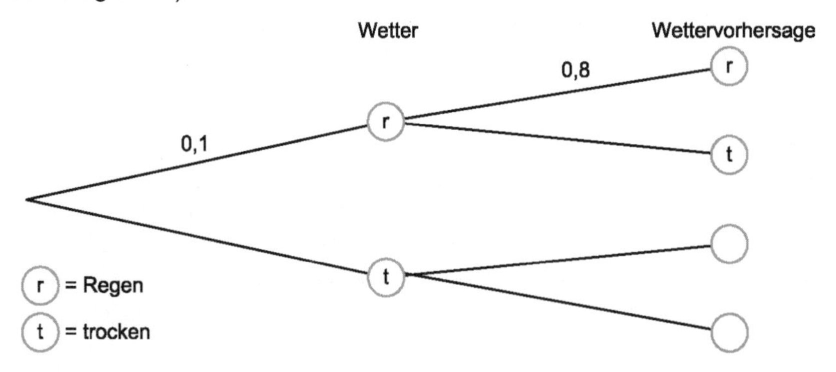

Vorbereitung der Ergebnispräsentation

Jeder von euch wird in seiner Stammgruppe die hier erarbeiteten Ergebnisse präsentieren. Dazu ist notwendig, dass ihr

- eine übersichtliche Musterlösung der Aufgaben erstellt,
- die wesentlichen Schritte eurer Lösung erläutern und Rückfragen beantworten könnt und
- einen sinnvollen, klar gegliederten Heftaufschrieb erstellt.

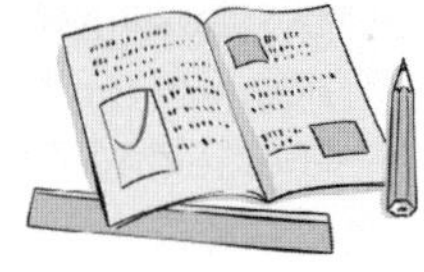

978-3-12-734792-0 Lambacher Schweizer 9 HE, Serviceband Ernst Klett Verlag GmbH, Stuttgart 2009

„Mathe ärgert mich nicht!“ – Aufgabenkarten

Aufgabe	Lösung
Beim Zahlenlotto „6 aus 49“ wurde die Zahl 38 in 13,4 %, die Zahl 13 in 10,8 % aller Ziehungen gezogen, (Stand: August 2005). Sollte man auf seinem Tippschein eher die 38 oder die 13 ankreuzen? ☺☺	Das ist egal. Alle Zahlen sind gleich wahrscheinlich.
Wie groß ist die Wahrscheinlichkeit, dass bei einem Wurf mit drei Würfeln alle Würfel eine „6“ anzeigen? ☺	$\frac{1}{6} \cdot \frac{1}{6} \cdot \frac{1}{6} = \frac{1}{216}$
In einer Schreibtischschublade liegen 6 blaue und 4 schwarze Kugelschreiber. Du holst ohne hinzusehen zwei Kulis heraus. Mit welcher Wahrscheinlichkeit haben sie die gleiche Farbe? ☺☺	$\frac{6}{10} \cdot \frac{5}{9} + \frac{4}{10} \cdot \frac{3}{9} = \frac{42}{90} = \frac{7}{15}$
In welchen Fällen lässt sich eine gesuchte Wahrscheinlichkeit mit der Pfadregel ermitteln? ☺☺☺	Bei mehrstufigen Zufallsversuchen, d. h. Zufallsversuche, deren Ergebnisse aus mehreren unabhängigen Teilversuchen bestehen. (Beispiel: Wurf von 3 Münzen)
Wie groß ist die Wahrscheinlich, dass man nacheinander weiß, schwarz, weiß zieht, wenn man die gezogenen Kugeln nicht zurücklegt? ☺☺	$\frac{4}{9} \cdot \frac{5}{8} \cdot \frac{3}{7} = \frac{5}{42}$
Svenja bastelt aus dem Netz einen Würfel und wirft ihn dreimal hintereinander. Mit welcher Wahrschneinlichkeit ist ihre Augensumme gleich 6? ☺☺☺ (Netz: 1 / 1 4 1 / 2 / 1)	$\frac{1}{6} \cdot \frac{1}{6} \cdot \frac{1}{6} + 3 \cdot \frac{1}{6} \cdot \frac{2}{3} \cdot \frac{2}{3}$ $= \frac{1}{216} + \frac{12}{54} = \frac{49}{216}$
Ein Medikament wirkt bei 90 % aller Patienten. Wie groß ist die Wahrscheinlichkeit, dass es bei mindestens einem von drei Patienten wirkt? ☺☺	Wahrscheinlichkeit für das Gegenteil: $\frac{1}{10} \cdot \frac{1}{10} \cdot \frac{1}{10} = 0{,}1\,\%$ Es wirkt zu 99,9 % bei mindestens einem der drei Patienten.
Wie ändert sich die Wahrscheinlichkeit für das Ziehen einer schwarzen Kugel, wenn man in das Gefäß zusätzlich eine schwarze und eine weiße Kugel hineingibt? ☺☺	Sie steigt von $\frac{5}{9}$ auf $\frac{6}{10}$, d.h. von $\frac{30}{90}$ auf $\frac{60}{90}$.
Mareike geht heute Mittag ins Schwimmbad. Saskia sagt, dass sie zu 90 % ebenfalls kommt, Sina meint, bei ihr stehen die Chancen fifty:fifty. Mit welcher Wahrscheinlichkeit sind alle drei heute im Schwimmbad? ☺☺	$\frac{9}{10} \cdot \frac{1}{2} = \frac{9}{20} = 45\,\%$
Arne trifft beim Basketball von der Freiwurflinie 60 % aller Freiwürfe. Im heutigen Spiel bekam er vier Freiwürfe. Mit welcher Wahrscheinlichkeit hat er mindestens ein Mal getroffen? ☺☺	Wahrscheinlichkeit für das Gegenteil: $\frac{2}{5} \cdot \frac{2}{5} \cdot \frac{2}{5} \cdot \frac{2}{5} = \frac{16}{625}$ Er hat zu $\frac{609}{625}$ mindestens einen Korb erzielt.

Trainingsrunde – Kombinatorik (1)

Lehrerinformation

Die Schülerinnen und Schüler durchlaufen nacheinander die Runden 1 bis 3. Den Aufgaben einer Runde liegt jeweils eines der drei verschiedenen Urnenmodelle zugrunde, die Schwierigkeit der Aufgaben steigt innerhalb einer Runde. Bei der Erarbeitung der Lösung können die Schüler neben den Aufgaben der Runden die zugehörigen Hilfekarten erhalten (unten zum Ausschneiden). Dabei sollte zunächst Hilfekarte 1, bei zusätzlichem Hilfsbedarf auch Hilfekarte 2 ausgegeben werden (Variationen in Gruppen sind möglich).

Hilfekarte 1
Runde 1

Produktregel

Sind k verschiedene Urnen mit n_1 bzw. n_2 bzw. ... n_k Kugeln vorhanden, so gibt es

$$n_1 \cdot n_2 \cdot \ldots \cdot n_k$$

Möglichkeiten, aus jeder der Urnen genau eine Kugel zu ziehen.

Hilfekarte 2
Runde 1

zu 1.1: Zieht man k-mal wiederholt mit Zurücklegen aus einer Urne mit n Kugeln, so sind n^k verschiedene Reihenfolgen möglich.

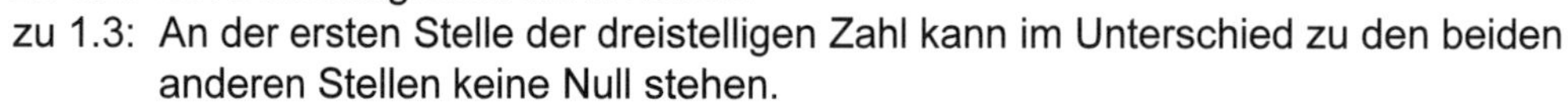

zu 1.2: Ein Baumdiagramm kann helfen.

zu 1.3: An der ersten Stelle der dreistelligen Zahl kann im Unterschied zu den beiden anderen Stellen keine Null stehen.

Hilfekarte 1
Runde 2

Ziehen ohne Zurücklegen

Werden k Kugeln ohne Zurücklegen aus einer Urne mit n Kugeln gezogen, dann gibt es dafür

$$n \cdot (n-1) \cdot \ldots \cdot (n-k+1)$$

verschiedene Möglichkeiten.

Hilfekarte 2
Runde 2

zu 2.1: Übertragung auf das Urnenmodell: Wurde eine Farbe verwendet, so kann sie nicht „zurückgelegt" bzw. wiederverwendet werden.

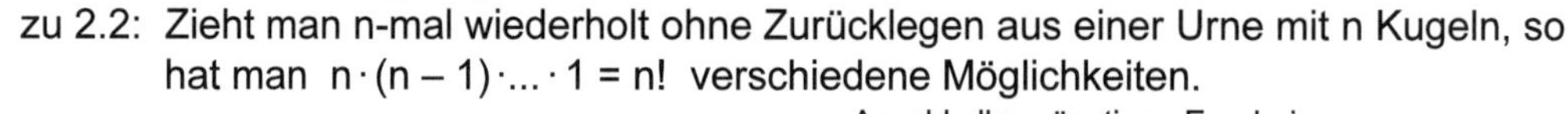

zu 2.2: Zieht man n-mal wiederholt ohne Zurücklegen aus einer Urne mit n Kugeln, so hat man $n \cdot (n-1) \cdot \ldots \cdot 1 = n!$ verschiedene Möglichkeiten.

zu 2.3: Für die Wahrscheinlichkeit p gilt: $p = \frac{\text{Anzahl aller günstigen Ergebnisse}}{\text{Anzahl aller möglichen Ergebnisse}}$.

Verwende auch von Hilfekarte 2, Runde 1 den Hinweis zu 1.1.

Hilfekarte 1
Runde 3

Ziehen mit einem Griff

Werden k Kugeln mit einem Griff aus einer Urne mit n Kugeln gezogen, dann gibt es dafür

$$\binom{n}{k} = \frac{n \cdot (n-1) \cdot \ldots \cdot (n-k+1)}{k \cdot (k-1) \cdot \ldots \cdot 1}$$

verschiedene Möglichkeiten.

Hilfekarte 2
Runde 3

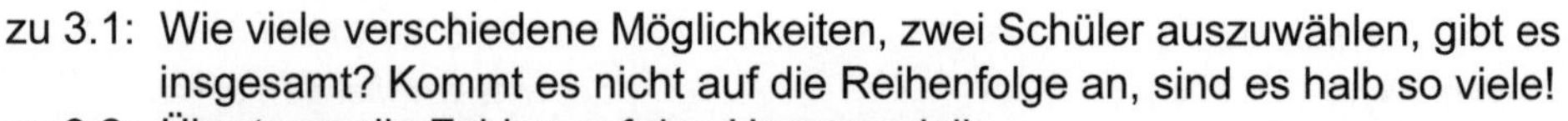

zu 3.1: Wie viele verschiedene Möglichkeiten, zwei Schüler auszuwählen, gibt es insgesamt? Kommt es nicht auf die Reihenfolge an, sind es halb so viele!

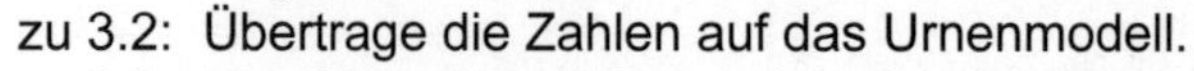

zu 3.2: Übertrage die Zahlen auf das Urnenmodell.

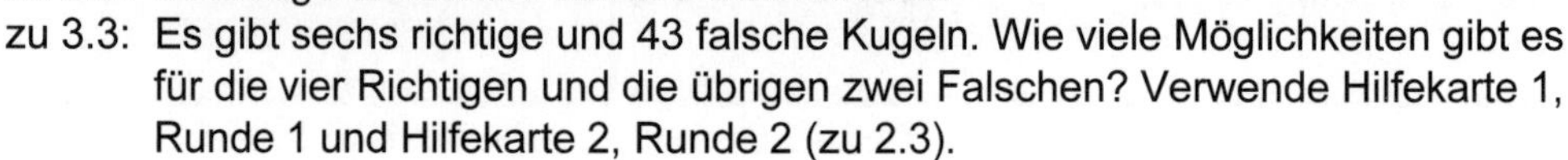

zu 3.3: Es gibt sechs richtige und 43 falsche Kugeln. Wie viele Möglichkeiten gibt es für die vier Richtigen und die übrigen zwei Falschen? Verwende Hilfekarte 1, Runde 1 und Hilfekarte 2, Runde 2 (zu 2.3).

---

90 min Einzel-/Gruppenarbeit

Trainingsrunde – Kombinatorik (2)

Runde 1

1.1 Wie viele dreistellige Zahlen kann man mit drei Würfeln werfen?

1.2 Ein Kleiderschrank beherbergt sieben verschiedene Hemden, fünf verschiedene Hosen und zwei Paar Schuhe. Wie viele Tage können maximal verstreichen, wenn man nicht an zwei Tagen hintereinander dieselbe Kombination anziehen möchte?

1.3 Wie viele Kfz-Kennzeichen aus zwei Buchstaben und einer dreistelligen Zahl (nach dem Land- bzw. Stadtkreiskennzeichen) könnte die Zulassungsstelle einer Stadt ausgeben?

Runde 2

2.1 Für eine dreifarbige Fahne stehen acht Farben zur Verfügung. Wie viele Möglichkeiten gibt es, wenn jeder Streifen eine andere Farbe hat?

2.2 Bei einem Pferderennen mit zehn Pferden soll auf die richtige Reihenfolge beim Zieleinlauf getippt werden. Wie viele verschiedene Möglichkeiten für den Zieleinlauf der Pferde gibt es?

2.3 Ein idealer Würfel wird sechsmal geworfen. Wie hoch ist die Wahrscheinlichkeit, dass alle sechs verschiedenen Augenzahlen auftreten?

90 min Einzel-/Gruppenarbeit
978-3-12-734792-0 Lambacher Schweizer 9 HE, Serviceband **S57**
© Als Kopiervorlage freigegeben.
Ernst Klett Verlag GmbH, Stuttgart 2009

Runde 3

3.1 Aus einer Klasse von 30 Schülerinnen und Schülern sollen zwei gleichberechtigte Klassensprecher gewählt werden. Wie viele Möglichkeiten von solchen Klassensprecherpaaren gibt es?

3.2 Wie viele Möglichkeiten gibt es, beim Lotto „6 aus 49“ sechs verschiedene Zahlen anzukreuzen?

3.3 Mit welcher Wahrscheinlichkeit erhält man vier Richtige beim Lotto „6 aus 49“?

90 min Einzel-/Gruppenarbeit
978-3-12-734792-0 Lambacher Schweizer 9 HE, Serviceband **S57**
© Als Kopiervorlage freigegeben.
Ernst Klett Verlag GmbH, Stuttgart 2009

Bernoulli-Experimente – Ein Arbeitsplan

Vorüberlegungen

1 In einem Geldsack befinden sich zwanzig 1-€-Münzen. Drei davon sind irische mit dem Bild einer Harfe. Es wird 5-mal mit bzw. ohne Zurücklegen der Münze gezogen. Eine irische Münze wird als Treffer bezeichnet. Bei welcher Ziehungsart ändert sich die Trefferwahrscheinlichkeit von Zug zu Zug, bei welcher nicht?

2 Wie viele Ergebnisse haben die einfachsten (sinnvollen) Zufallsexperimente?

Erarbeitung

1 Ein Zufallsexperiment mit nur zwei Ergebnissen heißt **Bernoulli-Experiment**.
Überprüfe, ob es sich um einen Bernoulli-Experiment handeln kann.

„Wanderung nach Münze“: Eine Gruppe trifft sich zu einer Wanderung. An der Weggabelung wird eine Münze geworfen; bei K geht sie den Weg, der nach links führt, bei Z den Weg, der nach rechts führt.

„Blutspende erbeten“: Rhesusfaktorbestimmung eines Patienten.

„Wer hat Anstoß?“: Werfen einer Münze.

Eine verbeulte Münze wird geworfen.

„Qualitätsprüfung“: Der Artikel ist funktionsfähig oder muss ausgemustert werden.

„Mensch ärgere dich nicht!“: Zu Beginn würfelt man und es interessiert nur, ob man eine Sechs gewürfelt hat oder nicht.

„Blutspende erbeten“: Bestimmung der Blutgruppe eines Patienten.

2 Ein Zufallsexperiment, das aus n unabhängigen Durchführungen desselben Bernoulli-Experiments besteht, heißt **Bernoulli-Kette**.
Überprüfe, ob es sich um eine Bernoulli-Kette handeln kann.

Aus einer Urne mit 17 roten und 33 schwarzen Kugeln werden zehn Kugeln nacheinander ohne Zurücklegen gezogen und jeweils festgestellt, ob die Kugel rot oder schwarz ist.

Ein Massenartikel wird in laufender Produktion hergestellt. Es werden fünf Artikel ausgewählt und festgestellt, ob der Artikel defekt ist oder nicht.

Zehn Reißnägel werden gleichzeitig geworfen.

Ein Reißnagel wird zehnmal geworfen.

Der SV Hinterzipfelbach hat von sechs Spielen gegen FC Schnauzhausen vier gewonnen. Bei den nächsten zwei Begegnungen wird festgestellt, ob Hinterzipfelbach gewonnen hat oder nicht.

Heftaufschrieb

Erstelle einen Heftaufschrieb zum Thema „Bernoulli-Experimente“. Er soll neben der Überschrift einen Merksatz und je ein Beispiel und Gegenbeispiel für ein Bernoulli-Experiment und eine Bernoulli-Kette enthalten. Überprüfe und vergleiche deinen Aufschrieb anschließend mithilfe des Schülerbuchs, Seite 116–117.

Übungen

Bearbeite im Schülerbuch auf Seite 117 die Aufgabe 1. Kontrolliere dein Ergebnis.

978-3-12-734792-0 Lambacher Schweizer 9 HE, Serviceband

Ernst Klett Verlag GmbH, Stuttgart 2009

Die Formel von Bernoulli – Ein Arbeitsplan

Arbeitszeit: 2 Schulstunden + Hausaufgaben

Vorüberlegungen

Ein Süßwarenproduzent stellt Schokoladeneier mit einer Überraschung darin her. In jedem siebten Ei befindet sich eine besondere Figur, zur Zeit sind es „Lucky Lions".

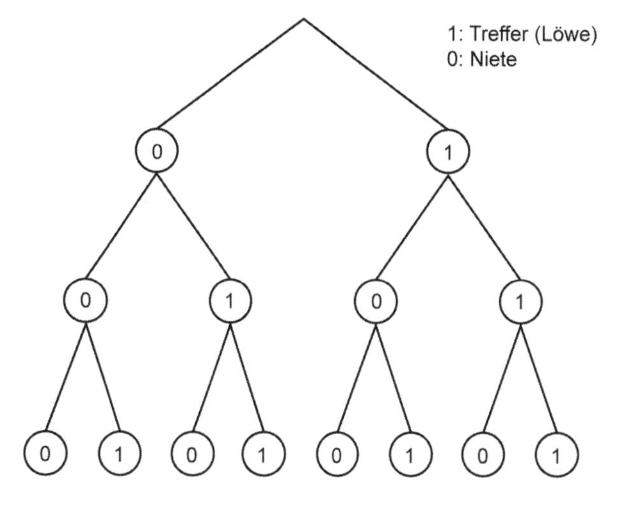

1 Wie groß ist die Wahrscheinlichkeit bei einem Kauf von drei Eiern, 0, 1, 2 oder 3 Löwen zu bekommen? Schreibe zur Klärung dieser Frage zunächst die jeweiligen Wahrscheinlichkeiten an die Pfade im nebenstehenden Baumdiagramm.

2 Die Anzahl der Löwen soll durch die Zufallsvariable X beschrieben werden. Die Werte, die die Zufallsvariable annehmen kann, heißen k. Fülle die unten stehende Tabelle zum Baumdiagramm aus.

k	0	1	2	3
Wahrscheinlichkeit eines Pfades				
Zahl der Pfade				
P (X = k)				

3 Berechne die Wahrscheinlichkeit, mit der man beim Kauf von vier Schokoladeneiern genau zwei Löwen bekommt.

Erarbeitung und Heftaufschrieb

Lies im Schülerbuch auf Seite 117 nach, wie man bei einer Bernoulli-Kette der Länge n die Wahrscheinlichkeit für k Treffer berechnet.
Vergleiche dies mit deinen eigenen Vorüberlegungen.
Nun sollst du einen eigenen Heftaufschrieb zum Thema „Die Formel von Bernoulli" erstellen. Er soll eine Überschrift, einen Merksatz und eine Musteraufgabe mit Lösung enthalten. Wichtig ist außerdem, dass du die Begriffe „Bernoulli-Versuch", „Bernoulli-Kette der Länge n" und „Binomialkoeffizient n über k" erläuterst.
Überlege dir zunächst, was du schreiben willst und wie du es gestaltest.

Übungen

Lies zuerst das Beispiel im Schülerbuch auf Seite 117 aufmerksam durch.
Bearbeite anschließend folgende Aufgaben: Seite 117/118 Nr. 2, 4 und 7.
Kontrolliere deine Ergebnisse.

Potenzfunktionen – Ein Arbeitsplan

Arbeitszeit: 2 Schulstunden + Hausaufgaben

Vorüberlegungen

1 Produkte mit gleichen Faktoren, z. B. $a \cdot a \cdot a \cdot a$, schreibt man kürzer als Potenz: a^4.
a heißt dabei **Basis** und 4 **Exponent (Hochzahl)** der **Potenz** a^4.

Berechne folgende Potenzen ohne Taschenrechner.

a) 2^3 b) $0{,}6^2$ c) $\left(\frac{1}{2}\right)^4$ d) $(-1)^5$ e) $\left(\sqrt{5}\right)^4$ f) $-\left(4^3\right)$ g) $\left(-\frac{3}{5}\right)^3$ h) $(-3)^2$ i) $\left(-\sqrt{3}\right)^4$

2 a) Eine Funktion mit der Funktionsgleichung $y = c \cdot x^n$ nennt man **Potenzfunktion vom Grad n**.
Erstelle für die Potenzfunktionen mit $y = x^2$ und $y = x^3$ eine Wertetabelle und zeichne ihre Graphen.

x	x^2
−2	
−1	
0	
1	
2	

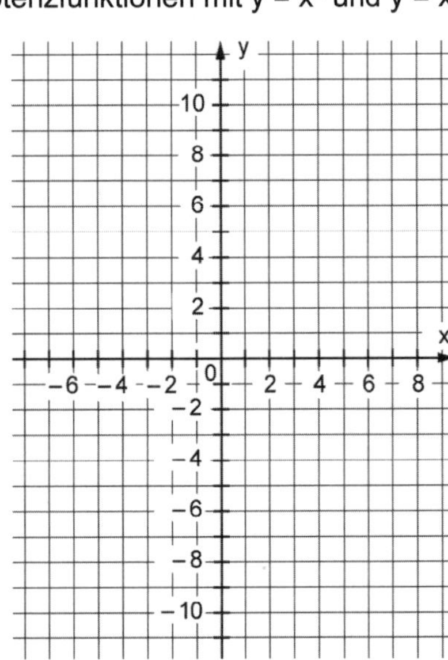

x	x^3
−2	
−1	
0	
1	
2	

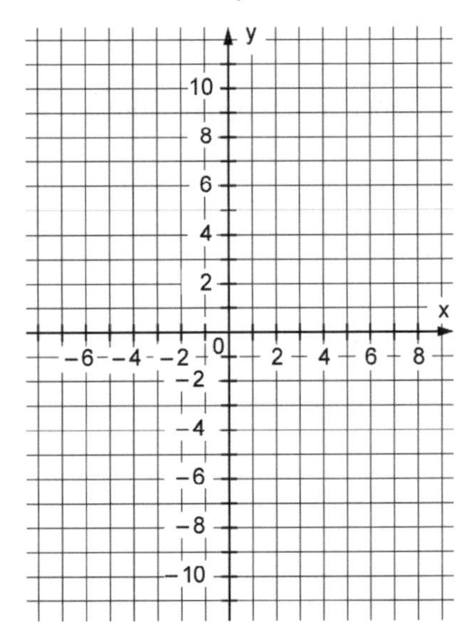

b) Zeichne die Graphen der Potenzfunktionen mit $y = x^4$ und $y = x^5$ und vergleiche sie mit den beiden obigen Beispielen.
Welche Gemeinsamkeiten haben die Graphen der Potenzfunktionen mit geradem bzw. ungeradem Exponenten? Welche Unterschiede weisen sie auf?

c) Fülle nebenstehende Tabelle aus. Betrachte dazu die Beispiele aus den Teilaufgaben a) und b).
Welche Änderungen bewirkt der Vorfaktor $c \neq 1$ bei der allgemeinen Potenzfunktion mit $y = c \cdot x^n$?

Potenzfunktion mit $y = x^n$	gerader Exponent n	ungerader Exponent n
Definitionsbereich		
Wertebereich		
Symmetrie des Graphen		
Nullstelle		
Punkte P(1 | ?) und Q(−1 | ?) des Graphen		

Erarbeitung und Heftaufschrieb

Im Schülerbuch auf Seite 128 ff. findest du Informationen zu den Potenzfunktionen. Lies nach und vergleiche mit deinen Ergebnissen. Erstelle nun einen Heftaufschrieb zum Thema Potenzfunktionen.
Er soll eine Überschrift, die Definition der Potenzfunktionen sowie je ein Beispiel einer Potenzfunktion mit geradem bzw. ungeradem Grad, deren Graph und seine Eigenschaften enthalten.

Übungen

Bearbeite im Schülerbuch auf Seite 130 die Aufgaben Nr. 1, 3, 4, 5. Kontrolliere deine Ergebnisse.

Grafisches Lösen von Potenzgleichungen

Eine Gleichung der Form $x^n = a$ mit $n \in \mathbb{N}, n \neq 0; 1$ und $a \in \mathbb{R}$ heißt Potenzgleichung.
Die Suche nach Lösungen einer solchen Gleichung ist gleichbedeutend mit der Frage, wo die waagerechte Gerade $y = a$ den Graphen der Funktion f mit $f(x) = x^n$ schneidet.

1 Gegeben ist der Graph der Funktion f mit $f(x) = x^2$.
a) Zeichne mit verschiedenen Farben die Geraden $y = 3$, $y = 0$ und $y = -3$ ein. Welche drei Potenzgleichungen werden hiermit betrachtet? Wie viele Lösungen haben sie jeweils? Welche Vorzeichen besitzen diese Lösungen? Markiere die Lösungen in der Zeichnung und gib sie näherungsweise an. Wie lauten die exakten Lösungen?
b) Was muss dementsprechend für die Lösungsanzahl der Potenzgleichungen $x^4 = 2$, $x^4 = 0$ und $x^4 = -2$ gelten? Begründe deine Antwort durch eine Skizze.

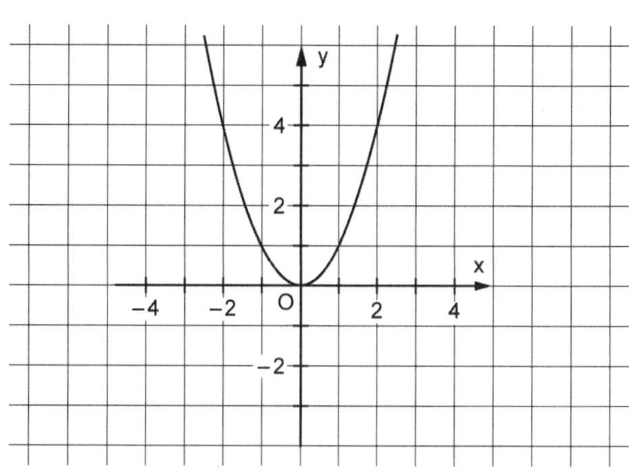

2 Gegeben ist nun der Graph der Funktion g mit $g(x) = x^3$.
a) Zeichne wieder mit verschiedenen Farben die Geraden $y = 3$, $y = 0$ und $y = -3$ ein.
Welche drei Potenzgleichungen werden jetzt betrachtet? Wie viele Lösungen haben sie jeweils? Welche Vorzeichen besitzen diese Lösungen? Markiere die Lösungen in der Zeichnung und gib sie näherungsweise an. Wie lauten die exakten Lösungen?
b) Was muss entsprechend für die Lösungsanzahl der Potenzgleichungen $x^5 = 4$, $x^5 = 0$ und $x^5 = -4$ gelten? Begründe deine Antwort durch eine Skizze.

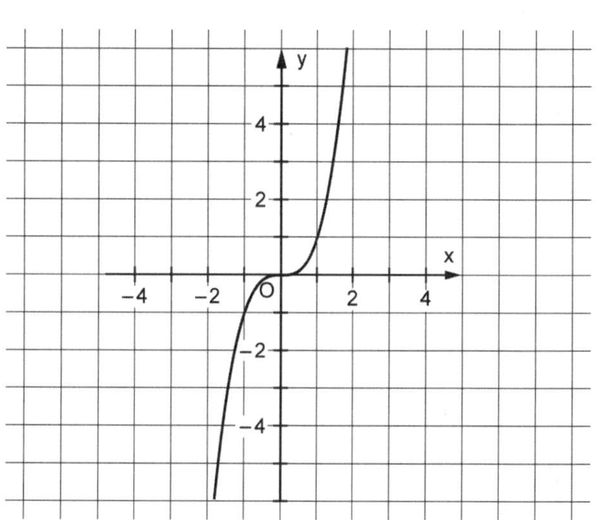

3 Erstelle nun eine Tabelle zur Lösungsanzahl einer Potenzgleichung der Form $x^n = a$.
Kannst du die Lösungen für die einzelnen Fälle auch allgemein angeben?

Lösungsanzahl der Gleichung $x^n = a$	n gerade	n ungerade
$a > 0$		
$a = 0$		
$a < 0$		

4 Betrachte die folgenden Potenzgleichungen. Entscheide zunächst, wie viele Lösungen sie haben. Bestimme ihre Lösungen.

a) $x^4 = 12$ b) $x^5 = -35$ c) $x^6 = -24$
d) $-\frac{1}{3}x^3 = -2$ e) $4x^3 - 10 = 26 - 5x^3$ f) $2x^2 - 12 = x^2 + 6$

(Tipp: Die letzten drei Gleichungen müssen zuerst auf die Form $x^n = a$ gebracht werden.)

Ernst Klett Verlag GmbH, Stuttgart 2009

Besondere Quadrate

1 Ein Additionsquadrat hat die besondere Eigenschaft, dass die Summen seiner Zeilen, Spalten und Diagonalen immer denselben Wert ergeben.
a) Ergänze das Quadrat 1 so, dass sich ein Additionsquadrat ergibt.
b) Handelt es sich bei Quadrat 2 auch um ein Additionsquadrat?
Wie ist es aus Quadrat 1 entstanden?
Welche Möglichkeit ergibt sich somit zur Erzeugung neuer Additionsquadrate aus bereits bekannten?
c) Begründe, dass sich aus einem Additionsquadrat wieder ein Additionsquadrat ergibt, wenn man zu jedem Zahlenfeld denselben Summanden c addiert. Wie ändert sich dann der Wert der Summe?
Erzeuge so zwei weitere Additionsquadrate.

2 Erzeuge ein neues Zahlenquadrat, indem du im Quadrat 3 die Zahlenfelder so ausfüllst, dass jedem Wert x aus Quadrat 1 der Wert 2^x zugeordnet wird.
a) Ergibt sich wieder ein Additionsquadrat? Welche besondere Eigenschaft stellst du fest, wenn du die Produkte der Zeilen, Spalten und Diagonalen bildest?
b) Begründe mithilfe der Potenzrechengesetze, dass sich durch jede Zuordnung der Form $x \to a^x$ mit $x \in \mathbb{R}$ aus einem Additionsquadrat ein solches Multiplikationsquadrat erzeugen lässt. Erzeuge dann zwei weitere Multiplikationsquadrate.
c) Zeige, dass sich wieder ein Multiplikationsquadrat ergibt, wenn man jedes Zahlenfeld von Quadrat 3 mit demselben Faktor k multipliziert.
Funktioniert dies auch, wenn man zu jedem Zahlenfeld denselben Summanden c addiert?

2		0
1	3	
	-1	4

Quadrat 1

6	21	0
3	9	15
18	-3	12

Quadrat 2

4		
2	8	

Quadrat 3

Ernst Klett Verlag GmbH, Stuttgart 2009

Körper darstellen (1)

Wenn Kreise zu Ellipsen werden

1 Sind die Abbildungen in Fig. 1 Darstellungen ein und derselben zylinderförmigen Dose (wie z. B. in Fig. 2)? Erläutere die Entstehung der Darstellungen.

a) 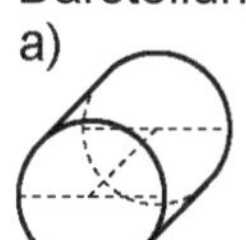 b) 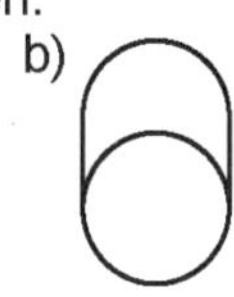 c)  d) 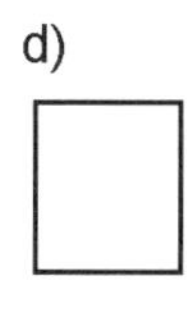 e) 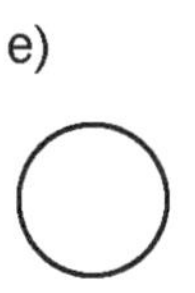 f) 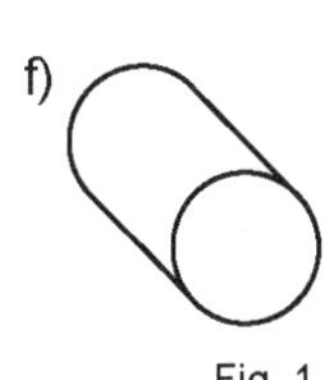

Fig. 1

Fig. 2

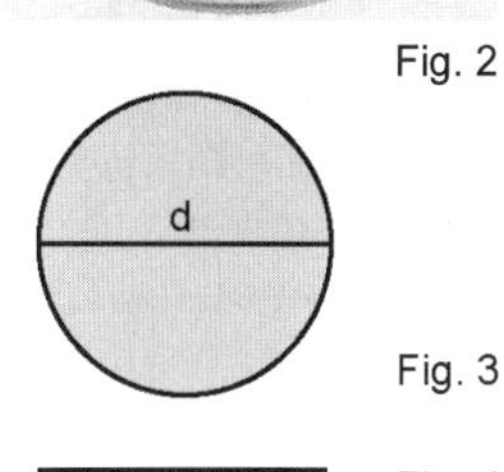

Fig. 3

Fig. 4

Wenn du eine aus Pappe ausgeschnittene Kreisfläche mit eingezeichnetem Durchmesser so hältst, dass du sie wie in Fig. 3 siehst, und sie dann langsam um d nach hinten drehst, bis du sie wie in Fig. 4 betrachten kannst, wird der Kreis zur Ellipse. Je weiter du drehst, desto enger erscheint sie, ihre Breite bleibt dagegen gleich. Fig. 4 beschreibt die Höhe $h = 0$ der Ellipse.
Das Schrägbild eines Kreises ist eine Ellipse (Ausnahme: $\alpha = 90^\circ$ und $k = 1$).

Im Schülerbuch auf den Seiten 151/152 kannst du mithilfe der gestellten Aufgaben das Darstellen von Würfeln, Quadern, Prismen und Pyramiden üben. Auch Zylinder und Kegel werden in verschiedenen Lagen in Schrägbildern dargestellt. „Liegen" diese Körper auf einer Mantellinie, werden die Grundflächen als Kreis in wahrer Größe, die Höhen der Körper als Hilfslinien um den Winkel α und den Faktor k verzerrt dargestellt. Bei auf der Grundfläche „stehenden" Zylindern oder Kegeln wird die Höhe in wahrer Länge gezeichnet, dagegen die Grundkreise verzerrt als Ellipsen. Ellipsen kann man nur näherungsweise zeichnen, da die erhaltenen Ellipsenpunkte (Fig. 5) freihand, d. h. ohne Hilfsmittel, miteinander verbunden werden müssen (oder man zeichnet mithilfe sogenannter Eillipsenzirkel).

Hilfsfigur:

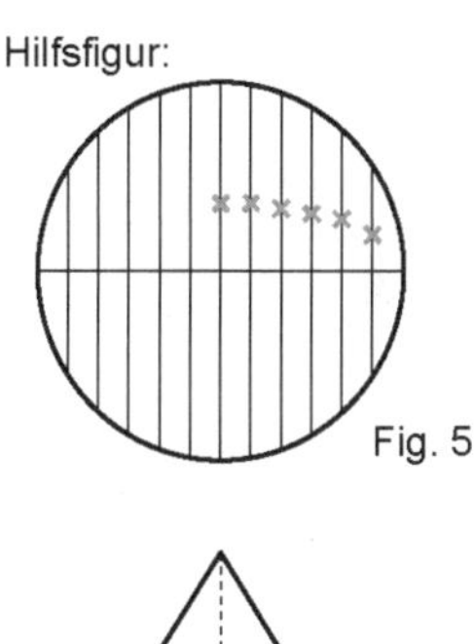

Fig. 5

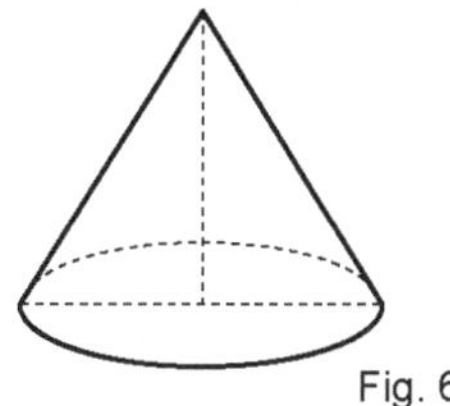

Fig. 6

2 Fig. 6 zeigt das Schrägbild eines Kegels mit dem Verzerrungswinkel $\alpha = 90^\circ$ und dem Verzerrungsverhältnis $k = \frac{1}{3}$.

a) Überlege dir zuerst, wie man bei der Konstruktion vorgehen muss, beschreibe kurz die Schritte und zeichne dann selbst einen solchen Kegel, der 2,4 cm hoch ist und den Grundkreisradius $r = 1{,}5\,\text{cm}$ besitzt.

b) Zeichne für einen Kegelstumpf ($r_1 = 2{,}5\,\text{cm}$; $r_2 = 1{,}5\,\text{cm}$; $h = 2\,\text{cm}$) ein Schrägbild mit $\alpha = 90^\circ$ und $k = \frac{1}{2}$.

c) Zeichne für einen „stehenden" und einen auf einer Mantellinie „liegenden" Zylinder ($d = 2\,\text{cm}$; $h = 3\,\text{cm}$) ein Schrägbild. Wähle dazu α und k.

3 a) Ein Zylinder ($r = 3\,\text{cm}$; $h = 5\,\text{cm}$) wird senkrecht zur Grundfläche durch den Mittelpunkt des Grundkreises durchgeschnitten. Zeichne drei Schrägbilder eines der beiden „halben" Zylinder in verschiedenen Lagen.

b) Verfahre mit einem Kegel ($r = 2{,}5\,\text{cm}$; $h = 4\,\text{cm}$) ebenso wie mit dem Zylinder in der Aufgabe a).

4 Die folgenden Schrägbilder von Zylindern und Kegeln sind alle fehlerhaft. Finde die Fehler und begründe sie.

a) 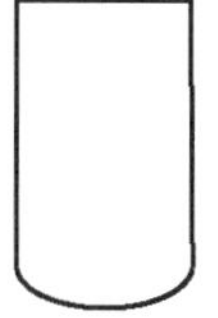 b) 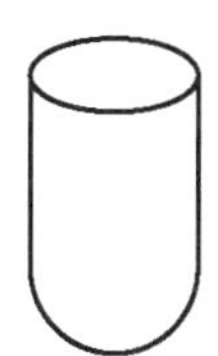 c) 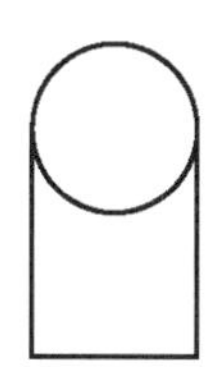 d) 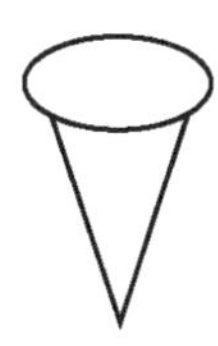 e)  f) 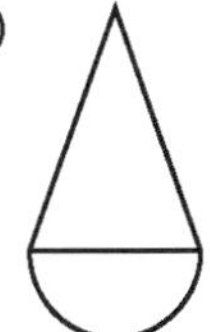

Ernst Klett Verlag GmbH, Stuttgart 2009

Körper darstellen (2)

Aus verschiedenen Richtungen betrachtet

1 Kreis, Ellipse und schwungvolle Kurven spielen eine besondere Rolle in der Architektur des Barocks. Als ein Meisterwerk der barocken Baukunst wurde die im Zweiten Weltkrieg 1945 zerstörte Dresdener Frauenkirche von 1992–2005 wiederaufgebaut. Die Rekonstruktion war durch eine erhalten gebliebene, vollständige und detaillierte Dokumentation und mittels modernster Computeranimationen möglich. Fig. 2 zeigt Aufriss und Grundriss der Frauenkirche. Oft reicht die Darstellung eines Körpers durch nur eine Ansicht nicht aus, um den Körper eindeutig zu bestimmen. Von welchen geometrischen Körpern können die Aufrisse in Fig. 1 stammen? Skizziere jeweils drei Möglichkeiten.

a) 

b) 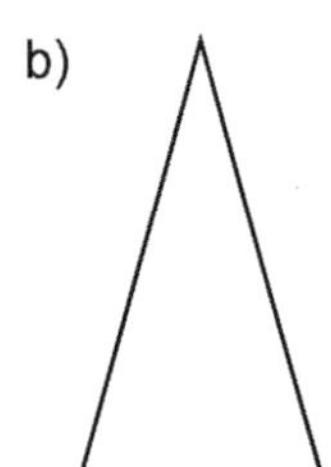

c) 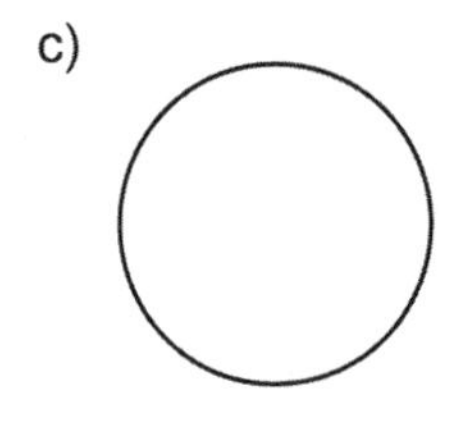

Fig. 1

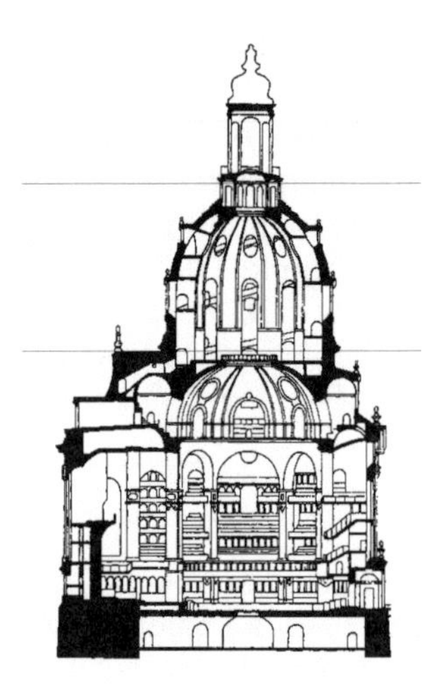

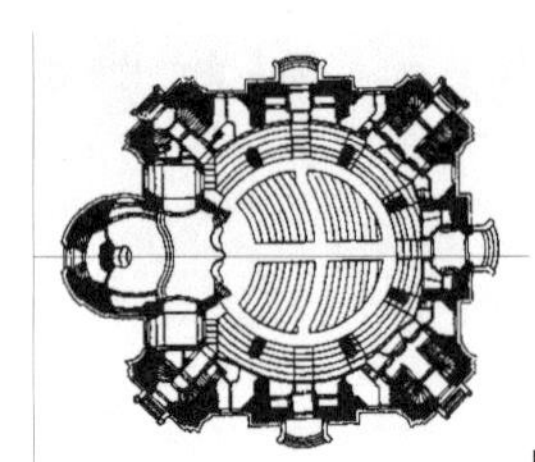

Fig. 2

2 a) Zeichne für den Zylinder ($r = 1{,}5\,\text{cm}$; $h = 4\,\text{cm}$) Grundriss, Seitenriss, Aufriss und passend zur Lage des Körpers auch ein Schrägbild. Wie viele verschiedene Möglichkeiten der Darstellung gibt es, wenn du im Grund-, Seiten- und Aufriss keine Ellipsen zeichnen willst?
b) Zeichne für den Kegelstumpf ($h = 3\,\text{cm}$; $r_1 = 1{,}5\,\text{cm}$; $r_2 = 1\,\text{cm}$) Grund- und Aufriss sowie ein Schrägbild.

3 a) Die Zeichnungen (Fig. 3) zeigen den Grund- und Aufriss von Gebäuden. Zeichne jeweils ein dazu passendes Bauwerk im Schrägbild. Wähle dazu α und k.
b) Entwirf eigene Gebäude (auch mithilfe Zylinder, Kegel und Kugel) und zeichne dazu den Grund- und Aufriss. Lass eine Partnerin bzw. einen Partner ein Schrägbild dazu zeichnen.

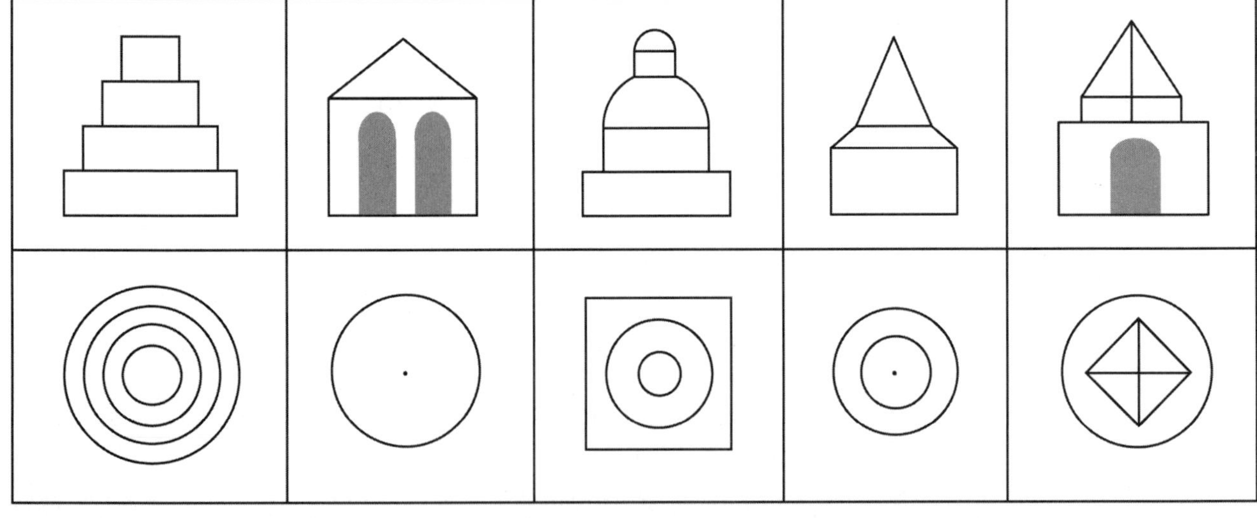

Fig. 3

4 Ein Architekturmodell für ein Bürogebäude setzt sich aus drei verschieden hohen Zylindern (30 cm, 40 cm und 50 cm) zusammen. Die Mittelpunkte der Grundkreise bilden ein gleichseitiges Dreieck mit der Seitenlänge $a = 20\,\text{cm}$. Zeichne Grund-, Seiten- und Aufriss des Modells sowie ein Schrägbild in geeignetem Maßstab.

ca. 90 min + Hausaufgaben   Einzel-/Partnerarbeit

Ernst Klett Verlag GmbH, Stuttgart 2009

Besondere Prismen und Zylinder

1 Die Wohnstadt Habitat in Montreal, Kanada, besteht aus 254 Betonquadern der Maße 12 m, 6 m und 3 m, aus denen 158 verschieden große Wohnungen gebaut wurden.
a) Was kostete 1 m^3 „umbauter Raum“, wenn die Baukosten damals 27 Millionen Euro betrugen?
b) Wie groß ist die Wohnfläche einer Wohnung im Durchschnitt?

2 Die Pariser Kirche La Madeleine, erbaut Anfang des 19. Jahrhunderts, hat die Form eines antiken Tempels. Die Bestimmung des Gebäudes als Kirche ist von außen nur am Thema des Reliefs im Giebeldreieck erkennbar. Die Säulen bilden mit dem darüberliegenden Gebälk einen 22 m hohen Quader, der 43 m breit und 108 m lang ist. Fertige eine Skizze an.
a) Berechne die Winkel im Giebeldreieck, wenn die Gesamthöhe des Gebäudes 32 m beträgt.
b) Wie groß ist die Dachfläche des „Tempels“?
c) Berechne das Volumen dieses Baukörpers.

3 Das Gebäude des Bauernkriegs-Panoramas auf dem Schlachtberg bei Bad Frankenhausen in Thüringen hat die Form eines Kreiszylinders. Im Innenraum (Durchmesser 39,15 m) schuf der Maler Werner Tübke eines der größten Ölgemälde der Welt. Die Vorbereitung und Ausführung des 14 m hohen Rundbildes, auf dem über 3000 Figuren dargestellt sind, dauerte über 10 Jahre. Welchen Flächeninhalt besitzt es?

4 Das nebenstehende Foto zeigt das Jagdschloss Granitz (erbaut 1836) auf der Ostseeinsel Rügen und rechts ist eine stark vereinfachte Darstellung dieses Bauwerks abgebildet.
a) Wie groß ist das Volumen des Baukörpers entsprechend der vereinfachten Zeichnung?
b) Wie verändert sich das Gesamtvolumen, wenn die vier Ecktürme so weit in das Gebäude hineinragen, dass deren Mittelpunkt genau auf den Hausecken stehen?

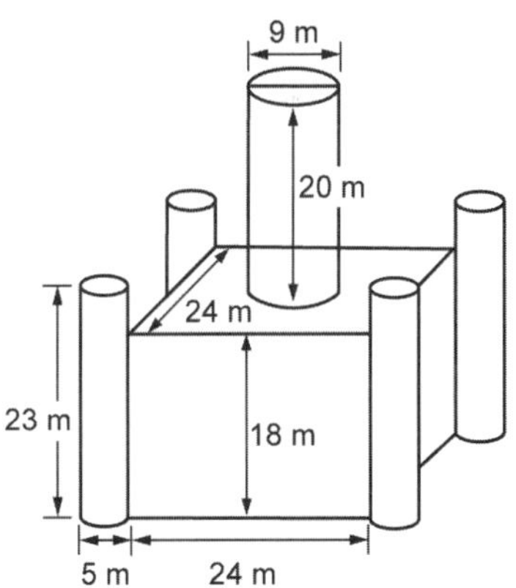

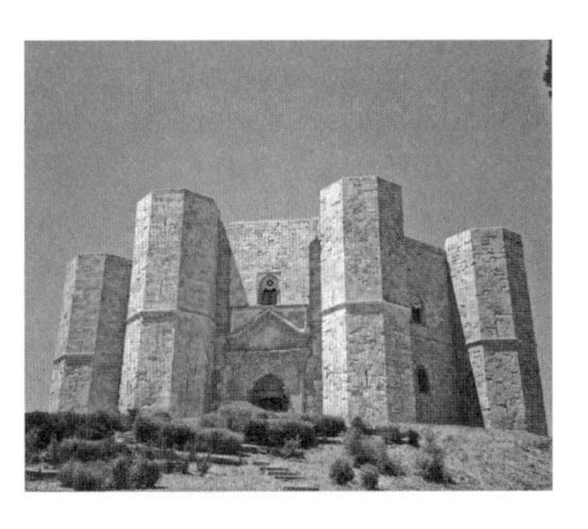

5 Um 1240 entstand bei Andria in Apulien (Italien) das Castel del Monte, nach außen eine Festung, innen ein Schloss. An den acht Ecken des zweigeschossigen regelmäßigen Kernbaus (Umkreisradius 22 m) mit achteckigem Innenhof (Umkreisradius 11 m) stehen 25 m hohe ebenfalls achteckige Türme (Umkreisradius 4,4 m), die den Gebäudering kaum überragen. Veranschauliche dir den Grundriss des Kastells durch eine Skizze.
a) Wie viel m^2 Wohnfläche kann eines der 16 trapezförmigen Zimmer maximal besitzen? Vernachlässige dabei die Mauerstärke.
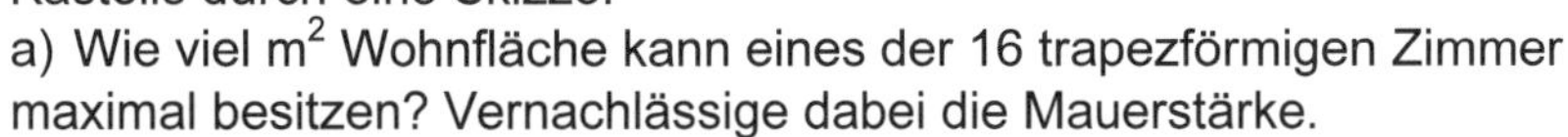
b) Berechne das Volumen des Kastells.

Ernst Klett Verlag GmbH, Stuttgart 2009

Besondere Pyramiden und Kegel

1 Das erhalten gebliebene mittelalterliche zweitürmige Holstentor (1478) ist das Wahrzeichen Lübecks. Seit 2006 findest du dieses Tor auch auf der Rückseite von deutschen 2-€-Münzen. Das Tor hat folgende von außen messbare Größen: Grundkreisumfang von Turm und Dach $U = 37{,}7\,m$ und Mantellinie des Daches $s = 21{,}8\,m$.
a) Wie hoch sind die Turmdächer?
b) Wie groß ist die Dachfläche der Türme?
c) Berechne das Volumen, das ein Turm und sein Dach einschließen, wenn der Turm so hoch ist wie sein Dach.
d) Für einen anderen mittelalterlichen Burgturm gilt: Seine Höhe ist doppelt so groß, Durchmesser und Höhe seines Daches sind halb so groß wie die des Holstentores. Berechne Volumen und Oberflächeninhalt des Burgturmes mit kegelfömigem Dach.

2 Die Knickpyramide des Snofru (ca. 2670 – 2620 v. Chr.) in Dahschur (Ägypten) hat einen quadratischen Grundriss von 188 m Seitenlänge. Vermutlich nach statischen Problemen wurde der Neigungswinkel von 54° in einer Höhe von ca. 48 m auf 43° abgeflacht. Fertige eine Skizze an. Wie viel Prozent des Baumaterials wurde durch den „Knick“ beim Bau der Pyramide eingespart? Wie groß ist die Mantelfläche der Knickpyramide?

3 In Chitchén Itzá (Mexiko) steht die Maya-Pyramide des Kukulcan (ca. 1100 – 1300), deren quadratische Grundfläche eine Seitenlänge von 55 m besitzt und deren Höhe ungefähr die Hälfte davon beträgt. Neun gleichhohe Plattformen führen hinauf zum Tempel, der etwa doppelt so hoch ist wie eine Plattform.
a) Bestimme die Maße der einzelnen Plattformen und des Tempels, die vereinfacht als Quader zu betrachten sind.
b) Berechne das Volumen dieser Maya-Pyramide (ohne die vier Treppenaufgänge).
c) Um wie viel Prozent unterscheidet sich das Volumen einer „echten“ Pyramide mit gleicher Höhe und Grundfläche vom ermittelten Volumen der Maya-Pyramide?
d) Welchen Neigungswinkel hätte die „echte“ Pyramide?

4 Die Pyramide des Zauberers in Uxmal (Mexiko), entstanden durch fünf Überbauungen in der Zeit von 700 – 1000, besitzt eine ungewöhnliche Form. 118 schmale und steile Stufen führen hinauf zu einer rund 40 m hohen Plattform, auf der ein Tempel steht. Stark vereinfacht kann man sich diesen Baukörper (ohne Tempel und Treppenaufgang) zusammengesetzt aus einem Prisma und zwei halben Kegelstümpfen vorstellen. Dabei sind der Grundkreisradius und der Deckflächendurchmesser des Kegelstumpfes sowie die Höhe und die kleinere der beiden parallelen Seiten des symmetrischen Grundflächentrapezes vom Prisma gleich groß. Fertige geeignete Skizzen an. Berechne Volumen und Oberflächeninhalt dieses zusammengesetzten Körpers.

Ernst Klett Verlag GmbH, Stuttgart 2009

Kugeln in der Architektur

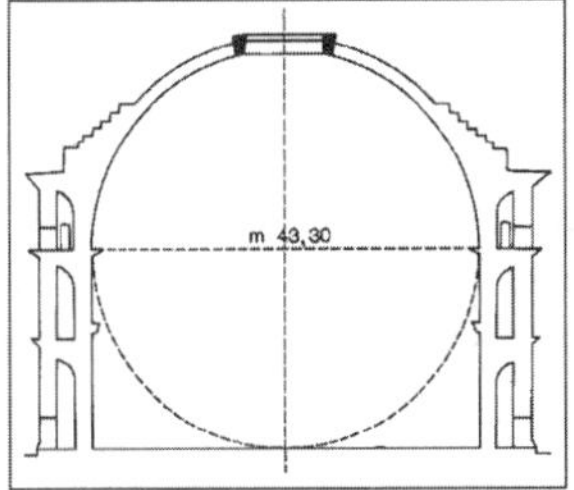

1 a) Das Pantheon in Rom ist das am besten erhaltene Bauwerk aus der römischen Antike.
Die nebenstehende Zeichnung zeigt den Aufriss des Rundbaus mit dem Kuppelgewölbe. Die beeindruckende Wirkung des Innenraumes beruht auf der gleichen Größe von Durchmesser und Höhe.
Berechne das Volumen des umbauten Raumes.
b) Der französische Architekt Louis-Etienne Boullées entwarf Ende des 18. Jahrhunderts mit seinem Denkmal für Isaac Newton das erste auf einer reinen Kugel basierende Bauwerk und inspirierte mit ihm viele spätere Projekte. Der Entwurf, der nicht verwirklicht wurde, sah eine monumentale Hohlkugel (Durchmesser etwa 150 m) vor, im Inneren nur einen Sarkophag beherbergend, im Außenbau durch eine Ringmauer gestützt. Berechne Volumen und Oberflächeninhalt dieser Kugel.

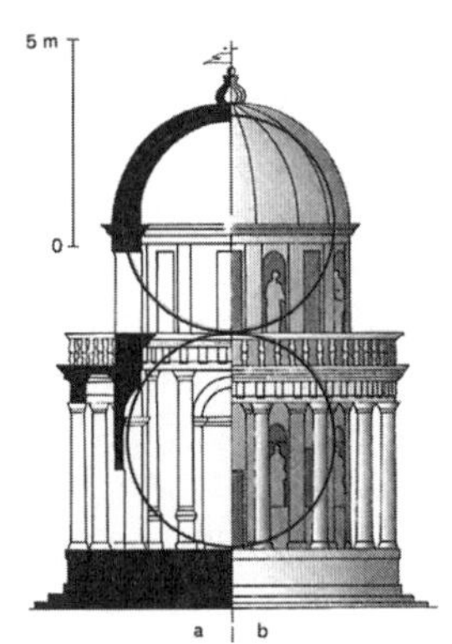

2 Im Jahre 1502 errichtete der Renaissancebaumeister Bramante im Hof einer älteren Kirche in Rom den Tempietto. Der nur 4,50 m betragende Grundkreisdurchmesser des Zylinders ergibt, doppelt übereinandergestellt, die Höhe des Gebäudes, wie es die nebenstehende Zeichnung verdeutlicht. Berechne das Volumen des Innenraumes.

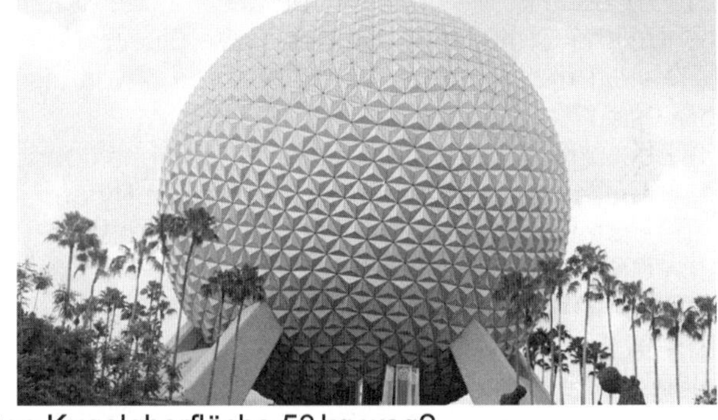

3 a) Die abgebildete Fuller-Kugel in Orlando, Florida, ist näherungsweise eine Kugel mit einem Radius von 25 m. Bestimme ihren Raum- und Oberflächeninhalt.
b) Seinen größten Kugelbau errichtete der Architekt Fuller zur Expo 1967 in Montreal in Kanada. Das Volumen dieser „Dreiviertelkugel" betrug 190 000 m^3.
Ein Kugelabschnitt mit der Höhe von einem Viertel des Durchmessers lag scheinbar unter der Erde, wurde aber nicht gebaut. Berechne den Radius und den Oberflächeninhalt dieses Kugelbaus.
c) Wie schwer war der Kugelbau, wenn 1 m^2 der verkleideten Kugeloberfläche 53 kg wog?

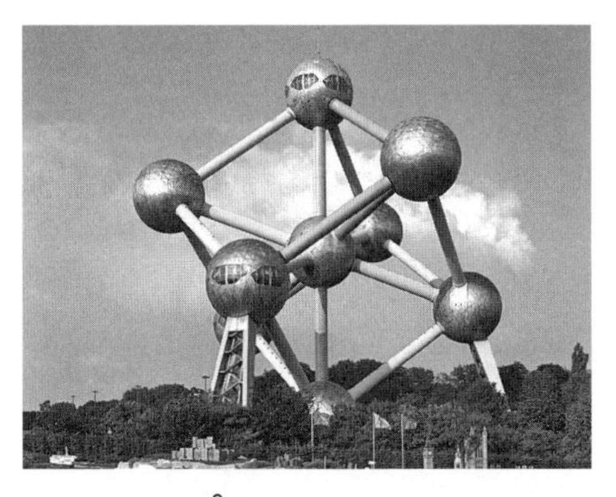

4 Das nebenstehende Foto zeigt das Atomium in Brüssel, erbaut zur Weltausstellung 1958. Es stellt ein 165 Milliarden Mal vergrößertes Eisenmolekül dar.
Die 102 m hohe Konstruktion besteht aus neun Kugeln mit je 18 m Durchmesser, die miteinander durch 24 m lange Röhren (Durchmesser 3 m) verbunden sind. Bei der 2005 durchgeführten aufwendigen Renovierung des Atomiums wurde die alte Aluminiumhaut durch rostfreien Edelstahl ersetzt.
a) Berechne das Volumen dieses zusammengesetzten Körpers (ohne Stützsäulen und unter Vernachlässigung der gekrümmten Ansatzstellen).
b) Wie viel m^2 Edelstahlplatten wurden bei der Renovierung ungefähr verbaut?
c) Bestimme den Abstand der Mittelpunkte der obersten und untersten Kugel. Da die unterste Kugel in ein Eingangsgebäude integriert ist, sind von der Höhe des Atomiums noch ca. 3,5 m zu subtrahieren. Berechne daraus dann den Abstand der durch diese beiden Kugeln dargestellten Atome des Atomverbandes.

Einmal quer durch Paris (1)

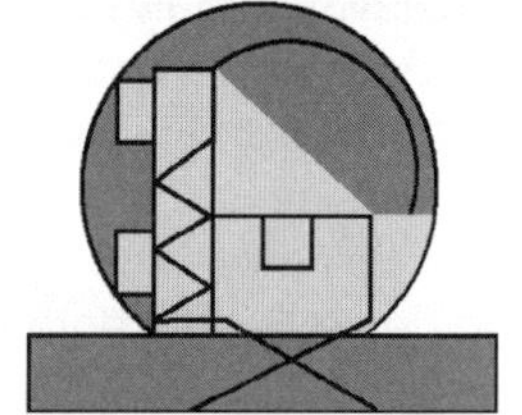

1 Im Nordosten von Paris entstand anstelle eines ehemaligen Schlachthofes auf 55 ha ein Freizeit-, Kultur- und Technikpark. Seit seiner Eröffnung 1986 ist die in einem Wasserbecken aufgestellte, silbern glänzende Kinokugel La Géode die Hauptattraktion. Sie wiegt 6000 t und hat einen Durchmesser von 36 m. Die Außenhülle besteht aus 6433 rostfreien gleichseitigen Stahldreiecken.
Im Innern können 400 Zuschauer halb liegend auf einer Halbkugelleinwand mit einer Oberfläche von 1000 m^2 dreidimensionale Filme sehen.
a) Welchen Durchmesser hat die Halbkugelleinwand?
b) Welches Volumen schließt die Kinokugel La Géode oberirdisch ein, wenn ein Kugelabschnitt mit der Höhe 7 m zum vollen Kugelvolumen fehlt?
c) Wie viel Prozent des quadratischen Wasserbeckens (Seitenlänge: 48 m) nimmt die Standfläche von La Géode ein?
d) Welche Seitenlänge hat ungefähr eines der Stahldreiecke, die die Oberfläche der Kinokugel La Géode bilden?

2 „Le Grand Louvre", dieser Name steht für ein Kunstmuseum der Superlative (60 000 m^2 Ausstellungsfläche). Der weitläufige ehemalige Palast der französischen Könige wurde zur Jahrtausendwende zum größten Museum der Welt umgestaltet. Bereits 1989 wurde der Eingangsbereich mit der großen quadratischen, gläsernen Pyramide, den drei kleinen Pyramiden und den Wasserbecken (Fig. 1) neu gestaltet. Etwas später wurde die hängende, mit der Spitze zum Boden weisende „Pyramide Inversée" aus Glas, hell erleuchtet durch das oben einfallende Tageslicht, in einer unterirdischen Eingangshalle gebaut und durch eine kleine Kalksteinpyramide darunter ergänzt. Die „Grundfläche" der umgekehrten Pyramide liegt innerhalb der vom Kreisverkehr eingeschlossenen Fläche (Fig. 2) westlich des Eingangsbereiches. Alle diese Pyramiden sind ähnlich zueinander. Die große Pyramide bedeckt eine Fläche von 1170 m^2 und eine ihrer Seitenflächen besteht aus 470,25 m^2 Glas.
a) Wie hoch ist die große Pyramide, welche Seitenkantenlänge und welchen Neigungswinkel besitzt sie?
b) Welche Seitenlänge hat das große Quadrat (Fig. 1), das von den drei kleinen Pyramiden begrenzt wird? Wie viel Prozent dieser Fläche nehmen davon die Wasserbecken ein, wenn die Wege zwischen ihnen 4 m breit sind?
c) Bestimme Volumen und Oberflächeninhalt der drei kleinen Pyramiden und der Kalksteinpyramide, wenn ihre Maße eine Verkleinerung der großen Pyramide mit dem Faktor 4,5 bzw. 18 darstellen. Wievielmal größer sind dann Volumen und Oberfläche der großen Pyramide? Tipp: Bestimme die Verhältnisse der entsprechenden Größen und ziehe dann beim Flächenverhältnis die Quadratwurzel und beim Volumenverhältnis die Kubikwurzel. Was fällt auf? Formuliere allgemein.
d) Die Seitenflächen von einer der drei kleinen Pyramiden setzen sich zusammen aus 24 Glasrauten und 16 gleichschenkligen Dreiecken. Bestimme die Maße einer Glasraute.
e) Die inverse Pyramide ist in ihren Maßen halb so groß wie die große Pyramide. Wie viel m^2 Glas wurden zum Bau dieser Pyramide benötigt? Wie groß ist die Straßenfläche, die im Kreisverkehr asphaltiert werden musste, wenn die Fahrspur 6 m breit ist?

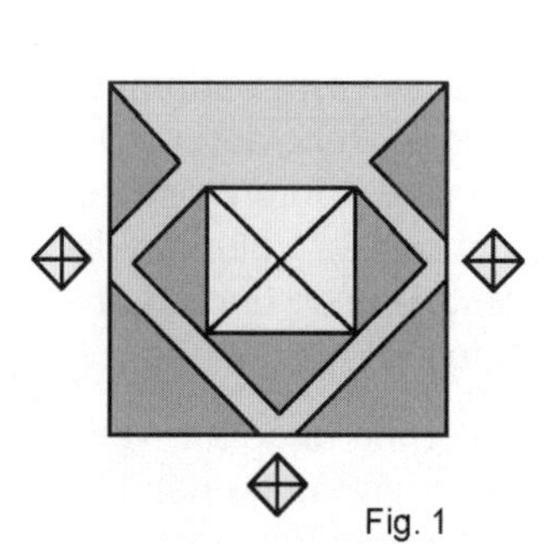

Fig. 1

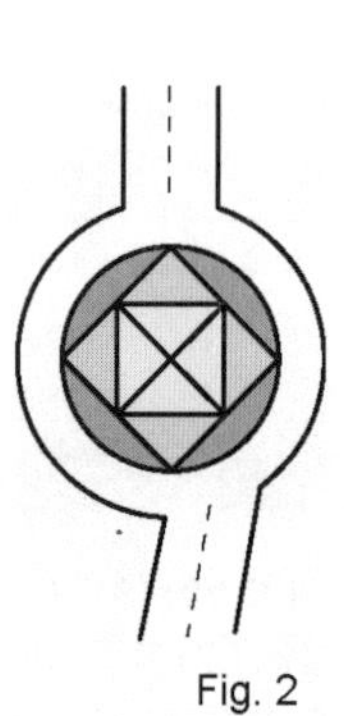

Fig. 2

Ernst Klett Verlag GmbH, Stuttgart 2009

Einmal quer durch Paris (2)

Im Zentrum von Paris am Louvre nimmt die „historische Achse“ durch die Stadt ihren Anfang. Sie führt über den Place de la Concorde mit dem Obelisken, über den Arc de Triomphe bis zu ihrem Schlusspunkt der Grand Arche im modernen Stadtteil La Défense.

3 Der Obelisk aus Luxor, seit 1885 im Zentrum des größten Platzes von Paris aufragend, war damals ein Geschenk des ägyptischen Vizekönigs. Der über 3000 Jahre alte Monolith aus Granit stand einst vor dem Tempel Ramses II. in Theben. Die Hieroglyphen, die ihn schmücken, verherrlichen die Taten des Pharaos. Wie schwierig es war, das 230 t schwere und 23 m hohe Monument wohlbehalten nach Paris zu bringen und aufzustellen, ist auf dem Sockel dargestellt. Der Obelisk setzt sich zusammen aus einer kleinen, vergoldeten quadratischen Pyramide (Grundkantenlänge 1,40 m) und einem hohen Pyramidenstumpf mit quadratischer Grundfläche (5,76 m^2).
Berechne Volumen und Oberflächeninhalt des Obelisken, wenn die kleine Pyramide eine Seitenkantenlänge von 3,73 m besitzt. Könntest du 1 dm^3 des Gesteins dieses Obelisken heben? Begründe dies.

4 Vom Place de la Concorde gelangt man über die Champs-Elysées zum 50 m hohen, 45 m breiten und 22 m tiefen Triumphbogen, der 1806 unter Napoleon begonnen, aber erst 1836 eröffnet wurde. Im Unterschied zu seinen antiken Vorbildern besitzt er frontal nur eine Bogenöffnung (29 m hoch und 14 m breit). Durch beide Seitenteile verläuft ein rund 11 m niedrigerer Querdurchgang, dessen Öffnung halb so breit ist wie die des großen Bogens. Berechne die beiden verschiedenen Bogenlängen sowie Volumen und Oberflächeninhalt des Baukörpers, den man vereinfacht als „ausgehöhlten“ Quader betrachten kann.

5 Einige Kilometer westlich vom Triumphbogen liegt das Geschäfts- und Wohnviertel La Défense mit seinen hohen Bürotürmen und dem gigantischen weißen Torbau, der Grand Arche, der 1989 eingeweiht wurde. In der rechteckigen Toröffnung von 70 m Breite und 90 m Höhe hätte die Kirche Notre-Dame Platz. Der Torbau wiegt 300 000 t, das 30-Fache des Eiffelturms. Er ist innen 80 m lang und setzt sich aus vier Pyramidenstümpfen mit dem Neigungswinkel von 45° zusammen. Sechs der 24 m breiten trapezförmigen Seitenflächen sind mit Marmor verkleidet, zwei sind Treppen.
a) Berechne die Außenmaße des Torbaus.
b) Wie viel Hektar Marmor wurden verbaut?
c) Die Fensterfronten der Außenseiten haben zusätzlich eine wandhohe Außenverglasung. Wie viel Hektar Glas sind das?
d) Berechne das Volumen des Baukörpers.
e) Nimm an, dass sich das Bürohochhaus unweit des Torbogens aus einem Halbzylinder (h_1 = 120 m, d = $\frac{3}{4}h_1$) und einem „Tortenstück“ (h_2 = d), dessen Grundfläche einen Mittelpunktswinkel von 45° hat, zusammensetzt. Berechne Volumen und Oberflächeninhalt dieses Hochhauses.

Zum Basteln: Baue ein Modell für den Eingangsbereich des Louvre (Seite S 85, Fig.1) oder die Grand Arche.

Ernst Klett Verlag GmbH, Stuttgart 2009

Rhombendodekaeder

1 So entsteht er

Rhomben sind Rauten, „dodeka“ heißt zwölf, „eder“ ist eine ebene Fläche: Rautenzwölfflächner heißt der Körper. Zwölf Rauten zusammensetzen geht so:

- Nimm ein DIN-A4-Blatt, halbiere das Blatt durch Falten parallel zur kurzen Seite, halbiere die Hälften und halbiere nochmals die Viertel.
- Knicke die Faltlinien so, dass du eine Ziehharmonika (Fig. 1) legen kannst.
- Schneide dann unter dem Winkel 70,5° vier bis fünf Pakete von je acht Rauten ab (Fig. 2).
- Bilde mit diesen acht Rauten einen Ring, wobei sich zwei Rauten überlappen (Fig. 3).
- Vier dieser Ringe werden dann kunstvoll zum Rautenzwölfflach verflochten.

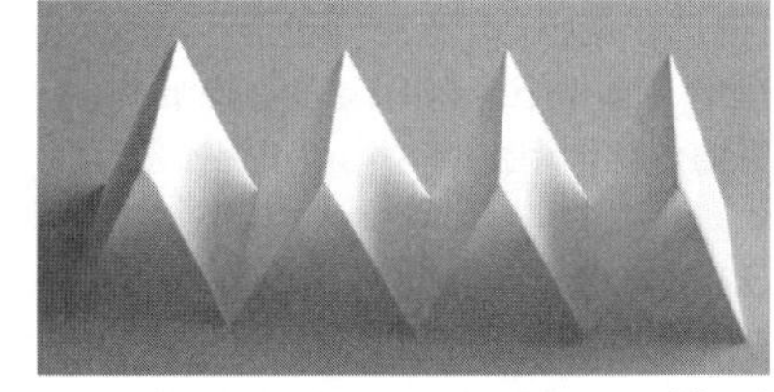

Fig. 1

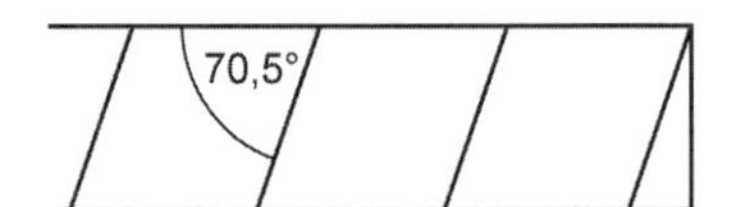

Fig. 2

Tipp:
Verwende zur Herstellung des Rhombendodekaeders Kopierpapier in mindestens vier Farben. Nimm für einen Körper vier verschiedenfarbige Ringe. Das Flechten geht dann leichter von der Hand.

Fig. 3

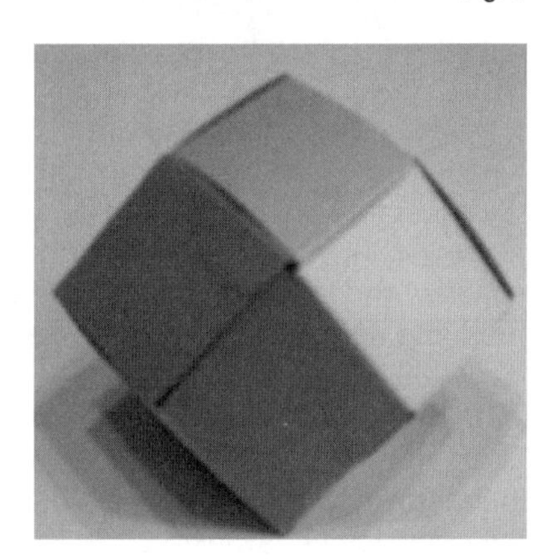

2 Der Rauminhalt

Den Aufbau eines Rhombendodekaeders kann man sich so gut vorstellen: Man nimmt einen Würfel. Der Mittelpunkt des Würfels ist die Spitze von sechs Pyramiden über den Seitenflächen mit der halben Würfelkante als Höhe. Eine der Pyramiden ist in Fig. 4 gezeichnet. Spiegelt man diese Pyramiden an den Würfelseiten nach außen, entsteht der Zwölfflächner, da die dreieckigen Pyramidenseiten an den Würfelkanten eben ineinander übergehen und Rauten bilden.

a) Zeichne ein Schrägbild des Körpers mit $\alpha = 30°$ und $k = 0{,}5$.

b) Suche in dem Körper rechtwinklige Dreiecke, mit deren Hilfe du den Winkel von 70,5° von oben erklären kannst.

c) Berechne den Rauminhalt des Rhombendodekaeders in Abhängigkeit von der Würfelkante a.

d) Bestimme den Oberflächeninhalt dieses Körpers in Abhängigkeit von a.

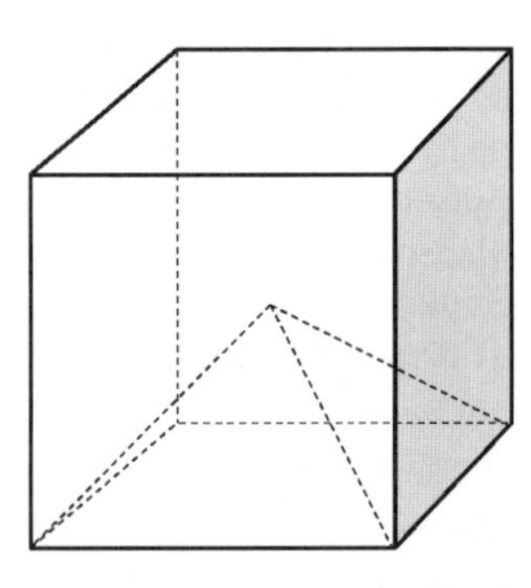

Fig. 4

Von anderen und unmöglichen Perspektiven

Perspektive (lat.): Darstellung eines Raumes oder räumlichen Körpers auf einer ebenen Fläche mit räumlicher Wirkung.
Zentralperspektive (mit einem Hauptfluchtpunkt): Sie kommt einer fotografischen Abbildung sehr nahe und erscheint fast natürlich und optisch richtig. Alle Linien in die Tiefe verlaufen „nach hinten" auf einen Punkt am Horizont zu, dem Fluchtpunkt.

Fig. 1

1 a) Schon lange vor der Erfindung der Fotografie haben Maler versucht, gute perspektivische Bilder zu schaffen. Vor allem in der Renaissance (etwa 1350 – 1550) bemühte man sich um besonders wirklichkeitstreue Bilder. Fig. 1 zeigt das Fresko „Die Schule von Athen" in Rom (1509/1511) des Malers Raffael. Nimm Lineal und einen Rotstift und ermittle in dieser Abbildung den Fluchtpunkt.
b) Entwirf mithilfe der Zentralperspektive einen Straßenzug mit Häusern, Gehwegen usw. auf ein Zeichenpapier.

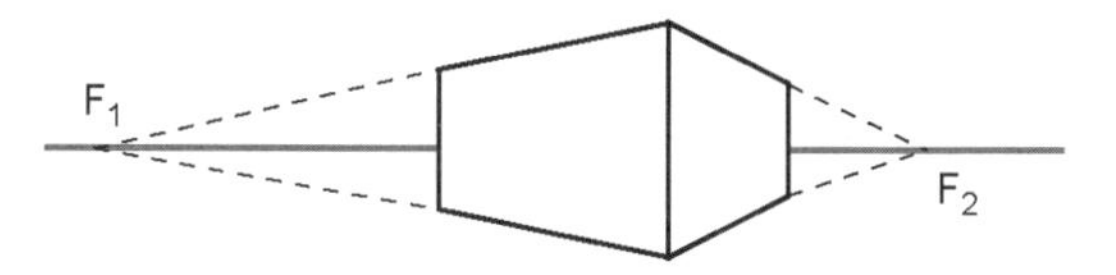

Fig. 2

2 In der Übereckperspektive (Zentralperspektive mit zwei oder mehr Fluchtpunkten – Fig. 2) steht der Körper mit einer Ecke zum Betrachter. Alle Linien laufen nun auf zwei Fluchtpunkte links und rechts vom Körper zu. Beide Punkte liegen auf der Horizontlinie, die der Augenhöhe entspricht. Objekte, die unterhalb dieser liegen, sieht man von oben (Vogelperspektive), Objekte, die darüber liegen, von unten (Froschperspektive).
a) Zeichne einen Quader wie in Fig. 2 auf ein Zeichenblatt (Querformat). Falte zuvor dein Blatt in der Mitte, um die Horizontlinie zu finden. Wähle die Höhe deines Quaders so, dass du anschließend den gleichen Quader auch in Frosch- und Vogelperspektive auf dieses Blatt zeichnen kannst.
b) Suche Fotos von Häusern in Übereckperspektive in Zeitungen oder Illustrierten, klebe sie auf ein Zeichenblatt und ermittle die „Augenhöhe".

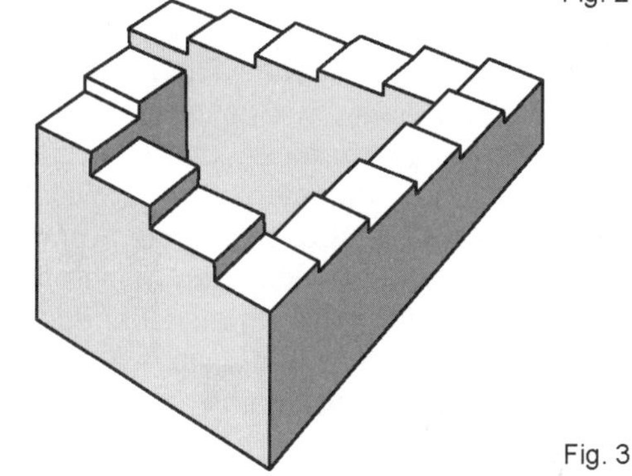

Fig. 3

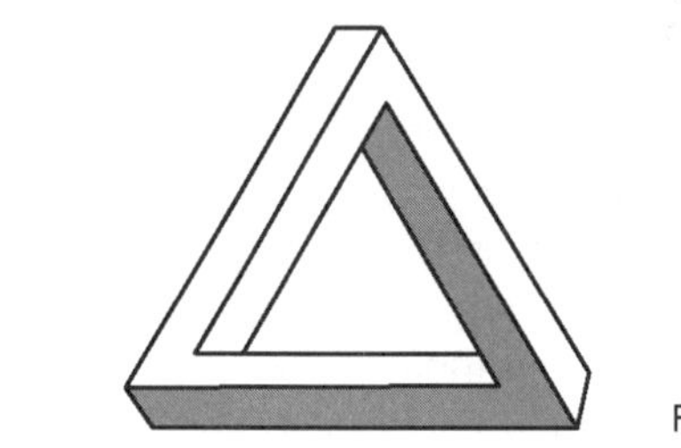

Fig. 4

3 Gelegentlich wird auch versucht, durch absichtliche Fehler in der Perspektive besondere Effekte zu erzielen. Fig. 3 zeigt das Modell einer „unmöglichen Treppe". Der Maler M. C. Escher ist berühmt für sein Spiel mit der Perspektive. Scheinbar perfekt konstruiert hat das „unmögliche Dreieck" in Fig. 4 nur den einen Fehler, dass es in Wirklichkeit nicht existieren kann.
a) Was wird hier dem Betrachter „vorgetäuscht"?
b) Das in Fig. 5 abgebildete Schnittmuster ermöglicht dir, selbst ein Papiermodell eines „unmöglichen Dreiecks" herzustellen. Vergrößere dazu diese Zeichnung maßstäblich, schneide aus und falte an den bezeichneten Stellen jeweils um 90° nach unten. Stelle das Modell dann so auf, dass sich die gezeichnete Linie optisch schließt.
c) Versuche selbst ein „unmögliches Dreieck" zu zeichnen und weitere „unmögliche Figuren" zu erfinden.

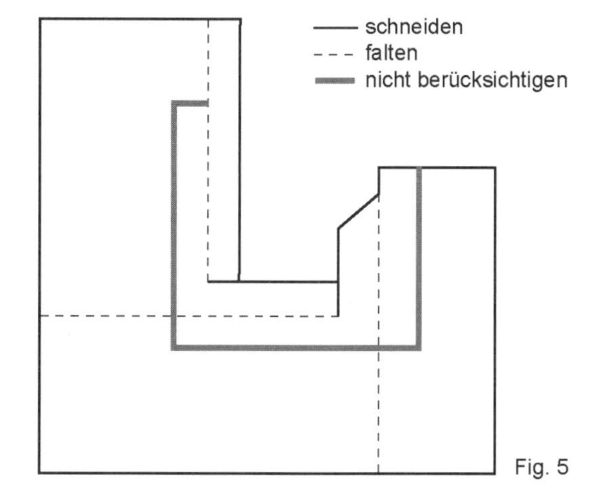

Fig. 5

Ernst Klett Verlag GmbH, Stuttgart 2009

Körper-Quintett (1)

Material: Pro Spieler eine Kopie des „Körper-Quintetts“, Seite S 73, Schere, Papierklebstoff

1 Spielbeschreibung

Dieses Partnerspiel dient der Festigung deines Wissens zum Thema „Körperberechnungen“. Schneide zuerst die Spielkarten zum Körper-Quintett aus. Mische sie dann mit denen deines Nachbarn. Jeder Spieler erhält zunächst zehn Karten. Die restlichen Karten werden verdeckt auf einen Stapel gelegt. Ziel des Spiels ist es, fünf zusammengehörige Karten zu den Körpern (Prisma, Pyramide, Zylinder, Kegel und Kugel) auszulegen. Zu einem Quintett gehört je eine Karte mit der Abbildung des Körpers, der Beschreibung des Körpers, seiner Volumenformel, der Formel für seinen Oberflächeninhalt sowie eine Karte mit den Formeln für seine Grundfläche und seinen Mantel. Da für die Kugel keine Grundflächen- und Mantelformel angegeben werden kann, gehört zu ihrem Quintett der Joker. Dieser kann aber zunächst auch anstelle von jeder Karte anderer Körper ausgelegt und später ausgetauscht werden. Für die Pyramide und das Prisma gibt es mehrere Möglichkeiten, Karten mit einer Grundflächen- und Mantelformel auszulegen. Nachdem die Karten ausgeteilt wurden, ordnet jeder seine Karten und legt bereits fertige Quintette ab. Für jedes abgelegte Quintett können zwei neue Karten vom Stapel aufgenommen werden. Um weitere Quintette vervollständigen zu können, nimmt jeder abwechselnd eine Karte vom Stapel und gibt dem Nachbarn eine nicht benötigte weiter. Das Spiel ist beendet, wenn zehn vollständige Quintette auf dem Tisch liegen und nur noch die fünf zusätzlichen Grundflächen- und Mantelkarten in doppelter Ausführung übrig sind. Wer dann die meisten Quintette ausgelegt hat, ist Sieger.

2 Formelsammlung

a) Mithilfe der Spielkarten vom Körper-Quintett kannst du zum Thema „Körperberechnungen“ einen übersichtlichen und anschaulichen Heftaufschrieb gestalten. Fertige dazu eine passende Tabelle an und klebe dann die Spielkarten in die entsprechenden Zeilen und Spalten. Überlege dir zuvor, an welchen Stellen du selbst weitere Formeln hinzufügen kannst. Ergänze die Tabelle auch um weitere Körper, wie z. B. Kegel- und Pyramidenstümpfe, Kugelaus- und abschnitte und den Ring. Nutze dazu auch dein Mathebuch und die Formelsammlung.

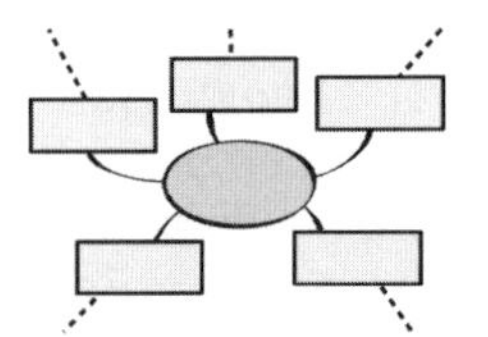

b) Eine andere Möglichkeit, den Lernstoff zum Thema „Körperberechnungen“ zu strukturieren, ist eine Mindmap. Überlege dir dazu zuerst, für welche Begriffe und Formeln du Hauptäste und Zweige anlegen musst. Entscheide dann, wie du diese übersichtlich anordnest, damit die Mindmap eine effektive Lernhilfe darstellt.

3 Formeln können viele Gesichter besitzen

a) Die Formeln zum Volumen und zur Oberfläche von vier Körpern auf den Spielkarten sind allgemein formuliert und werden jeweils nur durch die Spielkarte „Grundfläche und Mantel“ konkretisiert. Setze für G und M nun jeweils die entsprechenden Terme ein und vereinfache die Volumen- und Oberflächenformel für jeden der Körper (ohne die Kugel) so weit wie möglich. Nutze auch die fünf zusätzlichen Karten. Konkretisiere dann ebenso die Namen der Körper (z. B.: quadratische Pyramide, Prisma mit trapezförmiger Grundfläche oder Quader). Gehe auch bei dieser Übung übersichtlich und systematisch vor. Wenn du die neuen Formeln korrekt zusammengefasst hast, kannst du sie unten im Kasten abstreichen.

b) Stelle dann die erhaltenen Volumenformeln nach jeder Variablen in der Formel um. Auch diese kannst du mithilfe der Formeln im unteren Kasten kontrollieren.

$a=\sqrt{\frac{3V}{h}}$, $a=\sqrt{\frac{V}{h}}$, $a=\frac{V}{bh}$, $a=\frac{3V}{bh}$, $a=\sqrt{\frac{4V}{\sqrt{3}h}}$, $a=\sqrt{\frac{12V}{\sqrt{3}h}}$, $a=\frac{2V}{h_a h}-c$, $b=\frac{3V}{ah}$, $b=\frac{V}{ah}$, $c=\frac{2V}{h_a h}-a$, $d=\sqrt{\frac{4V}{\pi h}}$,

$d=\sqrt{\frac{12V}{\pi h}}$, $h=\frac{V}{\pi r^2}$, $h=\frac{3V}{\pi r^2}$, $h=\frac{4V}{\pi d^2}$, $h=\frac{12V}{\pi d^2}$; $h=\frac{3V}{a^2}$, $h=\frac{3V}{ab}$, $h=\frac{12V}{\sqrt{3}a^2}$, $h=\frac{V}{a^2}$, $h=\frac{V}{ab}$, $h=\frac{4V}{\sqrt{3}a^2}$, $h=\frac{2V}{(a+c)h_a}$,

$h_a=\frac{2V}{(a+c)h}$, $O=2\pi r(r+h)$, $O=\pi r(r+s)$, $O=\pi d\left(\frac{1}{2}d+h\right)$, $O=\frac{1}{4}\pi d(d+2s)$, $O=a(a+2h_a)$,

$O=ab+ah_a+bh_b$, $O=\frac{1}{4}a\left(a\sqrt{3}+6h_a\right)$, $O=2a(a+2h)$, $O=2(ab+bh+ah)$, $O=3a\left(\frac{1}{6}a\sqrt{3}+h\right)$,

$O=(a+c)(h_a+h)+2\cdot s\cdot h$, $r=\sqrt{\frac{V}{\pi h}}$, $r=\sqrt{\frac{3V}{\pi h}}$, $V=\pi r^2 h$, $V=a^2 h$, $V=\frac{1}{3}a^2 h$, $V=abh$, $V=\frac{1}{3}abh$,

$V=\frac{1}{3}\pi r^2 h$, $V=\frac{1}{12}a^2\sqrt{3}h$, $V=\frac{1}{12}\pi d^2 h$, $V=\frac{1}{4}a^2\sqrt{3}h$, $V=\frac{1}{4}\pi d^2 h$, $V=\frac{1}{2}(a+c)h_a\cdot h$

Ernst Klett Verlag GmbH, Stuttgart 2009

Körper-Quintett (2)

Schneide entlang der fett gedruckten Linien aus.

Beschreibung: Körper mit zwei zueinander parallelen und kongruenten Vielecken als Grundflächen und Rechtecken als Seitenflächen	Zylinder	Oberfläche $O = 2 \cdot G + M$	Grundfläche $G = a^2$ Mantel $M = 2a \cdot h_a$	Volumen $V = \frac{1}{3} G \cdot h$	Grundfläche $G = \frac{1}{2}(a + c) h_a$ Mantel $M = h(a + 2s + c)$
Oberfläche $O = G + M$	Grundfläche $G = a \cdot b$ Mantel $M = a \cdot h_a + b \cdot h_b$	Volumen $V = G \cdot h$	Kegel	Beschreibung: Körper mit zwei zueinander parallelen und kongruenten Kreisflächen und einer gekrümmten Seitenfläche, deren Abwicklung ein Rechteck ist	Joker
Volumen $V = G \cdot h$	Beschreibung: Der Körper entsteht, wenn man die Eckpunkte eines Vieleckes mit einem nicht in dieser Ebene liegenden Punkt verbindet.	Kugel	Oberfläche $O = G + M$	Grundfläche $G = \frac{1}{4} a^2 \sqrt{3}$ Mantel $M = \frac{3}{2} a h_a$	Grundfläche $G = \pi r^2 = \frac{1}{4} \pi d^2$ Mantel $M = \frac{1}{2} \pi d s = \pi r s$
Grundfläche $G = a^2$ Mantel $M = 4ah$	Oberfläche $O = 2G + M$	Grundfläche $G = \pi r^2 = \frac{1}{4} \pi d^2$ Mantel $M = \pi d h = 2 \pi r h$	Beschreibung: Der Körper entsteht, wenn man die Punkte eines Kreises mit einem nicht in der Kreisfläche liegenden Punkt verbindet.	Pyramide	Volumen $V = \frac{1}{6} \pi d^3 = \frac{4}{3} \pi r^3$
Prisma	Volumen $V = \frac{1}{3} G \cdot h$	Beschreibung: Der Körper entsteht, wenn eine Kreisfläche um einen ihrer Durchmesser rotiert.	Oberfläche $O = \pi d^2 = 4 \pi r^2$	Grundfläche $G = a \cdot b$ Mantel $M = 2h(a + b)$	Grundfläche $G = \frac{1}{4} a^2 \sqrt{3}$ Mantel $M = 3ah$

Höhenunterschiede

1 Distanzmessung

Entfernungen in Karten und Plänen sind grundsätzlich horizontale Distanzen. Liegt zum Beispiel ein Baugelände am Hang, peilt man mit dem Theodoliten die Zielpunkte auf geneigten Visierlinien an, misst so elektrooptisch die Entfernung r zum Zielpunkt und den Winkel δ gegen die Horizontale. In den Plan werden dann aber die berechneten horizontalen Distanzen s eingetragen.

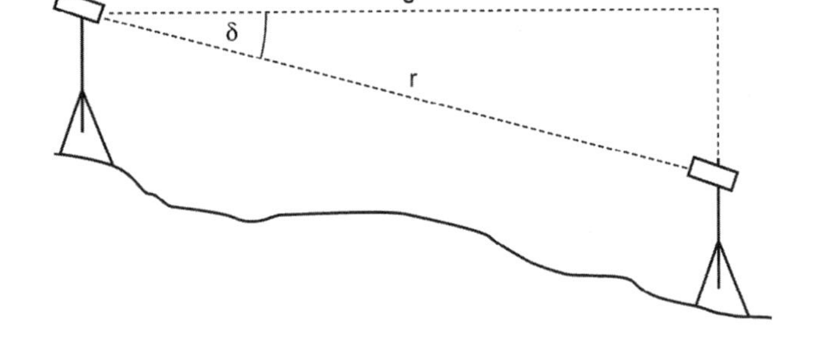

Löse die folgende Aufgabe:
Gemessen: $r = 835{,}46$ m; $\delta = 12{,}97°$.
Berechne s (Werkzeug: Kosinus).

2 Trigonometrische Turmhöhenbestimmung

Die Turmspitze T wird von zwei Punkten P_1 und P_2 aus angepeilt. Das Stativ des Theodoliten steht jeweils auf gleicher Höhe wie der Turmfuß.
Gemessen werden die Entfernung $\overline{P_1P_2} = b$ (Basis), die horizontalen Winkel α und β und die Erhebungswinkel δ_1 und δ_2 aus der Horizontalen. Außerdem sind die Abstände i des Theodoliten vom Boden bekannt.

$b = 83{,}30$ m

$\delta_1 = 26{,}48°$ $\quad \delta_2 = 29{,}65°$

$i_1 = 1{,}40$ m $\quad i_2 = 1{,}50$ m

$\alpha = 57{,}03°$ $\quad \beta = 73{,}54°$

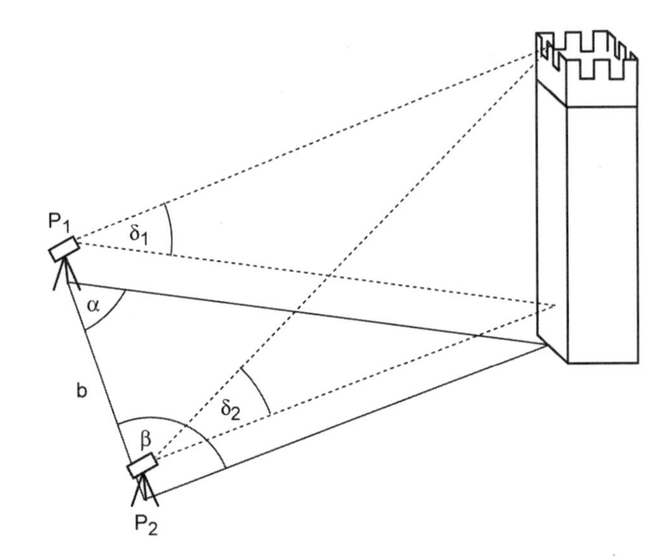

Die Berechnung beginnt nun mit dem horizontalen Hilfsdreieck P_1P_2T (siehe Grundriss).
Berechne zuerst die Seiten s_1 und s_2 aus b, α und β. Du brauchst folgende Werkzeuge:
Die Höhe durch T als Hilfslinie, Sinus zur Berechnung der Höhe auf zwei Wegen, erst mit α, dann mit β.
Mit dem Gleichsetzen der Ergebnisse gewinnst du das neue Werkzeug „Sinussatz“.
Berechne γ mit dem Winkelsummensatz und schreibe den Sinussatz für α und γ und für β und γ um. Damit hast du Werkzeuge für die Berechnung von s_1 und s_2.

Mit s_1 und s_2 kannst du dann im rechtwinkligen Dreieck PT'T (siehe Aufriss) h_1 und h_2 berechnen und durch i_1 und i_2 ergänzen. Der Mittelwert liefert dann einen genauen Wert für die Gesamthöhe H.

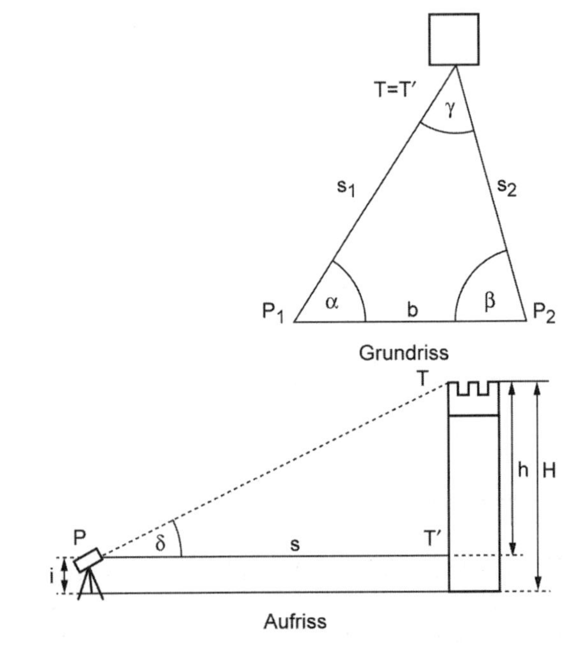

Graph der Sinusfunktion mit GEONExT

1 Auf Seite S 31 wird beschrieben, wie eine Einheitskreisfigur in GEONExT erzeugt wird. Die folgenden Schritte geben an, wie man mit GEONExT den Graphen der Sinusfunktion zeichnet.

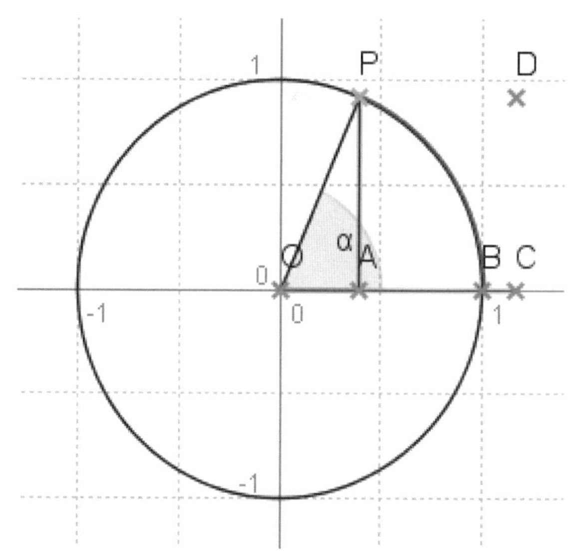

- Um den Graphen der Sinusfunktion zeichnen zu können, muss zunächst der Kreisbogen, den P durch den jeweiligen Winkel α auf dem Kreis zurücklegt, auf die x-Achse übertragen werden.
- Markiere dazu den Kreisbogen, indem du nach Auswahl des Befehls Kreisbogen die Punkte O, B und P in dieser Reihenfolge anklickst. Färbe den Kreisbogen anschließend grün (*Objekte – Objekteigenschaften* und nach Auswahl des Kreisbogens: Karteireiter *Umriss*).
- Um den Kreisbogen auf die x-Achse zu übertragen, musst du einen (x; y)-Punkt C mit den Koordinaten x = Rad(B,O,P) und y = 0 zeichnen. Dieser Punkt bewegt sich nun genau mit dem Abstand vom Ursprung auf der x-Achse, der durch die Länge des Kreisbogens gegeben ist.
- Zeichne zur Veranschaulichung die Strecke ein, die O und C verbindet und färbe diese ebenfalls grün. Kontrolliere anschließend deine Konstruktion im Zugmodus.
- Um den Graphen der Sinusfunktion zeichnen zu können, musst du nun den (x; y)-Punkt D mit den Koordinaten x = Rad(B,O,P) und y = Y(P) konstruieren. Der Punkt D hat somit als x-Koordinate den grün markierten Kreisbogen und als y-Koordinate die y-Koordinate des Punktes P. Überprüfe dies wieder im Zugmodus.

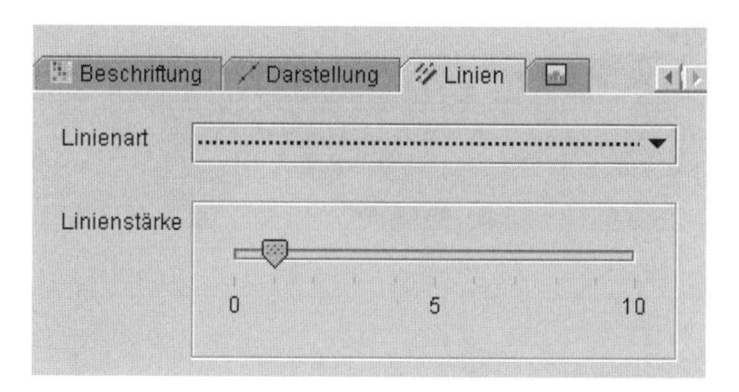

- Verbinde ebenfalls zur Veranschaulichung die Punkte C und D mit einer blauen Strecke und die Punkte P und D mit einer dünnen, schwarzen gestrichelten Strecke (diese Einstellungen kannst du wieder unter den Objekteigenschaften der Strecke vornehmen; wähle dazu die Karteireiter *Umriss* und *Linien*).
- Verstecke nun die Punkte A, B und C, indem du sie nach Auswahl des Befehls Verstecken (in: *Objekte – Spezielle Eigenschaften*) anklickst.
- Zum Schluss: Stelle ein, dass die Spur des Punktes D gezeichnet wird. Wähle dazu im Menü *Objekte – Spezielle Eigenschaften* den Befehl Spur und klicke den Punkt D an. Wechsle danach wieder in den Zugmodus.

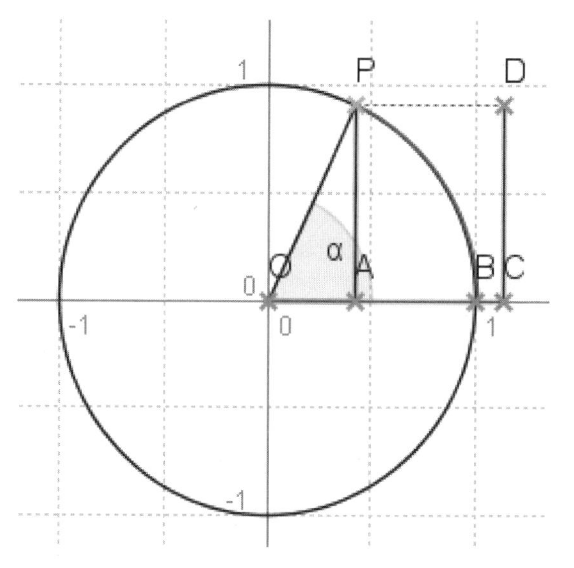

2 Bewege den Punkt P auf dem Kreis und betrachte die Spur des Punktes D. Was fällt dir auf? Die Spurkurve, die hier entsteht, ist der Graph der Sinusfunktion. Skizziere und beschreibe ihren Verlauf auf der Rückseite des Arbeitsblattes.

† Einzel-/Partnerarbeit

Flächenberechnung beim Dreieck

1 Bei den abgebildeten Dreiecken sind jeweils die grau markierten Größen gegeben – bei welchen Dreiecken kannst du den Flächeninhalt geschickt berechnen? Notiere jeweils deine Vorgehensweise im Heft.

a)

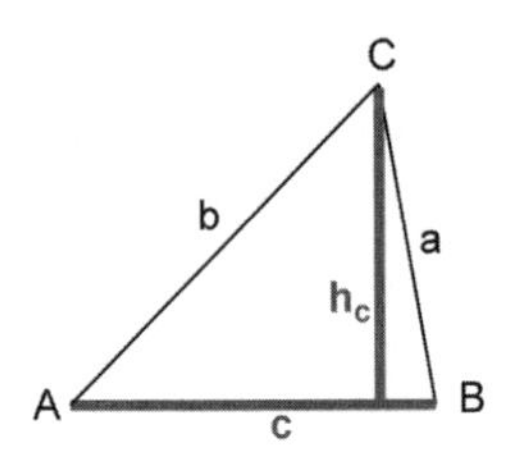

b)

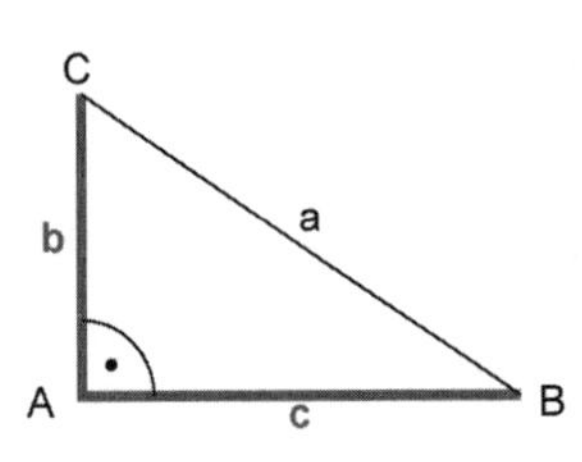

c)

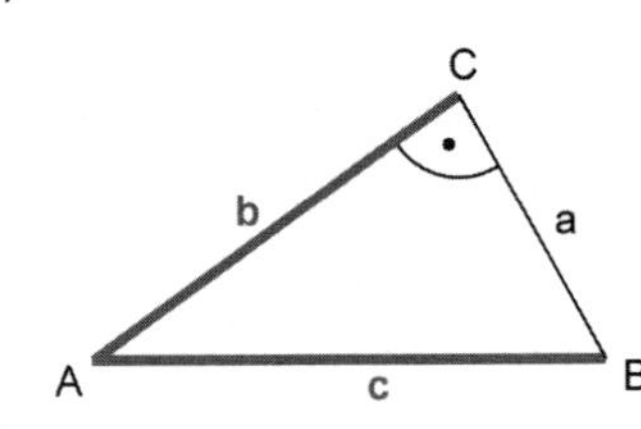

d)

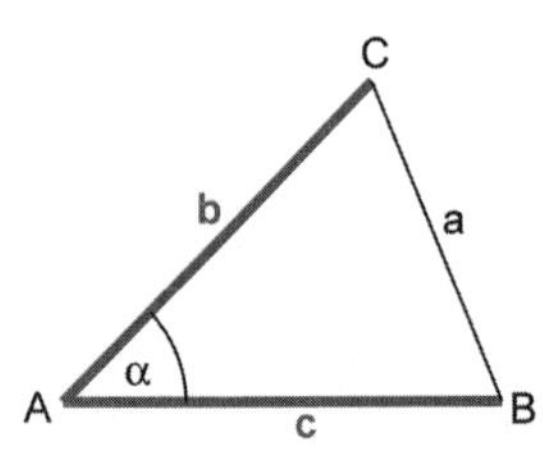

e)

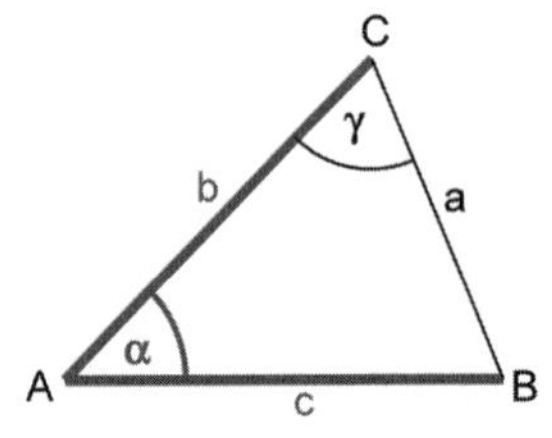

f)

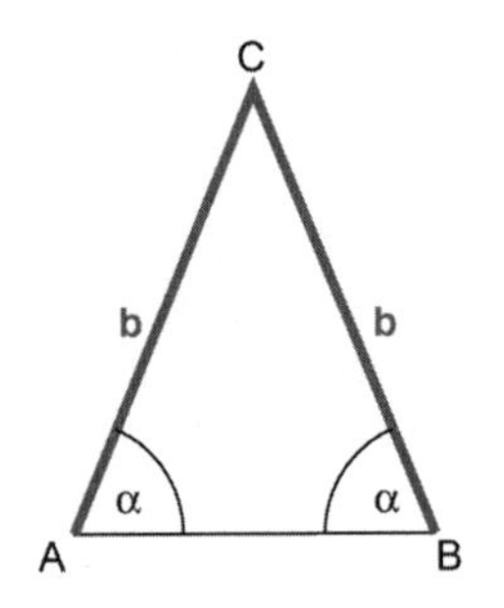

2 Berechne den Flächeninhalt im Heft. Zerlege dabei geschickt.

a)

C
63°
4,8 cm
a
81°
β
A
c
B

b)

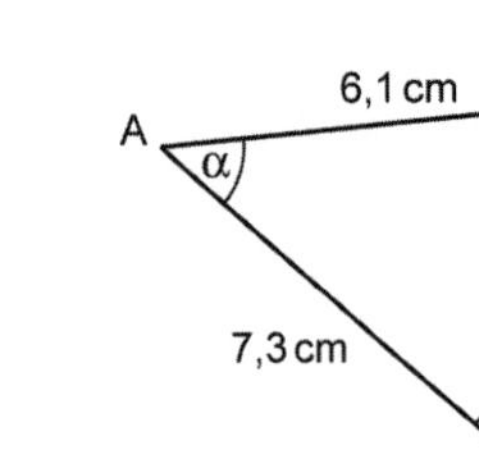

c)

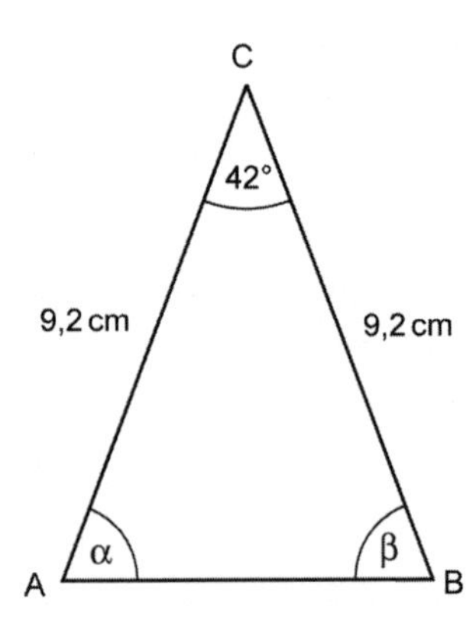

d)

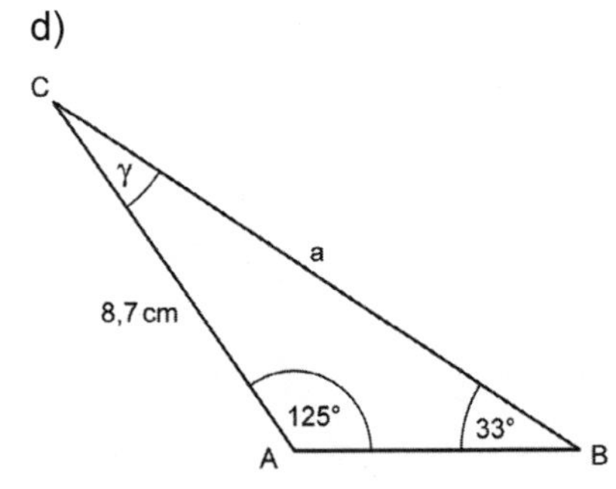

e)

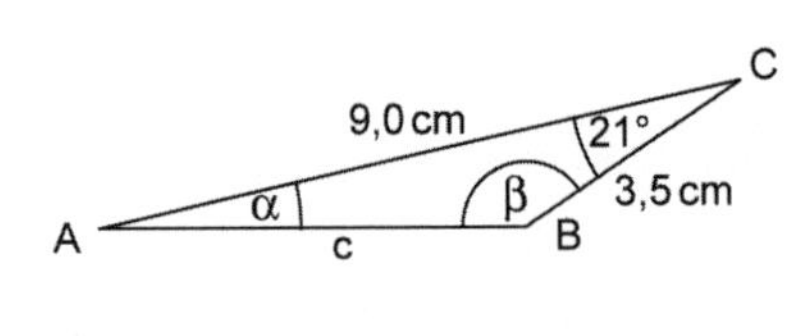

3 Berechne den Umfang des Dreiecks. Fertige zuerst eine Skizze an.

a) $A = 4{,}5\,\text{cm}^2$
$b = 9\,\text{cm}$
$\alpha = 90°$

b) $A = 104{,}9\,\text{cm}^2$
$b = 10{,}0\,\text{cm}$
$\alpha = 35°$

c) $A = 16{,}8\,\text{cm}^2$
$\alpha = 60°$
$\beta = 60°$

Ernst Klett Verlag GmbH, Stuttgart 2009

Flächenberechnung im Koordinatensystem

1 Zeichne das Dreieck ABC in das Koordinatensystem und berechne seinen Flächeninhalt.

a) A(0|0), B(7|0), C(0|4)

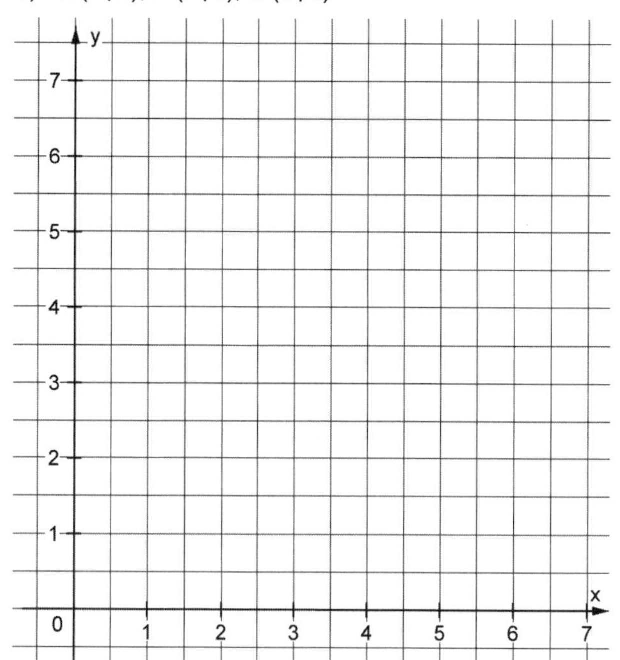

Weshalb ist der Flächeninhalt hier einfach zu bestimmen? Begründe im Heft.

b) A(1|2), B(6|2), C(3|5)

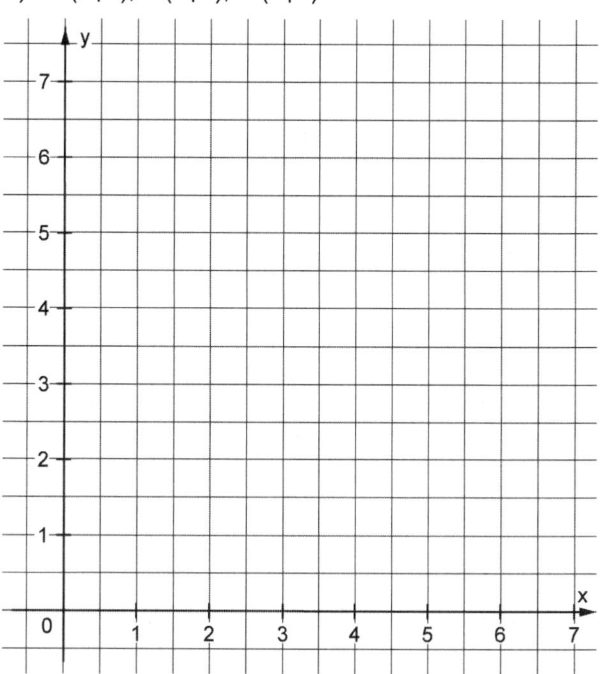

Wie kann man den Flächeninhalt auch anders bestimmen? Notiere einige Möglichkeiten im Heft.

2 Trage das Dreieck ABC jeweils in ein Koordinatensystem ein und berechne Umfang und Flächeninhalt. Zeichne das Koordinatensystem jeweils in dein Heft.

a) A(1|2), B(7|4), C(5|6)
Betrachte zunächst die Winkel des Dreiecks, bevor du den Flächeninhalt berechnest.

b) A(−4|−3), B(4|−1), C(1|3)
Berechne zuerst den Winkel α, bevor du den Flächeninhalt berechnest.

3 Bei jeder der drei quadratischen Funktionen wird aus den Schnittpunkten mit den Koordinatenachsen und dem Ursprung ein Dreieck gebildet. Welches der Dreiecke ist am größten? Begründe.
Bestimme den Flächeninhalt, den Umfang und die Innenwinkel des größten Dreiecks.

$y_1 = -x^2 + 4$ $\qquad$ $y_2 = 2x^2 - 4$ $\qquad$ $y_3 = -\frac{1}{2}x^2 + 2$

4 Das Dreieck ABC besteht aus den Punkten A (−3|0) und B (1|0). Der dritte Dreieckspunkt bewegt sich auf der Parabel mit der Funktionsgleichung $y = -(x-5)^2 + 4$.

a) Für welche Position des Punktes im ersten Quadranten hat das Dreieck den größten Flächeninhalt? Begründe im Heft.

b) Zeichne das Dreieck mit dem größten Flächeninhalt und berechne diesen. Wie groß ist der Winkel γ des Dreiecks?

Ernst Klett Verlag GmbH, Stuttgart 2009

Grundstücksvermessung mit GEONExT

Man kann mit GEONExT Flächeninhalte von einem Vermessungspunkt aus bestimmen.

1 Erstelle mit GEONExT die folgende Vermessungsfigur, um den Flächeninhalt eines Dreiecks zu bestimmen:

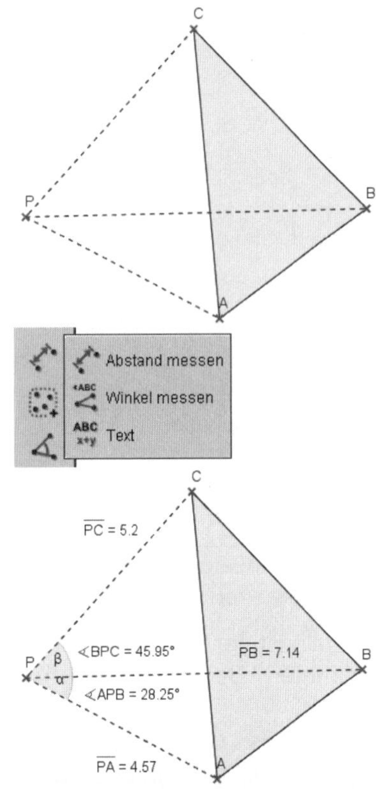

a) Erstelle mit der Polygonfunktion ein Dreieck – achte dabei darauf, dass die Punkte genau so benannt sind wie in der Abbildung rechts. Erstelle zusätzlich einen Vermessungspunkt P außerhalb des Dreiecks und verbinde den Punkt P jeweils mit allen Dreieckspunkten durch eine Strecke.
Tipp: Mit dem Menüpunkt *Objekte – Objekteigenschaften* kannst du den Punkt umbenennen und das Aussehen der Strecken verändern.
b) Markiere nun die beiden Winkel α und β mit dem Befehl Winkel markieren. Dabei musst du die Punkte in der Reihenfolge APB und BPC anklicken. Lasse GEONExT anschließend die Größe der Winkel und die Länge der drei gestrichelten Strecken ausgeben.
Tipp: Die Befehle lauten *Winkel messen* – Reihenfolge beim Anklicken wie oben – und *Abstand messen*. Nach Anklicken des Pfeils kannst du die Textfelder mit der Maus verschieben.
c) Nun musst du die Formel zur Berechnung des Flächeninhalts eingeben. Beachte dazu auch die beiden Hinweise unten. Wähle dazu das Menü *Objekte – Texte und Berechnungen – Text* und gib den Text: „Flächeninhalt des Dreiecks:“ ein. Mit dem Schalter Term bereitest du die Formeleingabe vor. Gib anschließend die folgende Formel zwischen den beiden Ausdrücken <value> und </value> ein:
0.5*Dist(P,A)*Dist(P,B)*Sin(Rad(A,P,B))+0.5*Dist(P,B)*Dist(P,C)*Sin(Rad(B,P,C))-0.5*Dist(P,A)*Dist(P,C)*Sin(Rad(A,P,C))

Kannst du die Formel nachvollziehen?
Anmerkung: Der Ausdruck „Rad“ bezeichnet den Winkel im Bogenmaß.

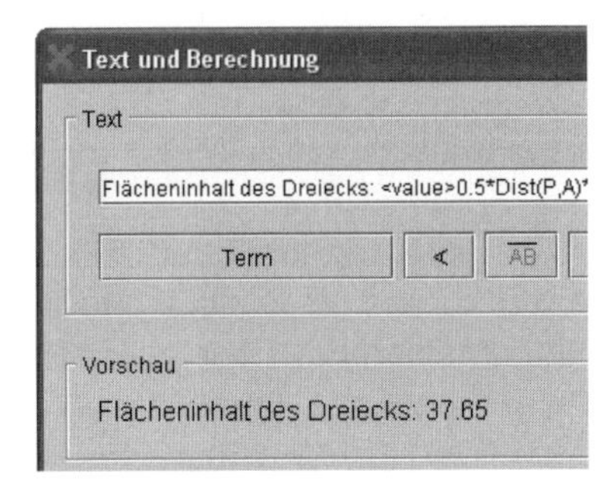

Hinweise zur Formeleingabe:
- Verwende keine Leerzeichen und achte auf den Punkt bei 0.5 (kein Komma!).
- Du musst ganz exakt vorgehen – teste die Formel nach der Eingabe mit dem Schalter Vorschau.

2 Beantworte folgende Fragen auf der Rückseite des Arbeitsblattes:
a) Hat die Lage des Vermessungspunktes einen Einfluss auf den Flächeninhalt des Dreiecks? Überlege und begründe zuerst, probiere dann mit GEONExT aus. Kann der Punkt auch im Dreieck liegen?
b) Verändere das Dreieck, indem du an den Eckpunkten ziehst – was fällt dir auf?
Überprüfe den Flächeninhalt an einem Beispiel durch Rechnung.

3 Erstelle mit GEONExT eine Vermessungsfigur, um den Flächeninhalt eines Vierecks zu bestimmen. Welche Formel musst du im letzten Schritt eingeben?

Ernst Klett Verlag GmbH, Stuttgart 2009

Projektorientiertes Arbeiten zum Thema: Vom Himmel hoch

Lehrerinformation

Soll das Sachthema „Vom Himmel hoch“ projektorientiert erarbeitet werden, so können folgende Materialien zur Strukturierung des Vorgehens und als Unterstützung der Arbeit in den einzelnen Projektgruppen verwendet werden. Die Materialien und Vorschläge sind entsprechend der Einführung in diesem Band auf Seite S 8 f. gestaltet.
Grundlage für die Erarbeitung bilden die Seiten 210–217 des Schülerbuchs.

Zeitplanung

Projektphasen	Zeit
Themenfindung	
Planungsphase	
Arbeitsphase	
Präsentationsphase	
Reflexionsphase	

Themenfindung

Zur Themenfindung eignet sich z. B.
- die Arecibo- Botschaft
- eine Sammlung von Zeitungsberichten über UFOs, den Einschlag eines Meteoriten, den Start eines Satelliten o. Ä.

Mögliche Aspekte der projektorientierten Arbeit

Auf der Grundlage der Seiten 210–217 des Schülerbuches lassen sich z. B. folgende Aspekte in den einzelnen Projektgruppen bearbeiten:

1. Aspekt: Physikalische Zusammenhänge bei der Erde
2. Aspekt: Die stereografische Projektion
3. Aspekt: Die Kugelkappe
4. Aspekt: Erdumlaufbahnen/Meteoriten
5. Aspekt: Kugelkoordinaten
6. Aspekt: Großkreise

Präsentation

Neben der schriftlichen Dokumentation der Ergebnisse in den einzelnen Arbeitsgruppen sollte rechtzeitig geplant werden, wie die Ergebnisse der einzelnen Gruppen vorgestellt werden sollen. Hier bieten sich neben Referaten auch handlungsorientierte Formen der Präsentation an, da Demonstrationen an Modellen (Erdkugel ...) sicher hilfreich sind.

Projektorientiertes Arbeiten – 1. Aspekt: Physikalische Zusammenhänge bei der Erde

Grundinformationen: Schülerbuch Seite 210–212 oben

Impulse für die Bearbeitung und Aufbereitung des Textes auf Seite 210–212 oben

- Die Klärung der folgenden Begriffe und Phänomene können für das Verständnis des Textes hilfreich sein:
  Wie hoch ist die Lichtgeschwindigkeit? Vergleiche sie z. B. mit der Schallgeschwindigkeit oder mit der Geschwindigkeit von Raketen oder Flugzeugen.
  Was sagt das Gravitationsgesetz aus?
  Was versteht man unter der Ekliptik?
  Informationen dazu findet ihr im Internet, im Lexikon oder in Physikbüchern. Euer Physiklehrer hilft euch sicher auch gerne bei Fragen weiter.
- Wichtige Daten der Erde und anderer Planeten können gesammelt und verglichen werden.
  Die Daten sind oft besser verständlich, wenn sie optisch aufbereitet werden.
  Überlegt euch, ob ihr sie auf einem Plakat darstellen wollt.
  Zur Darstellung der Ekliptik oder der Abstände der Planeten eignen sich auch Modelle zur Veranschaulichung (maßstäbliche Darstellungen).
- Bearbeitet auch die Fragen im Schülerbuch auf Seite 211 und Seite 212 oben.
- Stellt eure Ergebnisse übersichtlich zusammen und klärt, wie sie präsentiert werden sollen.

Projektorientiertes Arbeiten – 2. Aspekt: Die stereografische Projektion

Grundinformationen: Schülerbuch Seite 212 und 213

Impulse für die Bearbeitung und Aufbereitung des Textes auf Seite 212 und 213 oben

- Die Klärung der folgenden Begriffe und Phänomene können für das Verständnis des Textes hilfreich sein:
  Was versteht man unter der geografischen Breite eines Ortes? Wie kann man sie veranschaulichen?
  Was sind Breiten- oder Längenkreise?
  Informationen dazu findet ihr sicher im Internet oder in Geografiebüchern. Euer Geografielehrer hilft euch sicher auch gerne bei Fragen weiter.
- Zur Beantwortung der letzten Frage hilft der Winkelsummensatz weiter.
- Um die Besonderheit der stereografischen Projektion herauszustellen, kann es interessant sein, sie mit der schrägen Parallelprojektion zu vergleichen. In eurem Schülerbuch könnt ihr euch dazu zu den Themen Schrägbild, Grundriss, Aufriss und Seitenriss informieren.
  Weitere Projektionen findet ihr in eurem Atlas.
- Wie könnt ihr die stereografische Projektion übersichtlich darstellen?
- Es gibt Poster, die die Erde in stereografischer Projektion darstellen.
  Vielleicht findet ihr ein solches Poster.
- Bearbeitet auch die Fragen im Schülerbuch auf Seite 212 unten und Seite 213 oben.
- Stellt eure Ergebnisse übersichtlich zusammen und klärt, wie sie präsentiert werden sollen.

Ⓣ individuell ✝ Gruppenarbeit
978-3-12-734792-0 Lambacher Schweizer 9 HE, Serviceband **S80**
© Als Kopiervorlage freigegeben.
Ernst Klett Verlag GmbH, Stuttgart 2009

Projektorientiertes Arbeiten – 3. Aspekt: Die Kugelkappe

Grundinformationen: Schülerbuch Seite 213

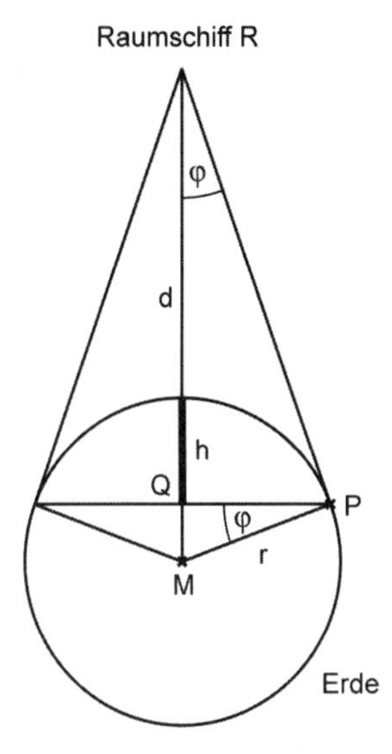

Impulse für die Bearbeitung und Aufbereitung des Textes auf Seite 213

- Die Klärung der folgenden Begriffe und Phänomene können für das Verständnis des Textes hilfreich sein:
  Was versteht man unter dem Sehwinkel? Zeichnet ihn in die nebenstehende Figur ein.
  Begriffe am Kreis wie z. B. Kreistangente, Berührradius sind nützlich. Zeichnet sie ebenfalls in die Figur ein.
  Wo treten in der nebenstehenden Figur rechtwinklige Dreiecke auf? Wie berechnet man Anteile?
- Die Kugelkappe wird in manchen Büchern auch Kugelabschnitt genannt.
  Sucht in einer Formelsammlung oder im Schülerbuch Informationen zu Berechnungen an einer Kugel und einer Kugelkappe.
- Vielleicht findet ihr Bilder, auf denen die Erde aus verschiedenen Entfernungen aufgenommen wurde.
- Bearbeitet auch die Fragen im Schülerbuch auf Seite 213.
  Wie ändert sich der sichtbare Anteil der Erde bei einer Reise aus großer Entfernung, wenn man sich auf die Erde zubewegt?
- Stellt eure Ergebnisse übersichtlich zusammen und klärt, wie sie präsentiert werden sollen.

Projektorientiertes Arbeiten – 4. Aspekt: Erdumlaufbahnen/Meteoriten

Grundinformationen: Schülerbuch Seite 214 und 215

Impulse für die Bearbeitung und Aufbereitung des Textes auf Seite 214 und 215

- Die Klärung der folgenden Begriffe und Phänomene können für das Verständnis des Textes hilfreich sein:
  Welche Arten von Umlaufbahnen um die Erde gibt es? Was ist eine geostationäre Bahn?
  Was ist der physikalische Hintergrund?
  Welche geschichtlichen Informationen zur Erforschung der Umlaufbahnen der Planeten findet man?
- Was ist ein Meteorit bzw. ein Asteroid?
- Was versteht man unter einer Rekursion?
- Bearbeitet auch die Fragen im Schülerbuch auf Seite 214 und 215.
- Überlegt euch, ob ihr aktuelle Informationen über Satelliten, ihre Einsatzmöglichkeiten, ihre Bahnen usw. mit einbeziehen wollt.
  Sucht weitere aktuelle Informationen über Meteoriten (z. B. Sternschnuppen).
- Stellt eure Ergebnisse übersichtlich zusammen und klärt, wie sie präsentiert werden sollen.

Projektorientiertes Arbeiten – 5. Aspekt: Kugelkoordinaten

Grundinformationen: Schülerbuch Seite 216

Impulse für die Bearbeitung und Aufbereitung des Textes auf Seite 216

- Die Klärung der folgenden Begriffe und Phänomene können für das Verständnis des Textes hilfreich sein: Was versteht man unter der geografischen Länge bzw. Breite? Was wird als Breiten- bzw. Längenkreis bezeichnet? Wo verläuft der Nullmeridian?
- Informiert euch über die Beschreibung der Lage eines Punktes mithilfe von Polarkoordinaten. Geht dabei zuerst von Punkten aus, die in der Ebene liegen.
  Wie kann ein räumliches Koordinatensystem angelegt werden? Wie viele Koordinaten benötigt man, um die Lage eines Punktes im Raum zu beschreiben?
  Was versteht man unter Kugelkoordinaten? Wie hängen sie mit den Koordinaten zusammen, die wir üblicherweise zur Beschreibung der Lage eines Punktes verwenden?
- Überprüft die Gleichung $u^2 + v^2 + w^2 = r^2$. Was bedeutet sie?
- Sucht in der nebenstehenden Figur die rechwinkligen Dreiecke.
- Bearbeitet auch die Fragen im Schülerbuch auf Seite 216.
- Stellt eure Ergebnisse übersichtlich zusammen und klärt, wie sie präsentiert werden sollen.
  Sicher ist es hilfreich, wenn ihr einiges an einer großen Kugel erläutern könnt.

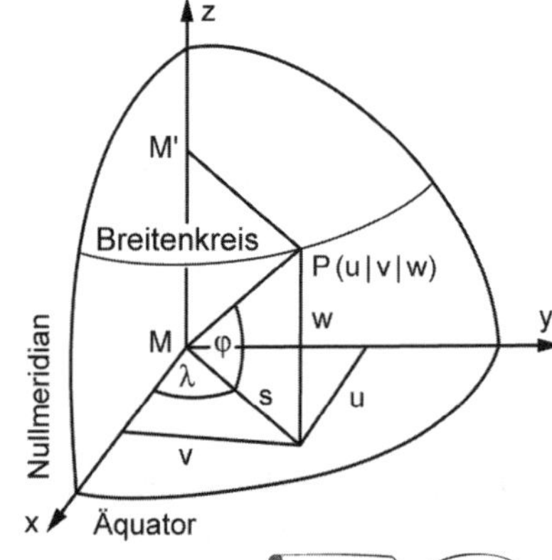

Projektorientiertes Arbeiten – 6. Aspekt: Großkreise

Grundinformationen: Schülerbuch Seite 217

Impulse für die Bearbeitung und Aufbereitung des Textes auf Seite 217

- Klärung der folgenden Begriffe und Phänomene können für das Verständnis des Textes hilfreich sein: Was versteht man unter einem Breiten- bzw. Längenkreis? Was ist ein Großkreis? Gibt es Breiten- oder Längenkreise, die zugleich Großkreise sind?
  Wie groß ist der Kreisumfang?
  Wie berechnet man die Länge eines Kreisbogens?
- Überlegt euch, ob ihr mit einem Modell arbeiten wollt. Mithilfe einer Erdkugel und einer Schnur kann man die Aufgabenstellung gut erläutern und auch Messungen durchführen.
  Vielleicht findet ihr eine Karte mit einer Flugroute. Was ist das Besondere an Flugrouten?
- Bearbeitet auch die Fragen im Schülerbuch auf Seite 217.
- Stellt eure Ergebnisse übersichtlich zusammen und klärt, wie sie präsentiert werden sollen.
  Die Verwendung eines Kugelmodells ist hier sicher hilfreich.

ⓘ individuell ✝ Gruppenarbeit
978-3-12-734792-0 Lambacher Schweizer 9 HE, Serviceband **S82**
© Als Kopiervorlage freigegeben.
Ernst Klett Verlag GmbH, Stuttgart 2009

Lösungen der Serviceblätter

I Quadratische Funktionen und quadratische Gleichungen

Probier's mal mit Punkten, Seite S 11

Start	∉	∈	(2|2,5)	(–3|1)	∉
∉	∉	(0|0)	(–6|4)	(4|2)	∉
∈	(–0,25|1,25)	∈	∉	(10|950)	(2|32)
∈	∉	(–2,5|2)	(0,5|–0,5)	(8|–32)	(–10|130)
∈	(5|–100)	(2|3)	nicht definiert	(2|–1)	∈
(–2|0)	∉	(–3|4,5)	nicht definiert	(5|75)	∉
(0,5|1,25)	(–16|10)	∈	(0|–15)	(2|8)	Zurück zum Start

Gruppenpuzzle Parabeln: Arbeitsblatt für die Stammgruppe, Seite S 13

2 Verknüpfung des Expertenwissens

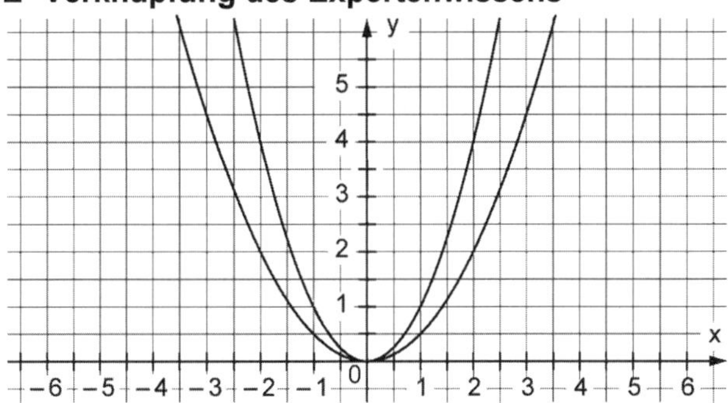

(1) $y = x^2$ (2) $y = 0{,}5x^2$
(3) $y = 0{,}5(x - 3)^2$ (4) $y = 0{,}5(x - 3)^2 - 2$

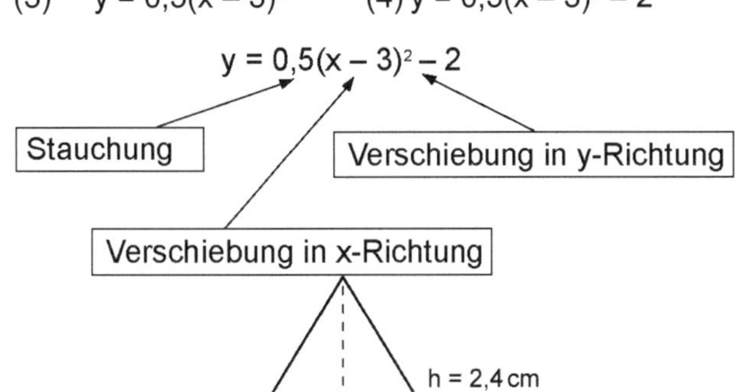

h = 2,4 cm

r = 1,5 cm

3 Testaufgaben

a)

S(3,5|5)
$y = -1{,}8(x - 3{,}5)^2 + 5$

b)

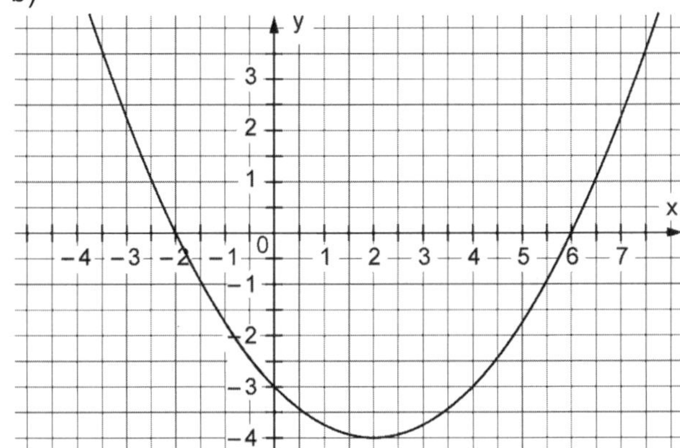

Die x-Koordinate des Scheitels ist der Mittelwert von x_1 und x_2. S(2|–4)
$y = 0{,}25(x - 2)^2 - 4$

Gruppenpuzzle Parabeln: Expertenblatt 1, Seite S 14

1 Die neue Funktionsgleichung

x	–3	–1	0	1	2
y	9	1	0	1	4

Die zweite Tabelle entsteht, indem zu den y-Werten der ersten Tabelle 3 addiert wird.

x	–2	–1	0	2	3
y	7	4	3	7	12

Funktionsgleichung: $y = x^2 + 3$

2 Rauf und runter

x	–2,5	–1	0	1	2	3
y	7,75	2,5	1,5	2,5	5,5	10,5

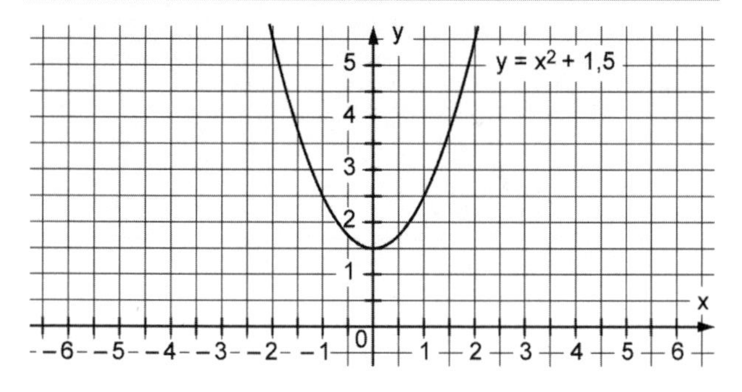

x	–4	–3	–1	0	2	4,5
y	$\frac{67}{4}$	$\frac{39}{4}$	$\frac{7}{4}$	$\frac{3}{4}$	$\frac{19}{4}$	21

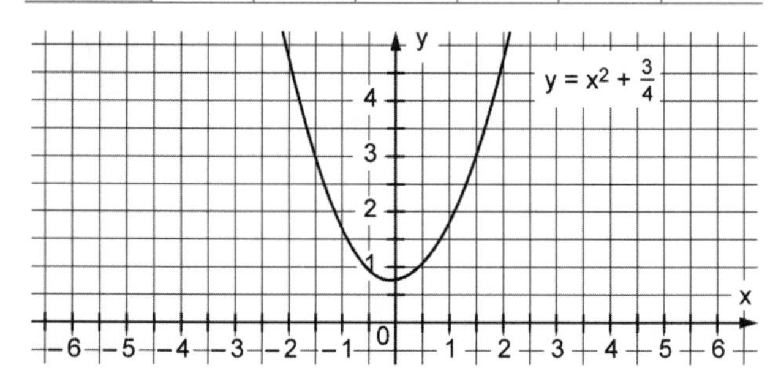

x	–2,5	–2	0	0,5	1	3
y	$12\frac{1}{4}$	10	6	$6\frac{1}{4}$	7	15

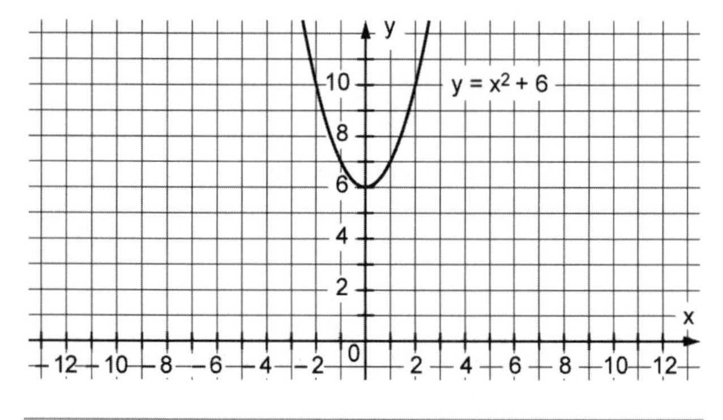

x	–3	–2	0	1,5	2	4
y	6,5	1,5	–2,5	–0,25	1,5	13,5

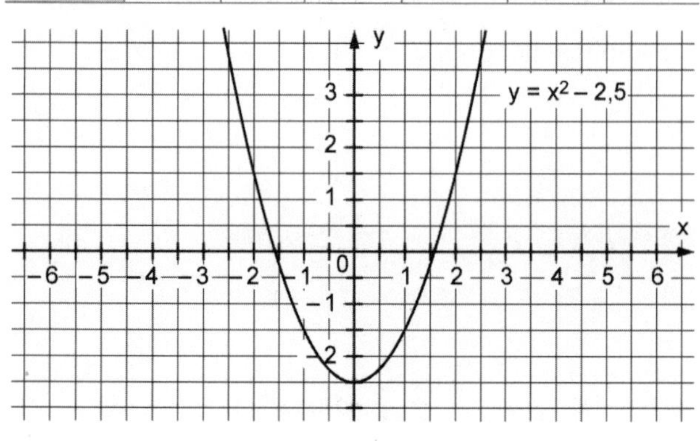

x	–4	–2	–1,5	0	3	5
y	$\frac{53}{3}$	$\frac{17}{3}$	$\frac{47}{12}$	$\frac{5}{3}$	$\frac{32}{3}$	$\frac{80}{3}$

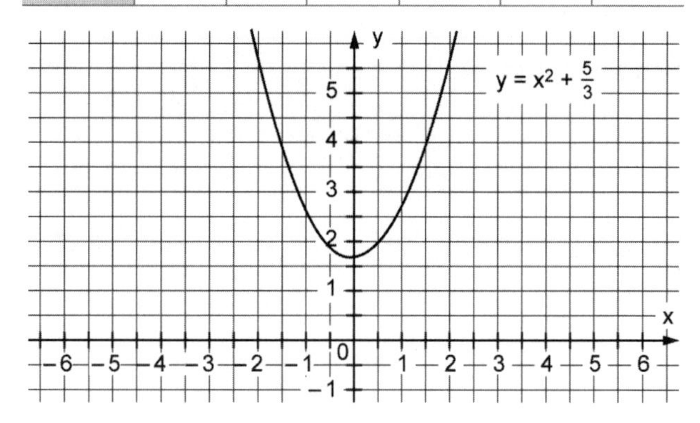

Gruppenpuzzle Parabeln: Expertenblatt 2, Seite S 15

1 Die neue Funktionsgleichung

Markierte Werte: Der Funktionswert von y_1 an der Stelle x = –1 ist gleich dem Funktionswert von y_2 an der Stelle x = 2, der Kurvenpunkt ist also um 3 nach rechts verschoben. Der Funktionswert von y_2 ergibt sich so: Den x-Wert um 3 verkleinern, dann quadrieren. Funktionsgleichung: $y = (x - 3)^2$

2 Hin und her

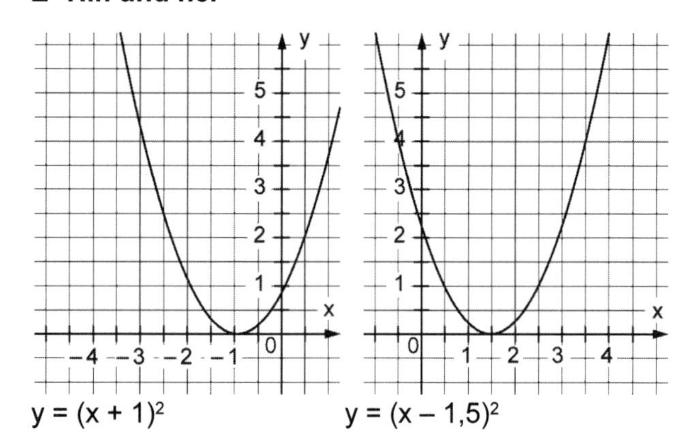

$y = (x + 1)^2$ $y = (x - 1{,}5)^2$

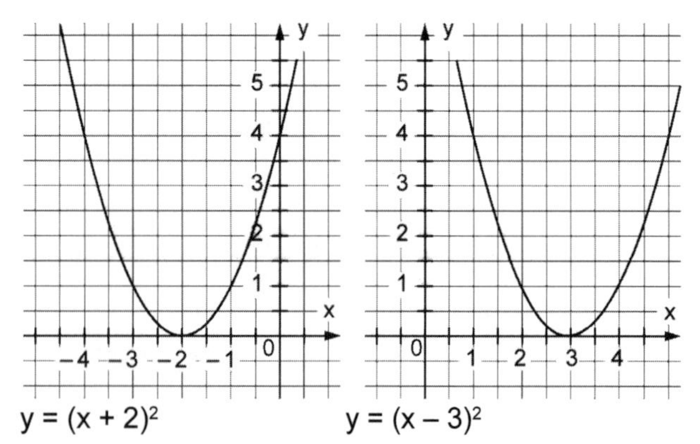

$y = (x + 2)^2$ $y = (x - 3)^2$

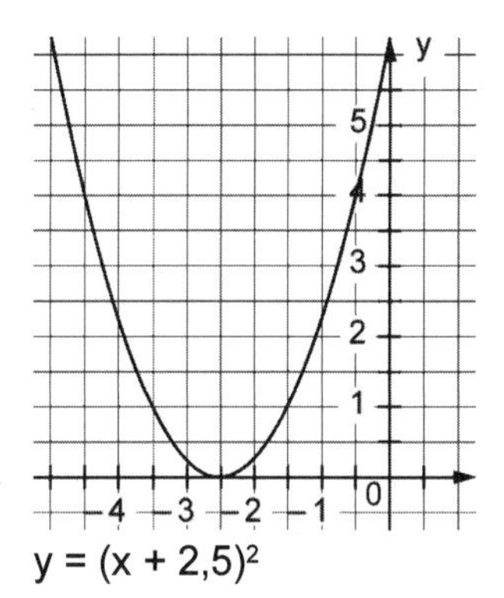

y = $(x + 2,5)^2$

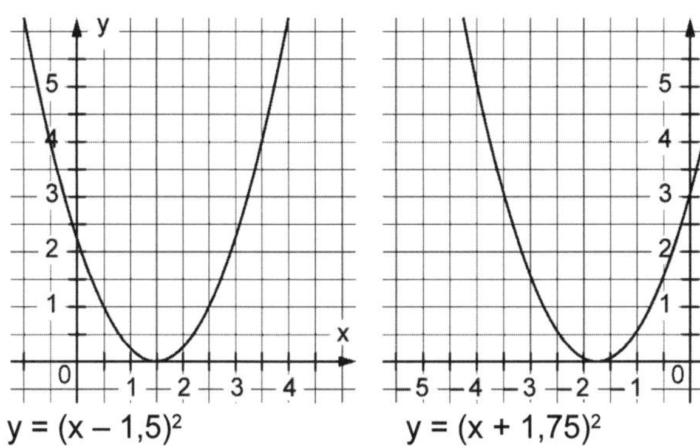

y = $(x - 1,5)^2$ y = $(x + 1,75)^2$

x	−1	0	2
y	6,25	2,25	0,25

x	−3	0
y	1,5625	3,0625

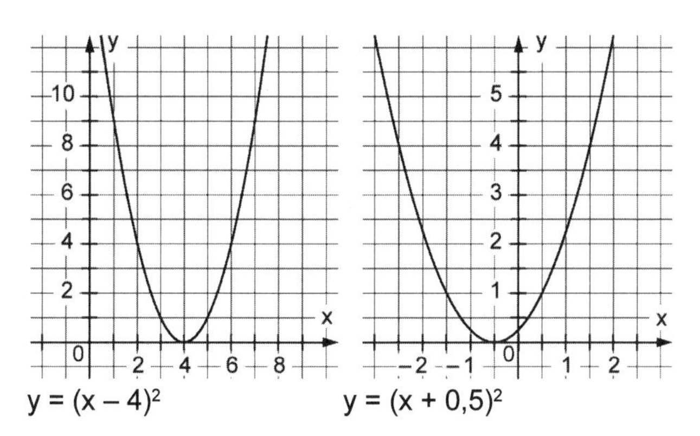

y = $(x - 4)^2$ y = $(x + 0,5)^2$

x	0	2	3	5
y	16	4	1	1

x	−1	1
y	0,25	2,25

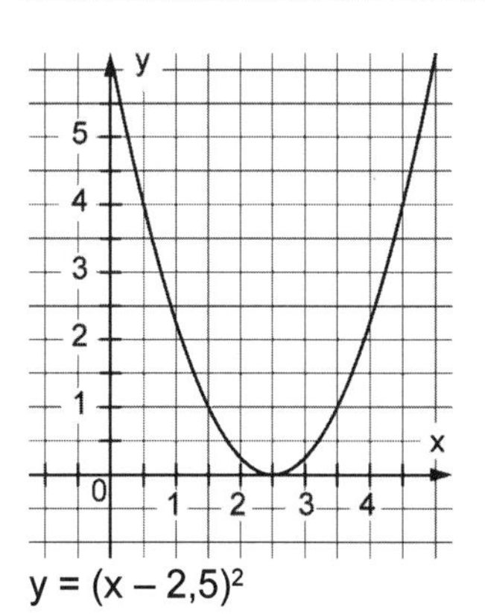

y = $(x - 2,5)^2$

x	0	1	3,5
y	6,25	2,25	1

Gruppenpuzzle Parabeln: Expertenblatt 3, Seite S16

1 Die neue Funktionsgleichung

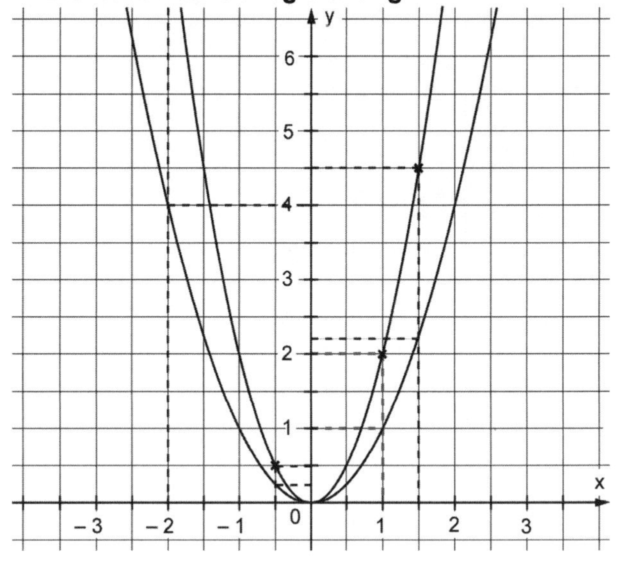

x	−2	−0,5	0	1	1,5
y	4	0,25	0	1	2,25
y*	8	0,50	0	2	4,50

Funktionsgleichung: y = $2x^2$

2 Die Form ändert sich

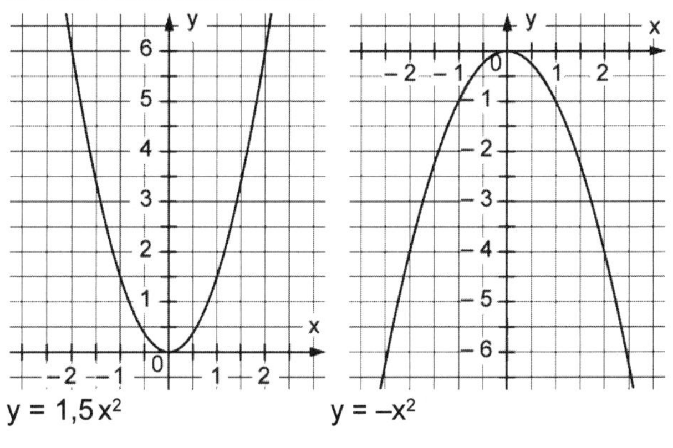

y = $1,5x^2$ y = $-x^2$

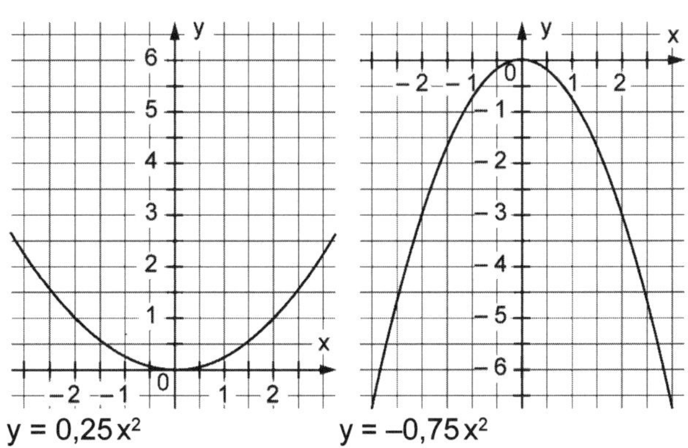

y = $0,25x^2$ y = $-0,75x^2$

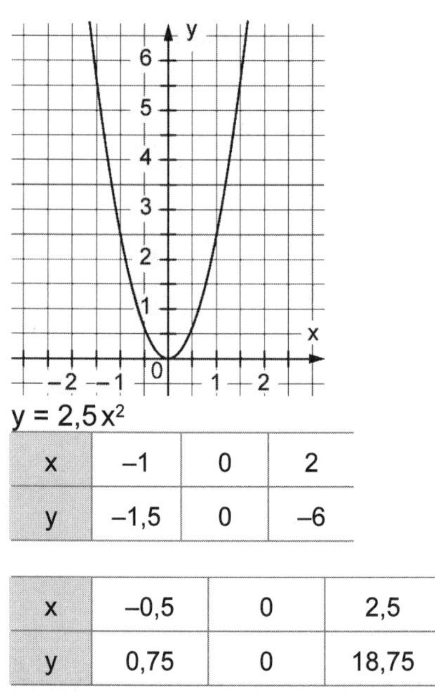

$y = 2{,}5x^2$

x	−1	0	2
y	−1,5	0	−6

$y = -1{,}5x^2$

x	−0,5	0	2,5
y	0,75	0	18,75

$y = 3x^2$

x	−2	0	4
y	−1	0	−4

$y = -0{,}25x^2$

x	−5	0	2
y	2,5	0	0,4

$y = 0{,}1x^2$

x	−2	0	0,5
y	−10	0	−0,625

$y = -2{,}5x^2$

Lernzirkel: 1 Parabeldomino (1) – rein quadratische Funktionen, Seite S 18

START	Die Parabel der speziellen quadratischen Funktion geht durch P(−2|4).	$y = x^2$	Der Faktor vor x^2 ist eine Zahl größer als 4.
	Für die spezielle quadratische Funktion gilt: y(2) = −6.		Der Faktor vor x^2 ist eine Zahl zwischen −1 und 0.
	Der Punkt Q(−1,5|4,5) liegt auf der Parabel der speziellen quadratischen Funktion.	$y = 2x^2$	Die Parabel der speziellen quadratischen Funktion geht durch R(−3|6).
$y = \frac{2}{3}x^2$	Für die spezielle quadratische Funktion gilt: y(−1) = −4.	$y = -4x^2$	
$y = 0{,}2x^2$	Der Graph der speziellen quadratischen Funktion ist eine nach unten geöffnete Normalparabel.	$y = -x^2$	

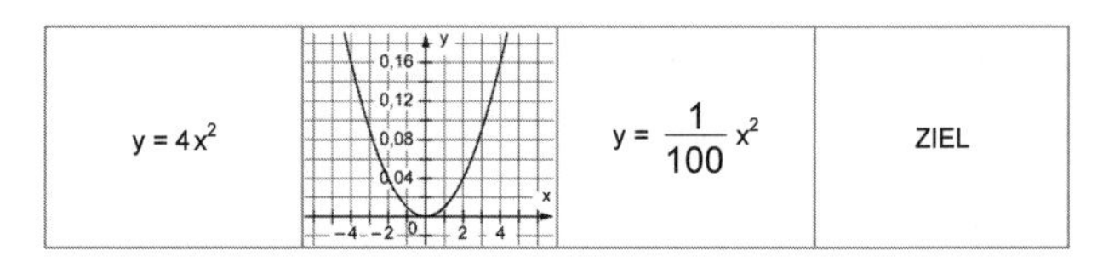

$y = 4x^2$		$y = \frac{1}{100}x^2$	ZIEL

Lernzirkel: 2.2 Parabeldomino (2) – allgemeine quadratische Funktionen, Seite S 19

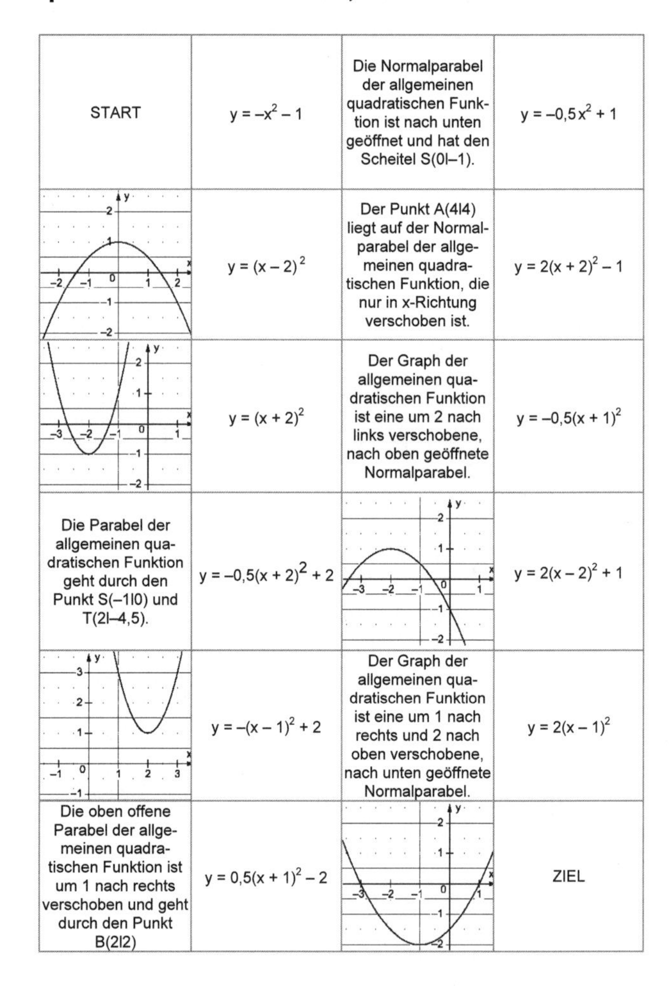

START	$y = -x^2 - 1$	Die Normalparabel der allgemeinen quadratischen Funktion ist nach unten geöffnet und hat den Scheitel S(0|−1).	$y = -0{,}5x^2 + 1$
	$y = (x - 2)^2$	Der Punkt A(4|4) liegt auf der Normalparabel der allgemeinen quadratischen Funktion, die nur in x-Richtung verschoben ist.	$y = 2(x + 2)^2 - 1$
	$y = (x + 2)^2$	Der Graph der allgemeinen quadratischen Funktion ist eine um 2 nach links verschobene, nach oben geöffnete Normalparabel.	$y = -0{,}5(x + 1)^2$
Die Parabel der allgemeinen quadratischen Funktion geht durch den Punkt S(−1|0) und T(2|−4,5).	$y = -0{,}5(x + 2)^2 + 2$		$y = 2(x - 2)^2 + 1$
	$y = -(x - 1)^2 + 2$	Der Graph der allgemeinen quadratischen Funktion ist eine um 1 nach rechts und 2 nach oben verschobene, nach unten geöffnete Normalparabel.	$y = 2(x - 1)^2$
Die oben offene Parabel der allgemeinen quadratischen Funktion ist um 1 nach rechts verschoben und geht durch den Punkt B(2|2)	$y = 0{,}5(x + 1)^2 - 2$		ZIEL

Lernzirkel: 3. Quadratische Funktionen, Seite S 20

Funktionsgraphen 1–5 ergeben das Lösungswort: NEPAL

Darstellung der restlichen Funktionen:

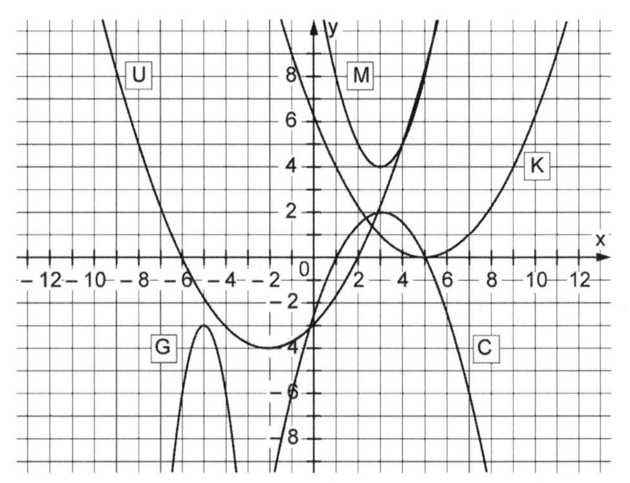

Lernzirkel: 4. Scheitelform – allgemeine Form, Seite S 21

1 „Wandertag"

a)

S(0|0)	S(0|3)	S(2|0)	S(1,5|–2)
$y = 4x^2$	$y = 4x^2 + 3$	$y = 4(x - 2)^2$	$y = 4(x - 1,5)^2 - 2$

b)

S(2|–0,5)	S(–4|0)	S(0|–4)	S(0|0
$y = 1,5(x - 2)^2 - 0,5$	$y = 1,5(x + 4)^2$	$y = 1,5x^2 - 4$	$y = 1,5x^2$

c)

S(0,5|0)	S(0|0)	S(0|2,5)	S(–3|–1)
$y = -\frac{2}{3}(x - 0,5)^2$	$y = -\frac{2}{3}x^2$	$y = -\frac{2}{3}x^2 + 2,5$	$y = -\frac{2}{3}(x + 3)^2 - 1$

2 „Hausnummer" und Outfit

Funktions-gleichung	S	Faktor vor der Klam-mer bzw. x^2	Para-bel geöffn. nach	Ver-schiebg.
a) $y = -(x + 3)^2$	(–3|0)	–1	unten	nur um 3 nach links
b) $y = 4x^2 - 2$	(0|–2)	4	oben	nur um 2 nach unten
c) $y = -2(x - 2)^2 - 1,5$	(2|–1,5)	–2	unten	um 2 nach rechts u. 1,5 nach unten
d) $y = 3(x + 1,5)^2 + 3$	(–1,5|3)	3	oben	um 1,5 nach links u. 3 nach oben

3 „Verwandlung"

Allgemeine Form		S	Scheitelform
a) $y = x^2 - 2x + 3$	$x(x - 2)$ $x = 0; x = 2$	(1|2)	$y = (x - 1)^2 + 2$
b) $y = 3x^2 + 6x - 1,5$	$3x(x + 2)$ $x = 0; x = -2$	(–1|–4,5)	$y = 3(x + 1)^2 - 4,5$
c) $y = \frac{1}{4}x^2 - x + 1$	$0,25x(x - 4)$ $x = 0; x = 4$	(2|0)	$y = \frac{1}{4}(x - 2)^2$
d) $y = -4x^2 + 2x - 2$	$-4x(x - 0,5)$ $x = 0; x = 0,5$	($\frac{1}{4}$|–1,75)	$y = -4(x - \frac{1}{4})^2 - 1,75$

Gruppenpuzzle: Lösen von quadratischen Gleichungen

Gruppenpuzzle: Expertengruppe 1: Anzahl der Lösungen und zeichnerische Näherungslösung, Seite S 24

1

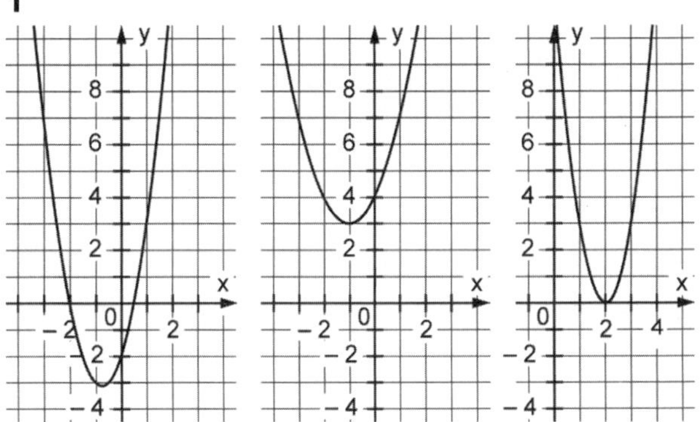

2 a) Die erste Funktion hat zwei Nullstellen, die zweite keine und die dritte eine. Die Zahl der Nullstellen entspricht der Zahl der Lösungen der quadratischen Gleichungen.
b) Liegt der Scheitel einer nach oben geöffneten Parabel unterhalb der x-Achse, so hat die Funktion zwei Nullstellen und die zugehörige quadratische Gleichung zwei Lösungen.
Liegt der Scheitel einer nach oben geöffneten Parabel auf der x-Achse, so hat die Funktion eine Nullstelle und die zugehörige quadratische Gleichung eine Lösung.
Liegt der Scheitel einer Parabel oberhalb der x-Achse, so hat die Funktion keine Nullstellen und die zugehörige quadratische Gleichung keine Lösung.

3 a) $x_1 \approx -2$; $x_2 \approx 0,5$ b) keine Lösung c) $x \approx 2$

4 a) keine Lösung b) $x_1 \approx 0,2$; $x_2 \approx 4,8$
c) $x_1 \approx -0,7$; $x_2 \approx 1,2$

Gruppenpuzzle: Expertengruppe 2: Zeichnerische Näherungslösung mithilfe der Normalparabel, Seite S 25

1

$$6x^2 + 3x - 3 = 0 \quad | +3$$
$$6x^2 + 3x = 3 \quad | -3x$$
$$6x^2 = -3x + 3 \quad | :6$$
$$x^2 = -0,5x + 0,5$$

2 a) $x^2 = 3,5x - 1,5$ b) $x^2 = 4x - 5$ c) $x^2 = -2x - 1$

3 a)

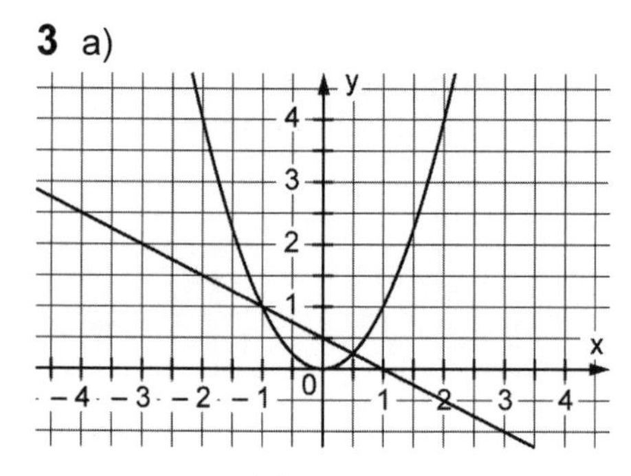

$x_1 \approx -1$; $x_2 \approx 0{,}5$

a) $x_1 \approx 0{,}5$; $x_2 \approx 3$ b) keine Lösung c) $x \approx -1$

Die Gerade und die Normalparabel haben entweder zwei gemeinsame Punkte oder einen oder gar keinen.

4 a) keine Lösung b) $x_1 \approx 0{,}2$; $x_2 \approx 4{,}8$

c) $x_1 \approx -0{,}7$; $x_2 \approx 1{,}2$

Gruppenpuzzle: Expertengruppe 3: Rechnerische (und damit exakte) Lösung, Seite S 26

1 b) $x_1 = \frac{-(-7)+\sqrt{49-4\cdot2\cdot3}}{2\cdot2} = \frac{7+\sqrt{25}}{4} = \frac{12}{4} = 3$

$x_1 = \frac{-(-7)-\sqrt{49-4\cdot2\cdot3}}{2\cdot2} = \frac{7-\sqrt{25}}{4} = \frac{2}{4} = 0{,}5$

2 a)

$x_1 = \frac{2-\sqrt{116}}{8} \approx -1{,}10$; $x_2 = \frac{2+\sqrt{116}}{8} \approx 1{,}60$

b) Die Zahl unter der Wurzel ist negativ (–20), deshalb kann man den Quotienten nicht berechnen. Es gibt keine Lösung.

c) $x_1 = \frac{-30+\sqrt{900-4\cdot5\cdot45}}{10} = \frac{-30+\sqrt{0}}{10} = -3$

$x_2 = \frac{-30-\sqrt{900-4\cdot5\cdot45}}{10} = \frac{-30-\sqrt{0}}{10} = -3$

Da die Wurzel 0 ergibt, fallen beide Lösungen zusammen, es gibt nur eine Lösung.

3 Bei der Lösungsformel für quadratische Gleichungen bezeichnet man den Term unter der Wurzel als Diskriminante D: $D = \sqrt{b^2 - 4ac}$. Für die Zahl der Lösungen der quadratischen Gleichung gilt:
Ist D > 0, so gibt es zwei Lösungen.
Ist D = 0, so gibt es eine Lösung.
Ist D < 0, so gibt es keine Lösung.

4 a) keine Lösung b) $x_1 \approx 0{,}2$; $x_2 \approx 4{,}8$

c) $x_1 \approx -0{,}7$; $x_2 \approx 1{,}2$

II Trigonometrie

Trigonometrie mit GEONExT, Seite S 27

1 Individuelle Lösung

2 Verändert man das rechtwinklige Dreieck durch Ziehen am Punkt C, so ändern sich weder der Winkel noch das Seitenverhältnis $\overline{BC} : \overline{AB}$. Durch das Ziehen entstehen lauter ähnliche rechtwinklige Dreiecke. Daraus resultiert die Regel: In ähnlichen rechtwinkligen Dreiecken ist das Seitenverhältnis $\overline{BC} : \overline{AB}$ konstant.

3 Verändert man den Winkel α durch Ziehen am Punkt A, so ändert sich das Seitenverhältnis $\overline{BC} : \overline{AB}$. Im rechtwinkligen Dreieck hat also allein der Winkel α einen Einfluss auf das Seitenverhältnis $\overline{BC} : \overline{AB}$. Der Zusammenhang ist nicht proportional – je größer die zur Überprüfung herangezogenen Winkel sind, desto deutlicher wird dies.

4 Die oben genannten Aussagen gelten auch für die Seitenverhältnisse $\overline{AC} : \overline{AB}$ bzw. $\overline{BC} : \overline{AC}$.

Sinus, Kosinus und Tangens – Ein Arbeitsplan (1), Seite S 28

Vorüberlegungen

1

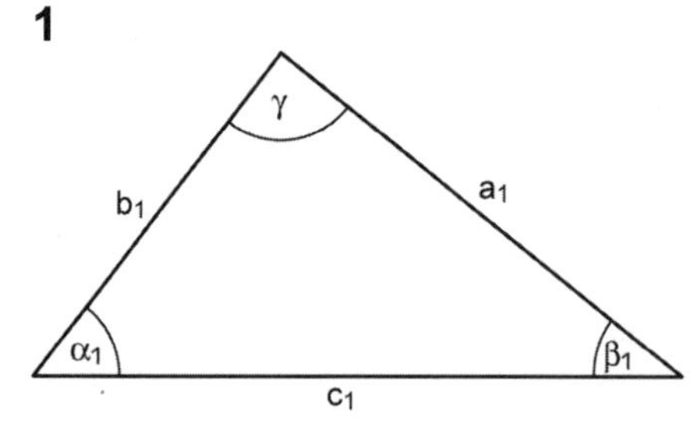

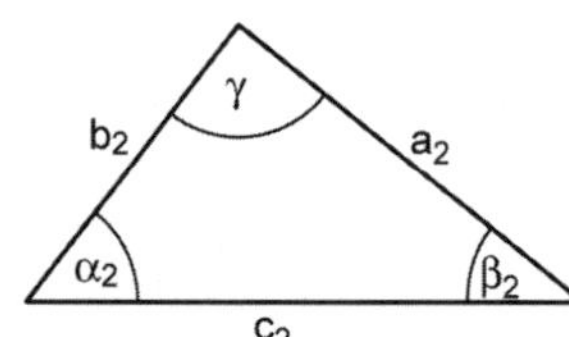

Die Winkel sind gleich groß und für die Seitenlängen gilt $\frac{a_1}{a_2} = \frac{b_1}{b_2} = \frac{c_1}{c_2}$.

2, 3 Es entstehen vier Dreiecke mit gleich großen Winkeln und gleichen Seitenverhältnissen.

In Aufgabe 3 ist $\frac{a_1}{a_2} = \frac{b_1}{b_2} = \frac{c_1}{c_2} \approx 0{,}66$

Erarbeitung und Heftaufschrieb

1 (1) Wenn zwei rechtwinklige Dreiecke in einem weiteren Winkel übereinstimmen, dann sind sie ähnlich.

(2) Wenn in zwei rechtwinkligen Dreiecken die entsprechenden Seitenlängen das gleiche Verhältnis haben, dann sind sie ähnlich.

$\frac{a_1}{a_2} = \frac{c_1}{c_2} \Rightarrow \frac{a_1}{c_1} = \frac{a_2}{c_2}$; $\frac{b_1}{b_2} = \frac{c_1}{c_2} \Rightarrow \frac{b_1}{c_1} = \frac{b_2}{c_2}$;

$\frac{a_1}{a_2} = \frac{b_1}{b_2} \Rightarrow \frac{a_1}{b_1} = \frac{a_2}{b_2}$

2 Ausschnitt aus der Tabelle

α	$\sin(\alpha) = \frac{a}{c}$	$\cos(\alpha) = \frac{b}{c}$	$\tan(\alpha) = \frac{a}{b}$
29°	0,49	0,88	0,56
29°	0,49	0,87	0,56
52°	0,78	0,62	1,25

Sinus, Kosinus und Tangens – Ein Arbeitsplan (2), Seite S 29

Exkursion: Besondere Dreiecke

1 $h^2 = a^2 - \left(\frac{a}{2}\right)^2 = \frac{3}{4}a^2$, also $h = \frac{1}{2}\sqrt{3}\,a$

$\sin(60°) = \frac{1}{2}\sqrt{3}$ $\quad\sin(30°) = \frac{1}{2}$

$\cos(60°) = \frac{1}{2}$ $\quad\cos(30°) = \frac{1}{2}\sqrt{3}$

$\tan(60°) = \sqrt{3}$ $\quad\tan(30°) = \frac{1}{3}\sqrt{3}$

2 $b^2 = a^2 + a^2 = 2a^2$,
also $b = \sqrt{2}\,a$

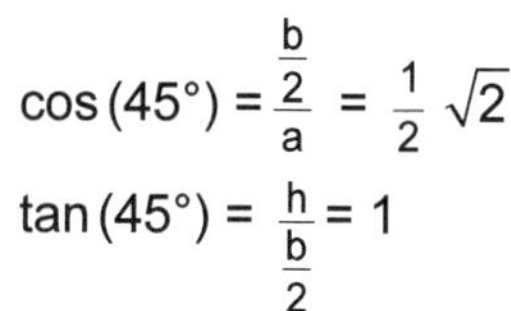

$h^2 = a^2 - \left(\frac{b}{2}\right)^2 = a^2 - \frac{1}{2}a^2$

$= \frac{1}{2}a^2$,

also $h = \frac{1}{2}\sqrt{2}\,a$

$\sin(45°) = \frac{h}{a} = \frac{1}{2}\sqrt{2}$

$\cos(45°) = \frac{\frac{b}{2}}{a} = \frac{1}{2}\sqrt{2}$

$\tan(45°) = \frac{h}{\frac{b}{2}} = 1$

Entdeckungen mit dem Taschenrechner

1 $\sin(25°) = \cos(65°) = 0{,}42$
$\sin(52°) = \cos(38°) = 0{,}79$
weitere Beispiele:
$\sin(40°) = \cos(50°)$; $\sin(10°) = \cos(80°)$

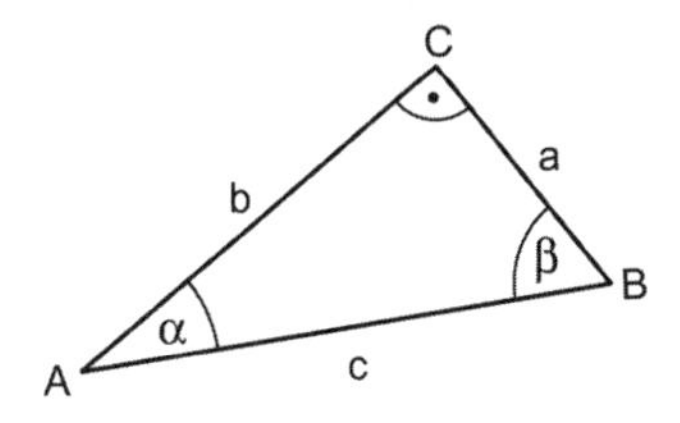

Im rechtwinkligen Dreieck ABC ist die Gegenkathete von α zugleich die Ankathete von β. Daher gilt $\sin(a) = \cos(\beta)$ und $\cos(\alpha) = \sin(\beta)$.

Wegen $\beta = 90° - \alpha$ folgt $\sin(\alpha) = \cos(90° - \alpha)$ und $\cos(\alpha) = \sin(90° - \alpha)$.

2 $\sin(\alpha) = 0{,}57 = \frac{a}{c} = a$ (in dm) mit $c = 1\,\text{dm}$

$\cos(\alpha) = 0{,}82 = \frac{b}{c} = b$ (in dm) mit $c = 1\,\text{dm}$

Damit wird aus $a^2 + b^2 = c^2$:
$(\sin(\alpha))^2 + (\cos(\beta))^2 = 1$.
mit beliebiger Hypotenuse:
$a = c \cdot \sin(\alpha)$; $b = c \cdot \cos(\alpha)$
eingesetzt:
$c^2(\sin(\alpha))^2 + c^2(\cos(\alpha))^2 = c^2 \quad | : c^2$
$(\sin(\alpha))^2 + (\cos(\alpha))^2 = 1$
Diese Gleichung wird als „trigonometrischer Pythagoras" bezeichnet.

3 $\tan(45°) = 1 = \frac{\sqrt{2}}{2} : \frac{\sqrt{2}}{2}$

Vermutung: $\tan(45°) = \frac{\sin(45°)}{\cos(45°)}$

$\tan(60°) = \frac{\sin(60°)}{\cos(60°)} = \frac{\frac{1}{2}\sqrt{3}}{\frac{1}{2}} = \sqrt{3}$

$\tan(30°) = \frac{\sin(30°)}{\cos(30°)} = \frac{\frac{1}{2}}{\frac{1}{2}\sqrt{3}} = \frac{\sqrt{3}}{3}$

Formel: $\tan(\alpha) = \frac{\sin(\alpha)}{\cos(\alpha)}$

anderer Weg: $\tan(\alpha) = = \frac{a}{b} = \frac{\frac{a}{c}}{\frac{b}{c}} = \frac{\sin(\alpha)}{\cos(\alpha)}$

Sinus- und Kosinusfunktion mit MS-Excel®, Seite S 30

1 a), b) Individuelle Lösung
c) Mit der beschriebenen Formel ergibt sich folgende Tabelle (hier nur in 10°-Schritten):

Winkel	Sinuswert
0	0,00
10	0,17
20	0,34
30	0,50
40	0,64
50	0,77
60	0,87
70	0,94
80	0,98
90	1,00
100	0,98
110	0,94
120	0,87
130	0,77
140	0,64
150	0,50
160	0,34
170	0,17
180	0,00

Winkel	Sinuswert
190	−0,17
200	−0,34
210	−0,50
220	−0,64
230	−0,77
240	−0,87
250	−0,94
260	−0,98
270	−1,00
280	−0,98
290	−0,94
300	−0,87
310	−0,77
320	−0,64
330	−0,50
340	−0,34
350	−0,17
360	0,00

d) Bereits an der Wertetabelle ist zu erkennen, dass sich die Werte der Sinusfunktion zwischen 1 und – 1 bewegen und zwischen diesen Extremwerten steigen bzw. fallen.
e) Aus dem Graphen ergeben sich die gleichen Beobachtungen wie aus der Wertetabelle. Zusätzlich ist der Verlauf des Graphen zu erkennen, der sich aus der Betrachtung der Zahlenwerte nicht unmittelbar erschließt:

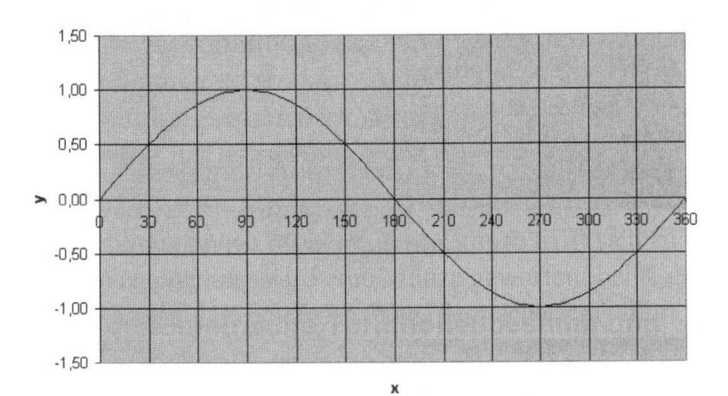

f) $\sin(30°) = 0{,}5 = \sin(150°)$. Weitere Winkelpaare mit identischem Sinuswert ergeben sich aufgrund der Symmetrie der Sinusfunktion im Intervall [0°; 180°] durch den Zusammenhang $\sin(\alpha) = \sin(180° - \alpha)$.
g) siehe e)
h) individuelle Lösung

2 Durch die Verwendung des Befehls COS(A2/360*2*PI()) und analoger Vorgehensweise wie in Aufgabe 1 ergeben sich die Wertetabelle und der Graph für die Kosinusfunktion.

Winkel	Kosinuswert	Winkel	Kosinuswert
0	1,00	190	– 0,98
10	0,98	200	– 0,94
20	0,94	210	– 0,87
30	0,87	220	– 0,77
40	0,77	230	– 0,64
50	0,64	240	– 0,50
60	0,50	250	– 0,34
70	0,34	260	– 0,17
80	0,17	270	0,00
90	0,00	280	0,17
100	– 0,17	290	0,34
110	– 0,34	300	0,50
120	– 0,50	310	0,64
130	– 0,64	320	0,77
140	– 0,77	330	0,87
150	– 0,87	340	0,94
160	– 0,94	350	0,98
170	– 0,98	360	1,00
180	– 1,00		

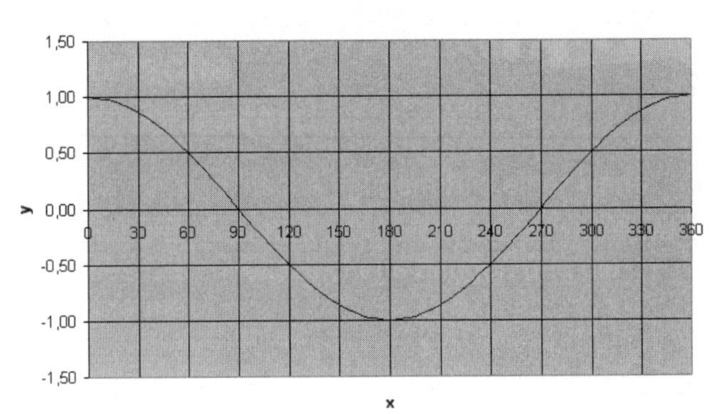

Trigonometrie am Einheitskreis mit GEONExT (1) – Anleitung, Seite S 31

1 Individuelle Lösung

Trigonometrie am Einheitskreis mit GEONExT (2) – Aufgaben, Seite S 32

1 Individuelle Lösung

2 Zur Begründung wird auf die Definition der trigonometrischen Funktionen zurückgegriffen:

$\sin(\alpha) = \frac{\text{Gegenkathete}}{\text{Hypothenuse}}$ bzw. $\cos(\alpha) = \frac{\text{Ankathete}}{\text{Hypothenuse}}$.

Unter Berücksichtigung der Hypotenusenlänge von 1 am Einheitskreis ergeben sich unmittelbar die Zusammenhänge $\sin(\alpha)$ = Gegenkathete bzw. $\cos(\alpha)$ = Ankathete, sodass sich der Sinus- bzw. Kosinuswert des Winkels unmittelbar als Länge der entsprechenden Kathete darstellen bzw. ablesen lässt.

3 Folgende Zusammenhänge liegen der Beobachtung zugrunde: $-1 \le \sin(\alpha) \le 1$ bzw. $-1 \le \cos(\alpha) \le 1$.

4

	0° < α < 90°	90° < α < 180°	180° < α < 270°	270° < α < 360°
sin (α)	positiv	positiv	negativ	negativ
cos (α)	positiv	negativ	negativ	positiv

5 a) wahr
b) falsch
c) wahr
d) falsch

6 Die beiden wahren Aussagen (5 a) und c)) können anhand von Symmetriebetrachtungen begründet werden:

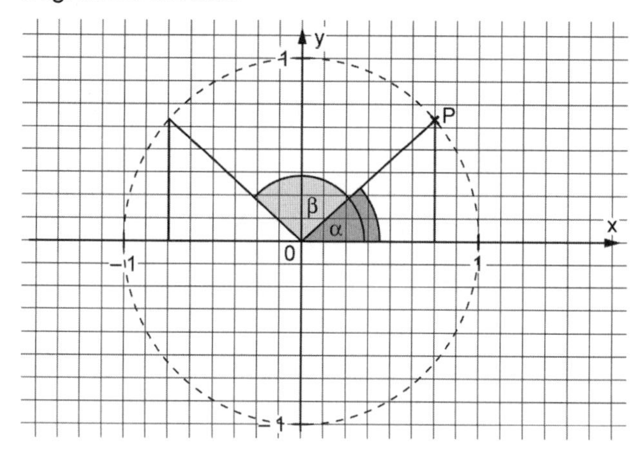

bzw.:

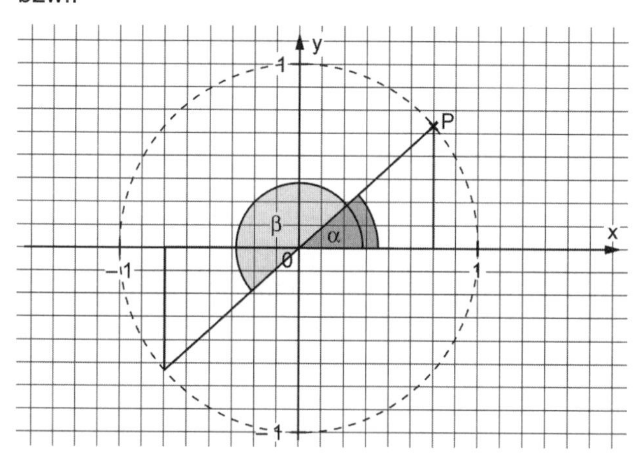

Die beiden falschen Aussagen (5 b) und d)) sind zu verbessern:
Zu 5 b): Für Winkel zwischen 0° und 180° gilt: Für zwei Winkel, die zusammen 180° ergeben, sind die beiden Kosinuswerte vom Zahlenwert her gleich, haben aber verschiedene Vorzeichen.
Zu 5 d): Durch Spiegelung des Punktes P an der x-Achse entsteht ein zweiter Winkel, der denselben Kosinuswert besitzt wie der ursprüngliche Winkel (vor der Spiegelung).
Oder: Der durch Spiegelung des Punktes P an der y-Achse entstandene zweite Winkel hat vom Zahlenwert her denselben Kosinuswert wie der des ursprünglichen Winkels. Beide Kosinuswerte unterscheiden sich aber im Vorzeichen.

Lernzirkel: 1. Du kennst die Hypotenuse und einen zweiten Winkel ..., Seite S 34

1

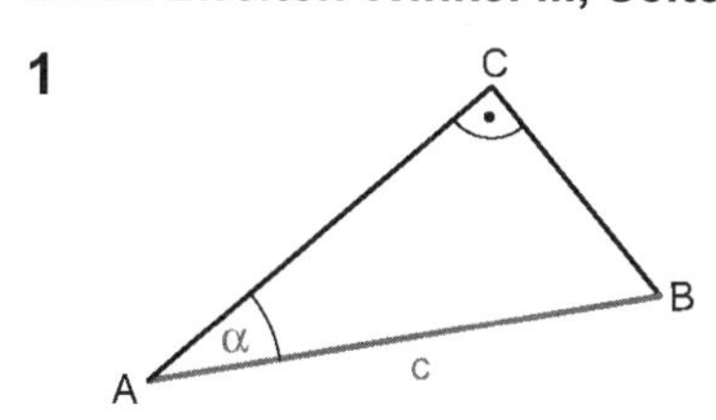

bekannt: α, c, rechter Winkel bei C

2

Bez.	Ausdr.	Alt. Ausd.	Def./Hilfsgr.
α	gegeben	gegeben	$\sin(\alpha) = a:c$
β	$\beta = 180° - \alpha - \gamma$	individ. Lösung	$\alpha + \beta + \gamma = 180°$
γ	90°	90°	$\cos(\alpha) = b:c$
a	$a = c \cdot \sin(\alpha)$	individ. Lösung	$\tan(\alpha) = a:b$
b	$b = c \cdot \cos(\alpha)$	individ. Lösung	$\tan(\beta) = b:a$
c	gegeben	gegeben	$c^2 = a^2 + b^2$

3 $\alpha = 35°$, $\beta = 55°$, $\gamma = 90°$
$a \approx 4{,}59\,cm$, $b \approx 6{,}55\,cm$, $c = 8\,cm$

4 $\alpha = 43°$, $\beta = 47°$, $\gamma = 90°$
$a \approx 8{,}18\,cm$, $b \approx 8{,}78\,cm$, $c = 12\,cm$

Lernzirkel: 2. Du kennst eine Kathete und eine zweiten Winkel ..., Seite S 34

1

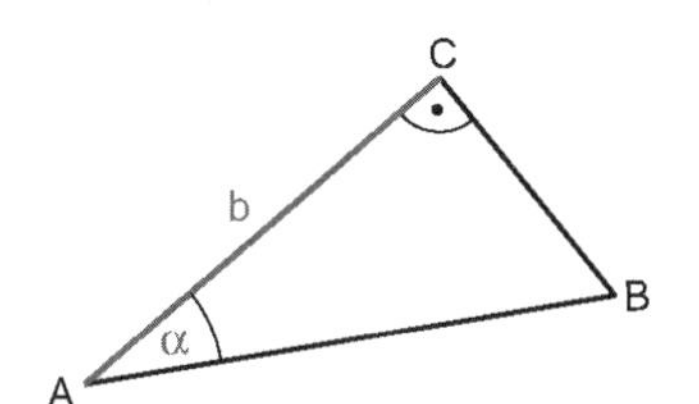

bekannt: α, b, rechter Winkel bei C

2

Bez.	Ausdr.	Alt. Ausd.	Def./Hilfsgr.
α	gegeben	gegeben	$\sin(\alpha) = a:c$
β	$\beta = 180° - \alpha - \gamma$	individ. Lösung	$\cos(\alpha) = b:c$
γ	90°	90°	$\tan(\alpha) = a:b$
a	$a = \tan(\alpha) \cdot b$	individ. Lösung	$\tan(\beta) = b:a$
b	gegeben	gegeben	$c^2 = a^2 + b^2$
c	$c = b:\cos(\alpha)$	individ. Lösung	$\alpha + \beta + \gamma = 180°$

3 $\alpha = 35°$, $\beta = 55°$, $\gamma = 90°$
$a \approx 5{,}60\,cm$, $b = 8\,cm$, $c \approx 9{,}77\,cm$

4 $\alpha = 43°$, $\beta = 47°$, $\gamma = 90°$
$a = 12\,cm$, $b \approx 12{,}87\,cm$, $c \approx 17{,}60\,cm$

Lernzirkel: 3. Du kennst die Hypotenuse und eine Kathete ..., Seite S 35

1

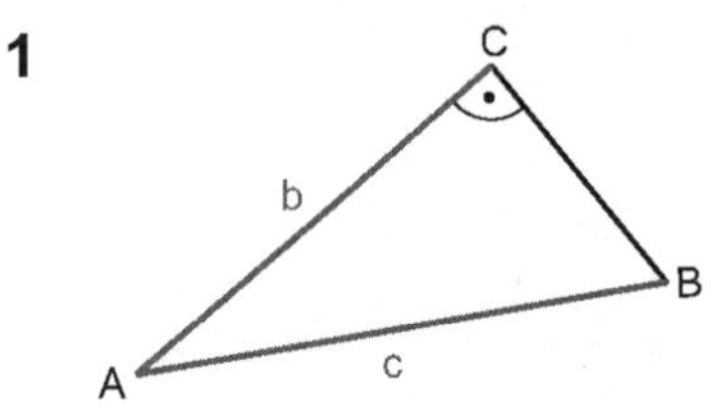

bekannt: b, c, rechter Winkel bei C

2

Bez.	Ausdr.	Alt. Ausd.	Def./Hilfsgr.
α	$\cos(\alpha) = \frac{b}{c}$	individ. Lösung	$c^2 = a^2 + b^2$
β	$\beta = 180° - \gamma - \alpha$	individ. Lösung	$\alpha + \beta + \gamma = 180°$
γ	90°	90°	$\tan(\alpha) = \frac{a}{b}$
a	$a^2 = c^2 - b^2$	individ. Lösung	$\tan(\beta) = b : a$
b	gegeben	gegeben	$\sin(\alpha) = a : c$
c	gegeben	gegeben	$\cos(\alpha) = b : c$

3 $\alpha \approx 51{,}32°$, $\beta \approx 38{,}68°$, $\gamma = 90°$
$a \approx 6{,}24\,cm$, $b = 5\,cm$, $c = 8\,cm$

4 $\alpha \approx 41{,}81°$, $\beta \approx 48{,}19°$, $\gamma = 90°$
$a = 4\,cm$, $b \approx 4{,}47\,cm$, $c = 6\,cm$

Lernzirkel: 4. Du kennst die beiden Katheten ..., Seite S 35

1

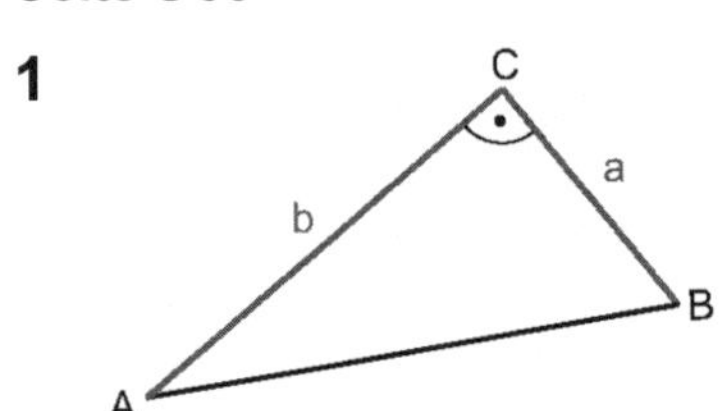

bekannt: a, b, rechter Winkel bei C

2

Bez.	Ausdr.	Alt. Ausd.	Def./Hilfsgr.
α	$\tan(\alpha) = \frac{a}{b}$	individ. Lösung	$\tan(\alpha) = a : b$
β	$\tan(\beta) = \frac{b}{a}$	individ. Lösung	$\tan(\beta) = b : a$
γ	90°	90°	$c^2 = a^2 + b^2$
a	gegeben	gegeben	$\alpha + \beta + \gamma = 180°$
b	gegeben	gegeben	$\sin(\alpha) = a : c$
c	$c^2 = a^2 + b^2$	individ. Lösung	$\cos(\alpha) = b : c$

3 $\alpha \approx 57{,}99°$; $\beta \approx 32{,}01°$, $\gamma = 90°$
$a = 8\,cm$, $b = 5\,cm$, $c \approx 9{,}43\,cm$

4 $\alpha \approx 70{,}71°$; $\beta \approx 19{,}29°$, $\gamma = 90°$
$a = 40\,cm$, $b = 14\,cm$, $c \approx 42{,}38\,cm$

Sonnenuhren – selbst gemacht, Seite S 36

Die Aufstellung

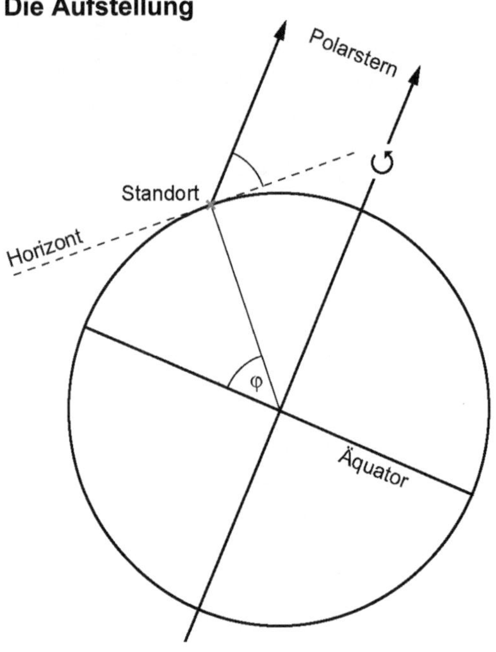

Der Schattenstab steht mit dem Winkel der geografischen Breite φ des Standorts gegen die Horizontale.

geografische Breite φ einiger Städte:

München	48,4°
Frankfurt	50,1°
Hannover	52,4°
Hamburg	53,7°

Die äquatoriale Sonnenuhr

Für die Abstände der Stundenmarken gilt:
$d = r \cdot \tan(\alpha)$

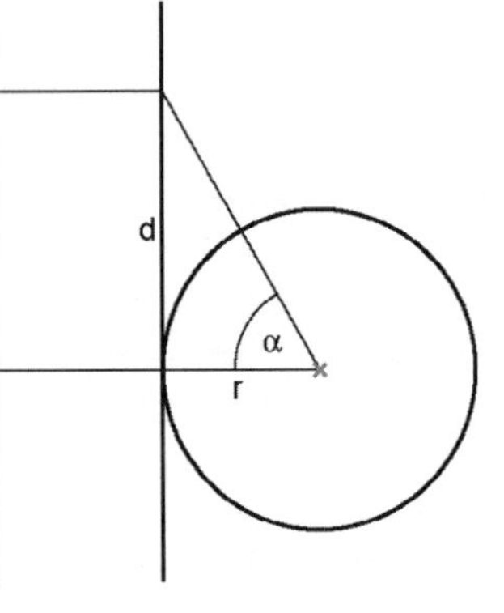

Stundenlinie	d (in cm)
11 / 13	5,4
10 / 14	11,5
9 / 15	20,0
8 / 16	34,6

Die vertikale Süduhr

$\cos(\varphi) = \frac{r}{\overline{FZ}}$

$\overline{FZ} = \frac{r}{\cos(\varphi)}$

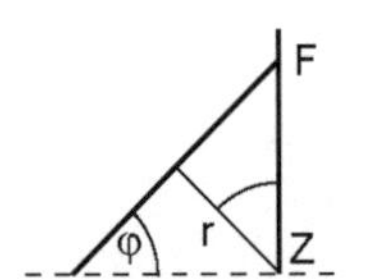

III Potenzen

Die wissenschaftliche Schreibweise von Zahlen – Ein Arbeitsplan, Seite S 37

1 a) $10^1 = 10$; $10^3 = 1000$ $10^6 = 1\,000\,000$;
$10^{-1} = 0{,}1$; $10^{-4} = 0{,}0001$; $10^{-3} = 0{,}001$
b) $10\,000 = 10^4$; $0{,}01 = 10^{-2}$; $100\,000 = 10^5$;
$0{,}000\,01 = 10^{-5}$
c) Die Anzahl der Nullen entspricht dem Exponenten, sofern dieser positiv ist.
Die Anzahl der Nachkommastellen entspricht dem Betrag des Exponenten, sofern dieser negativ ist.

2 a) $8 \cdot 10^4 = 80\,000$; $5{,}8 \cdot 10^3 = 5800$;
$0{,}784 \cdot 10^5 = 78\,400$; $2 \cdot 10^{-5} = 0{,}000\,02$;
$1{,}8 \cdot 10^{-3} = 0{,}0018$; $0{,}034 \cdot 10^{-2} = 0{,}000\,34$;
$3{,}068 \cdot 10^{-4} = 0{,}000\,306\,8$
b) $4000 = 4 \cdot 10^3$; $58\,900 = 5{,}89 \cdot 10^4$;
$753\,219 = 7{,}532\,19 \cdot 10^5$; $0{,}003 = 3 \cdot 10^{-3}$;
$0{,}0406 = 4{,}06 \cdot 10^{-2}$; $0{,}000\,781 = 7{,}81 \cdot 10^{-4}$
c) Die wissenschaftliche Schreibweise ist besonders sinnvoll bei der Angabe von sehr großen Zahlen und bei Zahlen nahe null.

3 Die Eingabe ist vom Taschenrechner-Typ abhängig.

4 a) Piko: 10^{-12}; Nano: 10^{-9}; Mikro: 10^{-6};
Milli: 10^{-3}; Zenti: 10^{-2}; Dezi: 10^{-1}; Hekto: 10^2;
Kilo: 10^3; Mega: 10^6; Giga: 10^9; Tera: 10^{12}
b) $3{,}6\,\text{nm} = 3{,}6 \cdot 10^{-9}\,\text{m} = 0{,}000\,000\,003\,6\,\text{m}$
2,4 Gigawatt = $2{,}4 \cdot 10^9$ Watt = 2 400 000 000 Watt
$430\,\text{kg} = 430 \cdot 10^3\,\text{g} = 4{,}3 \cdot 10^5\,\text{g} = 430\,000\,\text{g}$
$285\,\text{h}\ell = 285 \cdot 10^2\,\ell = 2{,}85 \cdot 10^4\,\ell = 28\,500\,\ell$
$456\,\mu\text{m} = 456 \cdot 10^{-6}\,\text{g} = 4{,}56 \cdot 10^{-4}\,\text{g} = 0{,}000\,456\,\text{g}$
$0{,}82\,\text{cm} = 0{,}82 \cdot 10^{-2}\,\text{m} = 8{,}2 \cdot 10^{-3}\,\text{m} = 0{,}0082\,\text{m}$

Winzigklein und riesengroß – federleicht und tonnenschwer, Seite S 38

Längenangaben (in m)

Abstand Erde – Sonne:	$1{,}5 \cdot 10^{11}$ m
Atomdurchmesser:	$1 \cdot 10^{-10}$ m
Höhe des Mt. Everest:	8846 m
Dicke von Papier:	$1 \cdot 10^{-4}$ m
Größe eines Bakteriums:	$2 \cdot 10^{-6}$ m
Abstand Erde – Mond:	$3{,}84 \cdot 10^8$ m
Höhe des Eiffelturms:	325 m

Gewichtsangaben (in kg)

Gewicht eines Blauwals:	$1{,}3 \cdot 10^5$ kg
Gewicht eines Kreuzfahrtschiffes:	$1{,}5 \cdot 10^8$ kg
Gewicht einer Grünalge:	$1 \cdot 10^{-13}$ kg
Gewicht eines Bleistifts:	$5 \cdot 10^{-3}$ kg
Gewicht eines Kaninchens:	1,5 kg
Gewicht eines Flohs:	$1 \cdot 10^{-6}$ kg
Gewicht eines Lkw:	$4 \cdot 10^4$ kg

Gruppenpuzzle: Expertengruppe 1: Addition und Subtraktion von Potenzen mit gleicher Basis und gleichem Exponenten, Seite S 40

Vorüberlegung
$\frac{1}{3} \cdot 5^4 + \frac{2}{3} \cdot 5^4 = 5^4$; $2 \cdot 6^{-7} - 6^{-7} = 6^{-7}$;
$5 \cdot 3^4 - 3 \cdot 3^4 = 2 \cdot 3^4$; $7^6 + 3 \cdot 7^6 = 4 \cdot 7^6$;
$5^2 + 6^2 = 61$; $6^7 + 6^7 = 2 \cdot 6^7$; $2^2 + 3^3 = 31$;
$5^3 - 5^2 = 100$

Merksätze
Sind die Basen und Exponenten von Potenzen *gleich*, so kann man diese mithilfe des Distributivgesetzes zusammenfassen.
Sind die Basen oder Exponenten von Potenzen *verschieden*, so kann man diese nicht vereinfachend zusammenfassen.

Gruppenpuzzle: Expertengruppe 2: Multiplikation und Division von Potenzen mit gleicher Basis, Seite S 41

Vorüberlegung
$2^2 : 2^3 = 2^{-1}$; $7^2 \cdot 7^3 = 7^5$; $5^{10} : 5^{11} = 5^{-1}$
$5^1 \cdot 5^{10} = 5^{11}$; $6^{-8} : 6^3 = 6^{-11}$; $11^{-3} \cdot 11^{-5} = 11^{-8}$
$(-5)^4 : (-5)^{-2} = (-5)^6$; $3^4 \cdot 3^{-6} = 3^{-2}$.

Erarbeitung
$a^n \cdot a^m = a^{n+m}$; $a^n : a^m = a^{n-m}$

Gruppenpuzzle: Expertengruppe 3: Multiplikation und Division von Potenzen mit gleichem Exponenten, Seite S 42

Vorüberlegung
$4^{-2} : (-2)^{-2} = (-2)^{-2}$; $3^4 \cdot 2^4 = 6^4$; $8^3 \cdot 2^3 = 16^3$;
$64^5 \cdot (-3)^5 = (-192)^5$; $2^4 : 3^4 = \left(\frac{2}{3}\right)^4$;
$6^8 \cdot 3^8 = 18^8$; $6^8 : 3^8 = 2^8$; $(-64)^{-7} : 4^{-7} = (-16)^{-7}$

Erarbeitung
$a^n \cdot b^n = (a \cdot b)^n$; $a^n : b^n = \left(\frac{a}{b}\right)^n$

Gruppenpuzzle: Expertengruppe 4: Potenzieren von Potenzen, Seite S 43

Vorüberlegung
$(7^4)^2 = 7^8$; $((-2)^3)^3 = (-2)^9$; $(5^1)^3 = 5^3$
$(7^2)^4 = 7^8$; $(2^2)^1 = 2^2$; $(3^3)^2 = 3^6$

Erarbeitung
$(a^n)^m = a^{n \cdot m}$

IV Wahrscheinlichkeitsrechnung

Das Gesetz der großen Zahlen, Seite S 44

Individuelle Lösungen.

Gruppenpuzzle: Auf was würdest du wetten?
Gruppenpuzzle: Expertengruppe 1:
Die Gummibärenwette, Seite S 46

1

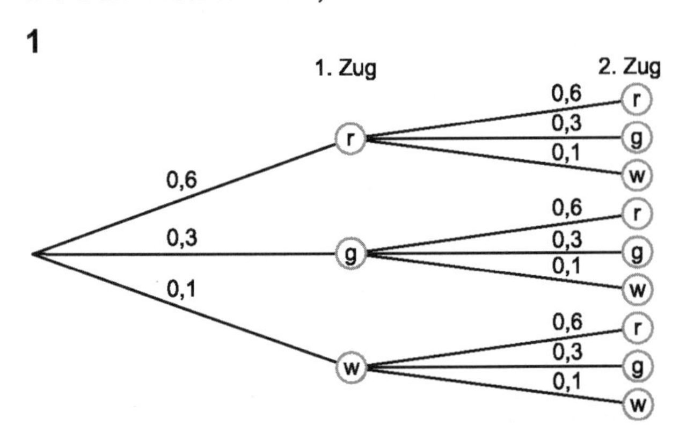

Ergebnis	Wahrscheinlichkeit
rr	36 %
rg	18 %
rw	6 %
gr	18 %
gg	9 %
gw	3 %
wr	6 %
wg	3 %
ww	1 %

2 Die Wahrscheinlichkeit für zwei Gummibären gleicher Farbe beträgt 36 % + 9 % +1 % = 46 %.

3 Die Wahrscheinlichkeit dafür, dass mindestens ein grünes Gummibärchen gezogen wird, beträgt 18 % + 18 % + 9 % + 3 % + 3 % = 51 %. Bennis Vorschlag ist fairer als der Vorschlag von Maike.

4 Individuelle Lösung.

5

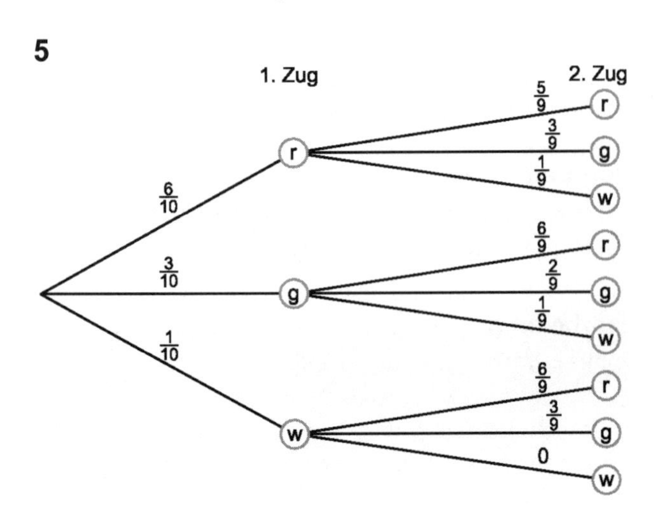

Ergebnis	Wahrscheinlichkeit
rr	$\frac{10}{30}$
rg	$\frac{6}{30}$
rw	$\frac{2}{30}$
gr	$\frac{6}{30}$
gg	$\frac{2}{30}$
gw	$\frac{1}{30}$
wr	$\frac{2}{30}$
wg	$\frac{1}{30}$
ww	0

Die Wahrscheinlichkeit für zwei Gummibärchen gleicher Farbe sinkt von 46 % auf 40 %. Die Wahrscheinlichkeit, dass man mindestens ein grünes Gummibärchen zieht, steigt von 51 % auf $53\frac{1}{3}$ %.

Gruppenpuzzle: Expertengruppe 2:
Die Basketballwette, Seite S 47

1 Die Wahrscheinlichkeit beträgt $0{,}8 \cdot 0{,}8 = 64\,\%$

2

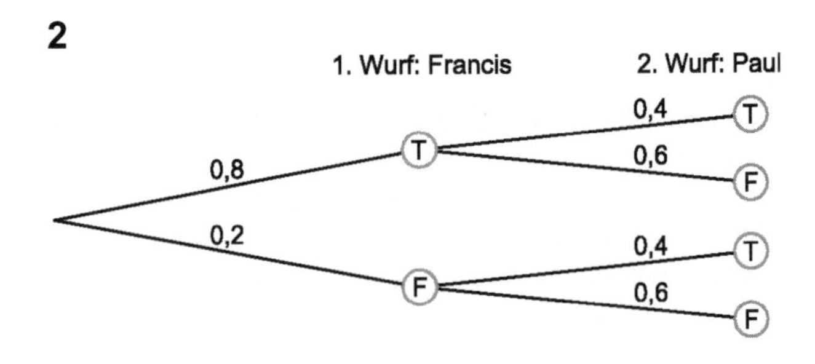

Ergebnis	Wahrscheinlichkeit
TT	32 %
TF	48 %
FT	8 %
FF	12 %

Trefferzahl	0	1	2
Wahrscheinlichkeit	12 %	56 %	32 %

3

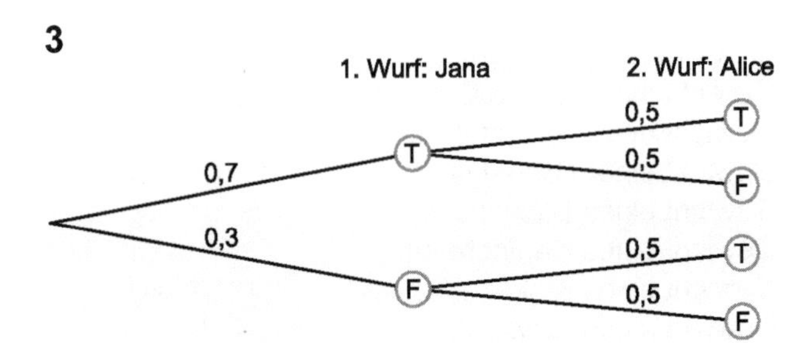

Ergebnis	Wahrscheinlichkeit
TT	35 %
TF	35 %
FT	15 %
FF	15 %

Trefferzahl	0	1	2
Wahrscheinlichkeit	15 %	50 %	35 %

4 $0{,}12 \cdot 0{,}15 + 0{,}56 \cdot 0{,}5 + 0{,}32 \cdot 0{,}35 = 41\,\%$

5 Wahrscheinlichkeit für einen Sieg der Jungen:
$0{,}32 \cdot 0{,}65 + 0{,}56 \cdot 0{,}15 = 29{,}2\,\%$
Wahrscheinlichkeit für einen Sieg der Mädchen:
$1 - 41\,\% - 29{,}2\,\% = 29{,}8\,\%$

**Gruppenpuzzle: Expertengruppe 3:
Die Legosteinwette, Seite S 48**

1 Beispiel:

Augenzahl	1	2	3	4	5	6
Geschätzte Wahrscheinlichkeit	1 %	10 %	39 %	39 %	10 %	1 %

2 Für obiges Beispiel: Wahrscheinlichkeit für keine 6 bei 10 Würfen: $0{,}99^{10} \approx 90\,\%$. Die Wahrscheinlichkeit, dass Verena mindestens eine 6 wirft, beträgt etwa 10 %.

3 Für obiges Beispiel: 51 %

4 Nein, denn die einzelnen Würfe sind voneinander unabhängig.

**Gruppenpuzzle: Expertengruppe 4:
Die Tenniswette, Seite S 49**

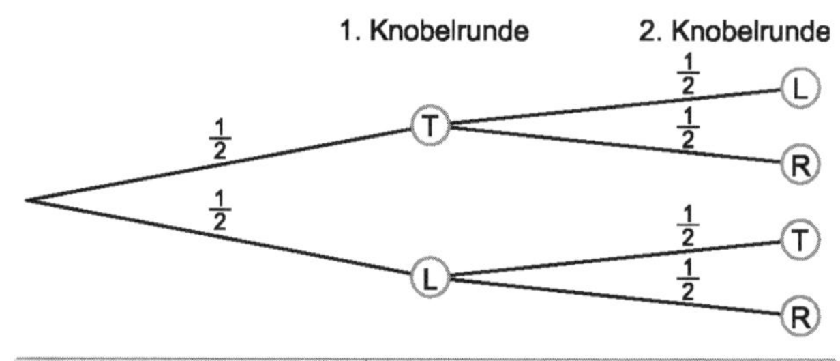

Ergebnis	Wahrscheinlichkeit
TL	25 %
TR	25 %
LT	25 %
LR	25 %

1. Spielpaarung	TL	TR	LR
Wahrscheinlichkeit	50 %	25 %	25 %

2 Thorsten und Lisa sind mit einer Wahrscheinlichkeit von 75 % im ersten Spiel dabei, Robin nur zu 50 %.

3 Die Wahrscheinlichkeit dafür, dass Thorsten noch gewinnt, beträgt $\frac{5}{16} = 31{,}25\,\%$.

4 Nein, die einzelnen Knobelrunden sind voneinander unabhängige Ereignisse.

**Gruppenpuzzle: Wahrscheinlich knifflige Probleme
Expertengruppe 1: Das Tennis-Problem, Seite S 51**

1 Gewinnmöglichkeiten für Lynn bei 2 Gewinnsätzen: LL, LSL, SLL
Lynn siegt also mit einer Wahrscheinlichkeit von
$0{,}4 \cdot 0{,}4 + 2 \cdot 0{,}6 \cdot 0{,}4 \cdot 0{,}4 = 35{,}2\,\%$

Gewinnmöglichkeiten für Lynn bei 3 Gewinnsätzen: LLL, LLSL, LSLL, SLLL, LLSSL, LSLSL, LSSLL, SLLSL, SLSLL, SSLLL
Lynn siegt also mit einer Wahrscheinlichkeit von
$0{,}4^3 + 3 \cdot 0{,}6 \cdot 0{,}4^3 + 6 \cdot 0{,}6^2 \cdot 0{,}4^3 = 31{,}744\,\%$
Lynn sollte Sophie vorschlagen, das Finale über zwei Gewinnsätze auszutragen.

2 Die Aussage ist richtig, denn nach dem Gesetz der großen Zahl wird es bei vielen gespielten Sätzen immer unwahrscheinlicher, dass Lynn gegenüber Sophie in Führung liegt.
Der Anteil der Sätze, die Lynn gewinnt, strebt nämlich gegen 40 %.

**Gruppenpuzzle: Expertengruppe 2:
Das Taxi-Problem, Seite S 52**

1 a)

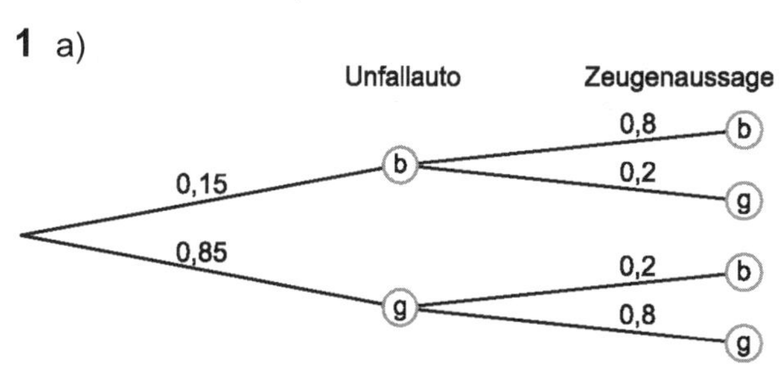

b) Wahrscheinlichkeit, dass der Zeuge aussagt, ein blaues Auto gesehen zu haben:
$0{,}15 \cdot 0{,}8 + 0{,}85 \cdot 0{,}2 = 0{,}29 = 29\,\%$.
c) Wahrscheinlichkeit, dass ein blaues Auto den Unfall begangen hat und der Zeuge blau aussagt:
$0{,}15 \cdot 0{,}8 = 0{,}12 = 12\,\%$.
d) Wahrscheinlichkeit, dass bei der Zeugenaussage blau ein blaues Auto in den Unfall verwickelt war:
$\frac{12}{29} \approx 41{,}4\,\%$.

2 Wahrscheinlichkeit, dass der Zeuge aussagt, ein grünes Auto gesehen zu haben:
$0{,}15 \cdot 0{,}2 + 0{,}85 \cdot 0{,}8 = 0{,}71 = 71\,\%$.
Wahrscheinlichkeit, dass ein blaues Auto den Unfall begangen hat und der Zeuge grün aussagt:
$0{,}15 \cdot 0{,}2 = 0{,}03 = 3\,\%$.

Wahrscheinlichkeit, dass bei der Zeugenaussage grün ein blaues Auto in den Unfall verwickelt war:
$\frac{3}{71} \approx 4{,}2\,\%$.

Gruppenpuzzle: Expertengruppe 3:
Das Elfmeterschützen-Problem, Seite S 53

1

Florian			
Elfmeter	Treffer	Verschossen	Trefferquote
Zuhause	9	6	60 %
Auswärts	4	1	80 %
Gesamt	13	7	65 %

Friedrich			
Elfmeter	Treffer	Verschossen	Trefferquote
Zuhause	1	1	50 %
Auswärts	7	3	70 %
Gesamt	8	4	$66\frac{2}{3}\,\%$

2 Friedrich: Nein, ich bin der bessere Schütze. Ich habe insgesamt 8 von 12 Elfmetern verwandelt, also $66{,}\overline{6}\,\%$. Du hast in 13 von 20 Versuchen getroffen, also nur zu 65 %.
Florian: Wie kann das sein, dass du insgesamt die höhere Trefferquote hast, obwohl ich zu Hause und auch auswärts die höhere Quote habe?
Friedrich: Keine Ahnung, aber eines ist sicher: Ich werde künftig wieder die Elfer schießen …

Erklärung:
Florian hat die meisten seiner Elfer zuhause geschossen. Seine Gesamttrefferquote weicht also nur geringfügig von seiner Heimquote (60 %) ab. Friedrich hat die meisten Elfer auswärts geschossen. Seine Gesamttrefferquote weicht also nur geringfügig von seiner Auswärtsquote (70 %) ab.

3 Beispiel:

Rote Hüte			
Verkäufer	Gewinne	Nieten	Gewinnquote
Florian	90	60	60 %
Friedrich	40	10	80 %
Gesamt	130	70	65 %

Weiße Hüte			
Verkäufer	Gewinne	Nieten	Gewinnquote
Florian	10	10	50 %
Friedrich	210	70	75 %
Gesamt	220	80	$73\frac{1}{3}\,\%$

Gruppenpuzzle: Expertengruppe 4:
Das Boten-Problem, Seite S 54

1 Die Wahrscheinlichkeit, dass beide von „Eile die Meile" beförderten Briefe verloren gehen beträgt lediglich $0{,}02 \cdot 0{,}02 = 0{,}0004 = 0{,}04\,\%$. Timon sollte also den Botendienst „Eile die Meile" beauftragen.

2

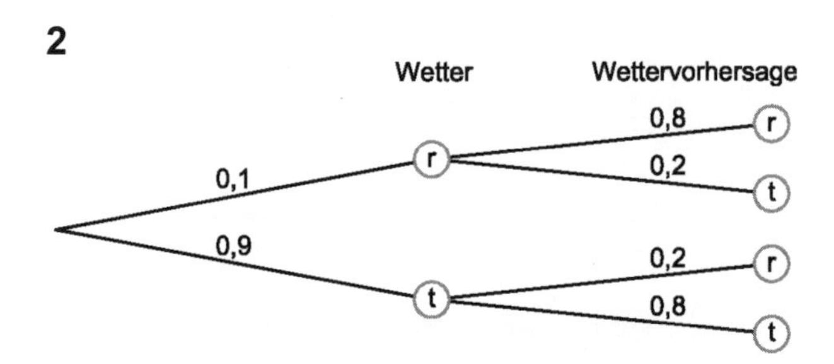

Wahrscheinlichkeit, dass der Wetterbericht für morgen Regen ankündigt:
$0{,}1 \cdot 0{,}8 + 0{,}9 \cdot 0{,}2 = 0{,}26 = 26\,\%$
Wahrscheinlichkeit, dass es morgen regnet und der Wetterbericht für morgen Regen ankündigt
$0{,}1 \cdot 0{,}8 = 0{,}08 = 8\,\%$
Wahrscheinlichkeit, dass vorhergesagtem Regen, es auch wirklich regnet: $\frac{8}{26} \approx 30{,}8\,\%$.
Der Bote wird zu etwa 31 % nass, wenn er das Fahrrad wählt.

Trainingsrunde – Kombinatorik (1) und (2), Seite S 56/57

Runde 1

1.1 $6^3 = 216$

1.2 $7 \cdot 5 \cdot 2 = 70$

1.3 $26^2 \cdot 9 \cdot 10^2 = 608\,400$

Runde 2

2.1 $8 \cdot 7 \cdot 6 = 336$

2.2 $10! = 3\,628\,800$

2.3 $\frac{6!}{6^6} \approx 1{,}5\,\%$

Runde 3

3.1 $\binom{30}{2} = 15 \cdot 29 = 435$

3.2 $\binom{49}{6} = 13\,983\,816$

3.3 $\frac{\binom{6}{4} \cdot \binom{43}{2}}{\binom{49}{6}} \approx 0{,}1\,\%$

Bernoulli-Experimente – Ein Arbeitsplan, Seite S 58

Vorüberlegungen

1 Ohne Zurücklegen: Änderung der Wahrscheinlichkeit Zug um Zug. Mit Zurücklegen: keine Änderung der Wahrscheinlichkeit.

2 zwei

Erarbeitung

1 Mit Ausnahme von „Blutspende erbeten': Bestimmung der Blutgruppe eines Patienten" handelt es sich immer um Bernoulli-Versuche.

2 Es handelt sich um keine Bernoulli-Ketten, mit Ausnahme des Massenartikels und dem zehnmaligen Wurf eines Reißnagels.

Die Formel von Bernoulli – Ein Arbeitsplan, Seite S 59

1

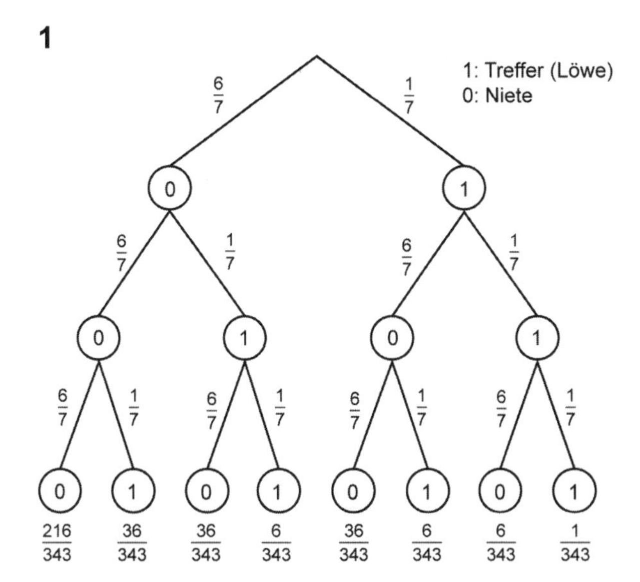

2

r	0	1	2	3
Wahrscheinlichkeit eines Pfades	$\frac{216}{343}$	$\frac{36}{343}$	$\frac{6}{343}$	$\frac{1}{343}$
Zahl der Pfade	1	3	3	1
P (X = r)	$\frac{216}{343}$	$\frac{108}{343}$	$\frac{18}{343}$	$\frac{1}{343}$

Wahrscheinlichkeit eines Pfades: $\frac{36}{2401}$

Zahl der Pfade: 6

Wahrscheinlichkeit für 2 Löwen: $\frac{216}{2401}$

V Potenzfunktion

Potenzfunktionen – Ein Arbeitsplan, Seite S 60

1 a) 8 b) 0,36 c) $\frac{1}{16}$ d) –1

e) 25 f) –64 g) $-\frac{27}{125}$ h) 9

i) 9

2 a)

x	x^2
–2	4
–1	1
0	0
1	1
2	4

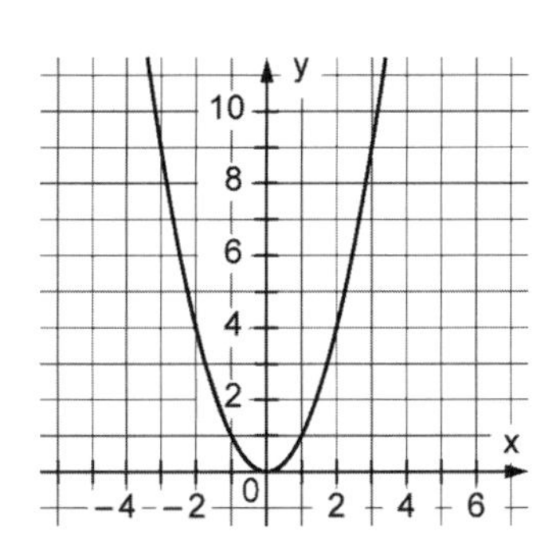

x	x^3
–2	–8
–1	–1
0	0
1	1
2	8

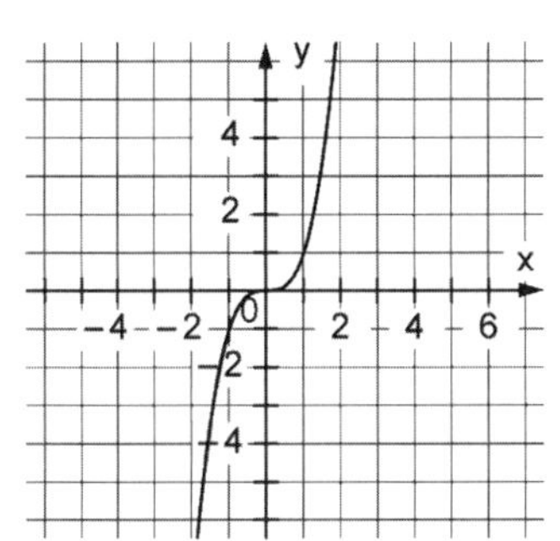

b)

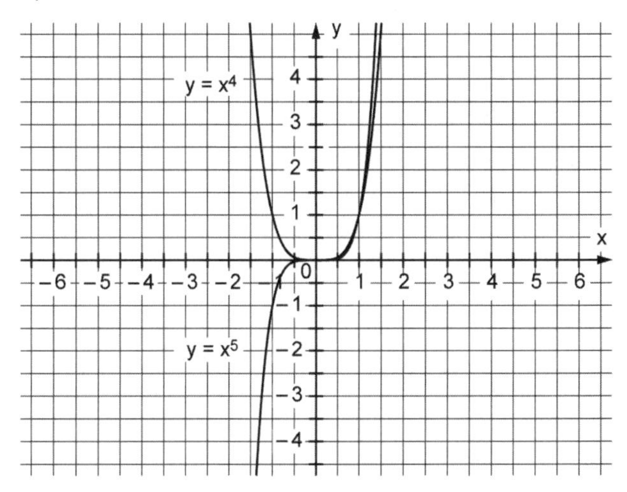

Gemeinsamkeiten und Unterschiede: siehe c).

c)

Potenzfunktion mit $y = x^n$	gerader Exponent n	ungerader Exponent n
Definitionsbereich	$\mathbb{R}$	$\mathbb{R}$
Wertebereich	$\mathbb{R}_0^+$	$\mathbb{R}$
Symmetrie des Graphen	Symmetrie zur y-Achse	Punktsymmetrie zu (0|0)
Nullstelle	$x_O = 0$	$x_O = 0$
Punkte P(1|?) und Q(–1|?) des Graphen	P(1|1) Q(–1|1)	P(1|1) Q(–1|–1)

c > 1: Graph wird schmaler.
0 < c < 1: Graph wird breiter.
c < 0: Graph wird an x-Achse gespiegelt.

Grafisches Lösen von Potenzgleichungen, Seite S 61

1 a)

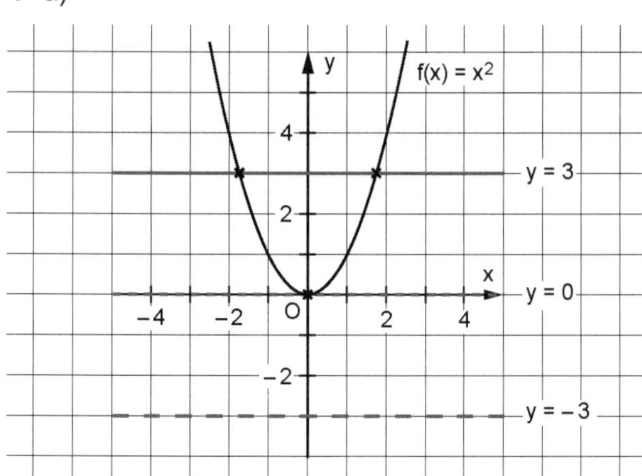

$x^2 = 3$: zwei Lösungen; $x = \sqrt{3} \approx 1{,}73$ und $x = -\sqrt{3} \approx -1{,}73$

$x^2 = 0$: eine Lösung; $x = 0$

$x^2 = -3$: keine Lösung

b)

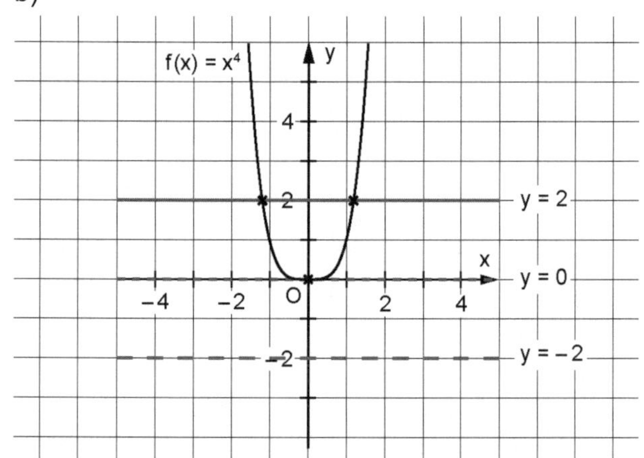

$x^4 = 2$: zwei Lösungen, da zwei Schnittstellen des Graphen von $f(x) = x^4$ mit der Geraden $y = 2$;

$x = 2^{\frac{1}{4}} \approx 1{,}19$ und $x = -2^{\frac{1}{4}} \approx -1{,}19$

$x^4 = 0$: eine Lösung, da eine Schnittstelle des Graphen von $f(x) = x^4$ mit der Geraden $y = 0$; $x = 0$

$x^4 = -2$: keine Lösung, da keine Schnittstelle des Graphen von $f(x) = x^4$ mit der Geraden $y = -2$

2 a)

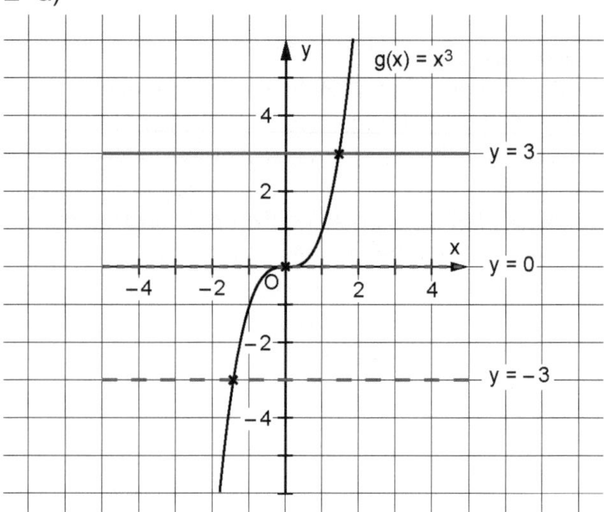

$x^3 = 3$: eine Lösung; $x = \sqrt[3]{3} \approx 1{,}44$

$x^3 = 0$: eine Lösung; $x = 0$

$x^3 = -3$: eine Lösung; $x = -\sqrt[3]{3} \approx -1{,}44$

b)

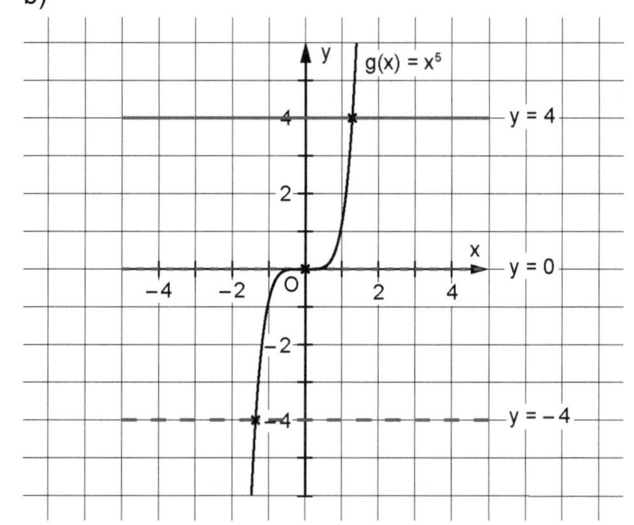

$x^5 = 4$: eine Lösung, da eine Schnittstelle des Graphen von $f(x) = x^5$ mit der Geraden $y = 4$;

$x = 4^{\frac{1}{5}} \approx 1{,}32$

$x^5 = 0$: eine Lösung, da eine Schnittstelle des Graphen von $f(x) = x^5$ mit der Geraden $y = 0$;

$x = 0$

$x^5 = -4$: eine Lösung, da eine Schnittstelle des Graphen von $f(x) = x^5$ mit der Geraden $y = -4$;

$x = -4^{\frac{1}{5}} \approx -1{,}32$

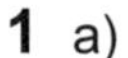

3

Lösungsanzahl der Gleichung $x^n = a$	n gerade	n ungerade
$a > 0$	zwei Lösungen $x = \sqrt[n]{a}$ und $x = -\sqrt[n]{a}$	eine Lösung $x = \sqrt[n]{a}$
$a = 0$	eine Lösung $x = 0$	eine Lösung $x = 0$
$a < 0$	keine Lösung	eine Lösung $x = -\sqrt[n]{\lvert a \rvert}$

4 a) $x^4 = 12 \Leftrightarrow x = \sqrt[4]{12} \approx 1{,}86$ und $x = -\sqrt[4]{12} \approx -1{,}86$
b) $x^5 = -35 \Leftrightarrow x = -\sqrt[5]{35} \approx -2{,}04$
c) $x^6 = -24 \Leftrightarrow$ keine Lösung
d) $x^3 = 6 \Leftrightarrow x = \sqrt[3]{6} \approx 1{,}82$
e) $x^3 = 4 \Leftrightarrow x = \sqrt[3]{4} \approx 1{,}59$
f) $x^2 = 18 \Leftrightarrow x = \sqrt{18} \approx 4{,}24$ und $x = -\sqrt{18} \approx -4{,}24$

Besondere Quadrate, Seite S 62

1 a)

2	7	0
1	3	5
6	−1	4

b) Quadrat 2 ist ein Additionsquadrat mit dem Summenwert 27. Es entsteht aus Quadrat 1, indem der Eintrag jedes Zahlenfeldes verdreifacht wird. Um neue Additionsquadrate zu erzeugen, muss man die Einträge der Zahlenfelder eines bekannten Additionsquadrates jeweils mit demselben Faktor multiplizieren.
c) z_1, z_2, z_3 sind solche Einträge eines Additionsquadrates, und ihre Summe ergibt den Summenwert $S = z_1 + z_2 + z_3$.
Die Einträge des neuen Quadrates lauten dann $z_1 + c$, $z_2 + c$ und $z_3 + c$.
Ihre Summe ergibt unabhängig von der Wahl der Einträge z_1, z_2, z_3 immer
$z_1 + c + z_2 + c + z_3 + c = S + 3c$.
Es liegt also wieder ein Additionsquadrat vor, dessen Wert aber um 3c größer ist.

Für $c = 1$ ergibt sich:

3	8	1
2	4	6
7	0	5

Für $c = 2$ ergibt sich:

4	9	2
3	5	7
8	1	6

2 a) Es liegt kein Additionsquadrat vor, da
$4 + 128 + 1 = 133$
$\neq 2 + 8 + 32 = 42$.
Die Produkte der Zeilen, Spalten und Diagonalen sind jedoch immer gleich. Sie ergeben jeweils 512.

4	128	1
2	8	32
64	0,5	16

b) z_1, z_2, z_3 sind solche Einträge eines Additionsquadrates, und ihre Summe ergibt den Summenwert $S = z_1 + z_2 + z_3$.
Die Einträge des neuen Quadrates lauten dann a^{z_1}, a^{z_2} und a^{z_3}. Ihr Produkt ergibt unabhängig von der Wahl der Einträge z_1, z_2, z_3 immer
$a^{z_1} \cdot a^{z_2} \cdot a^{z_3} = a^{z_1+z_2+z_3} = a^S$.
Es liegt also ein Multiplikationsquadrat vor.

Für $a = 3$ ergibt sich:

9	2187	1
3	27	243
729	1/3	81

Für $a = 4$ ergibt sich:

16	16 384	1
4	64	1024
4096	1/4	256

c) Es ergibt sich ein Multiplikationsquadrat mit dem Produktwert 512k.
Addiert man zu jedem Zahlenfeld von Quadrat 3 den Summanden c, so ergibt sich kein Multiplikationsquadrat mehr, da z. B.
$(4 + c) \cdot (128 + c) \cdot (c + 1) \neq (2 + c) \cdot (8 + c) \cdot (32 + c)$.

VI Körper

Körper darstellen (1), Seite S 63

1 Alle Figuren könnten Darstellungen der Dose aus verschiedenen Ansichten sein. Dabei betrachtet man die liegende Dose
a) von rechts oben,
b) von vorn oben,
c) von vorn unten,
d) direkt von oben,
e) direkt von vorn,
f) von links oben.

2 a) Konstruktionsbeschreibung:
1. Zeichne zuerst den Grundkreis als Hilfsfigur, trage hinreichend viele „nach hinten verlaufende" Sehnen ein. Verkürze diese um $k = \frac{1}{3}$.

Die entstehende Ellipse ist das Schrägbild des Grundkreises.

2. Trage die Höhe h in wahrer Länge ein.
3. Vervollständige das Schrägbild. Zeichne dazu von der Kegelspitze aus Tangenten an die Ellipse.

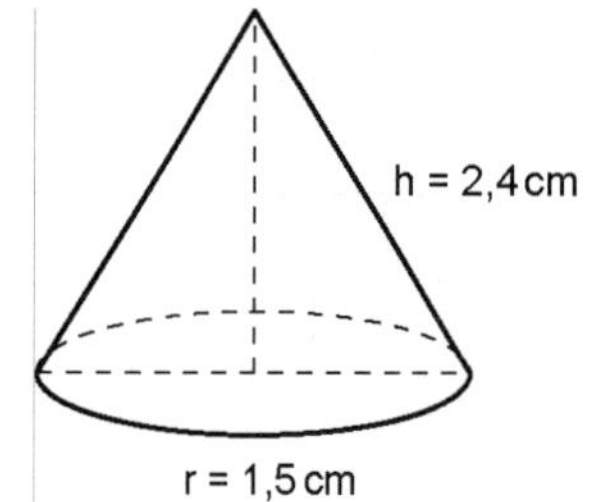

b)

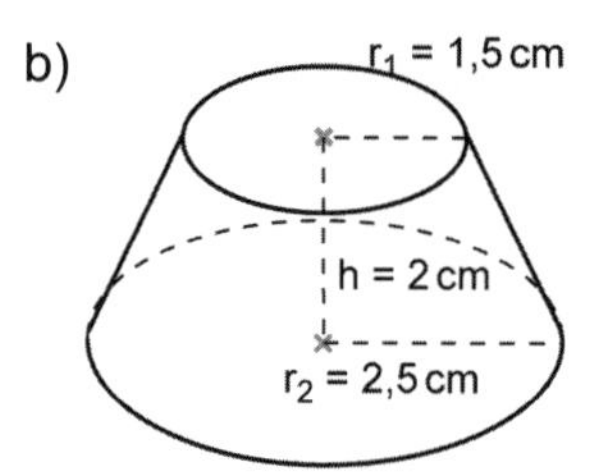

c) Individuelle Lösungen, z. B.:

$\alpha = 90°$, $k = \frac{1}{2}$ $\alpha = 45°$, $k = \frac{1}{2}$

h = 3cm

d = 2cm

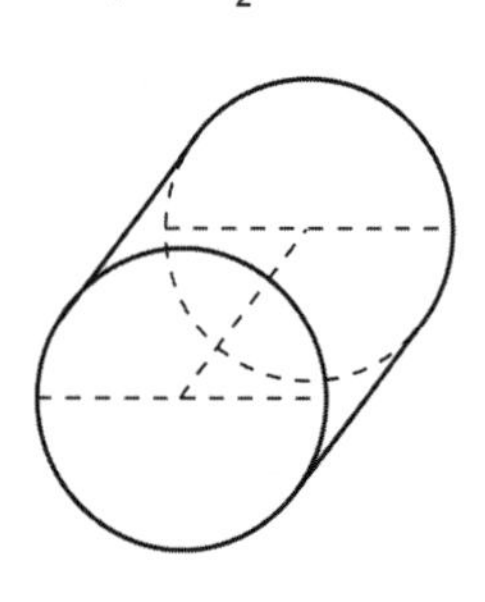

Anmerkung: Skizzen verkleinert.

3 a) (auf 50 % verkleinert)

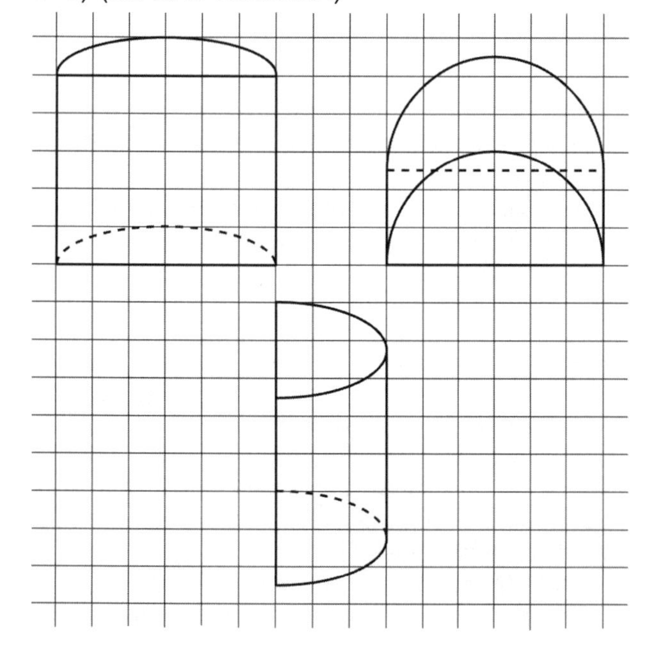

b) (auf 50 % verkleinert)

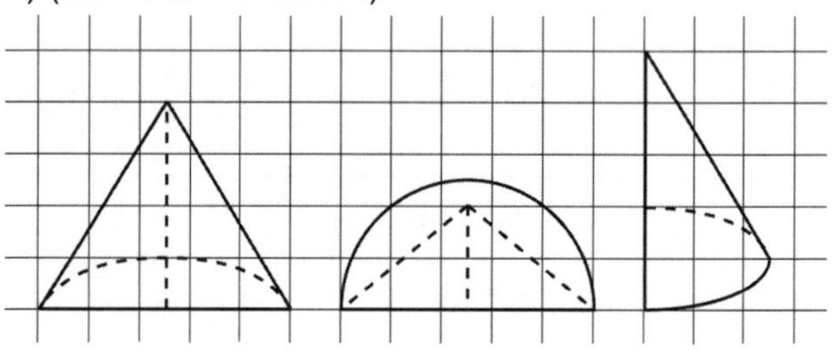

4 a) Die obere Seite der Figur entspricht nicht der unteren Seite. Man muss die obere Seite durch eine geeignete Ellipse ersetzen, damit das Schrägbild eines Zylinders entsteht.

b) Grund- und Deckfläche sind mit verschiedenen Verzerrungsfaktoren gezeichnet: Unten ist es ein Halbkreis, oben eine Ellipse.

c) Die Darstellung der Deckfläche (Kreis) entspricht nicht der Darstellung der Grundfläche.
Man muss die untere Seite der Figur durch einen Halbkreis ersetzen, damit das Schrägbild eines Zylinders entsteht.

d) Damit das Schrägbild eines auf der Spitze „stehenden" Kegels entsteht, müssen von der Spitze aus Tangenten an die Ellipse gezeichnet werden.

e) Die Darstellung der Grundfläche ist keine Ellipse.

f) Die Grundfläche ist kein Kreis, sondern ein Halbkreis („halber" Kegel). Für die Darstellung eines Kegels müsste der eingezeichnete Durchmesser entfernt bzw. als Hilfslinie gestrichelt gezeichnet werden.

Körper darstellen (2), Seite S 64

1 a) Quader, Zylinder, dreiseitiges Prisma

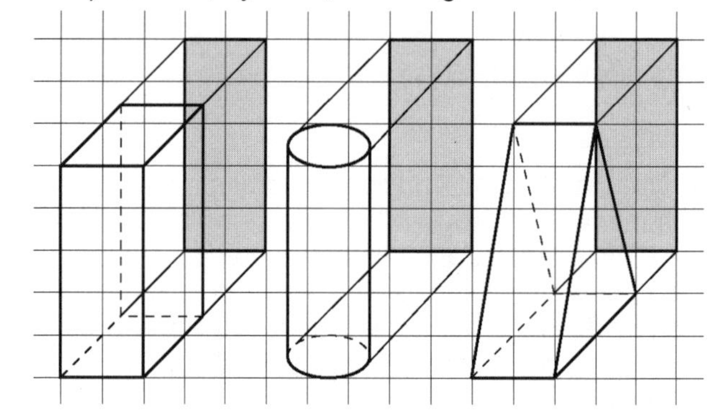

b) Dreiseitiges Prisma, Pyramide, Kegel

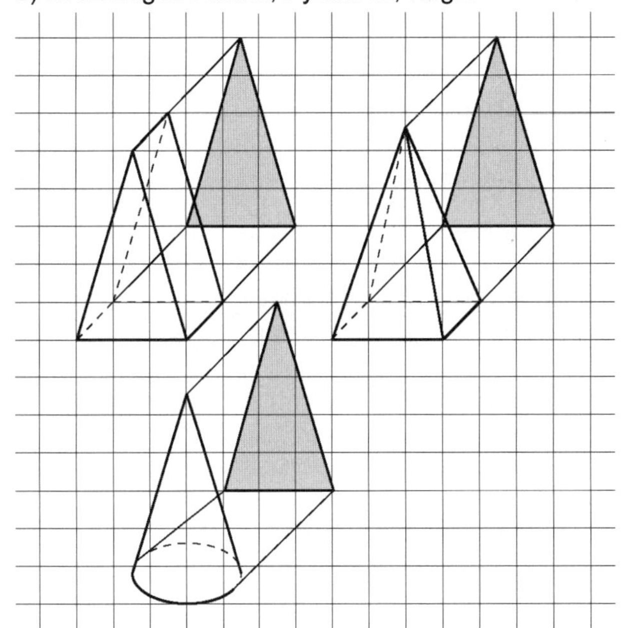

c) Kegel, Kugel, Zylinder

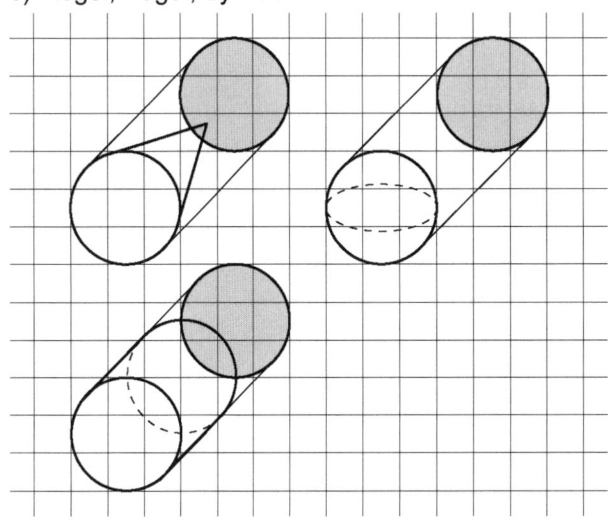

2 a) Es gibt drei verschiedene Möglichkeiten:

(I)

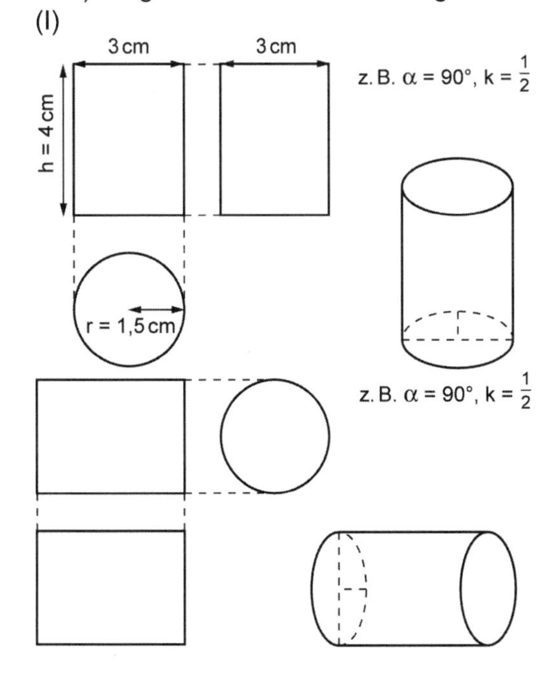

(II)

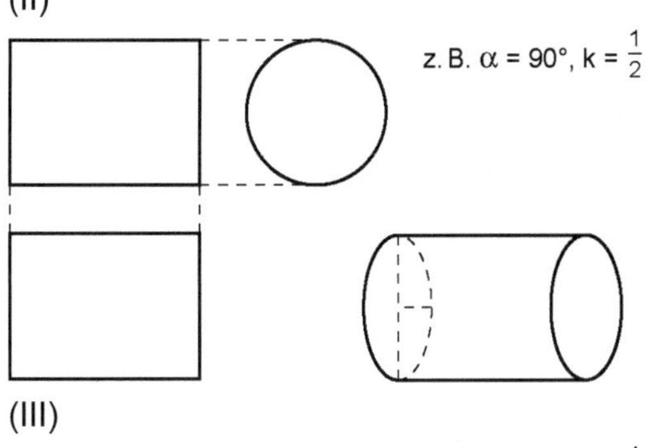

(III)

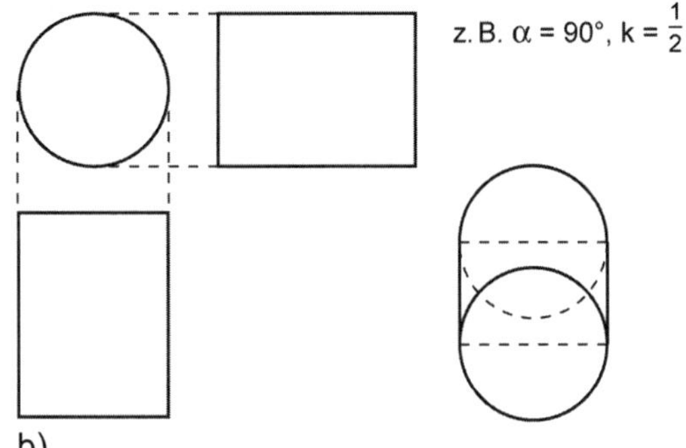

b)

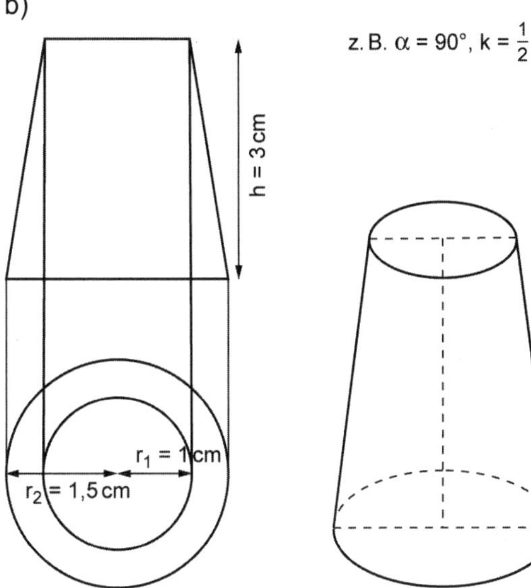

3 a) Individuelle Lösungen, z.B.:

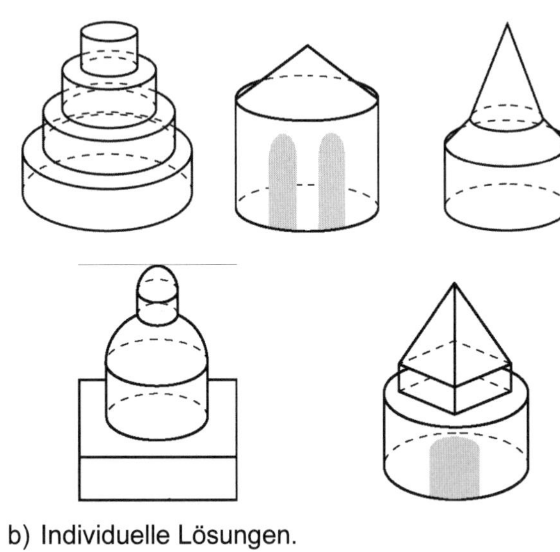

b) Individuelle Lösungen.

4 Grund-, Seiten- und Aufriss des Modells, z. B.:

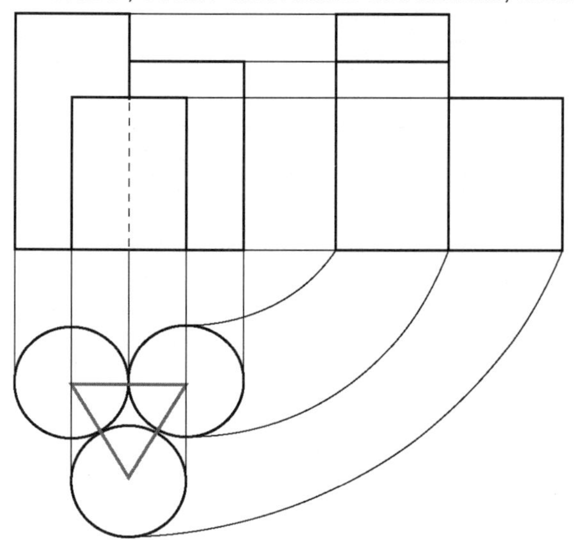

Schrägbild des Modells, z. B.:

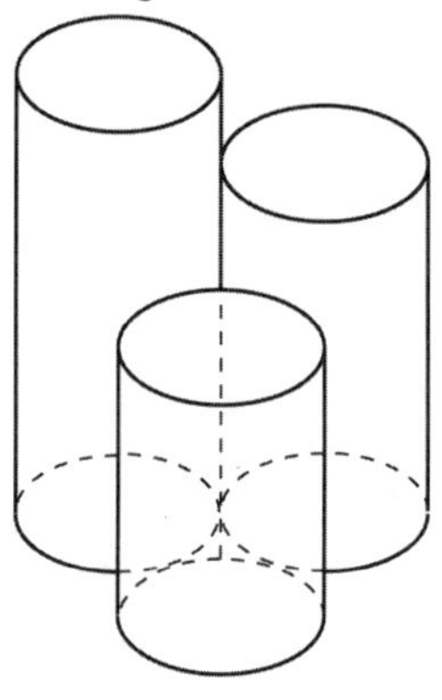

Besondere Prismen und Zylinder, Seite S 65

1 a) $\frac{27\,000\,000\,€}{254 \cdot 12\,\text{m} \cdot 6\,\text{m} \cdot 3\,\text{m}} \approx 492{,}13\,\frac{€}{\text{m}^3}$

$1\,\text{m}^3$ „umbauter Raum" kostete damals 492,13 €.

b) $\frac{254 \cdot 12\,\text{m} \cdot 6\,\text{m}}{158} = 115{,}747\,\text{m}^2$

Die Wohnfläche einer Wohnung beträgt im Durchschnitt $115{,}75\,\text{m}^2$.

2

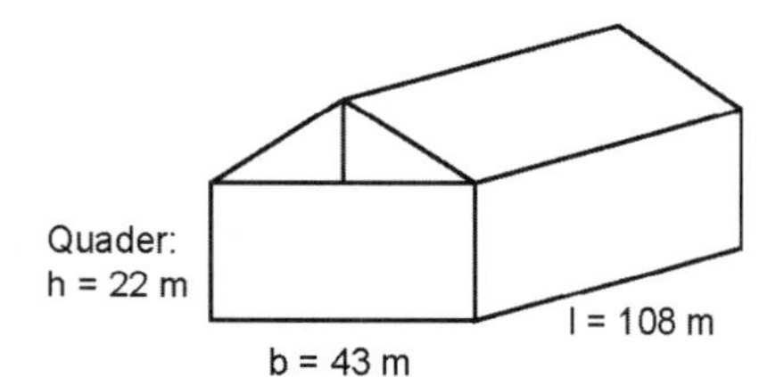

a) Höhe der Kirche: 32 m
Höhe des Quaders: 22 m
$\Rightarrow$ Höhe des Giebeldreiecks: 10 m

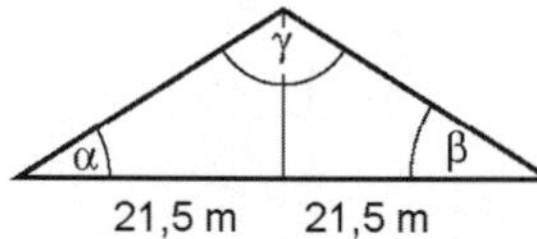

$\tan(\alpha) = \frac{10}{21{,}5} \approx 0{,}4651 \Rightarrow \alpha \approx 24{,}9° = \beta$, da das Giebeldreieck gleichschenklig ist.

$\gamma = 180° - 2\alpha \approx 130{,}2°$

b) $s = \sqrt{10^2 + 21{,}5^2}\,\text{m} \approx 23{,}7\,\text{m}$

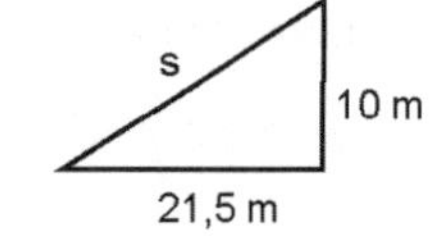

Größe der Dachfläche:
$A = 2 \cdot 23{,}7\,\text{m} \cdot 108\,\text{m} = 5119{,}2\,\text{m}^2$

c) Volumen des Baukörpers:
$V = V_Q + V_P$
$V = (22 \cdot 43 \cdot 108 + \frac{1}{2} \cdot 10 \cdot 43 \cdot 108)\,\text{m}^3$
$V \approx 125\,388\,\text{m}^3$

3 Flächeninhalt des Rundbildes:
$A = \pi \cdot d \cdot h = \pi \cdot 39{,}15\,\text{m} \cdot 14\,\text{m} \approx 1721{,}9\,\text{m}^2$

4 a) Eckturm: $V_E = \pi \cdot (2{,}5\,\text{m})^2 \cdot 23\,\text{m} \approx 451{,}60\,\text{m}^3$
Mittelturm: $V_M = \pi \cdot (4{,}5\,\text{m})^2 \cdot 20\,\text{m} \approx 1272{,}35\,\text{m}^3$
Quader: $V_Q = 24^2 \cdot 18\,\text{m}^3 = 10\,368\,\text{m}^3$
$V = 4 \cdot V_E + V_M + V_Q \approx 13\,446{,}75\,\text{m}^3$
b) Von den vier Ecktürmen geht in Quaderhöhe $\frac{1}{4}$ an Volumen verloren: $\pi \cdot (2{,}5\,\text{m})^2 \cdot 18\,\text{m} \approx 353\,\text{m}^3$.
Das Gesamtvolumen beträgt dann $13\,093{,}75\,\text{m}^3$.

5 Kernbau:
$r_1 = 22\,\text{m}$; $r_2 = 11\,\text{m}$
Turm: 4,4 m
Höhe des Gebäudes: 25 m

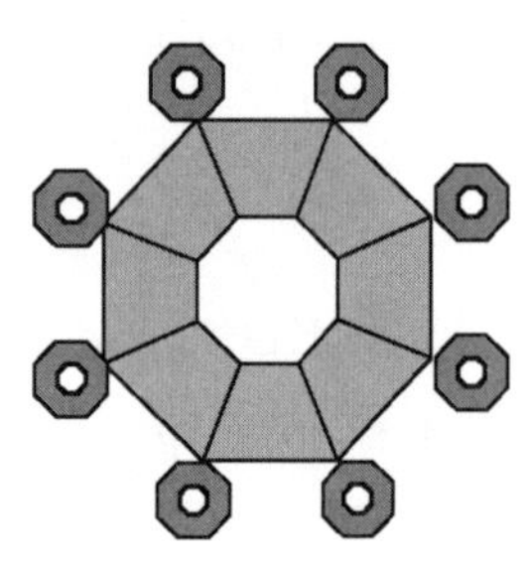

a)

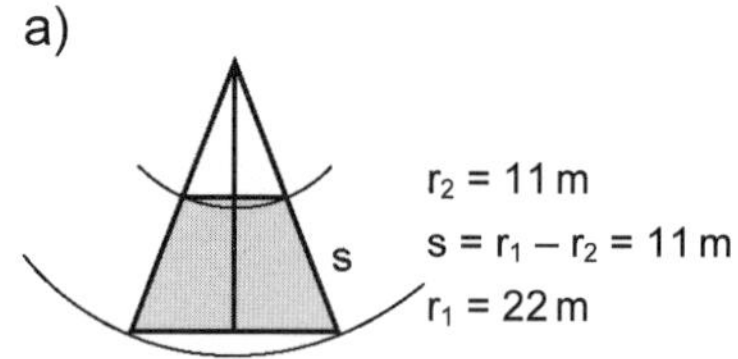

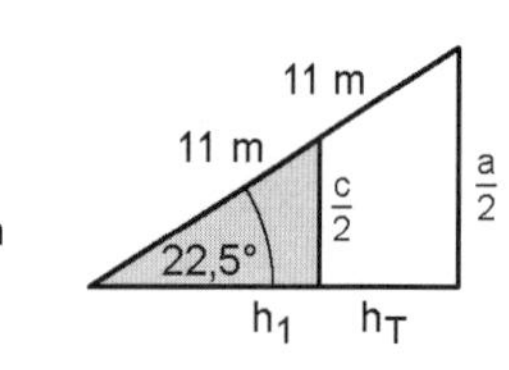

$\sin(22{,}5°) = \frac{a}{2} : 22\,\text{m} \Rightarrow a = 16{,}84\,\text{m}$

$\frac{c}{2} : 11\,\text{m} = 8{,}42\,\text{m} : 22\,\text{m} \Rightarrow c = 8{,}42\,\text{m}$

$h_T = h_1 = \sqrt{11^2\,\text{m}^2 - 4{,}21^2\,\text{m}^2} \approx 10{,}16\,\text{m}$

Wohnfläche eines der trapezförmigen Zimmer:
$A = \frac{1}{2}(a + c) \cdot h_T = \frac{1}{2} \cdot (16{,}84\,\text{m} + 8{,}42\,\text{m}) \cdot 10{,}16\,\text{m}$
$A \approx 128{,}32\,\text{m}^2$

b) $G_{Kernbau} = 8 \cdot 128{,}32\,\text{m}^2 = 1026{,}56\,\text{m}^2$
Grundfläche der Türme ist ein regelmäßiges Achteck:
$G_{Turm} = \frac{8 \cdot 4{,}4^2\,\text{m}^2}{2} \sin\left(\frac{360°}{8}\right) \approx 54{,}76\,\text{m}^2$

Volumen des Kastells:
$V = G \cdot h$
$V = (1026{,}56\,\text{m}^2 + 8 \cdot 54{,}76\,\text{m}^2) \cdot 25\,\text{m}$
$V = 36\,616\,\text{m}^3$

Besondere Pyramiden und Kegel, Seite S 66

1 Gegeben: $U = 37{,}7\,\text{m}$; $s = 21{,}8\,\text{m}$

a) Höhe der Turmdächer:

$\Rightarrow r = \frac{U}{2\pi} = \frac{37{,}7\,\text{m}}{2\pi} \approx 6\,\text{m}$

$h = \sqrt{21{,}8^2\text{m}^2 - 6^2\text{m}^2} \approx 21\,\text{m}$

b) Größe der Dachfläche eines Turmes:

$M_{Kegel} = \pi r s = \pi \cdot 6\,\text{m} \cdot 21{,}8\,\text{m} \approx 410{,}9\,\text{m}^2$

c) Volumen:

$V = V_Z + V_K = \pi r^2 h + \frac{1}{3}\pi r^2 h = \frac{4}{3}\pi r^2 h$

$= \frac{4}{3}\pi 6^2\,\text{m}^2\, 21\,\text{m} = 1008\,\pi\,\text{m}^3 \approx 3166{,}7\,\text{m}^3$

d) Burgturm: $h_Z = 42\,\text{m}$; $r = 3\,\text{m}$; $h_K = 10{,}5\,\text{m}$

$V = V_Z + V_K = \pi r^2 h_Z + \frac{1}{3}\pi r^2 h_K$

$= \pi (3\,\text{m})^2 \cdot (42\,\text{m} + \frac{1}{3} \cdot 10{,}5\,\text{m}) = 409{,}5\,\pi\,\text{m}^3$

$\approx 1286{,}5\,\text{m}^3$

$O = G + M_Z + M_K$

$= \pi r^2 + 2\pi r h_Z + \pi \cdot r \cdot s$

$= \pi\,(3\,\text{m})^2 + 2\pi \cdot 3\,\text{m} \cdot 42\,\text{m}$

$+ \pi \cdot 3\,\text{m} \cdot 10{,}9\,\text{m}$

$= 293{,}7\,\pi\,\text{m}^2 \approx 922{,}7\,\text{m}^2$

$s = \sqrt{10{,}5^2 + 3^2}$

$s \approx 10{,}9\,\text{m}$

2

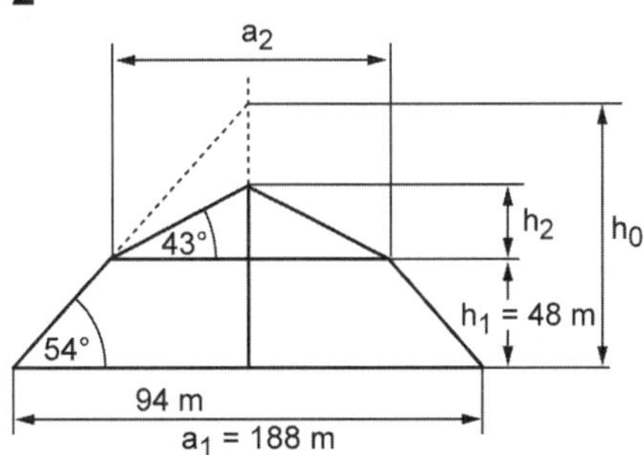

Ursprünglich geplante Höhe h_0:

$\tan(54°) = h_0 : 94\,\text{m} \Rightarrow h_0 = \tan(54°) \cdot 94\,\text{m} \approx 129\,\text{m}$

Nach 2. Strahlensatz gilt für Länge a_2:

$94\,\text{m} : 129\,\text{m} = \frac{1}{2} a_2 : (129 - 48)\,\text{m} \Rightarrow a_2 = 118\,\text{m}$

Höhe h_2 der „aufgesetzten kleinen" Pyramide:

$\tan(43°) = h_2 : 59\,\text{m} \Rightarrow h_2 = \tan(43°) \cdot 59\,\text{m} \approx 55\,\text{m}$

Volumen der ursprünglich geplanten Pyramide:

$V_0 = \frac{1}{3} a_1^2 \cdot h_0 = \frac{1}{3} \cdot 188^2 \cdot 129\,\text{m}^3 = 1\,519\,792\,\text{m}^3$

Volumen der „Knickpyramide":

$V_K = V_{Pyramidenstumpf} + V_{„kleine" Pyramide}$

$= \frac{1}{3} h_1 (G_1 + \sqrt{G_1 G_2} + G_2) + \frac{1}{3} G_2 \cdot h_2$

$= \left[\frac{1}{3} 48\left(188^2 + \sqrt{188^2 \cdot 118^2} + 118^2\right) + \frac{1}{3} \cdot 118^2 \cdot 55\right] \text{m}^3$

$= 1\,143\,232\,\text{m}^3 + 255\,273\frac{1}{3}\,\text{m}^3$

$= 1\,398\,505\frac{1}{3}\,\text{m}^3$

Einsparung an Baumaterial:

$p\,\% = \frac{V_0 - V_K}{V_0} = \frac{1\,519\,792 - 1\,398\,505\frac{1}{3}}{1\,519\,792} \approx 0{,}0798$

Rund 8 % des Baumaterials wurde eingespart.

Die Mantelfläche der Knickpyramide besteht aus 4 Trapezen und 4 Dreiecken:

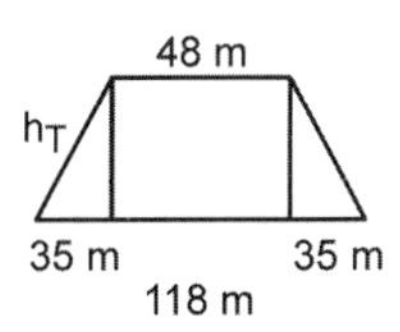

$h_T = \sqrt{48^2 + 35^2}\ \text{m} \approx 59\,\text{m}$

$A_T = \frac{1}{2}(a_1 + a_2) \cdot h_T$

$A_T = \frac{1}{2}(188\,\text{m} + 118\,\text{m}) \cdot 59\,\text{m}$

$A_T = 9027\,\text{m}^2$

$h_D = \sqrt{55^2 + 59^2}\ \text{m} \approx 81\,\text{m}$

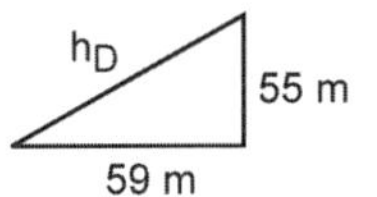

$A_D = \frac{1}{2} a_2 \cdot h_D$

$A_D = \frac{1}{2} \cdot 118\,\text{m} \cdot 81\,\text{m}$

$A_D = 4779\,\text{m}^2$

$M = 4 \cdot A_T + 4 \cdot A_D = 55\,224\,\text{m}^2$

3 a)

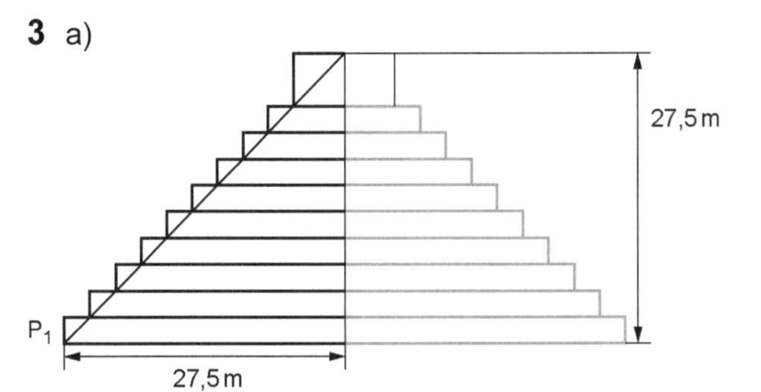

Höhe der Plattformen P_1 bis P_9: $27{,}5\,\text{m} : 11 = 2{,}5\,\text{m}$

Höhe des Tempels: 5 m

Die Seitenlängen der Plattformen erhält man mithilfe des 2. Strahlensatzes.

Plattform	Grundfläche	Höhe	Volumen
P_1	$(55\,\text{m})^2$	2,5 m	$7562{,}5\,\text{m}^3$
P_2	$(50\,\text{m})^2$	2,5 m	$6250{,}0\,\text{m}^3$
P_3	$(45\,\text{m})^2$	2,5 m	$5062{,}5\,\text{m}^3$
P_4	$(40\,\text{m})^2$	2,5 m	$4000{,}0\,\text{m}^3$
P_5	$(35\,\text{m})^2$	2,5 m	$3062{,}5\,\text{m}^3$
P_6	$(30\,\text{m})^2$	2,5 m	$2250{,}0\,\text{m}^3$
P_7	$(25\,\text{m})^2$	2,5 m	$1562{,}5\,\text{m}^3$
P_8	$(20\,\text{m})^2$	2,5 m	$1000{,}0\,\text{m}^3$
P_9	$(15\,\text{m})^2$	2,5 m	$562{,}5\,\text{m}^3$
Tempel	$(10\,\text{m})^2$	5,0 m	$500{,}0\,\text{m}^3$

b) Gesamtvolumen der Maya-Pyramide:

$V \approx 31\,813\,\text{m}^3$

c) „Echte" Pyramide:

$V = \frac{1}{3} \cdot (55\,\text{m})^2 \cdot 27{,}5\,\text{m} \approx 27\,729\,\text{m}^3$

$p\,\% = \frac{27729}{31813} \approx 0{,}8716$

Die „echte" Pyramide ist um rund 13 % kleiner als die Maya-Pyramide.

d) $\tan(\alpha) = \frac{27{,}5}{27{,}5} = 1 \Rightarrow \alpha = 45°$

4 Höhe der Plattform: $h = 40\,m$

$r_1 = d_2 = h_P = h_K = h_T = 40\,m$

$\Rightarrow d_1 = 80\,m$

$r_2 = 20\,m$

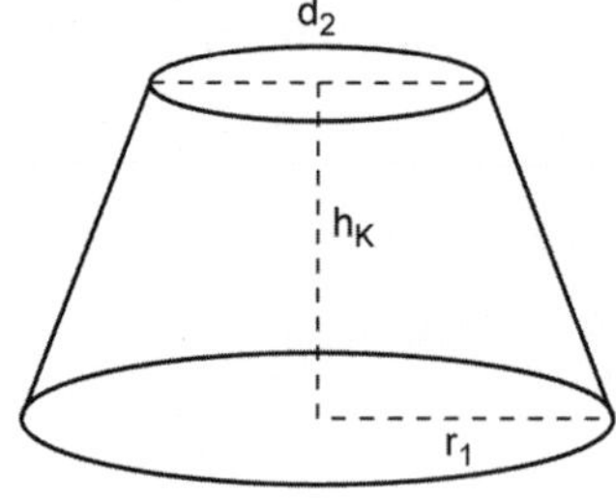

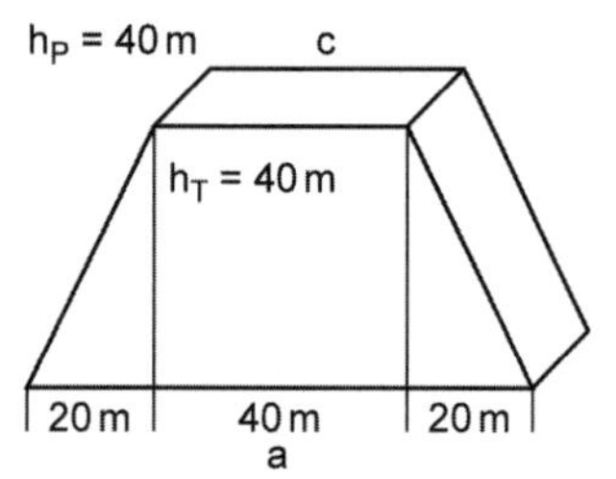

Darstellung des zusammengesetzten Körpers in Grund- und Aufriss zur Veranschaulichung des Sachverhalts:

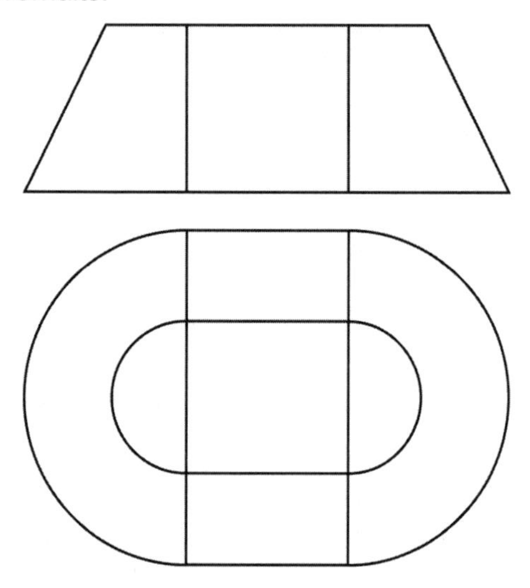

Volumen des Prismas:

$V_P = G \cdot h_P = \frac{1}{2}(a + c) \cdot h_T \cdot h_P$

$= \frac{1}{2}(80\,m + 40\,m) \cdot 40\,m \cdot 40\,m = 96\,000\,m^3$

Volumen des Kegelstumpfes:

$V_K = \frac{1}{3}\pi \cdot h_K(r_1^2 + r_1 r_2 + r_2^2)$

$= \frac{1}{3}\pi \cdot 40\,m\,(40^2\,m^2 + 40\,m \cdot 20\,m + 20^2\,m^2)$

$\approx 117\,286\,m^3$

Volumen des zusammengesetzten Körpers:

$V = V_P + V_K = 213\,286\,m^3$

Oberflächeninhalt des Kegelstumpfes:

$O_K = G_1 + G_2 + M$

$= \pi r_1^2 + \pi r_2^2 + \pi s(r_1 + r_2)$

$= [\pi(40^2 + 20^2 + 45(40 + 20))]\,m^2$

$= 4700\,\pi\,m^2$

$\approx 14\,765\,m^2$

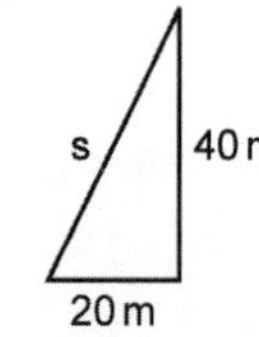

$s = \sqrt{40^2 + 20^2}\,m$

$s \approx 45\,m$

Mantelfläche des Prismas:

$M_P = c\,h_P + 2\,s\,h_P + a\,h_P$

$= (40^2 + 2 \cdot 45 \cdot 40 + 80 \cdot 40)\,m^2 = 8400\,m^2$

Oberflächeninhalt des zusammengesetzten Körpers:

$O = O_K + M_P = 23\,165\,m^2$

Kugeln in der Architektur, Seite S 67

1 a) Volumen des umbauten Raumes des Pantheons:

$V = V_Z + V_{HK}$ $\qquad h_Z = r$

$= \pi r^2 h_Z + \frac{1}{2} \cdot \frac{4}{3}\pi r^3$

$= \pi(21{,}65\,m)^2 \cdot 21{,}65\,m + \frac{1}{2} \cdot \frac{4}{3}\pi(21{,}65\,m)^3$

$\approx 53\,134\,m^3$

b) Volumen und Oberflächeninhaltes des geplanten Newton-Denkmals:

$V = \frac{4}{3}\pi(75\,m)^3 \approx 1\,767\,146\,m^3$

$O = 4\pi(75\,m)^2 \approx 70\,686\,m^2$

2 Volumen des Innenraumes des Tempiettos:

$V = V_Z + V_{HK}$ $\qquad h_Z = 3r$

$= \pi r^2 h_Z + \frac{1}{2} \cdot \frac{4}{3}\pi r^3$

$= \pi(2{,}25\,m)^2 \cdot 3 \cdot 2{,}25\,m + \frac{1}{2} \cdot \frac{4}{3}\pi(2{,}25\,m)^3$

$\approx 131{,}2\,m^3$

3 a) Volumen und Oberflächeninhalt der Fuller-Kugel in Orlando:

$V = \frac{4}{3}\pi(25\,m)^3 \approx 65\,450\,m^3$

$O = 4\pi(25\,m)^2 \approx 7854\,m^2$

b) Radius der Dreiviertelkugel in Montreal:

$V_{Kappe} = \frac{1}{3}\pi \cdot h^2\,(3r - h)$

$= \frac{1}{3}\pi\left(\frac{1}{2}r\right)^2 \cdot \left(3r - \frac{1}{2}r\right)$

$= \frac{1}{3} \cdot \pi \cdot \frac{1}{4} \cdot r^2 \cdot \left(\frac{5}{2}r\right)$

$= \frac{5}{24} \cdot \pi \cdot r^3$

$V = \frac{4}{3} \cdot r^3 \cdot \pi - \frac{5}{24} \cdot \pi \cdot r^3 = \frac{9}{8} \cdot r^3 \cdot \pi$

$190\,000\,m^3 = \frac{9}{8} \cdot r^3 \cdot \pi$

$\Rightarrow r = \sqrt{\frac{190\,000\,m^3 \cdot 8}{9\pi}} \Rightarrow r \approx 37{,}74\,m$

Höhe des Kugelbaus:

$h_{Kugelbau} = \frac{3}{4}d = \frac{3}{2}r \approx 56{,}61\,m$

Höhe der Kugelkappe:

$h_{Kugelkappe} = \frac{1}{2} r \approx 18{,}87\,m$

$r^2 = (r - h)^2 + a^2$

$\Rightarrow a = \sqrt{2rh - h^2}$

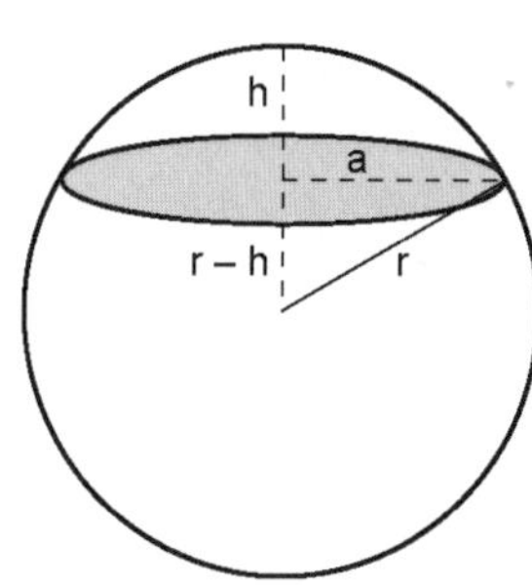

$a \approx \sqrt{2 \cdot 37{,}74\,m \cdot 18{,}87\,m - (18{,}87\,m)^2}$

$a \approx 32{,}68\,m$ (Radius des Kreises der „Standfläche" des Kugelbaus)

Oberflächeninhalt des Kugelbaus:

$O = O_{Kugel} - M_{Kappe} + A_{Kreis}$

$= 4\pi r^2 - 2\pi r h + \pi a^2$

$\approx 4\pi (37{,}74\,m)^2$

$- 2\pi \cdot 37{,}74\,m \cdot 18{,}87\,m$

$+ \pi \cdot (32{,}68\,m)^2$

$\approx 16\,779\,m^2$

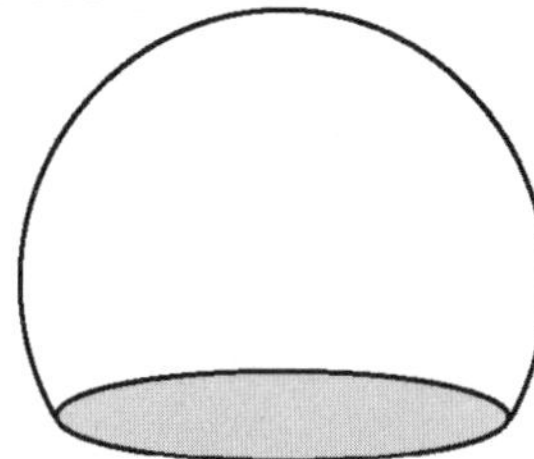

c) Verkleidete Oberfläche des Kugelbaus:

$O = O_{Kugel} - M_{Kappe}$

$= 4\pi (37{,}74\,m)^2 - 2\pi \cdot 37{,}74\,m \cdot 18{,}87\,m$

$\approx 13\,424\,m^2$

Gewicht des Kugelbaus:

$m_{Kugelbau} \approx 13\,424\,m^2 \cdot 53\,kg/m^2 \approx 711\,472\,kg \approx 711\,t$

4 a) Volumen des Atomiums:

$V = 9 \cdot V_K + 20 \cdot V_Z$

$= 9 \cdot \frac{4}{3}\pi (9\,m)^3 + 20 \cdot \pi (1{,}5\,m)^2 \cdot 24\,m$

$\approx 30\,876\,m^3$

b) Oberflächeninhalt des Atomiums:

$O = 9 \cdot O_K + 20 \cdot M_Z - O_{Anschlussstellen}$

$= 9 \cdot 4 \cdot \pi r_K^2 + 20 \cdot 2\pi r_Z h - O_A$

$= 36 \cdot \pi (9\,m)^2 + 40\pi \cdot 1{,}5\,m \cdot 24\,m - O_A$

$\approx 13\,685\,m^2 - O_A$

20 Zylinder mit 40 „Anschlussstellen" auf den Kugeln: $O_A = 40\pi \cdot (1{,}5\,m)^2 \approx 283\,m^2$

$\Rightarrow 13\,685\,m^2 - 283\,m^2 \approx 13\,402\,m^2$

Ungefähr $13\,402\,m^2$ Edelstahl wurden bei der Renovierung verbaut.

c) Abstand der Kugelmittelpunkte am Atomium:

$a = h - 2r - 3{,}50\,m = 102\,m - 18\,m - 3{,}50\,m$

$= 80{,}5\,m$

Abstand der Atome:

$80{,}5\,m : 165 \cdot 10^9 \approx 0{,}49 \cdot 10^{-9}\,m \approx 0{,}49\,nm$

Einmal quer durch Paris (1), Seite S 68

1 a) Durchmesser der Halbkugelleinwand:

$O = \frac{1}{2} \cdot 4\pi r^2 = 1000\,m^2 \Rightarrow r = \sqrt{\frac{500\,m^2}{\pi}} \approx 12{,}6\,m$

$\Rightarrow d \approx 25\,m$

b) Volumen der Kinokugel „La Géode":

$V = V_{Kugel} - V_{Kappe}$

$= \frac{4}{3}\pi r^3 - \frac{1}{3}\pi h^2 (3r - h)$

$= \frac{4}{3}\pi (18\,m)^3 - \frac{1}{3}\pi (7\,m)^2 (3 \cdot 18\,m - 7\,m)$

$\approx 22\,017\,m^3$

c) $r^2 = (r - h)^2 + a^2 \Rightarrow a = \sqrt{2rh - h^2}$

$a = \sqrt{2 \cdot 18\,m \cdot 7\,m - (7\,m)^2}$

$a \approx 14\,m$

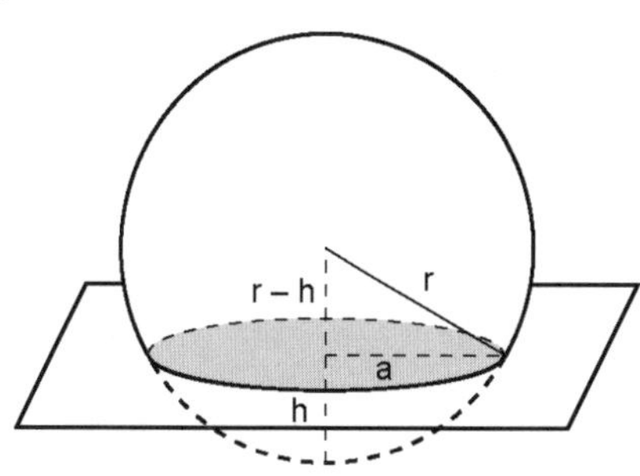

Flächeninhalt des Wasserbeckens:

$A = (48\,m)^2 = 2304\,m^2$

Größe der Standfläche der Kinokugel:

$A = \pi a^2 = \pi (14\,m)^2 \approx 616\,m^2$

$p\,\% = 616\,m^2 : 2304\,m^2 \approx 0{,}27$

Die Standfläche der Kinokugel nimmt rund 27 % der Fläche des Wasserbeckens ein.

d) Oberflächeninhalt der Kinokugel:

$O = O_{Kugel} - M_{Kappe}$

$= 4\pi r^2 - 2\pi r h = 4\pi \cdot (18\,m)^2 - 2\pi \cdot 18\,m \cdot 7\,m$

$\approx 3280\,m^2$

Flächeninhalt und Seitenlänge eines Stahldreiecks:

$A = 3280\,m^2 : 6433 = 0{,}51\,m^2 = \frac{a^2}{4}\sqrt{3} \Rightarrow a \approx 1\,m$

2 a) Große Pyramide:

$G = 1170\,m^2 = a^2 \Rightarrow a \approx 34{,}2\,m$

$A = 470{,}25\,m^2 = \frac{1}{2} a h_a \Rightarrow h_a \approx 27{,}5\,m$

Höhe der großen Pyramide:

$h = \sqrt{h_a^2 - \left(\frac{a}{2}\right)^2}$

h_a h $\frac{a}{2}$

$h = \sqrt{(27{,}5\,m)^2 - (17{,}1\,m)^2}$

$h \approx 21{,}5\,m$

Seitenkantenlänge der großen Pyramide:

$e = a\sqrt{2}$

$e \approx 48{,}4\,m$

$s = \sqrt{h^2 + \left(\frac{e}{2}\right)^2}$

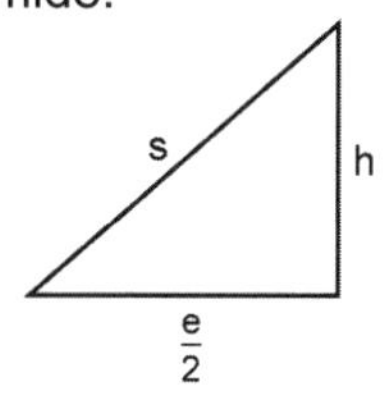

$s = \sqrt{(21{,}5\,m)^2 + (24{,}2\,m)^2}$

$s \approx 32{,}4\,m$

Neigungswinkel der großen Pyramide:

$\tan(\alpha) = h : \frac{a}{2} = 21{,}5\,m : 17{,}1\,m \approx 1{,}2573$

$\Rightarrow \alpha \approx 51{,}5°$

b) Flächeninhalt der Wasserbecken:

Die Wasserfläche kann man sich in neun gleich große rechtwinklige, gleichschenklige Dreiecke zerlegt vorstellen mit den Seitenlängen $a = b = 24{,}2\,m$ (halbe Diagonalenlänge der

Pyramidengrundfläche) und $c = 34{,}2\,m$
(Seitenlänge der Pyramidengrundfläche).

$A_W = 9 \cdot \frac{1}{2} a^2 = 9 \cdot \frac{1}{2} (24{,}2\,m)^2$

$A_W = 2635{,}38\,m^2$

oder

$A_W = G : 4 \cdot 9 = 1170\,m^2 \cdot \frac{9}{4}$

$A_W = 2632{,}5\,m^2$

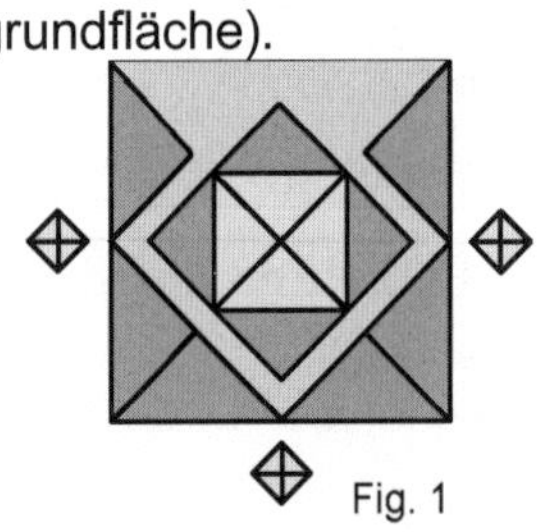

Fig. 1

Seitenlänge des großen Quadrates:

$a = 2 \cdot 34{,}2\,m + x$

$a = 2 \cdot 34{,}2\,m + 5{,}7\,m$

$a \approx 74{,}1\,m$

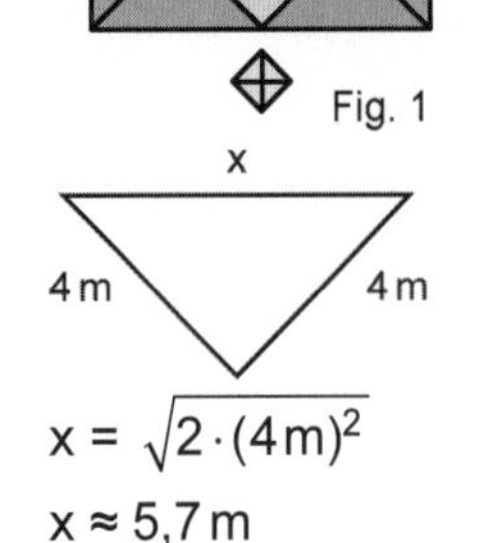

$x = \sqrt{2 \cdot (4\,m)^2}$

$x \approx 5{,}7\,m$

Flächeninhalt des großen Quadrates:

$A_Q = a^2 = (74{,}1\,m)^2 = 5490{,}81\,m^2$

$p\,\% = A_W : A_Q \approx 0{,}48$

Die Wasserbecken nehmen rund 48 % der Quadratfläche ein.

c) Die Pyramiden sind alle ähnlich zueinander.

	a	h	h_a	
große Pyramide	34,2 m	21,5 m	27,5 m	
kleine Pyramide	7,6 m	4,8 m	6,1 m	: 4,5
Kalkstein-pyramide	1,9 m	1,2 m	1,5 m	: 18

Volumen und Oberflächeninhalt der Pyramiden:

$V = \frac{1}{3} a^2 h;\;\; O = a^2 + 4 \cdot \frac{1}{2} a h_a$

	V	
große Pyramide	$8382{,}42\,m^3$	$\approx \cdot 4{,}5^3$
kleine Pyramide	$92{,}42\,m^3$	$\approx \cdot 18^3$
Kalkstein-pyramide	$1{,}44\,m^3$	

	O	
große Pyramide	$3050{,}64\,m^2$	$\approx \cdot 4{,}5^2$
kleine Pyramide	$150{,}48\,m^2$	$\approx \cdot 18^2$
Kalkstein-pyramide	$9{,}31\,m^2$	

Die Pyramiden sind ähnlich zueinander und die Längen werden wie folgt bestimmt:

$a_2 = a_1 \cdot k.$

Für zueinander ähnliche Flächeninhalte gilt:

$A_2 = A_1 \cdot k^2.$

Für zueinander ähnliche Rauminhalte gilt:

$V_2 = V_1 \cdot k^3.$

d) Glasflächen pro Pyramidenseite:

24 Rauten : 4 = 6 Rauten

16 Dreiecke : 4 = 4 Dreiecke

Seitenlänge der Pyramide:

$a = 7{,}6\,m$

Länge der Diagonale e der Raute:

$e = 7{,}6\,m : 4 = 1{,}9\,m$

Höhe einer Seitenfläche der Pyramide:

$h_a = 6{,}1\,m$

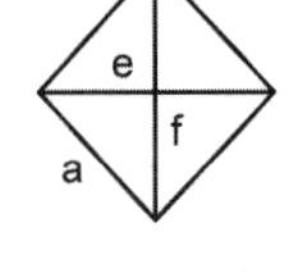

Länge der Diagonale f einer Raute:

$f = 6{,}1\,m : 2 = 3{,}05\,m$

Seitenlänge einer Raute:

$a = \sqrt{\left(\frac{e}{2}\right)^2 + \left(\frac{f}{2}\right)^2} = \sqrt{\frac{(1{,}9^2 + 3{,}05^2)\,m^2}{4}} \approx 1{,}8\,m$

e) Oberflächeninhalt der inversen Pyramide:

	a	h	h_a		O
gr. P.	34,2 m	21,5 m	27,5 m	: 2	$3050{,}64\,m^2$
inv. P.	17,1 m	10,75 m	13,75 m	$: 2^2$	$762{,}66\,m^2$

Es wurden rund $763\,m^2$ Glas für den Bau der inversen Pyramide benötigt.

Die Fläche des Quadrates mit dem Umkreis ist doppelt so groß wie die Pyramidengrundfläche.

Die Diagonale in diesem Quadrat ist gleich dem Durchmesser des Umkreises.

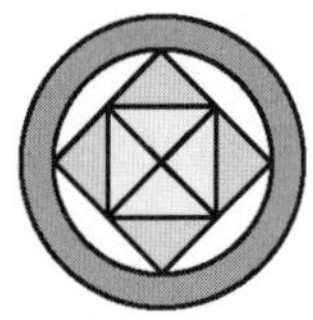

$d_1 = 34{,}2\,m$ (Seitenlänge der großen Pyramide)

Kreisring:

$r_1 = 17{,}1\,m,\;\; r_2 = 17{,}1\,m + 6\,m = 23{,}1\,m$

$A = \pi\left(r_2^2 - r_1^2\right) = \pi\left(23{,}1^2 - 17{,}1^2\right)\,m^2$

$A \approx 757{,}75\,m^2$

Rund $758\,m^2$ Straße wurden im Kreisverkehr um die inverse Pyramide asphaltiert.

Einmal quer durch Paris (2), Seite S 69

3 Höhe der kleinen goldenen Pyramide:

Gegeben: $s = 3{,}73\,m;\; a_2 = 1{,}40\,m$

$e = a_2\sqrt{2} = 1{,}40\,m \cdot \sqrt{2}$

$e \approx 1{,}98\,m$

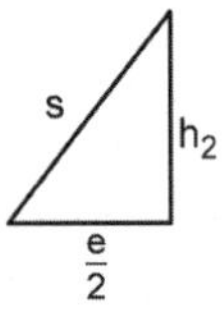

s, h_2, $\frac{e}{2}$

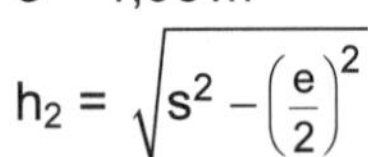

$h_2 = \sqrt{s^2 - \left(\frac{e}{2}\right)^2}$

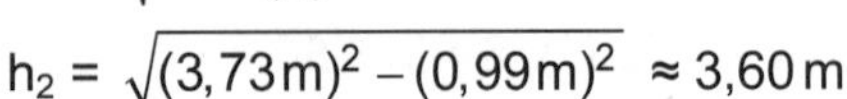

$h_2 = \sqrt{(3{,}73\,m)^2 - (0{,}99\,m)^2} \approx 3{,}60\,m$

Höhe des Pyramidenstumpfes:

$h_1 = 23\,m - h_2 \approx 19{,}4\,m$

Volumen des Obelisken:

$V = \frac{1}{3} a_2^2 h_2 + \frac{1}{3} h_1 \left(G_1 + \sqrt{G_1 G_2} + G_2\right)$

$V = \Big(\frac{1}{3} \cdot 1{,}4^2 \cdot 3{,}6$

$+ \frac{1}{3} \cdot 19{,}4\left(5{,}76 + \sqrt{5{,}76 \cdot 1{,}96} + 1{,}96\right)\Big)\,m^3$

$V \approx 74\,m^3$

Höhe der Seitenflächen der Pyramide:

$$h_{a_2} = \sqrt{h_2^2 + \left(\frac{a_2}{2}\right)^2}$$

$$h_{a_2} = \sqrt{(3{,}6\,m)^2 + (0{,}7\,m)^2} \approx 3{,}67\,m$$

Höhe der Seitenflächen des Pyramidenstumpfes:

$$h_{a_1} = \sqrt{h_1^2 + \left(\frac{a_1 - a_2}{2}\right)^2}$$

$$h_{a_1} = \sqrt{(19{,}4\,m)^2 + (0{,}5\,m)^2} \approx 19{,}41\,m$$

Oberflächeninhalt des Obelisken:

$$O = G_1 + 4 \cdot \frac{1}{2}(a_1 + a_2)\,h_{a_1} + 4 \cdot \frac{1}{2}\,a_2 h_{a_2}$$

$$O = \left[5{,}76 + 2 \cdot (2{,}4 + 1{,}4) \cdot 19{,}41 + 2 \cdot 1{,}4 \cdot 3{,}67\right] m^2$$

$O \approx 163{,}6\,m^2$

$74\,m^3 = 74\,000\,dm^3$ wiegen $230\,t = 230\,000\,kg$

$\Rightarrow$ $1\,dm^3$ kann man heben, denn er wiegt rund 3 kg.

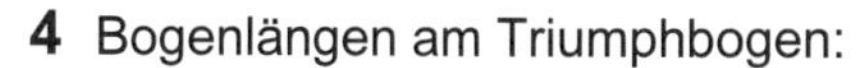

4 Bogenlängen am Triumphbogen:

$r_1 = 7\,m \quad \Rightarrow b_1 = \frac{1}{2}U = \frac{1}{2} \cdot 2\pi \cdot 7\,m \approx 22\,m$

$r_2 = 3{,}5\,m \quad \Rightarrow b_2 = \frac{1}{2}U = \frac{1}{2} \cdot 2\pi \cdot 3{,}5\,m \approx 11\,m$

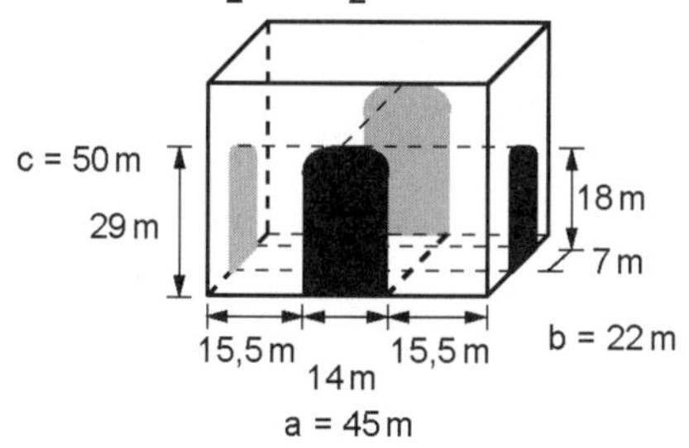

Volumen Durchgang 1:

$$V_1 = V_Q + V_{HZ} = \left(14 \cdot 22 \cdot 22 + \frac{1}{2}\pi \cdot 7^2 \cdot 22\right) m^3$$

$V_1 \approx 8469\,m^3$

Volumen Durchgang 2:

$$V_2 = V_Q + V_{HZ} = \left(7 \cdot 15{,}5 \cdot 14{,}5 + \frac{1}{2}\pi \cdot 3{,}5^2 \cdot 15{,}5\right) m^3$$

$V_2 \approx 1872\,m^3$

Volumen des Triumphbogens:

$V = a\,b\,c - V_1 - 2V_2$

$V = 45 \cdot 22 \cdot 50\,m^3 - 8469\,m^3 - 2 \cdot 1872\,m^3$

$V \approx 37287\,m^3$

Oberflächeninhalt des Quaders:

$O_Q = 2(ab + bc + ac)$

$= 2(45 \cdot 22 + 22 \cdot 50 + 45 \cdot 50)\,m^2 = 8680\,m^2$

Fläche, die von der Quaderoberfläche subtrahiert werden muss:

$$A_1 = \Big(2\big(14 \cdot 22 + \tfrac{1}{2}\pi \cdot 7^2\big) + 2\big(7 \cdot 14{,}5 + \tfrac{1}{2}\pi \cdot 3{,}5^2\big) + 14 \cdot 22 + 2 \cdot 7 \cdot 15{,}5\Big)\,m^2$$

$\approx 1536\,m^2$

Fläche, die zur Quaderoberfläche addiert werden muss:

$$A_2 = \big[(22 + 22 + 22) \cdot 22 + 2(14{,}5 + 11 + 14{,}5) \cdot 15{,}5\big]\,m^2$$

$\approx 2692\,m^2$

Oberflächeninhalt des Triumpfbogens:

$O = O_Q - A_1 + A_2 \approx 9836\,m^2$

5 a) Außenmaße des Torbaus:

„Stütztrapeze":

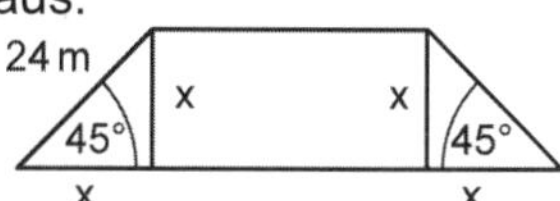

$\sin(45°) = x : 24\,m \quad \Rightarrow \quad x \approx 17\,m$ oder

$2x^2 = (24\,m)^2 \quad \Rightarrow \quad x \approx 17\,m$

Breite des Torbaus: $b = 70\,m + 2 \cdot 17\,m = 104\,m$

Länge des Torbaus: $l = 80\,m + 2 \cdot 17\,m = 114\,m$

Höhe des Torbaus: $h = 90\,m + 2 \cdot 17\,m = 124\,m$

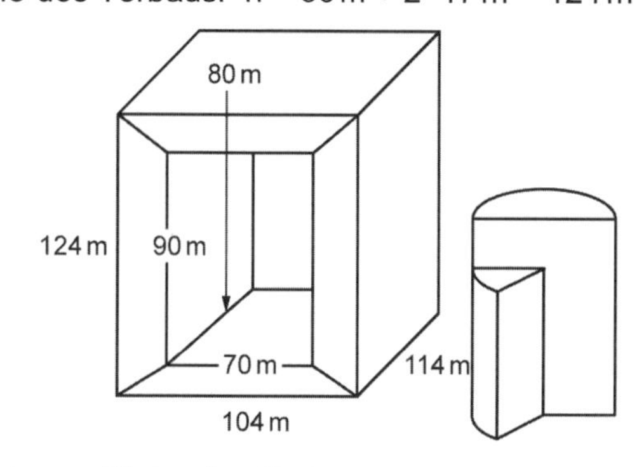

b) Marmorfläche des Torbaus:

$A = 4 \cdot A_{Trapez\,1} + 2 \cdot A_{Trapez\,2}$

$= 4 \cdot \frac{124\,m + 90\,m}{2} \cdot 24\,m + 2 \cdot \frac{104\,m + 70\,m}{2} \cdot 24\,m$

$= 14\,448\,m^2 \approx 1{,}4\,ha$

c) Glasverkleidung an den Außenseiten:

$A = 2 \cdot 114\,m \cdot 124\,m = 28\,272\,m^2 \approx 2{,}8\,ha$

d) Volumen des Torbaus:

$V = 2V_1 + 2V_2$

$$V_1 = \frac{1}{3}h \cdot \left(G_1 + \sqrt{G_1 G_2} + G_2\right)$$

$$V_1 = \left[\frac{1}{3} \cdot 17 \cdot \left(114 \cdot 124 + \sqrt{114 \cdot 124 \cdot 80 \cdot 90} + 80 \cdot 90\right)\right] m^3$$

$V_1 \approx 178\,073\,m^3$

$$V_2 = \frac{1}{3}h \cdot \left(G_1 + \sqrt{G_1 G_2} + G_2\right)$$

$$V_2 = \left[\frac{1}{3} \cdot 17 \cdot \left(104 \cdot 114 + \sqrt{104 \cdot 114 \cdot 70 \cdot 80} + 70 \cdot 80\right)\right] m^3$$

$V_2 \approx 145\,091\,m^3$

$V \approx 646\,328\,m^3$

e) Das Bürohochhaus ist ein zusammengesetzter Körper aus einem Halbzylinder ($h_1 = 120\,m$, $d = \frac{3}{4} h_1 = 90\,m$) und einem „Achtelzylinder“ ($h_2 = d = 90\,m$).

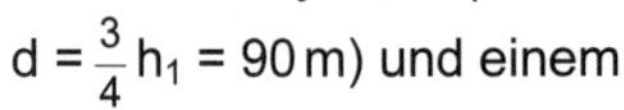

Volumen des Hochhauses:

$$V = V_1 + V_2 = \frac{1}{2}\pi r^2 h_1 + \frac{1}{8}\pi r^2 h_2 = \frac{1}{2}\pi r^2\left(h_1 + \frac{1}{4}h_2\right)$$

$$V = \frac{1}{2}\pi (45\,m)^2 \cdot \left(120\,m + \frac{1}{4}\cdot 90\,m\right) \approx 453\,273\,m^3$$

Oberflächeninhalt des Hochhauses:

$$O = O_{HZ} + 2\cdot\frac{1}{8}G + \frac{1}{8}M_Z$$

$$O = \frac{1}{2}\cdot 2\pi r(h_1 + r) + d h_1 + 2\cdot\frac{1}{8}\pi r^2 + \frac{1}{8}\cdot 2\pi r h_2$$

$$O = \left(\pi\cdot 45\cdot(120 + 45) + 90\cdot 120 + \frac{1}{4}\pi\cdot(45)^2 + \frac{1}{4}\pi\cdot 45\cdot 90\right)m^2 \approx 38\,898\,m^2$$

Zum Basteln:

Hilfestellung:

a) Modell für den Eingangsbereich des Louvre:

Netz einer Pyramide:

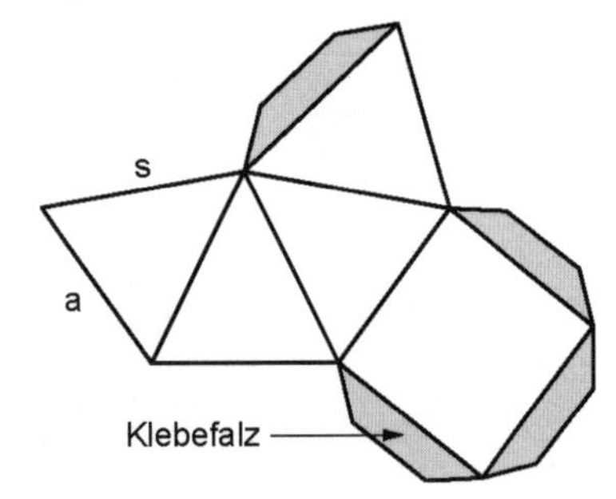

b) Modell des Torbaus Grand Arche:

Der Torbau besteht aus zwei verschiedenen Pyramidenstümpfen.

Netz eines Pyramidenstumpfes:

(„Torpfosten“)

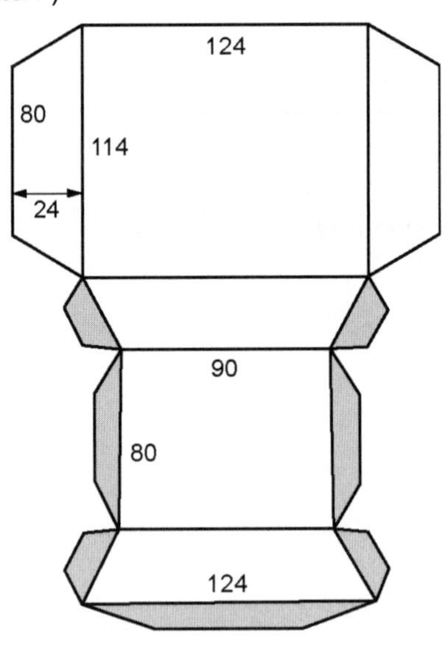

(„Dach und Treppenaufgang“)

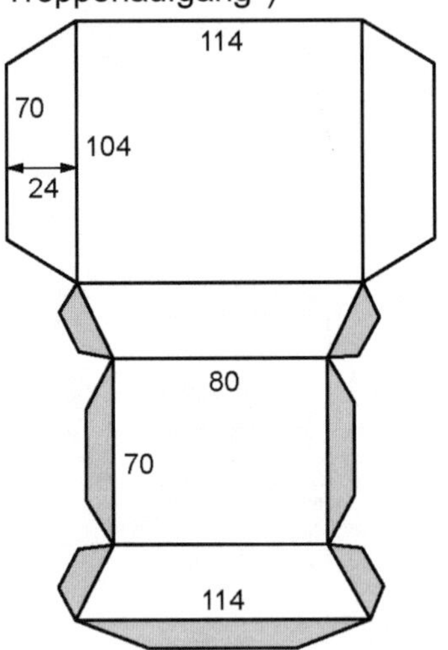

Rhombendodekaeder, Seite S 70

2 a) Schrägbild

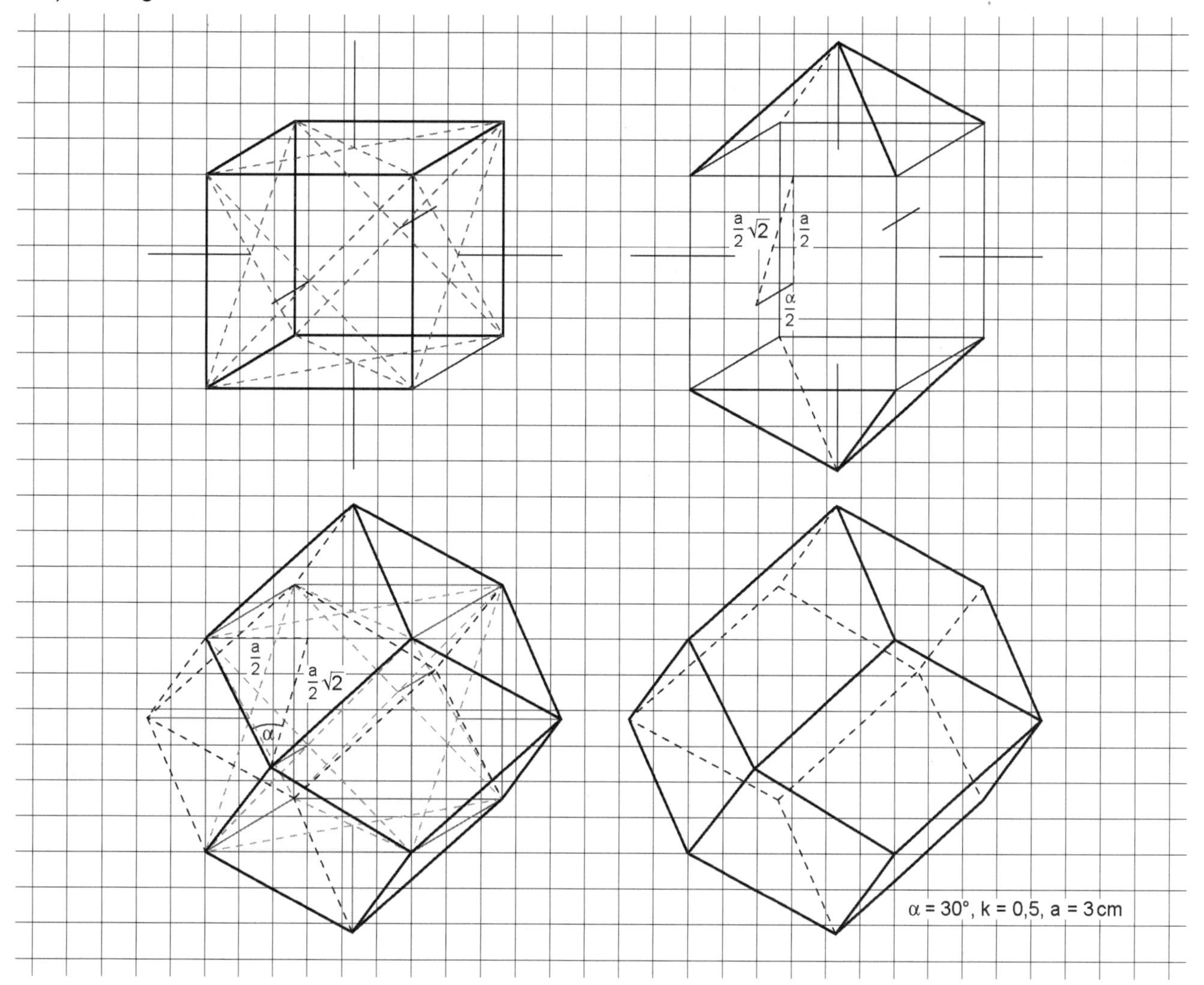

b) $\tan(\alpha) = \dfrac{\frac{a}{2}}{\frac{a}{2}\sqrt{2}} = \dfrac{\sqrt{2}}{2}$; $\alpha = 35{,}26°$; $2\alpha = 70{,}5°$

c) Rauminhalt = Würfel + 6 Pyramiden; $V = a^3 + 6 \cdot \frac{1}{3}a^2 \cdot \frac{a}{2} = 2 \cdot a^3$

d) Oberfläche = Mantel von 6 Pyramiden; $O = 6 \cdot 4 \cdot \frac{a}{2} \cdot \frac{a}{2}\sqrt{2} = 6 \cdot \sqrt{2} \cdot a^2$

Von anderen und unmöglichen Perspektiven, Seite S 71

1 a) Ermittlung des Fluchtpunktes

b) Individuelle Lösungen.

2 a) Perspektive mit zwei Fluchtpunkten

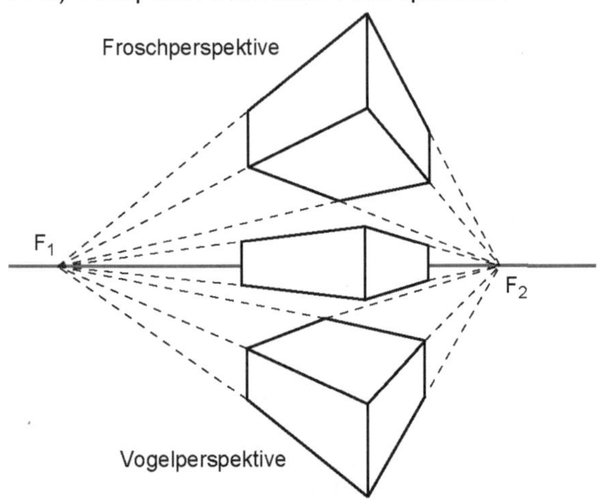

b) Individuelle Lösungen, z. B.:

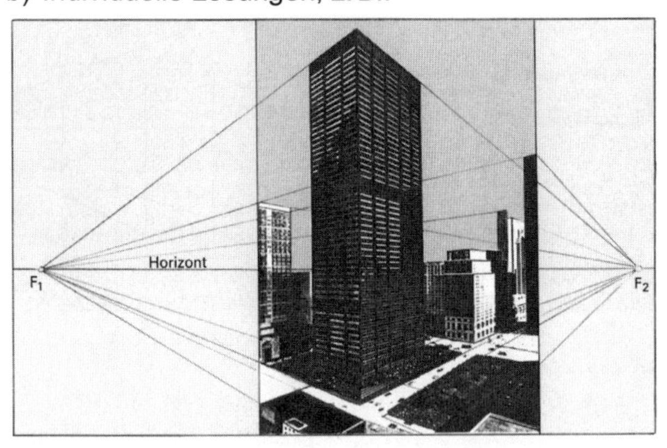

3 a) Ein Dreieck mit drei rechten Winkeln soll hier vorgetäuscht werden.

b)

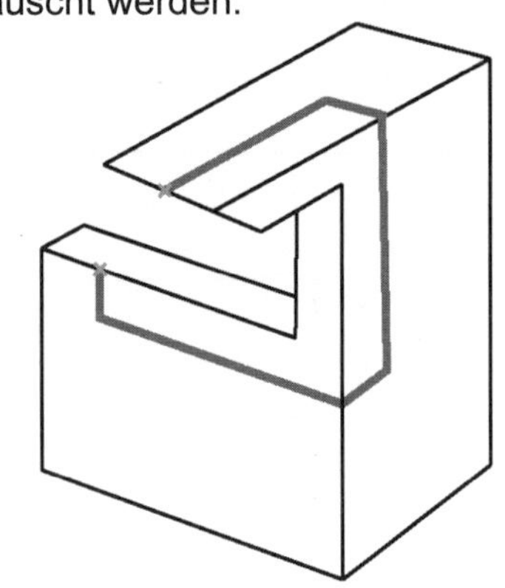

c) Individuelle Lösungen

Körper-Quintett (1), (2), Seite S 72/73

Individuelle Lösungen

VII Trigonometrische Funktionen

Höhenunterschiede, Seite S 74

1 $\cos(\delta) = \frac{s}{r}$; $s = r \cdot \cos(\delta) \approx 814{,}15\,\text{m}$

2 Im Grundriss:

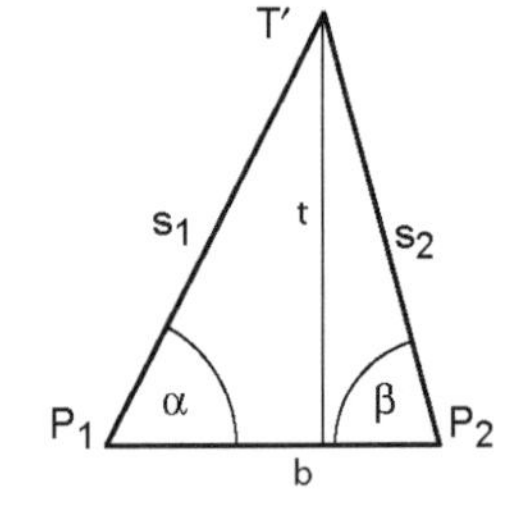

$\sin(\alpha) = \frac{t}{s_1}$; $t = s_1 \cdot \sin(\alpha)$

$\sin(\beta) = \frac{t}{s_2}$; $t = s_2 \cdot \sin(\beta)$

$s_1 \cdot \sin(\alpha) = s_2 \cdot \sin(\beta)$

Sinussatz: $\frac{s_1}{s_2} = \frac{\sin(\beta)}{\sin(\alpha)}$;

entsprechend: $\frac{b}{s_1} = \frac{\sin(\gamma)}{\sin(\beta)}$ und $\frac{s_2}{b} = \frac{\sin(\alpha)}{\sin(\gamma)}$

mit $\gamma = 180° - (\alpha + \beta) = 49{,}43°$

$s_2 = b \cdot \frac{\sin(\alpha)}{\sin(\gamma)} \approx 92{,}00\,\text{m}$; $s_1 = b \cdot \frac{\sin(\beta)}{\sin(\gamma)} \approx 105{,}17\,\text{m}$.

Im Aufriss:

$\tan(\delta_1) = \frac{h_1}{s_1}$; $h_1 = s_1 \cdot \tan(\delta_1) \approx 52{,}39\,\text{m}$

$\tan(\delta_2) = \frac{h_2}{s_2}$; $h_2 = s_2 \cdot \tan(\delta_2) \approx 52{,}37\,\text{m}$

$H_1 = h_1 + i_1 \approx 53{,}79\,\text{m}$; $H_2 = h_2 + i_2 \approx 53{,}87\,\text{m}$;
Mittelwert: $H \approx 53{,}83\,\text{m}$

Graph der Sinusfunktion mit GEONExT, Seite S 75

1 Individuelle Lösung

2 Durch die Spurkurve ergibt sich der Graph der Sinusfunktion:

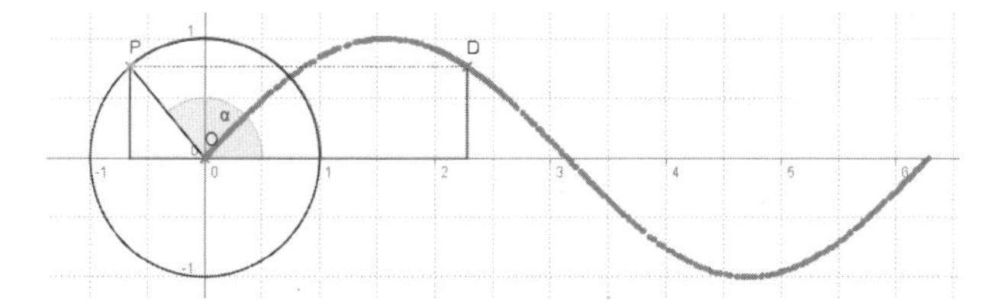

3 Die Aufgaben 3–6 des Serviceblattes „Trigonometrie am Einheitskreis mit GEONExT (2) – Aufgaben", Seite S 27, können ebenso durch Betrachtung des Graphen der Sinusfunktion gelöst werden.

Flächenberechnung beim Dreieck, Seite S 76

1 a) Das Dreieck lässt sich mithilfe der Formel $A = \frac{1}{2} \cdot \text{Grundseite} \cdot \text{Höhe}$ berechnen, da c und h_c gegeben sind.
b) Durch die Verwendung einer Kathete als Grundseite und einer Kathete als Höhe kann der Flächeninhalt ebenfalls unmittelbar mit der Formel $A = \frac{1}{2} \cdot \text{Grundseite} \cdot \text{Höhe}$ berechnet werden.
c) Zunächst muss die fehlende Kathete mit dem Satz des Pythagoras berechnet werden. Anschließend erfolgt die Berechnung des Flächeninhalts wie bei Teilaufgabe b).
d) Zunächst ist die Höhe h_c einzuzeichnen und mit $\sin(\alpha)$ zu berechnen. Anschließend kann der Flächeninhalt mit $A = \frac{1}{2} \cdot c \cdot h_c$ berechnet werden.
Alternativ kann die Formel $A = \frac{1}{2} bc \cdot \sin(\alpha)$ angewandt werden, ohne die Höhe explizit zu berechnen.
e) Zur Berechnung des Flächeninhalts sind folgende Schritte erforderlich:

1. Einzeichnen und Berechnen von h_c (mit $\sin(\alpha)$)
2. Berechnen des durch Einzeichnen der Höhe entstandenen Grundseitenabschnitts c_1 mit dem Satz des Pythagoras
3. Berechnen von β (mithilfe des Winkelsummensatzes)
4. Berechnen des durch Einzeichnen der Höhe entstandenen Grundseitenabschnitts c_2 (mit $\tan(\beta)$)
5. Berechnen der Grundseite $c = c_1 + c_2$
6. Berechnen des Flächeninhalts mit $A = \frac{1}{2} \cdot c \cdot h_c$

f) Im gleichschenkligen Dreieck ist zunächst die Höhe h_c einzuzeichnen und (mit $\sin(\alpha)$) zu berechnen. Anschließend kann die halbe Grundseite mit dem Satz des Pythagoras und der Flächeninhalt des Dreiecks mit $A = \frac{1}{2} \cdot c \cdot h_c$ bestimmt werden.

2 a) Das Dreieck ist durch Einzeichnen der Höhe h_c zu zerlegen.
$h_c = 4{,}74\,\text{cm}$ $c_1 = 0{,}75\,\text{cm}$ $\beta = 36°$
$c_2 = 6{,}53\,\text{cm}$ $A = 17{,}2\,\text{cm}^2$
Alternativ kann die Zerlegung auch mithilfe der Höhe h_a erfolgen.
b) Das Dreieck ist durch Einzeichnen der Höhe h_a zu zerlegen.
$h_a = 6{,}00\,\text{cm}$ $a_1 = 4{,}19\,\text{cm}$ $a_2 = 1{,}20\,\text{cm}$
$A = 16{,}2\,\text{cm}^2$
c) Das Dreieck ist am günstigsten durch Einzeichnen der Höhe h_c zu zerlegen.
$h_c = 8{,}59\,\text{cm}$ $\frac{c}{2} = 3{,}30\,\text{cm}$ $A = 28{,}3\,\text{cm}^2$
Die Berechnung der Basiswinkel und die Zerlegung über eine andere Höhe ist ebenfalls möglich, führt aber zu deutlich mehr Rechenschritten.
d) Das Dreieck kann mithilfe der außen liegenden Höhe h_c berechnet werden.
$\alpha_2 = 55°$ (Nebenwinkel zu α)
$h_c = 7{,}13\,\text{cm}$
$c_2 = 4{,}99\,\text{cm}$ (außen liegende Verlängerung der Seite c) $c_{ges} = 10{,}97\,\text{cm}$ ($c_{ges} = c + c_2$)
$c = 5{,}98\,\text{cm}$ $A = 21{,}3\,\text{cm}^2$
Alternativ ist die Berechnung des Winkels g und die Zerlegung des Dreiecks mithilfe der Höhe h_a möglich.
e) Der Flächeninhalt des Dreiecks kann unmittelbar mit der Formel $A = \frac{1}{2} ab \cdot \sin(\gamma)$ berechnet werden ($A = 5{,}6\,\text{cm}^2$). Alternativ ist eine Zerlegung durch Einzeichnen der Höhe h_b möglich.

3 a) Das Dreieck ist rechtwinklig – die Katheten sind b und c. Die Länge der Kathete c lässt sich durch Umstellen der Flächeninhaltsformel bestimmen ($c = 1{,}0\,\text{cm}$), die Hypotenuse a mit dem Satz des Pythagoras ($a = 9{,}06\,\text{cm}$). Für den Umfang ergibt sich somit $U = 19{,}1\,\text{cm}$.
b) Die Seite c des Dreiecks kann mit der Formel $A = \frac{1}{2} bc \cdot \sin(\alpha)$ bestimmt werden ($c = 36{,}58\,\text{cm}$).
Zur Bestimmung der Länge der Seite a muss das Dreieck durch die Höhe h_c zerlegt und die Höhe sowie die beiden Teile der Grundseite bestimmt werden ($h_c = 5{,}74\,\text{cm}$; $c_1 = 8{,}19\,\text{cm}$; $c_2 = 28{,}39\,\text{cm}$). Die Länge der Seite a kann dann mit dem Satz des Pythagoras aus h_c und c_2 berechnet werden ($a = 28{,}96\,\text{cm}$).
Für den Umfang ergibt sich $U = 75{,}5\,\text{cm}$.
c) Aufgrund der Winkelangaben handelt es sich um ein gleichseitiges Dreieck. Die Seitenlänge beträgt 6,23 cm und der Umfang 18,7 cm.

Flächenberechnung im Koordinatensystem, Seite S 77

1 a)

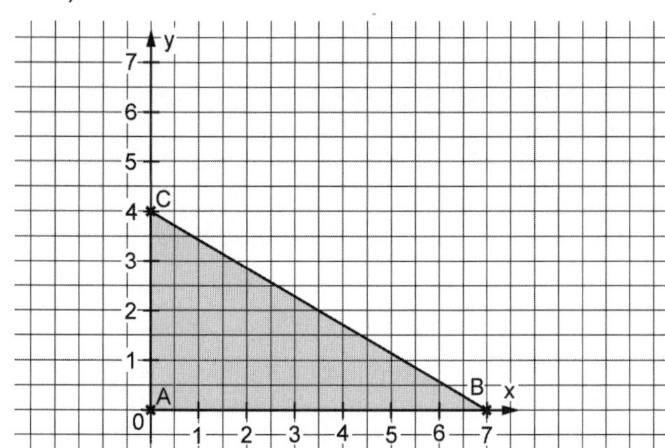

Der Flächeninhalt beträgt 14 FE. Er ist leicht zu bestimmen, da es sich um ein rechtwinkliges Dreieck handelt, bei dem alle Punkte auf den Achsen liegen und somit die Kathetenlängen direkt ablesbar sind.

b)

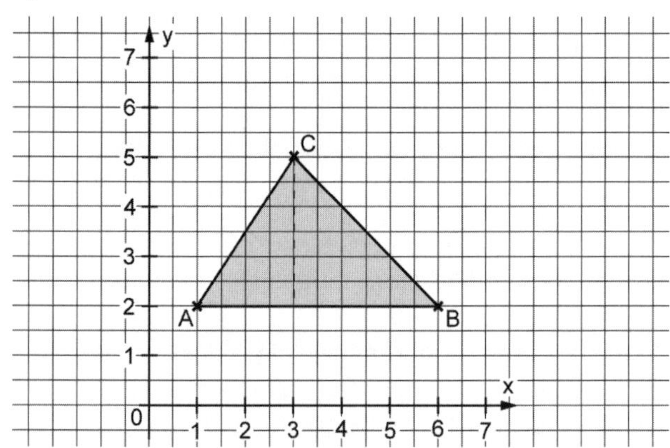

Der Flächeninhalt beträgt 7,5 FE. Der Flächeninhalt kann auf folgenden Wegen bestimmt werden:

- Grundseite und Höhe werden im Koordinatensystem abgelesen und der Flächeninhalt mit $A = \frac{1}{2} \cdot c \cdot h_c$ berechnet.
- Das Dreieck kann zu einem Rechteck ergänzt und sein Flächeninhalt durch Differenzbildung bestimmt werden.

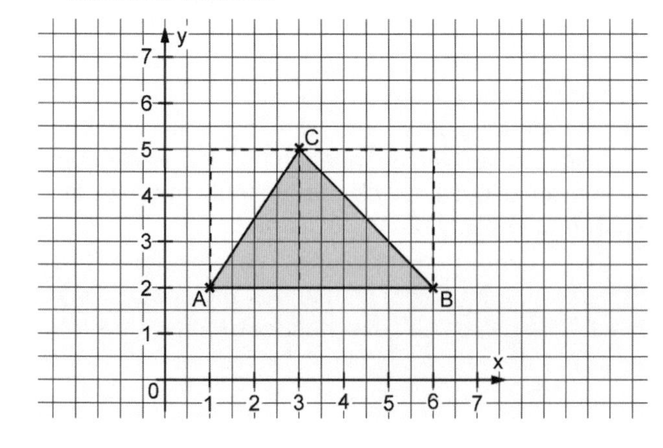

- Der Winkel α kann im rechtwinkligen Teildreieck bestimmt werden, das durch Einzeichnen der Höhe entsteht. Der Flächeninhalt kann dann auch mit der Formel $A = \frac{1}{2} bc \cdot \sin(\alpha)$ bestimmt werden.
- Eine weitere Möglichkeit besteht, wenn von einem Vermessungspunkt (dem Ursprung des Koordinatensystems) aus angepeilt wird. Diese Methode ist – wenn sie nicht automatisiert (z. B. mit GEONExT) angewandt wird – zu aufwendig und sollte erst nach der Behandlung des Serviceblattes „Grundstücksvermessung mit GEONExT", Seite S 35, thematisiert werden.

2 a)

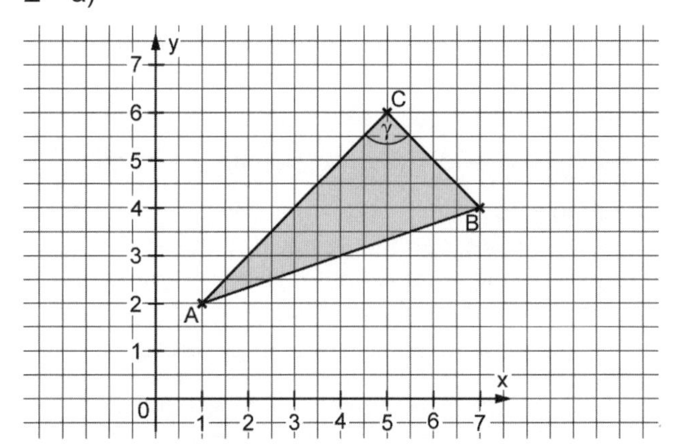

Aufgrund des Verlaufs der Dreiecksseiten kann der Winkel γ als rechter Winkel identifiziert werden. Somit lässt sich der Flächeninhalt des Dreiecks mithilfe der Kathetenlängen unter Einsatz der Formel $A = \frac{1}{2} \cdot a \cdot b$ berechnen. Die Längen der Katheten werden durch den Abstand der jeweiligen Punkte bestimmt. Im kartesischen Koordinatensystem gilt für die Berechnung des Abstandes zweier Punkte $P_1(x_1 | y_1)$ und $P_2(x_2 | y_2)$ die folgende Beziehung, die auf der Rechtwinkligkeit der Achsen und dem Satz des Pythagoras basiert:

$\overline{P_1P_2} = \sqrt{(x_2 - x_1)^2 + (y_2 - y_1)^2}$.

Dieser Zusammenhang kann auch anschaulich durch Einzeichnen der rechtwinkligen Dreiecke und Ablesen der Kathetenlängen ohne explizite Anwendung der Formel zum Einsatz kommen.
Für die Seitenlängen des Dreiecks ergeben sich folgende Werte:

$a = \sqrt{8}$ LE = 2,8 LE,

$b = \sqrt{32}$ LE = 5,7 LE,

$c = \sqrt{40}$ LE = 6,3 LE.

Der Flächeninhalt des Dreiecks beträgt somit $A = \frac{1}{2} \cdot 2\sqrt{2} \cdot 4\sqrt{2}$ FE = 8 FE und der Umfang U = 14,8 LE.

b)

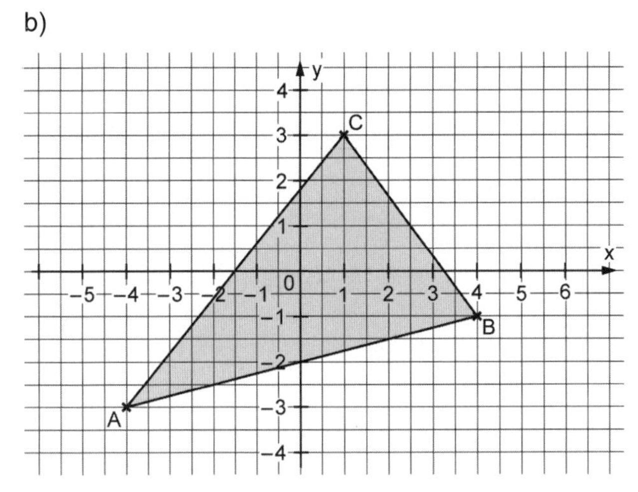

Bei diesem Aufgabenteil soll der Flächeninhalt mit der Formel $A = \frac{1}{2} b c \cdot \sin(\alpha)$ bestimmt werden.

Die Länge der Dreiecksseiten $b = 7{,}8\,LE$ und $c = 8{,}2\,LE$ wird wie bei a) bestimmt. Die Größe des Winkels α wird bestimmt, indem jeweils die Größe des Winkels zwischen den Dreiecksseiten b und c und der Horizontalen bestimmt wird. Dazu werden die Dreiecksseiten durch vertikale und horizontale Strecken zu rechtwinkligen Dreiecken ergänzt und die Größen der beiden Winkel bei A jeweils mit der Tangensfunktion bestimmt. Aus der Differenz der beiden berechneten Winkelgrößen ergibt sich $\alpha = 36{,}2°$. Für das Dreieck ABC ergibt sich somit ein Flächeninhalt von ca. 19,0 FE.

3

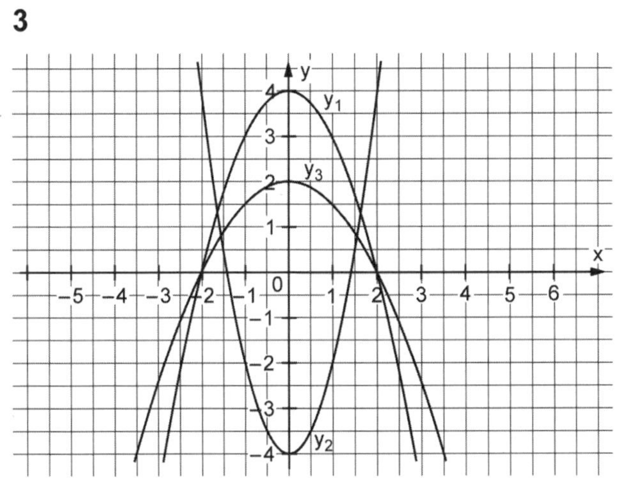

Die Betrachtung der drei Funktionsgraphen unter Berücksichtigung der möglichen Dreiecksgrundseiten und -höhen führt zur Erkenntnis, dass das Dreieck zum Graphen der Funktion g_1 am größten ist.

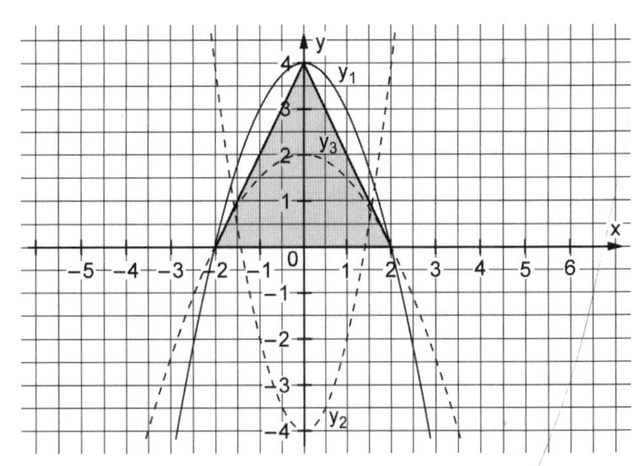

Das Dreieck hat einen Flächeninhalt von 8 FE. Die Dreiecksseiten haben folgende Längen: $a = b \approx 4{,}5\,LE$ und $c = 4\,LE$.

Die Größe des Winkels α lässt sich mit $\tan(\alpha) = 4:2$ berechnen und beträgt ebenso wie β ca. 63,4°. Die Größe des Winkels γ kann mit der Winkelsumme berechnet werden und beträgt ca. 53,1°.

4 a) Das Dreieck mit dem größten Flächeninhalt ergibt sich für den Scheitelpunkt C (5 | 4) der Parabel, da bei unveränderlicher Grundseite des Dreiecks die maximale Höhe den Ausschlag für den maximalen Flächeninhalt gibt.

b)

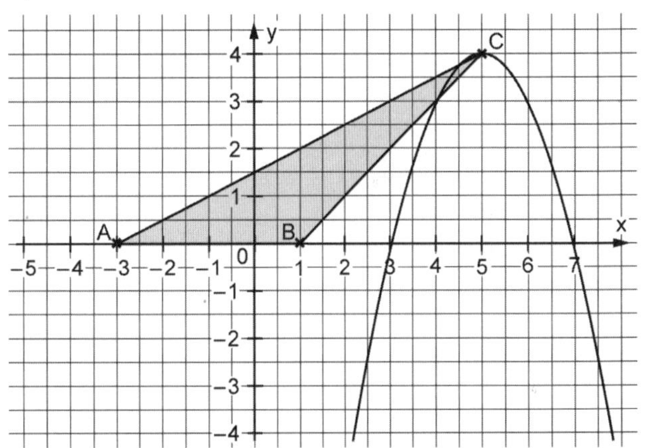

Das Dreieck hat den Flächeninhalt $A = 8\,FE$. Die Größe des Winkels γ ist wie bei Aufgabe 2 b) zu bestimmen und beträgt 18,4°.

Grundstücksvermessung mit GEONExT, Seite S 78

1 Individuelle Lösung

2 a) Die Lage des Vermessungspunktes hat keinen Einfluss auf den Flächeninhalt des Dreiecks. Der Flächeninhalt des zu berechnenden Dreiecks wird aus der Differenz der Dreiecksflächen bestimmt, die sich durch Einbeziehen des Vermessungspunktes ergeben – Veränderungen der einzelnen Flächeninhalte, die aus unterschiedlichen

Positionen des Vermessungspunktes resultieren, heben sich immer auf.
b) Durch Ziehen an den Eckpunkten kann der Flächeninhalt des Dreiecks variiert werden. Ändert sich bei der Variation auch der Umlaufssinn des Dreiecks, so ergibt sich aufgrund der Berechnung des Flächeninhalts durch Differenzbildung ein negativer Wert für den Flächeninhalt des Dreiecks. In diesem Fall ist bei der Bestimmung des Flächeninhalts des betrachteten Dreiecks durch Betragsbildung vom Vorzeichen zu abstrahieren.

3 Die einzugebende Formel zur Berechnung des Flächeninhalts des konstruierten Vierecks ABCD lautet:
0.5*Dist(P,A)*Dist(P,B)*Sin(Rad(A,P,B))+0.5*Dist(P,B)*Dist(P,C)*Sin(Rad(B,P,C))+0.5*Dist(P,C)*Dist(P,D)*Sin(Rad(C,P,D))-0.5*Dist(P,A)*Dist(P,D)*Sin(Rad(A,P,D)).
Bei der Veränderung des Vierecks ist zusätzlich zum in der Lösung zu Aufgabe 2 genannten Hinweis bezüglich des Vorzeichens darauf zu achten, dass sich die Vierecksseiten nicht schneiden, da sich in diesem Fall kein sinnvoller Zahlenwert für den Flächeninhalt des Vierecks ergibt.

I Quadratische Funktionen und quadratische Gleichungen

1 Rein quadratische Funktionen

Seite 12

1

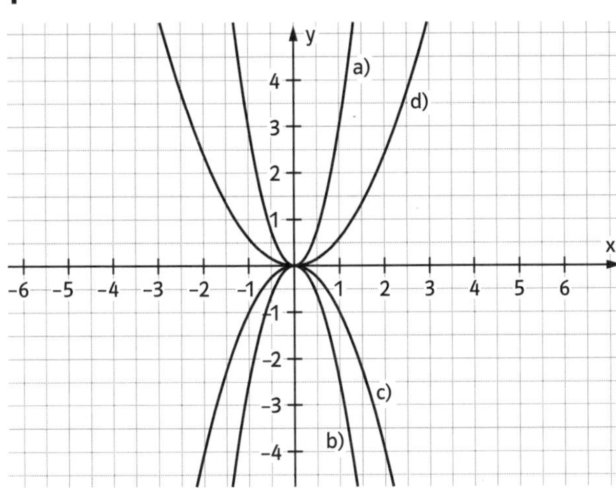

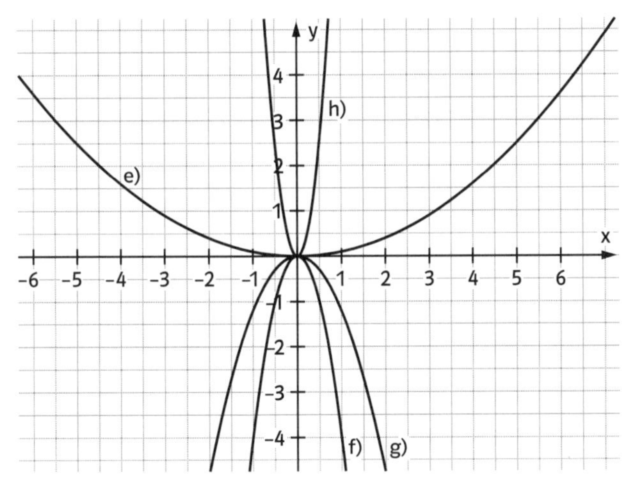

2 Individuelle Lösung

3 Die Punkte A, B, D, E und H liegen auf dem Graphen.

4 a) $y = 3x^2$ b) $y = -0{,}25x^2$
c) $y = 0{,}5x^2$ d) $y = -2x^2$

5 a) $P(4|12)$
b) $P\left(-1\middle|\frac{3}{4}\right)$
c) $P(0|0)$
d) $P(2|3)$ oder $P(-2|3)$
e) $P\left(-1{,}5\middle|\frac{27}{16}\right)$
f) $P(10|75)$
g) $P(6|27)$ oder $(-6|27)$
h) $P(4|12)$ oder $(P(-4|12)$

6 a) $y = 3x^2$ b) $y = -2x^2$
c) $y = \frac{1}{4}x^2$ d) $y = -\frac{1}{2}x^2$

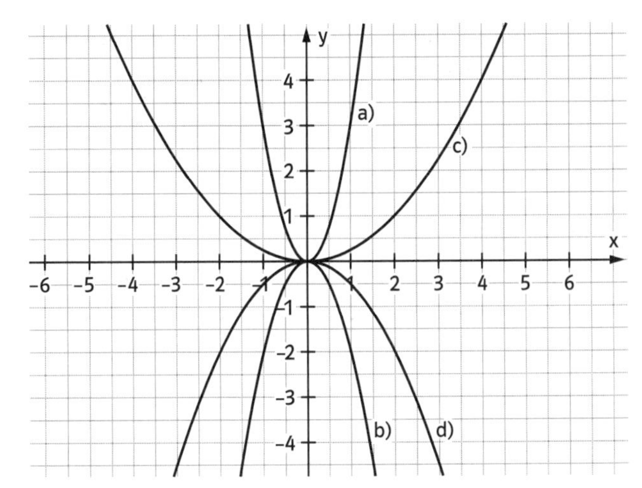

e) $y = 3x^2$ f) $y = -\frac{2}{3}x^2$
g) $y = \frac{1}{8}x^2$ h) $y = -\frac{5}{16}x^2$

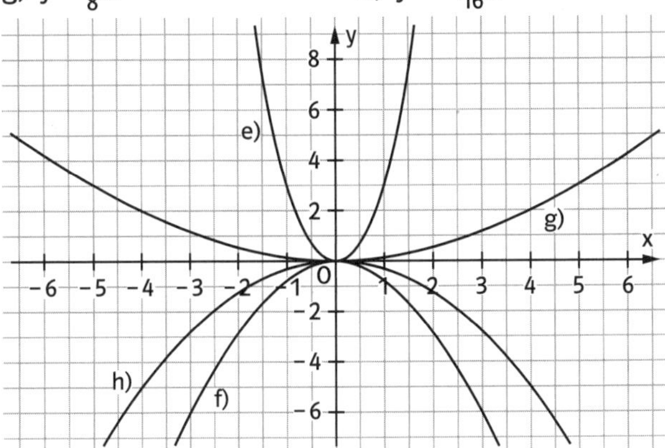

7 a) Der Punkt $P(2|0{,}4)$ liegt auf der Parabel $y = \frac{1}{10}x^2$.
Der Punkt $Q(-3|0{,}5)$ liegt auf der Parabel $y = \frac{1}{18}x^2$.
b) Der Punkt $P(-1|3)$ liegt auf der Parabel $y = 3x^2$.
Der Punkt $Q(5|75)$ liegt auf der Parabel $y = 3x^2$.
Der Punkt $R(11|360)$ liegt auf der Parabel $y = \frac{360}{121}x^2$.

Seite 13

8 a) Der Funktionswert der rein quadratischen Funktion mit $y = x^2$ an der Stelle $x = 1$ ist 1. Ist der Funktionswert einer rein quadratischen Funktion an der Stelle $x = 1$ z.B. 5, so steht in der dazugehörigen Funktionsgleichung vor dem x der Faktor 5: $y = 5x^2$.
b) Ist der Funktionswert einer rein quadratischen Funktion an der Stelle $x = -2$ z.B. 5, so bestimmt man zunächst den Funktionswert der rein quadratischen Funktion mit $y = x^2$ an der Stelle

$x = -2$ und erhält $(-2)^2 = 4$. Setzt man in der Funktionsgleichung vor dem x den Faktor $\frac{5}{4}$, so erhält man die gesuchte Funktionsgleichung: $y = \frac{5}{4}x^2$.

9 a) Der Turm ist etwa 45 m hoch.
b) Das obere Fenster befindet sich in einer Höhe von etwa 40 m, das mittlere in einer Höhe von etwa 25 m.
c) Der Eiffelturm in Paris ist ca. 300 m hoch. Nach der Formel würde ein Stein etwa $\sqrt{60}\,s \approx 7{,}7\,s$ lang bis zum Boden fallen.
d) Nach der Formel würde ein Stein in weniger als einer halben Sekunde von einem Tisch mit der Höhe 1 m zum Boden fallen. Da es sehr schwer ist, so kurze Zeiten exakt zu messen, eignet sich diese Methode nicht zur Höhenbestimmung des Tisches.

10 a) Das Fassungsvermögen der Regenrinne würde sich vervierfachen.
b) Bei einer Höhe und Breite mit der Länge $\sqrt{2}\,dm \approx 1{,}41\,dm$ würde sich das Fassungsvermögen der Regenrinne verdoppeln.

11 a) Legt man den Ursprung eines Koordinatensystems (Maße in cm) bei der Wasserdüse, so erhält man für die Funktionsgleichung $y = -0{,}0005\,x^2$.
Mit $y = -0{,}0005 \cdot 500^2 = -125$ folgt: Kerstin hält das Schlauchende etwa 1,25 m hoch.
b) Der Strahl würde etwa 6 m von Kerstins Fuß entfernt auftreffen.
c) Individuelle Lösung

2 Allgemeine quadratische Funktionen

Seite 16

1

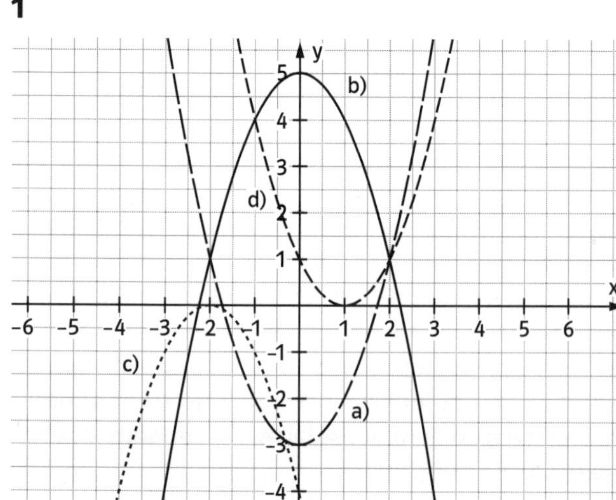

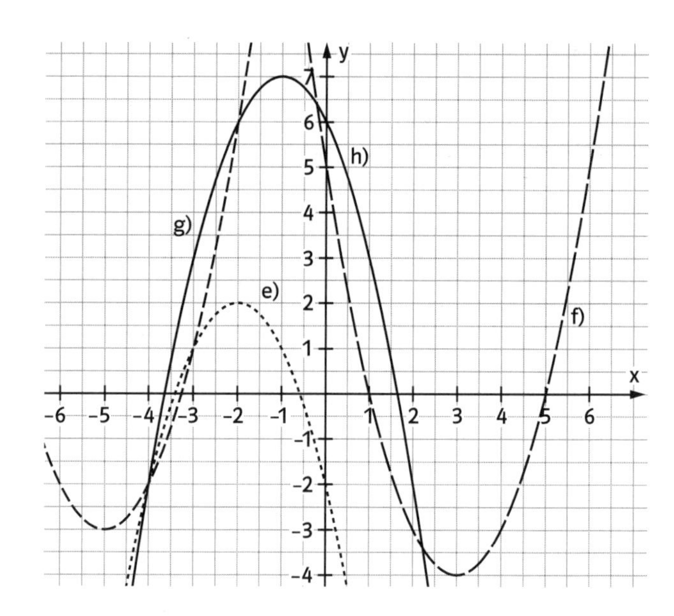

2

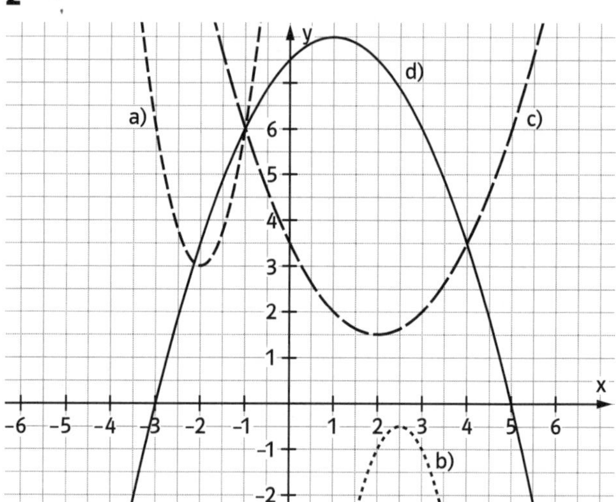

3 a) $S(0\,|\,5)$, die zugehörige Parabel ist nach oben geöffnet.
b) $S(2\,|\,0)$, die zugehörige Parabel ist nach oben geöffnet.
c) $S(-2{,}5\,|\,-1{,}1)$, die zugehörige Parabel ist nach unten geöffnet.
d) $S\left(\frac{1}{2}\,|\,1\right)$, die zugehörige Parabel ist nach oben geöffnet.

4 Mögliche Beispiele:
a) $y = (x - 1)^2 + 1$
$y = 2(x - 1)^2 + 1$
b) $y = (x + 5)^2 - 6$
$y = -3(x + 5)^2 - 6$
c) $y = \left(x + \frac{2}{5}\right)^2 + \frac{3}{5}$
$y = -\left(x + \frac{2}{5}\right)^2 + \frac{3}{5}$
d) $y = 2(x + 4{,}5)^2$
$y = 10(x + 4{,}5)^2$

5 a) $y = (x + 1)^2 - 2$
b) $y = (x - 1)^2 + 1{,}5$
c) $y = -(x - 2{,}5)^2 + 1$
d) $y = 2(x + 5)^2 - 4$
e) $y = 0{,}5(x - 2)^2 + 3$

6 a) $y = (x + 2)^2 + 1$
b) $y = (x - 3)^2 - 5$
c) $y = -2(x + 1)^2 + 5$

Seite 17

7 Individuelle Lösung

8 a) Mögliche Beispiele: $y = (x - 4)^2$, $y = 3(x - 4)^2$ und $y = -5(x - 4)^2$.
b) Mögliche Beispiele: $y = x^2 + 1$, $y = x^2 + 2$ und $y = 2x^2 + 1$
c) Mögliche Beispiele: $y = x^2 - 1$, $y = 2(x - 1)^2$ und $y = -x^2 + 1$.

9 a) Der x-Wert des Scheitelpunktes ist 1.
b) Der Scheitelpunkt liegt auf der x-Achse. Die zugehörige Parabel ist nicht in y-Richtung verschoben.
c) Die zugehörige Funktionsgleichung ist $y = -(x + 4)^2 + 1$.

10 a) Ursprung des Koordinatensystems im Punkt A: $y = 2(x - 2)^2$.
Ursprung des Koordinatensystems im Punkt B: $y = 2x^2 - 3{,}5$.
Ursprung des Koordinatensystems im Punkt C: $y = 2(x + 3)^2 - 2{,}5$.
b) Der Ursprung würde 2 Längeneinheiten oberhalb vom Punkt A liegen.

11 $A = x^2 - 4$

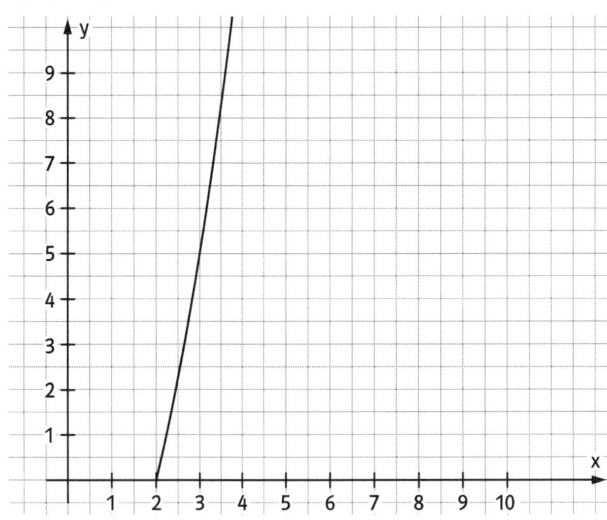

3 Scheitelform und allgemeine Form

Seite 19

1 a) 9 b) $\frac{9}{4}$ c) $\frac{1}{4}$ d) $\frac{64}{100}$
e) 4 f) $\frac{25}{4}$ g) $\frac{1}{4}$ h) $\frac{1}{36}$
i) 4 j) 1 k) 1 l) $\frac{25}{64}$

Seite 20

2 a) Normalparabel mit Scheitel $S(1|3)$.
b) Gestreckte Parabel mit Scheitel $S(-5|1)$, Streckfaktor $a = 2$.
c) Gestreckte Parabel mit Scheitel $S(-4|7)$, Streckfaktor $a = -2$.
d) Nach unten geöffnete Normalparabel mit Scheitel $S(-6|0)$.
e) Nach unten geöffnete Normalparabel mit Scheitel $S(0|7)$.
f) Normalparabel mit Scheitel $S(-2|2)$.
g) Gestreckte Parabel mit Scheitel $S(-4|-37)$, Streckfaktor $a = 3$.
h) Nach unten geöffnete Normalparabel mit Scheitel $S(2|14)$.

3 Die Graphen sind verschobene Normalparabeln mit Scheitelpunkt S.
a) $S(2|-3)$ b) $S(-4|0)$ c) $S(-2|-4)$
d) $S(-3|-2)$ e) $S\left(\frac{5}{2}\middle|-4\right)$ f) $S\left(-\frac{3}{2}\middle|-\frac{9}{4}\right)$
g) $S\left(\frac{1}{2}\middle|0\right)$ h) $S(0{,}7|-0{,}4)$

4 a) $S(-2|-14)$ b) $S(1|16)$ c) $S(2|-6)$
d) $S(4{,}5|51{,}75)$ e) $S(2{,}5|6{,}25)$ f) $S(5|-27)$
g) $S(4|16)$ h) $S(0|3)$

5 a) Aus $y = ax^2 + bx + c$ erhält man mit $a = 2$ die Funktionsgleichung $y = 2x^2 + bx + c$.
Durch Einsetzen der beiden Punkte erhält man die beiden Gleichungen: $-1 = 2 + b + c$ und $22 = 2 \cdot 3^2 + b \cdot 3 + c = 18 + 3b + c$. Man erhält durch Lösen des linearen Gleichungssystems $b = 3{,}5$ und $c = -6{,}5$. Also lautet die Funktionsgleichung $y = 2x^2 + 3{,}5x - 6{,}5$.
b) Aus $y = ax^2 + bx + c$ erhält man mit $b = 4$ die Funktionsgleichung $y = ax^2 + 4x + c$. Durch Einsetzen der beiden Punkte erhält man die beiden Gleichungen: $-8 = (-1)^2 \cdot a + 4 \cdot (-1) + c = a - 4 + c$ und $-5 = a \cdot 2^2 + 4 \cdot 2 + c = 4a + 8 + c$. Man erhält durch Lösen des linearen Gleichungssystems $a = -3$ und $c = -1$. Also lautet die Funktionsgleichung $y = -3x^2 + 4x - 1$.
c) Aus $y = ax^2 + bx + c$ erhält man mit $c = 3$ die Funktionsgleichung $y = ax^2 + bx + 3$. Durch Einsetzen der beiden Punkte erhält man die beiden Gleichungen: $-8 = a \cdot 2^2 + b \cdot 2 + 3 = 4a + 2b + 3$ und $4 = a \cdot (-1)^2 + b \cdot (-1) + 3 = a - b + 3$. Man erhält durch Lösen des linearen Gleichungssystems $a = -1{,}5$ und $b = -2{,}5$. Also lautet die Funktionsgleichung $y = -1{,}5x^2 - 2{,}5x + 3$.
d) Aus $y = ax^2 + bx + c$ erhält man mit dem Punkt $(0|0)$: $0 = 0a + 0b + c$, also $c = 0$. Durch Einsetzen der beiden anderen Punkte erhält man die beiden Gleichungen: $33 = a \cdot (-2)^2 + b \cdot (-2) = 4a - 2b$

und $795 = a \cdot 10^2 + b \cdot 10 = 100a + 10b$. Man erhält durch Lösen des linearen Gleichungssystems $a = 8$ und $b = -0{,}5$. Also lautet die Funktionsgleichung $y = 8x^2 - 0{,}5x$.

6 a) $y = 2(x+1)^2 + 1$ b) $y = (x-1)^2 - 1$
c) $y = -\frac{1}{4}(x-1)^2 + 7$ d) $y = -x^2 - 1$

7 a) Der Ball fliegt etwa 91,5 m weit und erreicht eine Höhe von 24 m.
b) Zum Beispiel $h = -\frac{1}{100}s^2 + s + 1{,}5$.

8 a) Um eine möglichst hohe Leistung zu erzielen, sollte die Turbine bei einer Drehzahl von $n = 187{,}5$ betrieben werden.
b) Die Turbine muss mindestens mit einer Drehzahl von etwa $n = 37$ drehen, damit sie eine Leistung von 10 000 W erzielt.

Seite 21

9 a) Wenn das Unternehmen bei der Rabattaktion immer noch einen Gewinn erzielt, darf es den Verkaufspreis um höchstens 48,7% auf 20 € senken.
b) Individuelle Lösung (Bei einer Erhöhung des Verkaufspreises würde der Gewinn geringer. Den größten Gewinn würde das Unternehmen bei einem Verkaufspreis von 35 € erzielen.)

10 a) Es sind alles verschobene Normalparabeln mit der Funktionsgleichung $y = x^2 + c$.
b) blaue Graphen: Der Scheitel liegt im positiven Bereich; also hier $c \geqq 0$.
rote Graphen: Der Scheitel liegt im negativen Bereich; also hier $c \leqq 0$.
c) Da der Scheitel immer auf der y-Achse liegt, ist der x-Wert immer 0. Der y-Wert entspricht dann c. Daher ist $S(0 \mid c)$ der Scheitel.

11 a) Die Parabeln verschieben sich parallel zur y-Achse.
b) Durch den Faktor a wird der Graph gestaucht bzw. gestreckt. Wenn $a > 1$ gilt, wird der Graph im Vergleich zur Normalparabel gestreckt, das heißt er verläuft schmaler und enger.
Wenn $0 < a < 1$ gilt, wird der Graph gestaucht, das heißt er verläuft flacher und „bauchiger".
Wenn a positiv ist, ist der Graph nach oben geöffnet.
Für negative a sind die beschriebenen Verläufe identisch, nur dass die Parabeln nach unten geöffnet sind. Die Parabeln verlaufen alle durch den Punkt $(0 \mid c)$.
c) Wenn $b = 0$ gilt, liegt der Scheitel der Parabel immer auf der y-Achse. Der Graph ist dann achsensymmetrisch zur y-Achse.

12 a) $a = -5$; orangefarbene, nach unten geöffnete Parabel
$a = -4$; grüne, nach unten geöffnete Parabel
$a = -0{,}5$; blaue, nach unten geöffnete Parabel
$a = -0{,}2$; rote, nach unten geöffnete Parabel
$a = 0{,}2$; rot gefärbte, flache und nach oben geöffnete Parabel
$a = 0{,}4$, blaue, nach oben geöffnete Parabel
$a = 1$; schwarze, nach oben geöffnete Parabel
$a = 4$; grüne, nach oben geöffnete Parabel
$a = 6$; orangefarbene, nach oben geöffnete Parabel
b) $a > 1$; alle Parabeln sind nach oben geöffnet und sind gestreckter als die Normalparabel.
$a < -1$; alle Parabeln sind nach unten geöffnet und sind gestreckter als die Normalparabel.
c) $a > -1$; wenn $a < 0$ ist, sind alle Parabeln nach unten geöffnet und flacher als die Normalparabel.
$a < 1$; wenn $a > 0$ ist, sind alle Parabeln nach oben geöffnet und flacher als die Normalparabel.
d) $a > 0$; alle Parabeln sind nach oben geöffnet.
$a < 0$; alle Parabeln sind nach unten geöffnet.

13 a) Man kennt die Punkte $P(0 \mid 2)$ und den Scheitel $S(23 \mid 13{,}5)$. Da die Parabel zu einer Parallelen zur y-Achse symmetrisch ist, kennt man noch einen dritten Punkt: $Q(46 \mid 2)$.
Nun kann man mit $y = ax^2 + bx + c$ die Gleichungen $2 = a \cdot 0^2 + b \cdot 0 + c$, also $c = 2$ und
$13{,}5 = a \cdot 23^2 + b \cdot 23 + 2$ sowie
$2 = a \cdot 46^2 + b \cdot 46 + 2$ aufstellen. Es ergeben sich durch Lösen des linearen Gleichungssystems
$a = \frac{1}{38}$ und $b = -\frac{1}{3}$.
Also $y = \frac{1}{38}x^2 - \frac{1}{3}x + 2$.

b) Mithilfe des GTR erstellt man einen Graphen.

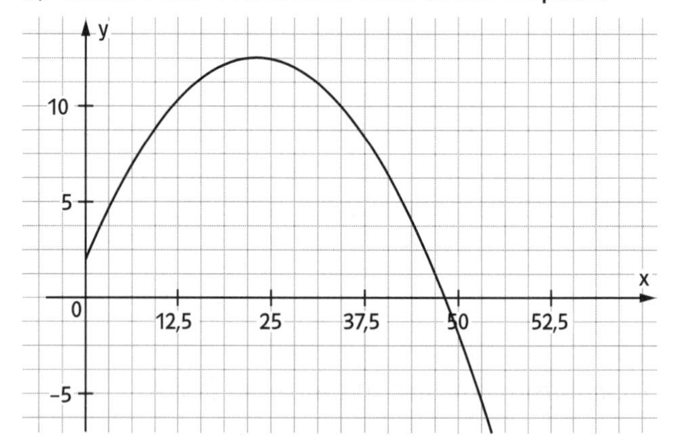

Der Ball fliegt in etwa 48 m weit, wie man am Graphen ablesen kann (Schnittpunkt des Graphen mit der x-Achse).

Seite 22

14 Die Flugbahn kann als parabelförmig angenommen werden. Daher gilt: $h = a \cdot t^2 + b \cdot t + c$, wobei t die Zeit in s und h die Flughöhe in m sind. Aus der Tabelle kennt man die drei Punkte P(0 | 45), Q(1 | 43) und R(2 | 31). Aus P weiß man sofort, dass c in der Funktionsgleichung gleich 45 ist ($45 = a \cdot 0^2 + b \cdot 0 + c$). Dann erhält man die anderen beiden Gleichungen $43 = a + b + 45$ und $31 = 4a + 2b + 45$.
Es ergeben sich durch Lösen des linearen Gleichungssystems die Werte $a = -5$ und $b = 3$.
Also ist $h(t) = -5t^2 + 3t + 45$. Um zu kontrollieren, ob Carlos 4 Sekunden geflogen ist, muss man für t den Wert 4 einsetzen und kontrollieren, ob die Höhe nach dieser Zeit noch im positiven Bereich liegt. Ist dies der Fall, fliegt Carlos nach 4 Sekunden noch. Ist der Wert negativ, ist Carlos schon im Wasser gelandet. $h(4) = -5 \cdot 4^2 + 3 \cdot 4 + 45 = -23$.
Daher hat Pépe Recht, denn der Flug war kürzer als 4 Sekunden.

15 a) Nach einem Meter beträgt die Höhe des Balles etwa 24 cm.
b) Nach einer Strecke von 20 m hat der Ball mit 2,5 m seine größte Höhe erreicht.
c) Nach 10 Metern hat der Ball eine Höhe von 1,875 m. Ein Spieler kann den Ball also voraussichtlich köpfen.
d) Nach etwa 11 m hat der Ball eine Höhe von 2 m.
e) Der Scheitelpunkt der neuen Flugbahn liegt bei S(25 | 2,5). Der Ball erreicht also ebenfalls eine maximale Höhe von 2,50 m, allerdings nach 25 m. Nimmt man an, dass die Flugbahn parabelförmig (und damit symmetrisch) ist, beträgt die Flugweite insgesamt 50 m.

16 a) Man setzt allgemein die Formulierung „wenn sich die Geschwindigkeit verdoppelt" in eine Gleichung um: $v_2 = 2 \cdot v_1$. Nun berechnet man den Bremsweg:
$B(v_2) = B(2 \cdot v_1) = \frac{(2v_1)^2}{100} = \frac{4v_1^2}{100} = 4 \cdot \frac{v_1^2}{100} = 4 \cdot B(v_1)$. Hieran sieht man, dass der Bremsweg für die Geschwindigkeit v_2 viermal so hoch ist wie der Bremsweg $B(v_1)$ für die Geschwindigkeit v_1.
b) Zunächst einmal vereinfacht man D(v), damit man beide Funktionsgleichungen besser vergleichen kann:
$B(v) = \frac{v^2}{100}$ und $D(v) = \frac{(0{,}27v)^2}{2b} = \frac{0{,}0729v^2}{2b} = \frac{0{,}03645}{b} \cdot v^2$.
Es muss gelten: $\frac{0{,}03645}{b} = \frac{1}{100}$, $b = 3{,}645$.
Also müsste $b = 3{,}645$ gelten, damit beide Funktionsgleichungen übereinstimmen.

c)

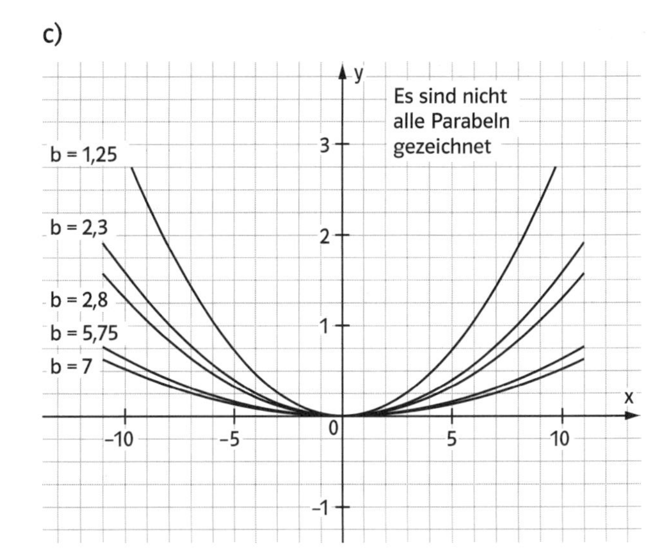

Man erkennt, dass der Graph umso flacher ist je größer b ist.
Für die inhaltliche Deutung sind nur die Graphen für $x > 0$ interessant, weil es keine negativen Bremsverzögerungen gibt. Das heißt, je höher die Bremsverzögerung b ist, desto kürzer (y-Wert ist klein) ist der Bremsweg.
d) Damit beide Funktionsgleichungen übereinstimmen, müsste $b = 3{,}645$ sein (siehe b). Das ist exakt bei keinem Belag der Straße der Fall. Wenn b größer als 3,645 ist, ist die Faustformel gut: Die realen Bremswege sind zwar kürzer als von der Faustformel berechnet (beispielsweise $b = 7{,}0$, $D(v) < B(v)$; siehe c)), aber aus Sicherheitsgründen ist dies zu vertreten.
Die Faustformel ist nicht anzuwenden, wenn $b < 3{,}645$ ist. Dies ist bei Neuschnee sowohl ohne als auch mit Winterreifen sowie bei Hartschnee und Glatteis der Fall. Verkürzt kann man sagen, dass die Faustformel bei Winterwetter nicht gut ist.
e) Einsetzen in die Formel liefert unterschiedliche Bremswege, z. B.
Asphalt/trocken für $v = 30$ km/h: $D \approx 4{,}7$ m
Asphalt/trocken für $v = 70$ km/h: $D \approx 25{,}5$ m.

17 △ $= \frac{b}{2a}$ □ $= \frac{b}{2a}$ △ $= \frac{b^2}{4a}$

4 Optimierungsaufgaben

Seite 24

1 a) Die beiden Zahlen sind 6 und 6.
b) Die beiden Zahlen sind 1 und −1.
c) Die Zahl ist −0,5.

2 a) Wenn beide Seiten des Rechtecks 5,5 m betragen (Quadrat), ist der Flächeninhalt des Rechtecks mit 30,25 m² am größten.

b) Wenn sie die 3 Meter lange Mauer verwendet, hat ein Quadrat mit 3,5 m Seitenlänge den größten Flächeninhalt.

3 Damit das Volumen des Regals maximal wird, muss das Regal etwa 83 cm hoch und etwa 125 cm breit sein.

4 Der Flächenanteil für die Einlegearbeiten wird für zwei Quadrate mit der Seitenlänge 1 m am kleinsten.

5 a) Das Viereck EFGH ist ein Parallelogramm. Gegenüber liegende Seiten sind parallel und gleich lang.
b) Der Flächeninhalt des Vierecks ist für die Länge $x = 5{,}5\,\text{cm}$ am kleinsten.

6 Das Gebäude mit dem größten Flächeninhalt grenzt 60 m an die Schlossallee und 30 m an die Parkstraße.

5 Quadratische Gleichungen

Seite 26

1 a) $L = \{-2; -1\}$ b) $L = \{-1; 3\}$

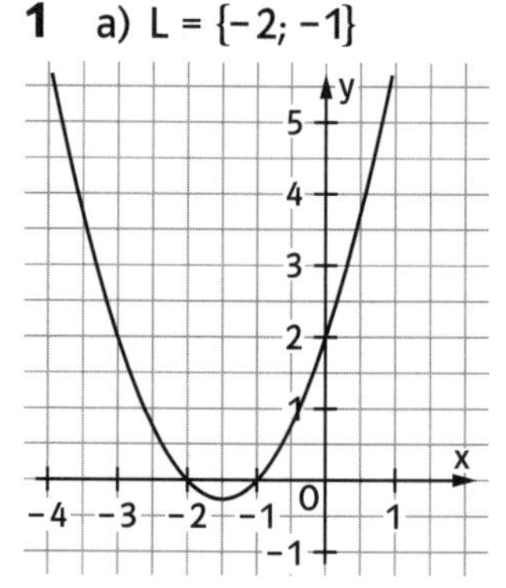

c) $L = \{-4; 1\}$ d) $L = \{-4; -1\}$
e) $L = \{-3; -1\}$ f) $L = \{-1; 4\}$
g) $L = \{-1; 2\}$ h) $L = \{-2; 1\}$

2 a) $L = \{-3; -2\}$ b) $L = \{-2; 4\}$

c) $L = \{-4; 3\}$ d) $L = \{-4; -3\}$
e) $L = \{-3; 4\}$ f) $L = \{-4; -2\}$
g) $L = \{\approx -2{,}6; \approx 1{,}6\}$ h) $L = \{-4; 2\}$

3 a) $L = \{-2\}$ b) $L = \{\ \}$

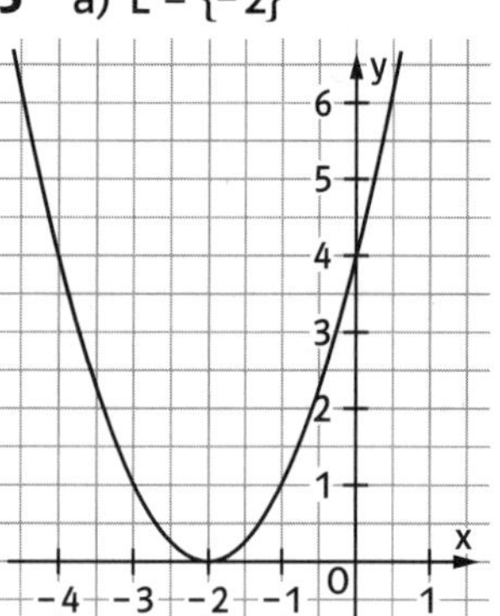

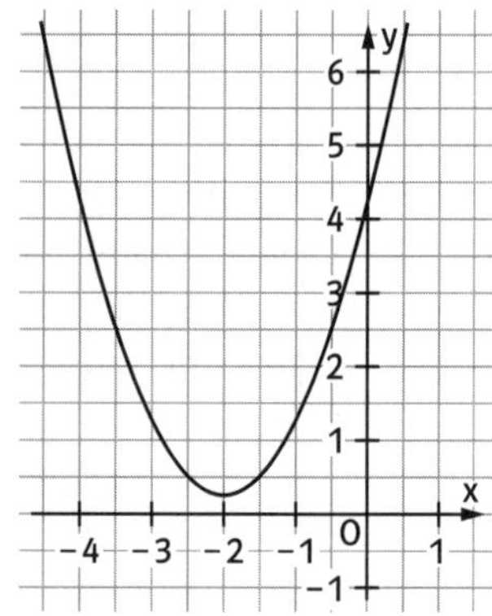

c) $L = \{3\}$ d) $L = \{\ \}$
e) $L = \{5\}$ f) $L = \{\ \}$
g) $L = \{0{,}5\}$ h) $L = \{\ \}$

Seite 27

4 a) $L = \{-2; 3\}$ b) $L = \{-1{,}3; 2{,}3\}$
c) $L = \{-3{,}3; 0{,}3\}$ d) $L = \{-1; 0\}$
e) $L = \{\ \}$ f) $L = \{\ \}$
g) $L = \{-2{,}5; -1\}$ h) $L = \{-1{,}5; 0\}$
i) $L = \{\ \}$ k) $L = \{3\}$
l) $L = \{-3; 1\}$ m) $L = \{0; 0{,}17\}$

5 a) $x^2 = -\frac{1}{2}x + 1{,}5$; $x^2 + \frac{1}{2}x - 1{,}5 = 0$; $L = \{-1{,}5; 1\}$
b) $(x + 1)^2 - 1 = 0$; $x^2 + 2x = 0$; $L = \{-2; 0\}$
c) $(x - 1{,}5)^2 = 0$; $x^2 - 3x + 2{,}25 = 0$; $L = \{1{,}5\}$
d) $x^2 = -x - 1$; $x^2 + x + 1 = 0$; $L = \{\ \}$

6 Individuelle Lösung: Das Verfahren ist nicht besser, da es einfacher ist, eine Normalparabel und eine lineare Funktion zu zeichnen.

7 a) Setzt man die Funktionsterme gleich null und bringt beide Gleichungen auf Normalform, so erhält man jeweils die Gleichung $x^2 + 3x + 2 = 0$. Die Parabeln haben also die gleichen Nullstellen.
b) z. B. $y = 2x^2 + 6x + 3$ oder $y = 8x^2 + 24x + 12$.
c) Es sind die Normalparabeln mit den Gleichungen $y = x^2 + 3x + 2$ und $y = -x^2 - 3x - 2$.

6 Lösen quadratischer Gleichungen

Seite 29

1 a) $L = \{-5; -1\}$ b) $L = \{-9; 1\}$
c) $L = \left\{-\frac{2}{3}; 2\right\}$ d) $L = \{-3{,}5; 6\}$
e) $L = \{-3 - \sqrt{2}; -3 + \sqrt{2}\}$ f) $L = \{-4; 5\}$
g) $L = \{-0{,}5; 6\}$ h) $L = \{-7; 8\}$
i) $L = \{-3; 16\}$ j) $L = \left\{-\frac{2}{3}; 2\right\}$

k) $L = \{-3{,}5; -1\}$
l) $L = \left\{2; \frac{5}{3}\right\}$

2 a) $L = \{-2; 3\}$
b) $L = \left\{-\frac{1}{3}; 0{,}4\right\}$
c) $L = \{-0{,}25; 4\}$
d) $L = \{2 - \sqrt{3}; 2 + \sqrt{3}\}$
e) $L = \left\{\frac{5 - \sqrt{7}}{3}; \frac{5 + \sqrt{7}}{3}\right\}$
f) $L = \{4 - \sqrt{5}; 4 + \sqrt{5}\}$
g) $L = \{-7; 4\}$
h) $L = \left\{\frac{5}{3}; 2\right\}$

3 a) $L = \{1; 3\}$
b) $L = \{-2; -1\}$
c) $L = \{-4; 2\}$
d) $L = \left\{\frac{2}{3}; 1{,}5\right\}$
e) $L = \left\{-0{,}2; \frac{1}{6}\right\}$
f) $L = \{\ \}$
g) $L = \{-2; 0{,}75\}$
h) $L = \left\{0{,}6; \frac{5}{3}\right\}$

4 a) $L = \left\{\frac{1}{3}; 2\right\}$
b) $L = \left\{5; -\frac{4}{3}\right\}$
c) $L = \left\{-\frac{12}{13}; 8\right\}$
d) $L = \left\{0{,}2; \frac{5}{3}\right\}$
e) $L = \left\{1; \frac{7}{6}\right\}$
f) $L = \left\{\frac{1}{3}; 2\right\}$
g) $L = \left\{-\frac{4}{8}; 5\right\}$
h) $L = \left\{-\frac{5}{6}; 0{,}5\right\}$
i) $L = \{0; 6\}$
j) $L = \{-1 - \sqrt{11}; -1 + \sqrt{11}\}$

Seite 30

5 Es wird die Diskriminante $\left(\frac{p}{2}\right)^2 - q$ bestimmt.
a) $p = -8$; $q = 0$; $\left(\frac{-8}{2}\right)^2 - 0 = 16 > 0$; d.h., es gibt zwei Lösungen. Die Gleichung muss zum Graphen A gehören, da dies eine nach oben geöffnete Parabel mit zwei Nullstellen ist.
b) Umformen: $x^2 + 100 = 0$; $p = 0$; $q = 100$; $\left(\frac{0}{2}\right)^2 - 100 = -100 < 0$. Die Gleichung hat keine Lösung. Die Gleichung muss zum Graphen B gehören, da dies der einzige Graph ist, der keinen Schnittpunkt mit der x-Achse hat.
c) Umformen: $x^2 - 10x - 16 = 0$; $p = -10$; $q = -16$; $\left(\frac{-10}{2}\right)^2 + 16 = 31 > 0$; d.h., es gibt zwei Lösungen. Die Gleichung muss zum Graphen D gehören, da er nach unten geöffnet ist und die y-Achse im richtigen Bereich schneidet.
d) Umformen: $x^2 - 4x - 80 = 0$; $p = -4$; $q = -80$; $\left(\frac{-4}{2}\right)^2 + 80 = 84 > 0$; d.h., es gibt zwei Lösungen.
Die Gleichung muss zum Graphen C gehören, da er nach unten geöffnet ist und die y-Achse im richtigen Bereich schneidet.

6 a) $p = -9$; $q = 0$; $\left(\frac{-9}{2}\right)^2 - 0 = 20{,}25 < 0$;
d.h., es gibt zwei Lösungen.
$x = -\frac{-9}{2} + \sqrt{20{,}25} = 9$ und $x = -\frac{-9}{2} - \sqrt{20{,}25} = 0$
(kürzer: $x(x - 9) = 0$)
b) $p = 18$; $q = 81$; $\left(\frac{18}{2}\right)^2 - 81 = 0$;
d.h., es gibt eine Lösung.
$x = 9$ (kürzer: $(x + 9)^2 = 0$)
c) $p = -10$; $q = -24$; $\left(\frac{-10}{2}\right)^2 + 24 = 49 > 0$;
d.h., es gibt zwei Lösungen.
$x = -\frac{-10}{2} + \sqrt{49} = 12$ und $x = -\frac{-10}{2} - \sqrt{49} = -2$
d) Umformen: $x^2 - 10x - 24 = 0$
$p = -10$; $q = -24$; $\left(\frac{-10}{2}\right)^2 + 24 = 49 > 0$;
d.h., es gibt zwei Lösungen.
$x = -\frac{-10}{2} + \sqrt{49} = 12$ und $x = -\frac{-10}{2} - \sqrt{49} = -2$
e) Umformen: $-2x^2 + 5x + 25 = 0$;
$x^2 - 2{,}5x - 12{,}5 = 0$
$p = -2{,}5$; $q = -12{,}5$; $\left(\frac{-2{,}5}{2}\right)^2 + 12{,}5 = \frac{25}{16} + \frac{25}{2} = \frac{225}{16} > 0$;
d.h., es gibt zwei Lösungen.
$x = -\frac{-5}{4} + \sqrt{\frac{225}{16}} = 5$ und $x = -\frac{-5}{4} - \sqrt{\frac{225}{16}} = \frac{-5}{2}$

7 a) $x_1 = 0$; $x_2 = -3$
b) $x_1 = 0$; $x_2 = 4$
c) $u_1 = 8$; $u_2 = -8$
d) $y_1 = 3$; $y_2 = -3$
e) $z_1 = 0$; $z_2 = -4$
f) $t_1 = 4$; $t_2 = -4$
g) $x_1 = 11$; $x_2 = -11$
h) $s_1 = 0$; $s_2 = \frac{1}{2}$

8 a) $x_1 = 0$; $x_2 = 2$
b) $v_1 = 8$; $v_2 = -8$
c) $w_1 =$; $w_2 = -\frac{1}{3}$
d) $x_1 = \frac{3}{4}$; $x_2 = -\frac{3}{4}$
e) $y_1 = 5$; $y_2 = -5$
f) $u_1 = 0$; $u_2 = 7$
g) $r_1 = 0$; $r_2 = -4$

9 a) 2 Lösungen für $s < \frac{9}{16}$
1 Lösung für $s = \frac{9}{16}$
keine Lösung für $s > \frac{9}{16}$
b) stets 2 Lösungen
c) 2 Lösungen für $s < \frac{9}{20}$
1 Lösung für $s = \frac{9}{20}$
keine Lösung für $s > \frac{9}{20}$
d) 2 Lösungen für $s > -\frac{121}{24}$
1 Lösung für $s = -\frac{121}{24}$
keine Lösung für $s < -\frac{121}{24}$
e) keine Lösung für $s > \frac{9}{24}$
1 Lösung für $s = \frac{9}{24}$
2 Lösungen für $s < \frac{9}{24}$
f) stets 2 Lösungen

Seite 31

10 a) Der höchste Punkt des Graphen ist der Scheitelpunkt. Wenn man die Nullstellen der Funktion kennt, weiß man, dass der Scheitelpunkt genau in der Mitte zwischen beiden Nullstellen liegen muss. Mit diesem x-Wert kann man dann den y-Wert (die Höhe) berechnen und kontrollieren.
Man erhält $x \approx -0{,}02$ und $x \approx 50{,}02$. Der mittlere Wert liegt etwa bei $x \approx 25{,}02$. Für $x = 25{,}02$ erhält man $y = 305{,}5$. Damit ist die Höhenangabe von

mindestens 300 m korrekt. Die Angabe von 7 Sekunden ist hier nicht verwertbar, weil die Funktionsgleichung die Zeit nicht als Größe enthält.
b) In a) wurden bereits die Nullstellen berechnet. Da die Funktionsgleichung die Flugbahn der Rakete beschreibt, ist die x-Achse in diesem Modell der Boden. Daher sind die Nullstellen mögliche Landepunkte. Man kann aus a) also ablesen, dass die Reste der Rakete in einer Entfernung von ca. 50 m landen können. Dies ist auch realistisch.

11 Um Gleichungen aufzustellen, die eine, zwei bzw. keine Lösung besitzen, kann man die Diskriminante $\left(\frac{-p}{2}\right)^2 - q$ verwenden. Man gibt den Wert für einen der beiden Parameter vor und bestimmt den anderen so, dass der Term $\left(\frac{-p}{2}\right)^2 - q$ entweder gleich null, kleiner null oder größer null ist.

12 a) $y = x(x - 4)$ erfüllt die Forderung wegen des Zusammenhangs $A \cdot B = 0$, wenn $A = 0$ oder $B = 0$. Genauso erfüllt $y = 2x(x - 4)$ die Forderung. Alle Gleichungen der Form $y = t \cdot x(x - 4)$ erfüllen die Forderung.
b) Wie in Aufgabe 11 kann man hier die Bedingung $\left(\frac{-p}{2}\right)^2 - q < 0$ verwenden. Wählt man z. B. $p = 6$, dann muss $q > 9$ gelten. Etwa $y = x^2 + 6x + 10$.

13 a) Da der Term $\left(\frac{-p}{2}\right)^2$ für jeden Wert von p immer positiv ist, ist die Diskriminante $\left(\frac{-p}{2}\right)^2 - q$ immer positiv, wenn q negativ ist. Somit hat die quadratische Gleichung immer zwei Lösungen.
b) Damit die quadratische Gleichung zwei Lösungen besitzt, muss $b^2 - 4ac > 0$ gelten. Haben a und c unterschiedliche Vorzeichen, so ist der Term $4ac$ immer positiv. Damit ist die obige Bedingung erfüllt, Herr Reimer hat also Recht.

14 a)

$$x_{1/2} = -\frac{b}{2a} \pm \sqrt{\left(\frac{b}{2a}\right)^2 - \frac{c}{a}} = -\frac{b}{2a} \pm \sqrt{\frac{b^2}{4a^2} - \frac{4ac}{4a^2}}$$

$$= -\frac{b}{2a} \pm \sqrt{\frac{b^2 - 4ac}{4a^2}} = -\frac{b}{2a} \pm \frac{\sqrt{b^2 - 4ac}}{2a} = \frac{-b \pm \sqrt{b^2 - 4ac}}{2a}$$

b)

$$ax^2 + bx + c = 0$$

$$x^2 + \frac{b}{a}x + \frac{c}{a} = 0$$

$$x^2 + \frac{b}{a}x = -\frac{c}{a}$$

$$x^2 + \frac{b}{a}x + \left(\frac{b}{2a}\right)^2 = \left(\frac{b}{2a}\right)^2 - \frac{c}{a}$$

$$\left(x + \frac{b}{2a}\right)^2 = \left(\frac{b}{2a}\right)^2 - \frac{c}{a}$$

$$x + \frac{b}{2a} = \pm\sqrt{\left(\frac{b}{2a}\right)^2 - \frac{c}{a}}$$

$$x = -\frac{b}{2a} \pm \sqrt{\left(\frac{b}{2a}\right)^2 - \frac{c}{a}}$$

Weitere Rechnung siehe a).

15 a) Die Gleichung der Parabel lautet
$y = x^2 - 2x - 1$.
Als Lösung der Gleichung $x^2 - 2x - 1 = 0$ erhält man $x = 1 - \sqrt{2}$ und $x = 1 + \sqrt{2}$; also
$P_1(1 - \sqrt{2} \mid 0)$ und $P_2(1 + \sqrt{2} \mid 0)$
b) Die Gleichung der Parabel lautet
$y = -x^2 - 6x - 7$.
Als Lösung der Gleichung $x^2 + 6x + 7 = 0$ erhält man $x = 3 - \sqrt{2}$ und $x = 3 + \sqrt{2}$; also
$Q_1(3 - \sqrt{2} \mid 0)$ und $Q_2(3 + \sqrt{2} \mid 0)$
c) Die Gleichung der Parabel lautet
$y = -x^2 - 4x - 2$.
Die Gleichung der Geraden lautet $y = -0{,}5x$.
Als Lösung der Gleichung $-x^2 - 4x - 2 = -0{,}5x$; $x^2 + 3{,}5x + 2 = 0$ erhält man $x = -\frac{7}{4} - \frac{1}{4}\sqrt{17}$ und
$x = -\frac{7}{4} + \frac{1}{4}\sqrt{17}$; also $R_1\left(-\frac{7}{4} - \frac{1}{4}\sqrt{17} \,\middle|\, \frac{7}{8} + \frac{1}{8}\sqrt{17}\right)$
und $R_2\left(-\frac{7}{4} + \frac{1}{4}\sqrt{17} \,\middle|\, \frac{7}{8} - \frac{1}{8}\sqrt{17}\right)$
d) Die Gleichung der Parabel lautet $y = x^2 + 2x$.
Die Gleichung der Geraden lautet $y = 0{,}25x - 0{,}5$.
Als Lösung der Gleichung $x^2 + 2x = 0{,}25x - 0{,}5$; $x^2 + 1{,}75x + 0{,}5 = 0$ erhält man $x = -\frac{7}{8} - \frac{1}{8}\sqrt{17}$
und $x = -\frac{7}{8} + \frac{1}{8}\sqrt{17}$; also
$U_1\left(-\frac{7}{8} - \frac{1}{8}\sqrt{17} \,\middle|\, -\frac{23}{32} - \frac{1}{32}\sqrt{17}\right)$
und $U_2\left(-\frac{7}{8} + \frac{1}{8}\sqrt{17} \,\middle|\, -\frac{23}{32} + \frac{1}{32}\sqrt{17}\right)$

7 Linearfaktorzerlegung

Seite 33

1 a) falsch b) falsch c) richtig
d) richtig e) falsch f) falsch
g) richtig h) richtig i) richtig

2 a) $p = -7$; $q = 10$ b) $p = 7$; $q = 10$
c) $p = -7$; $q = 0$ d) $p = -\frac{3}{14}$; $q = \frac{1}{7}$
e) $p = \frac{4}{3}$; $q = \frac{4}{9}$ f) $p = -\frac{28}{5}$; $q = 3$
g) $p = -(\sqrt{3} + \sqrt{2})$; $q = \sqrt{6}$ h) $p = 0$; $q = -5$
i) $p = -2\sqrt{7}$; $q = 7$ j) $p = -6$; $q = 4$
k) $p = 2$; $q = -2$ l) $p = -1$; $q = -\frac{1}{2}$
m) $p = -3$; $q = -\sqrt{2}$

3 a) $(x - 2)(x - 7)$ b) $(x - 13)(x - 2)$
c) $(x - 2)(x + 3)$ d) $(x - 2)(x - 7)$
e) Aufgabe nicht lösbar! f) $(x - 2)(x + 9)$

4 a) $-(x_1 + x_2) = -\left(-\frac{p}{2} + \sqrt{\left(\frac{p}{2}\right)^2 - q} - \frac{p}{2} - \sqrt{\left(\frac{p}{2}\right)^2 - q}\right)$
$= -(-p) = p$

$x_1 \cdot x_2 = \left(-\frac{p}{2} + \sqrt{\left(\frac{p}{2}\right)^2 - q}\right) \cdot \left(-\frac{p}{2} + \sqrt{\left(\frac{p}{2}\right)^2 - q}\right)$

$= \frac{p^2}{4} - \left(\left(\frac{p}{2}\right)^2 - q\right) = q$

b) Dividiert man die Gleichung durch a, erhält man $x^2 + \frac{b}{ax} + \frac{c}{a} = 0$.

Mit $p = \frac{b}{a}$ und $q = \frac{c}{a}$ erhält man mithilfe von a) die Behauptungen.

5 $(x-3)(x+5)$
b) $(x-7)(x+2)$
c) $(x-4)(x-3)$
d) $\left(x+\frac{3}{2}\right)\left(x+\frac{1}{2}\right)$
e) $\left(x-\frac{1}{2}\right)\left(x-\frac{1}{4}\right)$
f) $\left(x-\frac{1}{2}\right)\left(x-\frac{1}{2}\right)$
g) $(z+3)\left(z-\frac{1}{2}\right)$
h) $(z+0{,}8)(z-0{,}7)$
i) $2\left(x-\frac{3}{2}\right)(x+1)$
j) $3(x-2)\left(x+\frac{4}{3}\right)$
k) $4(x-1)\left(x+\frac{3}{4}\right)$
l) $6\left(x+\frac{1}{2}\right)\left(x-\frac{1}{3}\right)$
m) $9\left(x+\frac{2}{3}\right)\left(x+\frac{2}{3}\right)$
n) $5(x-1-\sqrt{3})(x-1+\sqrt{3})$
o) $-2(x-4)\left(x+\frac{1}{2}\right)$
p) $-7(x-3)\left(x-\frac{1}{7}\right)$

6 a) $p=-4$; $x_2=-3$
b) $p=7$; $x_2=2$
c) $q=18$; $x_2=-9$
d) $p=4$; $x_2=-2=x_1$
e) $p=-1$; $x_2=-\frac{1}{2}$
f) $q=-4$; $x_2=1+\sqrt{3}$
g) $q=48$; $x_2=6$
h) $p=8$; $x_2=3$
i) $q=4$; $x_2=3+\sqrt{5}$

7 a) $x_2=\frac{1}{2}$ $\left(x_2=-\frac{1}{2}\right)$
b) $f(x)=x^2-\frac{9}{2}x+2$ $\left(f(x)=-x^2+\frac{7}{2}x+2\right)$

8 Die Lösungen der Gleichung haben verschiedene Vorzeichen, wenn $\frac{b}{2a} < \sqrt{\left(\frac{b}{2a}\right)^2 - \frac{c}{a}}$.
Haben c und a unterschiedliche Vorzeichen, so gilt: $0 < -\frac{c}{a} \iff \left(\frac{b}{2a}\right)^2 < \left(\frac{b}{2a}\right)^2 - \frac{c}{a}$.
Hieraus folgt die obige Bedingung.

8 Anwendungen

Seite 35

1 a) Die gesuchte Zahl ist 7 oder −3.
b) Die gesuchten Zahlen sind 7 und 8 bzw. −8 und −7.
c) Die vier natürlichen Zahlen sind 12, 13, 14 und 15.

2 a = 6 cm b = 18,5 cm

3 a) $2n^2 - 2n + 1$ Löcher gibt es insgesamt.
b) (85): 7 Löcher; (265): 12 Löcher

4 a = 4 cm b = 3 cm

5 $c = \sqrt{3} \cdot a$

Seite 36

6 a = 13 cm
(Diagonalenlängen: e = 10 cm; f = 24 cm)

7 r = 13 cm; Sehne s = 10 cm

8 h = 12 cm; c = 8 cm; $a = b = \sqrt{160}$ cm ≈ 12,65 cm

9 $b = (\sqrt{5}-1)$ cm; $a = \sqrt{2(\sqrt{5}-1)}$

10 $\overline{AC} = p(8 \pm 4\sqrt{3})$

11 Bezeichnet man die Breite des Weges mit x, so erhält man als Fläche für das Beet $(12-2x)(9-2x)$. Dies soll die Hälfte des gesamten Platzes sein, also
$(12-2x)(9-2x) = \frac{12 \cdot 9}{2}$; $4x^2 - 42x + 54 = 0$.
Als Lösung ergibt sich x = 9 und x = 1,5. Die erste Lösung ist nicht brauchbar, da ein 9 m breiter Weg nicht angelegt werden kann. Der Weg ist 1,5 m breit; das Beet hat die Seitenlängen 9 m und 6 m.

12 Mithilfe der gemessenen Punkte (Angaben in m) wird für den parabelförmigen Brückenbogen die Funktionsgleichung bestimmt und damit dann der Scheitelpunkt der Parabel.
Aus den Punkten ergeben sich mit $y = ax^2 + bx + c$ die Gleichungen $0 = a \cdot 0^2 + b \cdot 0 + c$, also $c = 0$ und $2{,}2 = a \cdot 1^2 + b \cdot 1$ sowie $0 = a \cdot 11^2 + b \cdot 11$. Beim Lösen des linearen Gleichungssystems ergeben sich $a = -0{,}22$ und $b = 2{,}42$.
Also ist $y = -0{,}22x^2 + 2{,}42x$.
Der x-Wert des Scheitelpunktes liegt in der Mitte der beiden Nullstellen, also bei y = 5,5. Nun bestimmt man den y-Wert für x = 5,5, also
$y = -0{,}22 \cdot 5{,}5^2 + 2{,}42 \cdot 5{,}5 = 6{,}655$.
Wenn der Brückenbogen parabelförmig ist, würde der höchste Punkt ca. 6,65 m betragen. Da oberhalb des Bogens noch Mauerwerk ist, erscheint die Angabe plausibel.

Seite 37

13 Bei dem Milchgebiss kann man durch Anlegen eines Koordinatensystems und Ausmessen die Punkte P(0 | 2,5); Q(1,25 | 3,4) und R(1,8 | 2,5) ermitteln.

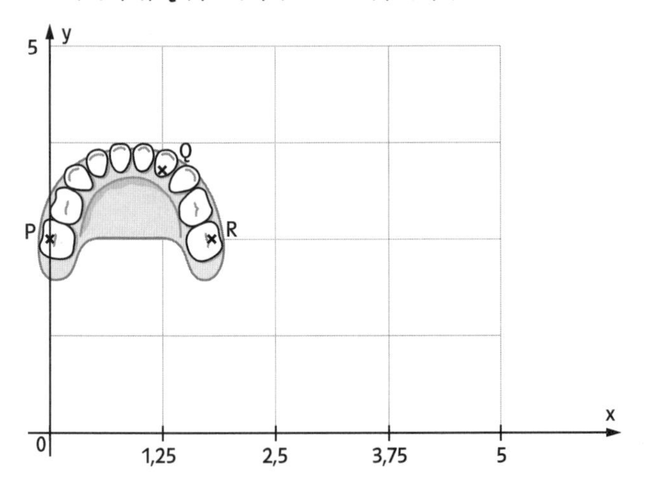

Daraus ergeben sich unter der Annahme, dass die Form des Gebisses parabelförmig ist, die Gleichungen $2{,}5 = a \cdot 0^2 + b \cdot 0 + c$, also $c = 2{,}5$ und $3{,}4 = a \cdot 1{,}25^2 + b \cdot 1{,}25 + 2{,}5$ sowie $2{,}5 = a \cdot 1{,}8^2 + b \cdot 1{,}8 + 2{,}5$. Das Lösen des linearen Gleichungssystems ergibt $a \approx -1{,}309$ und $b \approx 2{,}3563$. Also: $y = -1{,}309x^2 + 2{,}3563x + 2{,}5$.
Um zu kontrollieren, ob es sich wirklich um eine parabelförmige Form handelt, kann man nun einen anderen Punkt berechnen: etwa für $x = 1$ ergibt sich $y = 3{,}5473$, was in etwa der Zeichnung entspricht.
Bei dem Erwachsenengebiss kann man die Punkte P(0 | 1,25); Q(1,25 | 3,4) und R(2,4 | 0,9) messen.

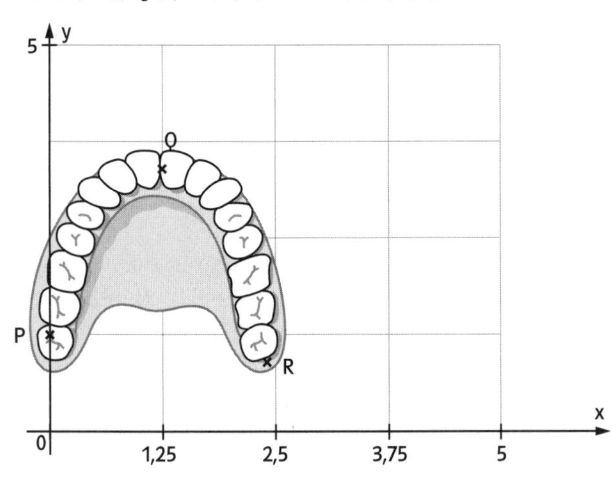

Daraus ergeben sich unter der Annahme, dass die Form des Gebisses parabelförmig ist, die Gleichungen $1{,}25 = a \cdot 0^2 + b \cdot 0 + c$, also $c = 1{,}25$ und $3{,}4 = a \cdot 1{,}25^2 + b \cdot 1{,}25 + 1{,}25$ sowie $0{,}9 = a \cdot 2{,}4^2 + b \cdot 2{,}4 + 1{,}25$.
Das Lösen des linearen Gleichungssystems ergibt $a \approx -1{,}622$ und $b \approx 3{,}748$.

Also: $y = -1{,}622x^2 + 3{,}748x + 1{,}25$. Um zu kontrollieren, ob es sich wirklich um eine parabelförmige Form handelt, kann man nun einen anderen Punkt berechnen: etwa für $x = 1$ ergibt sich $y = 3{,}376$, was in etwa der Zeichnung entspricht.

14 a)

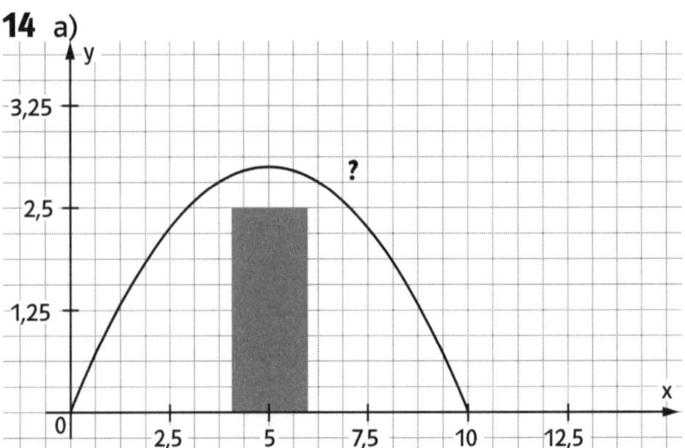

b) Um die optimale Situation zu betrachten, kann man annehmen, dass das Känguru in einem Sprung sowohl die maximale Weite von 10 m als auch die maximale Höhe von bis zu drei Meter erreicht. Dann liegt der Scheitelpunkt in 3 m Höhe und 5 m vom Absprungort entfernt [S(5 | 3)]. Weitere Punkte der Flugbahn sind der Startpunkt P(0 | 0) und der Landepunkt Q(10 | 0). Aus diesen Daten kann man die Funktionsgleichung bestimmen, die die Flugbahn beschreiben soll, wenn man davon ausgeht, dass die Flugbahn parabelförmig ist.
$0 = a \cdot 0^2 + b \cdot 0 + c$, also $c = 0$.
Aus $3 = a \cdot 5^2 + b \cdot 5$ und $0 = a \cdot 10^2 + b \cdot 10$ ergibt sich $a = -0{,}12$ und $b = 1{,}2$; also $y = -0{,}12x^2 + 1{,}2x$.
Wenn der Sprung über das Wohnmobil gehen soll, muss das Wohnmobil unterhalb der Flugkurve gezeichnet werden können. Die beste Position ist im Bereich, wo die Flugbahn sehr hoch ist; also in der Mitte. Da das Wohnmobil zwei Meter breit ist, müssen die Höhen jeweils einen Meter rechts und links vom x-Wert des Scheitels (höchster Punkt) mindestens zweieinhalb Meter betragen. Die x-Werte sind: $x = 5 + 1 = 6$ und $x = 5 - 1 = 4$. Die zugehörigen y-Werte sind $y = -0{,}12 \cdot 6^2 + 1{,}2 \cdot 6 = 2{,}88$ und $y = -0{,}12 \cdot 4^2 + 1{,}2 \cdot 4 = 2{,}88$. Damit ist gezeigt, dass das Känguru über das Wohnmobil springen kann, wenn es die beiden maximalen Angaben (maximale Weite und Höhe) in einem Sprung springen kann.

15 a) Die Höhe (in m) kann für die ersten vier Sekunden Flugzeit mit der quadratischen Funktion $h_1 = -5t^2 + h_0$ berechnet werden, wobei t die Zeit (in s) angibt und h_0 der empfohlenen Abspringhöhe (in m) entspricht. Danach kann die Höhe (in m) mit der linearen Funktion $h_2 = -34t + h_{1(\text{nach } 4\,s)}$ berechnet werden, wobei $h_{1(\text{nach } 4\,s)}$ der Höhe nach den ersten vier Sekunden Flugzeit entspricht. Diese be-

rechnet man durch h_1, t ist die Zeit nach Ablauf der ersten vier Sekunden.
Fortgeschrittener:
$h_1 = -5t^2 + 2000 = -5 \cdot 4^2 + 2000 = 1920$
$h_2 = -34t + 1920$
Da die Mindesthöhe zum Öffnen des Schirms 1200 m betragen soll, kann man nun mithilfe von h_2 die Zeit berechnen, bis diese Höhe erreicht wird.
$1200 = -34t + 1920$, also $t \approx 21{,}18$. Der Fortgeschrittene muss etwa nach $21{,}18 + 4 \approx 25{,}18$ Sekunden den Schirm öffnen.
Expertin: $h_1 = -5t^2 + 2000 = -5 \cdot 4^2 + 2000 = 1920$
$h_2 = -34t + 1920$
Da die Mindesthöhe zum Öffnen des Schirms 700 m betragen soll, kann man nun mithilfe von h_2 die Zeit berechnen, bis diese Höhe erreicht wird.
$700 = -34t + 1920$, also $t \approx 35{,}9$. Der Experte muss etwa nach $35{,}9 + 4 = 39{,}9$ Sekunden den Schirm öffnen. Damit beträgt die Freifallzeit der Expertin nicht ganz das Doppelte der Freifallzeit des Fortgeschrittenen.
b) In den ersten vier Sekunden haben alle drei einen Höhenverlust von 80 m $(5 \cdot 4^2 = 80)$.
Danach können sie noch 6 Sekunden weiterfliegen, in denen alle einen Höhenverlust von 204 m $(34 \cdot 6 = 204)$ haben. Zusammen ergibt sich in 10 Sekunden ein Höhenverlust von 284 m.
Daher müsste ein Anfänger in (1200 + 284) 1484 m Höhe abspringen (wäre knapp, nicht empfehlenswert, da die empfohlene Absprunghöhe 1500 m beträgt), ein Fortgeschrittener ebenfalls in (1200 + 284) 1484 m (wäre auch nicht empfehlenswert, da mindestens die Höhe des Anfängers eingehalten werden müsste) und ein Experte in (700 + 284) 984 m Höhe (wäre ebenfalls wie beim Fortgeschrittenen nicht empfehlenswert).
c) Da die Fallschirmspringer nach 4 Sekunden konstant 34 Meter pro Sekunde fliegen, haben sie eine Geschwindigkeit von $34\frac{m}{s} = 122{,}4\frac{km}{h}$ (da $1\,m = 0{,}001\,km$ und $1\,s = \frac{1}{3600}h$ ist, kann man durch Einsetzen die Umrechnung der Einheiten ermitteln: $34\frac{m}{s} = 34 \cdot 0{,}001 \cdot 3600\frac{km}{h} = 122{,}4\frac{km}{h}$).
d) Aufgrund des Luftwiderstandes kann man nicht über die ganze Flugzeit von einem freien Fall sprechen. Nach 4 s tritt ein Kräftegleichgewicht zwischen Gewichtskraft und Luftwiderstand ein.

9 Gleichungen, die auf quadratische Gleichungen führen

Seite 40

1 a) $L = \{0; 1; -9\}$ b) $L = \{-7; 0; 8\}$
c) $L = \{-3{,}5; 0; 6\}$ d) $L = \{-\frac{2}{3}; 0; 2\}$
e) $L = \{-2; -0{,}25; 0\}$ f) $L = \{-\frac{7}{3}; 0; \frac{1}{6}\}$

2 a) $L = \{-1; \frac{7}{24}\}$ b) $L = \{\frac{1}{11}; 1; 0\}$
c) $L = \{-\frac{1}{5}; 0\}$ d) $L = \{\frac{1}{3}; 0\}$
e) $L = \{-\frac{3}{5}; \frac{3}{4}\}$ f) $L = \{-2; \pm 1{,}63299\}$

3 a) $x_1 = 3;\ x_2 = -3;\ x_3 = 7;\ x_4 = -7$
b) $x_1 = 5;\ x_2 = -5;\ x_3 = 6;\ x_4 = -6$
c) $x_1 = \frac{4}{3};\ x_2 = -\frac{4}{3};\ x_3 = \frac{7}{2};\ x_4 = -\frac{7}{2}$
d) $x_1 = \frac{3}{2};\ x_2 = -\frac{3}{2};\ x_3 = 4;\ x_4 = -4$
e) $x_1 = 3;\ x_2 = -3;\ x_3 = \sqrt{2};\ x_4 = -\sqrt{2}$
f) $x_1 = \sqrt{\frac{9-\sqrt{41}}{10}};\ x_2 = \sqrt{\frac{9+\sqrt{41}}{10}};\ x_3 = -\sqrt{\frac{9-\sqrt{41}}{10}};$
$x_4 = -\sqrt{\frac{9+\sqrt{41}}{10}}$
g) $x_1 = \sqrt{2};\ x_2 = -\sqrt{2};\ x_3 = \sqrt{3};\ x_4 = -\sqrt{3}$
h) $x_1 = \frac{1}{3};\ x_2 = -\frac{1}{3};\ x_3 = \sqrt{3};\ x_4 = -\sqrt{3}$

4 a) $x_1 = 2;\ x_2 = -2$ b) $x_1 = 0;\ x_2 = \frac{2}{3}$
c) $L = \{\ \}$

5 a) $x_{1;2} = \frac{2}{3} \pm \sqrt{6}$ b) $x_1 = 3;\ x_2 = \frac{2}{3}$
c) $x_1 = -7;\ x_2 = \frac{8}{7}$ d) $x_1 = 3;\ x_2 = -\frac{2}{3}$
e) $x_{1;2} = 10$ f) $x_1 = -4;\ x_2 = 13$

6 a) $x = 1$ b) $L = \{\ \}$
c) $x_1 = 7;\ x_2 = 0$ d) $x = 0$
e) $x_1 = 2;\ x_2 = \frac{5}{2}$ f) $x = 1$

7 a) $x_1 = -42;\ x_2 = -30$ b) $x_1 = -\frac{1}{4};\ x_2 = \frac{1}{3}$
c) $x_1 = -3$ d) $x_1 = 2$
e) $x_1 = \frac{9}{2}$ f) $x_1 = 1;\ x_2 = 3$
g) $L = \{\ \}$ h) $x = 0$
i) $L = \{\ \}$

8 a) $x = 9$ b) $x = 4$
c) $L = \{\ \}$ d) $L = \{\ \}$

9 a) $x_1 = 27$ b) $x_1 = -3$
c) $x_1 = 3;\ x_2 = 33$ d) $x_1 = -5$

10 a) $x_1 = 0;\ x_2 = \sqrt{13};\ x_3 = -\sqrt{13}$
b) $x_1 = 1;\ x_2 = -1;\ x_3 = 4;\ x_4 = -4$

Wiederholen – Vertiefen – Vernetzen

Seite 41

1 (Mögliche Lösungen)
a) $y = x^2 - 1,5$ b) $y = x^2 + 4$
c) $y = x^2 - 1$ d) $y = x^2 + 4$

2 a) $P(0|-2)$ b) $P(0,3|-1,91)$
c) $P_1(-4|14)$ oder $P_2(4|14)$
d) $P_1(-1,5|1,5)$ oder $P_2(1,5|1,5)$

3 a) $S(2|1)$ b) $S(-1|3)$
c) $S(6|-10)$ d) $S(-0,5|1,5)$

4 *1. Möglichkeit:* Für jeden Graphen lässt sich mit einem abgelesenen Wert eine Funktionsgleichung bestimmen. Diese kann mit weiteren abgelesenen Werten überprüft werden.
2. Möglichkeit: Für verschiedene Geschwindigkeiten kann überprüft werden, ob sich bei einer Verdopplung der Geschwindigkeit der Bremsweg vervierfacht.
b) Individuelle Lösung

5 (Mögliche Lösungen)
a) $y = x^2 + 5,7$ b) $y = (x - 2,5)^2 - 5$
c) $y = \left(x - \frac{5}{4}\right)^2 + 1,1$ d) $y = (x + 2,5)^2 - \frac{3}{7}$

6 (Mögliche Lösungen)
a) $y = -x^2 - 3$ b) $y = 2x^2$
c) $y = (x + 120)^2 - 250$ d) $y = x^2 - 9$

7 a) $y = \frac{1}{2}(x - 2)^2 - 3$ b) $y = \frac{1}{2}(x + 3)^2 - 4$
c) $y = -\frac{1}{2}(x + 2)^2 + 3$ d) $y = -\frac{1}{2}(x - 2)^2 + 3$

8 Auf die zeichnerische Lösung wird hier verzichtet. Am Graphen liest man die Lösungen als Schnittpunkte mit der x-Achse ab.

a) $p = 6;\ q = 9;\ \left(\frac{6}{2}\right)^2 - 9 = 0;$
d.h., es gibt eine Lösung: $x = -3$.

b) $p = 5;\ q = -1;\ \left(\frac{5}{2}\right)^2 + 1 > 0;$
d.h., es gibt zwei Lösungen: $x \approx -5,2$ und $x \approx 0,2$.

c) Umformen: $x^2 - \frac{9}{5}x - \frac{2}{5} = 0$
$p = -\frac{9}{5};\ q = -\frac{2}{5};\ \left(\frac{1,8}{2}\right)^2 + 0,4 > 0;$
d.h., es gibt zwei Lösungen: $x = -0,2$ und $x = 2$.

d) Umformen: $x^2 - 5x - 42 = 0$
$p = -5;\ q = -42;\ \left(\frac{-5}{2}\right)^2 + 42 > 0;$
d.h., es gibt zwei Lösungen: $x \approx -4,4$ und $x \approx 9,4$.

e) Umformen: $x^2 - \frac{9}{2}x - \frac{5}{2} = 0$
$p = -\frac{9}{2};\ q = -\frac{5}{2};\ \left(\frac{-4,5}{2}\right)^2 + 2,5 > 0;$
d.h., es gibt zwei Lösungen: $x = -0,5$ und $x = 5$.

f) Umformen: $x^2 - \frac{2}{3}x - 2 = 0$
$p = -\frac{2}{3};\ q = -2;\ \left(\frac{\frac{2}{3}}{2}\right)^2 + 2 > 0;$
d.h., es gibt zwei Lösungen: $x \approx -1,1$ und $x \approx 1,8$.

g) Umformen: $x^2 + 6x + 9 = 0$
$p = 6;\ q = 9;\ \left(\frac{-6}{2}\right)^2 - 9 = 0;$
d.h., es gibt eine Lösung: $x = -3$.

h) Umformen: $x^2 + 2x - 1 = 0$
$p = 2;\ q = -1;\ \left(\frac{-2}{2}\right)^2 + 1 > 0;$
d.h., es gibt zwei Lösungen: $x \approx -2,4$ und $x \approx 0,4$.

9 a) $x = 0$
b) $x_1 = 0;\ x_2 = 13;\ x_3 = -13$
c) $x_1 = 2;\ x_2 = -2;\ x_3 = 3;\ x_4 = -3$
d) $x_1 = 2;\ x_2 = -2;\ x_3 = 5;\ x_4 = -5$
e) $x_1 = 1;\ x_2 = 2$
f) $x_1 = 16;\ (x_2 = 25)$
g) $x_1 = -1;\ x_2 = 9$
h) $-\frac{7}{4} - \frac{5}{4}\sqrt{17};\ -\frac{7}{4} + \frac{5}{4}\sqrt{17}$

10 a) $x_1 =;\ x_2 = -9$
b) Individuelle Lösungen

Seite 42

11 a) Zunächst zeichnet man den Scheitelpunkt der Parabel in ein Koordinatensystem. Von diesem ausgehend zeichnet man wie in Lerneinheit 1 auf Seite 11 beschrieben die Parabel.
b) Wenn bei einer quadratischen Funktion der Faktor vor dem x^2 oder vor der Klammer, die quadriert wird, zwischen −1 und 1 ist, dann ist die Parabel weiter als die Normalparabel. Wenn der Faktor positiv und größer als 1 oder negativ und kleiner als −1 ist, dann ist die Parabel enger als die Normalparabel.
c) Wenn bei einer quadratischen Funktion der Scheitel der Parabel auf der y-Achse liegt, dann hat die Funktion genau eine Nullstelle.
Wenn bei einer quadratischen Funktion das Vorzeichen vom x-Wert des Scheitels und das Vorzeichen vom Faktor vor dem x^2 oder vor der Klammer, die quadriert wird, gleich sind, hat die Funktion keine Nullstelle. Wenn die Vorzeichen verschieden sind, hat die Funktion zwei Nullstellen.

12 a) Individuelle Lösung
b) Die Scheitelpunkte liegen auf der Parabel mit der Funktionsgleichung $y = -(x - 1)^2 + 2$.

13 a) $y = 2(x - 3)^2$ b) $y = 3x^2 - 1$
c) $y = -(x + 2)^2 - 1$ d) $y = (x - 2)^2 - 2$

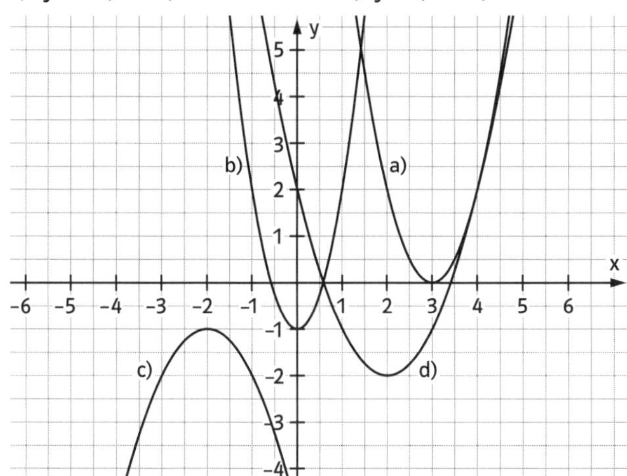

14 a) Der Ursprung des Koordinatensystems wurde in den Abwurfpunkt gelegt.
b) Die Kugel würde etwa 2,14 m weit fliegen.

15 Individuelle Lösung

16 Wenn man die Metallplatte in der Breite jeweils um 6,25 cm hochbiegt, wird das Fassungsvolumen der Rinne maximal.

Seite 43

17 a) Dies weiß man, weil für $t = 0$ der y-Wert 1,8 ist. Das heißt, bevor der Ball fliegt, ist er auf einer Höhe von 1,8 m.
b) Man ermittelt die Nullstellen der Funktion, um zu bestimmen, wie lange der Ball fliegt, bis er landet. Die pq-Formeln liefern: $t \approx 3{,}3$ und $t \approx -0{,}1$. Der Ball fliegt demnach ca. 3,3 Sekunden, bis er landet (negative Zeiten sind hier nicht sinnvoll).
c) In b) sind beide Nullstellen bestimmt worden. Aufgrund der Symmetrie der Parabel kann man den t-Wert zwischen beiden Nullstellen wählen, um den t-Wert des Scheitelpunktes (höchster Punkt) zu erhalten: $3{,}3 + 0{,}1 = 3{,}4$ damit ergibt sich $3{,}4 : 2 = 1{,}7$. Der t-Wert des Scheitels liegt bei $t = 1{,}6$ $(1{,}7 - 0{,}1 = 1{,}6)$. Nun kann der y-Wert bestimmt werden: $y = -5 \cdot 1{,}6^2 + 1{,}6 \cdot 1{,}6 + 1{,}8 = 14{,}6$. Der Ball hat auf seinem höchsten Punkt eine Höhe von 14,6 m.
d) Um diese Frage zu beantworten, muss man $y = 12{,}5$ in die Gleichung einsetzen:
$12{,}5 = -5t^2 + 16t + 1{,}8$. Die pq-Formeln liefern: $t \approx 2{,}25$ und $t \approx 0{,}95$. Beide Zeiten sind sinnvoll. Der Ball hat nach ca. 0,95 Sekunden und nach ca. 2,3 Sekunden eine Höhe von 12,5 m erreicht.

18 a) Die blaue Fläche q besteht aus dem mittleren Quadrat (x^2) und den vier Rechtecken an den Seiten. Eine Seite dieser Rechtecke hat die Länge x und die Breite $\frac{p}{4}$. Wenn man die vier Rechtecke aneinander legt, haben sie die Breite von $4 \cdot \frac{p}{4} = p$. Also ist die gesamte blaue Fläche zusammengesetzt durch $x^2 + px$.
b) Unter der Wurzel steht der Term $q + 4\left(\frac{p}{4}\right)^2$. q beschreibt die ganze blaue Fläche und $\left(\frac{p}{4}\right)^2$ beschreibt ein Eckquadrat; $4\left(\frac{p}{4}\right)^2$ beschreibt damit alle vier Eckquadrate. Der Term $q + 4\left(\frac{p}{4}\right)^2$ beschreibt somit den ganzen Flächeninhalt. Wenn nun die Wurzel gezogen wird, erhält man die Länge einer Seite des Quadrates. Wenn man hiervon nun noch zweimal die Seitenlänge der Eckquadrate $2\frac{p}{4}$ abzieht, erhält man die Länge x.

Also: $x = \sqrt{q + 4\left(\frac{p}{4}\right)^2} - \frac{p}{2}$

c) Die Gleichung $x = \sqrt{q + 4\left(\frac{p}{4}\right)^2} - \frac{p}{2}$

kann man umformen: $x + \frac{p}{2} = \sqrt{q + \frac{p^2}{4}} = \frac{1}{2}\sqrt{4q + p^2}$
Beim Vergleich der Flächen sieht man:
$\left(x + \frac{p}{2}\right)^2 = \frac{1}{4}(4q + p^2)$.
Hieraus folgt: $x + \frac{p}{2} = \pm\frac{1}{2}\sqrt{p^2 + 4q}$ und
$x = -\frac{p}{2} \pm \frac{1}{2}\sqrt{p^2 + 4q}$.
Jetzt stimmt nur das Vorzeichen vor 4q noch nicht. Aber x ist Lösung der Gleichung aus a):
$x^2 + px = q$ oder $x^2 + px - q = 0$.

19

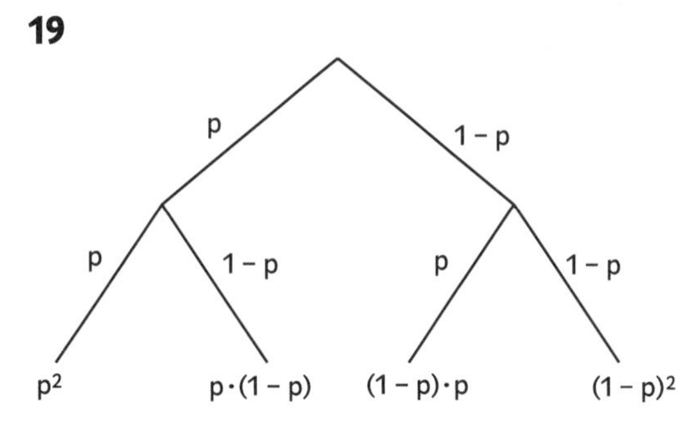

p ist die Gewinnwahrscheinlichkeit, wenn man einmal zieht, und $1 - p$ ist dann die entsprechende Verlierwahrscheinlichkeit. Die Gesamtgewinnwahrscheinlichkeit ergibt sich aus den ersten drei mittels der Pfadregel berechneten Gewinnwahrscheinlichkeiten bei zwei Durchgängen:
$p^2 + p \cdot (1 - p) + (1 - p) \cdot p$. Diese soll 70 % betragen, also 0,70. Um die Gewinnwahrscheinlichkeit p für einen Durchgang zu ermitteln, muss man die Gleichung $p^2 + p \cdot (1 - p) + (1 - p) \cdot p = 0{,}7$ lösen.

$p^2 + p \cdot (1 - p) + (1 - p) \cdot p = 0,7$
$p^2 + 2 \cdot (p - p^2) - 0,7 = 0$
$-p^2 + 2p - 0,7 = 0$
Mit der pq-Formel folgt: $p \approx 1,55$ und $p \approx 0,45$
Da die Gewinnwahrscheinlichkeit nicht über $1 = 100\,\%$ sein kann, ist $p \approx 0,45$ die Lösung. Sie beträgt also 45 %. Hansi hat demnach nicht Recht.

20 a) Quadratische Funktionen haben die allgemeine Funktionsgleichung $y = ax^2 + bx + c$. Die Scheitelform lautet allgemein $y = a(x - d)^2 + e$, wobei der Scheitel bei $S(d\,|\,e)$ liegt. Man kann die Scheitelform auch mit den Parametern der allgemeine Funktionsgleichung angeben:
$y = a\left(x + \frac{b}{2a}\right)^2 - \frac{b^2}{4a} + c.$
b) Einsetzen der Koordinaten des Scheitels in die Scheitelform ergibt $y = a(x - 10)^2 + 15$. Einsetzen des Punktes P ergibt die Gleichung
$5 = a(1 - 10)^2 + 15 = 81a + 15.$
Auflösen nach a ergibt: $a = -\frac{10}{81}$.
Damit ist $y = -\frac{10}{81}(x - 10)^2 + 15 = -\frac{10}{81}x^2 + \frac{200}{81}x + \frac{215}{81}$.
c) Mit $S(0\,|\,0)$ ist $y = a(x - 0)^2 + 0 = ax^2$.
Mit $P(3\,|\,-2)$ ist $-2 = 9a$, also $a = -\frac{2}{9}$.
Die Funktionsgleichung lautet $y = -\frac{2}{9}x^2 \approx -0,22\,x^2$

21 Zum Beispiel: $y = -0,001x \cdot (x - 150)$. Die maximale Höhe wäre dann etwa 5,6 m.

Seite 44

22 a) Bei einer Fluggeschwindigkeit von etwa 96 Meilen pro Stunde konnte er mit dem Treibstoff am weitesten fliegen.
b) Charles Lindbergh musste mindestens mit einem Gesamtverbrauch von 1783 Litern rechnen.
c) Bei einer Fluggeschwindigkeit von 96 Meilen pro Stunde hätte Lindbergh für die Strecke 37,5 Stunden benötigt. Bei einer so langen Zeit ist die Gefahr groß, dass er einschläft. Er wird daher vermutlich schneller geflogen sein.
d) Individuelle Lösung

23 Für die Dreiecksfläche gilt:
$A = 36 - \frac{1}{2}x^2 - 6(6 - x) = -\frac{1}{2}(x - 6)^2 + 18.$
Für $x = 1(2)$ cm beträgt die Fläche also $5,5(10)\,cm^2$.
Die Fläche wird für $x = 6$ cm maximal, also wenn $P = A$ und $Q = C$ gilt, sie beträgt dann $18\,cm^2$.

24 Aus der Umfangsgleichung $8a + 3b = 20\,m$ ergibt sich für den Flächeninhalt die Gleichung $A = -\frac{15}{32}\left(b - \frac{4}{3}\right)^2 + \frac{40}{3}$, woraus sich ergibt, dass der maximale Flächeninhalt für $b = \frac{4}{3}\,m$ und $a = 2\,m$ angenommen wird und $\frac{40}{3}\,m^2$ beträgt.

25 a) Man zählt 163 Streichhölzer in den Quadraten.
b) a steht für die Anzahl der Streichhölzer, r für die Anzahl der Randstreichhölzer und q für die Anzahl der Quadrate. Mit dem Term $4 \cdot q$ wird die Anzahl der Streichhölzer aller Quadrate bestimmt (pro Quadrat 4 Hölzer), wenn die Quadrate alle einzeln nebeneinander liegen würden. Nun hat man die Streichhölzer, die zwischen zwei Quadraten liegen (diese also verbinden) doppelt gezählt. Nur die Randstreichhölzer wurden bisher einmal gezählt. Deshalb addiert man diese Randstreichhölzer zu $4 \cdot q$, damit alle Streichhölzer doppelt gezählt werden. Abschließend dividiert man durch 2 und erhält die Anzahl der Streichhölzer, die in der Fig. 2 verwendet wurden.
c) Es geht nicht; in die Formel eingesetzt:
$20 = \frac{r + 4 \cdot 9}{2}$ liefert $r = 4$. Bei 9 Quadraten hat er mindestens 12 Randhölzer.
d) Individuelle Lösung, z. B.:

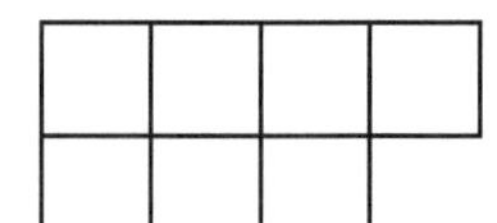

e) r ist gerade:
$r = 2a - 4q = 2(a - 2q)$

Exkursion Polynomdivision

Seite 45

1 a) Die erste Multiplikation ist die verkürzte Schreibweise (auslassen der Zehnerpotenzen, welche die Stelle bestimmen) der zweiten Multiplikation. Die dritte Multiplikationsaufgabe ersetzt die Zehnerpotenzen durch Potenzen der Variablen x.
b) $(2x^3 + 1x^2 + 0x + 2)(4x^3 + 3x^2 + 2x + 1)$
$= 8x^6 + 10x^5 + 7x^4 + 12x^3 + 7x^2 + 4x + 2$

2 a) analog 1 a) statt Multiplikation → Division
b) Der erste Summand vom Dividenden wurde durch den ersten Summenden des Divisors geteilt. Das Ergebnis wird mit dem Divisor multipliziert und die Potenzen werden entsprechend untereinander gesetzt, dann subtrahiert. Schließlich wird der 1. Summand der Differenz (Rest) durch den ersten Summanden vom Divisor geteilt usw.

3 a) $3x^2 + 2x + 1$ b) $x + 2$
c) $x + 4$ d) $3x^2 + x - 4$

4 a) $x + 1$ b) $x + 1$
c) $x^2 + x + 1$ d) $x^3 - x^2 + x - 1$

5 a) Diese Gleichung hat keine weiteren Lösungen.
b) $x_3 = 1$; $x_4 = 4$

Exkursion: Funktionenscharen am PC

Seite 46

1 a)

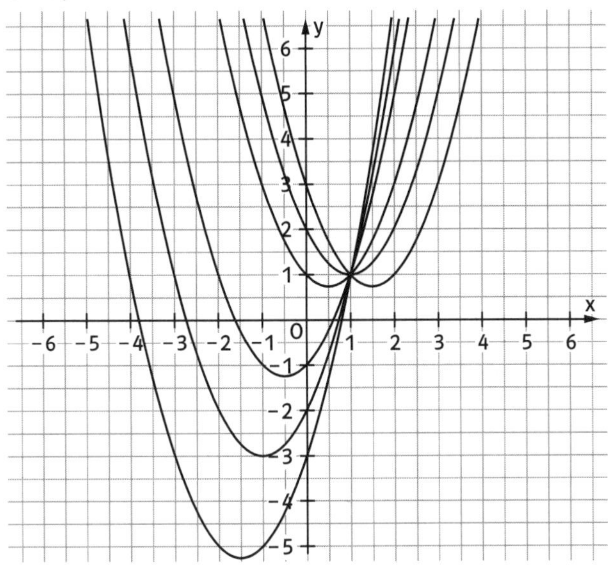

b) Alle Parabeln verlaufen durch den Punkt P(1|1).

c) $f_{(-2)}(x) = x^2 - (-2)\cdot x + (-2) = x^2 + 2x - 2$

$f_1(x) = x^2 - x + 1$

$x^2 + 2x - 2 = x^2 - x + 1 \quad | -x^2$

$2x - 2 = -x + 1 \quad | +x$

$3x - 2 = 1 \quad | +2$

$3x = 3 \quad | :3$

$x = 1$

Berechnen der y-Koordinate:

$y = f_1(1) = 1^2 - 1 + 1 = 1$

P(1|1) ist der Schnittpunkt der Graphen von $f_{(-2)}$ und f_1.

d) $x^2 - kx + k = x^2 - rx + r \quad | -x^2$

$-kx + k = -rx + r \quad | +rx$

$rx - kx + k = r \quad | -k$

$rx - kx = r - k \quad |$ x ausklammern

$(r - k)\cdot x = r - k \quad | :(r - k)$ da $r \neq k$

$x = \frac{r-k}{r-k}$

$x = 1$

Berechnen der y-Koordinate:

$y = f_k(1) = 1^2 - k\cdot 1 + k = 1$

Alle Parabeln verlaufen durch den Punkt P(1|1).

2 $f_a(x) = ax^2 + 4x - 13$

a) – b)

Parameter a	−3	−2	−1	1	**2**	3
x	$f_{-3}(x)$	$f_{-2}(x)$	$f_{-1}(x)$	$f_1(x)$	$\mathbf{f_2(x)}$	$f_3(x)$
−10	−353	−253	−153	47	**147**	247
−9	−292	−211	−130	32	**113**	194
−8	−237	−173	−109	19	**83**	147
−7	−188	−139	−90	8	**57**	106
−6	−145	−109	−73	−1	**35**	71
−5	−108	−83	−58	−8	**17**	42
−4	−77	−61	−45	−13	**3**	19
−3	−52	−43	−34	−16	**−7**	2
−2	−33	−29	−25	−17	**−13**	−9
−1	−20	−19	−18	−16	**−15**	−14
0	−13	−13	−13	−13	**−13**	−13
1	−12	−11	−10	−8	**−7**	−6
2	−17	−13	−9	−1	**3**	7
3	−28	−19	−10	8	**17**	26
4	−45	−29	−13	19	**35**	51
5	−68	−43	−18	32	**57**	82
6	−97	−61	−25	47	**83**	119
7	−132	−83	−34	64	**113**	162
8	−173	−109	−45	83	**147**	211
9	−220	−139	−58	104	**185**	266
10	−273	−173	−73	127	**227**	327

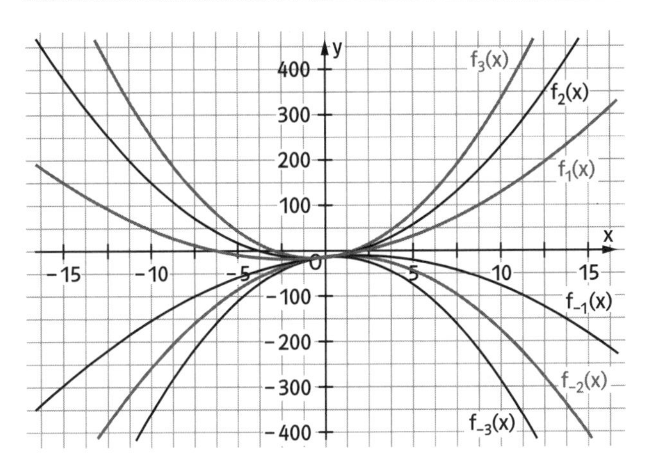

c) $f_a(x) = ax^2 + 4x - 13$

$f_a(3) = 9a + 12 - 13$

$= 9a - 1$

$9a - 1 = 8 \quad | +1$

$9a = 9 \quad | :9$

$a = 1$

Für $a = 1$ verläuft die zugehörige Parabel durch den Punkt P(3|8).

Scharparameter a	−10	−9	−8	−7	−6	−5	−4
$f_a(3)$	−91	−82	−73	−64	−55	−46	−37

Scharparameter a	−3	−2	−1	0	**1**	2	3
$f_a(3)$	−28	−19	−10	−1	**8**	17	26

Scharparameter a	4	5	6	7	8	9	10
$f_a(3)$	35	44	53	62	71	80	89

d) $f_b(x) = x^2 + bx + 5$

Parameter b	−3	−2	−1	1	**2**	3
x	$f_{-3}(x)$	$f_{-2}(x)$	$f_{-1}(x)$	$f_1(x)$	$\mathbf{f_2(x)}$	$f_3(x)$
−10	135	125	115	95	**85**	75
−9	113	104	95	77	**68**	59
−8	93	85	77	61	**53**	45
−7	75	68	61	47	**40**	33
−6	59	53	47	35	**29**	23
−5	45	40	35	25	**20**	15
−4	33	29	25	17	**13**	9
−3	23	20	17	11	**8**	5
−2	15	13	11	7	**5**	3
−1	9	8	7	5	**4**	3
0	5	5	5	5	**5**	5
1	3	4	5	7	**8**	9
2	3	5	7	11	**13**	15
3	5	8	11	17	**20**	23
4	9	13	17	25	**29**	33
5	15	20	25	35	**40**	45
6	23	29	35	47	**53**	59
7	33	40	47	61	**68**	75
8	45	53	61	77	**85**	93
9	59	68	77	95	**104**	113
10	75	85	95	115	**125**	135

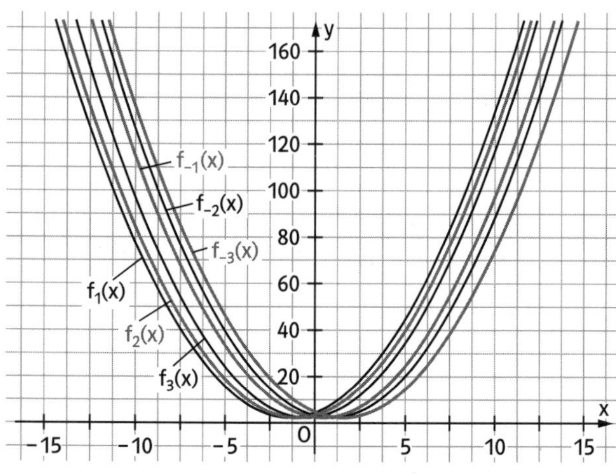

Für b = −2 verläuft die zugehörige Parabel durch den Punkt P(3 | 8).

e)

Parameter b	−3	−2	−1	1	**2**	3
x	$f_{-3}(x)$	$f_{-2}(x)$	$f_{-1}(x)$	$f_1(x)$	$\mathbf{f_2(x)}$	$f_3(x)$
−10	207	208	209	211	**212**	213
−9	168	169	170	172	**173**	174
−8	133	134	135	137	**138**	139
−7	102	103	104	106	**107**	108
−6	75	76	77	79	**80**	81
−5	52	53	54	56	**57**	58
−4	33	34	35	37	**38**	39

Parameter b	−3	−2	−1	1	**2**	3
x	$f_{-3}(x)$	$f_{-2}(x)$	$f_{-1}(x)$	$f_1(x)$	$\mathbf{f_2(x)}$	$f_3(x)$
−3	18	19	20	22	**23**	24
−2	7	8	9	11	**12**	13
−1	0	1	2	4	**5**	6
0	−3	−2	−1	1	**2**	3
1	−2	−1	0	2	**3**	4
2	3	4	5	7	**8**	9
3	12	13	14	16	**17**	18
4	25	26	27	29	**30**	31
5	42	43	44	46	**47**	48
6	63	64	65	67	**68**	69
7	88	89	90	92	**93**	94
8	117	118	119	121	**122**	123
9	150	151	152	154	**155**	156
10	187	188	189	191	**192**	193

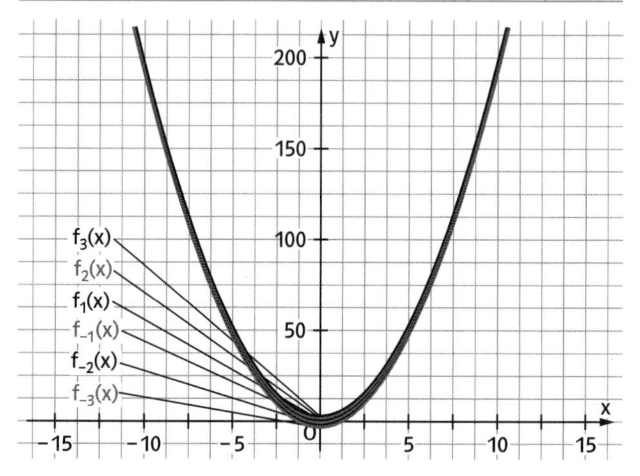

Für c = −7 verläuft die zugehörige Parabel durch den Punkt P(3 | 8).

3 a) $f(x) = x^2 - 1$
$f(x) = 2x^2 - 2$
$f(x) = 3x^2 - 3$
…
$f_a(x) = ax^2 - a$

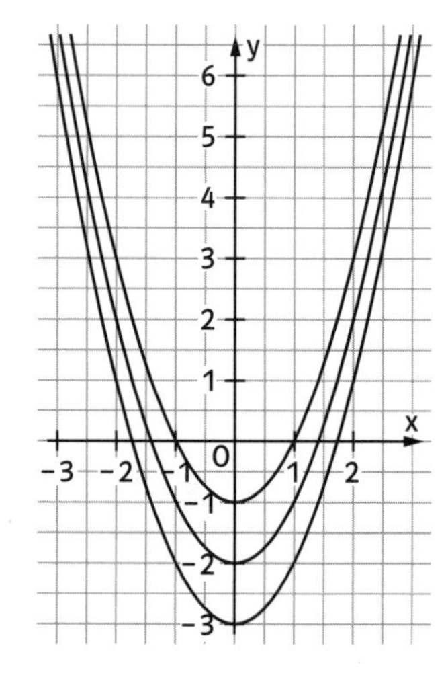

b) $f(x) = (x - 4)^2 + 1$
$f(x) = 2(x - 4)^2$
$f(x) = 3(x - 4)^2 - 1$
...
$f_a(x) = a(x - 4)^2 + (2 - a)$

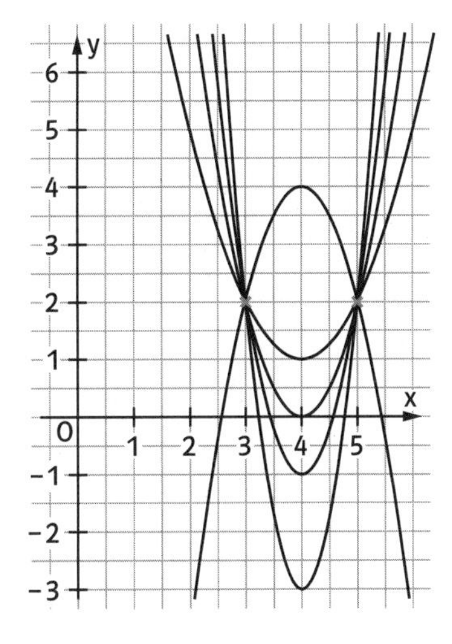

$f_r(x) = x^2 - 2rx + (r - 1)$

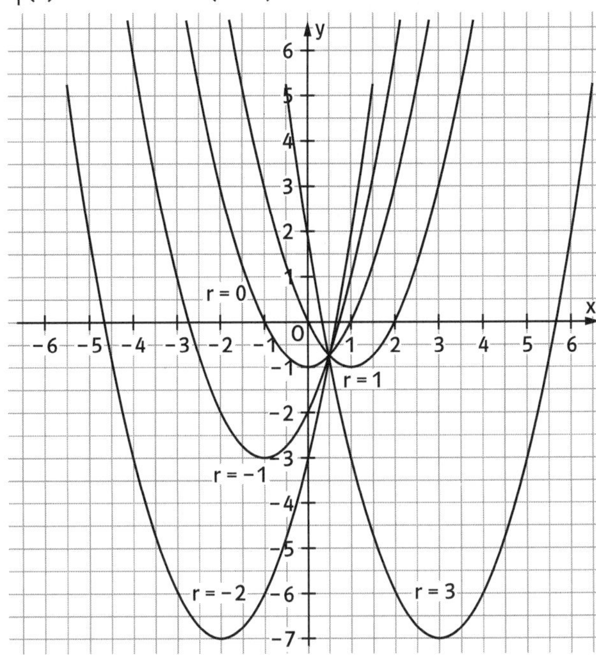

Für $r = -\frac{4}{3}$ verläuft die zugehörige Parabel durch den Punkt P(2|7).

Seite 47

4 a) $f_t(x) = x^2 + 2x + t$

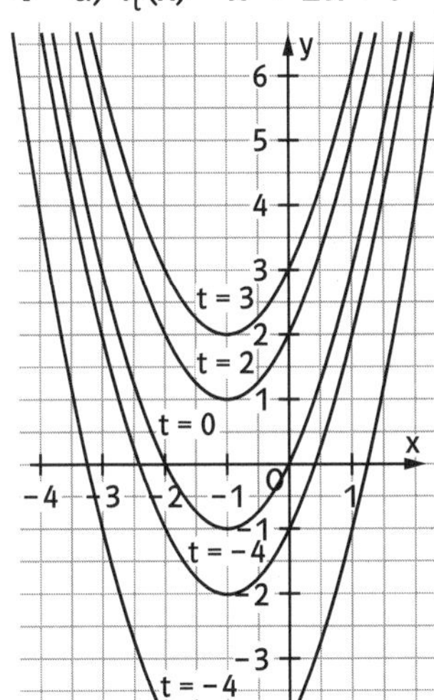

b) $2^2 + 2 \cdot 2 + t = 7$
$8 + t = 7$
$t = -1$

c) $f_k(x) = x^2 + kx$

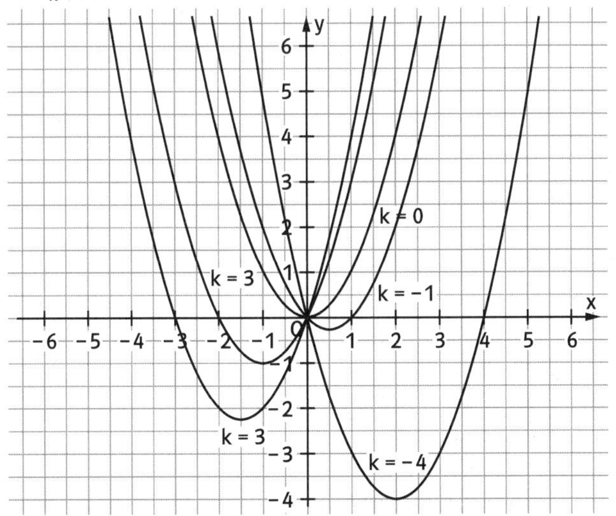

Für k = 1,5 verläuft die zugehörige Parabel durch den Punkt P(2|7).

5 a)

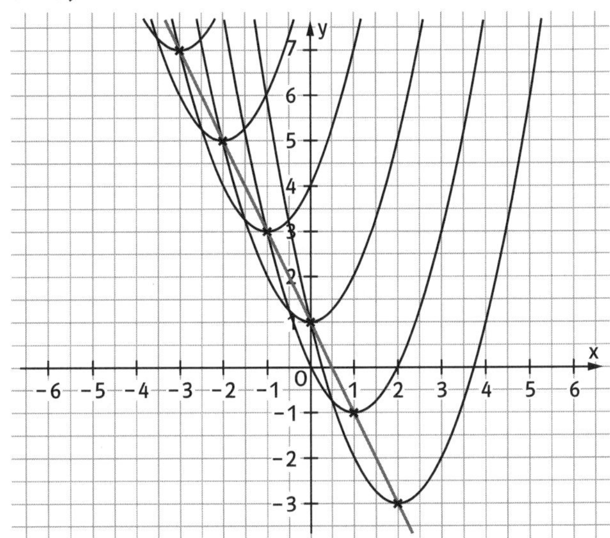

Ortskurve: $y = -2x + 1$

b)

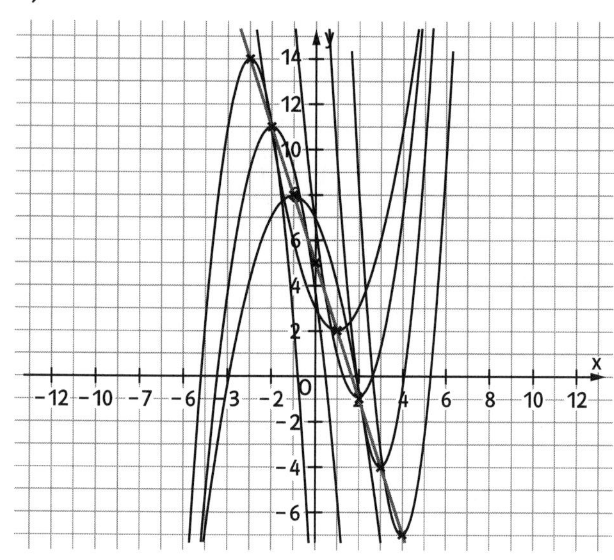

Ortskurve: $y = -3x + 5$

6 a) Durch Ausmultiplizieren erhält man:
$f_r(x) = 2rx - x^2 = -x^2 + 2rx$, es handelt sich um eine quadratische Funktion, der Graph einer quadratischen Funktion ist eine Parabel.

b)

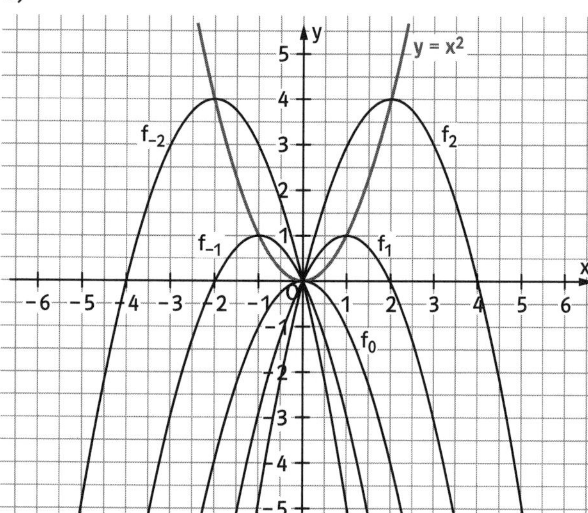

c) Alle Parabeln der Schar verlaufen durch den Punkt $P(0\,|\,0)$.

d) $h(x) = x^2$ (vgl. Abbildung)

7 a) $f_k(x) = x^2 - kx + k$

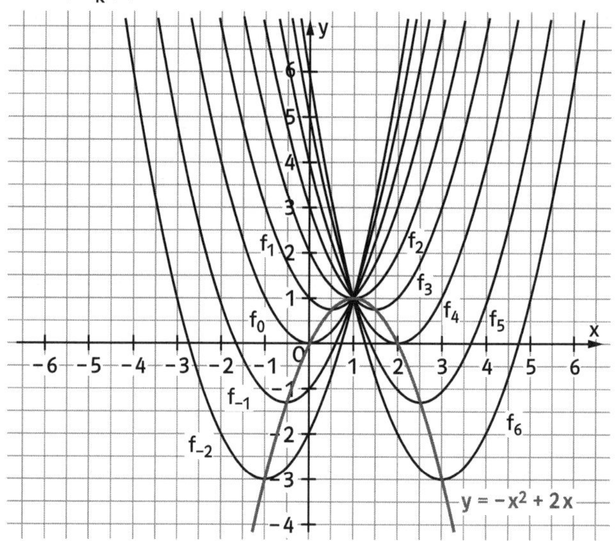

b) $f_3(x) = x^2 - 3x + 3$; $SP(1{,}5\,|\,0{,}75)$
$f_{-1}(x) = x^2 + x - 1$; $SP(-0{,}5\,|\,-1{,}25)$

$$f_k(x) = x^2 - kx + k$$
$$= x^2 - 2\cdot\frac{k}{2}x + \left(\frac{k}{2}\right)^2 - \left(\frac{k}{2}\right)^2 + k$$
$$= \left(x - \frac{k}{2}\right)^2 - \frac{k^2}{4} + k$$

Der Scheitelpunkt von f_k liegt bei $SP\left(\frac{k}{2}\,\middle|\,-\frac{k^2}{4} + k\right)$.

Um die Gleichung der Ortskurve der Scheitelpunkte zu bestimmen, muss nun noch der Paraameter k durch $2x$ ersetzt werden.

$$\frac{2x}{2} \rightarrow -\frac{(2x)^2}{4} + 2x$$
$$x \rightarrow -\frac{4x^2}{4} + 2x$$
$$x \rightarrow -x^2 + 2x$$

Gleichung der Ortskurve der Scheitelpunkte:
$y = -x^2 + 2x$.

8 $f_r(x) = x^2 - 2rx + (r^2 - r)$
$= x^2 - 2\cdot r\cdot x + r^2 - r^2 + (r^2 - r)$
$= (x - r)^2 - r^2 + r^2 - r$
$= (x - r)^2 - r$

Scheitelpunkt bei $(r\,|\,-r)$, damit lautet die Gleichung der Ortskurve $y = -x$.

9 a) Verwendet man in Euklid DynaGeo die Funktion **Ortslinie eines Punktes aufzeichnen**, so erkennt man, dass alle Punkte, die von P und g den gleichen Abstand haben, auf einer Parabel liegen.

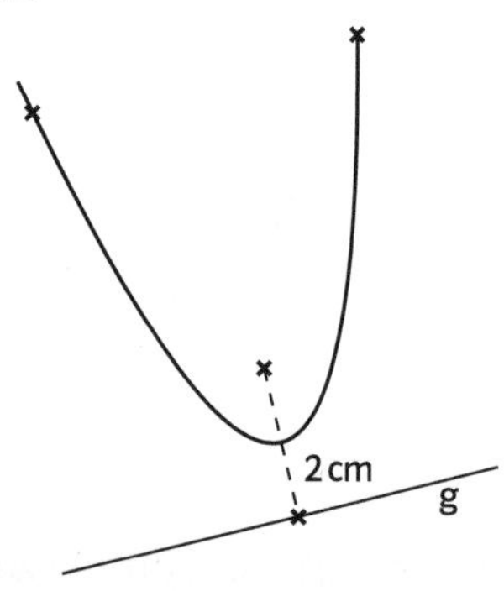

b) Auch wenn man den Abstand von P zu g verändert, bleibt die Kurve, auf der alle Punkte liegen, die von P und g den gleichen Abstand haben, parabelförmig. Die Parabeln unterscheiden sich dann in Form und Lage: Je geringer der Abstand von P und g wird, desto enger verläuft die Parabel, vergrößert man den Abstand von P und g, so wird die Parabel weiter.

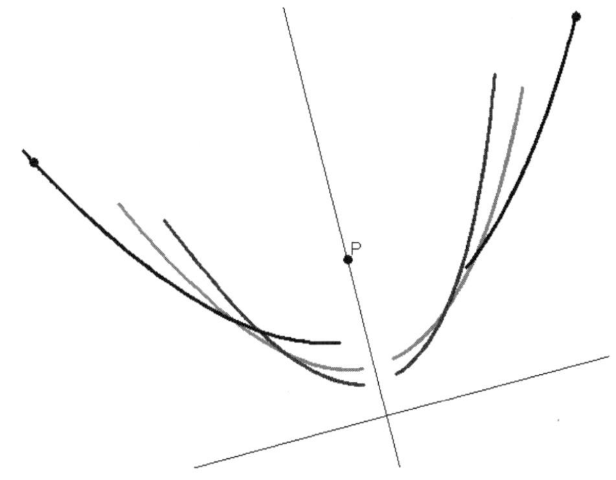

c) Wählt man beispielsweise die Gerade g: $y = 2$ und den Punkt $P(-2|4)$, so hat die Ortslinie, auf der alle Punkte liegen, die von P und g den gleichen Abstand haben, die Gleichung:
$y = \frac{1}{4}(x + 2)^2 + 3$

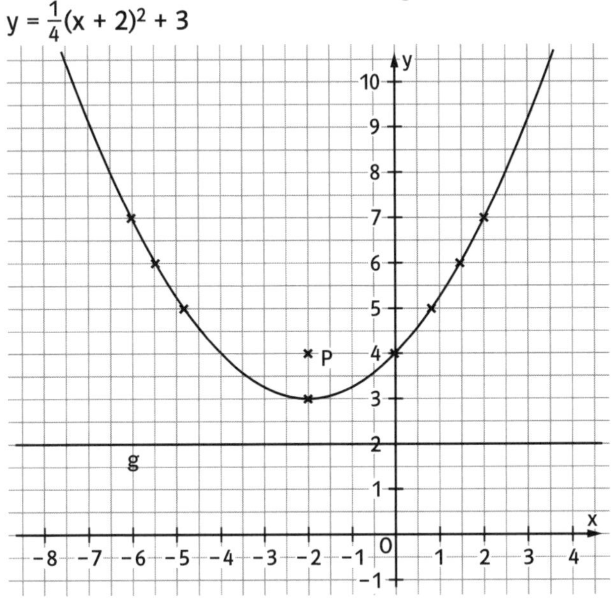

Allgemein:
Die gesuchte Ortslinie hat für die Gerade g: $y = k$ und den Punkt P mit den Koordinaten $(x_P|k + 2)$ die Gleichung: $y = \frac{1}{4}(x - x_P)^2 + k + 1$

II Trigonometrie

1 Seitenverhältnisse in rechtwinkligen Dreiecken – Sinus

Seite 54

1 a) $\alpha \approx 22{,}0°$; $\beta \approx 68{,}0°$ b) $\beta = 60°$; $\alpha = 30°$
c) kein Dreieck, da $a > c$.

2 a) $\frac{a}{c} = \frac{b}{c} \approx 0{,}7$ b) $\frac{a}{c} \approx 0{,}8$; $\frac{b}{c} \approx 0{,}6$
c) $\frac{a}{c} \approx 0{,}4$; $\frac{b}{c} \approx 0{,}91$ d) $\frac{a}{c} \approx 0{,}91$; $\frac{b}{c} \approx 0{,}4$

3 a) Ja, denn die zweite Kathete hat eine Länge von $\sqrt{(6{,}5\,\text{cm})^2 - (6\,\text{cm})^2} = 2{,}5\,\text{cm}$ und das Kathetenverhältnis $\frac{2{,}5}{6}$ stimmt mit dem Verhältnis $\frac{a}{b} = \frac{5}{12}$ überein. Die Seitenlängen der beiden Dreiecke verhalten sich jeweils wie 1:2.

b) Nein, denn die zweite Kathete hat eine Länge von $\sqrt{(10\,\text{cm})^2 - (8\,\text{cm})^2} = 6\,\text{cm}$ und das Kathetenverhältnis ist $\frac{6}{8} = \frac{3}{4} \neq \frac{5}{12}$.

4 a) z. B.:
$s = 1\,\text{cm}$,
$r = 2{,}5\,\text{cm}$,
$\sphericalangle TSR \approx 22°$;
$\sphericalangle TRS \approx 68°$
b) $\overline{TS} : \overline{TR'} = 5 : 3$; $\sphericalangle TSR' \approx 31°$; $\sphericalangle TR'S \approx 59°$

5 a) $\sin(\varepsilon) = \frac{z}{x}$; $\sin(\varphi) = \frac{y}{x}$
b) $\sin(\beta) = \frac{e}{d}$; $\sin(\gamma) = \frac{f}{d}$

6 a) $a = 8{,}5\,\text{m} \cdot \sin(30°) = 4{,}25\,\text{m}$
$b = 8{,}5\,\text{m} \cdot \sin(90° - 30°) \approx 7{,}36\,\text{m}$
b) $q = \frac{25{,}2\,\text{km}}{\sin(26°)} \approx 57{,}5\,\text{cm}$
$p = q \cdot \sin(90° - 26°) \approx 51{,}7\,\text{km}$
c) $x = \sqrt{(7\,\text{cm})^2 - (5\,\text{cm})^2} = \sqrt{24}\,\text{cm} \approx 4{,}9\,\text{cm}$

7 a) $\sin(\alpha) = \frac{7{,}9}{10{,}2}$, also $\alpha \approx 50{,}8°$;
$\beta = 90° - \alpha \approx 39{,}2°$
b) $\sin(\varepsilon) = \frac{0{,}69}{15{,}3}$, also $\varepsilon \approx 2{,}6°$; $\alpha = 90° - \varepsilon \approx 87{,}4°$
c) $\sin(\gamma) = \frac{15}{\sqrt{23^2 + 15^2}}$, also $\gamma \approx 33{,}1°$;
$\delta = 90° - \gamma \approx 56{,}9°$

8 Katheten zueinander = 1:1;
Hypotenuse : Kathete = $\sqrt{2}:1$

9 a)

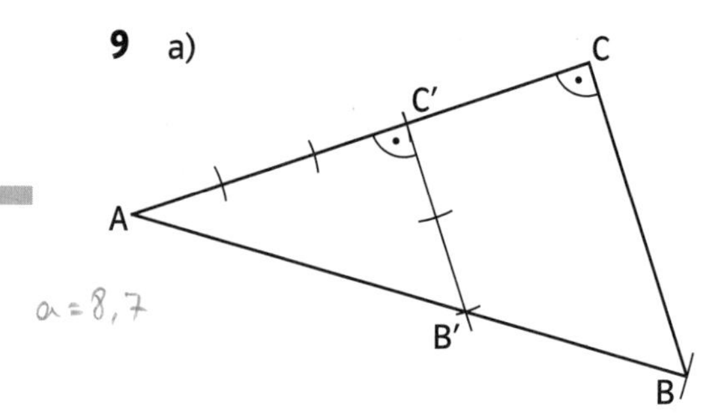

b)

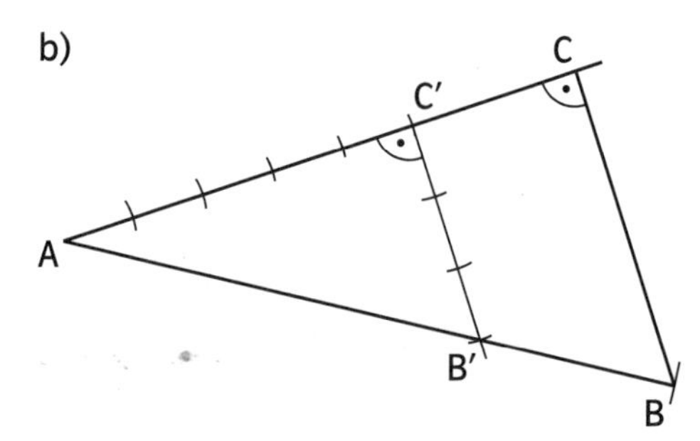

10 a) $b = 8{,}25\,\text{cm}$; $\alpha = 38{,}25°$; $\beta = 51{,}75°$
b) $c = 5{,}36\,\text{cm}$; $\beta = 40°$; $\gamma = 50°$

Seite 55

11 $\sin(\alpha) = \frac{b}{f} = \frac{f}{e} = \frac{d}{g}$; $\sin(\beta) = \frac{a}{f} = \frac{c}{g} = \frac{g}{e}$

12

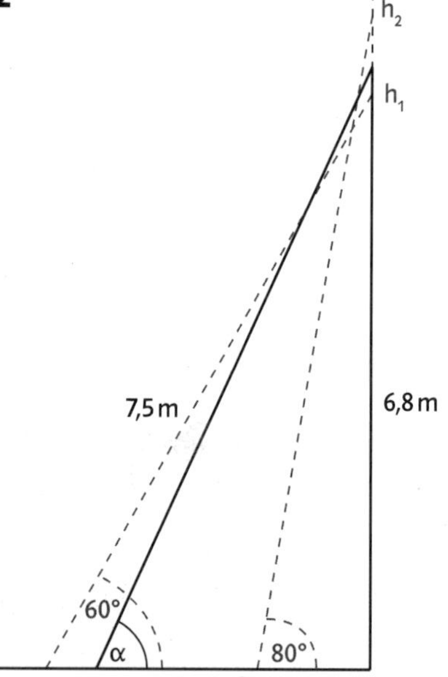

a) $\sin(\alpha) = \frac{6{,}8}{7{,}5}$, also $\alpha \approx 65{,}0°$
$a = 7{,}5\,\text{m} \cdot \sin(90° - \alpha) \approx 3{,}16\,\text{m}$
Der Anstellwinkel ist etwa 65° groß, der Leiteranfang ist etwa 3,16 m von der Hauswand entfernt.
b) $h_1 = 7{,}5\,\text{m} \cdot \sin(60°) \approx 6{,}50\,\text{m}$
$h_2 = 7{,}5\,\text{m} \cdot \sin(80°) \approx 7{,}39\,\text{m}$
Das Leiterende bewegt sich zwischen etwa 6,50 m und etwa 7,39 m Höhe.

13

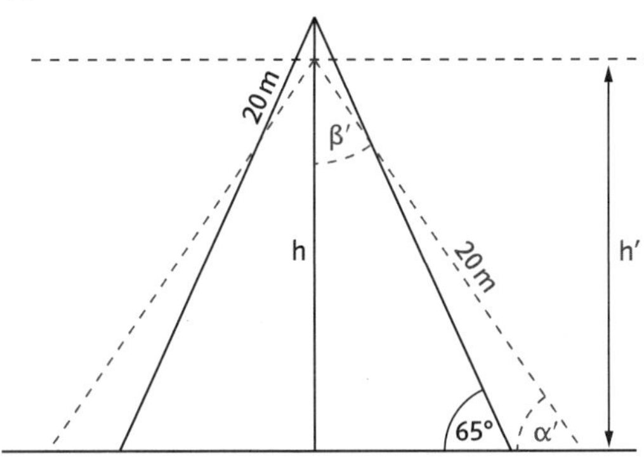

a) $h = 20\,\text{m} \cdot \sin(65°) \approx 18{,}13\,\text{m}$

Die Seile müssen in etwa 18,13 m Höhe angebracht werden.

b) $\sin(\beta') = \frac{11{,}5}{20}$, also $\beta' \approx 35{,}1°$ und

$\alpha' = 90° - \beta' \approx 54{,}9°$

$h' = 20\,\text{m} \cdot \sin(\alpha') \approx 16{,}36\,\text{m}$

Der Neigungswinkel ist etwa 54,9°, die Befestigungshöhe der Seile liegt bei etwa 16,36 m.

14

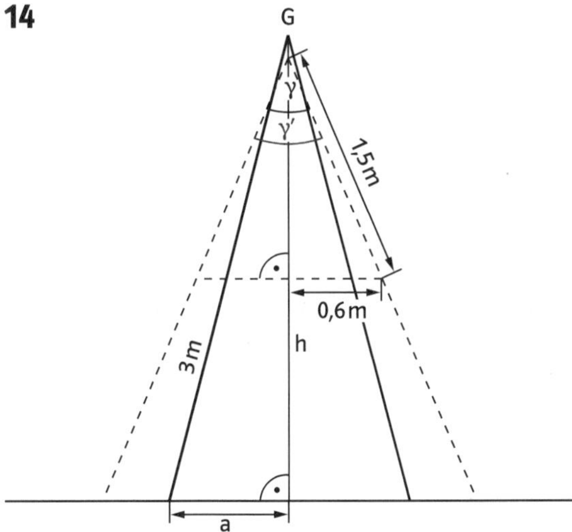

a) $a = 3\,\text{m} \cdot \sin\left(\frac{1}{2} \cdot 30°\right) \approx 0{,}776\,\text{m}$

$h = 3\,\text{m} \cdot \sin(90° - 15°) \approx 2{,}898\,\text{m}$

Das Leitergelenk G befindet sich etwa 2,90 m über dem Boden. Die Fußpunkte der Leiter sind etwa 1,55 m voneinander entfernt.

b) $\sin\left(\frac{1}{2} \cdot \gamma'\right) = \frac{0{,}6}{1{,}5}$, also $\gamma' \approx 47{,}2°$

Der Öffnungswinkel γ kann höchstens etwa 47,2° groß sein.

15

a) Es gilt $a = k + a' + a''$. Dabei ist

$a' = u \cdot \sin(90° - \alpha) = 20{,}0\,\text{m} \cdot \sin(75°) \approx 19{,}32\,\text{m}$ und

$h = u \cdot \sin(\alpha) = 20{,}0\,\text{m} \cdot \sin(15°) \approx 5{,}18\,\text{m}$.

Dann ist $v = \frac{h}{\sin(\beta)} = \frac{h}{\sin(35°)} \approx 9{,}02\,\text{m}$ und

$a'' = v \cdot \sin(90° - \beta) = v \cdot \sin(55°) \approx 7{,}39\,\text{m}$.

Damit folgt $a = k + a' + a'' \approx 29{,}51\,\text{m}$.

Der Deich ist etwa 5,2 m hoch und die Deichsohle etwa 29,5 m breit.

b) Für den Flächeninhalt A des Deichquerschnitts gilt $A = h \cdot \left(k + \frac{1}{2}a' + \frac{1}{2}a''\right) \approx 83{,}6\,\text{m}^2$. Bei einer Deichlänge von 250 m ergibt sich das Volumen

$V = A \cdot 250\,\text{m} \approx 20\,906{,}9\,\text{m}^3$.

2 Kosinus und Tangens

Seite 57

1 a) $\tan(\alpha) = \frac{a}{b}$; $\cos(\beta) = \frac{a}{c}$; $\sin(\beta) = \frac{b}{c}$

b) $\tan(\delta) = \frac{z}{x}$; $\tan(\gamma) = \frac{x}{z}$; $\cos(\delta) = \frac{x}{y}$

2 a) $\frac{w}{v} = \tan(\omega)$; $\frac{v}{u} = \sin(\varphi)$; $\frac{v}{w} = \tan(\varphi)$

b) $\frac{q}{r} = \cos(\varepsilon)$; $\frac{p}{r} = \sin(\varepsilon)$; $\frac{p}{q} = \tan(\varepsilon)$

3 a) zum Beispiel: $b = 2{,}5\,\text{dm} \cdot \tan(56°) \approx 3{,}7\,\text{dm}$;

$c = \frac{2{,}5\,\text{dm}}{\cos(56°)} \approx 4{,}5\,\text{dm}$

b) zum Beispiel: $x = \frac{7{,}2\,\text{cm}}{\sin(36°)} \approx 12{,}2\,\text{cm}$;

$y = \frac{7{,}2\,\text{cm}}{\tan(36°)} \approx 9{,}9\,\text{cm}$

c) $r = \sqrt{(13{,}2\,\text{km})^2 - (8{,}6\,\text{km})^2} \approx 10{,}0\,\text{km}$

4 a) $y = \frac{17{,}3\,\text{cm}}{\cos(23°)} \approx 18{,}8\,\text{cm}$

$x = 17{,}3\,\text{cm} \cdot \tan(23°) \approx 7{,}3\,\text{cm}$; $\alpha \approx 90° - 23° = 67°$

b) $s = \frac{35{,}2\,\text{km}}{\cos(37°)} \approx 44{,}1\,\text{km}$;

$r = 35{,}2\,\text{km} \cdot \tan(37°) \approx 26{,}5\,\text{km}$

$\beta = 90° - 37° = 53°$

c) $\tan(\gamma) = \frac{15{,}251}{17{,}3}$, also $\gamma \approx 41{,}4°$; $\delta = 90° - \gamma \approx 48{,}6°$

$p = \sqrt{(15{,}251\,\text{km})^2 + (17{,}3\,\text{km})^2} \approx 23{,}063\,\text{km}$

Seite 58

5 a) $\gamma = 90° - \alpha = 90° - 37° = 53°$

$a = c \cdot \tan(\alpha) = 7{,}2\,\text{cm} \cdot \tan(37°) \approx 5{,}4\,\text{cm}$

$b = \frac{c}{\cos(\alpha)} = \frac{7{,}2\,\text{cm}}{\cos(37°)} \approx 9{,}0\,\text{cm}$

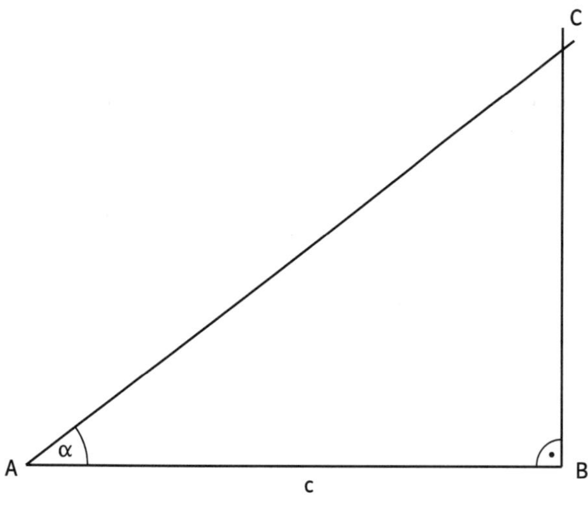

b) $\tan(\beta) = \frac{b}{c} = \frac{5{,}2}{6{,}5}$, also $\beta \approx 38{,}7°$

$\gamma = 90 - \beta \approx 51{,}3°$

$a = \sqrt{b^2 + c^2} = \sqrt{(5{,}2\,\text{cm})^2 + (6{,}5\,\text{cm})^2} \approx 8{,}3\,\text{cm}$

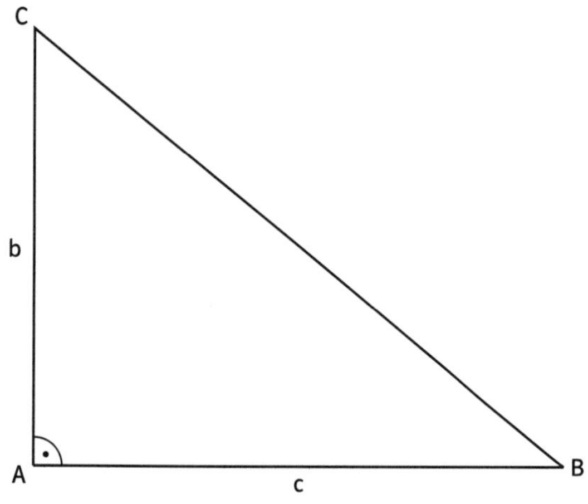

c) $\alpha = 90° - \beta = 90° - 62° = 28°$
$b = c \cdot \sin(\beta) = 9{,}2\,\text{cm} \cdot \sin(62°) \approx 8{,}1\,\text{cm}$
$a = c \cdot \cos(\beta) = 9{,}2\,\text{cm} \cdot \cos(62°) \approx 4{,}3\,\text{cm}$

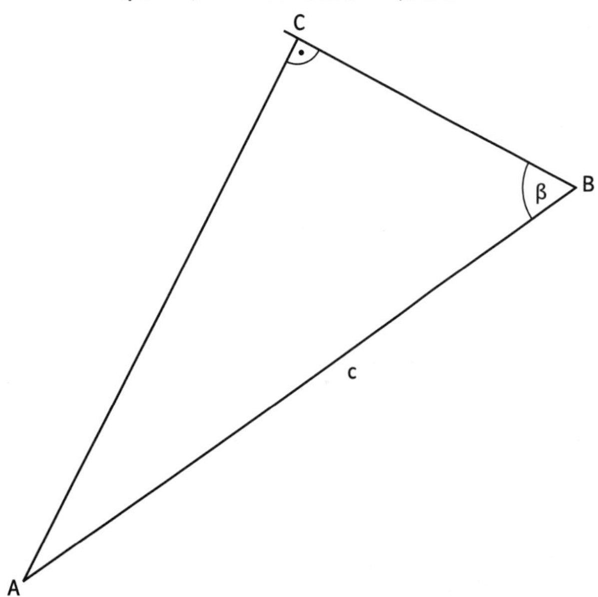

d) $\sin(\alpha) = \frac{a}{c} = \frac{5{,}6}{7{,}0}$, also $\alpha \approx 53{,}1°$

$\beta = 90° - \alpha \approx 36{,}9°$

$b = \sqrt{c^2 - a^2} = \sqrt{(7{,}0\,\text{cm})^2 - (5{,}6\,\text{cm})^2} = 4{,}2\,\text{cm}$

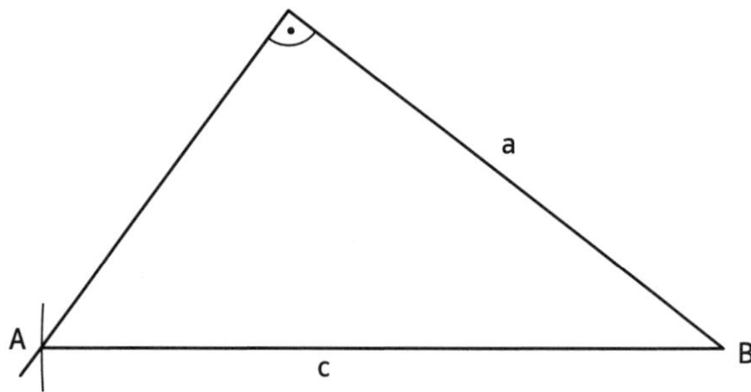

6 $\cos(\beta) = \frac{b}{i + k}$; $\cos(\gamma_1) = \frac{e}{g} = \frac{e + f}{g + h}$;
$\sin(\gamma_2) = \frac{b}{i + k}$; $\tan(\delta) = \frac{i}{d}$; $\sin(\varepsilon) = \frac{e}{g}$

7 a) Bezeichnungen der Streckenlängen und Winkel individuell, zum Beispiel:

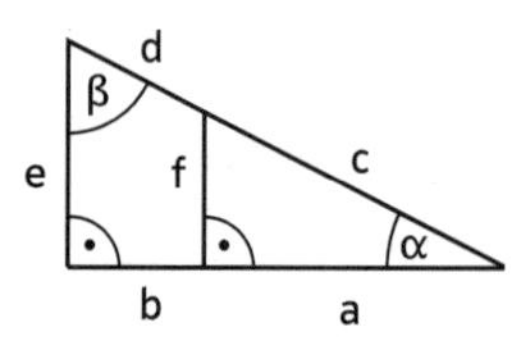

mögliche Seitenverhältnisse:

$\frac{f}{c} = \frac{e}{c + d} = \sin(\alpha)$; $\frac{a}{c} = \frac{a + b}{c + d} = \cos(\alpha)$

$\frac{f}{a} = \frac{e}{a + b} = \tan(\alpha)$; $\frac{a}{c} = \frac{a + b}{c + d} = \sin(\beta)$

$\frac{f}{c} = \frac{e}{c + d} = \cos(\beta)$; $\frac{a}{f} = \frac{a + b}{e} = \tan(\beta)$

b), c) Individuelle Lösungen

8 a) Falsch. Bei gleichbleibender Ankathete ist die Gegenkathete zum verdoppelten Winkel 2α mehr als doppelt so lang wie die Gegenkathete zu α. Also ist $\tan(2\alpha) > 2 \cdot \tan(\alpha)$.

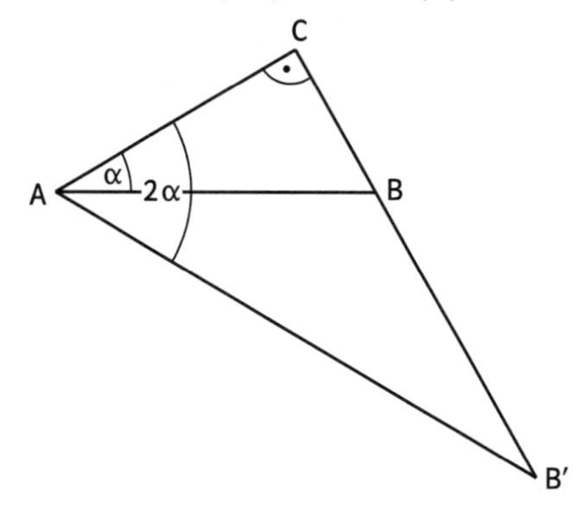

b) Wahr, denn es ist $\cos(\alpha) = \frac{b}{c}$. Mit $c' = \frac{1}{2}c$ und $b' = b$ folgt $\cos(\alpha') = \frac{b'}{c'} = \frac{b}{\frac{1}{2}c} = 2 \cdot \frac{b}{c} = 2\cos(\alpha)$.

c) Wahr, denn es ist $\tan(\alpha) = \frac{a}{b}$. Mit $a' = 2a$ und $b' = \frac{1}{2}b$ folgt $\tan(\alpha') = \frac{a'}{b'} = \frac{2a}{\frac{1}{2}b} = 4 \cdot \frac{a}{b} = 4 \cdot \tan(\alpha)$.

d) Falsch. Bei gleichbleibender Hypotenuse ergibt sich zu vergrößertem Winkel α', $\alpha' > \alpha$, eine verkürzte Ankathete b', also verkleinert sich $\cos(\alpha) = \frac{b}{c}$, denn es gilt $\cos(\alpha') = \frac{b'}{c} < \frac{b}{c} = \cos(\alpha)$.

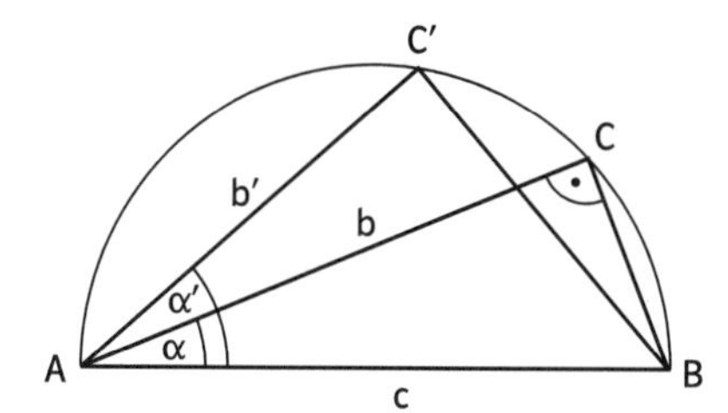

e) Wahr. Bei gleichbleibender Hypotenuse ergibt sich zu verkleinertem Winkel α', $\alpha' < \alpha$, eine verkleinerte Gegenkathete a', $a' < a$, und eine verlängerte Ankathete b', $b' > b$. Also ist $\tan(\alpha') < \tan(\alpha)$.

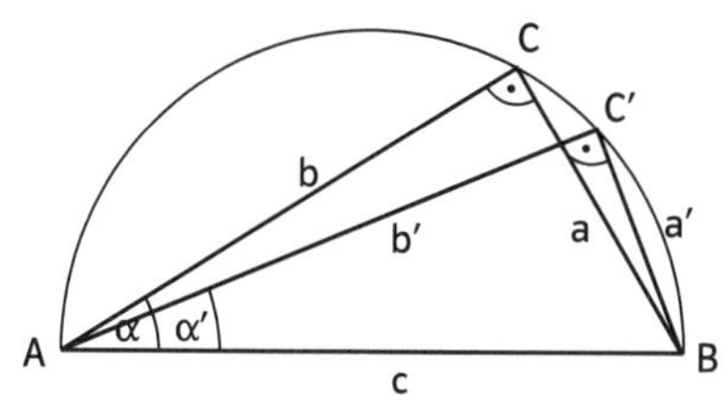

9 $\cos(\alpha) = \frac{\frac{1}{2}c}{b} = \frac{c}{2b}$, also

$c = 2b \cdot \cos(\alpha) = 10\,cm \cdot 0{,}7 = 7\,cm$

$h_c = \sqrt{(5\,cm)^2 - (3{,}5\,cm)^2} \approx 3{,}6\,cm$

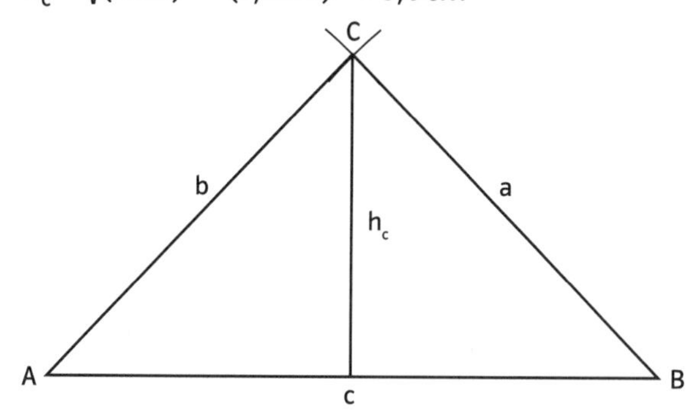

10 a) $\tan(\alpha) = \frac{a}{b} = 1{,}2$, also

$b = \frac{5}{6}a = \frac{5}{6} \cdot 4{,}8\,cm = 4{,}0\,cm$

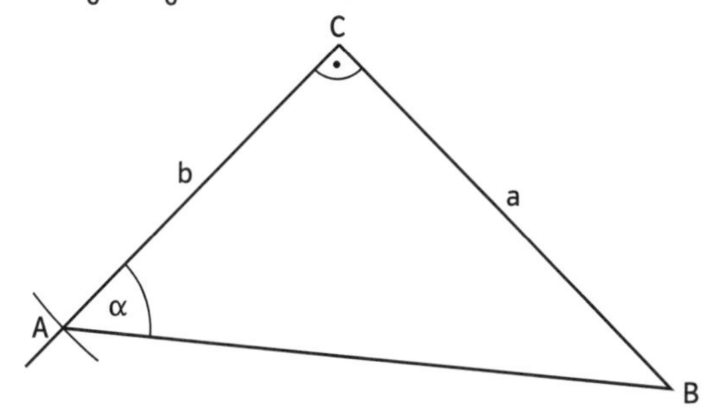

b) $\sin(\alpha) = \frac{a}{c} = 0{,}6$, also $c = \frac{5}{3}a = \frac{5}{3} \cdot 4{,}8\,cm = 8{,}0\,cm$

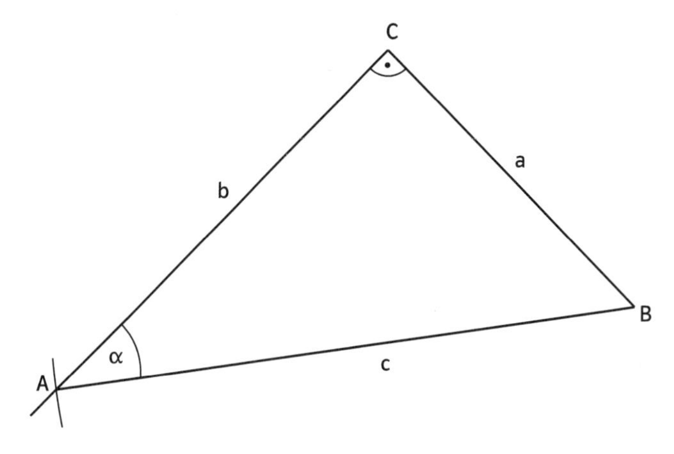

c) $\cos(\beta) = \frac{a}{c} = 0{,}8$, also $c = \frac{5}{4}a = \frac{5}{4} \cdot 4{,}8\,cm = 6{,}0\,cm$

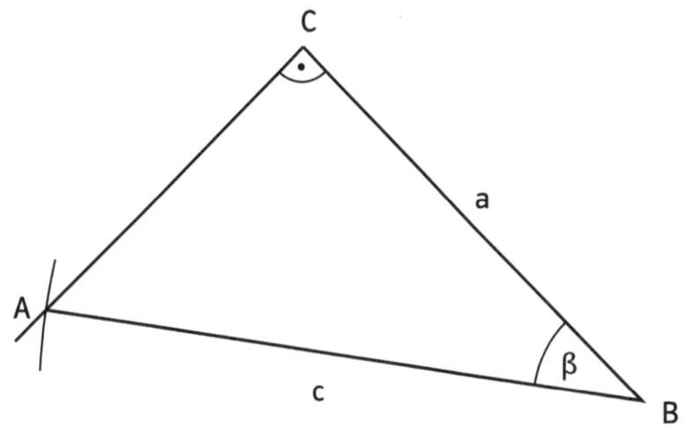

d) $\tan(\beta) = \frac{b}{a} = 1{,}5$, also $b = \frac{3}{2}a = \frac{3}{2} \cdot 4{,}8\,cm = 7{,}2\,cm$

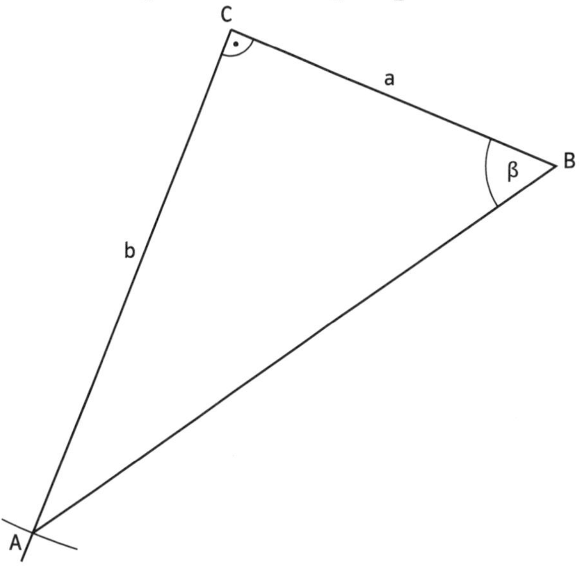

Seite 59

11 a) Dreieckskonstruktion mit $\alpha = 73{,}4°$, $\beta = 16{,}6°$
b) Dreieckskonstruktion mit $\alpha = \beta = 56{,}3°$
c) z. B. Dreieckskonstruktion mit
$\beta = 64{,}2°$; $\alpha = 25{,}8°$ (rechtwinkliges Dreieck); und
$\beta = \alpha = 64{,}2°$ (gleichschenkliges Dreieck)

12 a) Die Gegenkathete von α ist die Ankathete von β und umgekehrt.
b) Die Katheten sind immer kürzer als die Hypothenuse.
c) Die Ankathete kann beliebig klein werden.
d) Die beiden Katheten sind gleich lang.

13 Für den Steigungswinkel α gilt $\sin(\alpha) = \frac{89}{500}$, also $\alpha \approx 10{,}25°$.
Mit $\tan(\alpha) \approx 0{,}1809$ ergibt sich eine Steigung von etwa 18,1 %.
Bei der Rechnung wird eine über 500 m Fahrstrecke konstante Steigung vorausgesetzt. Diese Voraussetzung muss nicht erfüllt sein, die Steigung kann punktuell geringer oder auch größer sein als der berechnete Wert.
Steigungswinkel und Steigung in Prozent geben die durchschnittlichen Steigungsverhältnisse wieder.

14 a) Mercedes G 500: bis etwa 38,66°
HUMMER H2: bis etwa 30,96°
b) Mercedes G 500: höchstens etwa
$100\,\text{m} \cdot \sin(38{,}66°) \approx 62{,}47\,\text{m}$
HUMMER H2: höchstens etwa
$100\,\text{m} \cdot \sin(30{,}96°) \approx 51{,}45\,\text{m}$
c) Bei einer Steigfähigkeit von 100 % müssten Winkel von bis zu 45° bewältigt werden können
($\tan(\alpha) = 100\,\% = 1$). Das wäre theoretisch denkbar, ist praktisch aber – auch aus Sicherheitsgründen – kaum realisierbar.

15 a) Für den Steigungswinkel α gilt $\tan(\alpha) = 0{,}125$, also $\alpha \approx 7{,}1°$. Für den Höhenunterschied h, den die 2,3 km lange Straße überwindet, erhält man
$h = 2{,}3\,\text{km} \cdot \sin(\alpha) \approx 0{,}2853\,\text{km} = 285{,}3\,\text{m}$.

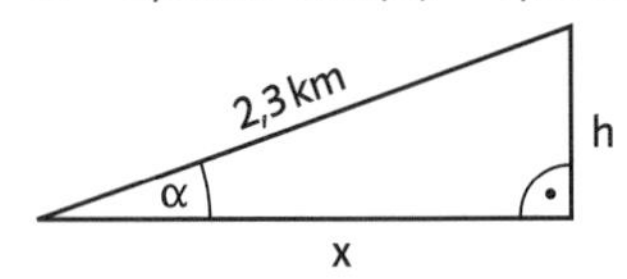

b) Auf der Karte wird die Strecke x im Maßstab 1 : 25 000 dargestellt.
$x = 2{,}3\,\text{km} \cdot \cos(\alpha) \approx 2{,}282\,\text{km}$

Das Straßenstück wird auf der Karte durch eine Strecke der Länge $\frac{1}{25\,000} \cdot x \approx 9{,}13\,\text{cm}$ dargestellt.

$\left(\text{zum Vergleich: } \frac{1}{25\,000} \cdot 2{,}3\,\text{km} \approx 9{,}2\,\text{cm}\right)$

16

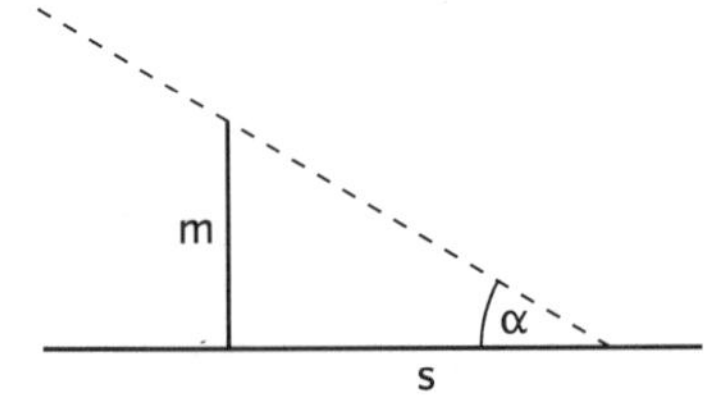

Der Neigungswinkel α, um den die Sonne über dem Horizont steht, ergibt sich aus der Mastlänge m und der Länge s des Schattens: $\tan(\alpha) = \frac{m}{s}$.
Für $s = m$ ergibt sich $\alpha = 45°$ $\left(s = \frac{m}{2},\ d \approx 63{,}4°;\ s = 3\,\text{m},\ \alpha \approx 18{,}4°\right)$.

17 Für die Schattenlänge s eines Gegenstandes der Höhe h gilt $s = \frac{h}{\tan(24{,}5°)}$.
a) $s \approx 43{,}9\,\text{m}$ b) $s \approx 171{,}2\,\text{m}$ c) $s \approx 21{,}9\,\text{cm}$

18 Individuelle Lösung
Der Sonnenstand α ergibt sich aus der jeweiligen Körpergröße l und der Länge s des zugehörigen Schattens: $\tan(\alpha) = \frac{l}{s}$. Bei verschiedenen Körpergrößen sollte sich für den Stand der Sonne jeweils der gleiche Winkel α ergeben.

3 Berechnungen an Figuren

Seite 61

1 a) $\beta = \alpha = 32°$, $\gamma = 180° - 2\alpha = 116°$
$b = a = 5{,}9\,\text{cm}$, $\frac{c}{2} = b \cdot \cos(\alpha)$,
also $c = 2 \cdot 5{,}9\,\text{cm} \cdot \cos(32°) \approx 10{,}0\,\text{cm}$
$A = \frac{1}{2} c \cdot b \cdot \sin(\alpha) \approx 15{,}6\,\text{cm}^2$
b) $\alpha = \beta = \frac{1}{2}(180° - \gamma) = 41°$, $b = a = 4{,}5\,\text{dm}$
$\frac{c}{2} = b \cdot \cos(\alpha)$, also $c = 2 \cdot 4{,}5\,\text{dm} \cdot \cos(41°) \approx 6{,}8\,\text{dm}$
$A = \frac{1}{2} c \cdot b \cdot \sin(\alpha) \approx 10{,}0\,\text{dm}^2$
c) $b = a = 65{,}4\,\text{m}$, $\cos(\alpha) = \frac{\frac{c}{2}}{b} = \frac{27{,}35}{65{,}4}$, also $\alpha \approx 65{,}3°$
$\beta = \alpha \approx 65{,}3°$; $\gamma = 180° - 2\alpha \approx 49{,}4°$
$A = \frac{1}{2} c \cdot b \cdot \sin(\alpha) \approx 1624{,}8\,\text{m}^2$

2 a) $h_1 = b \cdot \sin(\alpha) = 3{,}4\,\text{cm} \cdot \sin(42°) \approx 2{,}3\,\text{cm}$
$h_2 = a \cdot \sin(\alpha) = 4{,}1\,\text{cm} \cdot \sin(42°) \approx 2{,}7\,\text{cm}$
$A = a \cdot h_1 = b \cdot h_2 = a \cdot b \cdot \sin(\alpha) \approx 9{,}3\,\text{cm}^2$

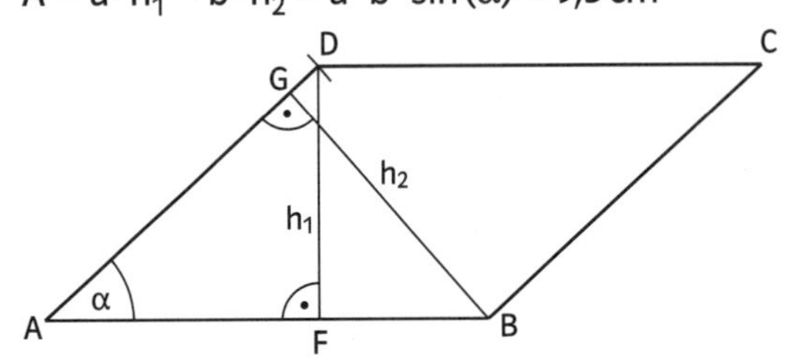

b) $h_1 = b \cdot \sin(180° - \alpha) = 3{,}4\,\text{cm} \cdot \sin(65°) \approx 3{,}1\,\text{cm}$
$h_2 = a \cdot \sin(180° - \alpha) = 4{,}1\,\text{cm} \cdot \sin(65°) \approx 3{,}7\,\text{cm}$
$A = a \cdot h_1 = b \cdot h_2 = a \cdot b \cdot \sin(180° - \alpha) \approx 12{,}6\,\text{cm}^2$

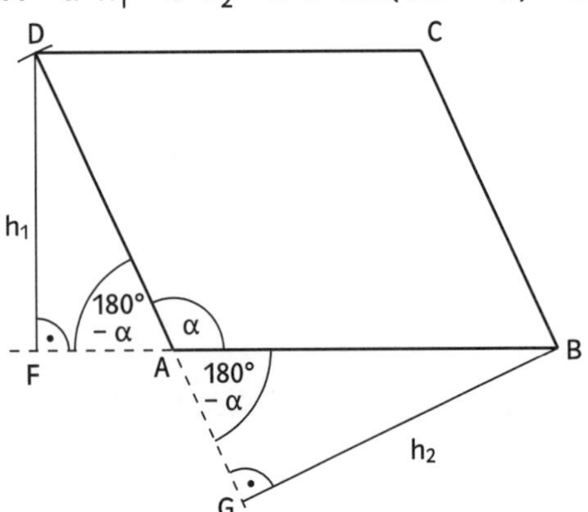

3 a) $\gamma = 180° - \alpha = 140°$; $c = a - 2\cdot\overline{AF}$ und $\overline{AF} = b\cdot\cos(\alpha)$, also
$c = 9{,}2\,cm - 2\cdot 4{,}0\,cm\cdot\cos(40°) \approx 3{,}1\,cm$
$h = b\cdot\sin(\alpha) = 4{,}0\,cm\cdot\sin(40°) \approx 2{,}6\,cm$
b) $\alpha = 180° - \gamma = 72°$; $b = \frac{h}{\sin(\alpha)} = \frac{3{,}2\,cm}{\sin(72°)} \approx 3{,}4\,cm$
$c = a - 2\cdot\overline{AF}$ und $\overline{AF} = b\cdot\cos(\alpha)$, also
$c = a - 2b\cdot\cos(\alpha) \approx 3{,}0\,cm$
c) $\sin(\alpha) = \frac{h}{b} = \frac{5{,}0}{7{,}5}$, also $\alpha \approx 41{,}8°$;
$\gamma = 180° - \alpha \approx 138{,}2°$
$a = c + 2\cdot\overline{AF}$ und $\overline{AF} = \sqrt{b^2 - h^2}$, also
$a = 3{,}4\,cm + 2\cdot\sqrt{7{,}5^2 - 5{,}0^2}\,cm \approx 14{,}6\,cm$
d) $\alpha \approx 180° - \gamma = 64°$; $h = \overline{AF}\cdot\tan(\alpha)$ und
$\overline{AF} = \frac{1}{2}(a - c)$, also
$h = 1{,}8\,cm\cdot\tan(64°) \approx 3{,}7\,cm$
$b = \frac{\overline{AF}}{\cos(\alpha)} = \frac{1{,}8\,cm}{\cos(64°)} \approx 4{,}1\,cm$

4 a) Es gilt $\tan\left(\frac{\alpha}{2}\right) = \frac{\frac{f}{2}}{\frac{e}{3}}$, also
$e = \frac{\frac{3}{2}f}{\tan\left(\frac{\alpha}{2}\right)} = \frac{10{,}5\,cm}{\tan(19{,}5°)} \approx 29{,}7\,cm$; $A = \frac{1}{2}e\cdot f \approx 103{,}8\,cm^2$
b) Für $\beta_1 = \sphericalangle MBA$ und $\beta_2 = \sphericalangle CBM$ ergibt sich
$\beta_1 = 90° - \frac{\alpha}{2} = 70{,}5°$ und $\tan(\beta_2) = \frac{\frac{e}{3}e}{\frac{f}{2}} = \frac{4e}{3f}$, also
$\beta_2 \approx 80{,}0°$. Damit folgt $\beta = \delta = \beta_1 + \beta_2 \approx 150{,}5°$;
$\frac{\gamma}{2} = 90° - \beta_2$, also $\gamma \approx 20{,}1°$. Für die Seitenlängen
ergibt sich $a = \frac{\frac{f}{2}}{\sin\left(\frac{\alpha}{2}\right)} = \frac{3{,}5\,cm}{\sin(19{,}5°)} \approx 10{,}5\,cm$ und
$b = \frac{\frac{f}{2}}{\sin\left(\frac{\gamma}{2}\right)} \approx 20{,}1\,cm.$

5 a) Die Raumdiagonale eines Würfels mit der Kantenlänge a hat die Länge $a\sqrt{3}$, die Flächendiagonale die Länge $a\sqrt{2}$.
Für den Winkel α, den die Raumdiagonale e mit der Grundfläche einschließt, gilt zum Beispiel
$\sin(\alpha) = \frac{a}{a\sqrt{3}} = \frac{1}{\sqrt{3}}$, also $\alpha \approx 35{,}3°$.
b) Der Kosinus der drei Winkel ist jeweils
$\frac{a}{e} = \frac{a}{a\sqrt{3}} = \frac{1}{\sqrt{3}}$.
Die Winkel sind jeweils etwa 54,7° groß.

Seite 62

6 $a = \overline{AC}\cdot\cos\left(\frac{\varepsilon}{2}\right) = 12{,}5\,cm\cdot\cos(20°) \approx 11{,}7\,cm$
$b = \overline{AC}\cdot\sin\left(\frac{\varepsilon}{2}\right) = 12{,}5\,cm\cdot\sin(20°) \approx 4{,}3\,cm$
$A = a\cdot b \approx 50{,}2\,cm^2$

7 a) $\beta = 180° - \alpha = 112°$; $\cos\left(\frac{\alpha}{2}\right) = \frac{\frac{e}{2}}{a}$, also
$e = 2a\cdot\cos\left(\frac{\alpha}{2}\right) = 2\cdot 4{,}4\,cm\cdot\cos(34°) \approx 7{,}3\,cm$
$\sin\left(\frac{\alpha}{2}\right) = \frac{\frac{f}{2}}{a}$, also
$f = 2a\cdot\sin\left(\frac{\alpha}{2}\right) = 2\cdot 4{,}4\,cm\cdot\sin(34°) \approx 4{,}9\,cm$
$A = \frac{1}{2}e\cdot f \approx 18{,}0\,cm^2$
b) $\cos\left(\frac{\alpha}{2}\right) = \frac{\frac{e}{2}}{a} = \frac{4{,}6}{5{,}5}$, also $\frac{\alpha}{2} \approx 33{,}2°$ und $\alpha \approx 66{,}5°$
$\beta = 180° - \alpha \approx 113{,}5°$
$\frac{f}{2} = \sqrt{a^2 - \left(\frac{e}{2}\right)^2} = \sqrt{(5{,}5\,cm)^2 - (4{,}6\,cm)^2} \approx 3{,}0\,cm$,
also $f \approx 6{,}0\,cm$
$A = \frac{1}{2}e\cdot f \approx 27{,}7\,cm^2$
c) $\alpha = 180° - \beta = 44°$; $a = \frac{\frac{f}{2}}{\sin\left(\frac{\alpha}{2}\right)} = \frac{2{,}4\,cm}{\sin(22°)} \approx 6{,}4\,cm$
$\tan\left(\frac{\beta}{2}\right) = \frac{\frac{e}{2}}{\frac{f}{2}} = \frac{e}{f}$, also
$e = f\cdot\tan\left(\frac{\beta}{2}\right) = 4{,}8\,cm\cdot\tan(68°) \approx 11{,}9\,cm$
$A = \frac{1}{2}e\cdot f \approx 28{,}5\,cm^2$

8 a) $A = \frac{1}{2}\cdot a\cdot h_a$; $h_a = \sin(180° - \gamma)\cdot b$
$\Longrightarrow A = \frac{1}{2}\cdot a\cdot b\cdot\sin(180° - \gamma)$
b) $A \approx 15{,}32\,cm^2$

9 Für die Tannenhöhe h gilt
$h = 27{,}5\,m\cdot\tan(38{,}5°) \approx 21{,}9\,m.$

10 Für die Flugstrecke s gilt
$s = \frac{25\,m}{\cos(82°)} = \frac{25\,m}{\sin(8°)} \approx 179{,}6\,m.$

11 a) $\tan(\alpha) = \frac{15}{25} = 0{,}6$, also $\alpha \approx 31{,}0°$
b) $d = \sqrt{(15\,cm)^2 + (25\,cm)^2} \approx 29{,}2\,cm$
Für die Länge L des Handlaufs gilt
$L = 5d + 5\cdot 25\,cm \approx 270{,}8\,cm \approx 2{,}71\,m.$

Seite 63

12 Es gilt $\tan\left(\frac{\beta}{2}\right) \approx \frac{\frac{d}{2}}{e}$, also
$e = \frac{d}{2\cdot\tan\left(\frac{\beta}{2}\right)} = \frac{20\,m}{2\cdot\tan(0{,}2°)} \approx 2865\,m \approx 2{,}9\,km.$
Der Ballon ist also etwa 2,9 km vom Beobachter entfernt.

13 Aus $\tan(\alpha) = \frac{\overline{GH}}{\overline{GA}}$ folgt $\overline{GH} = \overline{GA}\cdot\tan(\alpha)$
(Dreieck GAH).
Aus $\tan(\gamma) = \frac{\overline{GH}}{\overline{GC}}$ folgt
$\overline{GH} = \overline{GC}\cdot\tan(\gamma) = \overline{GA}\cdot\tan(\gamma) + \overline{AC}\cdot\tan(\gamma)$
(Dreieck GCH).

Also ist $\overline{GA}\cdot\tan(\alpha) = \overline{GA}\cdot\tan(\gamma) + \overline{AC}\cdot\tan(\gamma)$
und damit

$$\overline{GA} = \frac{\overline{AC}\cdot\tan(\gamma)}{\tan(\alpha) - \tan(\gamma)} = \frac{1300\,m\cdot\tan(33°)}{\tan(69°) - \tan(33°)} \approx 431{,}7\,m.$$

$\overline{GH} \approx 431{,}7\,m\cdot\tan(33°) + 1300\,m\cdot\tan(33°) \approx 1125\,m$

Für die Höhe $\overline{GH}$ ergeben sich daraus etwa 1125 m.

14 a) $\overline{TS} = \frac{\overline{TA}}{\tan(\alpha)} = \frac{30\,m}{\tan(24{,}5°)} \approx 65{,}8\,m$

b) $\overline{AB} = \overline{TB} - \overline{TA}$ und $\overline{TB} = \overline{TS}\cdot\tan(\beta) \approx 135{,}0\,m$; der Kanal ist somit etwa 135 m breit.

15 a) $h = b\cdot\sin(75°) \approx 3{,}67\,m$

$h_1 = c\cdot\sin(15°) \approx 1{,}92\,m$

$h_2 = h - h_1 \approx 1{,}76\,m$; $d = \frac{h_2}{\sin(75°)} \approx 1{,}82\,m$

$a = \frac{7{,}4\,cm}{\cos(15°)} + 2\cdot d\cdot\cos(75°) \approx 8{,}60\,m$

b) $A = \frac{1}{2}\left(a + \frac{7{,}4\,m}{\cos(15°)}\right)\cdot h_2 + \frac{1}{2}\cdot\frac{7{,}4\,m}{\cos(15°)}\cdot h_1 \approx 21{,}61\,m^2$

16 a) und b)

A gehört zu Bild (II).

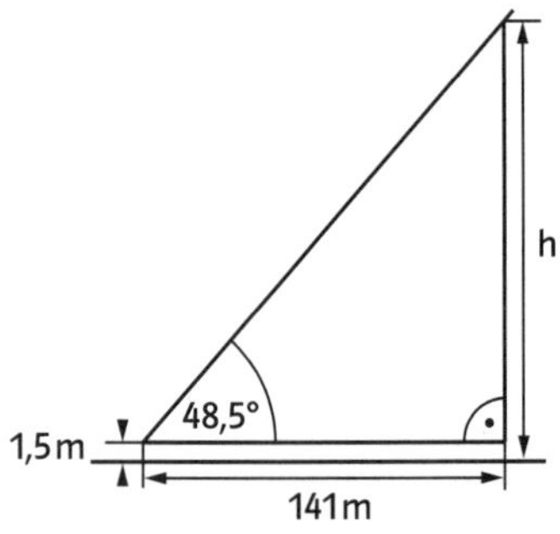

Für die Turmhöhe h gilt

$h = 1{,}5\,m + 141\,m\cdot\tan(48{,}5°) \approx 160{,}9\,m.$

Der Turm ist etwa 161 m hoch.

B gehört zu Bild (III).

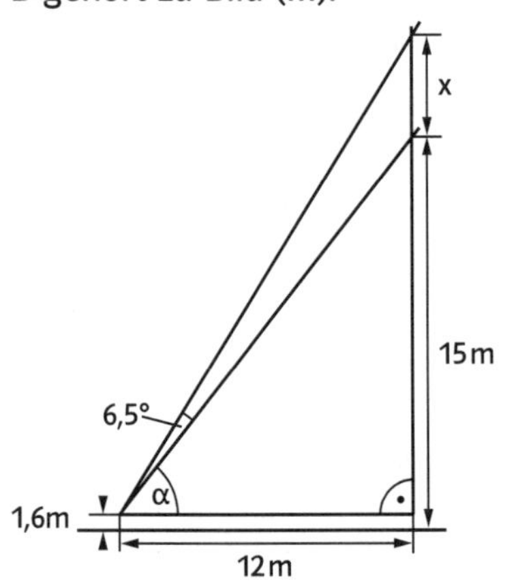

$\tan(\alpha) = \frac{15\,m - 1{,}6\,m}{12\,m} = \frac{13{,}4}{12}$, also $\alpha \approx 48{,}2°$

$\tan(\alpha + 6{,}5°) = \frac{x + 13{,}4\,m}{12\,m}$, also

$x = 12\,m\cdot\tan(\alpha + 6{,}5°) - 13{,}4\,m \approx 3{,}5\,m$

Der Fahnenmast ist etwa 3,5 m lang.

C gehört zu Bild (I).

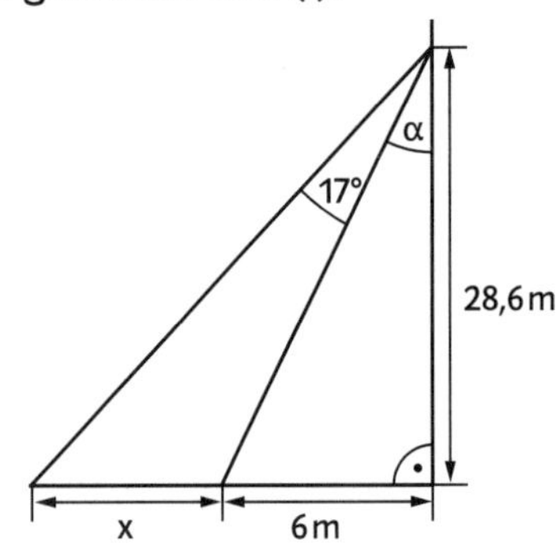

$\tan(\alpha) = \frac{6}{28{,}6}$, also $\alpha \approx 11{,}8°$

$\tan(\alpha + 17°) = \frac{x + 6\,m}{28{,}6\,m}$, also

$x = 28{,}6\,m\cdot\tan(\alpha + 17°) - 6\,m \approx 9{,}75\,m$

Der Fluss ist etwa 9,75 m breit.

4 Beziehungen zwischen Sinus, Kosinus und Tangens

Seite 66

1 a) $\sin(35°) \approx 0{,}57$

b) $\cos(35°) \approx 0{,}82$

c) $\tan(35°) \approx 0{,}70$

d) $\sin(55°) = \cos(35°) \approx 0{,}82$

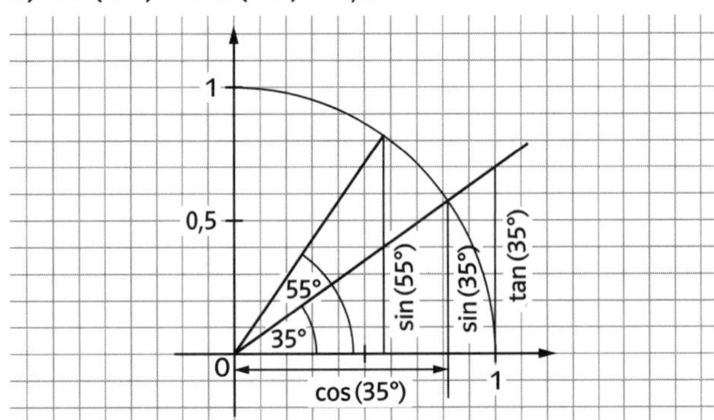

2 Der Winkel 40° ergänzt den in Fig. 1 auf Seite 66 des Schülerbuches eingezeichneten Winkel 50° zu 90°, und es gilt $\sin(40°) = \cos(50°) \approx 0{,}64$;
$\cos(40°) = \sin(50°) \approx 0{,}77$.

3

α	Näherungen für sin (α)	cos (α)	tan (α)
38°	0,62	0,79	0,78
27°	0,45	0,89	0,51
63°	0,89	0,45	1,96

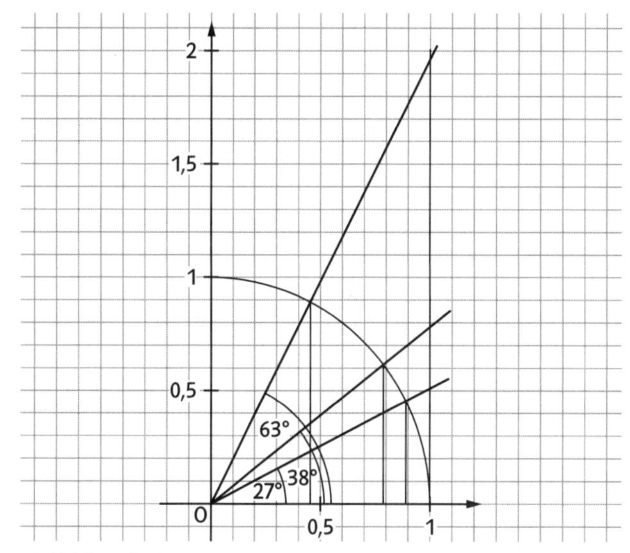

$\frac{\sin(38°)}{\cos(38°)} \approx \frac{0{,}62}{0{,}79} \approx 0{,}78$ (vgl. tan (38°))

$\frac{\sin(27°)}{\cos(27°)} \approx \frac{0{,}45}{0{,}89} \approx 0{,}51$ (vgl. tan (27°))

$\frac{\sin(63°)}{\cos(63°)} \approx \frac{0{,}89}{0{,}45} \approx 1{,}98$ (vgl. tan (63°))

$\sin^2(38°) + \cos^2(38°) \approx 0{,}62^2 + 0{,}79^2 \approx 1{,}0$

$\sin^2(27°) + \cos^2(27°) = \sin^2(63°) + \cos^2(63°)$
$\approx 0{,}45^2 + 0{,}89^2 \approx 1{,}0$

Hinweis: Die numerischen Ergebnisse können Anlass sein, die Zusammenhänge $\frac{\sin(\alpha)}{\cos(\alpha)} = \tan(\alpha)$ und $\sin^2(\alpha) + \cos^2(\alpha) = 1$ allgemein zu begründen.

4 In Fig. 1 auf Seite 66 des Schülerbuches stimmt die Ordinate von B′, also $\sin(90° - \alpha)$, mit $\overline{OA'}$ überein, ebenso stimmen die Abszisse von B′, also $\cos(90° - \alpha)$, und $\overline{A'B'}$ überein.
Die Dreiecke OAB und OA′B′ sind kongruent (Kongruenzsatz wsw: rechte Winkel bei A und A′; $\overline{OB} = \overline{OB'} = 1$ und
$\sphericalangle AOB = B'OA' = 90° - (90° - \alpha) = \alpha$).
Damit folgt $\sin(\alpha) = \overline{AB} = \overline{A'B'} = \cos(90° - \alpha)$ und ebenso $\cos(\alpha) = \overline{OA} = \overline{OA'} = \sin(90° - \alpha)$.

5 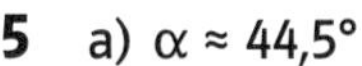 a) $\alpha \approx 44{,}5°$ b) $\alpha \approx 35{,}0°$
c) $\alpha \approx 66{,}5°$ 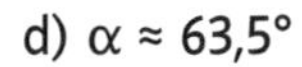 d) $\alpha \approx 63{,}5°$

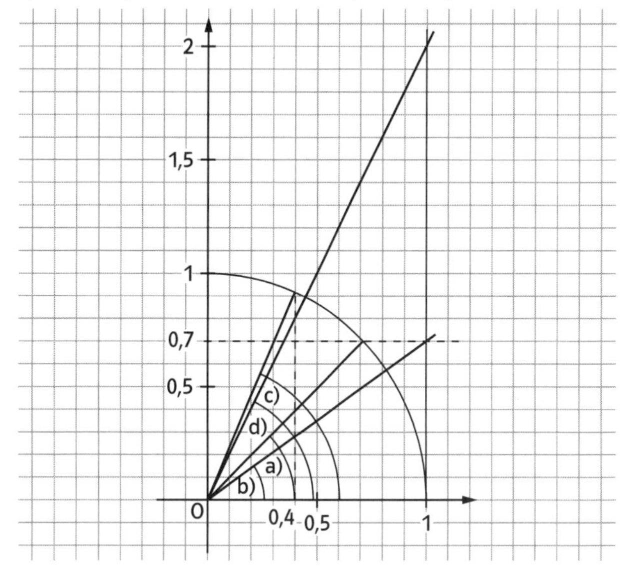

6 Mit b = a ist $c^2 = 2a^2$, also $c = a\sqrt{2}$.
Daraus ergibt sich $\sin(45°) = \frac{a}{c} = \frac{a}{a\sqrt{2}} = \frac{1}{\sqrt{2}} = \frac{1}{2}\sqrt{2}$
und ebenso $\cos(45°) = \frac{b}{c} = \frac{a}{a\sqrt{2}} = \frac{1}{2}\sqrt{2}$.

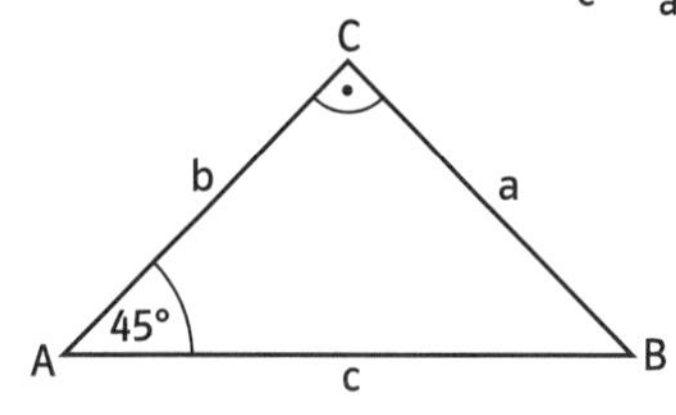

7 a) 0°: Sonderfall, kein Dreieck.
30° und 60°: Höhe h in einem gleichseitigen Deieck hat die Länge $h = \frac{a}{2}\sqrt{3}$.
Damit gilt $\tan(30°) = \frac{\frac{a}{2}}{h} = \frac{1}{\sqrt{3}}$ und $\tan(60°) = \frac{h}{\frac{a}{2}} = \sqrt{3}$.
45°: Beide Katheten sind in einem rechtwinkligen Dreieck, dessen spitze Winkel 45° groß sind, gleich lang. Daraus ergibt sich tan (45°) = 1.
90°: Sonderfall, kein Dreieck.

b) $\tan(0°) = \frac{\sin(0°)}{\cos(0°)} = \frac{0}{1} = 0;$

$\tan(30°) = \frac{\sin(30°)}{\cos(30°)} = \frac{\frac{1}{2}}{\frac{1}{2}\sqrt{3}} = \frac{1}{\sqrt{3}};$

$\tan(60°) = \frac{\sin(60°)}{\cos(60°)} = \frac{\frac{1}{2}\sqrt{3}}{\frac{1}{2}} = \sqrt{3};$

$\tan(45°) = \frac{\sin(45°)}{\cos(45°)} = \frac{\frac{1}{2}\sqrt{2}}{\frac{1}{2}\sqrt{2}} = 1;$

$\tan(90°) = \frac{\sin(90°)}{\cos(0°)} = \frac{1}{0} = 1$

11 a) Wenn die Gondel für eine Vierteldrehung, also für einen Drehwinkel von 90°, neun Minuten benötigt, dann dreht sie sich in einer Minute um 10°. Die Höhenzunahmen lassen sich als Ordinaten der Kreispunkte in der Viertelkreisdarstellung ablesen.

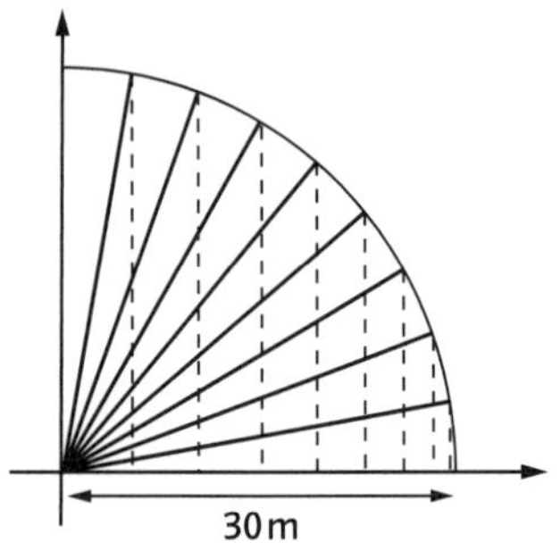

b) Die Höhenzunahme ergibt sich aus dem Drehwinkel gemäß $h = 30\,m \cdot \sin(\alpha)$.

Zeit t (in min)	0	1	2	3	4
Drehwinkel α	0°	10°	20°	30°	40°
Höhenzunahme h (in m)	0	5,2	10,3	15,0	19,3

Zeit t (in min)	5	6	7	8	9
Drehwinkel α	50°	60°	70°	80°	90°
Höhenzunahme h (in m)	23,0	26,0	28,2	29,5	30,0

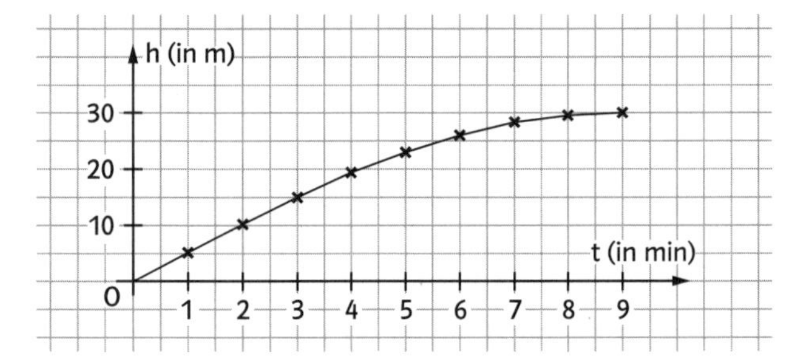

Seite 67

12 a) $\frac{3}{5}$ b) $\frac{12}{13}$ c) $\frac{\sqrt{5}}{3}$
d) $\sqrt{0{,}91}$ e) $\frac{2}{3}$

13 a) 0,8 b) $\frac{3}{4}$ c) $\frac{\sqrt{21}}{7}$
d) $\sqrt{0{,}96}$ e) $\frac{\sqrt{11}}{6}$

14 a) $\frac{5}{7}$ b) $\frac{2}{5}\sqrt{6}$ c) $\frac{5}{7}$ d) $\frac{5}{2\sqrt{6}}$

15 a) $\sin(\alpha)$ b) $\cos(\alpha)$
c) $\sin(\alpha)$ d) $\frac{1}{\sin(\alpha)}$
e) $|\sin(\alpha)|$ f) $\frac{1}{\sin(\alpha)}$
g) $\sin^2(\alpha) - \cos^2(\alpha)$ h) $\cos(\alpha)$
i) $\tan(\alpha)$

16 a) $\tan(\alpha) = \frac{\sin(\alpha)}{\sqrt{1-\sin^2(\alpha)}}$; $\left(\tan(\alpha) = \frac{\sqrt{1-\cos^2(\alpha)}}{\cos(\alpha)}\right)$
b) $\frac{12}{5}$; $\left(\frac{2}{5}\sqrt{5}\right)$

17 a) $\sin(\alpha) = \frac{\tan(\alpha)}{\sqrt{1+\tan^2(\alpha)}}$; $\cos(\alpha) = \frac{1}{\sqrt{1+\tan^2(\alpha)}}$
b) $\frac{11}{\sqrt{146}}$ c) $\frac{2}{13}\sqrt{39}$

18 a) $\cos(\alpha) = \frac{\sqrt{15}}{4}$; $\tan(\alpha) = \frac{\sqrt{15}}{15}$
b) $\sin(\alpha) = \sqrt{0{,}51}$; $\tan(\alpha) = \frac{\sqrt{0{,}51}}{0{,}7}$
c) $\cos(\alpha) = \frac{\sqrt{7}}{4}$; $\tan(\alpha) = \frac{3\cdot\sqrt{7}}{7}$
d) $\sin(\alpha) = \frac{3}{5}$; $\cos(\alpha) = \frac{4}{5}$
e) $\sin(\alpha) = \sqrt{0{,}99}$; $\tan(\alpha) = \frac{\sqrt{0{,}99}}{0{,}1}$
f) $\cos(\alpha) = \frac{\sqrt{22}}{5}$; $\tan(\alpha) = \sqrt{\frac{3}{22}}$
g) $\sin(\alpha) = \frac{\sqrt{3}}{3}$; $\tan(\alpha) = \frac{\sqrt{2}}{2}$
h) $\sin(\alpha) = \frac{\sqrt{5}}{3}$; $\cos(\alpha) = \frac{2}{3}$

19 $1 + \tan^2(\beta) = \frac{1}{\cos^2(\beta)} = \frac{1}{\sin^2(\alpha)}$
$\Big(\tan^2(\alpha) + 1 = \frac{1}{\cos^2(\alpha)} = \frac{1}{\sin^2(\beta)}$;
$\sin^2(\alpha) + \cos^2(\alpha) = \cos^2(\beta) + \sin^2(\beta)$
$= \sin^2(\alpha) + \sin^2(\beta)$
$= \cos^2(\beta) + \cos^2(\alpha) = 1\Big)$

20 $\frac{\sin(\alpha)}{\cos(\alpha)} = \tan(\alpha)$
$\left(\frac{1}{\sin(\alpha)} = \frac{\sqrt{1+\tan^2(\alpha)}}{\tan(\alpha)};\ \frac{1}{\cos(\alpha)} = \sqrt{1+\tan^2(\alpha)}\right)$

21 a) $\frac{1}{\cos^2(\alpha)} = \frac{\cos^2(\alpha)+\sin^2(\alpha)}{\cos^2(\alpha)}$
$= 1 + \frac{\sin^2(\alpha)}{\cos^2(\alpha)} = 1 + \tan^2(\alpha)$
b) $\frac{1}{\sin^2(\alpha)} = \frac{\sin^2(\alpha)+\cos^2(\alpha)}{\sin^2(\alpha)} = 1 + \frac{\cos^2(\alpha)}{\sin^2(\alpha)}$
$= 1 + \frac{\sin^2(90°-\alpha)}{\cos^2(90°-\alpha)} = 1 + \tan^2(90°-\alpha)$

Wiederholen – Vertiefen – Vernetzen

Seite 68

1 a) Das Dreieck ADC besitzt wie das Dreieck ABC einen rechten Winkel und den Winkel α. Folglich sind die Dreiecke ADC und ABC ähnlich.
Das Dreieck DBC besitzt wie das Dreieck ABC einen rechten Winkel und den Winkel β, folglich sind die Dreiecke DBC und ABC ähnlich.
Da die Teildreiecke ADC und DBC jeweils ähnlich zum Dreieck ABC sind, sind sie auch zueinander ähnlich.
b) $\sin(\alpha) = \frac{a}{c} = \frac{h}{b} = \frac{p}{a}$; $\cos(\alpha) = \frac{b}{c} = \frac{q}{b} = \frac{h}{a}$
$\tan(\alpha) = \frac{a}{b} = \frac{h}{q} = \frac{p}{h}$

c) Wegen $\frac{a}{c} = \frac{p}{a}$ und $\frac{b}{c} = \frac{q}{b}$ folgt $a^2 = c \cdot p$
und $b^2 = c \cdot q$ (Kathetensatz)
Entsprechend ergibt sich aus $\frac{h}{q} = \frac{p}{h}$ der Höhensatz $h^2 = p \cdot q$.
Es gilt: $a^2 + b^2 = pc + qc = c \cdot c = c^2$
(Satz des Pythagoras)

2 a) $h = \sqrt{p \cdot q} = \sqrt{4{,}8\,\text{cm} \cdot 2{,}7\,\text{cm}} = 3{,}6\,\text{cm}$
$\tan(\alpha) = \frac{h}{q} = 1{,}\overline{3}$, also $\alpha \approx 53{,}1°$; $\beta = 90° - \alpha \approx 36{,}9°$
b) $p = \frac{h^2}{q} = \frac{(3\,\text{cm})^2}{4\,\text{cm}} = 2{,}25\,\text{cm}$, also $c = p + q = 6{,}25\,\text{cm}$
$\tan(\alpha) = \frac{h}{q} = 0{,}75$, also $\alpha \approx 36{,}9°$
c) $q = \frac{h^2}{p} = \frac{(3\,\text{cm})^2}{1{,}8\,\text{cm}} = 5\,\text{cm}$, also $c = p + q = 6{,}8\,\text{cm}$
$a = \sqrt{h^2 + p^2} = \sqrt{(3\,\text{cm})^2 + (1{,}8\,\text{cm})^2} \approx 3{,}5\,\text{cm}$
$b = \sqrt{h^2 + q^2} = \sqrt{(3\,\text{cm})^2 + (5\,\text{cm})^2} \approx 5{,}8\,\text{cm}$
$\tan(\beta) = \frac{h}{p} = \frac{3}{1{,}8}$, also $\beta \approx 59{,}0°$; $\alpha = 90° - \beta \approx 31{,}0°$

3

a) $\beta = 58°$	a) $\alpha = 78°$	c) $\beta = 74{,}8°$
$a \approx 2{,}0\,\text{cm}$	$a \approx 7{,}3\,\text{cm}$	$b \approx 6{,}6\,\text{cm}$
$c \approx 3{,}8\,\text{cm}$	$b \approx 1{,}6\,\text{cm}$	$c \approx 6{,}9\,\text{cm}$
d) $\alpha = 39{,}5°$	e) $\alpha \approx 59{,}4°$	f) $\alpha \approx 26{,}3°$
$b \approx 5{,}0\,\text{cm}$	$\beta \approx 30{,}6°$	$\beta \approx 63{,}7°$
$c \approx 6{,}45\,\text{cm}$	$a \approx 4{,}7\,\text{cm}$	$b \approx 8{,}7\,\text{cm}$

4 a) $\beta = \alpha = 75°$; $\gamma = 30°$; $a = b \approx 9{,}3\,\text{cm}$;
$A = 21{,}50\,\text{cm}^2$
b) $a = b = 7{,}3\,\text{cm}$; $\alpha = \beta \approx 68°$; $\gamma = 44°$; $c \approx 5{,}5\,\text{cm}$;
$A \approx 18{,}51\,\text{cm}^2$;
c) $a = b = 10{,}4\,\text{cm}$; $c \approx 15{,}6\,\text{cm}$; $\alpha = \beta \approx 41{,}6°$;
$\gamma \approx 96{,}9°$; $A \approx 53{,}69\,\text{cm}^2$

5 a) $a \approx 8{,}3\,\text{cm}$; $b = d \approx 5{,}6\,\text{cm}$; $e \approx 7{,}8\,\text{cm}$;
$\alpha_1 \approx 40{,}9°$; $\alpha_2 \approx 24{,}1°$; $A \approx 29{,}98\,\text{cm}^2$
b) $b \approx 5{,}54\,\text{cm}$; $\beta \approx 77{,}12°$; $c \approx 2{,}73\,\text{cm}$; $\alpha_2 \approx 37{,}12°$;
$\gamma = \delta \approx 102{,}88°$; $h \approx 5{,}4\,\text{cm}$; $A \approx 34{,}75\,\text{cm}^2$

6 a) Seitenlänge = 7,7 cm
$A = \frac{1}{2} \cdot e \cdot f = \frac{1}{2} \cdot 5{,}4\,\text{cm} \cdot 14{,}4\,\text{cm} = 38{,}88\,\text{cm}^2$
b) Seitenlänge = 12,1 cm
$A = \frac{1}{2} \cdot 10{,}6 \cdot 21{,}8 = 115{,}54\,\text{cm}^2$
c) Seitenlänge = 4,5 cm
$A = \frac{1}{2} \cdot 4{,}2 \cdot 7{,}9 = 16{,}59\,\text{cm}^2$

7 $b = c = 4\,\text{cm}$; $f \approx 10{,}6\,\text{cm}$; $a = d \approx 8{,}0\,\text{cm}$;
$\alpha = 37{,}8°$; $\gamma \approx 81{,}1°$; $\beta = \delta \approx 120{,}6°$

8 Der horizontale Abstand zwischen Eibsee und Zugspitze ist auf der Karte durch eine etwa 8 cm lange Strecke dargestellt. In der Realität ist der horizontale Abstand etwa
$8\,\text{cm} \cdot 50\,000 = 400\,000\,\text{cm} = 4\,\text{km}$ lang.
Aus der Höhendifferenz von 1962 m erhält man eine Mindestseillänge von
$\sqrt{(4\,\text{km})^2 + (1{,}962\,\text{km})^2} \approx 4{,}455\,\text{km}$.
Aus $\tan(\alpha) \approx \frac{1{,}962}{4}$ ergibt sich die durchschnittliche Seilneigung $\alpha \approx 26{,}1°$.

9 $r \approx 6370\,\text{km}$; $\alpha \approx 0{,}2855°$; $r - h \approx 6369{,}92\,\text{km}$
In der Mitte des Sees steht das Wasser etwa 8 cm höher als an den Rändern.

Seite 69

10 a) Für den Steigungswinkel α des Gleitpfades gilt $\tan(\alpha) = \frac{1572}{30\,000} = 0{,}0524$, also $\alpha \approx 3{,}0°$.
Das entspricht einer Steigung von 5,24 %.
b) Für die Gleitstrecke g erhält man
$g = \frac{915\,\text{m}}{\sin(\alpha)} \approx 17\,485{,}8\,\text{m} \approx 17{,}5\,\text{km}$.
c) Für die Flughöhe h erhält man
$h = 25\,\text{km} \cdot \tan(\alpha) = 1{,}31\,\text{km} = 1310\,\text{m}$.

11 $\tan(\alpha) = \frac{2h}{x}$; $x = \frac{2h}{\tan(\alpha)}$; $x \approx 9{,}20\,\text{m}$
Der Damm muss unten etwa um 9,20 m breiter sein als oben.

12 Der Fluss ist etwa 16,1 m breit.

13 a) $\gamma = 180° - 2\alpha = 56°$
$c = 2s \cdot \cos(\alpha) = 11{,}8\,\text{cm} \cdot \cos(62°) \approx 5{,}5\,\text{cm}$
$A = \frac{1}{2} c \cdot s \cdot \sin(\alpha) \approx 14{,}43\,\text{cm}^2$
b) $\alpha = \frac{1}{2} \cdot (180° - \gamma) = 41°$
$c = 2s \cdot \cos(\alpha) = 90{,}4\,\text{m} \cdot \cos(41°) \approx 68{,}2\,\text{m}$
$A = \frac{1}{2} c \cdot s \cdot \sin(\alpha) \approx 1011{,}58\,\text{m}^2 \approx 10{,}12\,\text{a}$
c) $\cos(\alpha) = \frac{\frac{c}{2}}{s} = \frac{2{,}7\,\text{m}}{65{,}4\,\text{m}}$, also $\alpha \approx 87{,}6°$
$\gamma = 180° - 2\alpha \approx 4{,}7°$
$A = \frac{1}{2} c \cdot s \cdot \sin(\alpha) \approx 176{,}43\,\text{m}^2 \approx 1{,}76\,\text{a}$

14 a) Es gilt $\cos(\alpha) = \frac{a}{d}$, $\cos(\beta) = \frac{b}{d}$, $\cos(\gamma) = \frac{c}{d}$.
Dabei ist $d = \sqrt{a^2 + b^2 + c^2}$.
Damit folgt $\cos(\alpha) = \frac{5}{\sqrt{50}}$, also $\alpha = 45°$;
$\cos(\beta) = \frac{4}{\sqrt{50}}$, also $\beta \approx 55{,}6°$; $\cos(\gamma) = \frac{3}{\sqrt{50}}$, also
$\gamma \approx 64{,}9°$.
b) $\delta = 180° - 2\gamma \approx 50{,}2°$

15 Für die Seitenhöhe h_s des Tetraeders gilt
$h_s = \frac{a}{2}\sqrt{3}$. Der Fußpunkt F der Raumhöhe h teilt die Höhen der Grundfläche jeweils vom Eckpunkt aus im Verhältnis 2:1.

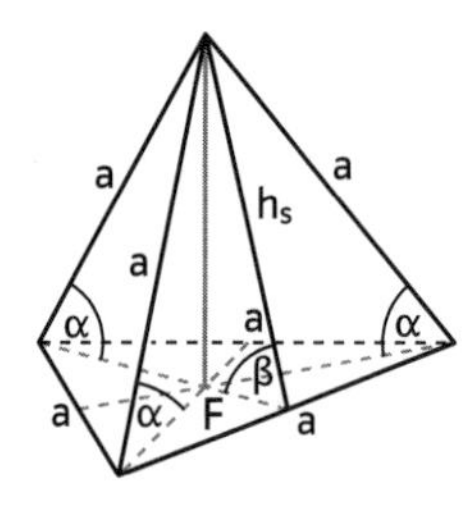

a) $\cos(\alpha) = \frac{\frac{2}{3}h_s}{a} = \frac{\frac{2}{3}\cdot\frac{a}{2}\sqrt{3}}{a} = \frac{1}{\sqrt{3}}$, also $\alpha \approx 54{,}7°$

b) $\cos(\beta) = \frac{\frac{1}{3}h_s}{h_s} = \frac{1}{3}$, also $\beta \approx 70{,}5°$

16 Es gilt $\cos(\alpha) = \frac{a}{d}$, $\cos(\beta) = \frac{b}{d}$ und $\cos(\gamma) = \frac{c}{d}$.
Daraus ergibt sich
$$\cos^2(\alpha) + \cos^2(\beta) + \cos^2(\gamma) = \frac{a^2}{d^2} + \frac{b^2}{d^2} + \frac{c^2}{d^2} = \frac{a^2 + b^2 + c^2}{d^2} = \frac{d^2}{d^2} = 1.$$

Seite 70

17

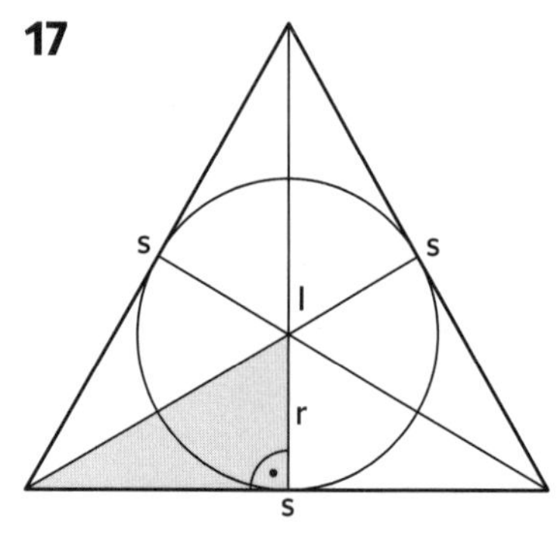

Der Inkreismittelpunkt I teilt die Seitenhalbierenden des Dreiecks vom jeweiligen Eckpunkt aus im Verhältnis 2:1.
Die Seitenhalbierenden haben die Länge $\frac{1}{2}\sqrt{3}$, also gilt für den Inkreisradius r:
$r = \frac{1}{3}\cdot\frac{s}{2}\sqrt{3} = \frac{s}{6}\sqrt{3}$.
Alternative: Da die Seitenhalbierenden die Dreieckswinkel (je 60°) halbieren, gilt
$\tan(30°) = \frac{r}{\frac{s}{2}} = \frac{2r}{s}$. Mit $\tan(30°) = \frac{1}{\sqrt{3}}$ folgt
$r = \frac{s}{2}\cdot\frac{1}{\sqrt{3}} = \frac{s}{2}\cdot\frac{1}{\sqrt{3}}\cdot\frac{\sqrt{3}}{\sqrt{3}} = \frac{s}{6}\sqrt{3}$.

18 a) $\alpha_I \approx 50{,}0°$; $\alpha_{II} \approx 32{,}3°$
b) $g \approx 6{,}35\,m$

19 $h = \frac{a}{2}\tan(60°) = \frac{a}{2}\sqrt{3}$; $s = \frac{\sqrt{5}}{2}a$

20 $a = 2b = 4c$

$\tan(\alpha) = \sqrt{\frac{b^2 + c^2}{a}} = \frac{\sqrt{5}\,c}{4c}$ $\quad\alpha \approx 29{,}2°$

$\tan(\beta) = \sqrt{\frac{a^2 + c^2}{b}} = \frac{\sqrt{17}\,c}{2c}$ $\quad\beta \approx 64{,}1°$

$\tan(\gamma) = \sqrt{\frac{a^2 + b^2}{c}} = \frac{\sqrt{20}\,c}{c}$ $\quad\gamma \approx 77{,}4°$

21 a) $\tan(\alpha) = \frac{h}{\frac{a}{2}} = \frac{13{,}6}{3{,}6}$, also $\alpha \approx 75{,}2°$

b) $\tan\left(\frac{\gamma}{2}\right) = \frac{\frac{a}{2}\sqrt{2}}{h} = \frac{3{,}6\sqrt{2}}{13{,}6}$, also $\frac{\gamma}{2} \approx 20{,}5°$ und damit $\gamma \approx 41{,}0°$

c) $A = 4\cdot\frac{1}{2}a\cdot h_s = 2a\cdot h_s$ mit $h_s = \sqrt{h^2 + \left(\frac{a}{2}\right)^2}$
(Flächenhöhe)
$A = 2\cdot 7{,}2\,m\cdot\sqrt{13{,}6^2 + 3{,}6^2}\,m \approx 202{,}6\,m^2$

22 Länge der Leitung: 1050 m
Neigungswinkel: $\alpha = 23{,}2°$

23

a) $s \approx 20{,}8\,cm$	b) $r \approx 27{,}1\,cm$	c) $\alpha \approx 61{,}2°$
$b \approx 25{,}1\,cm$	$s \approx 33{,}0\,cm$	$s \approx 67{,}7\,cm$
d) $s \approx 11{,}1\,cm$	e) $r \approx 8{,}8\,cm$	f) $\alpha \approx 142{,}5°$
$b \approx 12{,}7\,cm$	$s \approx 17{,}5\,cm$	$s \approx 21{,}4\,cm$

24 a) Teildreieck: $A_t = \frac{1}{2}r^2\sin\left(\frac{360°}{n}\right)$;
Also: $A = \frac{n}{2}r^2\sin\left(\frac{360°}{n}\right)$.
b) 10-Eck: $A \approx 73{,}473\,cm^2$ (93,5 % der Kreisfläche)
16-Eck: $A \approx 76{,}537\,cm^2$ (97,4 % der Kreisfläche)
256-Eck: $A \approx 78{,}532\,cm^2$ (99,99 % der Kreisfläche)

Pyramiden, Gauß und GPS

Seite 72

1 $\frac{s}{e} = \frac{1}{\sin(30°)} = 2$

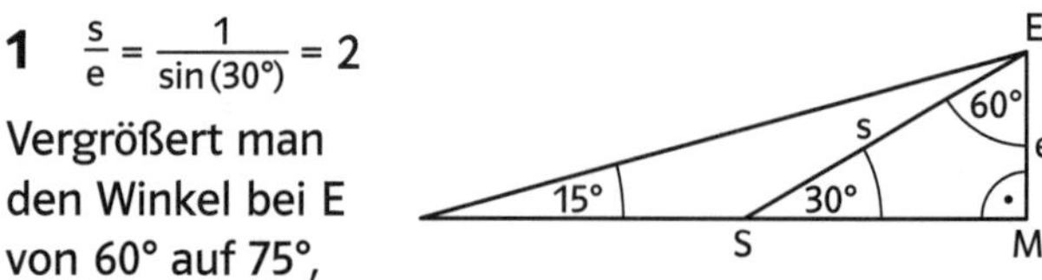

Vergrößert man den Winkel bei E von 60° auf 75°, so erhält man ein Dreieck mit dem Winkel 15°, in dem e unverändert bleibt und die Hypotenuse sich „nicht ganz verdoppelt".
Setzt man diesen Gedanken fort und vergrößert den Winkel bei E auf 87°, so erhält man ein Dreieck mit dem Winkel $3° = \frac{1}{10}\cdot 30°$, bei dem sich die Hypotenuse gegenüber dem Vergleichsdreieck „nicht ganz verzehnfacht" hat.
Bei $\beta = 3°$ ist $\frac{s}{e}$ also kleiner als $10\cdot 2 = 20$, zugleich aber auch nicht größer als $9\cdot 2 = 18$, wie man durch Probieren herausfinden kann.

2 $\triangle ABC$: $\overline{AC}^2 + \overline{BC}^2 = \overline{AB}^2$, also
$(C(\alpha))^2 + (S(\alpha))^2 = (2r)^2$ oder kürzer
$C^2(\alpha) + S^2(\alpha) = 4r^2$
$\triangle EBD$: $\overline{BD}^2 = \overline{EB}^2 + \overline{ED}^2$, also
$\left(S\left(\frac{\alpha}{2}\right)\right)^2 = \left(\frac{1}{2}S(\alpha)\right)^2 + (\overline{MD} - \overline{ME})^2$ oder kürzer
$S^2\left(\frac{\alpha}{2}\right) = \frac{1}{4}S^2(\alpha) + (r - \overline{ME})^2$

$\overline{ME}$ halbiert $\overline{BC}$, $\overline{MC}$ halbiert $\overline{AC}$. Wegen der Parallelität von $\overline{AC}$ und $\overline{ME}$ sowie von $\overline{BC}$ und der Orthogonalen zu $\overline{AC}$ durch M ist $\overline{ME} = \frac{1}{2}C(\alpha)$.
Durch Einsetzen dieser Beziehung ergibt sich

$$S^2\left(\frac{\alpha}{2}\right) = \frac{1}{4}S^2(\alpha) + \left(r - \frac{1}{2}C(\alpha)\right)^2$$
$$= \frac{1}{4}S^2(\alpha) + r^2 - r \cdot C(\alpha) + \frac{1}{4}C^2(\alpha)$$
$$= \frac{1}{4}(S^2(\alpha) + C^2(\alpha)) + r^2 - r \cdot C(\alpha)$$
$$= \frac{1}{4} \cdot 4r^2 + r^2 - r \cdot C(\alpha) = 2r^2 - r \cdot C(\alpha).$$

Die dem Winkel α abgewandte Sehne $C(\alpha)$ ist genauso groß wie die dem Winkel $180° - \alpha$ zugewandte Sehne $S(180° - \alpha)$, und die dem Winkel α zugewandte Sehne $S(\alpha)$ ist genauso groß wie die dem Winkel $180° - \alpha$ abgewandte Sehne $C(180° - \alpha)$.
Es gilt $S(180° - \alpha) = C(\alpha)$ und $C(180° - \alpha) = S(\alpha)$.

Seite 73

3 Für $\alpha = 90°$ ergibt sich aus Fig. 2, Seite 72 im Schülerbuch, $2 \cdot S^2(90°) = 2 \cdot C^2(90°) = 4r^2$ und daraus $S(90°) = C(90°) = \sqrt{2} \cdot r$.
Ist $\alpha = 60°$, so ist $S(60°) = r$ ($\triangle$ MBC gleichseitig), und für $C(60°)$ erhält man

$$C(60°) = \sqrt{(2r)^2 - S^2(\alpha)} = \sqrt{4r^2 - r^2} = \sqrt{3} \cdot r.$$

Mit der Rekursionsformel $S^2\left(\frac{\alpha}{2}\right) = 2r^2 - r \cdot C(\alpha)$ gelingt der Schritt zur jeweilig halben Winkelgröße, zum Beispiel
$S^2(45°) = 2r^2 - r \cdot C(90°) = 2r^2 - r \cdot \sqrt{2} \cdot r = \left(2 - \sqrt{2}\right)r^2$,
also $S(45°) = \sqrt{2 - \sqrt{2}} \cdot r$. Mit $C(180° - \alpha) = S(\alpha)$ erhält man damit auch den Wert
$C(180° - 45°) = C(135°) = \sqrt{2 - \sqrt{2}} \cdot r$ und mit dem Satz des Pythagoras auch

$$C(45°) = \sqrt{(2r)^2 - S^2(45°)} = \sqrt{4r^2 - \left(\sqrt{2 - \sqrt{2}} \cdot r\right)^2}$$
$$= \sqrt{4r^2 - \left(2 - \sqrt{2}\right)r^2} = \sqrt{2 + \sqrt{2}} \cdot r.$$

Entsprechend lassen sich die weiteren Wurzelterme in der nachfolgenden Tabelle entwickeln.

α	$S(\alpha)$	$C(\alpha)$
0°	0	$2r$
15°	$\sqrt{2 - \sqrt{2 + \sqrt{3}}} \cdot r$	$\sqrt{2 + \sqrt{2 + \sqrt{3}}} \cdot r$
30°	$\sqrt{2 - \sqrt{3}} \cdot r$	$\sqrt{2 + \sqrt{3}} \cdot r$
45°	$\sqrt{2 - \sqrt{2}} \cdot r$	$\sqrt{2 + \sqrt{2}} \cdot r$
60°	r	$\sqrt{3} \cdot r$
75°	$\sqrt{2 - \sqrt{2 - \sqrt{3}}} \cdot r$	$\sqrt{2 + \sqrt{2 - \sqrt{3}}} \cdot r$
90°	$\sqrt{2} \cdot r$	$\sqrt{2} \cdot r$
105°	$\sqrt{2 + \sqrt{2 - \sqrt{3}}} \cdot r$	$\sqrt{2 - \sqrt{2 - \sqrt{3}}} \cdot r$
120°	$\sqrt{3} \cdot r$	r
135°	$\sqrt{2 + \sqrt{2}} \cdot r$	$\sqrt{2 - \sqrt{2}} \cdot r$
150°	$\sqrt{2 + \sqrt{3}} \cdot r$	$\sqrt{2 - \sqrt{3}} \cdot r$
165°	$\sqrt{2 + \sqrt{2 + \sqrt{3}}} \cdot r$	$\sqrt{2 - \sqrt{2 + \sqrt{3}}} \cdot r$
180°	$2r$	0

4 In Fig. 2, Seite 72 im Schülerbuch, ist das Dreieck AMC gleichschenklig, die Winkel $\sphericalangle$ MAC und $\sphericalangle$ ACM sind gleich groß, und es gilt

$$\sphericalangle MAC = \sphericalangle ACM = \frac{1}{2} \cdot (180° - (180° - \alpha)) = \frac{\alpha}{2}.$$

Nun sind $S(\alpha)$ und $C(\alpha)$ die Katheten im rechtwinkligen Dreieck ABC mit dem Winkel $\sphericalangle BAC = \frac{\alpha}{2}$, und es gilt $\sin\left(\frac{\alpha}{2}\right) = \frac{S(\alpha)}{2r}$ und $\cos\left(\frac{\alpha}{2}\right) = \frac{C(\alpha)}{2r}$.
So kann zum Beispiel der Wert $S(45°) = \sqrt{2 - \sqrt{2}} \cdot r$ verwendet werden, um $\sin\left(\frac{45°}{2}\right) = \sin(22{,}5°)$ anzugeben: $\sin(22{,}5°) = \frac{\sqrt{2 - \sqrt{2}} \cdot r}{2r} = \frac{1}{2}\sqrt{2 - \sqrt{2}}$.
Aus der Sehnentafel zu Aufgabe 3 lässt sich eine Tabelle für Sinus- und Kosinuswert mit der Schrittweite 7,5° entwickeln:

α	$\sin(\alpha)$	$\cos(\alpha)$	$\tan(\alpha) = \frac{\sin(\alpha)}{\cos(\alpha)}$
0°	0	1	0
7,5°	$\frac{1}{2}\sqrt{2 - \sqrt{2 + \sqrt{3}}}$	$\frac{1}{2}\sqrt{2 + \sqrt{2 + \sqrt{3}}}$	$\sqrt{\frac{2 - \sqrt{2 + \sqrt{3}}}{2 + \sqrt{2 + \sqrt{3}}}}$
15°	$\frac{1}{2}\sqrt{2 - \sqrt{3}}$	$\frac{1}{2}\sqrt{2 + \sqrt{3}}$	$\sqrt{\frac{2 - \sqrt{3}}{2 + \sqrt{3}}}$
22,5°	$\frac{1}{2}\sqrt{2 - \sqrt{2}}$	$\frac{1}{2}\sqrt{2 + \sqrt{2}}$	$\sqrt{\frac{2 - \sqrt{2}}{2 + \sqrt{2}}}$
30°	$\frac{1}{2}$	$\frac{1}{2}\sqrt{3}$	$\frac{1}{\sqrt{3}}$
37,5°	$\frac{1}{2}\sqrt{2 - \sqrt{2 - \sqrt{3}}}$	$\frac{1}{2}\sqrt{2 + \sqrt{2 - \sqrt{3}}}$	$\sqrt{\frac{2 - \sqrt{2 - \sqrt{3}}}{2 + \sqrt{2 - \sqrt{3}}}}$
45°	$\frac{1}{2}\sqrt{2}$	$\frac{1}{2}\sqrt{2}$	1
52,5°	$\frac{1}{2}\sqrt{2 + \sqrt{2 - \sqrt{3}}}$	$\frac{1}{2}\sqrt{2 - \sqrt{2 - \sqrt{3}}}$	$\sqrt{\frac{2 + \sqrt{2 - \sqrt{3}}}{2 - \sqrt{2 - \sqrt{3}}}}$
60°	$\frac{1}{2}\sqrt{3}$	$\frac{1}{2}$	$\sqrt{3}$
67,5°	$\frac{1}{2}\sqrt{2 + \sqrt{2}}$	$\frac{1}{2}\sqrt{2 - \sqrt{2}}$	$\sqrt{\frac{2 + \sqrt{2}}{2 - \sqrt{2}}}$
75°	$\frac{1}{2}\sqrt{2 + \sqrt{3}}$	$\frac{1}{2}\sqrt{2 - \sqrt{3}}$	$\sqrt{\frac{2 + \sqrt{3}}{2 - \sqrt{3}}}$
82,5°	$\frac{1}{2}\sqrt{2 + \sqrt{2 + \sqrt{3}}}$	$\frac{1}{2}\sqrt{2 - \sqrt{2 + \sqrt{3}}}$	$\sqrt{\frac{2 + \sqrt{2 + \sqrt{3}}}{2 - \sqrt{2 + \sqrt{3}}}}$
90°	1	0	nicht definiert

III Potenzen

1 Potenzen mit ganzzahligen Exponenten

Seite 79

1 a) $2 \cdot 10^8$ b) $3{,}54 \cdot 10^7$ c) 10^{11}
d) $7 \cdot 10^8$ e) $4 \cdot 10^{-6}$ f) $1{,}7 \cdot 10^{-5}$
g) $2{,}5 \cdot 10^{-5}$ m h) $3{,}2 \cdot 10^{-12}$

2 a) 40 000 b) 7960
c) $55\,320\,000\,000 = 5{,}532 \cdot 10^{10}$
d) 0,00171
e) 685 000 000 000 = 685 Milliarden
f) $13\,870\,000 = 1{,}387 \cdot 10^7$
g) $0{,}0765 = 7{,}65 \cdot 10^{-2}$
h) 0,000 01
i) $0{,}000\,005\,02 = 5{,}02 \cdot 10^{-6}$
j) 1 000 000 = 1 Million

3 $12 \cdot 10^{-3} = 0{,}012$
$1{,}2 \cdot 10^{-3} = 0{,}012 \cdot 10^{-1} = 0{,}0012$
$0{,}0012 \cdot 10^{-1} = 120 \cdot 10^{-6} = 0{,}12 \cdot 10^{-3}$
$1{,}2 \cdot 10^4 = 0{,}012 \cdot 10^6$
$120 \cdot 10^{-2}$ kommt nur einmal vor.

4 a) −3 b) −3 c) 4 e) 0,2341

5 a) 10^5; 10^3; 10^8 b) 2^6; 2^7; 2^9
c) 5^3; 5^4; 5^5 d) 3^3; 3^5; 3^4; 3^6
e) 6^2; 6^3; 6^4 f) 7^2; 7^4; 7^6

6 a) 2^{-3}; 5^{-4}; 3^{-2}; 2^{-2} b) 5^{-2}; 10^{-2}; 2^{-5}; 3^{-4}
c) 2^{-6}; 7^{-2}; 10^{-4}; 5^{-4} d) 10^{-2}; 10^{-3}; 10^{-1}; 10^{-5}
e) 10^{-6}; 5^{-2}; 4^{-1}; 50^{-2}

7 a) $\frac{10^2}{4^3}$ b) $\frac{1}{7^4 \cdot 3^4}$ c) $\frac{1}{5^2 \cdot 6^3}$ d) $8^3 \cdot 5^{11}$
e) $\frac{7^8}{12^5}$ f) $\frac{5^4}{3^5}$ g) $\frac{2^8 \cdot 5^4}{3^5 \cdot 4^3}$ h) $\frac{6^4 \cdot 7^2 \cdot 4^9}{5^3}$

Seite 80

8 a) $3 \cdot 10^8 \frac{m}{s}$ b) $9{,}97 \cdot 10^6$ km² c) $1{,}5 \cdot 10^8$ km
d) $1{,}3 \cdot 10^{10}$ Jahre e) $2{,}5 \cdot 10^{-9}$ m f) $1{,}5 \cdot 10^{-5}$ m
g) $6{,}307 \cdot 10^6$ m h) $4 \cdot 10^{-5}$ kg i) $8 \cdot 10^{-7}$ m
j) 10^{-6} m

9 a) $9{,}4 \cdot 10^{11}$ m b) $2 \cdot 10^{-5}$ m c) $3{,}84 \cdot 10^8$ m
d) $4{,}8 \cdot 10^{-7}$ m e) $1{,}8 \cdot 10^9$ W f) 10^{-7} m

10 a) 8; −8; −8; $\frac{1}{8}$; $-\frac{1}{8}$; $-\frac{1}{8}$
b) $\frac{1}{10\,000}$; 10 000; $-\frac{1}{10\,000}$; −10 000; 10 000; $\frac{1}{10\,000}$
c) $-\frac{1}{32}$; $\frac{1}{32}$; −32; $\frac{1}{32}$; 32
d) 25; $-\frac{1}{25}$; 25; $\frac{1}{25}$; $\frac{1}{25}$; −25

11 a) 50 b) 48 c) 63
d) 640 e) $\frac{3}{16}$ f) $\frac{8}{5} = 1\frac{3}{5}$
g) $-\frac{7}{1000}$ h) 300 i) −36
j) −192 k) −5 l) $-\frac{1}{50}$
m) −4 n) −2,99 o) $\frac{11}{8} = 1\frac{3}{8}$
p) −55 q) 204 r) 6
s) $\frac{88}{15} = 5\frac{13}{15}$ t) 19,5

12 a) 12 b) 2 c) −3
d) $\frac{1}{225}$ e) $\frac{4}{5}$ f) −24
g) $-\frac{3}{4}$ h) 1296 i) −64
j) −8 k) 17,5 l) $\frac{202}{25} = 8\frac{2}{25}$
m) −49 n) −212 o) $-\frac{125}{36} = -3\frac{17}{36}$

13 a) $\frac{1}{a^4}$; $\frac{3}{x^2}$; $\frac{a}{x^6}$; $\frac{1}{(ax)^2}$ b) $\frac{1}{a+b}$; $\frac{1}{(x-y)^7}$; 1
c) a^2; ab^3; $\left(\frac{b}{a}\right)^5$; $\frac{b^2}{a^2}$ d) x; $\frac{x}{a}$; $\frac{1}{ax}$; $\frac{1}{a-x}$

14 a) 1 000 000 g = 1000 kg
b) 5 ml

2 Potenzen mit gleicher Basis

Seite 82

1 a) 5^{-1} b) 3^{-13} c) 3^{-7}
d) $(-7)^5$ e) $\left(\frac{1}{2}\right)^{-3}$ f) $\left(\frac{3}{4}\right)^{-1} = \frac{4}{3}$
g) $\frac{3}{2}$ h) $(-6)^8$ i) 0,5
j) $\left(\frac{2}{5}\right)^{-7}$ k) $(-4)^5$ l) 1
m) 4^2 n) $0{,}2^{-2}$ o) 7

2 a) x^8 b) y^8 c) z^6 d) r^2
e) s^8 f) a^{-1} g) b^{-4} h) x^{-3}
i) u^{-3} j) v^1 k) e^{2x} l) $a^0 = 1$
m) a^{2x} n) x^k o) k^{-n+1}

3 a) 2^8 b) 4^{-6} c) 3^6 d) $(-2)^{-9}$
e) $(-0{,}5)^{-10}$ f) 10^{-20} g) 2^{24} h) $(-5)^4$

4 a) x^{15} b) y^{-8} c) 1 d) x^{3m}
e) c^{2n+2} f) x^{-3q+3}

5 Kärtchen Nr. (1), (3) und (6) haben das Ergebnis $2 \cdot 7^2 = 98$.
Kärtchen Nr. (2), (4) und (5) haben das Ergebnis $2 \cdot 7^6 = 235\,298$.

6 a) 10 b) 4 c) −14 d) 3
e) −11

7 a) $x^{15} = x \cdot x^{14} = x^{-3} \cdot x^{18} = (x^3)^5 = (x^{-1})^{-15}$
b) $a^{2m} = a^{m-1} \cdot a^{m+1} = a^{3m+1} : a^{m+1} = (a^{-m})^{-2}$

Seite 83

8 a) x^8 b) y^8
c) $5^{-2} = \frac{1}{25} = 0{,}04$ d) $a^{-1} = \frac{1}{a}$
e) $b^{-4} = \frac{1}{b^4}$ f) z
g) r^{a+1} h) y^{2-2k}
i) 2^{1-n} j) a^{3x}

9 a) $z^{n+1-n} = z^1 = z$ b) $a^{k+1-(k-1)} = a^2$
c) $b^{x-(x-1)} = b^1 = b$ d) $r^{2a+1-a} = r^{a+1}$
e) $x^{3k-3k} = x^0 = 1$ f) $y^{1-k-(k-1)} = y^{2-2k}$
g) z^{1-n} h) e^{-x-1}
i) $x^{5-3} = x^2$ j) $a^{7-(-2)} = a^9$
k) $0{,}2 \cdot a^{-4} \cdot b^3$
l) $\frac{56}{1{,}4} \cdot \frac{s^{-1}}{s^3} \cdot \frac{r^{2-1}}{r^{-2}} = 40 \cdot s^{-4} \cdot r^3$

10 a) 6^6 b) 2^{12} c) 10^9 d) 2^{-20}
e) 5^{3n} f) 3^{3k} g) 3^{2n-2}

11 Nach dreimaligem Falten ist der Stapel 1mm dick. Mit jedem weiteren Falten verdoppelt sich die jeweilige Dicke, insgesamt noch 29-mal:
$1\,\text{mm} \cdot 2^{39} \approx 5{,}5 \cdot 10^{11}\,\text{mm} = 5{,}5 \cdot 10^5\,\text{km}$.
Damit ist der Stapel etwa 1,45-mal so dick wie die Entfernung des Mondes von der Erde.
(Druckfehler im 1. Druck der 1. Auflage des Schülerbuches. Der Mond ist von der Erde etwa $3{,}8 \cdot 10^5\,\text{km}$ entfernt.)

12 a) $(-b)^6 = b^6$ b) $x^{-12} = \frac{1}{x^{12}}$
c) $-a^5$ d) $-a^5$
e) $(-a)^{-15} = -a^{-15} = -\frac{1}{a^{15}}$

13 a) $a^{-2} \cdot b^{-1}$ b) $x^3 \cdot y^{-13}$
c) $r^2 \cdot s^{-15}$ d) $a \cdot b^{15} \cdot c^{-8}$
e) $(a+b)^{-1} \cdot (a-b)^{-1} = \frac{1}{a^2 - b^2}$

14 a) $(2^2)^2 = 4^2 = 16;\ 2^{(2^2)} = 2^4 = 16$
b) $(2^5)^3 = 32^3 = 32768;\ 2^{(5^3)} = 2^{125} \approx 4{,}25 \cdot 10^{37}$
c) $(3^{-1})^4 = \left(\frac{1}{3}\right)^4 = \frac{1}{81};\ 3^{((-1)^4)} = 3^1 = 3$
d) $(4^{-3})^2 = \left(\frac{1}{64}\right)^2 = \frac{1}{4096};\ 4^{((-3)^2)} = 49 = 262144$

15 $\left((10^{10})^{10}\right)^{10} < (10^{10})^{(10^{10})}$
$= \left(10^{(10^{10})}\right)^{10} < 10^{\left((10^{10})^{10}\right)} < 10^{\left(10^{(10^{10})}\right)}$,
denn $\left((10^{10})^{10}\right)^{10} = 10^{1000} = 10^{(10^3)}$;
$(10^{10})^{(10^{10})} = 10^{10 \cdot 10^{10}} = 10^{(10^{11})}$;
$\left(10^{(10^{10})}\right)^{10} = 10^{(10^{10}) \cdot 10} = 10^{(10^{11})}$;
$10^{\left((10^{10})^{10}\right)} = 10^{(10^{100})}$;
$10^{\left(10^{(10^{10})}\right)} = 10^{(10^{10\,000\,000\,000})}$

16 Die Oberflächeninhalte verhalten sich wie 4:1, die Volumina wie 8:1.

17 a) $5\,€ \cdot 5^5 = 15\,625\,€$
b) Individuelle Lösungen

18 a) größte Zahl: $9^{(9^9)}$
b) kleinste Zahl: 001 bzw. 000 bzw. 100

3 Potenzen mit gleichen Exponenten

Seite 85

1 a) $(2 \cdot 5)^4 = 10\,000$ b) $(15:5)^2 = 9$
c) $\left((-0{,}5) \cdot (-4)\right)^5 = 32$ d) $(2{,}5:5)^3 = 0{,}125$
e) $\left((-18):9\right)^5 = -32$ f) $(20:5)^{-2} = \frac{1}{16}$
g) $(4 \cdot 4)^3 = 4096$ h) $(18:12)^{-3} = \frac{8}{27}$
i) $\left((-12):6\right)^3 = -8$ j) $\left(\frac{1}{5} \cdot \frac{3}{5}\right)^{-2} = \frac{625}{9}$
k) $\left(10 \cdot \frac{1}{5}\right)^{-3} = \frac{1}{8}$ l) $\left(\frac{2}{3} \cdot \frac{15}{8}\right)^2 = \frac{25}{16}$

2 a) 18^a b) $(-3)^n$
c) 2^p d) $(-3)^x$
e) $1{,}5^k$ f) $6^{2a} = 36^a$
g) $150^{-b} = \frac{1}{150^b}$ h) $(5^3:125)^n = 1$
i) 2^{2-x} j) $1^{n-1} = 1$
k) $4^{n+1} = 2^{2n+2}$ l) $(2x^2)^{3-k} = \frac{1}{(2x^2)^{k-3}}$

3 a) 1 b) 2^{2n} c) $\left(-\frac{1}{4}\right)^5$ d) $\left(-\frac{9}{2}\right)^4$

4 a) $(2x)^5$ b) $(3xy)^2$
c) $\left(\frac{1}{2}ab^2\right)^3$ d) $\left(\frac{1}{5}u^2v^{-3}\right)^2 = (5u^{-2}v^3)^{-2}$

5 a) $a^{2n} \cdot b^{3n}$ b) $x^{6k} \cdot y^{-8k}$
c) $27u^{-15} \cdot v^{3n+3}$ d) $x^{n^2+mn} \cdot y^{mn+m^2}$
e) $a^{k^2-1} \cdot b^{k^2+k}$ f) $r^{x^2-xy} \cdot s^{xy-y^2}$
g) $(-2)^{n+1} \cdot a^{n^2-1} \cdot b^{1-n^2}$
h) $x^4 \cdot (x+y)^{-2} = \frac{x^4}{x^2 + 2xy + y^2}$

6 a) $2^4 \cdot 5^4 = 10^4 = 10\,000$ b) $6^5 \cdot \left(\frac{1}{3}\right)^5 = 2^5 = 32$
c) $\left(\frac{1}{5}\right)^x : 10^x = \left(\frac{1}{50}\right)^x = 50^{-x}$ d) $3^3 \cdot \left(\frac{1}{6}\right)^3 = \left(\frac{1}{2}\right)^3 = 2^{-3} = \frac{1}{8}$

e) $4^{-5}\cdot\left(\frac{3}{2}\right)^{-5} = 6^{-5} = \frac{1}{7776}$ f) $\left(\frac{2}{3}\cdot\frac{3}{2}\right)^{-2} = 1^{-2} = 1$

g) $\left(\frac{5}{2}\right)^k : \left(\frac{4}{5}\right)^k = \left(\frac{25}{8}\right)^k$

h) $\left(\frac{8}{3}\right)^n : \left(\left(\frac{2}{3}\right)^2\right)^n = \left(\frac{8}{3}\cdot\frac{9}{4}\right)^n = 6^n$

7 Der Oberflächeninhalt vergrößert sich um den Faktor k^2, das Volumen um den Faktor k^3:
$O' = 6\cdot(ka)^2 = 6\cdot k^2\cdot a^2 = k^2\cdot 6a^2 = k^2\cdot O$,
$V' = (ka)^3 = k^3\cdot a^3 = k^3\cdot V$.

8 a) $2^3 + 2^2 = 8 + 4 = 12$, aber $2^5 = 32$
$3^{-2} + 3^{-4} = \frac{1}{9} + \frac{1}{81} = \frac{10}{81}$, aber $3^{-6} = \frac{1}{729}$
$4^{-1} - 4^3 = \frac{1}{4} - 64 = -63{,}75$, aber $4^2 = 16$
b) Potenzen sind in Kurzform geschriebene Produkte. Summanden können in die Potenzschreibweise daher nicht einbezogen werden, siehe zum Beispiel $2^3 + 2^2 = 2\cdot2\cdot2 + 2\cdot2$.

9 $(5 + 4)^2 = 9^2 = 81$, aber $5^2 + 4^2 = 25 + 16 = 41$
Die Aussage ist falsch, wie bereits der Exponent 2 zeigt (vgl. binomische Formeln).

10 a) $((p + q)(p - q))^2 = (p^2 - q^2)^2 = p^4 - 2p^2q^2 + q^4$
b) $(a^2 - b^2)\cdot(a^2 - 2ab + b^2) = a^4 - 2a^3b + 2ab^3 - b^4$
c) $((x + 1)(x - 1))^{-2} = \frac{1}{(x^2 - 1)^2} = \frac{1}{x^4 - 2x^2 + 1}$
d) $2x^{-3}\cdot(8x^3y^3 + 12x^4y^2 + 6x^5y + x^6)$
$= 16y^3 + 24xy^2 + 12x^2y + 2x^3$

11 Gleiche Basen, verschiedene Exponenten:
Aus $a^p = a^q$ folgt $\frac{a^p}{a^q} = 1$ und daraus $a^{p-q} = 1$.
Dies gilt nur für $p = q$ oder für $a = 1$.
Potenzen mit gleicher Basis und verschiedenen Exponenten können nur gleich sein, wenn die Basis 1 ist.
Gleiche Exponenten, verschiedene Basen:
Aus $a^p = b^p$ folgt $\frac{a^p}{b^p} = 1$ und daraus $\left(\frac{a}{b}\right)^p = 1$.
Dies gilt für $a = b$ oder für $p = 0$. Ist p gerade, so kann auch $a = -b$ sein. Zum Beispiel gilt $5^4 = (-5)^4$.
Potenzen mit gleichen Exponenten und verschiedenen Basen können nur gleich sein, wenn $p = 0$ ist oder wenn der Exponent gerade ist und die Basen Gegenzahlen voneinander sind.

4 Wurzeln

Seite 87

1 a) 10 b) 1 c) 4 d) 0
e) 10 f) 0,1 g) $\frac{1}{2}$ h) $\frac{1}{5}$
i) $\frac{2}{3}$ j) $\frac{1}{3}$ k) 2 l) 0,1
m) 0,4 n) 0,3 o) 2

2 a) wahr, denn $4^3 = 64$
b) wahr, denn $7^4 = 2401$
c) falsch, denn $0{,}24^2 = 0{,}0576$
d) wahr, denn $3{,}1^3 = 29{,}791$
e) falsch, denn $0{,}16^4 = 0{,}000\,655\,36$
f) wahr, denn $0{,}6^3 = 0{,}216$

3 a) $\sqrt[3]{27} = 3$ b) $\sqrt[4]{16} = 2$ c) $\frac{1}{\sqrt[6]{64}} = \frac{1}{2}$
d) $\sqrt{25} = 5$ e) $\frac{1}{\sqrt[3]{8}} = \frac{1}{2}$ f) $\frac{1}{\sqrt[4]{81}} = \frac{1}{3}$
g) $\sqrt{\frac{1}{36}} = \frac{1}{6}$ h) $\frac{1}{\sqrt[3]{125}} = \frac{1}{5}$

4 $\sqrt[4]{\sqrt[3]{\sqrt{x}}} = y \Longrightarrow \sqrt[24]{x} = y \Longrightarrow x = y^{24}$
a) $x = 1^{24}$; $x = 1$
b) $x = 10^{24}$; $x = 10^{24}$
c) $x = 0{,}1^{24}$; $x = 10^{-24}$
d) $x = 2^{24}$; $x = 16\,777\,216$

5 nach k Spielen: $15\cdot x^k$ Punkte
nach 7 Spielen $15\cdot x^7$ Punkte
$= 245\,760$ Punkte
$x = 4$ $\left(x = \sqrt[7]{\frac{245\,760}{15}}\right)$

6 $200\cdot x^{12} = 4{,}8\,828\,125\cdot 10^{10}$
$x = 5$

7 a) Die Aussage ist nur wahr, wenn a größer als 1 ist.
b) Die Aussage ist nur wahr, wenn a größer als 1 ist.

5 Potenzen mit rationalen Exponenten

Seite 89

1 a) $5^{\frac{3}{4}} = \sqrt[4]{125}$ b) $4^{\frac{1}{12}} = 2^{\frac{1}{6}} = \sqrt[6]{2}$
c) $10^{\frac{1}{6}} = \sqrt[6]{10}$ d) y
e) $36^{\frac{1}{2}} = 6$ f) $8^{\frac{1}{3}} = 2$
g) $144^{\frac{1}{2}} = 12$ h) $(64a^3)^{\frac{1}{3}} = 4a$
i) $5^{\frac{1}{6}} = \sqrt[6]{5}$ j) $4^{-\frac{3}{20}} = 2^{-\frac{3}{10}} = \frac{1}{\sqrt[10]{8}}$
k) $x^{-\frac{1}{2}}\cdot y = \frac{y}{\sqrt{x}}$ l) $x^{-1} : y^{\frac{1}{2}} = \frac{1}{x\cdot\sqrt{y}}$

2 a) $3^{\frac{2}{3}}$ b) $2^{\frac{3}{4}}$
c) $5^{\frac{2}{3}}$ d) $3^{-\frac{1}{2}}$
e) $6^{-\frac{1}{3}}$ f) $13^{-\frac{2}{5}}$
g) $a^{-\frac{3}{4}}$ h) $x^{-\frac{p}{n}}$
i) $5^{\frac{2}{6}} = 5^{\frac{1}{3}}$ j) $2^{\frac{3}{6}} = 2^{\frac{1}{2}}$
k) $x^{\frac{5}{10}} = x^{\frac{1}{2}}$ l) $2^{-\frac{8}{10}} = 2^{-\frac{4}{5}}$

m) $a^{-\frac{4k}{16}} = a^{-\frac{k}{4}}$　n) $x^{-\frac{3n}{15}} = x^{-\frac{n}{5}}$

o) $x^{-\frac{12a}{3a}} = x^{-4}$　p) $x^{\left(\frac{1}{3} - \frac{2}{5}\right)} = x^{-\frac{1}{15}}$

3 $5^{\frac{1}{3}} = 5^{\frac{2}{6}} = \sqrt[3]{5} = \left(\sqrt[6]{5}\right)^2$; $\frac{1}{\sqrt[3]{5}} = 5^{-\frac{2}{6}}$; $\frac{1}{5^{-\frac{2}{3}}} = \sqrt[3]{5^2} = (5^6)^{\frac{1}{9}}$

4 a) 5 für □, 2 für △
b) 3 für ○, □ beliebig
c) 8 (4; 2) für ○, 4 (2; 1) für □
d) $\frac{1}{2}$ für □
e) beliebige natürliche Zahl größer 1 für □,
△ = 2 · □
f) 11 für □

5 a) $\sqrt[12]{b}$　b) $\sqrt[3]{a^2}$　c) $\frac{1}{\sqrt[6]{t^5}}$
d) $\frac{1}{\sqrt{x}}$　e) y^6　f) b^{3n}

Seite 90

6 a) $V = 10\,cm^3$, Würfelkante:
$a = \sqrt[3]{10}\,cm = 10^{\frac{1}{3}}\,cm \approx 2{,}15\,cm$
$V = 100\,cm^3$, Würfelkante:
$a = \sqrt[3]{100}\,cm = 10^{\frac{2}{3}}\,cm \approx 4{,}64\,cm$
$V = x\,cm^3$, Würfelkante:
$a = \sqrt[3]{x}\,cm = x^{\frac{1}{3}}\,cm$
b) $V = 10\,cm^3$, Oberflächeninhalt:
$O = 6a^2 = 6 \cdot 10^{\frac{2}{3}} = 6 \cdot \sqrt[3]{100}\,cm^2 \approx 27{,}85\,cm^2$

7 a) Etwa $108{,}21 \cdot 106\,km$ b) etwa 686,79 Tage

8 a) 475 mm (59,375 mm; 30,4 mm)
b) $d = \left(\frac{19\,000}{b \cdot s}\right)^{\frac{1}{3}} = \sqrt[3]{\frac{19\,000}{b \cdot s}}$
c) $d \approx 6{,}8\,mm$

9 a) etwa 1,41 s; 2 s; etwa 3,16 s
b) $h = 5t^2$
c) 5 m; 10 m; 125 m

10 Bei einer Windgeschwindigkeit von $10\,\frac{km}{h}$ werden 10 °C Lufttemperatur wie etwa 8,5 °C gefühlt, bei $15\,\frac{km}{h}$ Windgeschwindigkeit wie etwa 7,8 °C, bei $20\,\frac{km}{h}$ Windgeschwindigkeit wie etwa 7,3 °C.

Seite 91

11 a) Es gilt $\sqrt[4]{\sqrt{x}} = \sqrt{\sqrt[4]{x}} = \sqrt[24]{x^3} = \sqrt[8]{x}$,
und $\sqrt[6]{x} = \sqrt[3]{\sqrt{x}}$.
b) $\sqrt[8]{256} = 2$; $\sqrt[6]{256} \approx 2{,}52$
c) $\sqrt[8]{0{,}5} \approx 0{,}917$; $\sqrt[6]{0{,}5} \approx 0{,}891$

12 a) $\frac{5\sqrt{7}}{7}$　b) $\frac{3 \cdot \sqrt[3]{5^2}}{5}$　c) $\frac{2 \cdot \sqrt[3]{x}}{x^3}$
d) $\sqrt[3]{a}$　e) $2 \cdot a^{\frac{1}{4}}$

13 a) $\sqrt[4]{5^3}$　b) $\sqrt[5]{a}$　c) 4　d) $\sqrt[6]{10}$
e) $\sqrt{2a}$　f) 1　g) $\sqrt[6]{5}$　h) $\sqrt{2}$
i) $\frac{1}{\sqrt[6]{2}}$　j) $\sqrt[4]{x^3}$　k) $(ax)^{t-6}$　l) $\sqrt[5]{3}$
m) $\frac{1}{\sqrt[n]{z^2}}$　n) $\sqrt[10]{2}$　o) $3^{\left(x + \frac{1}{2}\right)}$　p) $\sqrt{5}$
q) $\frac{x^4}{\sqrt{c}}$　r) $15y$　s) $\frac{-1}{7}$　t) $\sqrt{\frac{a}{b}}$

14 a) $x^{-1} : y^{\frac{1}{2}} = \frac{1}{x \cdot \sqrt{y}}$
b) $x^{-\frac{1}{2}} \cdot y = \frac{1}{\sqrt{x}} \cdot y = \frac{y}{\sqrt{x}}$
c) $x^3 - 2x^{\frac{3}{2}}y^{\frac{3}{2}} + y^3 = x^3 - 2(xy)^{\frac{3}{2}} + y^3$
d) $a^{\frac{5}{3}} + 2a^{\frac{5}{6}} \cdot b^{\frac{1}{6}} + b^{\frac{1}{3}}$

15 a) $\frac{1}{\sqrt[12]{6}}$　b) $\sqrt[3]{2}$　c) $\sqrt[6]{\frac{2}{3}}$　d) $\sqrt[12]{4^7}$
e) $\sqrt[4]{2}$　f) $\sqrt[4]{3^3}$　g) $\sqrt[15]{7^8}$　h) $\sqrt[6]{5}$
i) $\sqrt{2^3}$　j) $\sqrt[2n]{3}$　k) $\sqrt[4]{5}$　l) $\sqrt[3n]{a}$
m) $\sqrt[3]{x}$　n) 0,2　o) $\sqrt[3]{5} \cdot \sqrt{a}$　p) $\sqrt[4]{2^{27}}$

16 a) $\sqrt{36} - \sqrt{64} = 6 - 8 = -2$
b) $\frac{\sqrt[3]{27} + \sqrt[3]{64}}{\sqrt[4]{2401}} = \frac{3 + 4}{7} = 1$
c) $\frac{a^{2-\frac{3}{b}} - a^{\frac{3}{b}-1}}{a^{1-\frac{3}{b}}} = a^{2-\frac{3}{b}-1+\frac{3}{b}} - a^{\frac{3}{b}-1-1+\frac{3}{b}} = a - a^{\frac{6}{b}-2}$
$= a - \sqrt[b]{a^{6-2b}}$

Seite 92

19 a) $\sqrt[n]{a} \cdot \sqrt[n]{b} = a^{\frac{1}{n}} \cdot b^{\frac{1}{n}} = (a \cdot b)^{\frac{1}{n}} = \sqrt[n]{a \cdot b}$; $a, b \geqq 0$,
$n \in \mathbb{N} \setminus \{0; 1\}$
b) $\frac{\sqrt[n]{a}}{\sqrt[n]{b}} = \frac{a^{\frac{1}{n}}}{b^{\frac{1}{n}}} = \left(\frac{a}{b}\right)^{\frac{1}{n}} = \sqrt[n]{\frac{a}{b}}$; $a \geqq 0$, $b > 0$, $n \in \mathbb{N} \setminus \{0; 1\}$
c) $\sqrt[n]{\sqrt[m]{a}} = \left(a^{\frac{1}{m}}\right)^{\frac{1}{n}} = a^{\frac{1}{m \cdot n}} = a^{\frac{1}{n \cdot m}} = \sqrt[n \cdot m]{a}$; $a \geqq 0$,
$m, n \in \mathbb{N} \setminus \{0; 1\}$
d) $\sqrt[k \cdot n]{a^{k \cdot m}} = a^{\frac{k \cdot m}{k \cdot n}} = a^{\frac{m}{n}} = \sqrt[n]{a^m}$; $a \geqq 0$,
$k, m \in \mathbb{N} \setminus \{0\}$, $n \in \mathbb{N} \setminus \{0; 1\}$

20 a) $12x^2 + 8x^{\frac{13}{6}}$　b) $3a^{\frac{25}{4}} \cdot b^{\frac{2}{3}} - 9a^{\frac{1}{4}} \cdot b^{\frac{11}{3}}$
c) $2k^{\frac{11}{4}} \cdot m^3 \cdot n^{\frac{5}{2}} + 4k^4 \cdot m^{-\frac{3}{2}} \cdot n^{-\frac{1}{4}}$

21 a) $2^{\frac{5}{3}}$　b) 5　c) 2　d) $3^{\frac{1}{10}}$
e) 3　f) a^4　g) x^2　h) $2^{\frac{7}{6}} \cdot x^{\frac{5}{6}} \cdot y^{\frac{2}{3}}$

22 a) $\left(6^3 \cdot \frac{7}{36}\right)^{\frac{1}{3}} = 42^{\frac{1}{3}}$
b) $\left(x^3 \cdot \frac{x}{y}\right)^{\frac{1}{3}} = \left(\frac{x^4}{y}\right)^{\frac{1}{3}}$
c) $\left(a^3 b^6 \cdot \frac{4}{a^2 b^3}\right)^{\frac{1}{3}} = (4ab^3)^{\frac{1}{3}}$
d) $\left((a + b)^2 \cdot \frac{5}{a + b}\right)^{\frac{1}{2}} = (5a + 5b)^{\frac{1}{2}}$

23 a) $u^{-6} - v^{-6}$

b) $5 + 50^{\frac{1}{3}} - 20^{\frac{1}{3}} - 2 = 3 + 50^{\frac{1}{3}} - 20^{\frac{1}{3}}$

c) $\sqrt[3]{a^2} + \sqrt[3]{b^2}$

d) $(2x^{-2} + 3y^3)\cdot(4x^{-4} - 9y^6)$

$= 8x^{-6} + 12x^{-4}y^3 - 18x^{-2}y^6 - 27y^9$

24 a) $a^{\frac{m}{4}}$ b) a^2b c) $a^{-2}b$ d) $\frac{8}{27}x^5y^{-\frac{9}{8}}$

25 a) 3,3220 b) 51,5371
c) 0,0876 d) 0,0638
e) 14,7470 f) 6,0461

26 a) $10^0 = 1$ b) $5^{\sqrt{2}}$
c) $2^{\sqrt{3}}$ d) $3^4 = 81$
e) $3^3 = 27$ f) $12^2\cdot 12^{\sqrt{6}} = 12^{2+\sqrt{6}}$

27 a) $\sqrt{2}^{\sqrt{3}}\cdot\sqrt{2}^{\sqrt{3}} = (\sqrt{2}\cdot\sqrt{2})^{\sqrt{3}} = 2^{\sqrt{3}}$

b) $\sqrt{3}^{\sqrt{5}} : (2\sqrt{3})^{\sqrt{5}} = \left(\frac{\sqrt{3}}{2\sqrt{3}}\right)^{\sqrt{5}} = \left(\frac{1}{2}\right)^{\sqrt{5}} = 2^{-\sqrt{5}}$

c) $(\sqrt{2}\cdot\sqrt{3})^{\sqrt{12}} = \sqrt{6}^{\sqrt{4\cdot 3}} = \sqrt{6}^{2\sqrt{3}} = \left((\sqrt{6})^2\right)^{\sqrt{3}} = 6^{\sqrt{3}}$

d) $(\sqrt[3]{4} : \sqrt[3]{2})^{6\sqrt{2}} = \left(2^{\frac{2}{3}-\frac{1}{3}}\right)^{6\sqrt{2}} = \left(2^{\frac{1}{3}}\right)^{6\sqrt{2}} = 2^{2\sqrt{2}}$

$= (2^2)^{\sqrt{2}} = 4^{\sqrt{2}}$

Wiederholen – Vertiefen – Vernetzen

Seite 93

1 a) $3{,}4\cdot 10^5$ b) $5{,}98\cdot 10^4$
c) $3{,}62\cdot 10^{-3}$ d) $7{,}37\cdot 10^{-5}$
e) $2{,}5\cdot 10^5$ f) $6{,}3\cdot 10^{-5}$
g) $8\cdot 10^3$ h) $3{,}456\cdot 10^{-2}$

2 a) $6{,}8\cdot 10^{-4}$ b) $2{,}4\cdot 10^{-3}$
c) $1{,}36\cdot 10^{-3}$ d) $1{,}5\cdot 10^3$
e) 10^{-10} f) $3{,}5\cdot 10^{-1} = 0{,}35$
g) $2{,}5\cdot 10^1 = 25$ h) $10^3 = 1000$

3 a) $x^{\frac{7}{4}}$ b) $y^{-\frac{1}{2}}$ c) z d) $x^{\frac{3}{2}}$
e) 2^3 f) 5^k g) y^{3s} h) $144k\cdot x^4$
i) $2^{2n+1}\cdot a^n$ j) $x^0 = 1$ k) $y^{-\frac{2}{n}}$ l) a^{1+n}

4 a) $5^{\frac{1}{2}}$ b) $6^{\frac{1}{3}}$
c) $((3\cdot 2^3)^2)^{\frac{1}{3}} = 3^{\frac{2}{3}}\cdot 2^2 = 4\cdot 3^{\frac{2}{3}}$ d) $11^{\frac{6}{5}} = 11^{1+\frac{1}{5}} = 11\cdot 11^{\frac{1}{5}}$
e) $2^{-\frac{1}{2}}$ f) $12^{-\frac{3}{4}} = 3^{-\frac{3}{4}}\cdot 2^{-\frac{3}{2}}$
g) $7^{-\frac{2}{5}}$ h) $a^{-\frac{2}{3}}$

5 a) $3^{\frac{2}{4}} = 3^{\frac{1}{2}} = \sqrt{3}$ b) $5^{\frac{4}{12}} = 5^{\frac{1}{3}} = \sqrt[3]{5}$
c) $t^{\frac{6}{9}} = t^{\frac{2}{3}} = \sqrt[3]{t^2}$ d) $x^{\frac{6}{4}} = x^{\frac{3}{2}} = \sqrt{x^3}$
e) $2^{-\frac{8}{10}} = 2^{-\frac{4}{5}} = \frac{1}{\sqrt[5]{2^4}}$ f) $3^{-\frac{10}{15}} = 3^{-\frac{2}{3}} = \frac{1}{\sqrt[3]{3^2}}$
g) $r^{-\frac{n}{2n}} = r^{-\frac{1}{2}} = \frac{1}{\sqrt{r}}$ h) $a^{-\frac{4k}{16}} = a^{-\frac{k}{4}} = \frac{1}{\sqrt[4]{a^k}}$

6 a) $x^{k+1}\cdot(x-1)^{k+1} = (x\cdot(x-1))^{k+1} = (x^2-x)^{k+1}$

b) $12^x\cdot 3^{-x} = 12^x\cdot\frac{1}{3^x} = \frac{12^x}{3^x} = \left(\frac{12}{3}\right)^x = 4^x$

c) $\frac{(27a)^{5x}}{a^{5x}} = \left(\frac{27a}{a}\right)^{5x} = 27^{5x} = (3^3)^{5x} = 3^{15x}$

d) $\frac{10^{n-2}}{2^{2-n}} = \frac{10^{n-2}}{2^{-(n-2)}} = \frac{10^{n-2}}{(2^{-1})^{n-2}} = \left(\frac{10}{\frac{1}{2}}\right)^{n-2} = 20^{n-2}$

7 Ein Jahr hat $365\cdot 24\cdot 60\cdot 60 = 3{,}1536\cdot 10^7\,\text{s}$.
Das Licht legt im Jahr also
$300\,000\cdot 3{,}1536\cdot 10^7\,\text{km} = 9{,}4608\cdot 10^{12}\,\text{km}$ zurück.
Der Andromedanebel ist somit etwa
$2{,}7\cdot 10^6\cdot 9{,}4608\cdot 10^{12}\,\text{km} = 2{,}554\,416\cdot 10^{19}\,\text{km}$ von uns entfernt und hat einen Durchmesser von etwa
$163\,000\cdot 9{,}4608\cdot 10^{12}\,\text{km} = 1{,}542\,110\,4\cdot 10^{18}\,\text{km}$.

8 Das Volumen der Sonne wird von etwa
$\frac{1{,}41\cdot 10^{18}\cdot(10^3\,\text{m})^3}{1{,}08\cdot 10^{21}\cdot\text{m}^3} \approx 1{,}3\cdot 10^6$ Erdkugeln erreicht.

9 a) Die Kantenlänge beträgt $a = \frac{1}{12}\cdot 60\,\text{cm} = 5\,\text{cm}$.
Daraus ergeben sich der Oberflächeninhalt
$O = 6a^2 = 150\,\text{cm}^2$ und das Volumen $V = a^3 = 125\,\text{cm}^3$.
b) Die Kantenlänge beträgt nun $a' = \frac{4}{3}a = \frac{20}{3}\,\text{cm}$.
Der Oberflächeninhalt ist $O' = \frac{16}{9}O = 266\frac{2}{3}\,\text{cm}^2$,
das Volumen $V' = \frac{64}{27}V = 296\frac{8}{27}\,\text{cm}^3$.
c) Der Würfel müsste die Kantenlänge
$a = \sqrt{\frac{O}{6}} \approx 12{,}25\,\text{cm}$ $\left(a = \sqrt[3]{V} \approx 12{,}6\,\text{cm}\right)$ haben.
Der Draht hätte die Länge $12a \approx 147{,}0\,\text{cm}$ (151,2 cm).

10 $c = 3\cdot 10^5\,\text{km}\cdot\text{s}^{-1}$
$c = \frac{s}{t}$; $t = \frac{s}{c}$
$t = \frac{10^{-4}\,\text{km}}{3\cdot 10^5\,\text{km}\,\text{s}^{-1}} = 3{,}\overline{3}\cdot 10^{-10}\,\text{s}$
Das Teilchen existiert etwa $3{,}3\cdot 10^{-10}\,\text{s}$.

Seite 94

11 a) $1\,l = 1000\,\text{cm}^3$
Ein Liter Wasser enthält somit etwa $10^{19}\cdot 10^3 = 10^{22}$ Moleküle. Ein Sandkorn bedeckt eine Kreisfläche von $\pi\cdot(0{,}5\,\text{mm})^2 = 0{,}785\,\text{mm}^2$. Für eine einkörnige Sandschicht über Deutschland werden also
$3{,}5\cdot 10^5\,\text{km}^2 : 0{,}785\,\text{mm}^2$
$= (3{,}5\cdot 10^5\cdot(10^6\,\text{mm})^2) : 0{,}785\,\text{mm}^2 = 4{,}459\cdot 10^{17}$
Sandkörner benötigt.
Dabei bleiben die bei der Annahme kugelförmiger Sandkörner notwendigen Freiräume unberücksichtigt. Die berechntete Anzahl liegt folglich etwas zu hoch.

Die Zwischenräume lassen sich berücksichtigen, wenn man die einkörnige Sandschicht mit einem Netz gleichseitiger Dreiecke überzieht:

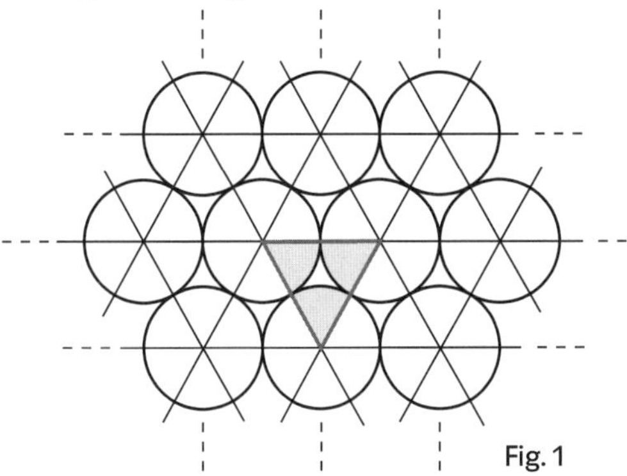
Fig. 1

Ein solches Dreieck überdeckt jeweils drei Sektoren von 60°, erfasst somit ein halbes Sandkorn.
Der Flächeninhalt eines Dreiecks ist
$\frac{1}{2} \cdot 1\,\text{mm} \cdot \frac{1}{2}\sqrt{3}\,\text{mm} = \frac{1}{4}\sqrt{3}\,\text{mm}^2$.
Ein Sandkorn benötigt somit einen Flächeninhalt von $2 \cdot \frac{1}{4}\sqrt{3}\,\text{mm}^2 \approx 0{,}866\,\text{mm}^2$.
Für eine einkörnige Schichtung werden also
$(3{,}5 \cdot 10^5\,\text{km}^2) : \left(\frac{1}{2}\sqrt{3}\,\text{mm}^2\right) = 4{,}041 \cdot 10^{17}$
Sandkörner benötigt.
10^{22} Sandkörner können nun auf
$10^{22} : (4{,}041 \cdot 10^{17}) = 2{,}475 \cdot 10^4$ solcher Schichten aufgeteilt werden, die jeweils 1 mm dick sind.
Nimmt man eine Schichtung wie in Fig. 2 an, so ergibt sich eine Sandschicht von
$2{,}475 \cdot 10^4\,\text{mm} = 24{,}75\,\text{m}$ Dicke.
Geht man von einer Schichtung wie in Fig. 3 aus, so reduziert sich die Dicke um den Faktor $\frac{1}{2}\sqrt{3}$.
Man erhält $24{,}75\,\text{m} \cdot \frac{1}{2}\sqrt{3} \approx 21{,}43\,\text{m}$

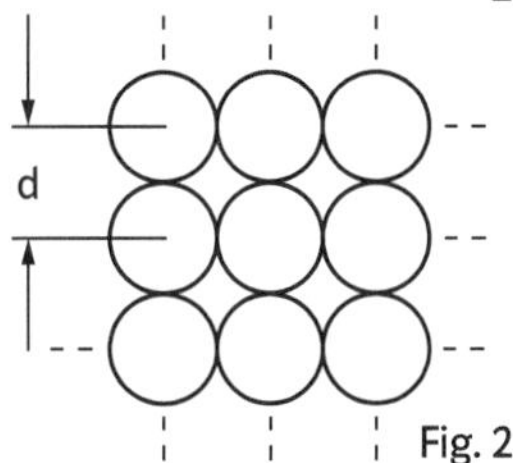

Fig. 2

d

Fig. 3

Die Schichtdicke d entpricht dem Sandkorndurchmesser:
d = 1 mm.

Die Schichtdicke d entspricht der Höhe eines gleichseitigen Dreiecks mit der Kantenlänge 1 mm:
$d = \frac{1}{2}\sqrt{3}\,\text{mm} \approx 0{,}866\,\text{mm}$.

Hinweis: Lässt man bei der Rechnung die Zwischenräume zwischen den Sandkörnern innerhalb einer Schicht unberücksichtig, so erhält man bei einer Schichtung gemäß Fig. 2 eine Sandschicht von etwa 22,44 m Höhe. Bei Annahme einer Schichtung gemäß Fig. 3 ergibt sich eine Höhe von etwa 19,43 m.
b) Volumen der Weltmeere:
$10^8\,\text{km}^3 = 10^8 \cdot (10^4\,\text{dm})^3 = 10^{20}\,\text{dm}^3 = 10^{20}\,l$

Die Weltmeere enthalten somit etwa $10^{20} \cdot 10^{22} = 10^{42}$ Moleküle. Unter den 10^{42} gefinden sich 10^{22} „gefärbte" Moleküle. Auf 10^{20} Moleküle kommt jeweils ein gefärbtes, das heißt, unter 10^{22} Molekülen ist durchschnittlich mit 100 gefärbten Molekülen zu rechnen. In jedem Liter Wasser sollten folglich im Durchschnitt etwa 100 gefärbte Wassermoleküle enthalten sein.

12 a) $\frac{10^{-13}\,\text{m}}{10^{-10}\,\text{m}} = 10^{-3}$
Der Kerndurchmesser ist um den Faktor
$10^{-3} = \frac{1}{1000}$ kleiner als der Atomdurchmesser.
b) $10^{-3} \cdot 10\,\text{m} = 10^{-2}\,\text{m} = 1\,\text{cm}$
Der „Modellkern" müsste einen Durchmesser von 1 cm haben.
c) 1 t = 1000 kg
99,9 % der Masse entfallen auf den (winzigen) Kern.
Der „Modellkern" müsste also 999 kg wiegen.

13 Der Vergrößerungsfaktor k ergibt sich aus $4\,\text{mm} \cdot k^4 = 16\,\text{mm}$. Es gilt $k = 4^{\frac{1}{4}} = 2^{\frac{1}{2}} = \sqrt{2}$

14 a) $2^0 = 1$; $2^0 + 2^1 = 3$; $2^0 + 2^1 + 2^2 = 7$;
$2^0 + 2^1 + 2^2 + 2^3 = 15$
Die Summe ist jeweils um 1 kleiner als die Potenz, die dem letzten Summanden folgen würde:
$2^0 = 1 = 2^1 - 1$; $2^0 + 2^1 = 3 = 2^2 - 1$;
$2^0 + 2^1 + 2^2 = 7 = 2^3 - 1 \ldots$
Für n Summanden ergibt sich die Summe
$2^0 + 2^1 + 2^2 + \ldots + 2^{n-1} = 2^n - 1$.
b) $3^0 = 1$; $3^0 + 3^1 = 4$; $3^0 + 3^1 + 3^2 = 13$;
$3^0 + 3^1 + 3^2 + 3^3 = 40$
Das doppelte der Summe ist jeweils um 1 kleiner als die Potenz, die dem letzten Summanden folgen würde:
$3^0 = 1$, verdoppelt: $2 = 3^1 - 1$
$3^0 + 3^1 = 4$, verdoppelt: $8 = 3^2 - 1$
$3^0 + 3^1 + 3^2 = 13$, verdoppelt: $26 = 3^3 - 1 \ldots$
Für n Summanden ergibt sich die Summe
$3^0 + 3^1 + 3^2 + \ldots + 3^{n-1} = \frac{1}{2}(3^n - 1)$.

15 a) wahre Aussage: Mit $a > 1$ ist auch $a^n > 1$ und somit $1 > \frac{1}{a^n} = a^{-n}$.
b) wahre Aussage: Es ist $a^{-n} < 1$, also $\frac{1}{a^n} < 1$.
Dann ist $a^n > 1$ und daher $a > 1$.
c) wahre Aussage: Mit $a < 1$ ist wegen $a > 0$ auch $a^n < 1$ und somit $1 < \frac{1}{a^n} = a^{-n}$.
d) wahre Aussage: Es ist $a^{-n} > 1$, also $\frac{1}{a^n} > 1$.
Dann ist $a^n < 1$ und daher $a < 1$.

16 $\sqrt[4]{\sqrt{x}} = x^{\frac{1}{8}}$; $\sqrt[6]{x} = x^{\frac{1}{6}}$; $\sqrt{\sqrt[4]{x}} = x^{\frac{1}{8}}$; $\sqrt[24]{x^3} = x^{\frac{1}{8}}$;
$\sqrt[3]{\sqrt{x}} = x^{\frac{1}{3}}$

Drei der Wurzelterme lassen sich zu $x^{\frac{1}{6}}$ vereinfachen, die anderen beiden zu $x^{\frac{1}{8}}$. Für $x = 256$ ist $x^{\frac{1}{8}} < x^{\frac{1}{6}}$: $256^{\frac{1}{8}} = (2^8)^{\frac{1}{8}} = 2$; $256^{\frac{1}{6}} = (2^8)^{\frac{1}{6}} = 2^{\frac{4}{3}} > 2$.
Für $x = 0{,}5$ ist $x^{\frac{1}{8}} > x^{\frac{1}{6}}$: $0{,}5^{\frac{1}{8}} = \left(\frac{1}{2}\right)^{\frac{1}{8}} = 2^{-\frac{1}{8}} \approx 0{,}917$;
$0{,}5^{\frac{1}{6}} = 2^{-\frac{1}{6}} \approx 0{,}891$.
Für $x = 1$ ist $x^{\frac{1}{8}} = x^{\frac{1}{6}}$: $1^{\frac{1}{8}} = 1^{\frac{1}{6}} = 1$.

17 a) $\left((2^{12})^{\frac{1}{2}}\right)^{\frac{1}{3}} = 2^2 = 4$ b) $\left(\left(\left((2^2)^9\right)^{\frac{1}{3}}\right)^{\frac{1}{3}}\right)^{\frac{1}{3}} = 2^{\frac{2}{3}} = \sqrt[3]{4}$

c) $\left(2^5 \cdot (3^5)^{\frac{1}{3}}\right)^{\frac{1}{5}} = 2 \cdot 3^{\frac{1}{3}} = 2\sqrt[3]{3}$ d) $\left((2^3)^{\frac{1}{3}} + (2^4)^{\frac{1}{4}}\right)^{\frac{1}{2}} = 2$

e) $a^{\frac{23}{12}} = \sqrt[12]{a^{23}} = a\sqrt[12]{a^{11}}$ f) $a^{\frac{1}{6}} = \sqrt[6]{a}$

g) $\left(a^{\frac{1}{2}}\right)^{\frac{1}{3}} = a^{\frac{1}{6}} = \sqrt[6]{a}$ h) $\left(a \cdot a^{\frac{1}{3}}\right)^{\frac{1}{4}} = a^{\frac{1}{3}} = \sqrt[3]{a}$

18 a) $\sqrt[3]{125} + \sqrt[3]{100} - \sqrt[3]{20} - \sqrt[3]{16}$
$= 5 + 10^{\frac{2}{3}} - 20^{\frac{1}{3}} - 2^{\frac{4}{3}}$
b) $u^{\frac{3}{2}} \cdot v + u \cdot v^{\frac{3}{2}} = uv(\sqrt{u} + \sqrt{v})$
c) $a^{\frac{2}{3}} + b^{\frac{2}{3}} = \sqrt[3]{a^2} + \sqrt[3]{b^2}$

Seite 95

19 a) Flüstern: 10^4 (lautes Rufen: 10^7, Motorrad: 10^8)
b) Disco (laute Musik)
c) Faktor 10

20 a) Auf die Sonde wirkte eine Strahlungsleistung von etwa $13{,}53\,\frac{\text{kW}}{\text{m}^2}$.
b) Die Temperatur könnte bis maximal etwa 425,7 °C anwachsen.

21 a) Die Seitenlänge des größten Dreiecks ist $s_1 = 4\,\text{cm}$. Die Seitenlänge s_{10} des 10. Dreiecks erhält man, indem man die ursprüngliche Seite nacheinander 9-mal halbiert:
$s_{10} = \left(\frac{1}{2}\right)^9 \cdot 4\,\text{cm} = 2^{-7}\,\text{cm} \approx 0{,}0078\,\text{cm} = 7{,}8 \cdot 10^{-5}\,\text{m}$.
$\Big(s_{100} = \left(\frac{1}{2}\right)^{99} \cdot 4\,\text{cm} = 2^{-97}\,\text{cm} \approx 6{,}31 \cdot 10^{-30}\,\text{cm}$
$= 6{,}31 \cdot 10^{-32}\,\text{m}$;
$s_n = \left(\frac{1}{2}\right)^{n-1} \cdot 4\,\text{cm} = 2^{3-n}\,\text{cm}\Big)$
b) Wegen $\frac{1}{1024} = 2^{-10}$ ergibt sich mit der allgemeinen Darstellung aus b) $3 - n = -10$, also $n = 13$. Somit hat das 13. Dreieck die Kantenlänge $\frac{1}{1024}\,\text{cm}$.

IV Wahrscheinlichkeitsrechnung

1 Laplace-Experimente

Seite 103

1 a)

Farbe	gelb	blau	rot
Wahrscheinlichkeit	$\frac{1}{3}$	$\frac{1}{6}$	$\frac{1}{2}$

b)

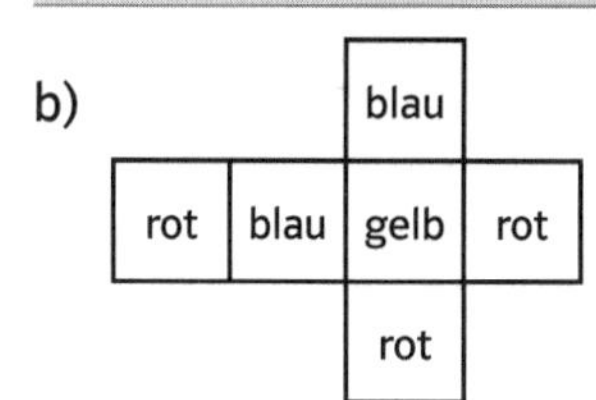

2 a) $\frac{1}{2}$ b) $\frac{9}{20}$ c) $\frac{3}{20}$

3 a) $\frac{9}{10}$ $\left(\frac{1}{5}\right)$ b) $\frac{81}{100}$ $\left(\frac{1}{5}\right)$

4 a) $\frac{1}{12}$ b) $\frac{5}{6}$ c) $\frac{1}{2}$ d) $\frac{15}{36}$
e) $\frac{1}{6}$ f) $\frac{35}{36}$ g) $\frac{1}{9}$

5 a) Ja, da alle Ergebnisse gleich wahrscheinlich sind.
b) Nein, da die Flächen des Legosteins unterschiedlich groß sind und somit die Wahrscheinlichkeiten für die jeweiligen Flächen unterschiedlich sind.
c) Nein, da der Reißnagel nicht mit der gleichen Wahrscheinlichkeit auf der Spitze landet wie auf der flachen Seite.
d) Ja, da alle Ergebnisse gleich wahrscheinlich sind.
e) Nein, da das Glücksschwein mit unterschiedlicher Wahrscheinlichkeit auf den Füßen oder der Seite liegen bleibt.
f) Ja, da alle Ergebnisse gleich wahrscheinlich sind.

2 Mehrstufige Zufallsexperimente

Seite 105

1 a) Die Wahrscheinlichkeit beträgt
$p = \frac{1}{3} \cdot \frac{2}{9} \cdot \frac{4}{9} = \frac{8}{243}$.
b) Die Wahrscheinlichkeit beträgt
$p = \frac{1}{3} \cdot \frac{2}{8} \cdot \frac{4}{7} = \frac{1}{21}$.

2 a) $p = \frac{1}{64}$ b) $p = \frac{49}{64}$
c) $p = \frac{16}{64} = \frac{1}{4}$ d) $p = \frac{3}{8} \cdot 1 + 1 \cdot \frac{3}{8} = \frac{3}{4}$

Seite 106

3 a) Ziehen ohne Zurücklegen.
b) Ziehen mit Zurücklegen.
c) Ziehen mit Zurücklegen.
d) Ziehen mit Zurücklegen.

4 a) $\frac{1}{16}$ b) $\frac{3}{8}$ c) $\frac{7}{16}$ d) $\frac{1}{2}$
e) … (z. B.) nicht zweimal blau angezeigt.

5 a) $0{,}3^3 = 0{,}027$ b) $0{,}7^3 = 0{,}343$
c) $3 \cdot 0{,}3 \cdot 0{,}7^2 = 0{,}441$ d) $1 - 0{,}7^3 = 0{,}657$

6 a) $3 \cdot \frac{2}{12} \cdot \frac{1}{11} \cdot \frac{6}{10} = \frac{3}{110} = 2{,}7\,\%$
b) $\frac{6}{12} \cdot \frac{5}{11} \cdot \frac{4}{10} \cdot \frac{3}{9} = \frac{1}{33} = 3{,}03\,\%$
c) $6 \cdot \frac{4}{12} \cdot \frac{6}{11} \cdot \frac{2}{10} = \frac{12}{55} = 21{,}8\,\%$

7 $\frac{4}{9} \cdot \frac{3}{8} \cdot \frac{2}{7} = \frac{1}{21} = 4{,}8\,\%$

8 a) Der Arzt bestimmt die Wahrscheinlichkeit, dass das Medikament alle drei Patienten heilt, als Produkt der einzelnen (gleichen) Heilungswahrscheinlichkeiten, also $0{,}8 \cdot 0{,}8 \cdot 0{,}8 = 0{,}512$.
b) Mindestens zwei Patienten werden geheilt, wenn zwei oder drei Patienten geheilt werden.
Die Wahrscheinlichkeit dafür beträgt daher
$0{,}8 \cdot 0{,}8 \cdot 0{,}2 + 0{,}8 \cdot 0{,}2 \cdot 0{,}8 + 0{,}2 \cdot 0{,}8 \cdot 0{,}8 + 0{,}8 \cdot 0{,}8 \cdot 0{,}8 = 0{,}896$.
c) Man gibt zehn Kugeln in eine Urne, acht grüne für geheilte und zwei rote für nicht geheilte Patienten. Man zieht dreimal mit Zurücklegen, weil es sinnvoll ist, für alle drei Patienten gleiche Heilungschancen anzunehmen.

Seite 107

9 Es wird nur eine Serie von 5 Schüssen betrachtet. Dann ergibt sich:
a) $0{,}9^5 + 5 \cdot 0{,}9^4 \cdot 0{,}1 = 91{,}9\,\%$
b) $5 \cdot 0{,}9^4 \cdot 0{,}1 = 32{,}8\,\%$
c) $1 - 0{,}9^5 = 41{,}0\,\%$
Werden alle 20 Schüsse betrachtet, ergibt sich:
a) $0{,}9^{20} + 20 \cdot 0{,}9^{19} \cdot 0{,}1 = 39{,}2\,\%$
b) $20 \cdot 0{,}9^{19} \cdot 0{,}1 = 27{,}0\,\%$
c) $1 - 0{,}9^{20} = 87{,}8\,\%$

10 a) Das spielt keine Rolle, denn die Wahrscheinlichkeit beträgt jeweils $\frac{1}{4}$, da
$\frac{1}{4} = \frac{3}{4} \cdot \frac{1}{3} = \frac{3}{4} \cdot \frac{2}{3} \cdot \frac{1}{2} = \frac{3}{4} \cdot \frac{2}{3} \cdot \frac{1}{2} \cdot 1$.
b) $\left(\frac{3}{4}\right)^7 = \frac{2187}{16384} = 13{,}3\,\%$

11 a) $0{,}985^8 = 88{,}6\,\%$ b) $1 - 0{,}985^8 = 11{,}4\,\%$

12 Individuelle Lösung

13 a) $0{,}98^7 = 86{,}8\,\%$
b) Mit welcher Wahrscheinlichkeit ist mindestens ein Schwarzfahrer dabei?
c) Es gibt 7 Pfade, die zu „genau ein Schwarzfahrer" gehören, daher muss Niko rechnen:
$0{,}98^7 + 7 \cdot 0{,}98^6 \cdot 0{,}02 = 99{,}2\,\%$.

Seite 108

14 $\left(\frac{1}{2}\right)^4 + \frac{1}{2}\cdot\frac{1}{2}\cdot\frac{1}{2}\cdot\frac{1}{4} + \frac{1}{2}\cdot\frac{1}{2}\cdot\frac{1}{4}\cdot\frac{1}{2} + \frac{1}{2}\cdot\frac{1}{4}\cdot\frac{1}{2}\cdot\frac{1}{2} + \frac{1}{4}\cdot\frac{1}{2}\cdot\frac{1}{2}\cdot\frac{1}{2}$
$= \frac{3}{16} = 0{,}1875 = 18{,}75\,\%$

15 Möglicher Bericht: „Falls man davon ausgeht, dass man den Anteil der übersehenen schadhaften Bauteile nicht senken kann, dann kann man den Anteil von 5% auch bei nachfolgenden Kontrollen annehmen. Eine doppelte Kontrolle würde dann den Anteil der übersehenen schadhaften Bauteile auf $0{,}05 \cdot 0{,}05 = 0{,}0025$, also auf 0,25% senken. Unter der obigen Annahme würde eine dreifache Kontrolle den Anteil der übersehenen schadhaften Bauteile sogar auf $0{,}05 \cdot 0{,}05 \cdot 0{,}05 = 0{,}000125$, also auf 0,0125% senken. In Anbetracht der Kosten und des Zeitaufwandes erscheint daher eine doppelte Kontrolle als sinnvolle Lösung."

16 a) Man geht davon aus, dass die Wahrscheinlichkeit für L bzw. R jeweils 50% beträgt.

Ergebnis	LLL	LLR	LRL	LRR	RLL	RLR	RRL	RRR
Wahrscheinlichkeit	0,125	0,125	0,125	0,125	0,125	0,125	0,125	0,125

b)

Ergebnis	A	B	C	D
Wahrscheinlichkeit	0,125	0,375	0,375	0,125

c) Bei 1000 Kugeln erwartet man je etwa 125 in den Fächern A und D, je etwa 375 in den Fächern B und C.
d) 16 Ergebnisse mit jeweils Wahrscheinlichkeit 0,0625

Ergebnis	A	B	C	D	E
Wahrscheinlichkeit	0,0625	0,25	0,375	0,25	0,0625

Bei 1000 Kugeln erwartet man je etwa 63 in den Fächern A und E, je etwa 250 in den Fächern B und D und etwa 375 im Fach C.

17 a) $0{,}85^5 = 44{,}4\,\%$
b) Mögliche weitere Fragestellungen:
Mit welcher Wahrscheinlichkeit
b1) zeigt sich bei mindestens einem der Patienten eine unerwünschte Nebenwirkung: $1 - 0{,}98^5 = 9{,}6\,\%$
b2) wirkt Fibrofort bei allen fünf Patienten: $0{,}87^5 = 49{,}8\,\%$
b3) wirkt Fibrofort bei mindestens vier Patienten wie gewünscht: $0{,}85^5 + 4 \cdot 0{,}85^4 \cdot 0{,}15 = 75{,}7\,\%$.

18 W-Verteilung für ein Spiel:

Ergebnis	WW	PP	SS	sonst
Wahrscheinlichkeit	$\frac{1}{36}$	$\frac{1}{9}$	$\frac{1}{4}$	$\frac{11}{18}$

a) Es müssen 3€ ausgegeben werden, damit nach drei Spielen 270 ct als Gewinn übrig bleiben. Dazu muss man dreimal WW erzielen. Also ergibt sich für die gesuchte Wahrscheinlichkeit: $\left(\frac{1}{36}\right)^3 \approx 0{,}002\,\%$.
b) Es müssen 100 ct ausgegeben werden, damit nach drei Spielen 70 ct als Gewinn übrig bleiben. Dazu muss man einmal WW und zweimal „sonst" erzielen. Also ergibt sich für die gesuchte Wahrscheinlichkeit: $3 \cdot \frac{1}{36} \cdot \left(\frac{11}{18}\right)^2 \approx 3{,}1\,\%$.
c) Es müssen 40 ct ausgegeben werden, damit nach drei Spielen 10 ct als Gewinn übrig bleiben. Dazu muss man einmal PP und zweimal SS erzielen oder zweimal PP und einmal „sonst". Also ergibt sich für die gesuchte Wahrscheinlichkeit:
$3 \cdot \left(\frac{1}{9}\right) \cdot \left(\frac{1}{4}\right)^2 + 3 \cdot \left(\frac{1}{9}\right)^2 \cdot \frac{11}{18} \approx 4{,}3\,\%$.
d) Es müssen 30 ct ausgegeben werden, damit nach drei Spielen kein Gewinn (und kein Verlust) übrig bleibt. Dazu muss man dreimal SS oder je einmal PP, SS und „sonst" erzielen. Also ergibt sich für die gesuchte Wahrscheinlichkeit:
$\left(\frac{1}{4}\right)^3 + 6 \cdot \frac{1}{9} \cdot \frac{1}{4} \cdot \frac{11}{18} \approx 11{,}7\,\%$.

3 Abzählverfahren

Seite 110

1 a) Bei jeder Frage gibt es 4 Antwortmöglichkeiten. Insgesamt gibt es 4096 Antwortmöglichkeiten.
b) $P(\text{6 Richtige}) = \frac{1}{4096} \approx 0{,}00024$
c) $P(\text{0 Richtige}) = \frac{729}{4096} \approx 0{,}178$

2 a) Es gibt $3 \cdot 4 \cdot 2 = 24$ mögliche Ergebnisse.
b) Die Wahrscheinlichkeit beträgt $\frac{1}{24}\left(\frac{4}{24} = \frac{1}{6}\right)$.

3 a) Es gibt 24 Möglichkeiten.
b) $P(\text{Beginn mit 2}) = \frac{1}{4}$

Seite 111

4 a) Es gibt 177147 Möglichkeiten.
b) $P(\text{11 Richtige}) = \frac{1}{177147} \approx 0{,}000\,005\,645$

$P(\text{0 Richtige}) = \frac{2048}{177147} \approx 0{,}011\,561$

5 a) Es gibt $7! = 5040$ Möglichkeiten.
b) $P(\text{der Größe nach}) = \frac{1}{5040} \approx 0{,}000\,198\,4$
c) $P(\text{0 Richtige}) = \frac{120}{5040} = \frac{1}{42} \approx 0{,}0238$

6 a) $P(\text{Junge Mädchen abwechselnd}) = \frac{12}{120} = \frac{1}{10}$
b) $P(\text{Junge an Anfang und Ende}) = \frac{18}{120} = \frac{30}{20}$

7 a) $\frac{1}{3} \cdot \frac{1}{2} \cdot 1 = \frac{1}{6}$ b) $\frac{2}{3} \cdot \frac{1}{2} \cdot 1 = \frac{1}{3}$
c) $\frac{1}{3} \cdot \frac{1}{2} \cdot 1 = \frac{1}{6}$

4 Ziehen mit und ohne Beachtung der Reihenfolge

Seite 113

1 a) 3 Objekte aus 10 auswählen: $\binom{10}{3} = 120$
2 schwarze Schafe aus 3 auswählen: $\binom{3}{2} = 3$
1 weißes Schaf aus 7 auswählen: $\binom{7}{1} = 7$
$P(\text{2 schwarze, ein weißes Schaf}) = \frac{21}{120} = \frac{7}{40}$
b) $\frac{\binom{3}{1} \cdot \binom{7}{2}}{\binom{10}{3}} = \frac{3 \cdot 21}{120} = \frac{21}{40}$
c) $\frac{\binom{7}{3}}{\binom{10}{3}} = \frac{35}{120} = \frac{7}{24}$

Seite 114

2

$\binom{7}{2}$	$\binom{9}{5}$	$\binom{11}{4}$	$\binom{9}{7}$	$\binom{12}{10}$	$\binom{17}{3}$
21	126	330	36	66	680

$\binom{17}{14}$	$\binom{20}{5}$	$\binom{20}{15}$	$\binom{100}{97}$	$\binom{500}{498}$	$\binom{1000}{1000}$
680	15504	15504	161700	124750	1

3 Es lassen sich $6 \cdot 5 \cdot 4 = 120$ dreistellige Zahlen bilden.
b) Es gibt $5 \cdot 4 = 20$ verschiedene Zahlen, die mit 6 anfangen.

4 Es gibt insgesamt 10^7 mögliche Gewinnzahlen. Die Wahrscheinlichkeit für eine Gewinnzahl aus lauter verschiedenen Ziffern ist somit $(10 \cdot 9 \cdot 8 \cdot 7 \cdot 6 \cdot 5 \cdot 4 = 604\,800)$, $\frac{604\,800}{10^7} = \frac{189}{3125}$.

5 a) $P = \frac{5 \cdot 4 \cdot 3 \cdot 2}{5 \cdot 5 \cdot 5 \cdot 5} = \frac{120}{625} = \frac{24}{125} = 0{,}192$
b) $P(\text{nicht blau}) = \left(\frac{4}{5}\right)^4 = 0{,}4096$

6 a) Es gibt 210 Möglichkeiten.
b) Es gibt $1{,}1607 \cdot 10^{15}$ Möglichkeiten.
c) Es gibt 4725 Möglichkeiten.

7 a) Es gibt 126 verschiedene Wurfbilder.
b) Insgesamt gibt es 511 Wurfbilder.

8 a) $P = \frac{1}{1140}$ b) $P = \frac{1}{1140}$

9 5 Freunde aus 12: 792 Möglichkeiten
a) $P(\text{nur Mädchen}) = \frac{1}{792}$
b) $P(\text{nur Jungen}) = \frac{21}{792} = \frac{7}{264}$
c) $P(\text{3 Jungen, 2 Mädchen}) = \frac{35 \cdot 10}{792} = \frac{175}{396}$
d) $P(\text{Claudio und Sebastino}) = \frac{2}{12 \cdot 11} = \frac{1}{66}$

10 a) Es gibt $8! = 40\,320$ Möglichkeiten.
b) $P(\text{2 freie Plätze nebeneinander}) = \frac{6! \cdot 7}{40\,320} = \frac{5040}{40\,320}$

11 a) Es gibt $6 \cdot 5 \cdot 4 \cdot 3 = 360$ verschiedene Auswahlen.
b) Es gibt $1 \cdot 5 \cdot 4 \cdot 3 = 60$ Auswahlen bei denen ein Pinguin dabei ist. $P(\text{Pinguin}) = \frac{1}{6}$

Seite 115

12 3 Lose aus 100: 161700 Möglichkeiten
a) $P(\text{3 Hauptgewinne}) = \frac{120}{161700} = \frac{2}{2695}$
b) $P(\text{genau ein Hauptgewinn}) = \frac{10 \cdot 4005}{16170} = \frac{267}{1078}$
c) $P(\text{2 Nieten}) = \frac{1225 \cdot 50}{161700} = \frac{25}{66}$
d) $P(\text{genau eine Niete}) = \frac{50 \cdot 1225}{161700} = \frac{25}{66}$
e) $P(\text{nur Nieten und Trostpreise}) = \frac{117\,480}{161700} = \frac{178}{245}$
f) $P(\text{mindestens ein Hauptgewinn})$
$= \frac{267}{1078} + \frac{27}{1078} + \frac{2}{2695} = \frac{67}{245}$
g) $P(\text{1 Niete, 1 Hauptgewinn, 1 Trostpreis})$
$= \frac{50 \cdot 10 \cdot 40}{161700} = \frac{200}{1617}$

13 4 Lampen aus 50: 230300 Möglichkeiten
a) $P(\text{4 defekt})\ \frac{\binom{46}{4} \cdot \binom{4}{0}}{\binom{50}{4}} \approx 0{,}7086$
b) $P(\text{10 defekt}) = \frac{\binom{40}{4} \cdot \binom{10}{0}}{\binom{50}{4}} \approx 0{,}3968$
c) $P(\text{1 defekt}) = \frac{\binom{49}{4} \cdot \binom{1}{0}}{\binom{50}{4}} \approx 0{,}92$

14 a) $P(\text{3 Richtige}) = \frac{\binom{6}{3}\cdot\binom{43}{3}}{\binom{49}{6}} \approx 0{,}0176504$

b) $P(\text{genau 1 Richtige}) = \frac{\binom{6}{1}\cdot\binom{43}{5}}{\binom{49}{6}} \approx 0{,}41302$

c) P(mind. 3 Richtige)

$= \frac{\binom{6}{3}\cdot\binom{43}{3}\cdot\binom{6}{4}\cdot\binom{43}{2}\cdot\binom{6}{5}\cdot\binom{43}{1}\cdot\binom{6}{6}\cdot\binom{43}{0}}{\binom{49}{6}} \approx 0{,}01864$

d) $P(\text{genau 1 Richtige}) = \frac{\binom{6}{0}\cdot\binom{43}{6}}{\binom{49}{6}} \approx 0{,}435965$

e) $P(\text{genau 1 Richtige}) = \frac{\binom{7}{6}\cdot\binom{42}{1}}{\binom{49}{7}} \approx 0{,}000003423$

f) $P(\text{mind. 3 Richtige}) = \frac{\binom{6}{5}\cdot\binom{43}{1}}{\binom{49}{6}} \approx 0{,}00001845$

15 $P(\text{Jackpot}) = \frac{\binom{6}{6}\cdot\binom{43}{0}}{\binom{49}{6}}\cdot\frac{1}{10} \approx 0{,}00000000715 = 7{,}15\cdot 10^{-9}$

16 a) $P(\text{6 Richtige}) = \frac{\binom{6}{6}\cdot\binom{36}{0}}{\binom{42}{6}} \approx 1{,}9063\cdot 10^{-7}$

b) $P(\text{5 Richtige + Zusatzzahl}) = \frac{\binom{7}{6}\cdot\binom{35}{1}}{\binom{42}{7}} \approx 9{,}0814\cdot 10^{-6}$

c) $P(\text{5 Richtige}) = \frac{\binom{6}{5}\cdot\binom{36}{1}}{\binom{42}{6}} \approx 4{,}1176\cdot 10^{-5}$

d) $P(\text{4 Richtige}) = \frac{\binom{6}{4}\cdot\binom{36}{2}}{\binom{42}{6}} \approx 1{,}8014\cdot 10^{-3}$

17 $P(\text{1 Richtige}) = \frac{\binom{5}{1}\cdot\binom{85}{4}}{\binom{90}{5}} \approx 0{,}230355$

$P(\text{2 Richtige}) = \frac{\binom{5}{2}\cdot\binom{85}{3}}{\binom{90}{5}} \approx 0{,}022474$

$P(\text{3 Richtige}) = \frac{\binom{5}{3}\cdot\binom{85}{2}}{\binom{90}{5}} \approx 0{,}0008123$

$P(\text{4 Richtige}) = \frac{\binom{5}{4}\cdot\binom{85}{1}}{\binom{90}{5}} \approx 0{,}00000967$

$P(\text{5 Richtige}) = \frac{\binom{5}{5}\cdot\binom{85}{5}}{\binom{90}{5}} \approx 0{,}00000002275$

18 a) Da Binomialkoeffizienten die Anzahlen von Möglichkeiten angeben, müssen sie ganzzahlig sein.

b) $(n-k)! = (n-k)\cdot(n-k-1)\cdot\ldots\cdot 2\cdot 1$

Der Term auf der linken Seite der Gleichung enthält demnach jede Zahl von 1 bis n genau einmal als Faktor, ist also gleich n!.

5 *Bernoulli-Experimente

Seite 117

1 a) Ergebnisse z. B. „Wappen", „Zahl", Treffer (z. B.): „Wappen", $p = \frac{1}{2}$

b) Ergebnisse z. B. „Eine Sechs fällt", „Keine Sechs fällt", Treffer (z. B.): „Eine Sechs fällt", $p = \frac{1}{6}$

c) Ergebnisse z. B. „Bauteil funktioniert", „Bauteil defekt", Treffer (z. B.): „Bauteil funktioniert"; p kann aus einer Statistik bestimmt werden.

d) Ergebnisse z. B. „Das Medikament heilt die Krankheit", „Das Medikament heilt die Krankheit nicht", Treffer (z. B.): „Das Medikament heilt die Krankheit"; p kann aus einer Statistik bestimmt werden.

2 Vollständiger Baum bei einer Bernoulli-Kette mit Länge $n = 4$ siehe Fig.

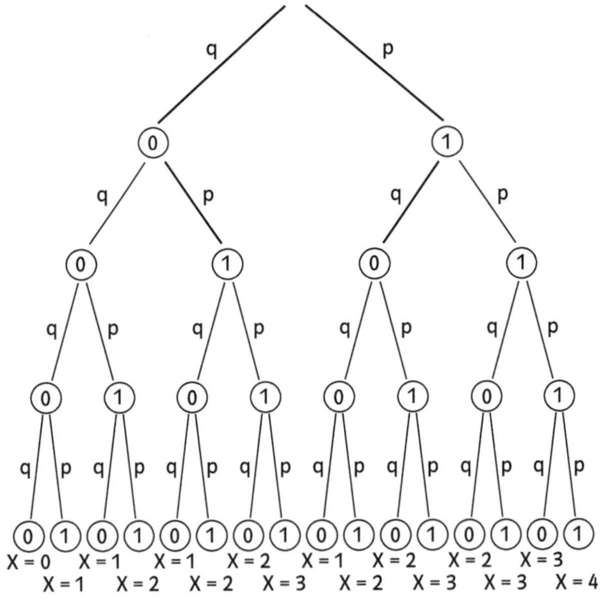

Es bezeichne X, die Zahl der Einsen längs eines Pfades.

Dann liest man ab:

$\binom{4}{0} = 1$ (ein Pfad zu $X = 0$)

$\binom{4}{1} = 4$ (vier Pfade zu $X = 1$)

$\binom{4}{2} = 6$ (sechs Pfade zu $X = 2$)

$\binom{4}{3} = 4$ (vier Pfade zu $X = 3$)

$\binom{4}{4} = 1$ (ein Pfad zu $X = 4$)

3 Es liegt eine Bernoulli-Kette vor. Treffer: „Wappen fällt", $p = \frac{1}{2}$, $n = 6$. X sei die Anzahl der Wappen.

a) $P(X = 3) = 0{,}3125$ b) $P(X \geqq 3) = 0{,}6563$

c) $P(X \leqq 3) = 0{,}6563$

4 a) Treffer: „Wappen liegt unten", Trefferwahrscheinlichkeit $p = \frac{1}{2}$, Länge der Kette $n = 5$.
b) Treffer: „Eine Sechs fällt", Trefferwahrscheinlichkeit $p = \frac{1}{6}$, Länge der Kette $n = 6$.
c) Hier liegt keine Bernoulli-Kette vor, denn beim Ziehen der Lottozahlen ändert sich bei jeder Kugelentnahme die Wahrscheinlichkeit, d.h., die einzelnen Durchführungen sind nicht unabhängig.
Allgemein ist das Ziehen aus einer Urne ohne Zurücklegen keine Bernoulli-Kette, weil die Ziehungen nicht unabhängig voneinander sind.
d) Streng genommen liegt auch hier keine Bernoulli-Kette vor, denn eine Person kann nur einmal ausgewählt werden, d.h., die Wahrscheinlichkeit für die Auswahl einer Person mit Handybesitz ändert sich jedes Mal. Allerdings ist die Änderung so geringfügig, dass man mit guter Näherung doch von einer Bernoulli-Kette sprechen kann. Immer wenn man aus einer sehr großen Grundgesamtheit (hier Telefonteilnehmer) eine relativ kleine Anzahl auswählt (1000 ist hier relativ klein), so kann man näherungsweise von einer Bernoulli-Kette ausgehen. Hier bedeutet dann Treffer, dass ein Teilnehmer mit Handy ausgewählt wird. Die Trefferwahrscheinlichkeit p ist unbekannt. Sie kann einer Statistik entnommen werden, oder die Umfrage dient dazu, p als Schätzwert zu bestimmen. Länge der Kette $n = 1000$.
e) Hier liegt keine Bernoulli-Kette vor, da hier keine Ereignisse der Form „Treffer" oder „kein Treffer" eintreten.

Seite 118

5 Es liegt eine Bernoulli-Kette vor. Treffer: „Antwort richtig", $p = \frac{1}{3}$, $n = 8$. X sei die Anzahl der richtigen Antworten.
a) $P(X = 4) = 0{,}1707$ b) $P(X \geqq 4) = 0{,}2586$
c) $P(X \leqq 3) = 0{,}7414$ d) $P(X > 4) = 0{,}0879$

6 Es liegt eine Bernoulli-Kette vor. Treffer: „Flasche enthält weniger als $495\,cm^3$", $p = 0{,}02$, $n = 20$.
X sei die Anzahl der Flaschen, die weniger als $495\,cm^3$ enthalten.
a) $P(X = 2) = 0{,}0528$ b) $P(X \geqq 2) = 0{,}0599$
c) $P(X \leqq 2) = 0{,}9929$

7 X: Anzahl der keimenden Blumenzwiebeln
$n = 12$, $p = 0{,}9$
a) $P(X = 12) = 0{,}2824$
b) $P(X = 10) = 0{,}2301$
c) $P(X \geqq 10) = 1 - P(X \leqq 9) = 0{,}8891$
d) $P(X \leqq 9) = 0{,}1109$
e) $P(7 \leqq X \leqq 11) = P(X \leqq 11) - P(X \leqq 6) = 0{,}7170$

8 X: Anzahl der unbrauchbaren Schrauben, $p = 0{,}03$
A: $n = 12$, $P(X = 0) = 0{,}6938$
B: $n = 20$, $P(X \geqq 1) = 1 - P(X = 0) = 0{,}4562$
C: $n = 50$, $P(X > 1) = 1 - P(X \leqq 1) = 0{,}4447$
Also ist A am wahrscheinlichsten.

9 a) Fach 1: $p = 0{,}0625$ Fach 2: $p = 0{,}25$
Fach 3: $p = 0{,}375$ Fach 4: $p = 0{,}25$
Fach 5: $p = 0{,}0625$
b) Fach 1: $p = 0{,}0256$ Fach 2: $p = 0{,}1536$
Fach 3: $p = 0{,}3456$ Fach 4: $p = 0{,}3456$
Fach 5: $p = 0{,}1296$
c) Dies ist nur dann möglich, wenn das Brett so gekippt wird, dass die Kugel an jedem Klotz mit der Wahrscheinlichkeit 1 nach rechts fällt. Dann landet die Kugel mit der Wahrscheinlichkeit 1 im Fach 5. Die Wahrscheinlichkeit für alle anderen Fächer beträgt $p = 0$.

Wiederholen – Vertiefen – Vernetzen

Seite 119

1 $5 \cdot 4 \cdot 4 = 80$

2 $5 \cdot 4 \cdot 3 \cdot 2 = 120$

3 $\frac{4}{12} \cdot \frac{3}{11} + \frac{6}{12} \cdot \frac{5}{11} + \frac{2}{12} \cdot \frac{1}{11} = \frac{1}{3}$.

4 z.B. Wirkung eines Medikamentes, das dreimal verabreicht wird

5 a) wahr
b) falsch
c) Wahr, denn
$(n + 1)! - n! = (n + 1) \cdot n! - n! = n \cdot n! + n! - n! = n \cdot n!$
d) Wahr, denn n! enthält jede Zahl, die kleiner als n ist, als Faktor, also auch jede Primzahl.
e) Wahr, denn $\frac{(n + 1)!}{(n - 1)!} = (n + 1) \cdot n$ ist das Produkt zweier aufeinanderfolgender ganzer Zahlen, von denen eine gerade sein muss. Damit ist auch das Produkt gerade und durch 2 teilbar.

6 a) $\frac{1}{8145060}$ b) $\frac{15 \cdot 820}{8145060} \approx 0{,}0015$
c) $6 \cdot \frac{40}{8145060} \cdot \frac{6}{45} \approx 0{,}0000039$

7 a) Man gewinnt, wenn nicht zweimal „Flop" erscheint, also mit der Wahrscheinlichkeit
$1 - (1 - x)^2 = 1 - 0{,}6^2 = 64\,\%$.
b) Es muss gelten:
$1 - (1 - x)^2 \cdot (1 - z) = 1 - (1 - 0{,}4) \cdot (1 - z)$
$= 1 - 0{,}6 \cdot (1 - x) = 0{,}6$.
Diese Gleichung hat die Lösung $z = \frac{1}{3}$. „Flip" muss also beim zweiten Drücken mit etwa 33,3 % Wahrscheinlichkeit erscheinen.

Seite 120

8 a) zugehöriges Ergebnis: 111 (lies eins-eins-eins). Wahrscheinlichkeit: $\frac{1}{216}$
b) zugehörige Ergebnisse: 111, 116, 161, 611, 166, 616, 661. Wahrscheinlichkeit $\frac{7}{216}$
c) zugehörige Ergebnisse: 163, 136, 316, 361, 613, 631. Wahrscheinlichkeit $\frac{6}{216}$
d) das ist unmöglich, also ist die Wahrscheinlichkeit 0.

9 a) $\frac{1}{6}\left(\frac{1}{6}\right)$
b) Siehe Fig. 1, die Gewinn-Wahrscheinlichkeit beträgt $\frac{1}{4}$.
c) Siehe Fig. 2, die Gewinn-Wahrscheinlichkeit beträgt $\frac{15}{36}$.
d) Siehe Fig. 3, die Gewinn-Wahrscheinlichkeit beträgt $\frac{1}{9}$.

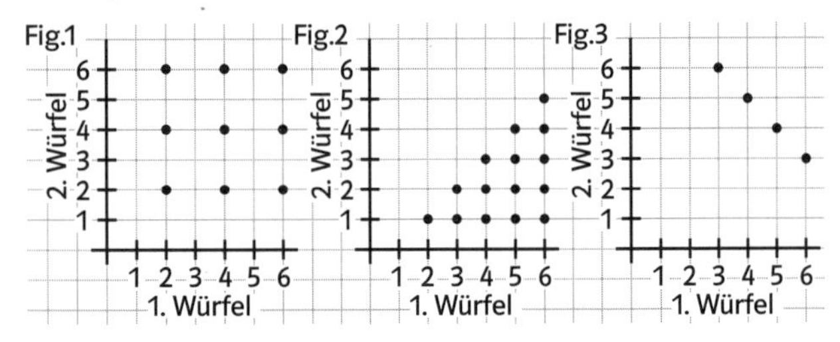

10 a) Man gewinnt, wenn beide Würfel ungerade Augenzahlen zeigen.
b) Man gewinnt, wenn die Augensumme 7 beträgt.

11 Individuelle Lösung

12

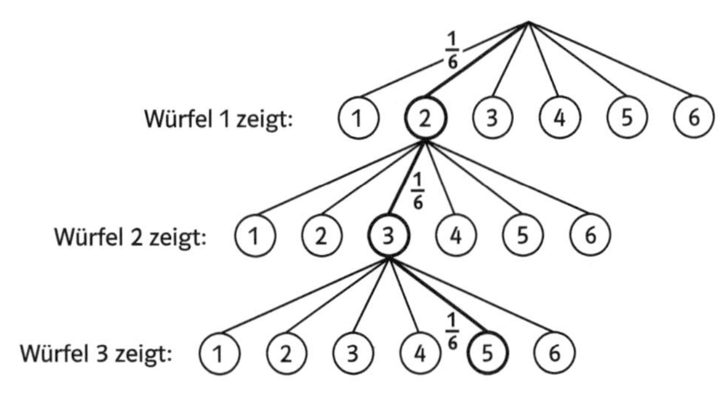

Ein Baumdiagramm zu dem Zufallsexperiment, bei dem nicht alle Pfade dargestellt sind, verdeutlicht die folgende Argumentation. Alle Ergebnisse sind gleich wahrscheinlich.
Der Pfad zum Ergebnis 2/3/5 (dick hervorgehoben) hat die Wahrscheinlichkeit $\frac{1}{6}\cdot\frac{1}{6}\cdot\frac{1}{6}=\frac{1}{216}$.
Das Ergebnis 2/3/5 liefert die Augensumme 10. Es gibt aber noch weitere Ergebnisse, die mit denselben Würfelzahlen auf diese Augensumme führen, denn man darf die Summanden vertauschen:
$2+3+5=2+5+3=3+2+5=3+5+2$
$=5+2+3=5+3+2$.
Um die Augensumme 10 mit den Würfelzahlen 2, 3, 5 zu erzielen, erhält man also die Wahrscheinlichkeit $\frac{6}{216}$.
Um die Augensumme 10 mit den Würfelzahlen 3, 3, 4 zu erzielen, gibt es nur drei Möglichkeiten: $3+3+4=3+4+3=4+3+3$. Um die Augensumme mit den Würfelzahlen 3, 3, 4 zu erzielen, erhält man also die Wahrscheinlichkeit $\frac{3}{216}$.
Um die Augensumme 9 mit den Würfelzahlen 3, 3, 3 zu erzielen, gibt es nur eine Möglichkeit mit der Wahrscheinlichkeit $\frac{1}{216}$.
Für die drei Würfelzahlen gibt es wie in diesen Beispielen allgemein nur drei Möglichkeiten:
Entweder 3 verschiedene Würfelzahlen – Wahrscheinlichkeit jeweils $\frac{6}{216}$,
oder 2 gleiche Würfelzahlen – Wahrscheinlichkeit jeweils $\frac{3}{216}$,
oder 3 gleiche Würfelzahlen – Wahrscheinlichkeit jeweils $\frac{1}{216}$.
Also ist die Wahrscheinlichkeit für „Augensumme 10" (für die sechs Summen
$1+3+6=1+4+5=2+2+6=2+4+4$
$=2+3+5=3+3+4$):
$\frac{6}{216}+\frac{6}{216}+\frac{3}{216}+\frac{3}{216}+\frac{6}{216}+\frac{3}{216}=\frac{27}{216}$
und die Wahrscheinlichkeit für „Augensumme 9" (für die sechs Summen
$9=1+2+6=1+3+5=1+4+4=2+2+5$
$=2+3+4=3+3+3$):
$\frac{6}{216}+\frac{6}{216}+\frac{3}{216}+\frac{3}{216}+\frac{6}{216}+\frac{1}{216}=\frac{25}{216}$
Die Augensumme 10 hat die Wahrscheinlichkeit $\frac{27}{216}$, die Augensumme 9 hat nur die Wahrscheinlichkeit $\frac{25}{216}$. Wesentlicher Grund: Die $3+3+3$ geht nur aus einem Ergebnis hervor, sonst entsprechen sich die Augensummen 9 und 10. Daher ist die Augensumme 10 etwas wahrscheinlicher.

13 Möglicher Brief von Pascal an de Méré:
Mein lieber Chevalier,
zunächst danke ich Euch für die Frage, die mich viel Zeit und Schlaf gekostet hat. In der Tat scheinen auf den ersten Blick beide Ausgänge gleich wahrscheinlich. Eure Frage zeigt mir jedoch, dass dieses Ergebnis Eurer Beobachtung widerspricht. Und so bin ich zu dem Schluss gekommen, dass wirklich ein kleiner Unterschied bei der Wahrscheinlichkeit besteht.
Am einfachsten könnt Ihr zu einer Erklärung gelangen, wenn Ihr jeweils das Gegenteil der von Euch betrachteten Spielausgänge betrachtet. Beginnen wir bei dem Spiel mit vier Würfeln. Das Gegenteil davon, mindestens eine Sechs zu werfen, bedeutet, keine Sechs zu werfen. Dafür – gute Würfel vorausgesetzt – erkennt man die Wahrscheinlichkeit $\left(\frac{5}{6}\right)^4\approx 0{,}482$. Mithin ist die Wahrscheinlichkeit mindestens eine Sechs bei diesem Spiele zu erzielen $1-0{,}482\approx 0{,}518$, also gerade etwas mehr als $\frac{1}{2}$.

Man wird also in etwas mehr als der Hälfte aller Spiele – wenn man oft genug spielt – mindestens eine Sechs erzielen.
Ebenso gehen wir bei dem Spiel mit zwei Würfeln vor. Das Gegenteil davon, bei diesem Spiel mindestens eine Doppelsechs zu werfen, bedeutet, keine solche zu werfen. Dafür erkennt man die Wahrscheinlichkeit $\left(\frac{35}{36}\right)^{24} \approx 0{,}509$. Mithin ist die Wahrscheinlichkeit mindestens eine Doppelsechs bei diesem Spiele zu erzielen, $1 - 0{,}509 = 0{,}491$, also gerade etwas weniger als $\frac{1}{2}$. Man wird also in etwas weniger als der Hälfte aller Spiele – wenn man oft genug spielt – mindestens eine Doppelsechs erzielen.
So habt Ihr eine Erklärung für Euere Beobachtung. Eine Excel-Simulation befindet sich auf der Datei simulation.xls (siehe www.klett.de).

Seite 121

14 a) Der Einfachheit halber gehen alle Vorschläge von einem Jahr mit 365 Tagen aus, eine vernünftige Voraussetzung zur Umgehung des Spezialfalles „Schaltjahr".
Vergleicht man Marias und Inkas Argumente für zwei Personen, so wird deutlich, dass Marias Argument nicht stimmen kann, denn sie würde dafür $\frac{363}{365}$ erhalten. Die zweite Person kann aber nur, wie Inka sagt, an 364 anderen Tagen Geburtstag haben und nicht nur an 363 Tagen.
Inka und Ruben haben ähnliche Argumente. Ruben berücksichtigt aber nicht, dass mit zunehmender Anzahl der Personen immer weniger Tage zur Verfügung stehen. Daher ist sein Ergebnis zu groß.
Inkas Argumentation ist nachvollziehbar richtig.
b) $\frac{364}{365} \cdot \frac{363}{365} \cdot \frac{362}{365} \cdot \frac{361}{365} \cdot \frac{360}{365} \cdot \frac{359}{365} \cdot \frac{358}{365} \cdot \frac{357}{365} \cdot \frac{356}{365} \approx 88{,}3\,\%$.
c) Setzt man die Rechnung fort, so sieht man, dass ab 23 Personen die Wahrscheinlichkeit, dass sie an verschiedenen Tagen Geburtstag haben, kleiner als 0,5 wird. Auf das Gegenteil, dass mindestens zwei am selben Tag im Jahr Geburtstag feiern, kann man also für mehr als 22 Personen wetten. Für 30 Personen beträgt diese Wahrscheinlichkeit sogar etwa 70 %.

15

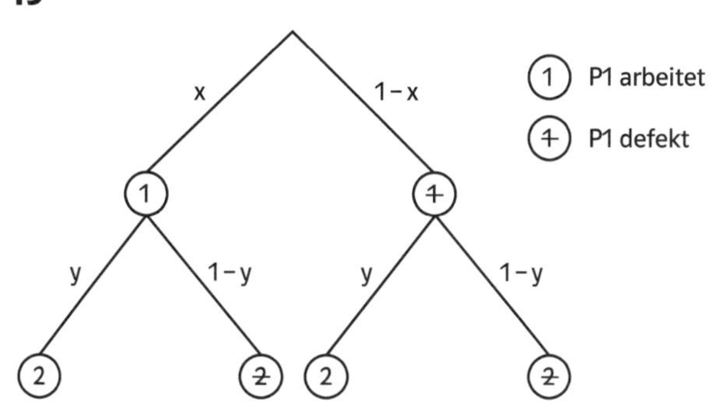

a) Das Parallelsystem fällt aus, wenn beide Pumpen versagen. An dem Baumdiagramm erkennt man, dass die Wahrscheinlichkeit dafür $(1 - x) \cdot (1 - y) = 1 - x - y + xy$ beträgt. Das System arbeitet also mit der Wahrscheinlichkeit $1 - (1 - x - y + xy) = x + y - xy$.
Alternativ kann man die Wahrscheinlichkeiten der drei Pfade addieren, bei denen mindestens eine Pumpe arbeitet:
$xy + x \cdot (1 - y) + (1 - x) \cdot y = x + y - xy$.
b) $x \cdot y$
c) Es ist $x = 0{,}95$ und y gesucht. Nach Teil a) gilt für y die Gleichung $0{,}95 + y - 0{,}95y = 0{,}99$ mit der Lösung $y = 0{,}8$.
Die zweite Pumpe muss also mit 80 % Wahrscheinlichkeit funktionieren.

Exkursion Ziegenproblem

Seite 123

1 a) Das Auto ist mit der Wahrscheinlichkeit $p = \frac{1}{3}$ hinter Tür 1.
b) Die Wahrscheinlichkeit beträgt $p = \frac{1}{3}$.
c) Die Wahrscheinlichkeit beträgt $p = \frac{2}{3}$.
d) Die Wahrscheinlichkeit, dass nach dem Wechseln das Auto hinter der Tür steht, beträgt $p = \frac{2}{3}$. Man sollte also grundsätzlich die gewählte Tür wechseln.

2 Individuelle Lösung
Der Kritiker geht von anderen Voraussetzungen aus.

3 a) Hier hat der Quizmaster nur dann die Möglichkeit, Tür 3 zu öffnen, wenn dahinter eine Ziege steht. Sonst würde er sofort verraten, wo das Auto steht. Also hat diese Variante andere Bedingungen als das Spiel mit nur einem Kandidaten, bei dem der Quizmaster immer eine Ziegentür auswählen kann. Wenn der Quizmaster also die Tür mit der Ziege öffnet, haben Anna und Boris gleiche Chancen, dass hinter der anfangs gewählten Tür das Auto steht.
b) Mit der Argumentation wie in Aufgabe 5 mit 300 Durchführungen ergibt sich:
In etwa 200 Fällen steht hinter einer bestimmten Tür ein Auto.
In etwa 200 Fällen wählt die Kandidatin daher eine Tür, hinter der ein Auto steht. Es wäre dann nicht günstig zu wechseln.
In etwa 100 Fällen wählt die Kandidatin eine Tür, hinter der eine Ziege steht. Dann wäre es günstig zu wechseln.
Insgesamt ist es also hier ungünstig zu wechseln.

Entsprechend kann man auch mit Wahrscheinlichkeiten argumentieren.

4 Der Kandidat sollte wechseln. Die Wahrscheinlichkeit, dass sich das Auto hinter der von ihm gewählten Tür befindet, beträgt $\frac{1}{100}$. Da der Quizmaster 98 Türen geöffnet hat, beträgt die Wahrscheinlichkeit $\frac{99}{100}$, dass sich das Auto hinter der verbliebenen Tür befindet. Der Kandidat gewinnt also mit der Wahrscheinlichkeit $p = \frac{99}{100}$ das Auto, wenn er die Tür wechselt.

V Potenzfunktionen

1 Potenzfunktionen mit ganzzahligen Exponenten

Seite 130

1 a) f: $x \to 0{,}5x^3$

x	−4	−3	−2	−1	0	1	2	3	4
f(x)	−32	−13,5	−4	−0,5	0	0,5	4	13,5	32

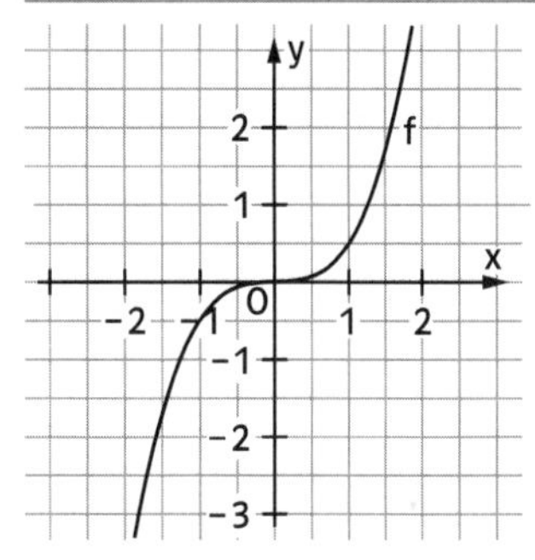

f(0,1) = 0,0005 f(10) = 5000

b) f: $x \to -x^4$

x	−4	−3	−2	−1	0	1	2	3	4
f(x)	−256	−81	−16	−1	0	−1	−16	−81	−256

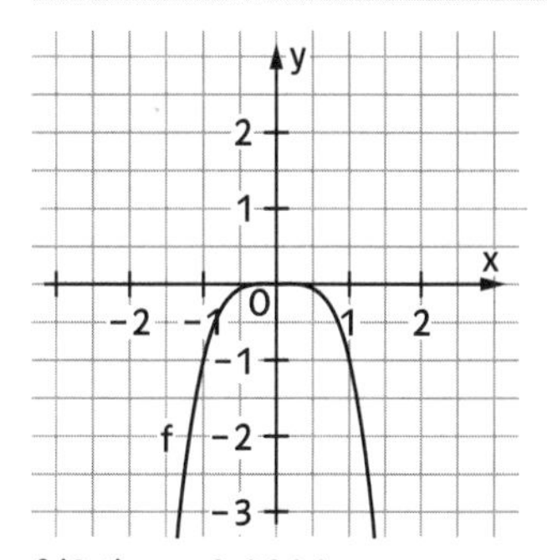

f(0,1) = −0,0001 f(10) = −10 000

c) f: $x \to 0{,}1x^5$

x	−4	−3	−2	−1	0	1	2	3	4
f(x)	−102,4	−24,3	−3,2	−0,1	0	0,1	3,2	24,3	102,4

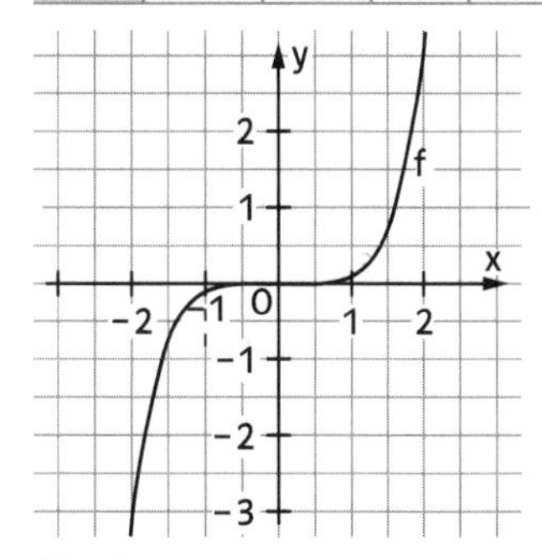

f(0,1) = 0,000 001 f(10) = 10 000

d) f: $x \to -0{,}25x^3$

x	−4	−3	−2	−1	0	1	2	3	4
f(x)	16	6,75	2	0,25	0	−0,25	−2	−6,25	−16

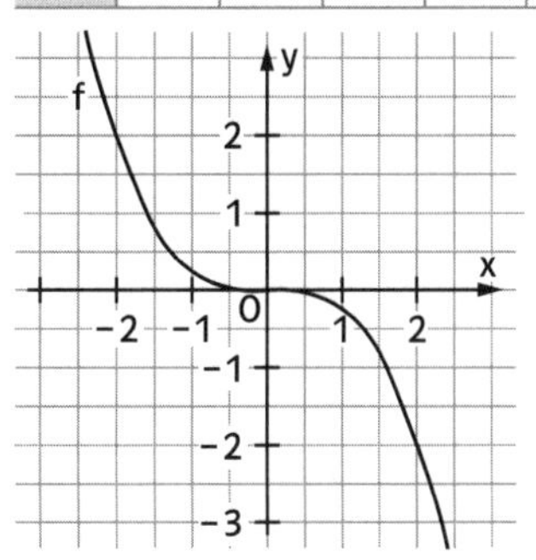

f(0,1) = −0,000 25 f(10) = −250

2 f → C; g → D; h → B; k → A

3 a) f: $x \to 4x^{-1}$

x	−4	−3	−2	−1	0	1	2	3	4
f(x)	−1	$-1\frac{1}{3}$	−2	−4	n.d.	4	2	$1\frac{1}{3}$	1

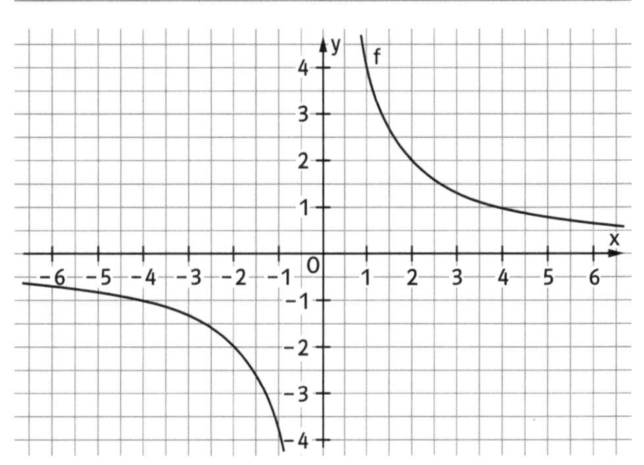

b) f: $x \to -2x^{-2}$

x	−4	−3	−2	−1	0	1	2	3	4
f(x)	$-\frac{1}{8}$	$-\frac{2}{9}$	$-\frac{1}{2}$	−2	n.d.	−2	$-\frac{1}{2}$	$-\frac{2}{9}$	$-\frac{1}{8}$

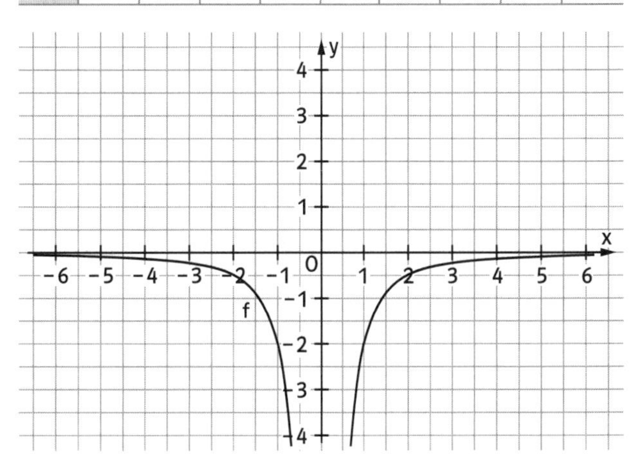

c) f: $x \to x^{-3}$

x	−4	−3	−2	−1	0	1	2	3	4
f(x)	$-\frac{1}{8}$	$-\frac{8}{27}$	−1	−8	n.d.	8	1	$\frac{8}{27}$	$\frac{1}{8}$

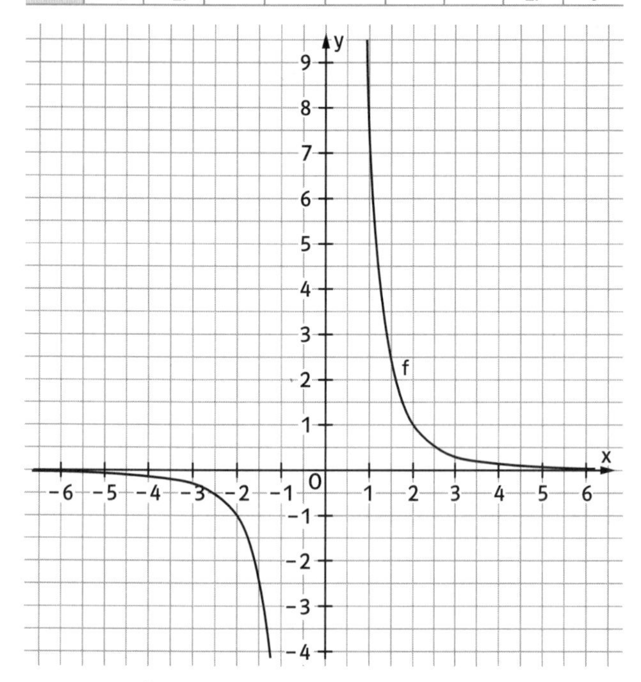

d) f: $x \to \frac{1}{2x^2}$

x	−4	−3	−2	−1	0	1	2	3	4
f(x)	$\frac{1}{32}$	$\frac{1}{18}$	$\frac{1}{8}$	$\frac{1}{2}$	n.d.	$\frac{1}{2}$	$\frac{1}{8}$	$\frac{1}{18}$	$\frac{1}{32}$

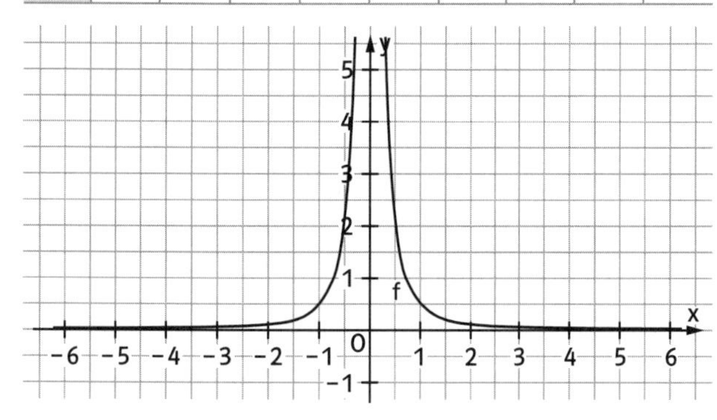

4 a) h b) g c) i d) f

5 f: Der neue Funktionswert ist 16-mal so groß.
(Der neue Funktionswert ist der 16. Teil des ursprünglichen Funktionswertes.)
g: Der neue Funktionswert ist der 16. Teil des ursprünglichen Funktionswertes.
(Der neue Funktionswert ist 16-mal so groß.)
h: Der neue Funktionswert ist 4-mal so groß.
(Der neue Funktionswert ist der 4. Teil des ursprünglichen Funktionswertes.)
k: Der neue Funktionswert ist der 4. Teil des ursprünglichen Funktionswertes.
(Der neue Funktionswert ist 4-mal so groß.)
r: Der neue Funktionswert ist 1024-mal so groß.
(Der neue Funktionswert ist der 1024. Teil des ursprünglichen Funktionswertes.)
s: Der neue Funktionswert ist der 1024. Teil des ursprünglichen Funktionswertes.
(Der neue Funktionswert ist 1024-mal so groß.)
t: Der neue Funktionswert ist 8-mal so groß.
(Der neue Funktionswert ist der 8. Teil des ursprünglichen Funktionswertes.)
u: Der neue Funktionswert ist der 8. Teil des ursprünglichen Funktionswertes.
(Der neue Funktionswert ist 8-mal so groß.)

6 $f_1(x) = 1 \cdot x^4$
$f_{-2}(x) = -2 \cdot x^4$
$f_{0,25}(x) = 0{,}25 \cdot x^4$
Je größer der Betrag von a, desto schmaler verläuft der Graph.
Für negative Werte von a ist der Graph an der x-Achse gespiegelt.

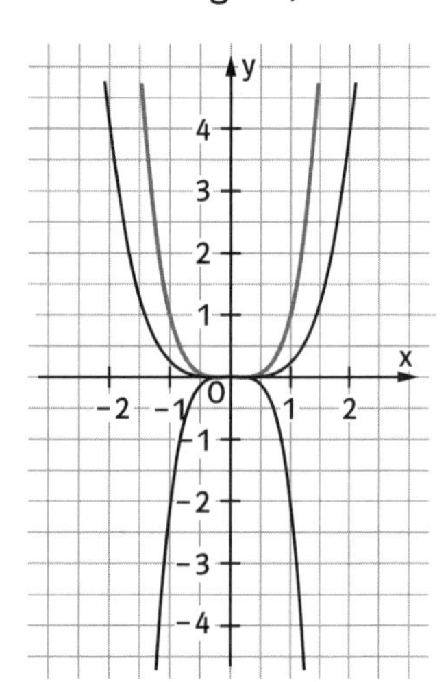

Seite 131

7 a) $p = 64$, $q = -2$ $r = 0{,}1$, $s = -2$

b) $a = 2^{-4} = \frac{1}{16} = 0{,}0625$

$b = 2 \cdot (-5)^{-5} = -\frac{2}{3125} = -0{,}000\,64$

$c = \frac{1}{2}$, denn $2 \cdot \left(\frac{1}{2}\right)^{-5} = 2 \cdot 2^5 = 2^6 = 64$

$d = \sqrt[5]{2000}$, denn $2 \cdot \left(\sqrt[5]{2000}\right)^{-5} = 2 \cdot 2000^{-1} = 0{,}0001$

8 Doppelte Kantenlänge, achtfaches Volumen und damit auch achtfache Masse:
Der Würfel mit 3 cm Kantenlänge hat die Masse $8 \cdot 3\,g = 24\,g$.
100-fache Kantenlänge, 10^6-faches Volumen und damit 10^6-fache Masse:
Der Würfel mit 1,5 m Kantenlänge hat die Masse $10^6 \cdot 3\,g = 3\,t$

9 a) $f(x) = \frac{1}{64}x^4$, da $f(4) = \frac{1}{64} \cdot 4^4 = 4$ ist.

b) $f(x) = 5x^4$, da $f(-2) = 5 \cdot (-2)^4 = 80$ ist.

c) $f(x) = -\frac{1}{1000}x^4$, da $f(10) = -\frac{1}{1000} \cdot 10^4 = -10$ ist.

d) $f(x) = -32x^4$, da $f(-0{,}5) = -32 \cdot (-0{,}5)^4 = -2$ ist.

10 a) $P(2\,|\,-1)$ ist Punkt des Graphen von f, also gilt: $f(2) = a \cdot 2^{-4} = -1$ und damit $a = -16$.
b) $f(-1) = -16 \cdot (-1)^{-4} = -16 \neq 16$;
$Q(-1\,|\,16)$ liegt also nicht auf dem Graphen von f, sondern oberhalb des Graphen.
$f(0{,}5) = -16 \cdot (0{,}5)^{-4} = -256$;
$R(0{,}5\,|\,256)$ liegt also auf dem Graphen von f.

11 Mit dem Ansatz $f(x) = a\,x^n$ ergibt sich durch Einsetzen der Koordinaten von A zunächst $a = f(1)$, durch Einsetzen der Koordinaten von B dann der jeweilige Exponent n.

a) $f(x) = x^3$

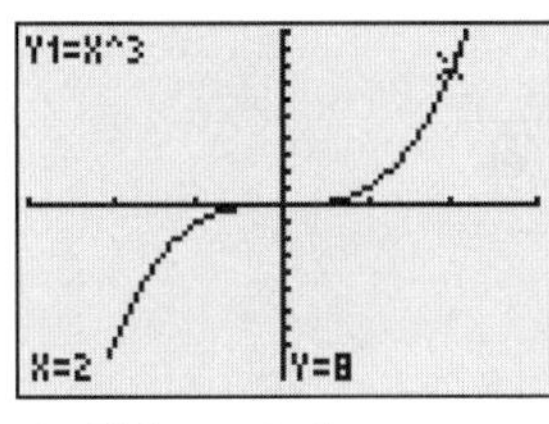

b) $f(x) = 0{,}5\,x^3$

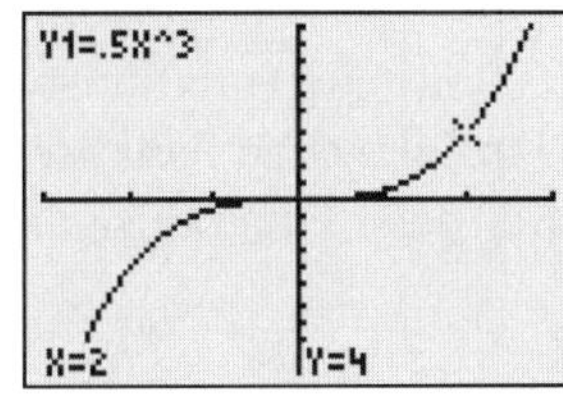

c) $f(x) = -2\,x^4$

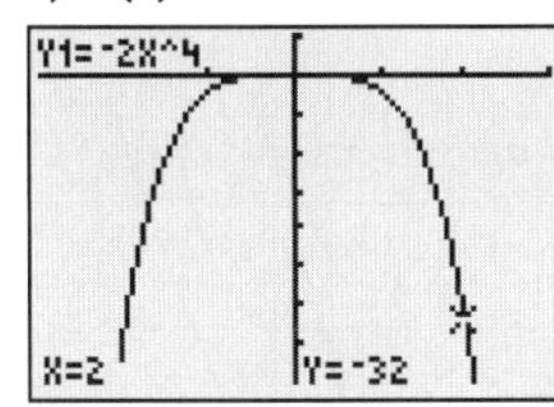

d) $f(x) = 3\,x^2$

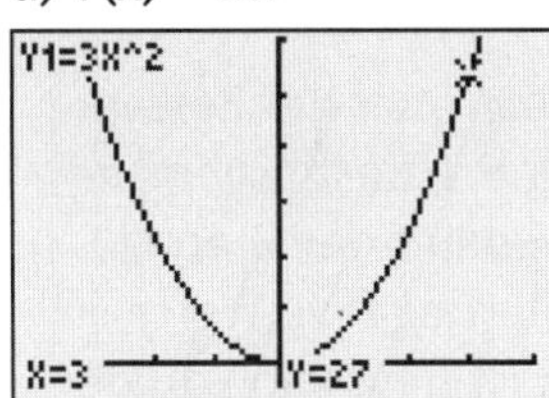

12 Mit dem Ansatz $f(x) = a\,x^{-n}$ ergibt sich durch Einsetzen der Koordinaten von A zunächst $a = f(1)$, durch Einsetzen der Koordinaten von B dann der jeweilige Wert für n.

a) $f(x) = -x^{-1}$

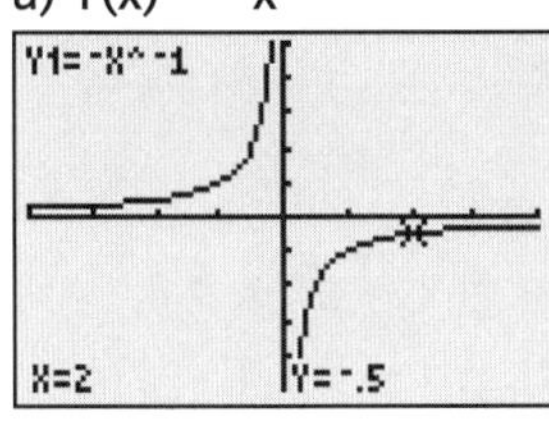

b) $f(x) = 4\,x^{-2}$

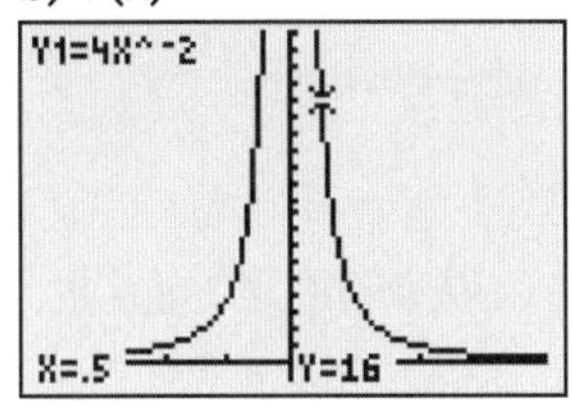

c) $f(x) = 0{,}2\,x^{-3}$

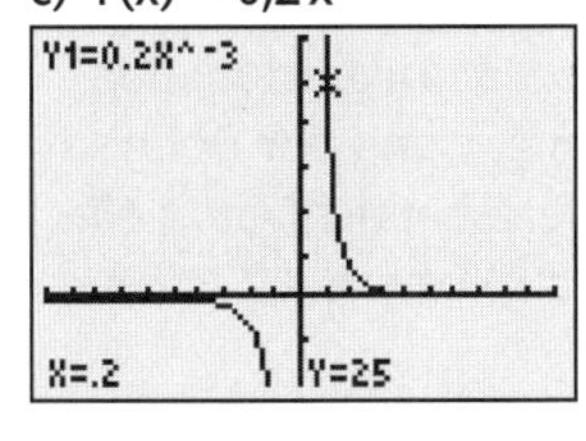

d) $f(x) = 3\,x^{-3}$

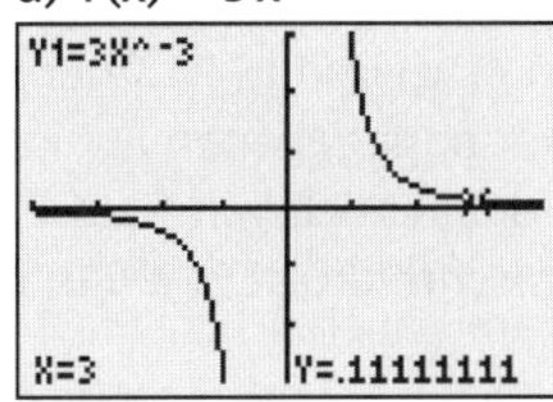

13 a)

$v\left(\text{in } \frac{m}{s}\right)$	0	1	2	3	4	5	10	15	20
P (in 10^5 W)	0	0,01	0,08	0,27	0,64	1,25	10	33,75	80

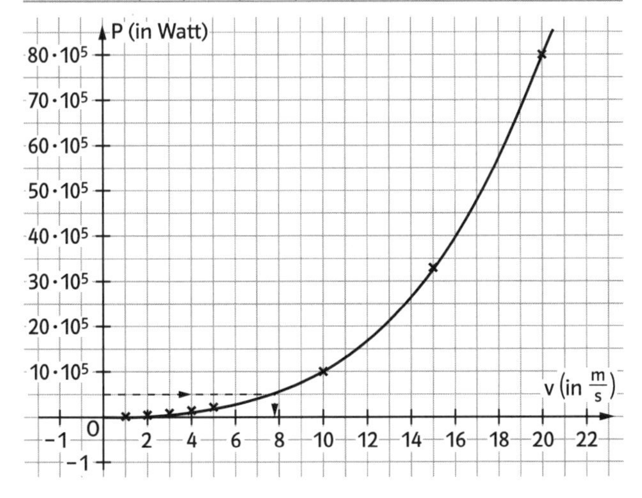

b) Bei einer Windgeschwindigkeit von etwa $8\,\frac{m}{s}$ beträgt die Leistung $5 \cdot 10^5$ Watt. $v = \sqrt[3]{500}\,\frac{m}{s} \approx 7{,}9\,\frac{m}{s}$

14 a) Für $\frac{1}{9} < x < 4$ liegen die Funktionswerte zwischen 0,25 und 9.

b) Es sind zwei Bereiche zu unterscheiden:
Gilt $-2 < x < -\frac{1}{3}$ oder $\frac{1}{3} < x < 2$, so liegen die Funktionswerte zwischen 0,25 und 9.

c) Für $\frac{4}{9} < x < 16$ liegen die Funktionswerte zwischen 0,25 und 9.

d) Es sind zwei Bereiche zu unterscheiden:
Gilt $-\sqrt{2} < x < \frac{1}{\sqrt{3}}$ oder $\frac{1}{\sqrt{3}} < x < \sqrt{2}$, so liegen die Funktionswerte zwischen 0,25 und 9.

$\left(\text{Hinweis: } \sqrt{2} = 2^{\frac{1}{2}},\ \frac{1}{\sqrt{3}} = 3^{-\frac{1}{2}}\right)$

15 a) Für $|x| < 0{,}1$ folgt $f(x) > 1000$;
für $|x| > 10$ folgt $f(x) < 0{,}001$.

b) Für $|x| < 0{,}5$ folgt $f(x) > 1000$;
für $|x| > 5$ folgt $f(x) < 0{,}001$.

c) Für $|x| < 0{,}1$ folgt $f(x) > 1000$;
für $|x| > 100$ folgt $f(x) < 0{,}001$.

d) Für $|x| < 0{,}1$ folgt $f(x) > 1000$;
für $|x| > \sqrt{10}$ folgt $f(x) < 0{,}001$.

2 Wurzelfunktionen

Seite 134

1 a) $f\colon x \to x^4,\ (x \geqq 0)$;
$\bar{f}\colon x \to \sqrt[4]{x},\ (x \geqq 0)$

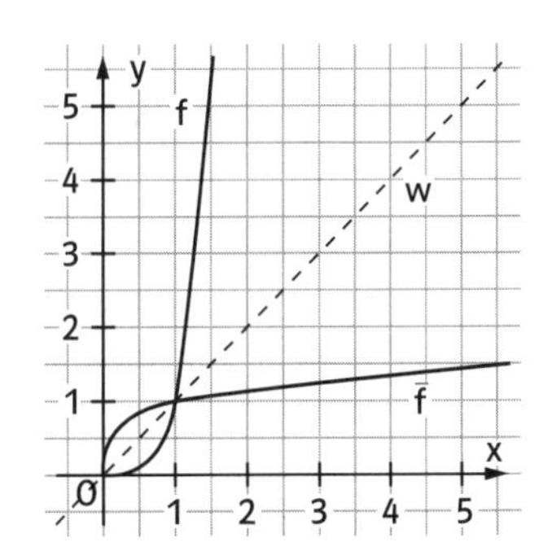

b) $f\colon x \to \frac{1}{5}x^3,\ (x \geqq 0)$;
$\bar{f}\colon x \to \sqrt[3]{5x},\ (x \geqq 0)$

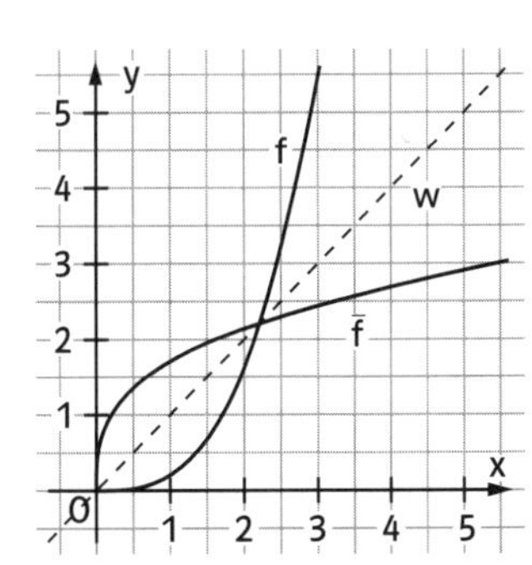

c) $f: x \to x^{\frac{1}{2}}$, $(x \geqq 0)$;
$\bar{f}: x \to x^2$, $(x \geqq 0)$

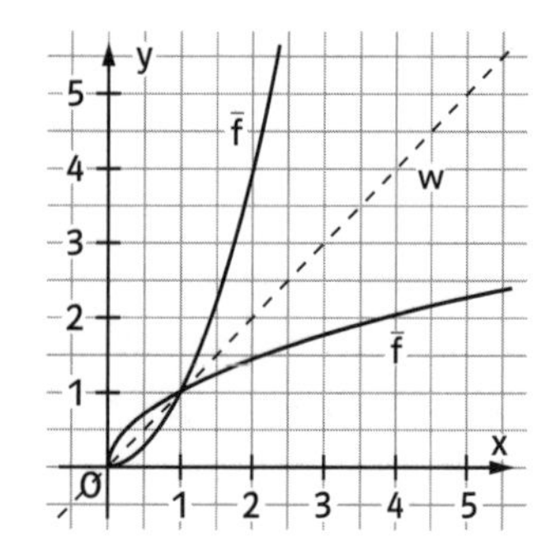

d) $f: x \to -2x^{\frac{1}{2}}$, $(x \geqq 0)$; $\bar{f}: x \to \left(-\frac{1}{2}x\right)^2$, $(x \leqq 0)$

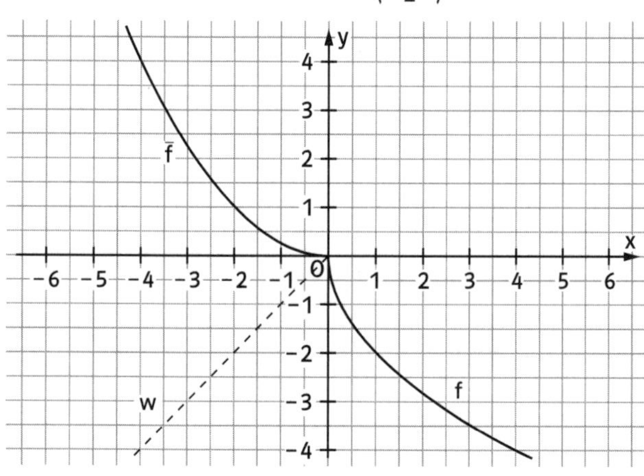

2 a) Folgende Funktionen sind Umkehrfunktionen voneinander:

$f(x) = x^2$ und $f(x) = x^{\frac{1}{2}}$; $f(x) = x^3$ und $f(x) = x^{\frac{1}{3}}$

$f(x) = x^4$ und $f(x) = x^{\frac{1}{4}}$; $f(x) = x^{10}$ und $f(x) = x^{\frac{1}{10}}$

b) Alle Funktionsgraphen verlaufen durch die Punkte (0 | 0) und (1 | 1), denn $0^z = 0$ und $1^z = 1$ für jedes $z \in \mathbb{Q}$.

3 a) Die Umkehrzuordnung ist nicht eindeutig, da die Funktion z. B. den Zahlen 1 und −1 den gleichen Funktionswert −2 zuordnet.
b) Die Umkehrzuordnung der Funktion ist wieder eine Funktion.
Umkehrkunktion: $x \mapsto \sqrt{\frac{x+5}{3}}$; $x \geqq -5$

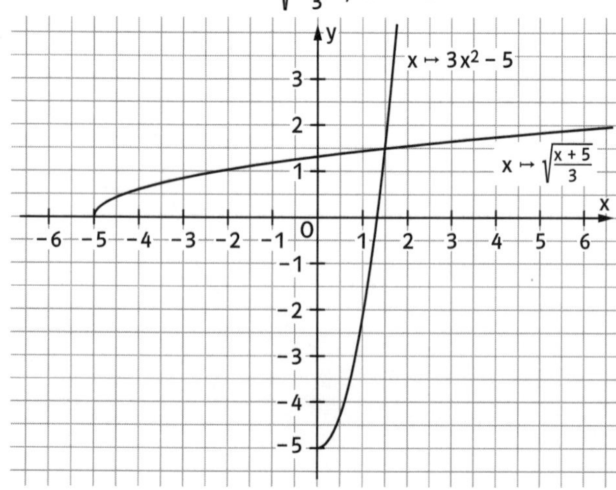

4 Die Funktion g ist nicht umkehrbar (x und −x haben gleiche Funktionswerte).

Die Funktion f und h sind umkehrbar.

5 a) $x \geqq 0 \Longrightarrow \bar{f}(x) = \sqrt{2x}$
b) $x \geqq 0 \Longrightarrow \bar{f}(x) = \sqrt{x + 2}$
c) $x \geqq 0 \Longrightarrow \bar{f}(x) = \sqrt{2(x + 2)}$
d) $x \geqq -1 \Longrightarrow \bar{f}(x) = \sqrt{x} - 1$
e) $x \geqq 3 \Longrightarrow \bar{f}(x) = \sqrt{x} + 3$
f) $x \geqq 1 \Longrightarrow \bar{f}(x) = \frac{1}{2}\sqrt{2x} + 1$

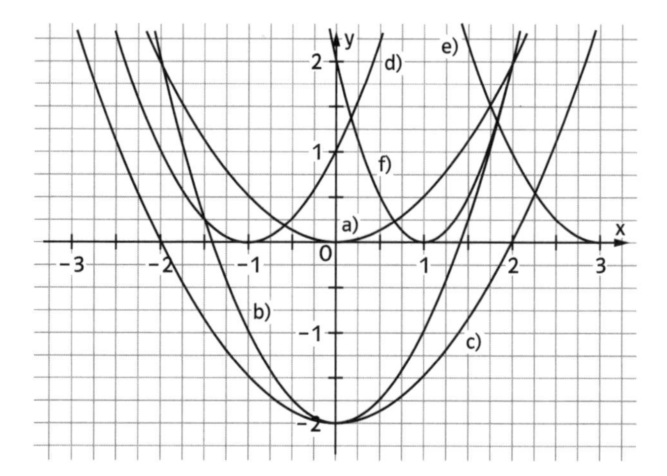

6 a) $g: x \mapsto x^2$; $x \geqq 0$ b) $g: x \mapsto x^4$; $x \geqq 0$
c) $g: x \mapsto x^{\frac{2}{3}}$; $x \geqq 0$ d) $g: x \mapsto x + 1$
e) $g: x \mapsto x^2 + 2$; $x \geqq 0$ f) $g: x \mapsto x$
g) $g: x \mapsto \sqrt{x}$; $x \geqq 0$ h) $g: x \mapsto \sqrt{x} + 2$; $x \geqq 0$
In c), g) und h) ist f nur dann die Umkehrfunktion der angegebenen Funktionen g, wenn der Definitionsbereich von f auf den Wertebereich von g eingeschränkt ist ($x \geqq 0$ in c) und g) bzw. $x \geqq 2$ in h)).

7 a) Individuelle Lösung
Die Gleichung sollte nach dem Verfahren bestimmt werden, das im Schülerbuch in Beispiel 2 auf Seite 133 erläutert ist. Beispiel:
$y = 2x + 4$; Tausch der Variablen: $x = 2y + 4$;
Auflösen nach y: $y = \frac{1}{2}x - 2$
Die Umkehrfunktion der Funktion $f(x) = 2x + 4$ hat die Gleichung $g(x) = \frac{1}{2}x - 2$.
b) Individuelle Lösung
Die Richtigkeit der zur Umkehrfunktion bestimmten Gleichung ergibt sich aus der spiegelbildlichen Lage des Geradenpaares bezüglich der Geraden mit der Gleichung $y = x$.
c) Individuelle Lösung
Anhand ausgewählter Beispiele oder auch durch eine allgemeine Rechnung wird die Gleichung $g(x) = \frac{1}{m}x - \frac{b}{m}$ $(m \neq 0)$ erarbeitet.

3 Potenzgleichungen

Seite 136

1 a) zwei Lösungen: $20^{\frac{1}{6}} = \sqrt[6]{20}$; $-20^{\frac{1}{6}} = -\sqrt[6]{20}$
b) keine Lösung
c) genau eine Lösung: 2
d) genau eine Lösung: −0,5
e) zwei Lösungen: 5; −5
f) genau eine Lösung: −4
g) genau eine Lösung: −7
h) genau eine Lösung: $\frac{1}{3}$

2 a) $x^{\frac{1}{2}} = 11$; Lösung: 121
b) $x^{\frac{1}{3}} - 8 = 0$; Lösung: 512
c) $1 - (2x)^{\frac{1}{3}} = 0$; Lösung: 0,5
d) $(5 - x)^{\frac{1}{3}} = 2$; Lösung: −3
e) $x^{\frac{3}{2}} = 2$; Lösung $2^{\frac{2}{3}} = \sqrt[3]{4}$
f) $x^{\frac{2}{3}} + 2 = 0$; keine Lösung
g) $2 \cdot (x + 4)^{\frac{1}{3}} = 6$; Lösung: 23
h) $4 - x^{\frac{3}{4}} = 5$; keine Lösung

3 a) $8x^3 = 27$; $x^3 = \left(\frac{3}{2}\right)^3$; Lösung: 1,5
b) $100x^2 = 49$; $x^2 = \frac{49}{100}$; Lösungen: 0,7; −0,7
c) $x^5 = -234$; Lösung: −3
d) $2x^4 = -32$; keine Lösung

Seite 137

4 a) $L = \{4{,}64\}$ b) $L = \{-1{,}72\}$
c) $L = \{-1{,}92; 1{,}92\}$ d) $L = \{-1{,}62; 1{,}62\}$
e) $L = \{-1{,}96\}$ f) $L = \{-1{,}42; 1{,}42\}$
g) $L = \{1{,}31\}$ h) $L = \{-0{,}63; 0{,}63\}$

5 a) $L = \{5\}$ b) $L = \{-0{,}5; 1{,}5\}$
c) $L = \{5\}$ d) $L = \left\{\frac{9}{7}\right\}$
e) $L = \{1\}$ f) $L = \{-11{,}3; -3{,}3\}$
g) $L = \left\{\frac{9 - \sqrt[7]{2}}{5} \approx 1{,}58\right\}$ h) $L = \left\{\frac{13}{14} \approx 0{,}93; 1\right\}$
i) $L = \left\{\frac{229}{70} \approx 3{,}27; \frac{33}{10}\right\}$ j) $L = \left\{\frac{25}{13} \approx 1{,}923\right\}$
k) $L = \{\approx -214{,}37; \approx 454{,}37\}$ l) $L = \{\ \}$

6 a) $L = \{121\}$ b) $L = \{-16\,807\}$
c) $L = \{512\}$ d) $L = \left\{\frac{1}{32}\right\}$
e) $L = \left\{\frac{1}{2}\right\}$ f) $L = \{32\}$
g) $L = \{9\}$ h) $L = \{\ \}$

7 a) $L = \{\sqrt[3]{4} \approx 1{,}59\}$ b) $L = \{2\sqrt{2}; -2\sqrt{2}\}$
c) $L = \{4\sqrt{2}; -4\sqrt{2}\}$ d) $L = \{10^{-6}\}$
e) $L = \{\sqrt{27} \approx 5{,}20\}$ f) $L = \left\{\sqrt{\frac{1}{32}} \approx 0{,}18\right\}$
g) $L = \{\ \}$ h) $L = \{\sqrt[9]{10^6} \approx 4{,}64\}$

8 a) $L = \{\ \}$ b) $L = \{\ \}$
c) $L = \{2\}$ d) $L = \{0; -1; 4\}$

9 a) zum Beispiel $x^3 = 125$
b) zum Beispiel $x^3 + 3 = 0$
c) $x^2 = 2$ d) $x^3 = 25$

10 a) zum Beispiel $x^3 = -1$ und $x^5 = -1$
b) Der Exponent q muss eine gerade natürliche Zahl sein, damit die Gleichung $x^q = a$ zwei Lösungen besitzt. Der Graph der Potenzfunktion $p(x) = x^q$ ist dann achsensymmetrisch zur y-Achse, für $a > 0$ gibt es zwei Lösungen, die sich allerdings nur im Vorzeichen unterscheiden. Folglich kann es keine Potenzgleichung $x^q = a$ mit den Lösungen −3 und 2 geben.

11 a) keine Lösung für $a < 0$;
zwei Lösungen, nämlich $\sqrt{a}$ und $-\sqrt{a}$ für $a > 0$
b) keine Lösung für $a > 0$;
zwei Lösungen, nämlich $\sqrt{-a}$ und $-\sqrt{-a}$ für $a < 0$
c) genau eine Lösung,
nämlich $-\sqrt[3]{a}$ für $a > 0$ bzw. $\sqrt[3]{-a}$ für $a < 0$
d) genau eine Lösung,
nämlich −a für $a > 0$ und für $a < 0$

12 a) $x_1 = 0$; $x_{2/3} = \pm\sqrt{6}$ b) $x_1 = 0$; $x_{2/3} = 3 \pm \sqrt{10}$
c) $x_1 = 0$; $x_2 = 1$

13 a) Lösungen sind alle Zahlen x, für die $x \geqq 4$ ist.
Die Lösungsmenge der Ungleichung $8x^{-\frac{3}{2}} \leqq 1$ ist
$L = \{x \mid x \geqq 4\}$.
b) $a = 0{,}001$: $L = \{x \mid x \geqq 400\}$
$a = 10^{-6}$: $L = \{x \mid x \geqq 40\,000\}$
$a = 10^{-12}$: $L = \{x \mid x \geqq 4 \cdot 10^8\}$
c) Die Funktionswerte der Funktion f nähern sich mit wachsendem x immer weiter der Zahl 0 an.
Die x-Achse ist Asymptote des Graphen von f.

Wiederholen – Vertiefen – Vernetzen

Seite 138

1 a)

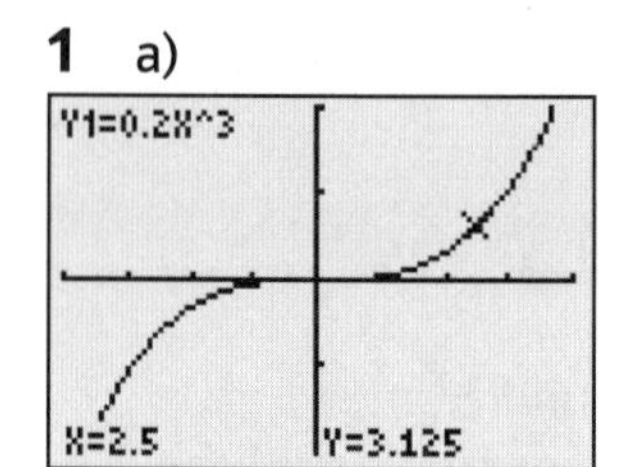

P liegt auf dem Graphen von f, weil $f(-2) = 0{,}2 \cdot (-2)^3 = -1{,}6$ ist. Q liegt unterhalb des Graphen, weil $f(2{,}5) = 3{,}125 > 3{,}1$ ist.

b)

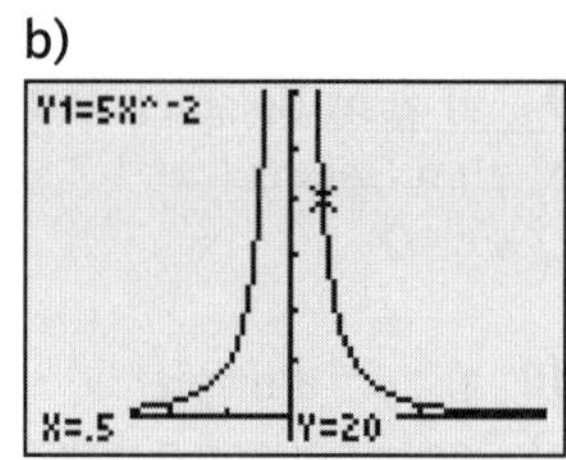

P liegt oberhalb des Graphen von f, weil $f(-6) = \frac{5}{36} < 0{,}14$ ist. Q liegt auf dem Graphen, weil $f(0{,}5) = 5 \cdot 0{,}5^{-2} = 20$ ist

c)

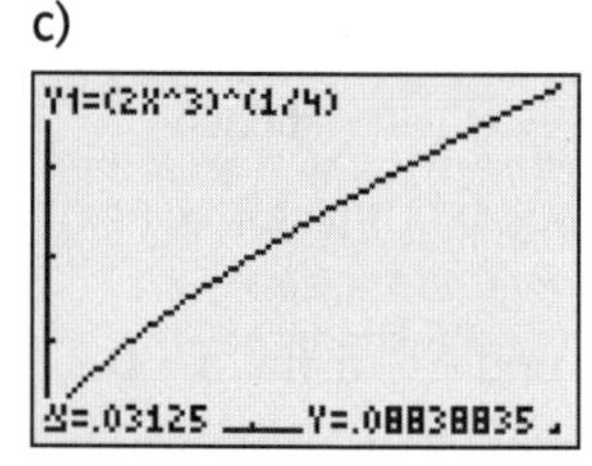

P liegt auf dem Graphen von f, weil $f(2) = \sqrt[4]{2 \cdot 2^3} = 2$ ist. Auch Q liegt oberhalb des Graphen, weil $f\left(\frac{1}{32}\right) = \sqrt[4]{2 \cdot \left(\frac{1}{32}\right)^3} = \frac{1}{16}\sqrt{2} \approx 0{,}09 < \frac{1}{2}$ ist.

d)

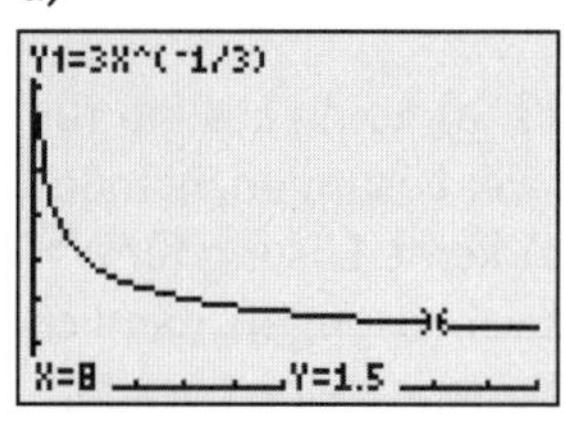

P liegt oberhalb des Graphen von f, weil $f(0{,}1) = 3 \cdot 0{,}1^{-\frac{1}{3}} < 6{,}5$ ist. Q liegt unterhalb des Graphen, weil $f(8) = 3 \cdot 8^{-\frac{1}{3}} = 1{,}5 > 1{,}4$ ist.

**2**

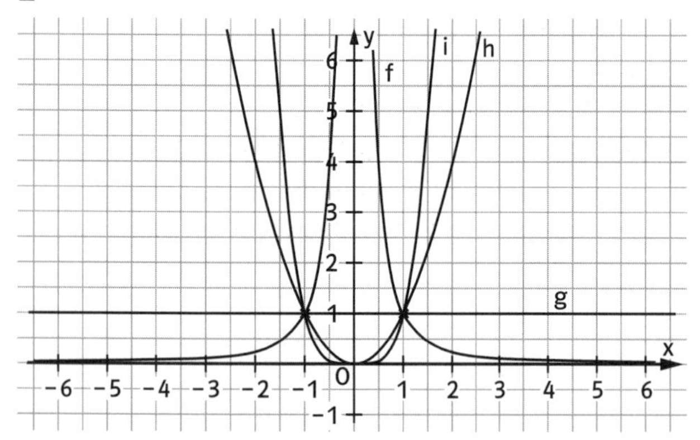

Alle vier Graphen verlaufen symmetrisch zur y-Achse, keine der vier Funktionen hat negative Funktionswerte.
Alle Graphen verlaufen durch die Punkte (1|1) und (−1|1).
Der Graph von f ist eine Hyperbel, der von g eine Gerade; die Graphen von h und i sind Parabeln.
Allgemein: Der Graph der Funktion $x \to x^{2k}$, $k \in \mathbb{Z}$, verläuft asymmetrisch zur y-Achse, hat keine negativen Funktionswerte und ist für $k < 0$ eine Hyperbel, für $k = 0$ die Gerade mit der Gleichung $y = 1$ und für $k > 0$ eine Parabel.

3 a) zu f: $z = 3$; zu g: $z = -1$; zu h: $z = 1$; zu i: $z = -3$
b) Der Graph der Funktion $x \to x^z$, z ungerade, verläuft punktsymmetrisch zum Ursprung jeweils im 1. und 3. Quadranten des Koordinatensystems.
Der Graph ist für $z < 0$ eine Hyperbel, für $z = 1$ die Gerade mit der Gleichung $y = x$ (Winkelhalbierende) und für $z \geqq 3$ eine Parabel.

4 a) $f(1) = -0{,}2$; $f(5) = -25$; 5 ist die Stelle, an der der Funktionswert −25 angenommen wird.
b) $f(1) = 3$; $f(5) = 0{,}12$; f hat keine negativen Funktionswerte, der Funktionswert −25 wird an keiner Stelle angenommen.
c) $f(1) = -3$; $f(5) = -19$; der Funktionswert −25 wird an der Stelle 6,5 angenommen.
d) $f(1) = -\sqrt{5}$, $f(5) = -5$; der Funktionswert −25 wird an der Stelle 125 angenommen.

5

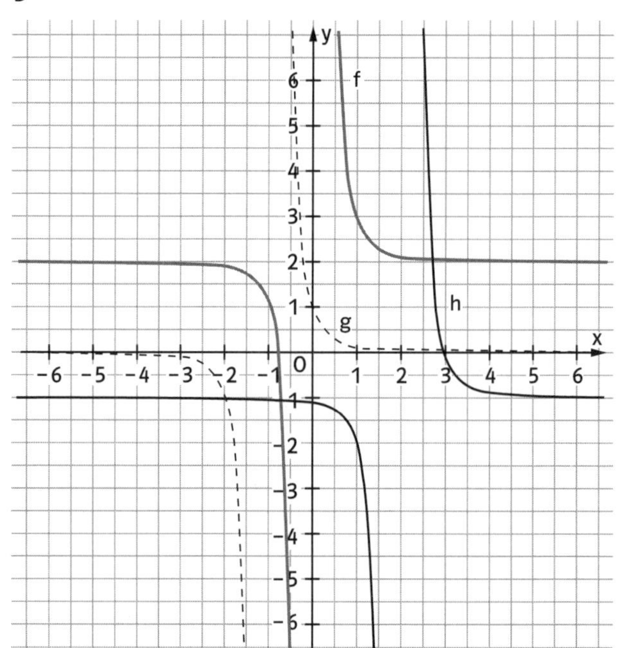

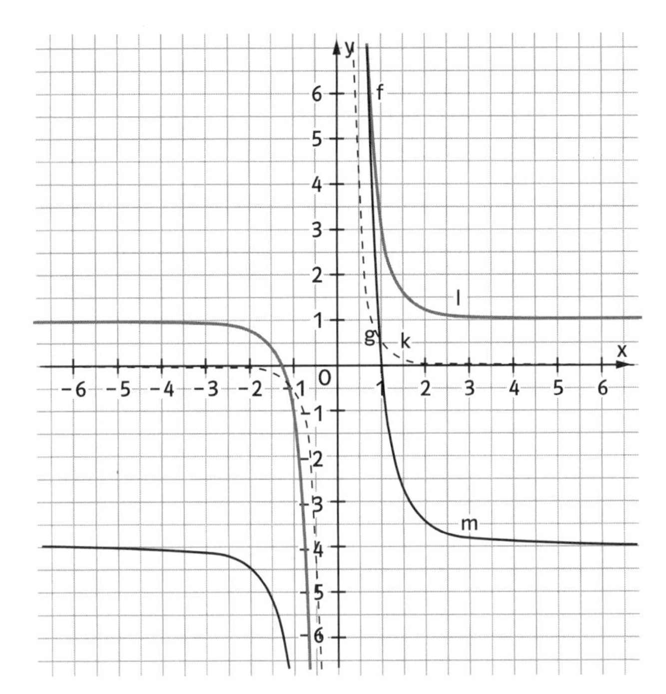

6

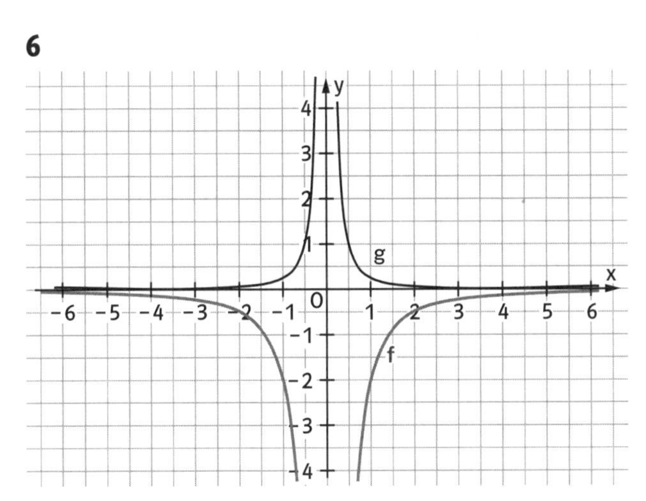

Der Graph von f lässt sich durch Achsenstreckung senkrecht zur x-Achse mit dem Streckfaktor $-\frac{1}{8}$ auf den Graphen von g abbilden.
Umgekehrt erhält man den Graphen von f, wenn man den Graphen von g senkrecht zur x-Achse mit dem Streckfaktor −8 streckt.

7 a) $y = -\frac{1}{4}x^3$
b) $y = \frac{1}{4}(-x)^3 = -\frac{1}{4}x^3$
c) $y = \frac{1}{4}x^3 = p(x)$
d) $y = -(4x)^{\frac{1}{3}} = -\sqrt[3]{4x}$, für $x \geqq 0$ und
$y = (-4x)^{\frac{1}{3}} = \sqrt[3]{-4x}$, für $x < 0$
(Der Funktionsterm muss für die Bereiche $x \geqq 0$ und $x < 0$ unterschieden werden, weil Potenzen mit gebrochenen Exponenten nur für nicht-negative Basen definiert sind.)

8

Funktionsterm g(x)	Gleichung des Bildgraphen bei Spiegelung an der x-Achse	Gleichung des Bildgraphen bei Spiegelung an der y-Achse
a) $\frac{3}{4}x$	$y = -\frac{3}{4}x$	$y = \frac{3}{4}\cdot(-x) = -\frac{3}{4}x$
b) $\frac{1}{2}x - 2$	$y = -\frac{1}{2}x + 2$	$y = -\frac{1}{2}x - 2$
c) $\frac{1}{2}x^2 + 1$	$y = -\frac{1}{2}x^2 - 1$	$y = \frac{1}{2}x^2 + 1 = g(x)$
d) $\frac{1}{2x^3}$	$y = -\frac{1}{2x^3}$	$y = \frac{1}{2\cdot(-x)^3} = -\frac{1}{2x^3}$

Funktionsterm g(x)	Gleichung des Bildgraphen bei Spiegelung am Punkt (0 | 0)	Gleichung des Bildgraphen bei Drehung um (0 | 0) mit 90°
a) $\frac{3}{4}x$	$y = -\frac{3}{4}x = g(x)$	$y = -\frac{4}{3}x$
b) $\frac{1}{2}x - 2$	$y = \frac{1}{2}x + 2$	$y = -2x + 4$
c) $\frac{1}{2}x^2 + 1$	$y = -\frac{1}{2}x^2 - 1$	$y = \sqrt{-2 + 2x}$ für $x > 1$ $y = -\sqrt{-2 - 2x}$ für $x \leqq -1$ (zwei Teilfunktionen)
d) $\frac{1}{2x^3}$	$y = \frac{1}{2x^3} = g(x)$	$y = -(2x)^{-\frac{1}{3}}$ für $x > 0$ und $y = (-2x)^{-\frac{1}{3}}$ für $x < 0$ (zwei Teilbereiche)

9 Es gilt $f(x) = \frac{1}{2x}$ und $g(x) = \frac{2}{x} = 4\cdot\frac{1}{2x} = 4\cdot f(x)$.
Andererseits ist $f(x) = \frac{1}{2x} = \frac{2}{4x} = g(4x)$.
Darüber hinaus ist $g(2x) = \frac{2}{2x} = 2\cdot\frac{1}{2x} = 2\cdot f(x)$.
Daraus ergibt sich:
Streckt man den Graphen von f mit dem Streckfaktor 4 senkrecht zur x-Achse oder senkrecht zur y-Achse, so erhält man jeweils den Graphen von g. Ebenso kann man den Graphen von f vom Ursprung aus zentrisch mit dem Streckfaktor 2 strecken, um den Graphen von g zu erhalten.
Geht man umgekehrt vom Graphen von g aus, so ergibt sich der Graph von f durch Achsenstreckungen mit dem Streckfaktor $\frac{1}{4}$ oder durch eine zentrische Streckung mit dem Streckfaktor $\frac{1}{2}$.

Seite 139

10 a) $f(x) = 0{,}5x^2$ $\quad \bar{f}(x) = \sqrt{2x}$, $(x \geqq 0)$
gemeinsame Punkte: (0 | 0); (2 | 2)
b) $f(x) = (2x)^{\frac{1}{4}}$ $\quad \bar{f}(x) = \frac{1}{2}x^4$, $(x \geqq 0)$
gemeinsame Punkte: (0 | 0); $\left(\sqrt[3]{2}\,|\,\sqrt[3]{2}\right)$
c) $f(x) = (x + 4)^2$ $\quad \bar{f}(x) = \sqrt{x} - 4$, $(x \geqq 0)$
keine gemeinsame Punkte
d) $f(x) = x^3 - 2$ $\quad \bar{f}(x) = \sqrt[3]{x + 2}$, $(x \geqq -2)$
Es gibt einen gemeinsamen Punkt, dessen Koordinaten auf rechnerischem Weg allerdings nicht bestimmt werden können.

11 a) $\bar{f}(x) = -\sqrt[3]{x}$ für $x \geqq 0$ und
$\bar{f}(x) = \sqrt[3]{-x} = \sqrt[3]{|x|}$ für $x < 0$
b) $\bar{f}(x) = \sqrt[5]{10x}$ für $x \geqq 0$ und
$\bar{f}(x) = \sqrt[5]{-10x} = \sqrt[5]{10 \cdot |x|}$ für $x < 0$
c) $\bar{f}(x) = \frac{1}{\sqrt[3]{x}}$ für $x > 0$ und
$\bar{f}(x) = \frac{-1}{\sqrt[3]{-x}} = -\frac{1}{\sqrt[3]{|x|}}$ für $x < 0$
d) $\bar{f}(x) = -\sqrt[3]{\frac{2}{x}}$ für $x > 0$ und
$\bar{f}(x) = \sqrt[3]{\frac{2}{-x}} = \sqrt[3]{\frac{2}{|x|}}$ für $x < 0$

12 a) Bei doppeltem Gewicht würde das Ausmaß der Straßenschädigung auf das 16-Fache ansteigen.
b) Die Erhöhung der Achslast auf das 1,15-Fache führt zu einer Erhöhung der Straßenschädigung mit dem Faktor $1{,}15^4 = 1{,}749\ldots$
Damit würde das Ausmaß der Straßenschädigung um etwa 75 % steigen.
c) Die Achslast darf höchstens mit dem Faktor $2^{\frac{1}{4}} = \sqrt[4]{2}$ erhöht werden. Daraus ergibt sich eine Achslast von höchstens etwa 11,9 t.

13 $T = 2{,}006\ldots s \approx 2\,s$
b) Die Schwingungsdauer verlängert sich auf das $\sqrt{2}$-Fache ($\sqrt{3}$-Fache; 2-Fache).
c) Eine Vergrößerung der Schwingungsdauer um 50 % (10 %; 75 %) bedeutet eine Vergrößerung auf das 1,5-Fache (1,1-Fache; 1,75-Fache).
Der Faden muss auf das 2,25-Fache (1,21-Fache; 3,0625-Fache) verlängert werden.

14 a)

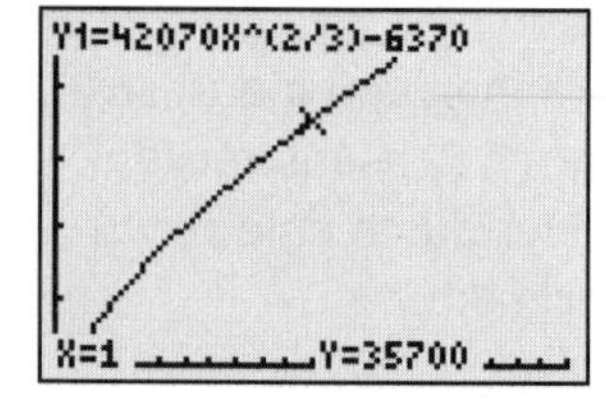

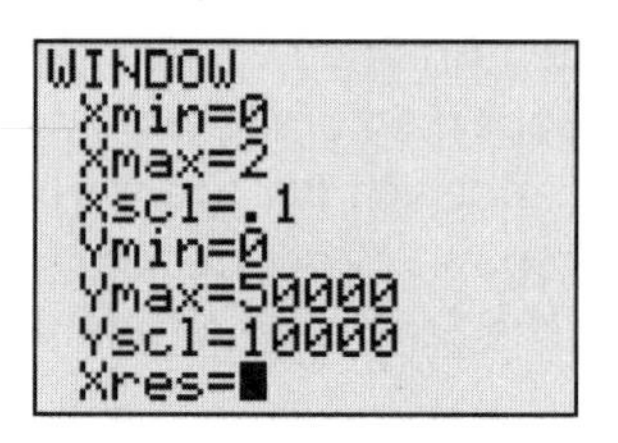

b) Ein geostationärer Satellit hat eine Umlaufzeit von einem Tag. Für die Höhe h (in km) ergibt sich $h = 42\,070 \cdot 1^{\frac{2}{3}} - 6370 = 35\,700$ (vgl. Screen zu 14 a)).
Ein geostationärer Satellit steht somit etwa 35 700 km über der Erdoberfläche.

15 a) Bei einem 71 m hohen Turm kann eine Endgeschwindigkeit von etwa $37{,}3\,\frac{m}{s}$ erreicht werden. Das entspricht einer Geschwindigkeit von $134{,}4\,\frac{km}{h}$.
b) Aus $v = \sqrt{2g \cdot h}$ ergibt sich $h = \frac{v^2}{2g}$.
Die Birne ist aus etwa 11,5 m Höhe gefallen.
c) Wegen der mit wachsender Geschwindigkeit immer stärker anwachsenden Luftreibung kann die Geschwindigkeit bei der Fallbewegung nicht beliebig groß werden. Mithilfe einer geeigneten Sprungtechnik (vgl. Foto auf Seite 139, Schülerbuch) kann die Grenzgeschwindigkeit, die erreicht wird, auf etwa $200\,\frac{km}{h}$ begrenzt werden.

Ellipsen und Kepler'sche Gesetze

Seite 140

1
a) $e = \sqrt{a^2 - b^2} = \sqrt{5^2 - 2{,}5^2}\,cm = \sqrt{18{,}75}\,cm \approx 4{,}33\,cm$
b)

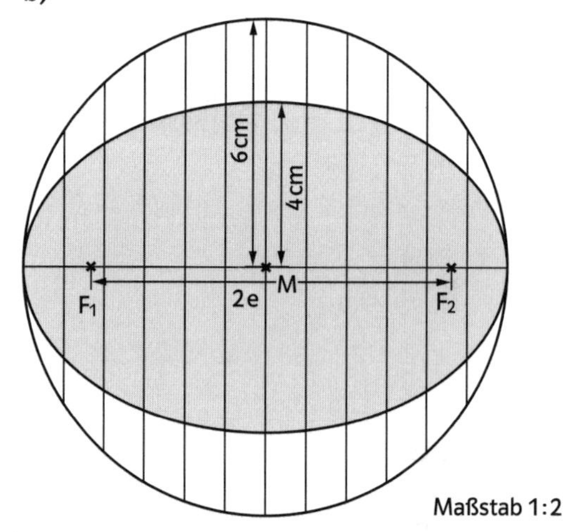

Maßstab 1:2

Die Brennpunkte F_1 bzw. F_2 liegen auf der großen Halbachse links bzw. rechts von M im Abstand von jeweils etwa 4,47 cm, denn es gilt:
$e = \sqrt{a^2 - b^2} = \sqrt{6^2 - 4^2}\,cm = \sqrt{20}\,cm \approx 4{,}47\,cm$.

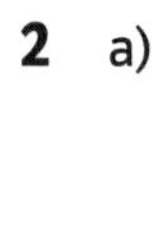

2 a)

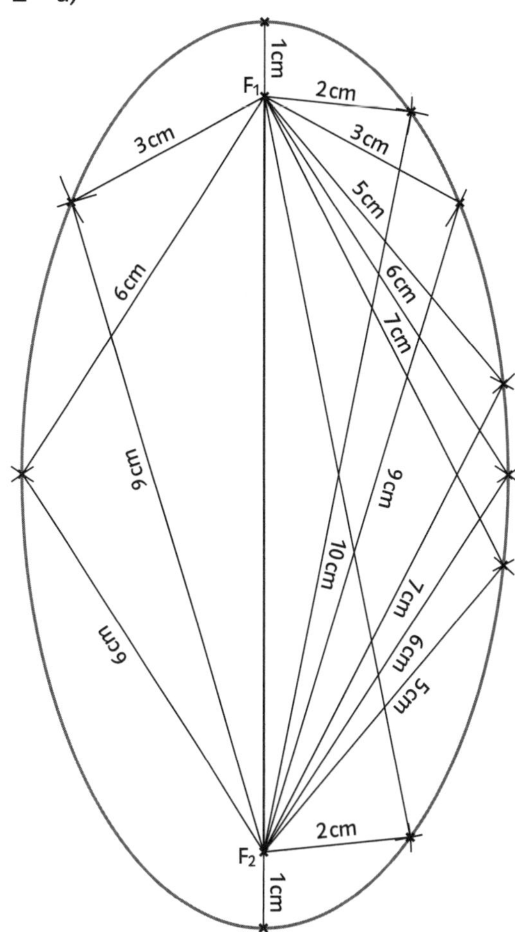

b) Aus $\overline{F_1F_2} = 2e = 10\,\text{cm}$ folgt $e = 5\,\text{cm}$.
Für die große Halbachse a gilt:

$a = \frac{d}{2} = \frac{\overline{PF_1} + \overline{PF_2}}{2} = 6\,\text{cm}$.

Aus $b^2 = a^2 - e^2$ folgt somit für die kleine Halbachse: $b = \sqrt{6^2 - 5^2}\,\text{cm} \approx 3{,}32\,\text{cm}$.

Seite 141

3 Für alle 15 möglichen Planetenpaare ist der Quotient $\frac{T_1^2}{T_2^2}$ annähernd genauso groß wie der Quotient $\frac{a_1^3}{a_2^3}$.

Beispiele:

Venus/Merkur

$\frac{T_1^2}{T_2^2} = \frac{0{,}6152^2}{0{,}2408^2} \approx 6{,}53$; $\frac{a_1^3}{a_2^3} = \frac{0{,}7233^3}{0{,}3871^3} \approx 6{,}52$

Jupiter/Erde

$\frac{T_1^2}{T_2^2} = \frac{11{,}8616^2}{1^2} \approx 140{,}70$; $\frac{a_1^3}{a_2^3} = \frac{5{,}2028^3}{1^3} = 140{,}84$

Saturn/Mars

$\frac{T_1^2}{T_2^2} = \frac{29{,}4563^2}{1{,}8808^2} \approx 245{,}29$; $\frac{a_1^3}{a_2^3} = \frac{9{,}5389^3}{1{,}5237^3} \approx 245{,}36$

4 a) Für die mittlere Sonnenentfernung r_1 des Neptuns ergibt sich zum Beispiel mithilfe der Erddaten:

$r_1^3 = \frac{T_1^2}{T_2^2} \cdot r_2^3 = \frac{165{,}49^2}{1^2} \cdot (1\,\text{AE})^3$, also $r_1 \approx 30{,}14\,\text{AE}$.

b) Für die Umlaufzeit T_2 des Uranus ergibt sich zum Beispiel mithilfe der Erddaten:

$T_1^2 = \frac{r_1^3}{r_2^3} \cdot T_2^2 = \frac{19{,}2809^3}{1^3} \cdot (1\ \text{Jahr})^2$, also $T_1 \approx 84{,}66$ Jahre.

VI Körper

1 Projektionen

Seite 147

1 Die Eigenschaften (1) und (2) gelten auch für Zentralprojektionen.

2 Die möglichen Bilder bei einer Parallelprojektion (Zentralprojektion) sind:
a) Parallelogramm, Rechteck oder Strecke (Parallelogramm, Raute)
b) Parallelogramm, Raute, Quadrat oder Strecke (Parallelogramm, Raute, Rechteck, Quadrat)
c) Parallelogramm, Raute, Quadrat oder Strecke (Parallelogramm, Raute, Rechteck)
d) gleichschenkliges Trapez, unregelmäßiges Trapez oder Strecke (Trapez)
e) gleichseitiges, gleichschenkliges oder unregelmäßiges Dreieck oder Strecke (gleichschenkliges Dreieck)

3 Individuelle Lösung, z. B.:
Im Lehrtext war in einigen Fällen der Schatten der Postkarte ein Parallelogramm obwohl die Postkarte rechteckig ist. In diesen Fällen wurden rechte Winkel nicht auf rechte Winkel abgebildet.

4 a) Der Schnittpunkt der Strahlen sei S. Nach dem 2. Strahlensatz gilt
$\frac{\overline{BS}}{\overline{TS}} = \frac{\overline{BB'}}{\overline{TT'}}$ und $\frac{\overline{B'S}}{\overline{T'S}} = \frac{\overline{BB'}}{\overline{TT'}}$, daraus folgt $\frac{\overline{BS}}{\overline{TS}} = \frac{\overline{B'S}}{\overline{T'S}}$ und somit $\frac{\overline{BS}}{\overline{B'S}} = \frac{\overline{TS}}{\overline{T'S}}$.
Nach dem 1. Strahlensatz gilt $\frac{\overline{TB}}{\overline{BS}} = \frac{\overline{T'B'}}{\overline{B'S}}$ und $\frac{\overline{AT}}{\overline{TS}} = \frac{\overline{A'T'}}{\overline{T'S}}$, daraus folgt $\frac{\overline{TB}}{\overline{T'B'}} = \frac{\overline{BS}}{\overline{B'S'}}$ und $\frac{\overline{AT}}{\overline{A'T'}} = \frac{\overline{TS}}{\overline{T'S}}$. Es ergibt sich also $\frac{\overline{AT}}{\overline{A'T'}} = \frac{\overline{TB}}{\overline{T'B'}}$, woraus folgt $\frac{\overline{AT}}{\overline{TB}} = \frac{\overline{A'T'}}{\overline{T'B'}}$.
b) Wenn das Dreieck nicht parallel zu den Projektionsgeraden liegt, wird wegen der Eigenschaft (3) die Mittellinie (die Seitenhalbierende, der Schwerpunkt) des Dreiecks wieder auf die Mittellinie (die Seitenhalbierende, den Schwerpunkt) des Dreiecks abgebildet.

5 a) Die Bildstrecke kann nicht länger als die Originalstrecke werden.
b) Die Bildstrecke wird stets länger als die Originalstrecke.

2 Mehrtafelprojektionen

Seite 149

1

a) b)

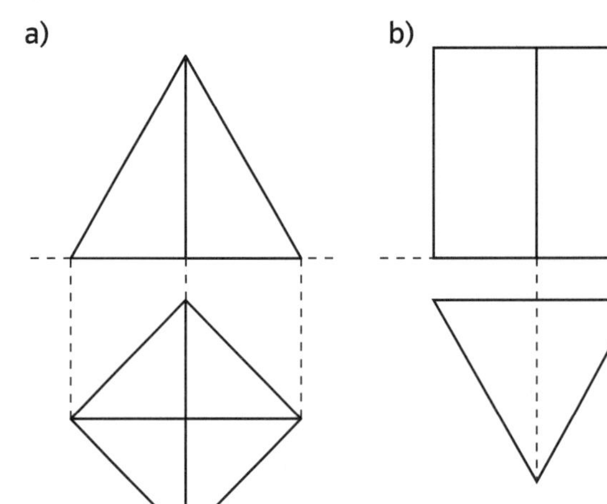

Maßstab 1:2

c) d)

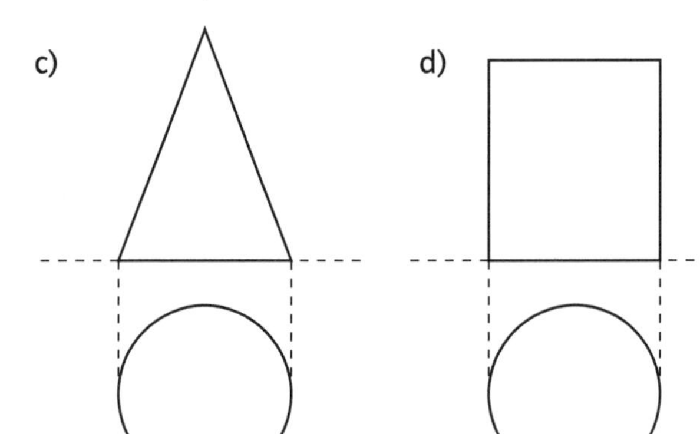

Seite 150

2 (Maßstab 1:2)

a)

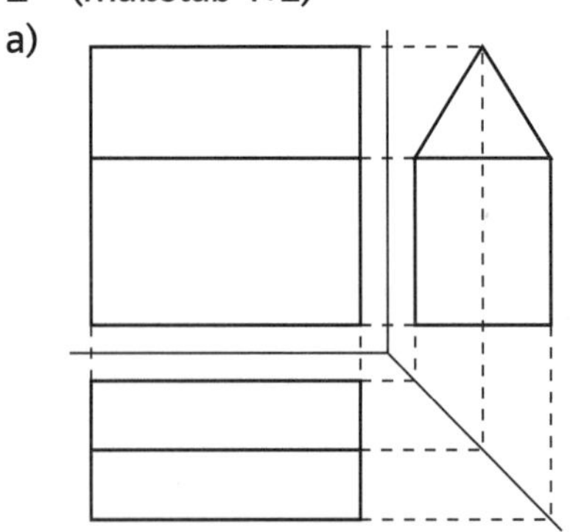

b)

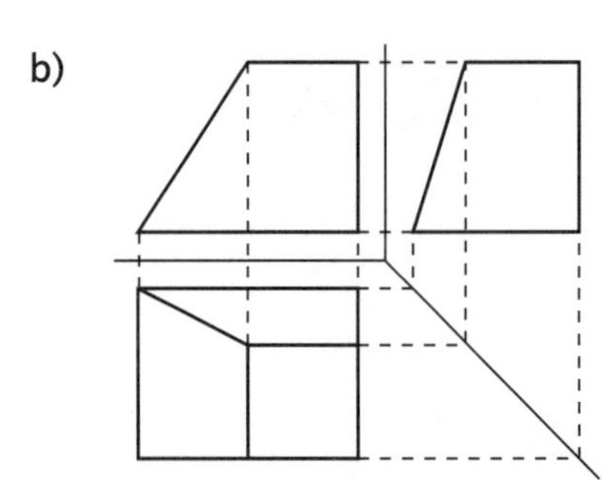

c)

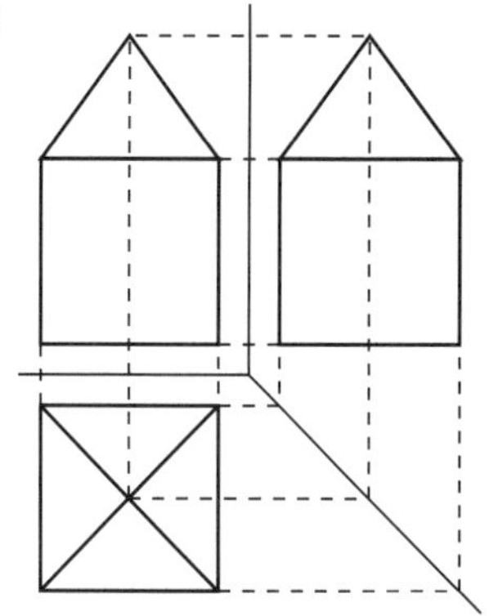

d)

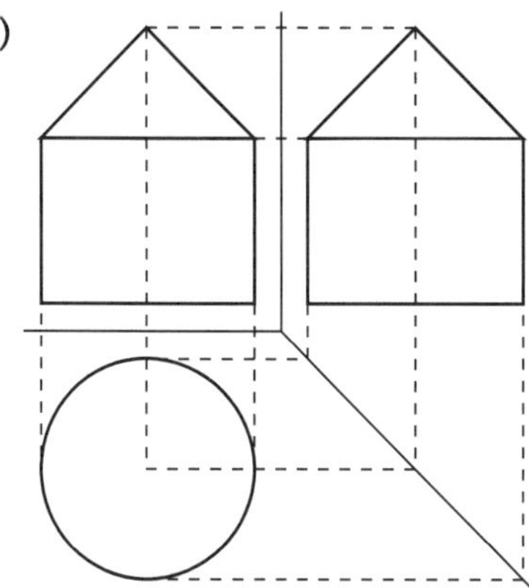

3 a) b)

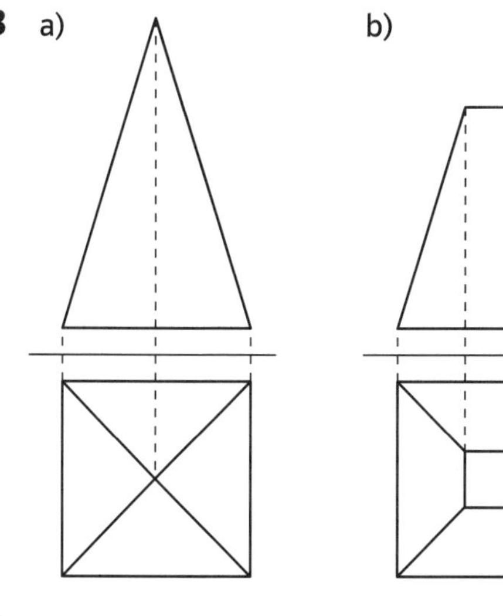

4 a), b)

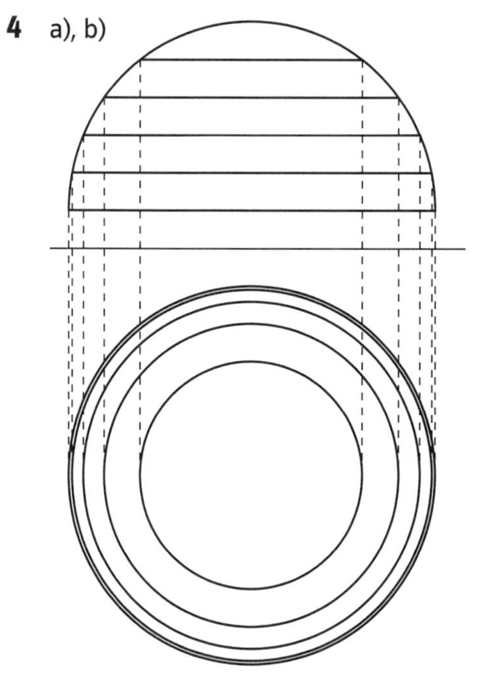

5 parallel zur: Rissachse:

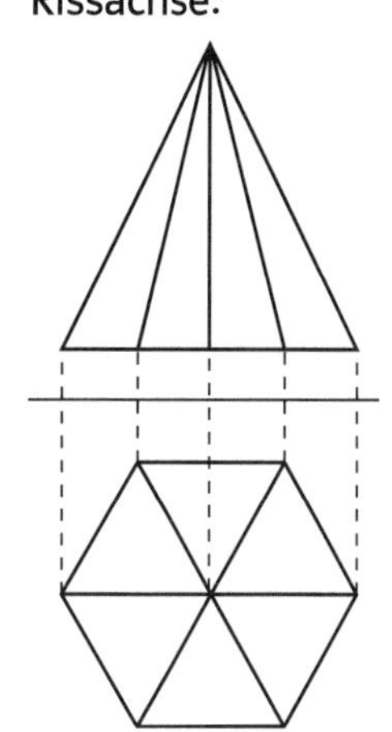

senkrecht zur Rissachse

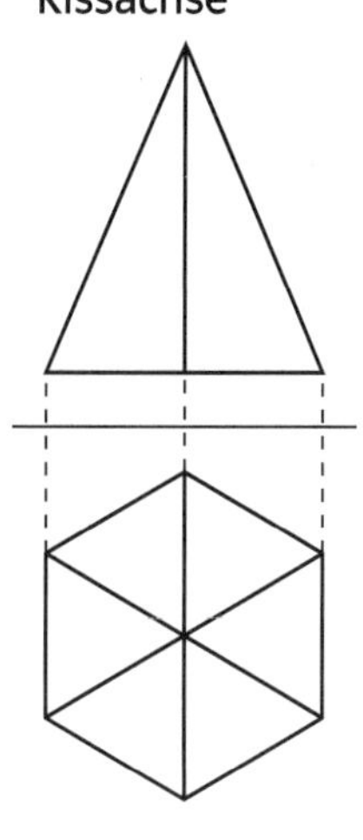

(Maßstab 1:2)

6 (Maßstab 1:2)

a)

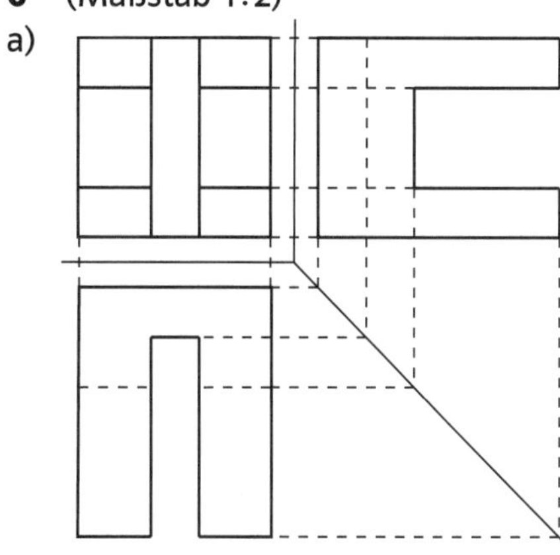

b)

c)

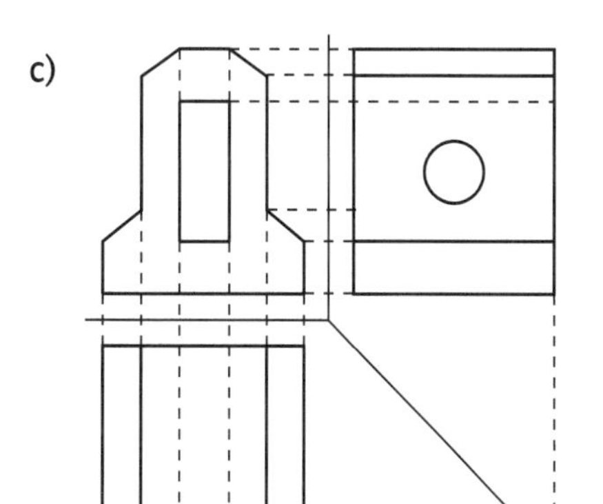

7 a)

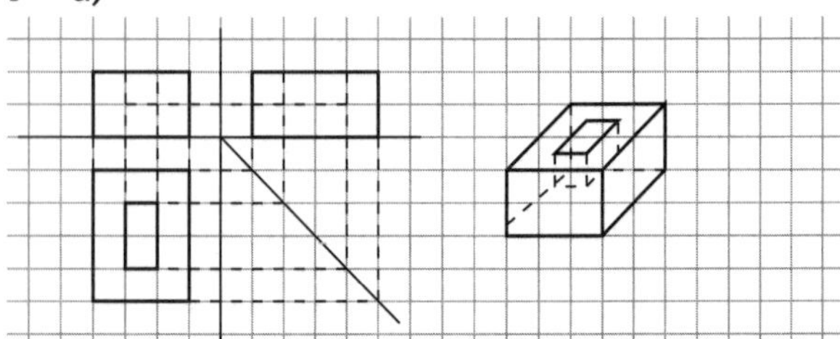

b)

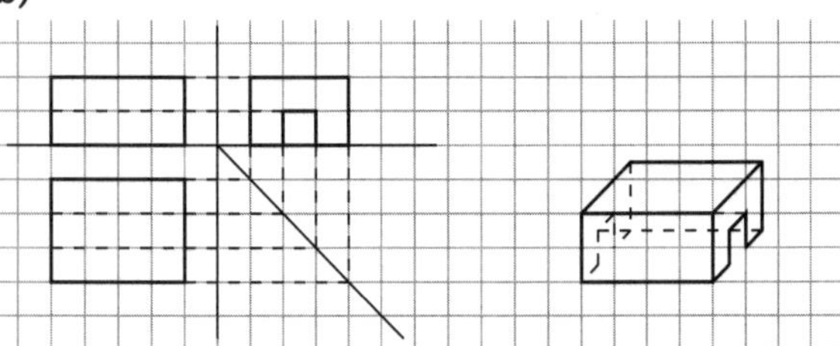

c)

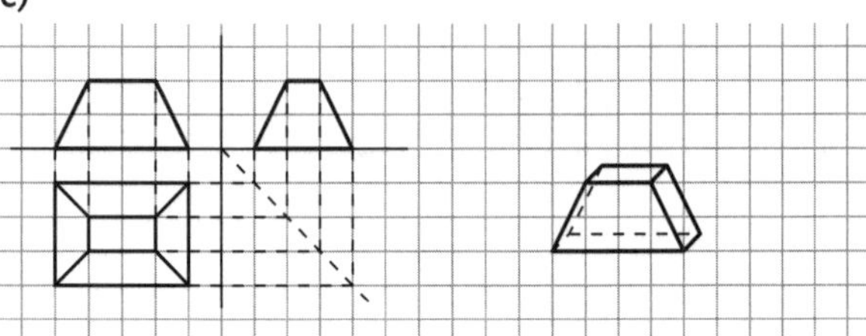

3 Schrägbilder

Seite 152

1 Maßstab 1:2

a) $\alpha = 60°,\ k = \frac{1}{3}$ $\alpha = 150°,\ k = \frac{2}{3}$

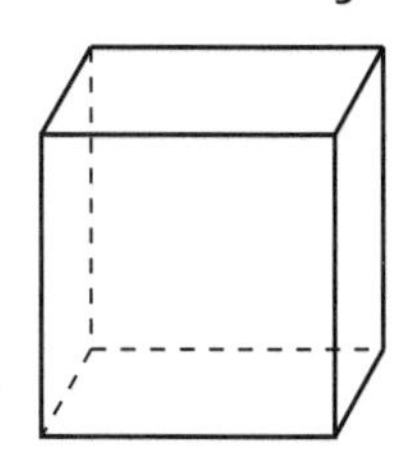

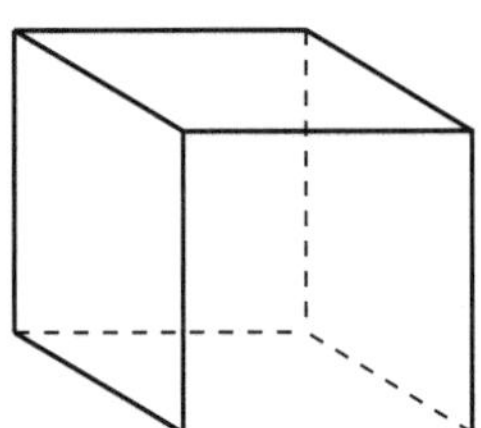

b) Diagonale: $d = \sqrt{2} \cdot 4\,\text{cm} \approx 5{,}657\,\text{cm}$

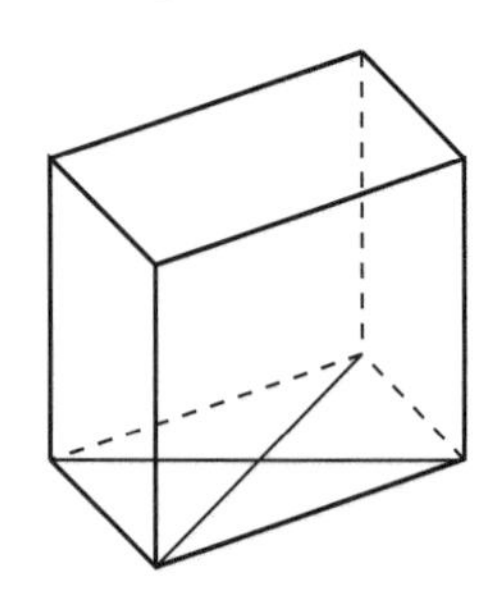

2 a) $\alpha = 45°,\ k = \frac{1}{2}$ $\alpha = 60°,\ k = \frac{1}{3}$

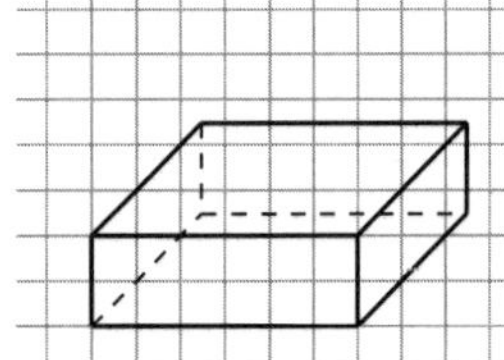

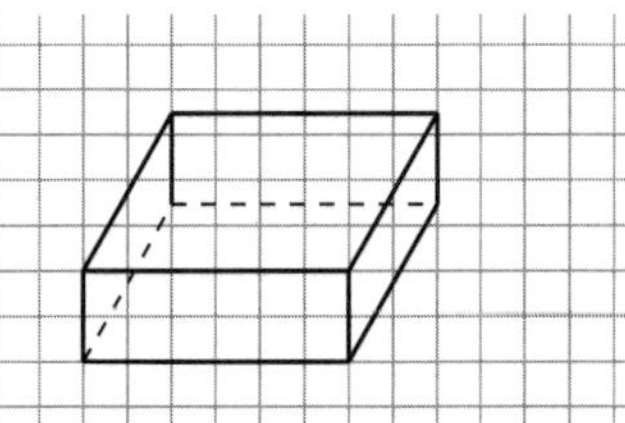

b) $\alpha = 45°,\ k = \frac{1}{2}$ $\alpha = 60°,\ k = \frac{1}{3}$

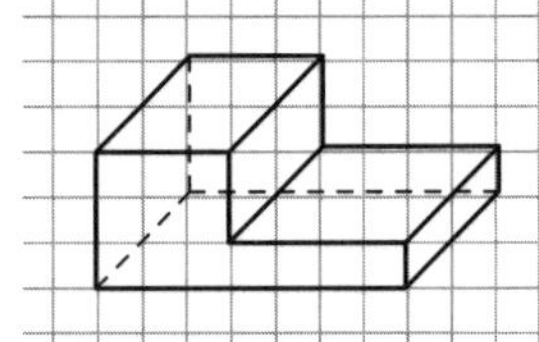

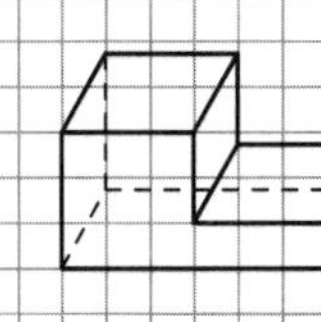

c) $\alpha = 45°,\ k = \frac{1}{2}$ $\alpha = 60°,\ k = \frac{1}{3}$

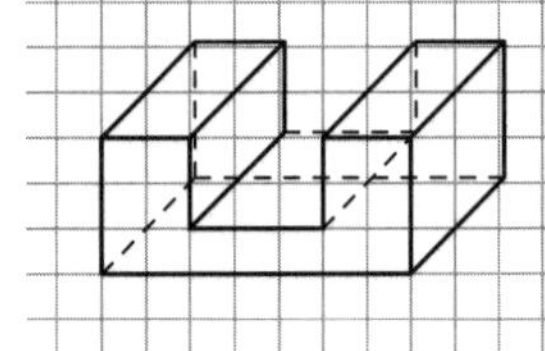

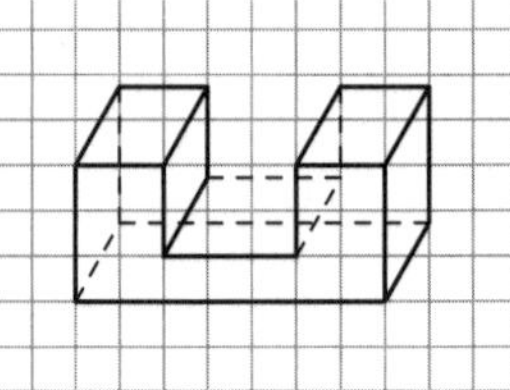

d) $\alpha = 45°,\ k = \frac{1}{2}$ $\alpha = 60°,\ k = \frac{1}{3}$

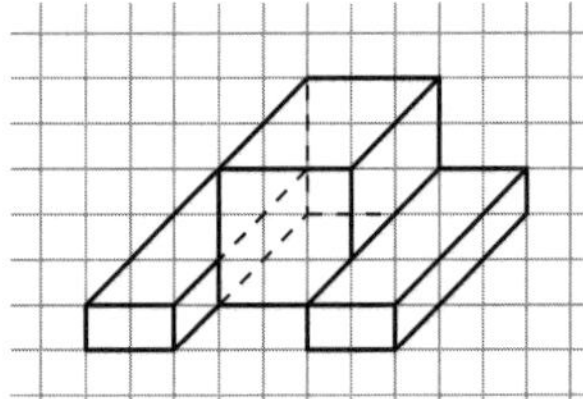

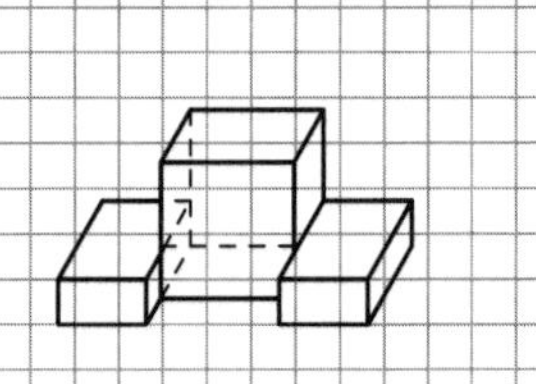

Seite 153

3 Maßstab 1:2

a)

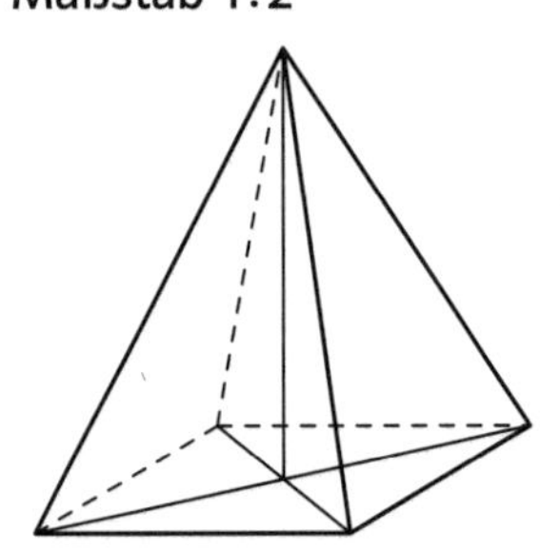

b) $a = 2 \cdot \sqrt{6{,}75}\,\text{cm};\ d = 6\,\text{cm}$

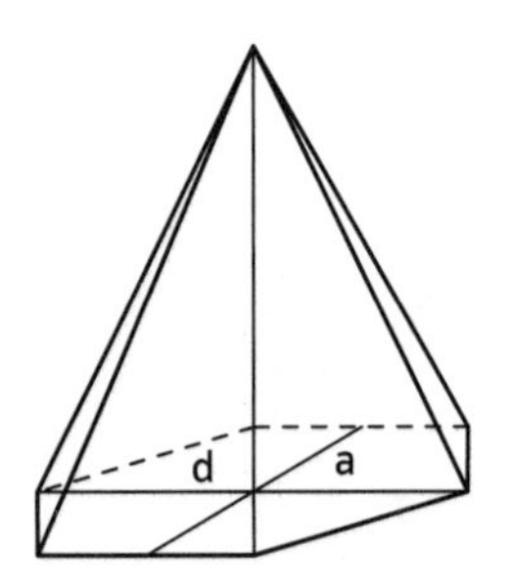

c) $h_D = \frac{a \cdot \sqrt{3}}{2}$

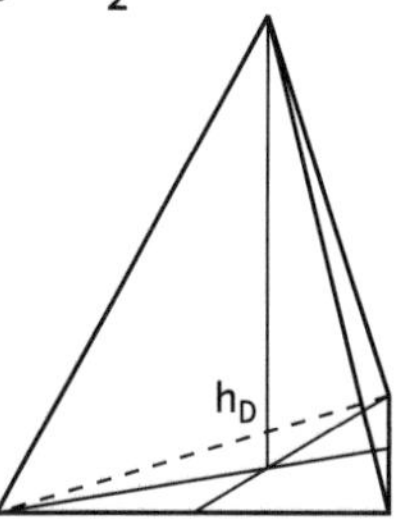

4

Möglicher …	… Grundriss	… Aufriss	… Seitenriss
a)	1, 4, 10	–	1, 10
b)	5	8	–
c)	9	11	11
d)	9	2	2

5 a) Ansicht von vorn:

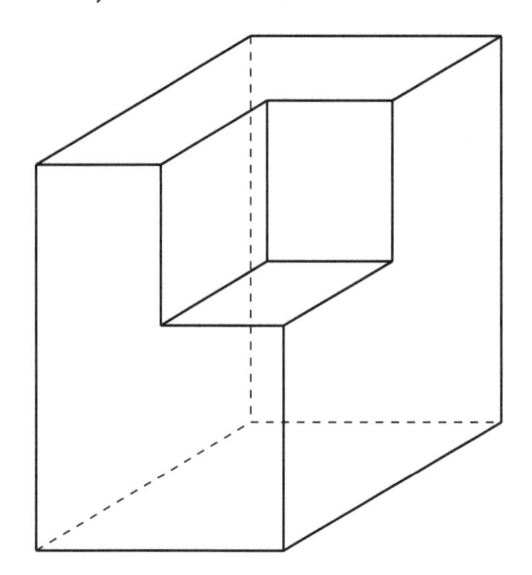

Ansicht von der Seite:

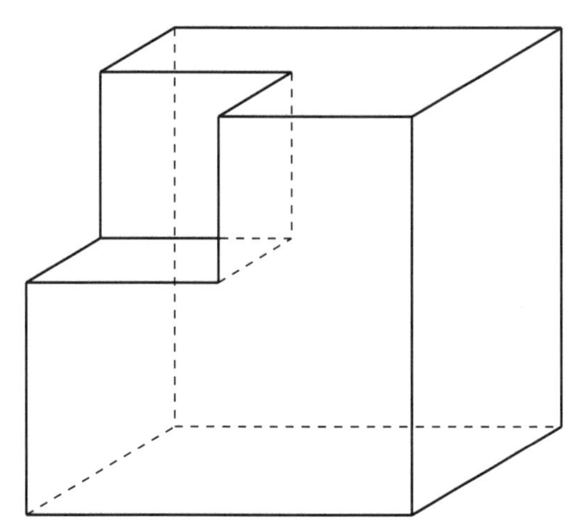

b) Ansicht von vorn:

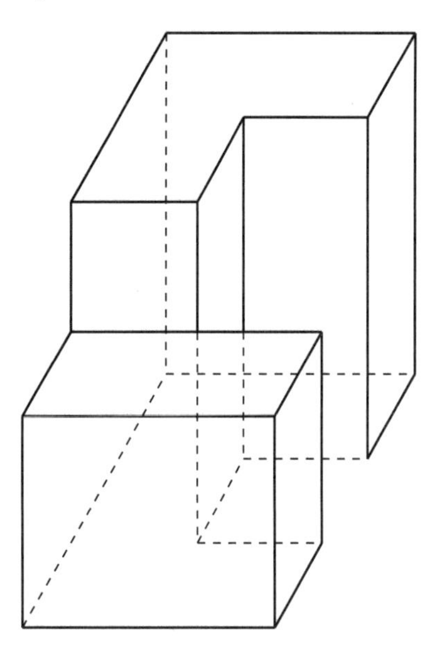

Ansicht von der Seite:

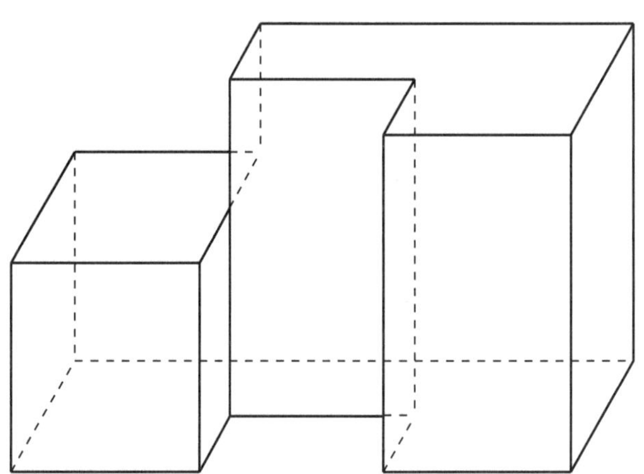

c) Ansicht von vorn:

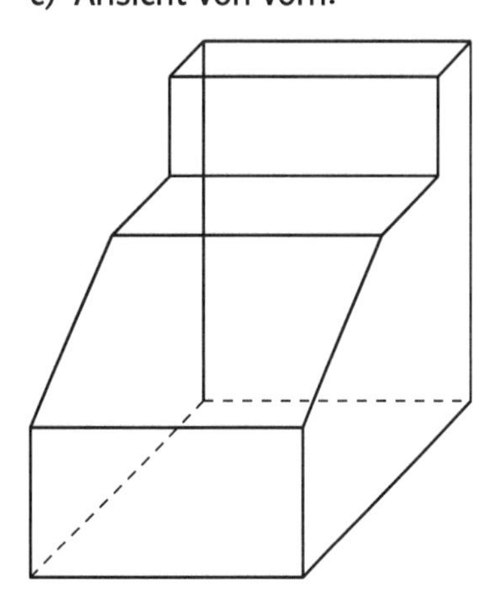

Ansicht von der Seite:

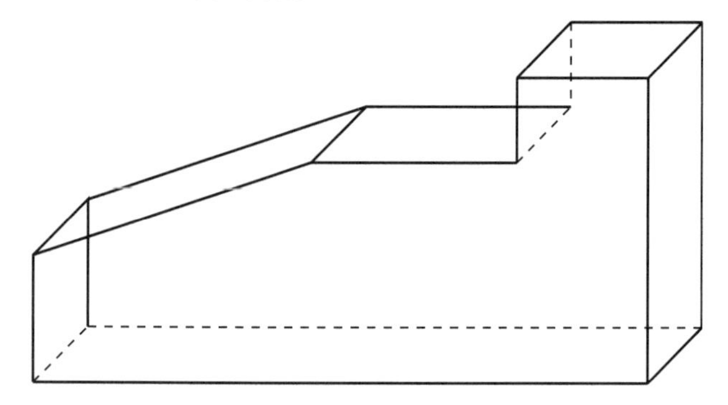

6 a)

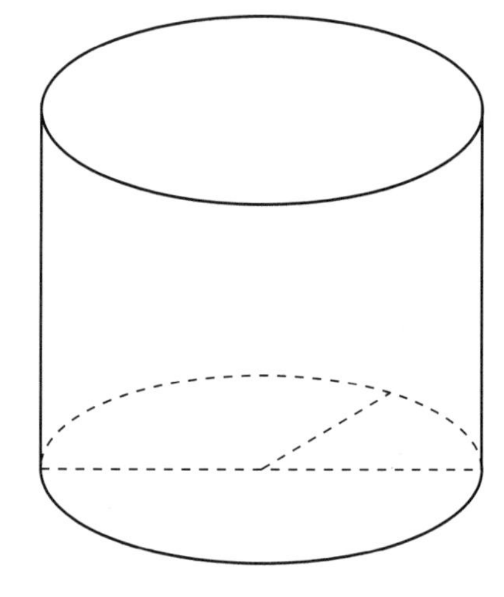

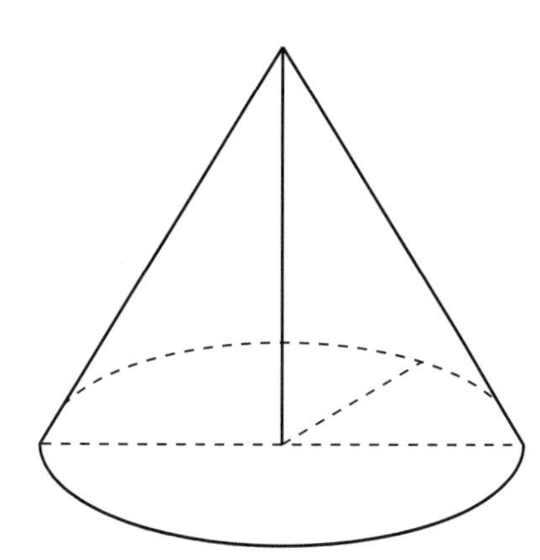

b)

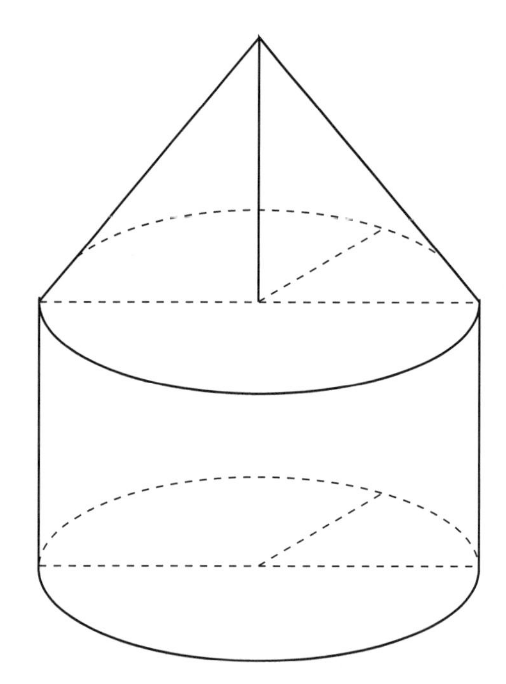

7 a) Fig. 3: Aus der Nut (in der Frontfläche) wird eine Erhöhung. Die Tiefenlinie der Nut wurde zu lang gezeichnet und dann, statt von unten mit dem linken Teil, von oben mit dem rechten Teil verbunden.
Fig. 4: Aus der eckigen Form im Hintergrund mit zwei „Zinken" wurde im Vordergrund eine zylindrische Form mit drei „Zinken". Dabei wurden die Tiefenlinien der beiden Figuren „miteinander verschmolzen".
b) Fig. 3:

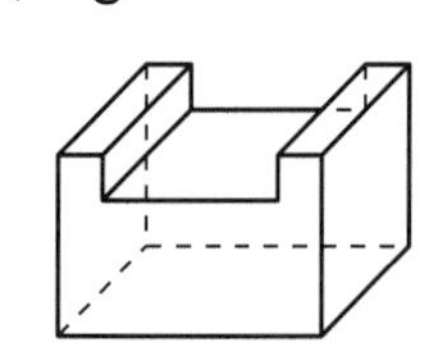

Fig. 4:

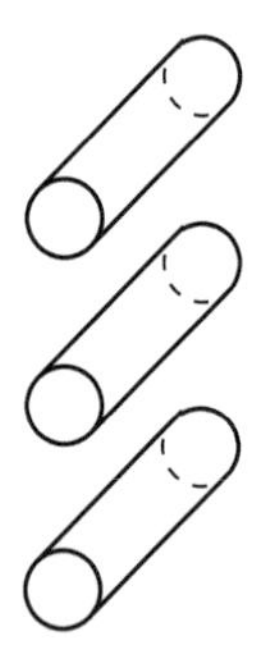

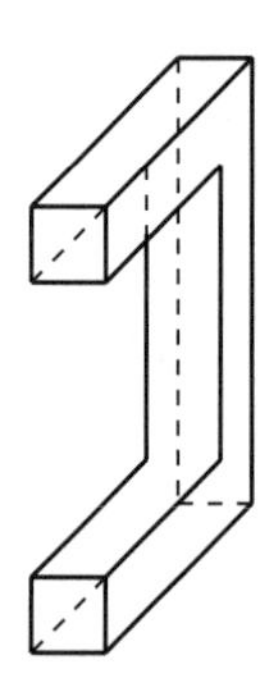

Es sind auch noch andere Figuren möglich, so könnten z. B. bei Fig. 4 die drei Zylinder aus einem Quadrat herausragen.

4 Satz des Cavalieri

Seite 155

1 $V = 18\,cm \cdot 15\,cm \cdot 25\,cm = 6750\,cm^3$

2 a) $V = \pi r^2 h \approx 2969\,cm^3$
b) $\sin\alpha = \frac{h}{10} \Longrightarrow h \approx 7{,}1\,cm \Longrightarrow V = \pi r^2 h \approx 391{,}9\,cm^3$
c) $h \approx 6{,}9\,cm \Longrightarrow V = \pi r^2 h \approx 3134\,cm^3$

3 a) 1: $V = \frac{abh}{2}$ 2: $V = \frac{abh}{4}$ 3: $V = \frac{abh}{4}$
b) 1: 50 % 2: 25 % 3: 25 %

4 Der Stapel enthält 6 Raummeter Holz.

5 Die Volumen beider Quader sind gleich groß, denn die Größen ihrer Grundflächen sind identisch und sie haben die gleiche Höhe. Nach dem Satz des Cavalieri sind sie somit volumengleich.
Vergleich der Volumen:
h: Höhe des geraden Quaders
Die Seitenflächen des (geraden) Quaders bestehen aus zwei Quadraten (Seitenlänge a) und vier Rechtecken (Seitenlänge a, h), die des schiefen Quaders aus zwei Quadraten (Seitenlänge a), zwei Rechtecken (Seitenlängen a, h) und zwei Parallelogrammen (Seitenlängen a, h). Die Flächeninhalte der Quadrate und der Rechtecke sind jeweils gleich groß. Ein Vergleich der Parallelogramme mit den Rechtecken mit
h_a: Höhe des Seitenparallelogramms zeigt:
$A_{Parallelogramm} = h \cdot h_a < a \cdot h = A_{Rechteck}$, da $h_a < a$.
Somit gilt: Die Oberfläche des schiefen Quaders ist kleiner als die des geraden Quaders.

5 Pyramide

Seite 157

1 a) $V = 11333{,}\overline{3}\,cm^3$ b) $V = 1\,m^3$

2 a) $a = 2\sqrt{h'^2 - h^2} = 4{,}8\,cm$ $V = \frac{1}{3}a^2h = 53{,}76\,cm^3$
$A = \frac{1}{2}ah' = 17{,}76\,cm^2$ $O = 4A + a^2 = 94{,}08\,cm^2$
b) $V = \frac{1}{3}a^2h = 39191{,}04\,cm^3$; $h' = \sqrt{h^2 + \frac{a^2}{4}} = 66{,}6\,cm$
$A = \frac{1}{2}ah' = 1438{,}56\,cm^2$; $O = 4A + a^2 = 7620{,}48\,cm^2$
c) $V = \frac{1}{3}a^2h = 81{,}2544\,m^3$ $h' = \sqrt{h^2 + \frac{a^2}{4}} \approx 8{,}46\,m$
$A = \frac{1}{2}ah' \approx 23{,}36\,m^2$ $O = 4A + a^2 = 123{,}9\,m^2$
d) $h = \sqrt{h'^2 - \frac{a^2}{4}} = 60\,cm$ $V = \frac{1}{3}a^2h = 317520\,cm^3$
$A = \frac{1}{2}ah' = 5481\,cm^2$ $O = 4A + a^2 = 37800\,cm^2$
e) $V = \frac{1}{3}a^2h \approx 185{,}4\,m^3$ $h' = \sqrt{h^2 + \frac{a^2}{4}} \approx 8{,}8\,m$
$A = \frac{1}{2}ah' \approx 37{,}4\,m^2$ $O = 4A + a^2 \approx 221{,}8\,m^2$
f) $a = 2\sqrt{h'^2 - h^2} = 6{,}6\,m$ $V = \frac{1}{3}a^2h = 81{,}312\,m^3$
$A = \frac{1}{2}ah' = 21{,}45\,m^2$ $O = 4A + a^2 = 129{,}36\,m^2$

3 a)

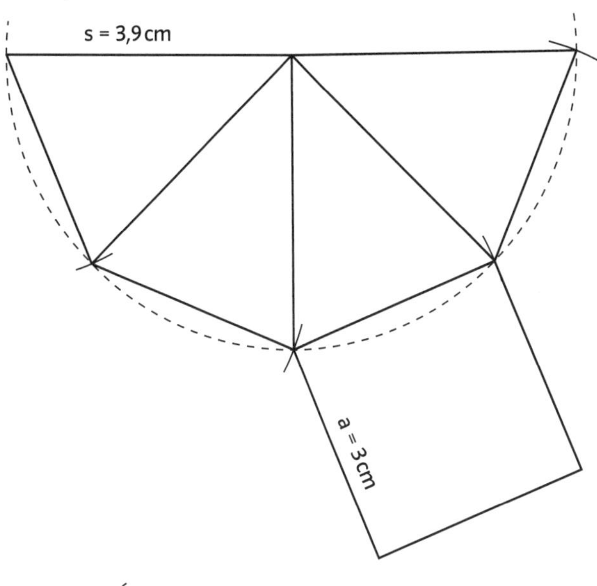

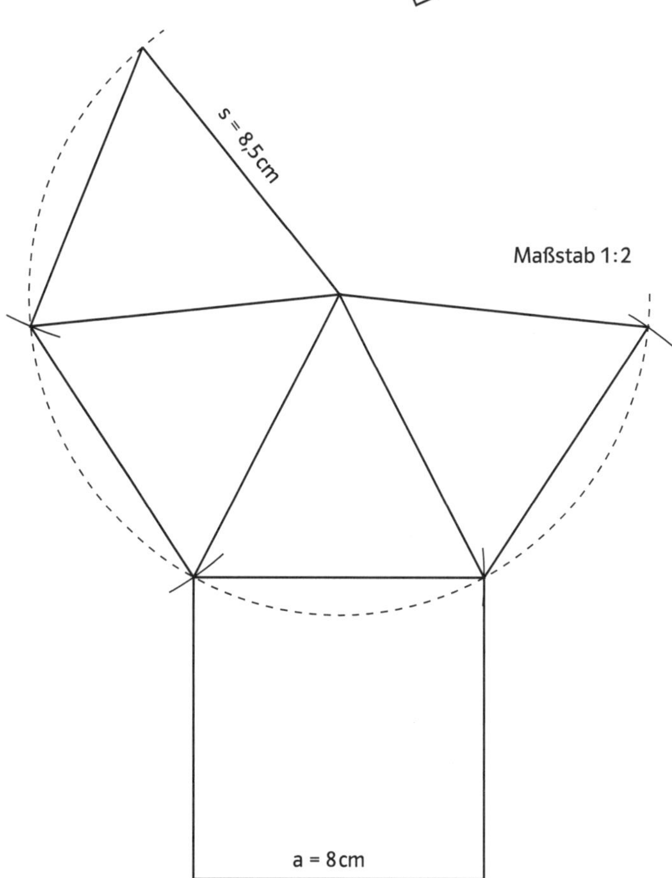

b) $h' = \sqrt{s^2 - \frac{a^2}{4}} = 3{,}6\,cm$ (7,5 cm)
$M = 2ah' = 21{,}6\,cm^2$ ($120\,cm^2$)
$O = M + a^2 = 30{,}6\,cm^2$ ($184\,cm^2$)
c) $h = \sqrt{h'^2 - \frac{a^2}{4}} \approx 3{,}3\,cm$ ($\approx 6{,}3\,cm$)
$V = \frac{1}{3}a^2h \approx 9{,}8\,cm^3$ ($\approx 135{,}3\,cm^3$)

4 $V = \frac{1}{3}abh$; $O = ab + \sqrt{\frac{b^2}{4} + h^2}\cdot a + \sqrt{\frac{a^2}{4} + h^2}\cdot b$

a) $V = 400\,cm^3$; $O \approx 382\,cm^2$
b) $V = 90{,}72\,cm^3$; $O \approx 143\,cm^2$

Seite 158

5 a) $V = \frac{3\sqrt{3}}{2}a^2\frac{h}{3} = \frac{\sqrt{3}}{2}a^2h \approx 31{,}2\,m^3$;
$O = \sqrt{\frac{3}{4}a^2 + h^2}\cdot 3a + \frac{3\sqrt{3}}{2}a^2 \approx 66{,}3\,m^2$
b) $V = \frac{3\sqrt{3}}{2}a^2\frac{\sqrt{s^2 - a^2}}{3} \approx 507{,}4\,m^3$;
$O = \sqrt{s^2 - \frac{a^2}{4}}\cdot 3a + \frac{3\sqrt{3}}{2}a^2 \approx 400{,}5\,m^2$
c) $V = (s^2 - h^2)\frac{\sqrt{3}}{2}h \approx 103{,}9\,m^3$
$O = 3\sqrt{s^2 - \frac{s^2 - h^2}{4}}\sqrt{s^2 - h^2} + \frac{3\sqrt{3}}{2}(s^2 - h^2) \approx 140{,}7\,m^2$
d) $V \approx 4364{,}8\,cm^3$; $O = 1688{,}5\,cm^2$

6 a) $V = \frac{\sqrt{3}}{4}a^2\frac{h}{3} = \frac{\sqrt{3}}{12}a^2h \approx 811{,}9\,cm^3$;
$O = \sqrt{h^2 + \frac{a^2}{12}}\cdot\frac{3}{2}a + \frac{\sqrt{3}}{4}a^2 \approx 668{,}3\,cm^2$
b) $V = \frac{\sqrt{3}}{12}a^2\sqrt{s^2 - \frac{a^2}{3}} \approx 701{,}9\,cm^3$;
$O = \sqrt{s^2 - \frac{a^2}{4}}\cdot\frac{3}{2}a + \frac{\sqrt{3}}{4}a^2 \approx 569{,}7\,cm^2$
c) $V = \frac{\sqrt{3}}{12}a^2\sqrt{s^2 - \frac{a^2}{3}} \approx 70{,}9\,cm^3$;
$O = \sqrt{s^2 - \frac{a^2}{4}}\cdot\frac{3}{2}a^2 \approx 125{,}6\,cm^2$
d) $V = \frac{\sqrt{3}}{12}a^2\sqrt{h'^2 - \frac{a^2}{12}} \approx 1404{,}4\,cm^3$;
$O = \frac{3}{2}ah' + \frac{\sqrt{3}}{4}a^2 \approx 923{,}2\,cm^2$

7 a) i) Alle sechs Pyramiden haben gleich große Grundflächen, die von den Seitenflächen des Würfels (Quadrate) gebildet werden.
ii) Die vier Raumdiagonalen eines Würfels schneiden sich in dessen Mittelpunkt. Der Mittelpunkt des Würfels ist gleich weit von den acht Ecken des Würfels entfernt. Daher sind die vier Seitenkanten der sechs Pyramiden jeweils gleich lang.
Aus i) und ii) folgt, dass alle sechs Pyramiden identisch sind.
b) Für den Würfel gilt: $V = a^3$. Für die Pyramide gilt: $G = a^2$ und $h = \frac{a}{2}$. Es ergibt sich:
$V_{Pyramide} = \frac{1}{6}\cdot a^3 = \frac{1}{3}\cdot\frac{1}{2}\cdot a^2\cdot a = \frac{1}{3}\cdot a^2\cdot\frac{a}{2} = \frac{1}{3}\cdot a^2\cdot h$
$= \frac{1}{3}\cdot G\cdot h$

8 a) $h = \sqrt{s^2 - \left(\frac{\sqrt{2a^2}}{2}\right)^2} = \sqrt{s^2 - \frac{a^2}{2}} \approx 147{,}3\,m$
b) $V = \frac{1}{3}a^2h \approx 2\,665\,541{,}4\,m^3 \Longrightarrow m \approx 7\,330\,238{,}7\,t$
c) $V_V = V - \frac{1}{3}a_H^2\,2h_H \approx 312\,383{,}7\,m^3$;
dies entspricht 11,7 %
d) $M = 2a_H\sqrt{h_H^2 + \frac{a_H^2}{4}} \approx 80\,770{,}2\,m^2$

9 gleiche Ergebnisse für die drei- und die vierseitige Pyramide
a) (1) neu: $2h$ (2) neu: $\frac{h}{2}$
(3) neu: $\frac{h}{3}$ (4) neu: $n\cdot h$
b) (1) neu: $\sqrt{2a}$ (2) neu: $\frac{a}{\sqrt{2}} = \frac{\sqrt{2}}{2}a$
(3) neu: $\frac{a}{\sqrt{3}} = \frac{\sqrt{3}}{3}a$ (4) neu: $\sqrt{na}$

10 $h = 2a$:
$V = \frac{3\sqrt{3}}{2}a^2\cdot\frac{2}{3}a = \sqrt{3}\,a^3$
$O = \sqrt{\frac{3}{4}a^2 + h^2}\cdot 3a + \frac{3\sqrt{3}}{2}a^2$
$= \sqrt{\frac{3}{4}a^2 + 4a^2}\cdot 3a + \frac{3\sqrt{3}}{2}a^2$
$= \frac{\sqrt{19}\cdot a}{2}\cdot 3a + \frac{3\sqrt{3}}{2}a^2 = \frac{3}{2}(\sqrt{19} + \sqrt{3})a^2$
$h = na$:
$V = \frac{3\sqrt{3}}{2}a^2\cdot\frac{n}{3}a = \frac{\sqrt{3}n}{2}a^3$
$O = \sqrt{\frac{3}{4}a^2 + n^2a^2}\cdot 3a + \frac{3\sqrt{3}}{2}a^2 = \frac{3}{2}(\sqrt{4n^2 + 3} + \sqrt{3})a^2$

11 $V = \frac{\sqrt{2}}{3}a^2$ $O = 2\sqrt{3}\,a^2$

12
$V = (10\,m\cdot 10\,m\cdot 4\,m) - \frac{1}{3}(10\,m\cdot 10\,m\cdot 4\,m) = 266{,}\overline{6}\,m^3$

13 Zu jedem n-Eck lässt sich ein flächeninhaltsgleiches Dreieck finden. Dies ist für beide Körper im jeweils gleichen Abstand zur Grundfläche möglich. Damit ist die Voraussetzung für den Satz des Cavalieri erfüllt und beide Körper sind volumengleich, denn sie stimmen in den Größen ihrer Grundfläche, den Längen ihrer Höhe und den Größen der Schnittflächen im jeweils gleichen Abstand parallel zur Grundfläche überein.

6 Kegel

Seite 160

1 $V_1 \approx \frac{64}{3}\pi\,cm^3 \approx 67{,}02\,cm^3$; $V_2 = 8\pi\,cm^3 \approx 25{,}13\,cm^3$
$V_3 = 8\pi\,cm^3 \approx 25{,}13\,cm^3$; $V_4 = \frac{196}{3}\,cm^3 = 65\frac{1}{3}\,cm^3$;
$V_5 = 24\pi\,cm^3 \approx 75{,}40\,cm^3$; $V_5 > V_1 > V_4 > V_3 = V_2$

2

	V	M	O
a)	$V \approx 1{,}21\,m^3$	$M \approx 8{,}35\,m^2$	$O \approx 16{,}4\,m^2$
b)	$V \approx 56{,}5\,cm^3$	$M \approx 63{,}2\,cm^2$	$O \approx 91{,}5\,cm^2$
c)	$V \approx 339\,cm^3$	$M \approx 278\,cm^2$	$O \approx 533\,cm^2$
d)	$V \approx 2111\,cm^3$	$M \approx 695\,cm^2$	$O \approx 1148\,cm^2$
e)	$V \approx 2815\,cm^3$	$M \approx 962\,cm^2$	$O \approx 1766\,cm^2$
f)	$V \approx 5{,}03\,cm^3$	$M \approx 18{,}96\,cm^2$	$O \approx 20{,}97\,cm^2$

3 a) $r = \sqrt{s^2 - h^2} = 9\,cm$ $V \approx 3393\,cm^3$
$M \approx 1159\,cm^2$ $O \approx 1414\,cm^2$
b) $h = \sqrt{s^2 - r^2} = 28{,}8\,cm$ $V \approx 20\,388\,cm^3$
$M \approx 3169\,cm^2$ $O \approx 5293\,cm^2$
c) $h = \frac{3V}{\pi r^2} = 9\,cm$ $s = \sqrt{h^2 + r^2} \approx 12{,}0\,cm$
$M \approx 303\,cm^2$ $O \approx 504\,cm^2$
d) $r = \sqrt{s^2 - h^2} = 5\,cm$ $V \approx 314\,cm^3$
$M \approx 204\,cm^2$ $O \approx 283\,cm^2$
e) $r = \frac{M}{s\pi} \approx 5{,}0\,cm$ $h = \sqrt{s^2 - r^2} \approx 5{,}6\,cm$
$V \approx 146\,cm^3$ $O \approx 196\,cm^2$
f) $r = \frac{M}{s\pi} = 5{,}625\,cm$ $h = \sqrt{s^2 - r^2} \approx 3{,}1\,cm$
$V \approx 101\,cm^3$ $O \approx 212\,cm^2$
g) $r = \sqrt{\frac{3V}{\pi h}} \approx 10{,}9\,cm$ $s = \sqrt{h^2 + r^2} \approx 22{,}8\,cm$
$M \approx 782\,cm^2$ $O \approx 1157\,cm^2$
h) $r = \frac{O - M}{\pi} \approx 5{,}5\,cm$ $s = \frac{M}{\pi r} \approx 7{,}4\,cm$
$h = \sqrt{s^2 - r^2} \approx 5{,}0\,cm$ $V \approx 157\,cm^3$

4 a) $M = \pi s \frac{2\pi \cdot s \cdot \frac{\alpha}{360°}}{2\pi} = \pi s^2 \frac{\alpha}{360°} \approx 50\,cm^2$
($67\,cm^2$; $101\,cm^2$; $151\,cm^2$)
b) $V = \frac{1}{3} r^2 \pi \sqrt{s^2 - r^2} \approx 32{,}45\,cm^3$
($56{,}17\,cm^3$; $116{,}08\,cm^3$; $199{,}49\,cm^3$)

5 a) $M = 12\pi\,cm^2 \approx 37{,}70\,cm^2$; $r = 2\,cm$;
$h = 4\sqrt{2}\,cm \approx 5{,}66\,cm$; $V = \frac{16}{3}\pi\sqrt{2}\,cm^3 \approx 23{,}70\,cm^3$
b) Mantelfläche vervierfacht sich, Kegelradius verdoppelt sich, Höhe verdoppelt sich, Volumen verachtfacht sich.
c) Mantelfläche halbiert sich, Radius halbiert sich, Höhe nimmt leicht zu von $\sqrt{32}\,cm \approx 5{,}66\,cm$ auf $\sqrt{35}\,cm \approx 5{,}92\,cm$.
Volumen sinkt auf $\frac{1}{3}\pi\sqrt{35}\,cm^3 \approx 6{,}20\,cm^3$,
also auf ca. ein Viertel des Vorwertes.
d) Mantelfläche verdoppelt sich, Radius bleibt unverändert, Höhe verdoppelt sich etwa, Volumen nimmt auf mehr als das Doppelte zu.

Seite 161

6 a) $V = \frac{1}{3}\pi r^2 h \approx 36{,}2\,m^2$
b) $M = r\sqrt{h^2 + r^2}\,\pi \approx 48{,}72\,m^2$
$\Longrightarrow$ Die Belegung kostet etwa 13 885 €.

7 Linker Körper: $V = \frac{1}{3}\pi d^3 \approx 8{,}38\,l$
Oberfläche ohne Deckfläche (offen):
$\pi d^2\left(1 + \frac{\sqrt{5}}{4}\right) \approx 1959{,}12\,cm^2$
Oberfläche mit Deckfläche (geschlossen):
$\pi d^2 \frac{5 + \sqrt{5}}{4} \approx 2273{,}28\,cm^2$
Mittlerer Körper: $V = \left(3 + \frac{\pi}{6}\right)d^3 \approx 28{,}19\,l$
Oberfläche ohne Deckfläche (offen):
$d^2\sqrt{17}\left(3 + \frac{\pi}{4}\right) \approx 6243{,}04\,cm^2$
Oberfläche mit Deckfläche (geschlossen):
$d^2\left(3 + \frac{\pi}{4} + \sqrt{17}\,\frac{\pi}{4} + 3\sqrt{17}\right) = 7757{,}20\,cm^2$
Rechter Körper: $V = 2{,}4\,d^3 \approx 19{,}2\,l$
Oberfläche ohne Deckfläche (offen):
$d^2\left(6{,}95 + 0{,}15\sqrt{349}\right) \approx 3900{,}89\,cm^2$
Oberfläche mit Deckfläche (geschlossen):
$d^2\left(8{,}45 + 0{,}15\sqrt{349}\right) \approx 4500{,}89\,cm^2$

8 a) Es ist noch ein Achtel, also 12,5 %, gefüllt.
b) Die Höhe ist um den Faktor $\sqrt[3]{\frac{1}{2}}$ auf ca. 7,7 cm abgesunken.
c) Die Höhe hat auf die Hälfte, also 4,85 cm, abgenommen.
d) Der Rauminhalthat um den Faktor $\frac{1}{\sqrt{8}}$ abgenommen, also sind noch ca. 35,36 % des Rauminhalts des Glases gefüllt.
e) Die Höhe hat um den Faktor $\sqrt{\frac{1}{2}}$ abgenommen, sie beträgt noch ca. 6,86 cm.

9 a) Kegelstumpf: $V = \frac{1}{3}h\pi\left(r_1^2 + r_1 r_2 + r_2^2\right)$;
$O = \pi s(r_1 + r_2) + \pi\left(r_1^2 + r_2^2\right)$
Oktaeder: $V = \frac{\sqrt{2}}{3}a^3$; $O = 2\sqrt{3}\,a^2$
b) $V = 9\sqrt{2}\,cm^3 \approx 12{,}73\,cm^3$;
$O = 18\sqrt{3}\,cm^2 \approx 31{,}18\,cm^2$
c) Kegelstumpf: Der Kegelstumpf entsteht durch Abtrennen eines kleinen Kegels von einem großen Kegel. Für die Herleitung des Rauminhalts verwendet man die Beziehungen:
(1) $\frac{h_1}{h_2} = \frac{r_1}{r_2}$ (Strahlensatz) und
(2) $r_1^3 - r_2^3 = (r_1 - r_2)\left(r_1^2 + r_1 r_2 + r_2^2\right)$
(Ausmultiplizieren).
Damit:

$$\begin{aligned} V_{Kegelstumpf} &= \tfrac{1}{3}h_1\pi r_1^2 - \tfrac{1}{3}h_2\pi r_2^2 \\ &= \tfrac{1}{3}\tfrac{r_1}{r_2}h_2\pi r_1^2 - \tfrac{1}{3}h_2\pi r_2^2 && (1) \\ &= \tfrac{1}{3}\pi\tfrac{h_2}{r_2}\left(r_1^3 - r_2^3\right) \\ &= \tfrac{1}{3}\pi\tfrac{h_2}{r_2}(r_1 - r_2)\left(r_1^2 + r_1 r_2 + r_2^2\right) && (2) \\ &= \tfrac{1}{3}\pi(h_1 - h_2)\left(r_1^2 + r_1 r_2 + r_2^2\right) && (1) \\ &= \tfrac{1}{3}\pi h\left(r_1^2 + r_1 r_2 + r_2^2\right) \end{aligned}$$

Für die Herleitung der Formel für die Mantelfläche braucht man noch: $\frac{s_1}{s_2} = \frac{r_1}{r_2}$ (3)

$$M_{Kegelstumpf} = \pi r_1 s_1 - \pi r_2 s_2 = \pi r_1 \frac{r_1}{r_2} s_2 - \pi r_2 s_2 \qquad (3)$$
$$= \pi \frac{s_2}{r_2}(r_1^2 - r_2^2) = \pi \frac{s_2}{r_2}(r_1 - r_2)(r_1 + r_2)$$
$$= \pi (s_1 - s_2)(r_1 + r_2) = \pi s (r_1 + r_2)$$

Oktaeder: Der Oktaeder ist aus zwei quadratischen Pyramiden zusammengesetzt.

$$V_{Oktaeder} = 2 \cdot \left(\frac{1}{3} a^2 \cdot \sqrt{a^2 - \left(\frac{\sqrt{2}}{2} a\right)^2}\right) = \frac{2}{3} a^3 \sqrt{\frac{1}{2}} = \frac{\sqrt{2}}{3} a^3$$

$$O_{Oktaeder} = 8 \cdot \frac{1}{2}\left(a \cdot \frac{\sqrt{3}}{2} a\right) = 2\sqrt{3}\, a^2$$

10 Bei Drehung um a entsteht ein Kegel mit $r = a$ und $h = a$.

Es ist $V = \frac{1}{3} \cdot a^2 \cdot \pi \cdot a = \frac{1}{3} \cdot \pi \cdot a^3$

Bei Drehung um c entsteht ein Doppelkegel, der aus zwei identischen Kegeln mit $r = \sqrt{a^2 - \left(\frac{c}{2}\right)^2}$ und $h = \frac{c}{2}$ besteht.

Es ist $V = 2 \cdot \frac{1}{3} \cdot \pi \cdot \left(\sqrt{a^2 - \left(\frac{c}{2}\right)^2}\right)^2 \cdot \frac{c}{2} = \frac{c}{3} \cdot \pi \cdot \left(a^2 - \left(\frac{c}{2}\right)^2\right)$

11 Nach dem Satz des Cavalieri sind die Volumen beider Körper gleich. Die Größen ihrer Grundflächen sind gleich, die Größen ihrer Mantelflächen sind unterschiedlich. Verschiebt man die Spitze des geraden Kegels parallel zur Grundfläche so, dass ein schiefer Kegel entsteht, so ist dessen Mantelfläche größer als die des geraden Kegels.

7 Kugel

Seite 163

1 a) $V \approx 1767\,cm^3$ — $O \approx 707\,cm^2$
b) $r \approx 15{,}0\,cm$ — $V \approx 14\,126\,cm^3$
c) $V \approx 5{,}88\,m^3$ — $O \approx 15{,}8\,m^2$
d) $r \approx 3{,}0\,m$ — $O \approx 113\,m^2$
e) $V \approx 8181\,cm^3$ — $O \approx 1963\,cm^2$
f) $r \approx 0{,}40\,m$ — $V \approx 0{,}266\,m^3$
g) $r \approx 1{,}86\,m$ — $O \approx 43{,}5\,m^2$
h) $V \approx 7{,}8\,cm$ — $O \approx 767{,}7\,cm^2$

2 $O = d^2\pi \approx 4072\,m^2$

3 $d \approx 14{,}2\,cm$; $O \approx 633{,}7\,cm^2$

Seite 164

4 1. Körper: $V = \frac{4}{3} p\, 6{,}53\,cm^3 \approx 1150{,}35\,cm3$
2. Körper: $r = \frac{12{,}3}{2\pi} \approx 1{,}957\,m$; $V \approx 31{,}42\,m^3$
3. Körper: $r \approx 9{,}27\,cm$; $V \approx 1668{,}70\,cm^3$
4. Körper: $V = \frac{5}{3}\pi a^3 \approx 1954{,}32\,cm^3$
5. Körper: $r = \sqrt{\frac{O}{4\pi}} \approx 6{,}31\,cm$; $V \approx 1051{,}31\,cm^3$

5 a) $V = \pi r^2 h + \frac{2}{3} r^3 \pi = \pi r^2 \left(h + \frac{2}{3} r\right)$
$O = \pi r^2 + 2\pi r h + 2\pi r^2 = 3\pi r^2 + 2\pi r h$
b) $V = \frac{1}{3}\pi r^2 h + \frac{2}{3}\pi r^3 = \frac{1}{3}\pi r^2 (h + 2r)$
$O = \pi r \sqrt{h^2 + r^2} + 2\pi r^2$
c) $V = \frac{1}{2} \cdot \frac{4}{3} \cdot \pi \cdot r^3 = \frac{2}{3}\pi r^3$
$O = \frac{1}{2} \cdot 4\pi r^2 + r^2 \cdot \pi = 2\pi r^2 + r^2 \cdot \pi = 3\pi r^2$
d) $V = \frac{1}{6}\pi (3a)^3 + \frac{\pi}{4} a^3 = \frac{7}{4}\pi a^3$
$O = \frac{\pi (3a)^2}{2} + \pi 3a \left(\frac{3a}{2} + a\right) - 2 \cdot \frac{1}{4}\pi a^2 + \frac{1}{4}\pi (3a)^2$
$= 13\frac{3}{4} + \pi a^2$

6 a) Radius verdoppelt sich.
b) Radius erhöht sich um Faktor $\sqrt{2}$.
c) Radius erhöht sich um Faktor $\sqrt[3]{2}$.

7 $O = 3\pi r^2 + 2\pi r h$

8 $V \approx 523{,}6\,cm^3$
a) $m \approx 1{,}5\,kg$
b) $m \approx 10{,}1\,kg$
c) $m \approx 0{,}26\,kg$
d) $m \approx 21\,g$

9 a) $V \approx 3846{,}2\,cm^3 \Longrightarrow d \approx 19{,}44\,cm$
b) $V \approx 0{,}885\,cm^3 \Longrightarrow d \approx 1{,}19\,cm$

10 a) $V = 1000 \cdot \frac{1}{3} \frac{d^3}{2} \pi = \frac{1}{3} \frac{x^3}{2} \pi \Longrightarrow (10\,d)^3 = x^3$
$\Longrightarrow x = 10\,d$
b) $O_{alt} = 1000\,d^2\pi$; $O_{neu} = (10\,d)^2\pi \Longrightarrow \frac{O_1}{O_2} = 10$
Die kleinen Kugeln haben 10-mal mehr Oberfläche als die große.

11 a) $r \approx 6366\,km$
b) $O \approx 5{,}1 \cdot 10^8\,km^2$
c) $V \approx 1{,}1 \cdot 10^{12}\,km^3$

12 $V \approx 0{,}065\,cm^3$ (302 400 Tropfen pro Woche)
$\Longrightarrow$ etwa 19,8 l gehen verloren

Seite 165

13 a) $V = \frac{4}{3} r^3 \pi = \pi r^2 h_z = \frac{1}{3}\pi r^2 h_k$
$\Longrightarrow h_z = \frac{3}{4} r$; $h_k = 4r$
b) $O = 4r^2\pi = 2r^2\pi + 2\pi r h_z = \pi r \sqrt{h_k^s + r^2} + r^2\pi$
$\Longrightarrow h_z = r$; $h_k = \sqrt{8}\,r$

14 $d_1 = 0{,}5\,cm$; $d_2 = 1\,m$; $V = \frac{d_1^3}{6} = \frac{d_2^3}{4}\pi h$
$\Longrightarrow h = \frac{4 d_1^3}{6 d_2^3} = 8{,}3 \cdot 10^{-8}$

15 Individuelle Lösung. Vorgehensweise:
- Länge und Radius des zylinderförmigen Tropfens bestimmen.
- Das Volumen des Propfens und das der Seifenblasenhaut sind gleich.

- Durchmesser der Seifenblase experimentell ermitteln
- Volumen der „nicht hohlen" Seifenblase errechnen.
- Differenz aus Volumen „nicht hohle" Seifenblase und Volumen Tropfen = Volumen Hohlraum in der Seifenblase.
- Radius des Hohlraums errechnen
- Differenz aus Radius Seifenblase und Radius Hohlraum = Dicke der Seifenblasenhaut.

16 a) $V = \frac{4}{3}\pi r_a^3 - \frac{4}{3}\pi r_i^3 = \frac{4}{3}\pi\left(r_a^3 - r_i^3\right)$

b) $V = \frac{4}{3}\pi\left[r_a^3 - (r_a - d)^3\right] = \frac{4}{3}\pi\left(3r_a^2 d - 3r_a d^2 + d^3\right)$
$= 4\pi d\left(r_a^2 - r_a d + \frac{1}{3}d^2\right)$

c) $r_a \gg d \Longrightarrow r_a^2 \gg \left|-r_a d + \frac{1}{3}d^2\right|$, dieser Term kann vernachlässigt werden
$\Longrightarrow V \approx 4r_a^2\pi d$

d) $V_{Näherung} \approx 628{,}3\,cm^3$ $V_{Exakt} \approx 597{,}4\,cm^3$
Fehler: + 5,18 %

17 a) $V = \frac{4}{3}\pi r^3 \approx 41\,051{,}6\,mm^3 \approx 41{,}1\,cm^3$

$V_{Kern} \approx 22\,066{,}6\,mm^3$; $V_{Ummantelung} \approx 13\,494{,}8\,mm^3$;
$V_{Schale} \approx 5490{,}2\,mm^3$
$\Longrightarrow$ Kern: ≈ 53,8 %; Ummantelung: ≈ 32,9 %;
Schale: ≈ 13,3 %;

b) $m_{Kern} \approx 11\,g \Longrightarrow$ Dichte $\approx 0{,}5\,\frac{g}{cm^3}$

18 a) $2\pi r^3 : 100\,\% = \frac{4}{3}\pi r^3 : x \Longrightarrow x = 66{,}\bar{6}\,\%$

$\Longrightarrow$ Es bleiben $33{,}\bar{3}\,\%$ leer.

b) $O_{Kugel} = 4r^2\pi$; $M_{Zylinder} = 4r^2\pi$
$\Longrightarrow$ Die Flächeninhalte sind gleich groß.

19 a) $r_{gr.K.} = \frac{1}{2}a$ $a_{kl.W.} = \frac{1}{\sqrt{2}}a = \frac{\sqrt{2}}{2}a$

$r_{kl.K.} = \frac{1}{2\sqrt{2}}a = \frac{\sqrt{2}}{4}a$

b) $V_{gr.W.} = a^3$ $V_{gr.K.} = \frac{\pi}{6}a^3$

$V_{kl.W} = \frac{\sqrt{2}}{4}a^3$ $V_{kl.K.} = \frac{\sqrt{2}}{24}\pi a^3$

$O_{gr.W.} = 6a^2$ $O_{gr.K.} = \pi a^2$

$O_{kl.W.} = 3a^2$ $O_{kl.K.} = \frac{\pi}{2}a^2$

c) $V_W = \frac{1}{8}a^3$ $O_W = \frac{3}{2}a^2$

$V_K = \frac{\pi}{48}a^3$ $O_K = \frac{\pi}{4}a^2$

8 Näherungsverfahren von Archimedes zur Bestimmung von π

Seite 167

1 a) Ein n-Eck wird in n gleichschenklige Dreiecke mit Scheitel M und r = 1 als Schenkel unterteilt. In Fig. 2 auf Seite 166 des Schülerbuches ist eins dieser n Dreiecke das Dreieck MBA. Durch die Winkelhalbierenden in allen n Dreiecken entsteht ein 2 n-Eck.
Die Winkelhalbierende in MBA steht senkrecht auf der Basis. In den entstehenden rechtwinkligen Dreiecken DMB und DBC kann der Satz des Pythagoras angewandt werden.
(1) Im Dreieck DBC ist s_{2n} die Hypothenuse, $\overline{CD}$ und $\frac{s_n}{2}$ sind die Katheten, also $s_{2n}^2 = \overline{CD}^2 + \left(\frac{s_n}{2}\right)^2$.
(2) Im Dreieck DMB ist die Hypothenuse $\overline{MB} = r = 1$, die Katheten sind $\frac{s_n}{2}$ und $\overline{MC} - \overline{CD} = 1 - \overline{CD}$, also $1 = \left(1 - \overline{CD}\right)^2 + \left(\frac{s_n}{2}\right)^2$.

b) $1 = \left(1 - \overline{CD}\right)^2 + \left(\frac{s_n}{2}\right)^2 = 1 - 2\overline{CD} + \overline{CD}^2 + \left(\frac{s_n}{2}\right)^2$,
also $\overline{CD}^2 - 2\overline{CD} + \left(\frac{s_n}{2}\right)^2 = 0$

Die Lösungen dieser quadratischen Gleichung ergeben sich mithilfe der pq-Formeln zu
$\overline{CD} = 1 + \sqrt{1 - \left(\frac{s_n}{2}\right)^2}$ und $\overline{CD} = 1 - \sqrt{1 - \left(\frac{s_n}{2}\right)^2}$.
Die Lösung $\overline{CD} = 1 + \sqrt{1 - \left(\frac{s_n}{2}\right)^2}$ wird verworfen, da $\overline{CD}$ nicht größer als 1 sein kann $\left(\overline{CD} < r = 1\right)$.
Somit gilt $\overline{CD} = 1 - \sqrt{1 - \left(\frac{s_n}{2}\right)^2}$.

c) $s_{2n}^2 = \left(1 - \sqrt{1 - \left(\frac{s_n}{2}\right)^2}\right)^2 + \left(\frac{s_n}{2}\right)^2$
$= 1 - 2\sqrt{1 - \left(\frac{s_n}{2}\right)^2} + 1 - \left(\frac{s_n}{2}\right)^2 + \left(\frac{s_n}{2}\right)^2$
$= 2 - 2\sqrt{1 - \left(\frac{s_n}{2}\right)^2} = 2 - \sqrt{4 - s_n^2}$
Wegen $s_{2n} > 0$ ergibt sich $s_{2n} = \sqrt{2 - \sqrt{4 - s_n^2}}$.

2 a) Formeln für Excel, siehe unten

zu Seite 167, Aufgabe 2 a)

	A	B	C	D	E
1	n	s_n	u_n=n*s_n	S_n	U_N=n*S_n
2	6	1	=A2*B2	=B2/WURZEL/(1-B2^2/4)	=A2*D2
3	=A2*2	=WURZEL(2-WURZEL(4-B2^2))	=A3*B3	=B3/WURZEL/(1-B3^2/4)	=A3*D3
4	=A3*2	=WURZEL(2-WURZEL(4-B3^2))	=A4*B4	=B4/WURZEL/(1-B4^2/4)	=A4*D4
5	=A4*2	=WURZEL(2-WURZEL(4-B4^2))	=A5*B5	=B5/WURZEL/(1-B5^2/4)	=A5*D5
6	=A5*2	=WURZEL(2-WURZEL(4-B5^2))	=A6*B6	=B6/WURZEL/(1-B6^2/4)	=A6*D6
7	=A6*2	=WURZEL(2-WURZEL(4-B6^2))	=A7*B7	=B7/WURZEL/(1-B7^2/4)	=A7*D7

b)

n	s_n	u_n	S_n	U_n
6	1	6	1,154 700 538	6,928 203 230
12	0,517 638 090 2	6,211 657 082	0,535 898 384 9	6,430 780 618
24	0,261 052 384 4	6,265 257 227	0,263 304 995 2	6,319 319 884
48	0,130 806 258 5	6,278 700 406	0,131 086 925 6	6,292 172 430
96	0,065 438 165 6	6,282 063 902	0,065 473 220 8	6,285 429 199
192	0,032 723 463 3	6,282 904 945	0,032 727 844 3	6,283 746 100
384	0,016 362 279 2	6,283 115 216	0,016 362 826 8	6,283 325 494
768	0,008 181 208 1	6,283 167 784	0,008 181 276 5	6,283 220 035 3

c) Ab dem 96-Eck erhält man π auf zwei Stellen genau, ab dem 1536-Eck auf vier Stellen genau. Für eine Genauigkeit von acht Stellen reicht die Rechenleistung des GTR nicht aus.

3 Bei $n = 4$ gilt für den Innenwinkel des Vierecks $\alpha = 90°$. Es ist $s_4 = \sqrt{r^2 + r^2}$. Da $r = 1$, gilt $s_4 = \sqrt{1 + 1} = \sqrt{2}$.

n	s_n	$\frac{1}{2}u_n = \frac{1}{2}n \cdot s_n$	S_n	$\frac{1}{2}U_n = \frac{1}{2}n \cdot S_n$
4	1,414 213 562 4	2,828 427 124 7	2,000 000 000 0	4,000 000 000 0
8	0,765 366 864 7	3,061 467 458 9	0,828 427 124 7	3,313 708 499 0
16	0,390 180 644 0	3,121 445 152 3	0,397 824 734 8	3,182 597 878 1
32	0,196 034 280 7	3,136 548 490 4	0,196 982 806 7	3,151 724 907 4
64	0,098 135 348 7	3,140 331 157 0	0,098 253 699 5	3,144 118 385 2
128	0,049 082 457 0	3,141 277 250 9	0,049 097 244 2	3,142 223 299
256	0,024 543 076 6	3,141 513 801 1	0,024 544 924 8	3,141 750 369 2

Die Näherung ist auf drei Stellen nach dem Komma genau.

4 a) $\pi - 3 \approx 0{,}14159$; etwa 4,507% Abweichung
b) $\pi - \left(\frac{16}{9}\right)^2 \approx -0{,}01890$; etwa −0,602% Abweichung
c) $\pi - \left(3 + \frac{1}{7}\right) \approx -0{,}00126$; etwa −0,040% Abweichung
$\pi - \left(3 + \frac{10}{71}\right) \approx 0{,}00075$; etwa 0,024% Abweichung
d) $\pi - \left(3 + \frac{17}{120}\right) \approx -0{,}00007$; etwa −0,002% Abweichung
e) $\pi - \sqrt{10} \approx -0{,}02069$; etwa −0,658% Abweichung
f) $\pi - (1{,}8 + \sqrt{1{,}8}) \approx -0{,}00005$; etwa −0,002% Abweichung

Wiederholen – Vertiefen – Vernetzen

Seite 168

1 a) Fig. 1: $V = \frac{17}{8}\,\mathrm{m}^3 = 2{,}125\,\mathrm{m}^3$
Fig. 2: $V = \frac{493}{108}\pi\,\mathrm{m}^3 \approx 14{,}34\,\mathrm{m}^3$
b) Fig. 1: $V = \frac{1}{2}\cdot(1{,}5a\cdot a)\cdot 2{,}5a + \frac{1}{3}\cdot\frac{1}{2}\cdot(1{,}5a\cdot a)\cdot a$
$= \frac{17}{8}a^3$
Fig. 2: $V = \left(\pi a^2\cdot 5a + \frac{1}{3}\pi a^2\cdot 2a\right)\cdot\frac{290}{360} = \frac{493}{108}\pi a^3$
c) Fig. 1: $a = \sqrt[3]{\frac{64}{17}} \approx 1{,}56\,\mathrm{m}$
Fig. 2: $a = \sqrt[3]{\frac{864}{493\pi}} \approx 82{,}32\,\mathrm{cm}$
d) Fig. 1:
$O = 1{,}5a\cdot 2{,}5a + \sqrt{(0{,}75a)^2 + a^2}\cdot 2{,}5a\cdot 2$
$+ 2\cdot\left(\frac{1{,}5a\cdot a}{2}\right) + 2\cdot\frac{1}{2}\cdot a\sqrt{2}\cdot\frac{a}{4}\sqrt{17}$
$= \left(11{,}5 + \frac{\sqrt{34}}{4}\right)a^2 \approx 12{,}96\,\mathrm{m}^2$
Fig. 2:
$O = \frac{29}{36}\pi a^2 + 2\pi a\cdot\frac{29}{36}\cdot 5a + 2\cdot a\cdot 5a$
$+ \pi\cdot a\cdot\sqrt{5a^2}\cdot\frac{29}{36} + 2a^2$
$= \left(\frac{29}{36}\pi\left(11 + \sqrt{5}\right) + 12\right)a^2 \approx 45{,}50\,\mathrm{m}^2$

2 a) $V_{Zyl} : V_{HK} : V_{Kegel} = \pi r^3 : \frac{2}{3}\pi r^3 : \frac{1}{3}\pi r^3 = 1 : \frac{2}{3} : \frac{1}{3}$
$= 3 : 2 : 1$
b) $O_{Zyl} : O_{HK} : O_{Kegel} = 4\pi r^2 : 3\pi r^2 : (1 + \sqrt{2})\pi r^2$
$= 4 : 3 : (1 + \sqrt{2}) = 4 : 3 : 2{,}41$
c) $V_{Zyl} : V_{Kugel} : V_{Kegel} = 2\pi r^3 : \frac{4}{3}\pi r^3 : \frac{2}{3}\pi r^3 = 2 : \frac{4}{3} : \frac{2}{3}$
$= 3 : 2 : 1$

3 a) Radius $\sqrt{80}\,\mathrm{m} \approx 8{,}94\,\mathrm{m}$
Mittelpunktswinkel $\alpha = 180° - 2\cdot\tan^{-1}\left(\frac{1}{2}\right) \approx 126{,}87°$
$G = 16\,\mathrm{m}^2 + 80\pi\cdot\frac{\alpha}{360°}\,\mathrm{m}^2 = 104{,}57\,\mathrm{m}^2$
$V = G\cdot h \approx 4183\,\mathrm{m}^3$
b) $U = 12\,\mathrm{m} + 2\pi\sqrt{80}\,\frac{\alpha}{360°}\,\mathrm{m} + \sqrt{80}\,\mathrm{m} \approx 40{,}75\,\mathrm{m}$
$M = U\cdot h \approx 1630\,\mathrm{m}^2$
c) $2037{,}5\,\mathrm{m}^2\cdot 375\,€ = 764\,062{,}50\,€$

4 a) $V = \frac{3\sqrt{3}}{2}a^2\frac{1}{3}\sqrt{s^2 - a^2} \approx 41{,}6\,\mathrm{cm}^3$
$O = \frac{3\sqrt{3}}{2}a^2 + 3a\sqrt{s^2 - \frac{a^2}{4}} \approx 96{,}6\,\mathrm{cm}^2$
b) $V = \frac{\sqrt{3}}{2}a^2h \approx 52\,814\,\mathrm{cm}^3$
$O = \frac{3\sqrt{3}}{2}a^2 + 3a\sqrt{h^2 + \frac{3}{4}a^2} \approx 9054\,\mathrm{cm}^2$
c) $V = \frac{\sqrt{3}}{2}(s^2 - h^2)h \approx 3897\,\mathrm{cm}^3$
$O = \frac{3\sqrt{3}}{2}(s^2 - h^2) + 3\sqrt{s^2 - h^2}\sqrt{\frac{3s^2 + h^2}{4}} \approx 1658\,\mathrm{cm}^2$

Seite 169

5 a)

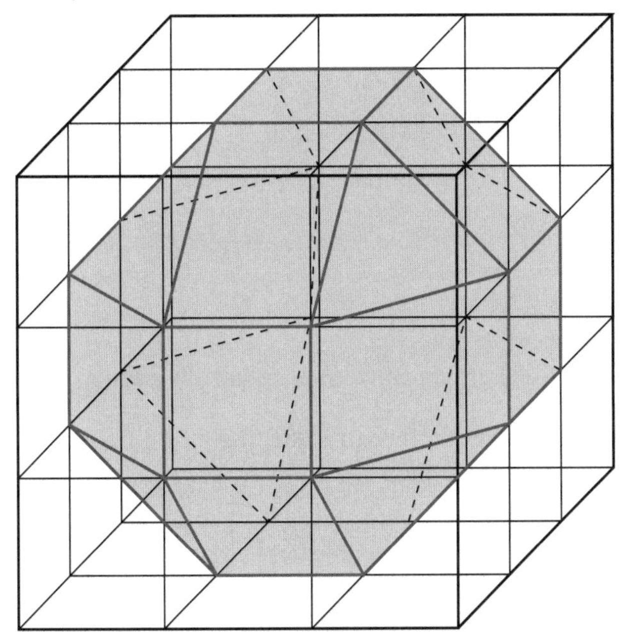

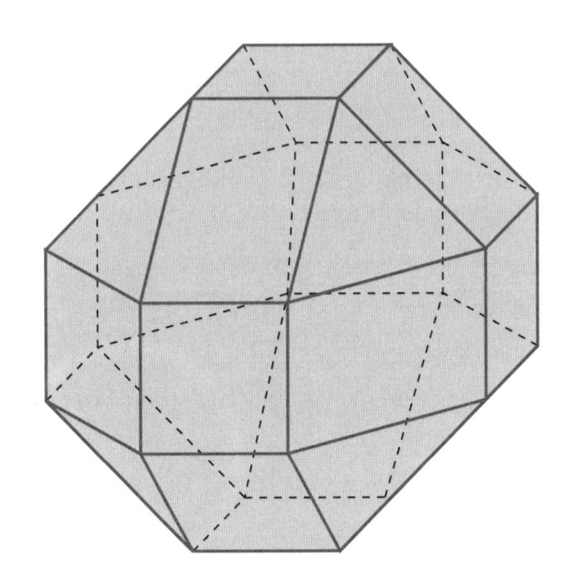

b) Die Oberfläche des Körpers besteht aus sechs – jeweils kongruenten – Quadraten, aus 12 – jeweils kongruenten – Rechtecken und aus acht – jeweils kongruenten – gleichseitigen Dreiecken.
Die Seitenlängen der Quadrate betragen $\frac{1}{3}$ der Kantenlänge a des Ausgangswürfels, in diesem Fall also 2 cm. Damit haben die Quadrate einen Flächeninhalt von $4\,\text{cm}^2$.
Die Seitenlängen der Rechtecke betragen $\frac{a}{3}$ und $\frac{\sqrt{2}a}{3}$ in diesem Fall also 2 cm und $2\cdot\sqrt{2}\,\text{cm}^2 \approx 2{,}828\,\text{cm}$.
Damit haben die Rechtecke einen Flächeninhalt von $4\cdot\sqrt{2}\,\text{cm}^2 \approx 5{,}657\,\text{cm}^2$. Die Seitenlängen der gleichseitigen Dreiecke betragen $\frac{\sqrt{2}a}{3}$, in diesem Fall also $2\cdot\sqrt{2}\,\text{cm} \approx 2{,}828\,\text{cm}$.
Damit haben die gleichseitigen Dreiecke einen Flächeninhalt von $\frac{\sqrt{3}}{18}a^2 = 2\cdot\sqrt{3}\,\text{cm}^2 \approx 3{,}464\,\text{cm}^2$.

6 a) $\frac{1}{6}a^2h = \left(a\frac{h-h_1}{h}\right)^2\frac{1}{3}(h-h_1) \Longrightarrow \frac{1}{2}h = \frac{(h-h_1)^3}{h^2}$

$\Longrightarrow \frac{1}{2} = \frac{(h-h_1)^3}{h^3} = \left(1-\frac{h_1}{h}\right)^3 \Longrightarrow \left(1-\frac{h_1}{h}\right) = \frac{1}{\sqrt[3]{2}}$

$\Longrightarrow \frac{h_1}{h} = 1 - \frac{1}{\sqrt[3]{2}} \Longrightarrow h_1 = \left(1-\frac{1}{\sqrt[3]{2}}\right)h = \frac{2-\sqrt[3]{4}}{2}h \approx 0{,}21h$

Die Höhe h_1 muss etwa das 0,21-fache der Ursprungshöhe h betragen.

b) $\frac{\pi}{6}r_1^2h = \left(r_1\frac{h-h_1}{h}\right)^2\pi\frac{1}{3}(h-h_1) \Longrightarrow \frac{1}{2}h = \frac{(h-h_1)^3}{h^2}$

$\Longrightarrow h_1 = \frac{2-\sqrt[3]{4}}{2}h \approx 0{,}21h$

Die Höhe h_1 muss etwa das 0,21-fache der Ursprungshöhe h betragen.

7 a) $V \approx 208{,}9\,\text{cm}^3$; $O \approx 205{,}3\,\text{cm}^2$
b) $V \approx 1021\,\text{cm}^3$; $O \approx 604{,}8\,\text{cm}^2$
c) $V \approx 377{,}5\,\text{cm}^3$; $O \approx 323{,}3\,\text{cm}^2$
d) $V \approx 1493{,}\overline{3}\,\text{cm}^3$; $O \approx 890{,}7\,\text{cm}^2$

8 $s = \sqrt{h^2 + (r_1 - r_2)^2} = 5\,\text{cm}$
$\Longrightarrow M = s(r_1 + r_2)\pi \approx 110\,\text{cm}^2$; $O \approx 201\,\text{cm}^2$

9 a) Die Figur kann nicht der Würfelschatten sein, denn der Würfel hat nur quadratische Seitenflächen, keine rechteckigen.
b) Die Figur kann nicht der Würfelschatten sein, denn egal wie der Würfel gehalten wird, im Schatten kann es nur drei sichtbare Kanten geben, und nicht vier wie in der Figur.
c) Die Figur kann nicht der Würfelschatten sein, denn parallele Würfelkanten sind nicht parallel abgebildet.
d) Diese Figur ist ein Würfelschatten, wobei die Raumdiagonale des Würfels senkrecht zur Projektionsebene und parallel zu den Projektionsstrahlen liegt.

10 a) Der Körper ist ein Kegelstumpf.
b) Der Körper ist ein Keilstumpf.
c) Der Körper ist ein Kegelstumpf mit aufgesetztem Zylinder.
d) Der Körper ist ein Keilstumpf mit aufgesetztem Quader.

Seite 170

11 a) $V = \frac{\pi}{3}h(r_1^2 + r_2^2 + r_1 r_2) - r_2^2 \frac{\pi}{3}h = \frac{\pi}{3}h(r_1^2 + r_1 r_2)$

$O = \pi r_1^2 + \pi \sqrt{\left(\frac{r_1 - r_2}{2}\right)^2 + h^2}(r_1 + r_2) + \pi r_2 \sqrt{r_2^2 + h^2}$

b) $V \approx 635{,}5\,cm^3$; $O \approx 597{,}7\,cm^2$

c) $V = \frac{4}{9}\pi h^3$

12 a) $V \approx 572{,}2\,m^3$; $O \approx 333{,}3\,m^2$
b) $r \approx 1{,}056\,cm$; $V \approx 4{,}93\,cm^3$
c) $r \approx 4{,}34\,m$; $O \approx 237\,m^2$
d) $r \approx 0{,}578\,m$; $V \approx 0{,}81\,m^3$
e) $r \approx 15{,}5\,cm$; $O \approx 3\,022{,}5\,cm^2$

13 a) $V = \frac{4}{3}\pi r^2 r = \frac{4}{3}\pi r^3$ $V_R = 4\pi r^3 - \frac{4}{3}\pi r^3 \approx \frac{8}{3}\pi r^3$
b) $V = \frac{4}{3}\pi r^3$ $V_R = 4\pi r^3 - \frac{4}{3}r^3 = \frac{8}{3}\pi r^3$
c) $V = \frac{3\pi}{3}r^3 + \frac{2}{3}\pi r^3 = \frac{5}{3}\pi r^3$ $V_R = 4\pi r^3 - \frac{5}{3}\pi r^3 = \frac{7}{3}\pi r^3$
d) $V = \left(\frac{a}{\sqrt{2}}\right)^2 \cdot \frac{h}{3} = \frac{1}{6}a^2 h$ $V_R = a^2 h - \frac{1}{6}a^2 h = \frac{5}{6}a^2 h$
e) $V = \frac{1}{3}a^2 h$ $V_R = a^2 h - \frac{1}{3}a^2 h = \frac{2}{3}a^2 h$

14 a) $V = \frac{\sqrt{3}}{4}a^2 h \Longrightarrow a = \sqrt{\frac{4V}{\sqrt{3}h}} \approx 7{,}60\,cm$
$M = 273{,}6\,cm^2$; $O = 323{,}6\,cm^2$
b) $V = \frac{1}{3}a^2 h \Longrightarrow a = \sqrt{\frac{3V}{h}} \approx 8{,}66\,cm$
$M = 221\,cm^2$; $O = 296\,cm^2$
c) $V = \pi r^2 h \Longrightarrow r = \sqrt{\frac{V}{\pi h}} \approx 2{,}82\,cm$
$M = 212{,}6\,cm^2$; $O = 262{,}6\,cm^2$
d) $V = \frac{1}{3}\pi r^2 h \Longrightarrow r = \sqrt{\frac{3V}{\pi h}} \approx 4{,}9\,cm$
$M = 199{,}1\,cm^2$; $O = 274{,}2\,cm^2$

15 $V = \pi r^2 h \approx 13\,823\,cm^3$
b) $V = \pi r^2 s \cdot \sin\alpha \approx 86\,370\,cm^3$

16 $O_{Würfel} = 6{,}0\,m^2$; $O_{Kugel} \approx 4{,}84\,m^2$; $O_{Würfel} > O_{Kugel}$

17 a) $V = \frac{4}{3}r^3\pi = \pi r^2 h_z = \frac{1}{3}\pi r^2 h_k$
$\Longrightarrow h_z = \frac{3}{4}r$; $h_k = 4r$
b) $O = 4r^2\pi = 2r^2\pi + 2\pi r h_z = \pi r\sqrt{h_k^2 + r^2} + r^2\pi$
$\Longrightarrow h_z = r$; $h_k = \sqrt{8}\,r$

Seite 171

18 a) $V = \frac{4}{3}\pi(r_a^3 - (r_a - d)^3) \approx 115{,}9\,cm^3$
$\Longrightarrow m \approx 915\,g$
$V_{Wasser} \leq \frac{4}{3}\pi r_a^3 \approx 524\,cm^3 \Longrightarrow m \approx 524\,g$
$\Longrightarrow$ Die Kugel schwimmt nicht.
b) $m = \frac{4}{3}\pi(r_a^3 - (r_a - d)^3) \cdot 7{,}9\frac{g}{cm^3} = \frac{2}{3}\pi r_a^3 \cdot 1\frac{g}{cm^3}$
$\Longrightarrow d \approx 0{,}12\,cm$

19 a) $a = \sqrt{\frac{4r^2}{2}} = \sqrt{2}\,r \Longrightarrow V = \frac{2}{3}r^2 h$
b) $V = \frac{1}{3} \cdot r^2 h \cdot \frac{1}{2} = \frac{1}{6}r^2 h$
$\Longrightarrow$ Die Pyramide ist viermal so groß wie die in a).

20 $V \approx 81{,}84\,dm^3 \Longrightarrow m \approx 286{,}5\,kg$
(für hohle Pyramide)
$V \approx 87\,dm^3 \Longrightarrow m \approx 305\,kg$ (für massive Pyramide)

21 $V = \frac{Gh_1}{3} + \frac{Gh_2}{3} = \frac{1}{3}G(h_1 + h_2) = \frac{1}{3}Gh$

22 a) $V = \pi a^2\left(\frac{a}{3} + \frac{2}{3}a + 3a\right) = 4\pi a^3$
$O = \pi a(\sqrt{2}\,a) + 2\pi a \cdot 3a + 2\pi a^2 = \pi a^2(\sqrt{2} + 8)$
b) $a = 2{,}5\,cm$

23 Der Drehkörper links ist ein Kegelstumpf mit ausgeschnittenem Kegel.
$V = \frac{h}{3}[(2s)^2 + 2s^2 + s^2]\pi - \frac{1}{3}\pi s^2 h = 2\pi s^2 h$
$O = 3\pi s\sqrt{s^2 + 4s^2} + 4\pi s^2 + \pi s\sqrt{s^2 + 4s^2}$
$= 4\pi s^2\sqrt{5} + 4\pi s^2$
Der Drehkörper rechts ist ein Kegelstumpf mit aufgesetztem Kegel.
$V = \frac{1}{3}2s[(3s)^2 + 12s^2 + (4s)^2]\pi + (4s)^2\pi s = \frac{122}{3}\pi s^3$
$O = \sqrt{5}\,7s^2\pi + 4s\pi 5s + (3s)^2\pi = (29 + 7\sqrt{5})\pi s^2$

24 a) $V_{Würfel} = a^3$
$V_{Kugeln} = \frac{4}{3}\pi\left(\frac{a}{2n}\right)^3 \cdot n^3 = \frac{1}{6}\pi a^3$
$O_{Würfel} = 6a^2$
$O_{Kugeln} = 4\pi\left(\frac{a}{2n}\right)^2 \cdot n^3 = \pi n a^2$
b) Das Volumen hängt nicht von n ab.

25 Setzt man die Teilkörper anders zusammen, so erhält man einen Zylinder mit 8 cm Höhe und einem Radius von 2 cm (siehe Skizze).
$V = \pi r^2 h = \pi(2\,cm)^2 \cdot 8\,cm \approx 100{,}5\,cm^3$
$O = 2\pi r(h + r) = 2\pi \cdot 2\,cm \cdot 10\,cm \approx 125{,}7\,cm^2$

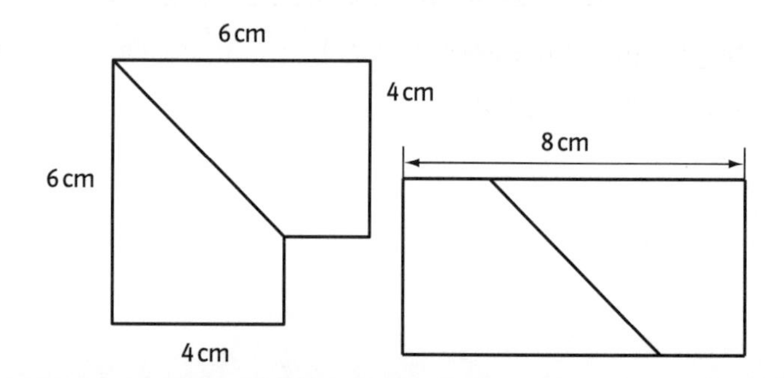

VII Trigonometrische Funktionen

1 Periodische Vorgänge

Seite 181

1 a) nein: Die Amplitude ist monoton fallend.
b) ja: Periode 1 Jahr
c) ja: Ebbe und Flut wechseln sich regelmäßig ab.

2 a) P braucht eine Zeiteinheit pro Quadratseite.
b) $x \mapsto x + 4$; $x \mapsto s + 8$; $x \mapsto x + 12$
c) Die Periode wird gedrittelt.

3 a)

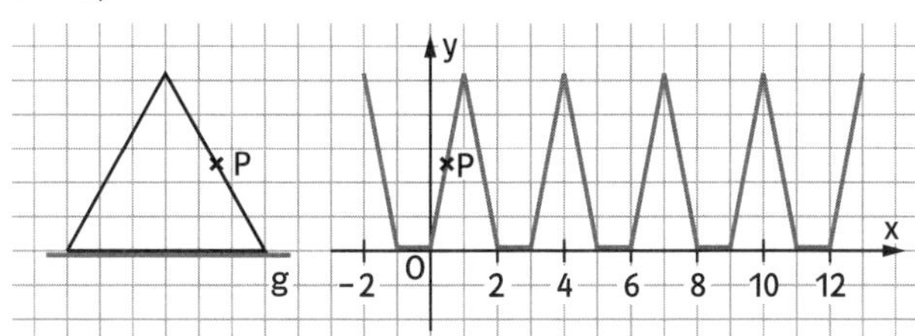

Er benötigt eine Zeiteinheit pro Dreiecksseite.
b) drei Zeiteiheiten.
c)

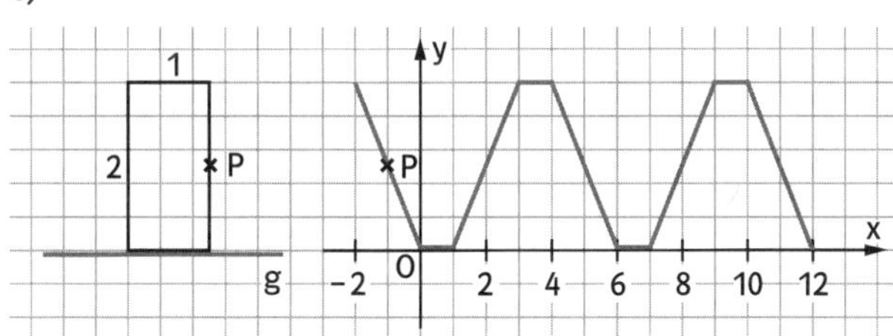

Der Punkt benötigt eine Zeiteinheit für die kurze und zwei Zeiteinheiten für die lange Seite. Die dargestellte Funktion ist periodisch mit der Periodenlänge 3 Zeiteinheiten.

4 a) konstante Geschwindigkeit
b)

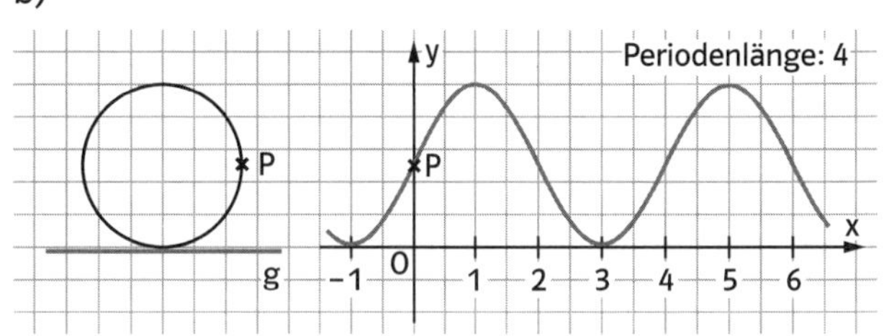

5 Periodenlänge: $\frac{7}{200}$ s

6 Individuelle Lösung

2 Sinusfunktion und Kosinusfunktion

Seite 184

1 a), b), c) siehe Grafik unten

2

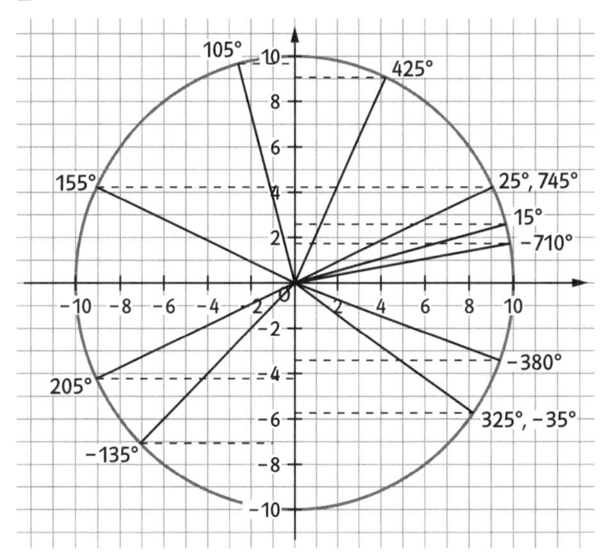

Grafik zu Aufgabe 1, Seite 184

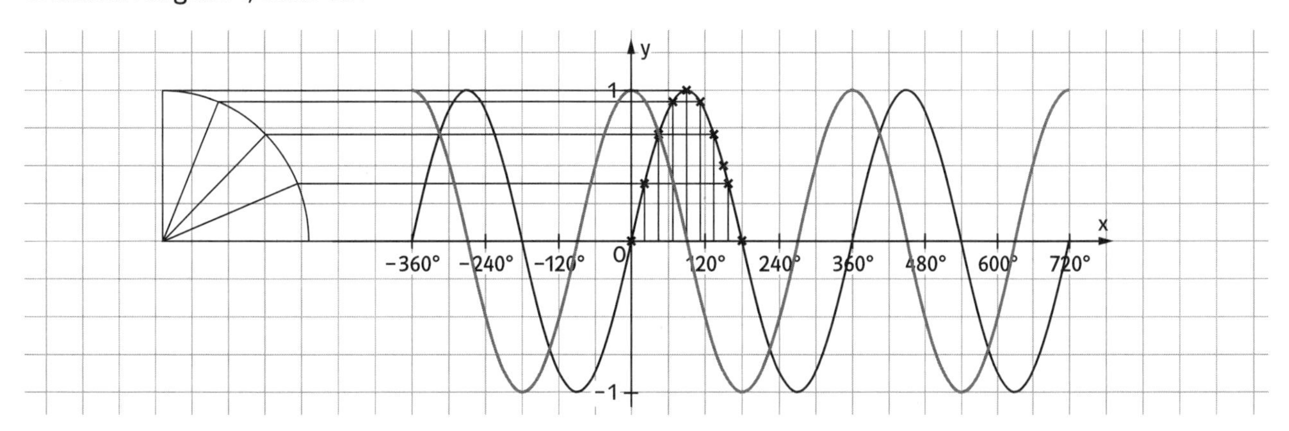

	a)	b)	c)	d)	e)	f)
sin α	0,26	0,42	0,97	0,42	−0,42	−0,57
cos α	0,97	0,91	−0,26	−0,91	−0,91	0,82

	g)	h)	i)	j)	k)	l)
sin α	−0,57	0,91	−0,71	0,42	−0,34	0,17
cos α	0,82	0,42	−0,71	0,91	0,94	0,98

Seite 185

3 a) 0,26 b) −0,5 c) 0,42 d) 0,57

4

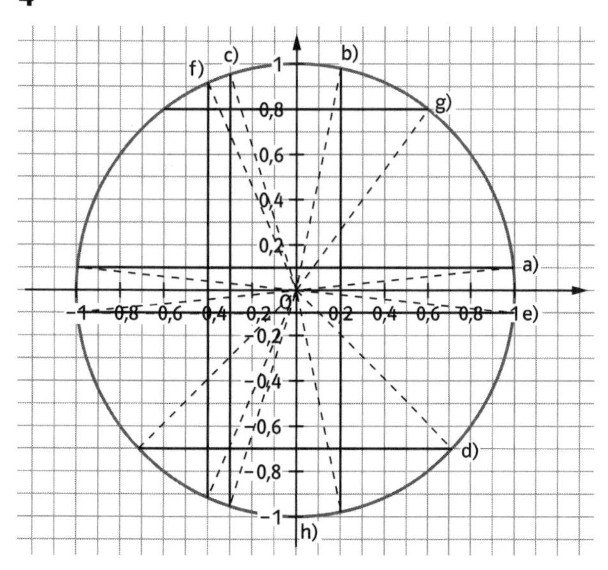

	a)	b)	c)	d)	e)	f)	g)	h)
α_1	≈ 6°	≈ 78°	≈ 107°	≈ 224°	≈ 186°	≈ 114°	≈ 53°	= 270°
α_2	≈ 174°	≈ 282°	≈ 253°	≈ 316°	≈ 354°	≈ 246°	≈ 127°	

5 a) $\frac{1}{2}\sqrt{3}$ b) $-\frac{1}{2}\sqrt{3}$ c) $-\frac{1}{2}$ d) $-\frac{1}{2}\sqrt{2}$
e) $-\frac{1}{2}$ f) $-\frac{1}{2}\sqrt{2}$ g) $\frac{1}{2}\sqrt{2}$ h) $\frac{1}{2}$

6 a) 44,4°; 135,6° b) 45,6°; 314,4°
c) 219,8°; 320,2° d) 101,5° 258,5°
e) 253,3°; 286,7° f) 163,3°; 196,7°
g) 13,3°; 166,7° h) 50,4°; 309,6°

7 a) 241,6°; 298,4° b) 64,2°; 295,8°
c) 39,2°; 140,8° d) 97,3°; 262,7°
e) 60,1°; 119,9° f) 216,9°; 323,1°
g) 13,6°; 166,4° h) 100,7°; 259,3°
i) 79,3°; 280,7°

8 a) $\alpha_1 = 10°$; $\alpha_2 = 170°$ b) $\alpha_1 = 20°$; $\alpha_2 = 340°$
c) $\alpha_1 = 150°$; $\alpha_2 = 210°$ d) $\alpha_1 = 120°$; $\alpha_2 = 240°$
e) $\alpha_1 = 85°$; $\alpha_2 = 95°$ f) $\alpha_1 = 339°$; $\alpha_2 = 201°$

9 a) $90° < \alpha < 180°$ b) $270° < \alpha < 360°$
c) $150° < \alpha < 270°$ d) $0° < \alpha < 60°$

10 a) $\alpha_1 = 45°$; $\alpha_2 = 225°$ b) $\alpha_1 = 135°$; $\alpha_2 = 315°$

11 $\cos 17° \approx \sqrt{1 - 0{,}29^2} \approx 0{,}96$;
$\sin 25° \approx \sqrt{1 - 0{,}91^2} \approx 0{,}41$;
$\sin 140° \approx \sqrt{1 - 0{,}77^2} \approx 0{,}64$;
$\cos 240° \approx -\sqrt{1 - 0{,}87^2} \approx -0{,}49$;
$\cos 320° \approx \sqrt{1 - 0{,}64^2} \approx 0{,}77$;
$\cos 415° \approx \sqrt{1 - 0{,}82^2} \approx 0{,}57$;
$\sin 550° \approx -\sqrt{1 - 0{,}98^2} \approx -0{,}2$;
$\cos(-40)° \approx \sqrt{1 - 0{,}64^2} \approx 0{,}77$;
$\sin(-455°) \approx -\sqrt{1 - 0{,}09^2} \approx -1{,}00$
Es gilt: $\sin^2(\alpha) + \cos^2(\alpha) = 1$.

12 a) Aus $\sin\alpha + \cos\alpha = 2$ folgt wegen
$|\sin x| \le 1$ und $|\cos x| \le 1$: $\sin\alpha = \cos\alpha = 1$.
$\sin\alpha = 1 \Longrightarrow \alpha = 90° + k \cdot 360°$; $(k \in \mathbb{Z})$
$\cos\alpha = 1 \Longrightarrow \alpha = n \cdot 360°$; $(n \in \mathbb{Z})$
Wegen $90° + k \cdot 360° \neq n \cdot 360°$ für alle k, n
gilt immer: $\sin\alpha + \cos\alpha \neq 2$.
b) Es folgt aus $\sin\alpha \cdot \cos\alpha = 1$: $\sin\alpha = \cos\alpha = \pm 1$.
$\sin\alpha = \pm 1$ wenn $\alpha = 90° + k \cdot 180°$; $(k \in \mathbb{Z})$
$\cos\alpha = \pm 1$ wenn $\alpha = n \cdot 180°$; $(n \in \mathbb{Z})$
Wegen $90° + k \cdot 180° \neq n \cdot 360°$ für alle k, n
gilt immer: $\sin\alpha \cdot \cos\alpha \neq 1$

13 a) $(\sin\alpha + \cos\alpha)^2 = \sin^2\alpha + 2\sin\alpha\cos\alpha + \cos^2\alpha$
$= 1 + 2\sin\alpha\cos\alpha$
wegen $\sin^2\alpha + \cos^2\alpha = 1$
b) $\sin^4\alpha - \cos^4\alpha = (\sin^2\alpha + \cos^2\alpha)(\sin^2\alpha - \cos^2\alpha)$
$= \sin^2\alpha - \cos^2\alpha$

14 a) $\sin(90° - x) = \cos x$
$x = \alpha + 45° \Longrightarrow \sin(45° - \alpha) = \cos(45° + \alpha)$
$\cos(90° - x) = \sin x$
$x = \alpha + 45° \Longrightarrow \cos(45° - \alpha) = \sin(45° + \alpha)$

3 Sinussatz

Seite 188

1 a) $\gamma = 180° - (\alpha + \beta) = 74°$; $b = \frac{\sin(\beta)}{\sin(\alpha)} \cdot a \approx 6{,}3\,\text{cm}$;
$c = \frac{\sin(\gamma)}{\sin(\alpha)} \cdot a \approx 6{,}7\,\text{cm}$
b) $\gamma = 180° - (\alpha + \beta) = 80{,}4°$; $a = \frac{\sin(\alpha)}{\sin(\beta)} \cdot b \approx 4{,}3\,\text{cm}$;
$c = \frac{\sin(\gamma)}{\sin(\beta)} \cdot b \approx 9{,}9\,\text{cm}$
c) $\gamma = 180° - (\alpha + \beta) = 79°$; $a = \frac{\sin(\alpha)}{\sin(\gamma)} \cdot c \approx 3{,}2\,\text{cm}$;
$b = \frac{\sin(\beta)}{\sin(\gamma)} \cdot c \approx 3{,}8\,\text{cm}$
d) $\beta = 180° - (\alpha + \gamma) = 3{,}1°$; $a = \frac{\sin(\alpha)}{\sin(\beta)} \cdot b \approx 21{,}5\,\text{km}$;
$c = \frac{\sin(\gamma)}{\sin(\beta)} \cdot b \approx 19{,}8\,\text{km}$

2 a) $\sin(\alpha) = \frac{a}{b} \cdot \sin(\beta) = \frac{3{,}5}{5{,}8} \cdot \sin(77°)$, also

$\alpha \approx 36{,}0°$; $\gamma = 180° - (\alpha + \beta) \approx 67{,}0°$;

$c = \frac{\sin(\gamma)}{\sin(\beta)} \cdot b \approx 5{,}5\,\text{cm}$

b) $\sin(\gamma) = \frac{c}{a} \cdot \sin(\alpha) = \frac{2{,}4}{4{,}6} \cdot \sin(124°)$, also

$\gamma \approx 25{,}6°$; $\beta = 180° - (\alpha + \gamma) \approx 30{,}4°$;

$b = \frac{\sin(\beta)}{\sin(\alpha)} \cdot a \approx 2{,}8\,\text{cm}$

c) $\sin(\gamma) = \frac{c}{b} \cdot \sin(\beta) = \frac{15{,}4}{23{,}1} \cdot \sin(35°)$, also

$\gamma \approx 22{,}5°$; $\alpha = 180° - (\beta + \gamma) \approx 122{,}5°$;

$a = \frac{\sin(\alpha)}{\sin(\beta)} \cdot b \approx 34{,}0\,\text{cm}$

d) $\sin(\alpha) = \frac{a}{b} \cdot \sin(\beta) = \frac{2{,}4}{6{,}7} \cdot \sin(95°)$; also

$\alpha \approx 20{,}9°$; $\gamma = 180° - (\alpha + \beta) \approx 64{,}1°$;

$c = \frac{\sin(\gamma)}{\sin(\beta)} \cdot b \approx 6{,}0\,\text{cm}$

3 a) $\sin(\gamma) = \frac{c}{a} \cdot \sin(\alpha) = \frac{6{,}2}{3{,}7} \cdot \sin(26°) = 0{,}7345\ldots$,

also $\gamma_1 \approx 47{,}3°$ oder $\gamma_2 = 180 - \gamma_1 \approx 132{,}7°$

$\beta_1 = 180° - (\alpha + \gamma_1) \approx 106{,}7°$

$\beta_2 = 180° - (\alpha + \gamma_2) \approx 21{,}3°$

$b_1 = \frac{\sin(\beta_1)}{\sin(\alpha)} \cdot a \approx 8{,}1\,\text{cm}$; $b_2 = \frac{\sin(\beta_2)}{\sin(\alpha)} \cdot a \approx 3{,}1\,\text{cm}$

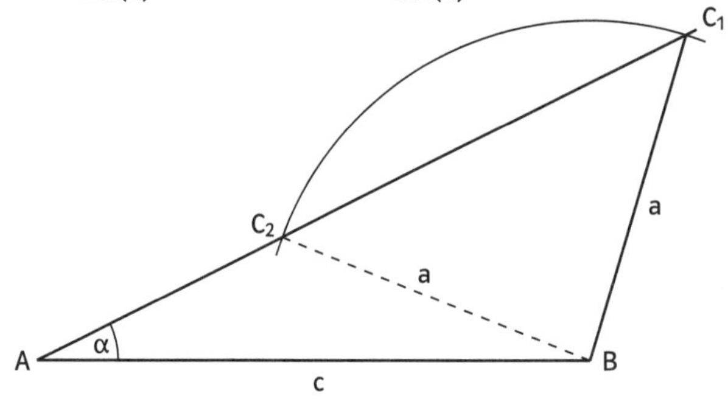

b) $\sin(\alpha) = \frac{a}{b} \cdot \sin(\beta) = \frac{8{,}2}{4{,}5} \cdot \sin(18°) = 0{,}5630\ldots$, also

$\alpha_1 \approx 34{,}3°$ oder $\alpha_2 = 180° - \alpha_1 \approx 145{,}7°$

$\gamma_1 = 180° - (\alpha_1 + \beta) \approx 127{,}7°$

$\gamma_2 = 180° - (\alpha_2 + \beta) \approx 16{,}3°$

$c_1 = \frac{\sin(\gamma_1)}{\sin(\beta)} \cdot b \approx 11{,}5\,\text{cm}$

$c_2 = \frac{\sin(\gamma_2)}{\sin(\beta)} \cdot b \approx 4{,}1\,\text{cm}$

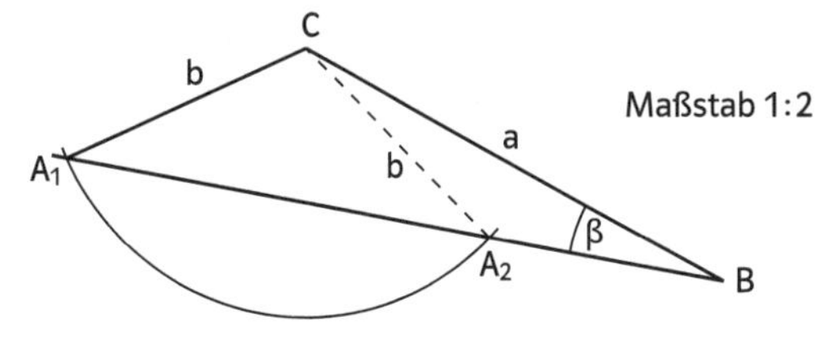

Maßstab 1:2

c) $\sin(\beta) = \frac{b}{c} \cdot \sin(\gamma) = \frac{6{,}2}{3{,}9} \cdot \sin(30°) =$

$0{,}7948\ldots$, also $\beta_1 \approx 52{,}6°$ oder

$\beta_2 = 180° - \beta_1 \approx 127{,}4°$

$\alpha_1 = 180° - (\beta_1 + \gamma) \approx 97{,}4°$

$\alpha_2 = 180° - (\beta_2 + \gamma) \approx 22{,}6°$

$a_1 = \frac{\sin(\alpha_1)}{\sin(\gamma)} \cdot c \approx 7{,}7\,\text{cm}$

$a_2 = \frac{\sin(\alpha_2)}{\sin(\gamma)} \cdot c \approx 3{,}0\,\text{cm}$

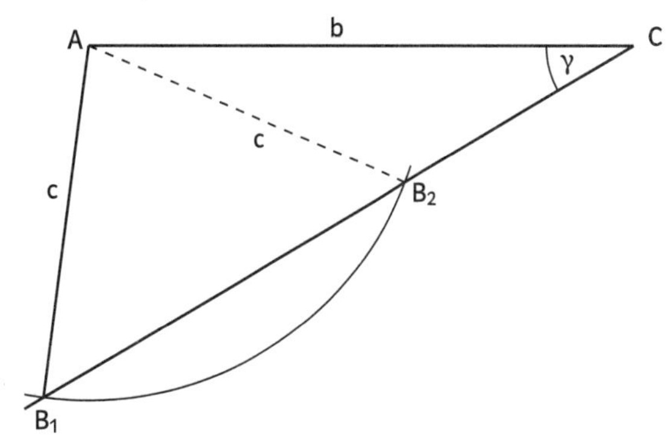

d) $\sin(\gamma) = \frac{c}{a} \cdot \sin(\alpha) = \frac{8{,}7}{4{,}4} \cdot \sin(15°) = 0{,}5117\ldots$,

also $\gamma_1 \approx 30{,}8°$ oder $\gamma_2 = 180° - \gamma_1 \approx 149{,}2°$

$\beta_1 = 180° - (\alpha + \gamma_1) \approx 134{,}2°$

$\beta_2 = 180° - (\alpha + \gamma_2) \approx 15{,}8°$

$b_1 = \frac{\sin(\beta_1)}{\sin(\alpha)} \cdot a \approx 12{,}2\,\text{cm}$

$b_2 = \frac{\sin(\beta_2)}{\sin(\alpha)} \cdot a \approx 4{,}6\,\text{cm}$

Maßstab 1:2

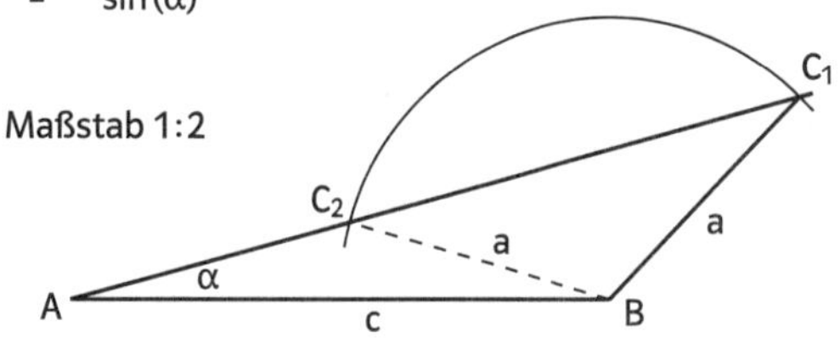

4 a) $\sin(\beta) = \frac{b}{a} \cdot \sin(\alpha) = \frac{5}{3} \cdot \sin(45°) = 1{,}1785\ldots > 1$

Da $\sin(\beta)$ nicht größer als 1 sein kann, existiert kein Dreieck mit den gegebenen Größen. Der Kreis um C mit dem Radius $a = 3\,\text{cm}$ schneidet den freien Schenkel von α nicht.

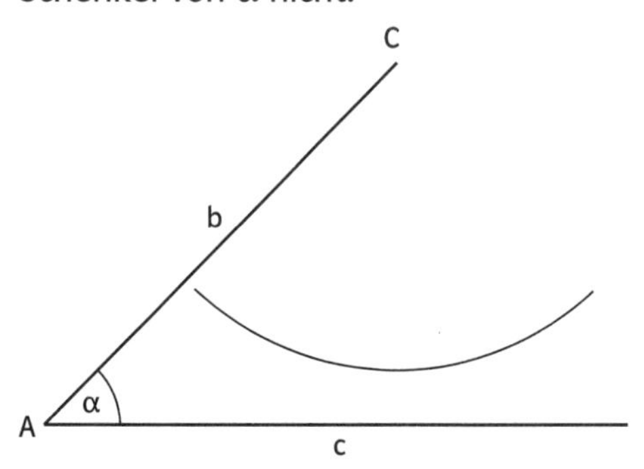

b) $\sin(\gamma) = \frac{c}{a} \cdot \sin(\alpha) = \frac{5{,}5}{4{,}5} \cdot \sin(40°) = 0{,}7856\ldots$,

also $\gamma_1 \approx 51{,}8°$ oder $\gamma_2 = 180° - \gamma_1 \approx 128{,}2°$

$\beta_1 = 180° - (\alpha + \gamma_1) \approx 88{,}2°$

$\beta_2 = 180° - (\alpha + \gamma_2) \approx 11{,}8°$

$b_1 = \frac{\sin(\beta_1)}{\sin(\alpha)} \cdot a \approx 7{,}0\,\text{cm}$

$b_2 = \frac{\sin(\beta_2)}{\sin(\alpha)} \cdot a \approx 1{,}4\,\text{cm}$

Es existieren genau zwei Dreiecke mit den gegebenen Größen. Der Kreis um B mit dem Radius $a = 4{,}5\,\text{cm}$ schneidet den freien Schenkel von α in zwei Punkten C_1 und C_2. Die Dreiecke ABC_1, und ABC_2 erfüllen die gegebenen Bedingungen.

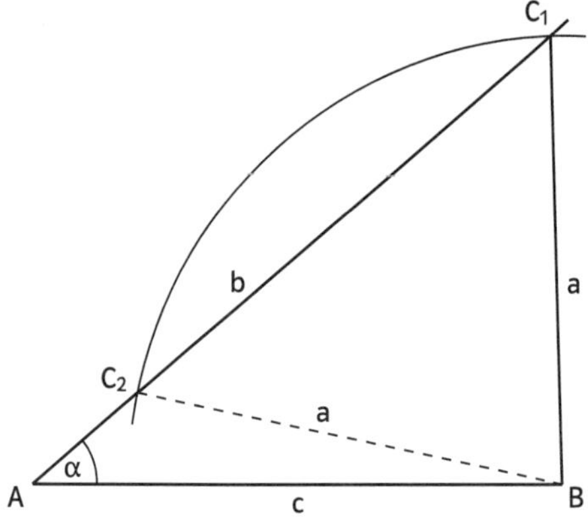

c) $\sin(\gamma) = \frac{c}{b} \cdot \sin(\beta) = \frac{6}{3} \cdot \sin(30°) = 1$;
also $\gamma = 90°$
$\alpha = 180° - (\beta + \gamma) = 60°$
$a = \frac{\sin(\alpha)}{\sin(\gamma)} \cdot c = c \cdot \sin(\alpha) \approx 5{,}2\,\text{cm}$
Es existiert genau ein Dreieck mit den gegebenen Größen. Der Kreis um A mit dem Radius $b = 3\,\text{cm}$ berührt den freien Schenkel von β in C. Das rechtwinklige Dreieck ABC erfüllt die gegebenen Bedingungen.

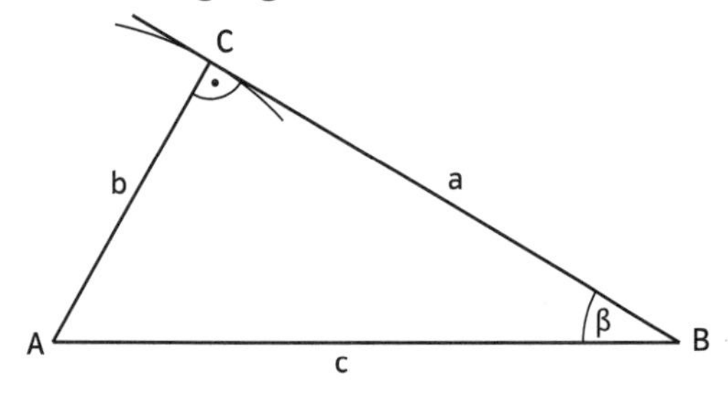

d) $\sin(\gamma) = \frac{c}{b} \cdot \sin(\beta) = \frac{6}{2{,}5} \cdot \sin(30°) = 1{,}2 > 1$
Da $\sin(\gamma)$ nicht größer als 1 sein kann, existiert kein Dreieck mit den gegebenen Größen. Der Kreis um A mit dem Radius $b = 2{,}5\,\text{cm}$ schneidet den freien Schenkel von β nicht.

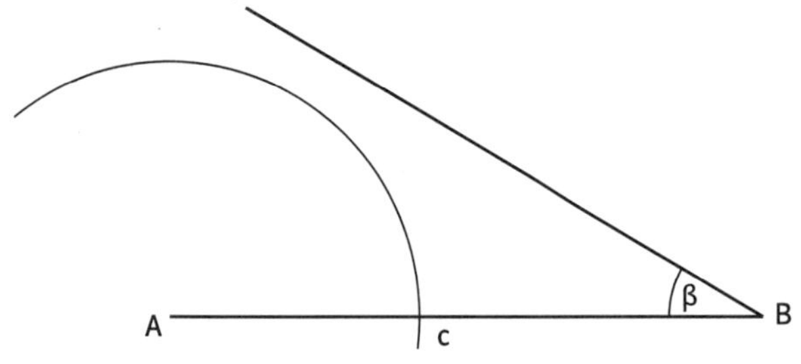

5 $\alpha = 90°$: $\frac{b}{a} = \frac{\sin(\beta)}{\sin(90°)} = \sin(\beta)$,
$\frac{b}{c} = \frac{\sin(\beta)}{\sin(\gamma)} = \frac{\sin(\beta)}{\sin(90° - \beta)} = \frac{\sin(\beta)}{\cos(\beta)} = \tan(\beta)$,
$\frac{c}{a} = \frac{\sin(\gamma)}{\sin(90°)} = \sin(\gamma) = \sin(90° - \beta) = \cos(\beta)$
$\beta = 90°$: $\frac{a}{b} = \frac{\sin(\alpha)}{\sin(90°)} = \sin(\alpha)$,
$\frac{a}{c} = \frac{\sin(\alpha)}{\sin(\gamma)} = \frac{\sin(\alpha)}{\sin(90° - \alpha)} = \frac{\sin(\alpha)}{\cos(\alpha)} = \tan(\alpha)$,
$\frac{c}{b} = \frac{\sin(\gamma)}{\sin(90°)} = \sin(\gamma) = \sin(90° - \alpha) = \cos(\alpha)$
$\gamma = 90°$: $\frac{a}{c} = \frac{\sin(\alpha)}{\sin(90°)} = \sin(\alpha)$,
$\frac{b}{c} = \frac{\sin(\beta)}{\sin(90°)} = \sin(\beta) = \sin(90° - \alpha) = \cos(\alpha)$
$\frac{a}{b} = \frac{\sin(\alpha)}{\sin(\beta)} = \frac{\sin(\alpha)}{\sin(90° - \alpha)} = \frac{\sin(\alpha)}{\cos(\alpha)} = \tan(\alpha)$
Die Seitenverhältnisse geben jeweils den Sinus-, Kosinus- und Tangenswert eines der spitzen Dreieckswinkel an.

Seite 189

6 a) $\frac{s_c}{c_1} = \frac{\sin(\alpha)}{\sin(\gamma_1)}$, $\frac{b}{c_1} = \frac{\sin(180° - (\alpha + \gamma_1))}{\sin(\gamma_1)}$,
$\frac{b}{s_c} = \frac{\sin(180° - (\alpha + \gamma_1))}{\sin(\alpha)}$
b) $\frac{s_c}{c_2} = \frac{\sin(\beta)}{\sin(\gamma_2)}$, $\frac{a_1 + a_2}{c_2} = \frac{\sin(180° - (\beta + \gamma_2))}{\sin(\gamma_2)}$,
$\frac{a_1 + a_2}{s_c} = \frac{\sin(180° - (\beta + \gamma_2))}{\sin(\beta)}$
c) $\frac{w_\alpha}{a_2} = \frac{\sin(\gamma)}{\sin(\alpha_2)}$, $\frac{c_1 + c_2}{a_2} = \frac{\sin(180° - (\alpha_2 + \beta))}{\sin(\alpha_2)}$,
$\frac{c_1 + c_2}{w_\alpha} = \frac{\sin(180° - (\alpha_2 + \beta))}{\sin(\beta)}$
d) $\frac{w_\alpha}{a_1} = \frac{\sin(\gamma)}{\sin(\alpha_1)}$, $\frac{b}{a_1} = \frac{\sin(180° - (\alpha_1 + \gamma))}{\sin(\alpha_1)}$,
$\frac{b}{w_\alpha} = \frac{\sin(180° - (\alpha_1 + \gamma))}{\sin(\gamma)}$

7 a) $\gamma = 180° - (\alpha + \beta) = 64°$ (= β, gleichschenkliges Dreieck ABC)
$\alpha_1 = \alpha_2 = \frac{\alpha}{2} = 26°$; $\sphericalangle AEB = 180° - (\alpha_2 + \beta) = 90°$
(w_α ist Mittelsenkrechte von $\overline{BC}$)
$c = \frac{\sin(90°)}{\sin(\beta)} \cdot w_\alpha = \frac{5{,}5\,\text{cm}}{\sin(64°)} \approx 6{,}1\,\text{cm}$
$a_2 = \frac{a}{2} = \frac{\sin(\alpha_2)}{\sin(\beta)} \cdot w_\alpha = \frac{\sin(26°)}{\sin(64°)} \cdot 5{,}5\,\text{cm} \approx 2{,}7\,\text{cm}$ und damit $a = 2a_2 \approx 5{,}4\,\text{cm}$, $b = c \approx 6{,}1\,\text{cm}$
b) Hinweis: Für die vollständige Berechnung des Dreiecks ist der Kosinussatz erforderlich.
Mit $\delta = \sphericalangle CDA$ folgt
$\sin(\delta) = \frac{b}{s_c} \cdot \sin(\alpha) = \frac{4{,}8}{6{,}5} \cdot \sin(105°)$, also $\delta \approx 45{,}5°$
($\delta' = 180° - \delta$ entfällt als mögliche Lösung, weil $\alpha + \delta' > 180°$.)
$\gamma_1 = 180° - (\alpha - \delta) \approx 29{,}5°$
$c_1 = \frac{c}{2} = \frac{\sin(\gamma_1)}{\sin(\alpha)} \cdot s_c \approx 3{,}3\,\text{cm}$, also $c = 2c_1 \approx 6{,}6\,\text{cm}$
$a = \sqrt{b^2 + c^2 - 2bc \cdot \cos(\alpha)} \approx 9{,}1\,\text{cm}$
$\sin(\beta) = \frac{s_c}{a} \cdot \sin(180° - \delta) = 0{,}5076\ldots$, also $\beta \approx 30{,}5°$
$\gamma = 180° - (\alpha + \beta) \approx 44{,}5$

8 $\frac{a}{c} = \frac{\sin(\alpha)}{\sin(\gamma)} = \frac{\sin(\alpha)}{\sin(180° - 2\alpha)} = \frac{\sin(\alpha)}{\sin(2\alpha)}$, da die Sinuswerte von 2α und $180° - 2\alpha$ übereinstimmen.

9 a) Für den Flächeninhalt A eines Dreiecks ABC gilt $A = \frac{1}{2}a \cdot h_a = \frac{1}{2}b \cdot h_b = \frac{1}{2}c \cdot h_c$.

Wegen $\sin(\alpha) = \frac{h_b}{c}$ (Δ ABE), $\sin(\beta) = \frac{h_c}{a}$ (Δ FBC) und $\sin(\gamma) = \frac{h_a}{b}$ (Δ ADC) folgt $h_b = c \cdot \sin(\alpha)$, $h_c = a \cdot \sin(\beta)$ und $h_a = b \cdot \sin(\gamma)$.

Durch Einsetzen ergibt sich

$A = \frac{1}{2} a b \cdot \sin(\gamma) = \frac{1}{2} b c \cdot \sin(\alpha) = \frac{1}{2} c a \cdot \sin(\beta)$.

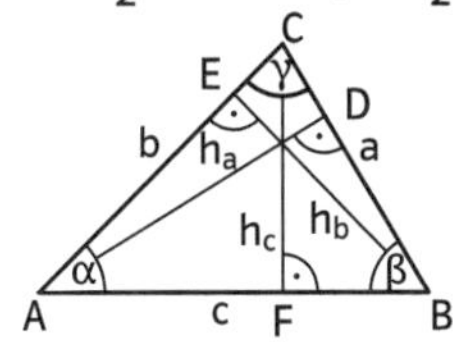

b) Aus $A = \frac{1}{2} a b \cdot \sin(\gamma)$ ergibt sich für $b = a$ und $\gamma = 180° - 2\alpha$:

$A = \frac{1}{2} a^2 \cdot \sin(180° - 2\alpha) = \frac{1}{2} a^2 \cdot \sin(2\alpha)$

10 a) $\frac{b}{c} = \frac{\sin\beta}{\sin\gamma} = \frac{2}{3} \Longrightarrow \sin\beta = \frac{2 \cdot \sin\gamma}{3}$; $\beta = 35{,}26°$
$\alpha = 84{,}74°$; $b = 4{,}64\,\text{cm}$; $c = 6{,}96\,\text{cm}$
b) $\alpha = 14{,}48°$; $\gamma = 135{,}52°$; $b = 3{,}56\,\text{cm}$; $a = 1{,}78\,\text{cm}$

11 Bei dieser Aufgabe geht es nur um die Berechenbarkeit von β. Die Existenz eines solchen Dreiecks müsste gegebenenfalls extra geprüft werden.
1. Fall: $\sin\beta < 1 \Longrightarrow$ 2 mögliche Lösungen
2. Fall: $\sin\beta = 1 \Longrightarrow \beta = 90°$; einzige Lösung
3. Fall: $\sin\beta > 1 \Longrightarrow$ keine Lösung

12 $\frac{e}{b} = \frac{f}{c}$; $\frac{e}{b} = \frac{\sin\left(\frac{\alpha}{2}\right)}{\sin\delta_1}$; $\frac{f}{c} = \frac{\sin\left(\frac{\alpha}{2}\right)}{\sin\delta_2}$
Da $\frac{\alpha}{2} = \frac{\alpha}{2} \Longrightarrow \sin\left(\frac{\alpha}{2}\right) = \sin\left(\frac{\alpha}{2}\right)$
Da δ_1 und δ_2 Nebenwinkel sind und sich zu 180° ergänzen folgt: $\sin(\delta_1) = \sin(\delta_2)$

$\Longrightarrow \frac{\sin\left(\frac{\alpha}{2}\right)}{\sin\delta_1} = \frac{\sin\left(\frac{\alpha}{2}\right)}{\sin\delta_2} \Longrightarrow \frac{e}{b} = \frac{f}{c} \Longrightarrow \frac{b}{c} = \frac{e}{f}$

13 a) $\frac{a}{b} = \frac{\sin\alpha}{\sin\beta} \Longrightarrow \frac{a}{\sin\alpha} = \frac{b}{\sin\beta}$
$\frac{b}{c} = \frac{\sin\beta}{\sin\gamma} \Longrightarrow \frac{b}{\sin\beta} = \frac{c}{\sin\gamma} \Longrightarrow \frac{a}{\sin\alpha} = \frac{b}{\sin\beta} = \frac{c}{\sin\gamma}$;
w.z.z.w.
b) Das Verhältnis der Länge einer Seite zum Sinuswert des gegenüberliegenden Winkels ist in einem Dreieck für alle drei Seiten gleich.
c) Im rechtwinkligen Dreieck gilt:
Sinus Winkel $= \frac{\text{Gegenkathete}}{\text{Hypothenuse}} \Longrightarrow \sin\gamma = \frac{c}{2r}$
Anm: ABM ist ein gleichschenkliges Dreieck (gleich lange Seiten r). Daher fällt das Lot auf c so auf c, dass es c in 2 gleiche Teile teilt.
$2r \cdot \sin\gamma = c \Longrightarrow \frac{c}{\sin\gamma} = 2r$
d) Ist zum Beispiel c die Hypothenuse, so gilt $\sin(\gamma) = 1$ und damit $\frac{c}{\sin(\gamma)} = \frac{c}{1} = 2r$; w.z.z.w.
e) $\gamma = 180° - (\alpha + \beta)$; $\gamma = 90°$

$\frac{c}{\sin\gamma} = 2r$; $\frac{6\,\text{cm}}{\sin 90°} = 2r$; $r = 3\,\text{cm}$

14 a) $\gamma = 83°$; $a = 5{,}31\,\text{cm}$; $b = 4{,}20\,\text{cm}$; $c = 6{,}35\,\text{cm}$
b) $\alpha = 50{,}81°$; $\gamma = 84{,}19°$; $b = 5{,}66\,\text{cm}$; $c = 7{,}96\,\text{cm}$

4 Kosinussatz

Seite 191

1 a) $\cos(\alpha) = \frac{b^2 + c^2 - a^2}{2bc} = \frac{6^2 + 8^2 - 4^2}{2 \cdot 6 \cdot 8} = \frac{84}{96} = 0{,}785$,
also $\alpha \approx 29{,}0°$
$\cos(\beta) = \frac{a^2 + c^2 - b^2}{2ac} = \frac{4^2 + 8^2 - 6^2}{2 \cdot 4 \cdot 8} = \frac{44}{64} = 0{,}6875$,
also $\alpha \approx 46{,}6°$
$\cos(\gamma) = \frac{a^2 + b^2 - c^2}{2ab} = \frac{4^2 + 6^2 - 8^2}{2 \cdot 4 \cdot 6} = -\frac{12}{48} = -0{,}25$,
also $\gamma \approx 104{,}5°$
b) $\alpha \approx 67{,}4°$; $\beta \approx 22{,}6°$; $\gamma = 90°$
c) $b > a + c$; es gibt kein Dreieck mit den gegebenen Seitenlängen. Der Versuch, den Kosinussatz anzuwenden, führt zum Beispiel auf $\cos(\alpha) > 1$.
d) $\alpha \approx 61{,}0°$; $\beta \approx 22{,}0°$; $\gamma \approx 97{,}0°$

2 a) $a = \sqrt{b^2 + c^2 - 2bc \cdot \cos(\alpha)} \approx 8{,}5\,\text{cm}$
$\sin(\beta) = \frac{b}{a} \cdot \sin(\alpha) = 0{,}7740\ldots$, also $\beta \approx 50{,}7°$
$\gamma = 180° - (\alpha + \beta) \approx 57{,}3°$
b) $c = \sqrt{a^2 + b^2 - 2ab \cdot \cos(\gamma)} \approx 11{,}1\,\text{cm}$
$\sin(\alpha) = \frac{a}{c} \cdot \sin(\gamma) = 0{,}2563\ldots$, also $\alpha \approx 14{,}9°$
$\beta = 180° - (\alpha + \gamma) \approx 48{,}1°$
c) $b = \sqrt{a^2 + c^2 - 2ac \cdot \cos(\beta)} \approx 70{,}8\,\text{m}$
$\sin(\alpha) = \frac{a}{b} \cdot \sin(\beta) = 0{,}4621\ldots$, also $\alpha \approx 27{,}5°$
$\gamma = 180° - (\alpha + \beta) \approx 95{,}5°$
d) $c = \sqrt{a^2 + b^2 - 2ab \cdot \cos(\gamma)} \approx 23{,}2\,\text{km}$
$\sin(\alpha) = \frac{a}{c} \cdot \sin(\gamma) = 0{,}4067\ldots$, also $\alpha \approx 24{,}0°$
$\beta = 180° - (\alpha + \gamma) \approx 100{,}0°$

3 Mit a und b für die Seiten des Parallelogramms ergibt sich:

$a = \sqrt{\left(\frac{e}{2}\right)^2 + \left(\frac{f}{2}\right)^2 - 2 \cdot \frac{e}{2} \cdot \frac{f}{2} \cdot \cos(\delta)} \approx 9{,}7\,\text{cm}$,

$b = \sqrt{\left(\frac{e}{2}\right)^2 + \left(\frac{f}{2}\right)^2 - 2 \cdot \frac{e}{2} \cdot \frac{f}{2} \cdot \cos(180° - \delta)} \approx 5{,}9\,\text{cm}$.

4
Für das Dreieck ABD: $a_1^2 = s_a^2 + c^2 - 2 \cdot s_a \cdot c \cdot \cos\alpha_2$
Für das Dreieck ADC: $a_2^2 = b^2 + s_a^2 - 2 \cdot b \cdot s_a \cdot \cos\alpha_1$

Seite 192

5 a) Δ EBC: $\sin(\gamma) = \frac{h_b}{a}$, also $h_b = a \cdot \sin(\gamma)$;
$\cos(\gamma) = \frac{y}{a}$, also $y = a \cdot \cos(\gamma)$

b) $\triangle ABE$:
$c^2 = (b - y)^2 + h_b^2$
$= b^2 - 2b \cdot a \cdot \cos(\gamma) + (a \cdot \cos(\gamma))^2 + (a \cdot \sin(\gamma))^2$
$= a^2 \cdot (\cos^2(\gamma) + \sin^2(\gamma)) + b^2 - 2ab \cdot \cos(\gamma)$
$= a^2 + b^2 - 2ab \cdot \cos(\gamma)$

6 a) $\triangle AFC$: $\sin(\alpha) = \frac{h_c}{b}$, also $h_c = b \cdot \sin(\alpha)$; $\cos(\alpha) = \frac{u}{b}$, also $u = b \cdot \cos(\alpha)$
b) $\triangle FBC$:
$a^2 = h_c^2 + (c - u)^2$
$= (b \cdot \sin(\alpha))^2 + c^2 - 2c \cdot b \cdot \cos(\alpha) + (b \cdot \cos(\alpha))^2$
$= b^2(\sin^2(\alpha) + \cos^2(\alpha)) + c^2 - 2bc \cdot \cos(\alpha)$
$= b^2 + c^2 - 2bc \cdot \cos(\alpha)$
c) $\triangle AFC$: $b^2 = u^2 + h_c^2 = (b \cdot \cos(\alpha))^2 + (b \cdot \sin(\alpha))^2$
$= b^2 \cdot (\cos^2(\alpha) + \sin(\alpha)) = b^2$
Der Satz des Pythagoras, angewendet auf das Dreieck AFC, führt zu der Aussage $b^2 = b^2$.

7 Zerlegung durch die Höhe h_a in die Teildreiecke ABD und ADC:
$\triangle ABD$: $\sin(\beta) = \frac{h_a}{c}$, also $h_a = c \cdot \sin(\beta)$; $\cos(\beta) = \frac{z}{c}$, also $z = c \cdot \cos(\beta)$
$\triangle ADC$:
$b^2 = h_a^2 + (a - z)^2$
$= (c \cdot \sin(\beta))^2 + a^2 - 2a \cdot c \cdot \cos(\beta) + (c \cdot \cos(\beta))^2$
$= c^2 \cdot (\sin^2(\beta) + \cos^2(\beta)) + a^2 - 2ac \cdot \cos(\beta)$
$= a^2 + c^2 - 2ac \cdot \cos(\beta)$
Zerlegung durch die Höhe h_c in die Teildreiecke AFC und FBC:
$\triangle FBC$: $\sin(\beta) = \frac{h_c}{a}$, also $h_c = a \cdot \sin(\beta)$; $\cos(\beta) = \frac{v}{a}$, also $v = a \cdot \cos(\beta)$
$\triangle AFC$:
$b^2 = h_c^2 + (c - v)^2$
$= (a \cdot \sin(\beta))^2 + c^2 - 2c \cdot a \cdot \cos(\beta) + (a \cdot \cos(\beta))^2$
$= a^2 \cdot (\sin^2(\beta) + \cos^2(\beta)) + c^2 - 2ac \cdot \cos(\beta)$
$= a^2 + c^2 - 2ac \cdot \cos(\beta)$
Beide Betrachtungen führen auf den Kosinussatz in der Form $b^2 = a^2 + c^2 - 2ac \cdot \cos(\beta)$.

8 a) $a_1 = a_2 = \frac{a}{2} = 3{,}2\,\text{cm}$
$c = \sqrt{s_a^2 + a_1^2 - 2s_a \cdot a_1 \cdot \cos(\delta_1)} \approx 4{,}5\,\text{cm}$
$\sin(\beta) = \frac{s_a}{c} \cdot \sin(\delta_1) = 0{,}8743\ldots$, also $\beta \approx 61{,}0°$
$\alpha_2 = 180° - (\beta + \delta_1) \approx 43{,}0°$
$\delta_2 = 180 - \delta_1 = 104°$
$b = \sqrt{s_a^2 + a_2^2 - 2s_a \cdot a_2 \cdot \cos(\delta_2)} \approx 5{,}8\,\text{cm}$
$\sin(\gamma) = \frac{s_a}{b} \cdot \sin(\delta_2) = 0{,}6883\ldots$, also $\gamma \approx 43{,}5°$
$\alpha_1 = 180° - (\gamma + \delta_2) \approx 32{,}5°$
$\alpha = \alpha_1 + \alpha_2 = 180° - (\beta + \gamma) \approx 75{,}5°$
b) $a_1 = \sqrt{c^2 + s_a^2 - 2c \cdot s_a \cdot \cos(\alpha_2)} \approx 4{,}1\,\text{cm}$
$a_2 = a_1 \approx 4{,}1\,\text{cm}$; $a = 2a_1 \approx 8{,}3\,\text{cm}$
$\sin(\delta_1) = \frac{c}{a_1}\sin(\alpha_2) = 0{,}7521\ldots$, also $\delta_1 \approx 48{,}8°$
$\beta = 180° - (\alpha + \delta_1) \approx 98{,}2°$
$\delta_2 = 180° - \delta \approx 131{,}2°$
$b = \sqrt{s_a^2 + a_2^2 - 2s_a \cdot a_2 \cdot \cos(\delta_2)} \approx 10{,}7\,\text{cm}$
$\sin(\gamma) = \frac{s_a}{b} \cdot \sin(\delta_2) = 0{,}5281\ldots$, also $\gamma \approx 31{,}9°$
$\alpha_1 = 180° - (\gamma + \delta_2) \approx 16{,}9°$
$\alpha = \alpha_1 + \alpha_2 = 180° - (\beta + \gamma) \approx 49{,}9°$
c) $a_1 = a_2 = \frac{a}{2} = 4{,}1\,\text{cm}$
$s_a = \sqrt{b^2 + a_2^2 - 2b \cdot a_2 \cdot \cos(\gamma)} \approx 5{,}7\,\text{cm}$
$c = \sqrt{a^2 + b^2 - 2ab \cdot \cos(\gamma)} \approx 9{,}4\,\text{cm}$
$\sin(\alpha_1) = \frac{a_2}{s_a} \cdot \sin(\gamma) = 0{,}7061\ldots$, also $\alpha_1 \approx 44{,}9°$
$\delta = 180° - (\alpha_1 + \gamma) \approx 37{,}1°$; $\delta_1 = 180° - \delta_2 \approx 142{,}9°$
$\sin(\alpha_2) = \frac{a_1}{c} \cdot \sin(\delta_1) = 0{,}2642\ldots$, also $\alpha_2 \approx 15{,}3°$
$\beta = 180° - (\alpha_2 + \delta_1) \approx 21{,}8°$
$\alpha = \alpha_1 + \alpha_2 = 180° - (\beta + \gamma) \approx 60{,}2°$

d) Zu den gegebenen Größen gibt es zwei mögliche Dreiecke: $\triangle AB_1C$ und $\triangle AB_2C$. Die Größen des zweiten Dreiecks werden jeweils mit „ ′ " gekennzeichnet, zum Beispiel a_1' anstelle von a_1.

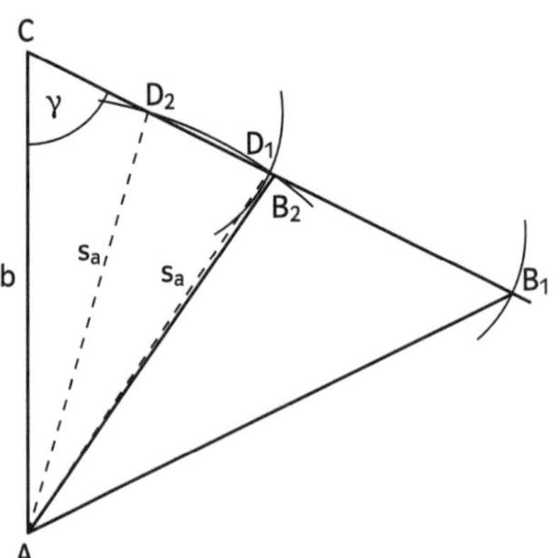

$\sin(\delta_2) = \frac{b}{s_a} \cdot \sin(\gamma) = 0{,}9864\ldots$, also $\delta_2 \approx 80{,}6°$
oder $\delta_2' = 180° - \delta_2 \approx 99{,}4°$
$\delta_1 = 180° - \delta_2 \approx 99{,}4°$
oder $\delta_1' = 180° - \delta_2' \approx 80{,}6°$
$\alpha_1 = 180° - (\gamma + \delta_2) \approx 35{,}4°$
oder $\alpha_1' = 180° - (\gamma + \delta_2') \approx 16{,}6°$
$a_1 = a_2 = \frac{\sin(\alpha_1)}{\sin(\gamma)} \cdot s_a \approx 2{,}6\,\text{cm}$ und damit
$a = 2a_2 \approx 5{,}3\,\text{cm}$
oder $a_1' = a_2' = \frac{\sin\alpha_1'}{\sin(\gamma)} \cdot s_a \approx 1{,}3\,\text{cm}$ und damit
$a' = 2a_2' \approx 2{,}6\,\text{cm}$
$c = \sqrt{s_a^2 + a_1^2 - 2s_a \cdot a_1 \cdot \cos(\delta_1)} \approx 5{,}2\,\text{cm}$
oder $c' = \sqrt{s_a^2 + (a_1')^2 - 2s_a \cdot a_1' \cdot \cos(\delta_1')} \approx 4{,}1\,\text{cm}$
$\sin(\beta) = \frac{s_a}{c} \cdot \sin(\delta_1) = 0{,}7732\ldots$, also $\beta \approx 50{,}6°$
oder $\sin(\beta') = \frac{s_a}{c'} \cdot \sin(\delta_1') = 0{,}9881\ldots$,
also $\beta' \approx 81{,}2°$

$\alpha_2 = 180° - (\beta + \delta_1) \approx 29{,}9°$
oder $\alpha_2' = 180° - (\beta' + \delta_1') \approx 18{,}3°$
$\alpha = \alpha_1 + \alpha_2 = 180° - (\beta + \gamma) \approx 65{,}4°$
oder $\alpha' = \alpha_1' + \alpha_2' = 180° - (\beta' + \gamma) \approx 34{,}8°$

9 Mit x für die Entfernung des Aussichtsturms von der Badestelle und y für die Entfernung des Aussichtsturms vom Gasthaus ergibt sich:
$x = \sqrt{1{,}4^2 + 2{,}1^2 - 2 \cdot 1{,}4 \cdot 2{,}1 \cdot \cos(180° - 70°)}\,\text{km}$
$\approx 2{,}9\,\text{km}$,
$y = \sqrt{1{,}4^2 + 2{,}8^2 - 2 \cdot 1{,}4 \cdot 2{,}8 \cdot \cos(70°)}\,\text{km} \approx 2{,}7\,\text{km}$

5 Dreiecksberechnungen

Seite 194

1

a) $\alpha = 36{,}14°$	$\beta = 45{,}74°$	$\gamma = 98{,}12°$
b) $\alpha = 119{,}59°$	$\beta = 7{,}40°$	$\gamma = 53{,}01°$
c) $\alpha = 24{,}96°$	$\beta = 124{,}31°$	$\gamma = 30{,}73°$
d) $\alpha = 74{,}58°$	$\beta = 74{,}58°$	$\gamma = 30{,}85°$

2

a) $c = 2{,}37\,\text{cm}$	$\alpha = 32{,}35°$	$\beta = 129{,}66°$
b) $a = 7{,}00\,\text{cm}$	$\beta = 42{,}92°$	$\gamma = 21{,}08°$
c) $b = 17{,}23\,\text{m}$	$\alpha = 55{,}10°$	$\gamma = 29{,}40°$
d) $a = 4{,}95\,\text{km}$	$\beta = 2{,}24°$	$\gamma = 5{,}66°$

3

a) $\alpha = 96°$	$b = 4{,}49\,\text{cm}$	$c = 6{,}41\,\text{cm}$
b) $\gamma = 61°$	$a = 5{,}03\,\text{cm}$	$c = 5{,}25\,\text{cm}$
c) $\alpha = 117°$	$a = 5{,}17\,\text{cm}$	$b = 1{,}79\,\text{cm}$
d) $\gamma = 52{,}8°$	$b = 16{,}36\,\text{m}$	$c = 13{,}66\,\text{m}$

4

a) $\beta = 39{,}12°$	$\gamma = 67{,}88°$	$c = 23{,}35\,\text{cm}$
b) $\alpha = 25{,}04°$	$\beta = 46{,}96°$	$a = 4{,}81\,\text{cm}$
c) $\alpha = 26{,}33°$	$\beta = 91{,}17°$	$b = 11{,}05\,\text{m}$
d) $\alpha = 62{,}60°$	$\gamma = 25{,}10°$	$a = 2{,}18\,\text{m}$

5

a) $\alpha_1 = 61{,}4823°$	$\beta_1 = 83{,}5177°$	$b_1 = 8{,}1418\,\text{cm}$
$\alpha_2 = 118{,}5177°$	$\beta_2 = 26{,}4823°$	$b_2 = 3{,}6539\,\text{cm}$
b) $\sin\alpha = 1{,}338 \Longrightarrow$ existiert kein Dreieck		
c) $\gamma = 90°$	$\alpha = 60°$	$a = 6{,}0622\,\text{cm}$
d) $\beta_1 = 14{,}1444°$	$\alpha_1 = 153{,}3556°$	$a_1 = 12{,}8461\,\text{cm}$
$\beta_2 = 165{,}8556°$	$\alpha_2 = 1{,}6444°$	$a_2 = 0{,}822\,\text{cm}$

6

a) $c = 3{,}0492\,\text{m}$	$\alpha = 46{,}6496°$	$\beta = 80{,}4443°$
b) $\beta = 27{,}4°$	$a = 2{,}3395\,\text{km}$	$c = 1{,}4224\,\text{km}$
c) $\gamma = 119{,}4961°$	$\alpha = 22{,}6483°$	$\beta = 37{,}8556°$
d) $\gamma_1 = 50{,}3221°$	$\alpha_1 = 95{,}1779°$	$a_1 = 29{,}8913\,\text{cm}$
$\gamma_2 = 129{,}6779°$	$\alpha_2 = 15{,}8221°$	$a_2 = 8{,}1833\,\text{cm}$

7 $c \approx 10{,}66\,\text{cm}$; $s_c \approx 2{,}52\,\text{cm}$; $U \approx 23{,}66\,\text{cm}$;
$h_c \approx 2{,}34\,\text{cm}$; $A \approx 12{,}51\,\text{cm}^2$

6 Anwendungen

Seite 196

1
a) $e = 11{,}07\,\text{cm}$; $\delta = 104{,}53°$; $\alpha = 81{,}99°$; $\gamma = 98{,}47°$
b) $\delta = 46{,}01°$; $\beta = 42{,}91°$; $\alpha = 162{,}58°$; $\gamma = 108{,}50°$

2 a) $\overline{BM} = \frac{\overline{FM}}{\tan(\delta)} = \frac{6{,}5\,\text{m}}{\sin(15°)} \approx 24{,}3\,\text{m}$
$\overline{HM} = \overline{BM} \cdot \tan(\varepsilon) \approx 26{,}9\,\text{m}$
Baumhöhe: $\overline{HM} + \overline{FM} \approx 33{,}4\,\text{m}$
b) $\overline{BF} = \frac{\overline{FM}}{\sin(\delta)} = \frac{6{,}5}{\sin(15°)} \approx 25{,}1\,\text{m}$; $\overline{BH} = \frac{\overline{HM}}{\sin(\varepsilon)} \approx 36{,}3\,\text{m}$
Der Beobachtungspunkt B ist etwa 25,1 m von F und etwa 36,3 m von H entfernt.

3 Um die Höhendiffernez h zwischen Zwischenstation Z und Bergstation B berechnen zu können, werden zunächst die Seitenlängen $\overline{TZ}$ und $\overline{ZB}$ des Dreiecks TZB bestimmt:
$\overline{TZ} = \frac{450\,\text{m}}{\sin(26°)} \approx 1026{,}5\,\text{m}$; $\delta = \sphericalangle ZTB = \gamma - \alpha = 7°$;
$\varepsilon = \sphericalangle TBZ = \beta - \gamma = 4°$
$\overline{ZB} = \frac{\sin(\delta)}{\sin(\varepsilon)} \cdot \overline{TZ} \approx 1793{,}4\,\text{m}$; $h = \overline{ZB} \cdot \sin(\beta) \approx 1079{,}3\,\text{m}$
Die Bergstation B liegt etwa 1080 m höher als die Zwischenstation Z, also etwa 1530 m höher als die Talstation.

Seite 197

4 a) $\delta_1 = \sphericalangle ADB$, $\beta_1 = \sphericalangle DBA$
$\sin(\beta_1) = \frac{d}{f} \cdot \sin(\alpha) = \frac{3{,}8}{6{,}4} \cdot \sin(84{,}3°)$, also $\beta_1 \approx 36{,}2°$
$\delta_1 = 180° - (\alpha + \beta_1) \approx 59{,}5°$
$a = \frac{\sin(\delta_1)}{\sin(\alpha)} \cdot f \approx 5{,}5\,\text{cm}$
b) $\delta_2 = \sphericalangle BDC = \delta - \delta_1 \approx 51{,}4°$
$\beta_2 = \sphericalangle CBD = \beta - \beta_1 \approx 100{,}3°$
$\gamma = 360° - (\alpha + \beta + \delta) = 28{,}3°$
$b = \frac{\sin(\delta_2)}{\sin(\gamma)} \cdot f \approx 10{,}6\,\text{cm}$
$c = \frac{\sin(\beta_2)}{\sin(\gamma)} \cdot f \approx 13{,}3\,\text{cm}$
$e = \sqrt{c^2 + d^2 - 2cd \cdot \cos(\delta)} \approx 15{,}1\,\text{cm}$

5 $\beta = 180° - \alpha = 143{,}7°$
$e = \sqrt{a^2 + b^2 - 2ab\cos\beta} = 17{,}03\,\text{cm}$
$d = b = 7{,}7\,\text{cm}$
$f = \sqrt{a^2 + d^2 - 2ad\cos\alpha} = 6{,}06\,\text{cm}$

6 a) $\gamma = 180° - (\alpha + \beta) = 85{,}4°$; $a = 6{,}55\,\text{cm}$;
$b = 4{,}22\,\text{cm}$; $U = a + b + c = 18{,}27\,\text{cm}$;
$A = \frac{1}{2} \cdot a \cdot b \cdot \sin\gamma = 13{,}77\,\text{cm}^2$
b) $\gamma = 37{,}40°$; $\alpha = 34{,}80°$; $a = 3{,}48\,\text{cm}$;
$U = a + b + c = 12{,}98\,\text{cm}$; $A = \frac{1}{2} ab \cdot \sin\gamma = 6{,}12\,\text{cm}^2$

7 $\alpha = 65°$; $\beta = \alpha = 65°$;
(Symmetrie $\Longrightarrow$ gleichschenkliges Dreieck ABE)
$\delta = 180° - 90° - \alpha = 25°$;
$z = b \cdot \sin\delta \approx 1{,}268\,\text{cm}$
$c = a - 2z \approx 2{,}464\,\text{cm}$;
$\frac{x}{x + b} = \frac{c}{a}$;
$x = \frac{3c}{(5 - c)} \approx 2{,}915\,\text{cm}$;
$h = \frac{\sin\alpha \cdot x}{\sin 90°}$; $h \approx 2{,}64\,\text{cm}$

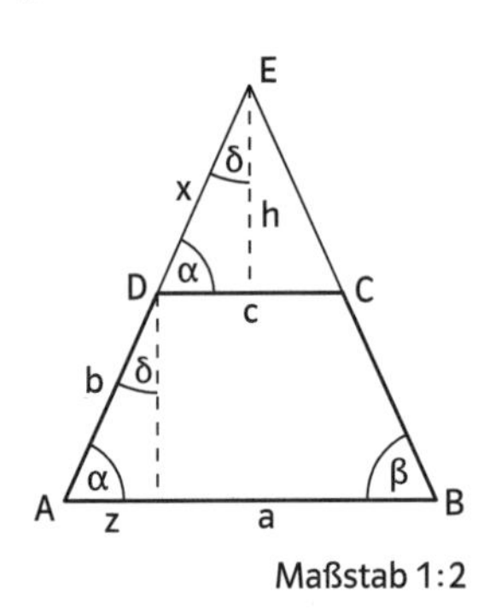

Maßstab 1:2

8 $\gamma = \sphericalangle AHB = \beta - \alpha = 5{,}14°$
$\overline{BH} = \frac{\sin(\alpha)}{\sin(\gamma)} \cdot \overline{AB} = \frac{\sin(30{,}11°)}{\sin(5{,}14°)} \cdot 200\,\text{m} \approx 1119{,}9\,\text{m}$
$h = \overline{BH} \cdot \sin(\beta) \approx 646{,}4\,\text{m}$
Der Berg ist etwa 646 m hoch.

9 Hinweis: Es ist hilfreich, für die Berechnung der Winkel φ_1, φ_2 und φ_3 des Dreiecks L_1L_2S Hilfslinien zu zeichnen.
$\varphi_1 = \sphericalangle L_2L_1S = \delta - (\alpha - 180°) = 45°$
$\varphi_2 = \sphericalangle SL_2L_1 = \beta - \delta = 40°$
$\varphi_3 = \sphericalangle L_1SL_2 = \alpha - \beta = 95°$
$\overline{SL_1} = \frac{\sin(\varphi_2)}{\sin(\varphi_3)} \cdot \overline{L_1L_2} = \frac{\sin(40°)}{\sin(95°)} \cdot 12{,}6\,\text{sm} \approx 8{,}13\,\text{sm}$
$\overline{SL_2} = \frac{\sin(\varphi_1)}{\sin(\varphi_3)} \cdot \overline{L_1L_2} = \frac{\sin(45°)}{\sin(95°)} \cdot 12{,}6\,\text{sm} \approx 8{,}94\,\text{sm}$
Das Schiff ist vom Leuchtfeuer L_1 etwa 8,13 sm, vom Leuchtfeuer L_2 etwa 8,94 sm entfernt.

10 $\beta = \alpha$, da beide Schenkel beider Winkel senkrecht aufeinander stehen.
$\sin\beta = \frac{H}{G}$; $H = 278{,}5259\,\text{N}$; $\cos\beta = \frac{D}{G}$; $D = 696{,}3644\,\text{N}$

7 Trigonometrische Funktionen – Bogenmaß

Seite 200

1 a) $180° = \pi$; $90° = \frac{1}{2}\pi$; $270° = \frac{3}{2}\pi$; $45° = \frac{1}{4}\pi$;
$135° = \frac{3}{4}\pi$; $225° = \frac{5}{4}\pi$; $315° = \frac{7}{4}\pi$
b) $1° = \frac{1}{180}\pi$; $7° = \frac{7}{180}\pi$; $23° = \frac{32}{180}\pi$; $68° = \frac{17}{45}\pi$;
$112° = \frac{28}{45}\pi$; $137° = \frac{137}{180}\pi$; $318° = \frac{53}{30}\pi$;

2 a) $\pi = 180°$; $\frac{1}{2}\pi = 90°$; $\frac{1}{4}\pi = 45°$; $\frac{3}{4}\pi = 135°$
$\frac{5}{4}\pi = 225°$; $\frac{1}{3}\pi = 60°$; $\frac{2}{3}\pi = 120°$; $\frac{1}{6}\pi = 30°$;
$\frac{5}{6}\pi = 150°$; $\frac{11}{6}\pi = 330°$
b) $\frac{1}{10}\pi = 18°$; $\frac{3}{10}\pi = 54°$; $\frac{7}{10}\pi = 126°$; $\frac{1}{18}\pi = 10°$;
$\frac{5}{18}\pi = 50°$ $\frac{1}{180}\pi = 1°$; $\frac{7}{180}\pi = 7°$; $\frac{7}{18}\pi = 70°$

3 a) $2{,}3 \approx 131{,}8°$; $4{,}7 \approx 269{,}3°$; $-2{,}1 \approx -120{,}3°$;
$-3{,}6 \approx -206{,}3°$; $5{,}8 \approx 332{,}3°$; $-5{,}4 \approx -309{,}4°$;
b) $6{,}8 \approx 389{,}6°$; $13{,}4 \approx 767{,}8°$; $34{,}8 \approx 1993{,}9°$;
$-102{,}9 \approx -5895{,}7°$; $435{,}8 \approx 24\,969{,}5°$;
$1024 \approx 58\,670{,}9°$

4 und **5** Grafik siehe unten

6 a) 0,912 b) −0,558 c) −0,349

Grafik zu Aufgaben 4 und 5, Seite 200

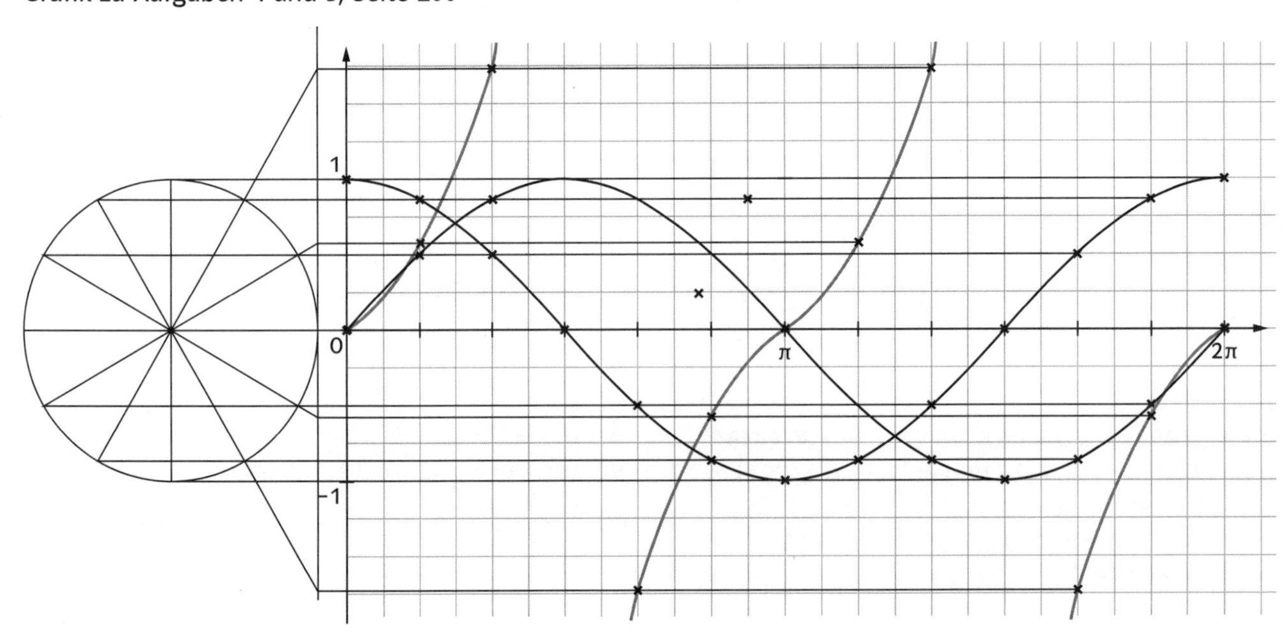

Seite 201

7 a) $\frac{1}{2}\sqrt{2}$ b) $\frac{1}{2}\sqrt{2}$ c) $\frac{1}{2}\sqrt{3}$
d) $\frac{1}{2}$ e) $\frac{1}{2}$ f) $\frac{1}{2}\sqrt{3}$

8 a) $\frac{\pi}{6} + 2k\pi; \frac{5\pi}{6} + 2k\pi$ b) $\frac{\pi}{4} + 2k\pi; \frac{7\pi}{4} + 2k\pi$
c) $\frac{5\pi}{6} + 2k\pi; \frac{7\pi}{6} + 2k\pi$ d) $\frac{\pi}{3} + 2k\pi; \frac{5\pi}{3} + 2k\pi$
e) $\frac{2\pi}{3} + 2k\pi; \frac{4\pi}{3} + 2k\pi$ f) $\frac{4\pi}{3} + 2k\pi; \frac{5\pi}{3} + 2k\pi$

9 a) 1,221; 1,920 b) 0,960; 2,182
c) 0,890; 5,393 d) 2,662; 3,622
e) 3,726; 5,699 f) 3,910; 5,515

10 a) $0,681 + 2k\pi$; $2,460 + 2k\pi$
b) $2,153 + 2k\pi$; $4,130 + 2k\pi$
c) $3,821 + 2k\pi$; $5,604 + 2k\pi$

11 a)

x	0,1	0,01	0,001	0,0001
sin x	0,099 833	0,009 999	0,000 999	0,000 099 9
x − sin(x)	0,000 16	0,000 000 1	$1,7 \cdot 10^{-10}$	$1,7 \cdot 10^{-13}$

Für kleine positive Werte von x gilt $x \approx \sin(x)$.
b) Für kleine positive Werte von x ist der zu sin(x) gehörige Bogen (x) nur unwesentlich länge als die entsprechende Kathete (sin(x)) des Dreiecks.

12 a) Da die Länge des abgerollten Kreisbogenabschnittes gleich s ist und der Radius des Kreises 1 beträgt, ist der Zentriwinkel über dem Kreisbogen gleich s.
$\Longrightarrow x(s) = s - r\sin(s) = s - \sin(s); \; -y(s) = r\cos(s)$
$\Longrightarrow y(s) = -\cos(s)$
b)

s in $\frac{\pi}{20}$	0	1	2	3	4	5
x(s)	0	0,0006	0,005	0,017	0,041	0,078
y(s)	−1	−0,99	−0,95	−0,89	−0,81	−0,71

s in $\frac{\pi}{20}$	6	7	8	9	10
x(s)	0,13	0,21	0,31	0,43	0,57
y(s)	−0,59	−0,45	−0,31	−0,16	0

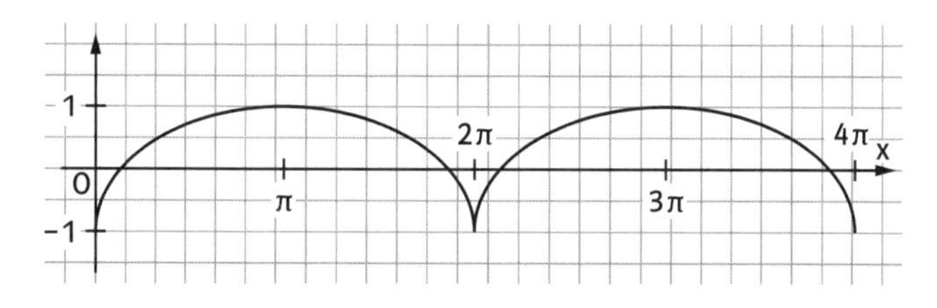

Wiederholen – Vertiefen – Vernetzen

Seite 202

1 a) 40° b) 40° c) 70°
d) 56° e) 59° f) 40°

2 a) $\sin(x) = \cos\left(x - \frac{\pi}{2}\right) = \cos(x)$
b) $\sin(x) = -\sin(x + \pi) = -\cos\left(x + \pi + \frac{\pi}{2}\right)$
$= -\cos\left(x + \frac{\pi}{2}\right)$
c) $\sin(x) = -\sin(x + \pi) = -\cos\left(x + \frac{\pi}{2}\right)$
d) $\cos(x) = \cos(\pi + y) = \cos(\pi - y)$
e) $\sin\left(x + \frac{\pi}{2}\right) = \cos(x)$
f) $\cos(x) = \cos(x - 2\pi) = \cos(2\pi - x)$
$= \sin\left(2\pi - x + \frac{\pi}{2}\right)$

3 I. und IV. Quadrant:
Der Kosinus ist positiv und entspricht dem Abschnitt auf der x-Achse. Bei gleichen Winkeln oberhalb der x-Achse ergeben sich somit auch gleiche Kosinuswerte. Analog gilt dieser Zusammenhang auch für den II. und III. Quadranten (mit negativen Kosinuswerten).
$\Longrightarrow \alpha_1 = 340°; \alpha_2 = 160°$

4 a) $\alpha_1 = 40°; \alpha_2 = 220°$ b) $\alpha_1 = 72,5°$;
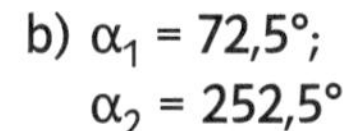
$\alpha_2 = 252,5°$

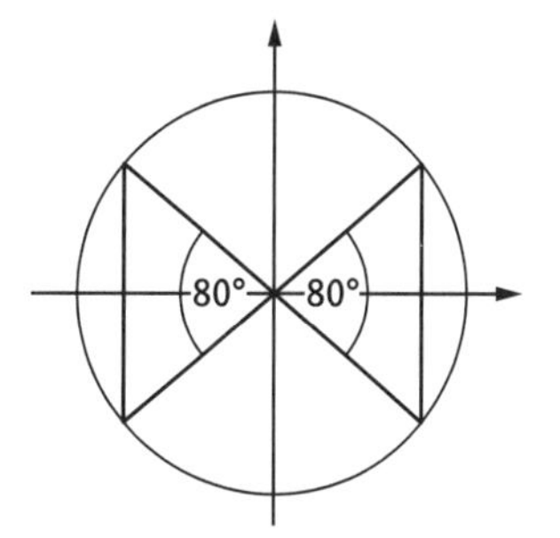

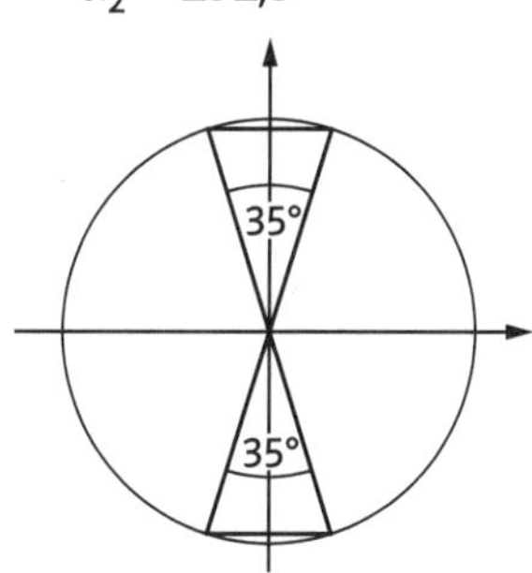

c) $\alpha_1 = 110°; \alpha_2 = 290°$

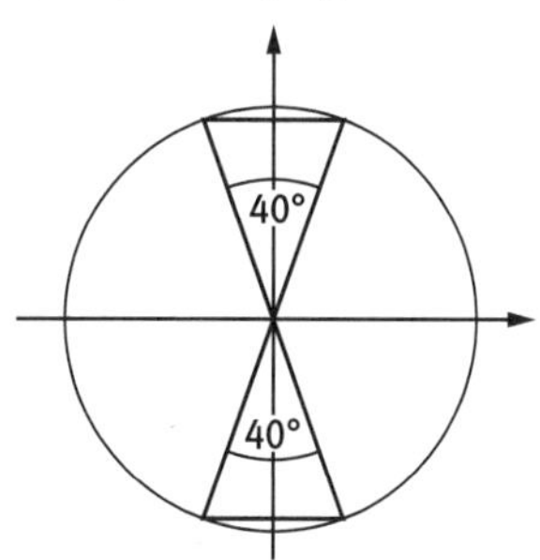

5 a) Aus $c^2 = a^2 + b^2 - 2ab \cdot \cos(\gamma)$ folgt mit $a = b = s$:
$c^2 = 2s^2 - 2s^2 \cdot \cos(\gamma) = 2s^2 \cdot (1 - \cos(\gamma))$.
b) $c = \sqrt{2 \cdot (4,8\,\text{cm})^2 \cdot (1 - \cos(132°))} \approx 8,8\,\text{cm}$

6 a) $\sin(\alpha) = \frac{h_c}{b} = \frac{3}{4{,}5}$, also $\alpha \approx 41{,}8°$

$a = \sqrt{b^2 + c^2 - 2bc \cdot \cos(\alpha)} \approx 3{,}4\,\text{cm}$

$\sin(\beta) = \frac{h_c}{a}$, also $\beta \approx 61{,}2°$

$\gamma = 180° - (\alpha + \beta) \approx 76{,}9°$

b) $\cos(\beta) = \frac{a^2 + \left(\frac{c}{2}\right)^2 - s_c^2}{2a \cdot \frac{c}{2}} = \frac{55{,}6^2 + 33^2 - 32{,}7^2}{55{,}6 \cdot 66}$, also

$\beta \approx 32{,}0°$

$b = \sqrt{a^2 + c^2 - 2ac \cdot \cos(\beta)} \approx 35{,}0\,\text{m}$

$\cos(\alpha) = \frac{b^2 + \left(\frac{c}{2}\right)^2 - s_c^2}{2b \cdot \frac{c}{2}} = 0{,}5388\ldots$, also $\alpha \approx 57{,}4°$

$\gamma = 180° - (\alpha + \beta) \approx 90{,}6°$

c) Die Konstruktion des Dreiecks lässt zwei mögliche Dreiecke zu, die zueinander kongruent sind. Im Dreieck AB_2C sind die Seitenlängen a und c des Dreiecks AB_1C vertauscht. Bei der Berechnung wird auf eine Fallunterscheidung verzichtet.

$\sin(\delta_1) = \frac{5{,}12}{5{,}57}$, also $\delta_1 \approx 66{,}8°$

(Die Alternative $\delta_1' = 180° - \delta_1$ führt auf das zum Dreieck AB_1C kongruente Dreieck AB_2C.)

$\delta_2 = 180° - \delta_1 \approx 113{,}2°$

$a = \sqrt{s_b^2 + \left(\frac{b}{2}\right)^2 - 2s_b \cdot \frac{b}{2} \cdot \cos(\delta_1)} \approx 5{,}20\,\text{km}$

$c = \sqrt{s_b^2 + \left(\frac{b}{2}\right)^2 - 2s_b \cdot \frac{b}{2} \cdot \cos(\delta_2)} \approx 7{,}38\,\text{km}$

$\sin(\alpha) = \frac{s_b}{c} \cdot \sin(\delta_2) = 0{,}6935\ldots$, also $\alpha \approx 43{,}9°$

$\sin(\gamma) = \frac{s_b}{a} \cdot \sin(\delta_1) = 0{,}9838\ldots$, also $\gamma \approx 79{,}7°$

$\beta = 180° - (\alpha + \gamma) \approx 56{,}4°$

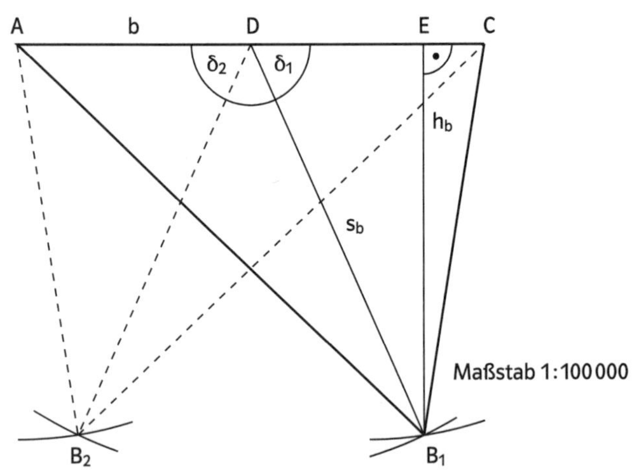

d) $\sin(\beta) = \frac{h_a}{c} = \frac{91}{160}$, also $\beta \approx 34{,}7°$

$b_1 = \sqrt{c^2 + w_\beta^2 - 2c \cdot w_\beta \cdot \cos\left(\frac{\beta}{2}\right)} \approx 73{,}3\,\text{m}$

$\cos(\alpha) = \frac{b_1^2 + c^2 - w_\beta^2}{2b_1 \cdot c} = 0{,}9191\ldots$, also $\alpha \approx 23{,}2°$

$\gamma = 180° - (\alpha + \beta) \approx 122{,}1°$

$a = \frac{\sin(\alpha)}{\sin(\gamma)} \cdot c \approx 74{,}4\,\text{m}$

$b = \frac{\sin(\beta)}{\sin(\gamma)} \cdot c \approx 107{,}5\,\text{m}$

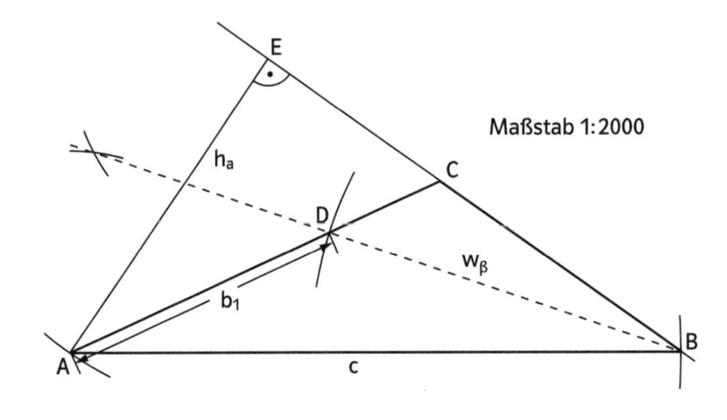

7 a) $\gamma = 180° - (\alpha + \beta) = 76{,}4°$

$a = \frac{\sin(\alpha)}{\sin(\gamma)} \cdot c \approx 5{,}8\,\text{cm}$

$b = \frac{\sin(\beta)}{\sin(\gamma)} \cdot c \approx 4{,}6\,\text{cm}$

Umfang: $U = a + b + c \approx 16{,}9\,\text{cm}$

Flächeninhalt $A = \frac{1}{2} cb \cdot \sin(\alpha) \approx 12{,}9\,\text{cm}^2$

b) $\sin(\gamma) = \frac{c}{b} \cdot \sin(\beta) = \frac{3{,}7}{5{,}8} \cdot \sin(107{,}8°)$, also $\gamma \approx 37{,}4°$

$\alpha = 180° - (\beta + \gamma) \approx 34{,}8°$

$a = \frac{\sin(\alpha)}{\sin(\beta)} \cdot b \approx 3{,}5\,\text{cm}$

Umfang: $U = a + b + c \approx 13{,}0\,\text{cm}$

Flächeninhalt: $A = \frac{1}{2} cb \cdot \sin(\alpha) \approx 6{,}1\,\text{cm}^2$

8 a) $V = 25\,\text{cm}^2 \cdot 10\,\text{cm} \cdot \sin(70°) \approx 234{,}9\,\text{cm}^3$

$O = 2 \cdot 25\,\text{cm}^2 + 2 \cdot 50\,\text{cm}^2 + 2 \cdot 5\,\text{cm} \cdot 10\,\text{cm} \cdot \sin(70°)$
$\approx 244{,}0\,\text{cm}^2$

b) Hier muss erst $180° - \alpha$ mit dem Kosinussatz im Dreieck ABF bestimmt werden. Daraus ergibt sich der Winkel α zu 60°.

$V = 9\,\text{cm}^2 \cdot 8\,\text{cm} \cdot \sin(60°) \approx 62{,}4\,\text{cm}^3$

$O = 2 \cdot 9\,\text{cm}^2 + 2 \cdot 24\,\text{cm}^2 + 2 \cdot 3\,\text{cm} \cdot 8\,\text{cm} \cdot \sin(60°)$
$\approx 107{,}6\,\text{cm}^2$

9 a) Die Teilwinkel von α und γ werden wie folgt bezeichnet:

$\alpha_1 = \sphericalangle BAC$, $\alpha_2 = \sphericalangle CAD$, $\gamma_1 = \sphericalangle BCA$, $\gamma_2 = \sphericalangle DCA$.

a) $e = \sqrt{a^2 + b^2 - 2ab \cdot \cos(\beta)} \approx 11{,}1\,\text{cm}$

$\cos(\delta) = \frac{c^2 + d^2 - e^2}{2cd} = -0{,}2509\ldots$, also $\delta \approx 104{,}5°$

$\sin(\alpha_1) = \frac{b}{e} \cdot \sin(\beta) = 0{,}6979\ldots$, also $\alpha_1 \approx 44{,}3°$

$\gamma_1 = 180° - (\alpha_1 + \beta) \approx 60{,}7°$

$\sin(\alpha_2) = \frac{c}{e} \cdot \sin(\delta) = 0{,}6120\ldots$, also $\alpha_2 \approx 37{,}7°$

$\gamma_2 = 180° - (\alpha_2 + \delta) = \alpha_2 \approx 37{,}7°$

$\alpha = \alpha_1 + \alpha_2 \approx 82{,}0°$; $\gamma = \gamma_1 + \gamma_2 \approx 98{,}5°$

(Kontrolle: $\alpha + \beta + \gamma + \delta = 360°$)

$f = \sqrt{a^2 + d^2 - 2ad \cdot \cos(\alpha)} \approx 11{,}4\,\text{cm}$

b) $\cos(\beta) = \frac{a^2 + b^2 - e^2}{2ab} = \frac{9{,}5^2 + 7{,}6^2 - 6{,}5^2}{2 \cdot 9{,}5 \cdot 7{,}6}$, also $\beta \approx 42{,}9°$

$\cos(\delta) = \frac{c^2 + d^2 - e^2}{2cd} = \frac{8{,}5^2 + 3{,}7^2 - 6{,}5^2}{2 \cdot 8{,}5 \cdot 3{,}7}$, also $\delta \approx 46{,}0°$

$\sin(\alpha_1) = \frac{b}{e} \cdot \sin(\beta) = 0{,}7960\ldots$, also $\alpha_1 \approx 52{,}8°$

$\gamma_1 = 180° - (\alpha_1 + \beta) \approx 84{,}3°$

$\sin(\alpha_2) = \frac{c}{e} \cdot \sin(\delta) \approx 0{,}9407\ldots$, also $\alpha_2 \approx 70{,}2°$

$\gamma_2 = 180° - (\alpha_2 + \delta) \approx 63{,}8°$

$\alpha = \alpha_1 + \alpha_2 \approx 122{,}9°$; $\gamma = \gamma_1 + \gamma_2 \approx 148{,}2°$

(Kontrolle: $\alpha + \beta + \gamma + \delta = 360°$)

$f = \sqrt{a^2 + d^2 - 2ad \cdot \cos(\alpha)} \approx 11{,}9\,\text{cm}$

Seite 203

10 a) $180° < \alpha < 270°$

b) $180° < \alpha < 300°$

c) $0° \le \alpha \le 90°$ oder $270° \le \alpha \le 360°$

11 a)

$\sin^2\alpha\cos\alpha + \cos^3\alpha = \cos\alpha(\sin^2\alpha + \cos^2\alpha) = \cos\alpha$

b) $\sin\alpha - \sin\alpha\cos^2\alpha = \sin\alpha(1 - \cos^2\alpha) = \sin\alpha\sin^2\alpha$
$= \sin^3\alpha$

c) $(\sin\alpha + \cos\alpha)^2 + \sin\alpha - \cos\alpha)^2$
$= 2(\sin^2\alpha + \cos^2\alpha) = 2$

d) $\frac{\sin^2\alpha - \sin^4\alpha}{\cos^2\alpha - \cos^4\alpha} = \frac{\sin^2\alpha(1 - \sin^2\alpha)}{\cos^2\alpha(1 - \cos^2\alpha)} = \frac{\sin^2\alpha\cos^2\alpha}{\cos^2\alpha\sin^2\alpha} = 1$

e) $\frac{\sin^4\alpha - \cos^4\alpha}{\sin^2\alpha - \cos^2\alpha} = \frac{(\sin^2\alpha + \cos^2\alpha)(\sin^2\alpha - \cos^2\alpha)}{\sin^2\alpha - \cos^2\alpha}$
$= \sin^2\alpha + \cos^2\alpha = 1$

f) $\frac{1}{1 + \sin\alpha} + \frac{1}{1 - \sin\alpha} = \frac{1 - \sin\alpha + 1 + \sin\alpha}{(1 + \sin\alpha)(1 - \sin\alpha)}$
$= \frac{2}{1 - \sin^2\alpha} = \frac{2}{\cos^2\alpha}$

12

a)	$\gamma = 85°$	$\beta = 119{,}55°$	$\delta = 60{,}45°$
	$c = 9{,}48\,\text{cm}$	$d = 7{,}45\,\text{cm}$	$f = 9{,}96\,\text{cm}$
b)	$\alpha = 70{,}89°$	$\gamma = 109{,}11°$	$\beta = 60°$
	$d = 3{,}27\,\text{cm}$	$c = 1{,}96\,\text{cm}$	
c)	$\alpha = 78°$	$\delta = 106°$	$d = 75{,}20\,\text{cm}$
	$c = 26{,}80\,\text{cm}$	$b = 78{,}47\,\text{cm}$	$f = 88{,}03\,\text{cm}$

13 a) $A = 172{,}05\,\text{cm}^2$ b) $A = 152{,}17\,\text{cm}^2$

14

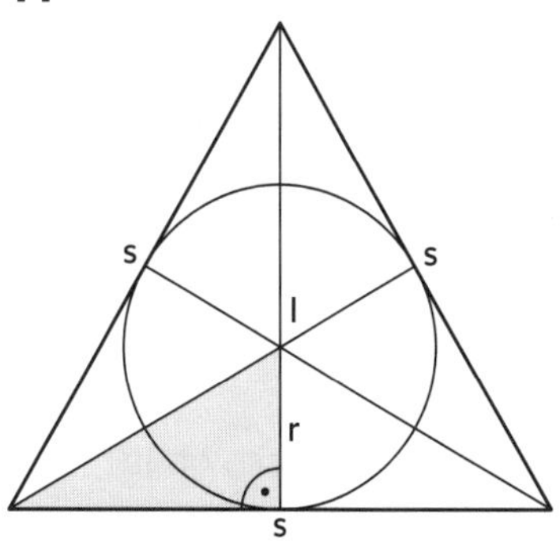

Der Inkreismittelpunkt I teilt die Seitenhalbierenden des Dreiecks vom jeweiligen Eckpunkt aus im Verhältnis 2:1.
Die Seitenhalbierenden haben die Länge $\frac{1}{2}\sqrt{3}$, also gilt für den Inkreisradius r:

$r = \frac{1}{3} \cdot \frac{s}{2}\sqrt{3} = \frac{s}{6}\sqrt{3}$.

Alternative: Da die Seitenhalbierenden die Dreieckswinkel (je 60°) halbieren, gilt

$\tan(30°) = \frac{r}{\frac{s}{2}} = \frac{2r}{s}$. Mit $\tan(30°) = \frac{1}{\sqrt{3}}$ folgt

$r = \frac{s}{2} \cdot \frac{1}{\sqrt{3}} = \frac{s}{2} \cdot \frac{1}{\sqrt{3}} \cdot \frac{\sqrt{3}}{\sqrt{3}} = \frac{s}{6}\sqrt{3}$.

15 Der gestreckte Winkel $\sphericalangle$ CDB wird von w_α in zwei Teilwinkel $\sphericalangle CDA = \delta_1$ und $\sphericalangle ADB = \delta_2$ geteilt, und es gilt $\sin(\delta_2) = \sin(180° - \delta_1) = \sin(\alpha_1)$.
Wendet man den Sinussatz für die Dreiecke ABD und ADC an, so erhält man

$\frac{\sin(\delta_2)}{\sin\left(\frac{\alpha}{2}\right)} = \frac{c}{a_2}$ (Δ ABD) und $\frac{\sin(\delta_1)}{\sin\left(\frac{\alpha}{2}\right)} = \frac{b}{a_1}$.

Wegen $\sin(\delta_1) = \sin(\delta_2)$ stimmen auch die Verhältnisse $\frac{c}{a_2}$ und $\frac{b}{a_1}$ überein, und es gilt

$\frac{c}{a_2} = \frac{b}{a_1} \quad \Big| \cdot \frac{a_1}{c}$

$\frac{a_1}{a_2} = \frac{b}{c}$.

Entsprechend lässt sich begründen, dass für die Teilstrecken b_1 und b_2, in die b von der Winkelhalbierenden w_β geteilt wird, gilt:

$\frac{b_1}{b_2} = \frac{a}{c}$.

Dabei ist b_1 die Teilstrecke von b, die in C endet, also der Dreiecksseite a anliegt.
Teilt die Winkelhalbierende w_γ die Dreiecksseite c in die Teilstrecken c_1 und c_2 (c_1 benachbart zu a), so ergibt sich entsprechend

$\frac{c_1}{c_2} = \frac{a}{b}$.

16

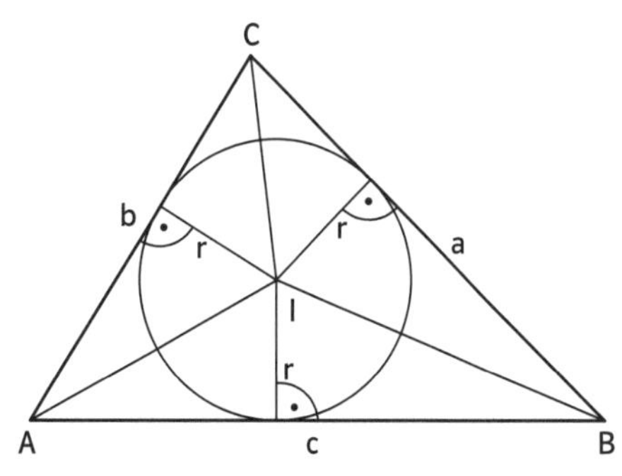

In den Teildreiecken ABI, IBC und AIC ist der Inkreisradius r jeweils Höhe zu den jeweiligen Grundseiten c, a und b. Damit folgt:

$A = \frac{1}{2}c \cdot r + \frac{1}{2}a \cdot r + \frac{1}{2}b \cdot r$
$= \frac{1}{2}r \cdot (c + a + b) = \frac{r}{2}(a + b + c)$.

17 Der Mittelpunktswinkel δ ist doppelt so groß wie der Umfangswinkel γ. Der Winkel $\sphericalangle$ BUA = 360° – δ und die Dreiecksseite c werden von $\overline{UD}$ halbiert, und es gilt

$$\sin\left(\frac{1}{2}(360° - \delta)\right) = \frac{\frac{c}{2}}{R} = \frac{c}{2R}.$$

Wegen

$$\sin\left(\frac{1}{2}(360° - \delta)\right) = \sin\left(180° - \frac{\delta}{2}\right) = \sin(180° - \gamma) = \sin(\gamma)$$

folgt $\sin(\gamma) = \frac{c}{2R}$ und durch Umstellen der Gleichung $\frac{c}{\sin(\gamma)} = 2R$.

18 a)

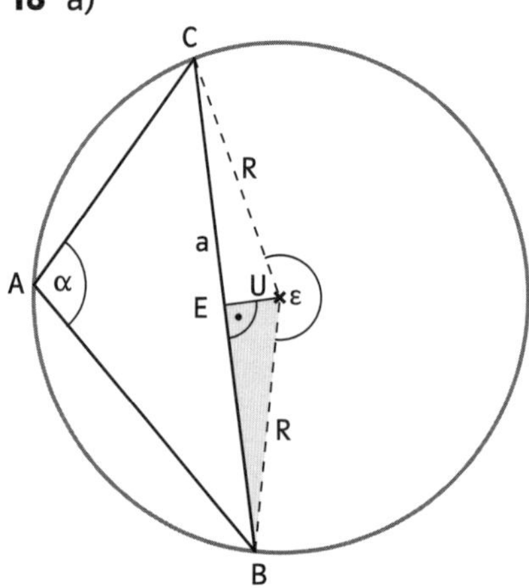

$\varepsilon = 2\alpha$; $\overline{BE} = \overline{EC} = \frac{a}{2}$

$\sphericalangle EUB = \frac{1}{2}(360° - \varepsilon) = 180° - \frac{\varepsilon}{2} = 180° - \alpha$

$\triangle UEB$: $\sin(\sphericalangle EUB) = \frac{\frac{a}{2}}{R} = \frac{a}{2R}$,

also $\sin(180° - \alpha) = \sin(\alpha) = \frac{a}{2R} \quad \left| \cdot \frac{2R}{\sin(\alpha)}\right.$

$$\frac{a}{\sin(\alpha)} = 2R$$

b)

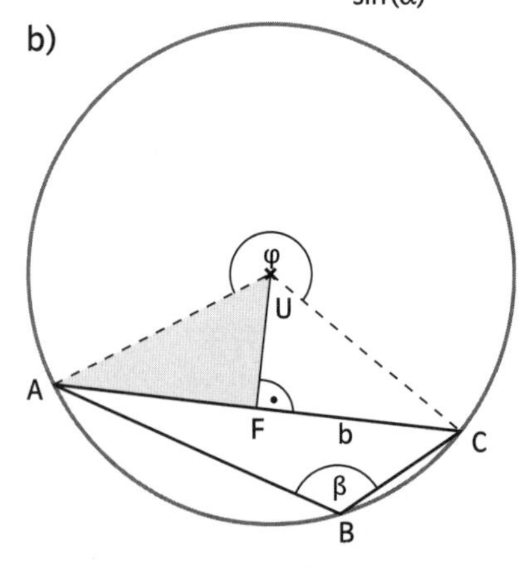

$\varphi = 2\beta$; $\overline{AF} = \overline{FC} = \frac{b}{2}$

$\sphericalangle AUF = \frac{1}{2}(360° - \varphi) = 180° - \frac{\varphi}{2} = 180° - \beta$

$\triangle AFU$: $\sin(\sphericalangle AUF) = \frac{\frac{b}{2}}{R} = \frac{b}{2R}$,

also $\sin(180° - \beta) = \sin(\beta) = \frac{b}{2R} \quad \left| \cdot \frac{2r}{\sin(\beta)}\right.$

$$\frac{b}{\sin(\beta)} = 2R$$

19 a) Für den Flächeninhalt eines Dreiecks ABC gilt $A = \frac{1}{2}ab \cdot \sin(\gamma)$. Aus dem Sinussatz in der Form $\frac{a}{\sin(\alpha)} = \frac{b}{\sin(\beta)} = \frac{c}{\sin(\gamma)} = 2R$ ergibt sich zum Beispiel $a = 2R \cdot \sin(\alpha)$ und $b = 2R \cdot \sin(\beta)$. Ersetzt man a und b in der Flächeninhaltsformel, so ergibt sich

$$A = \frac{1}{2} \cdot (2R \cdot \sin(\alpha)) \cdot (2R \cdot \sin(\beta)) \cdot \sin(\gamma)$$
$$= 2R^2 \cdot \sin(\alpha) \cdot \sin(\beta) \cdot \sin(\gamma).$$

b) Ausgehend vom Sinussatz in der Teilaufgabe a) notierten Form ergibt sich $\sin(\gamma) = \frac{c}{2R}$.
Durch Einsetzen in die Flächeninhaltsformel (vgl. Teilaufgabe a)) erhält man

$$A = \frac{1}{2}ab \cdot \frac{c}{2R} = \frac{abc}{4R}.$$

Seite 204

20 a) $\sphericalangle APB = 180° - (80{,}5° + 67{,}7°) = 31{,}8°$

$\overline{AP} = \frac{\sin(67{,}7°)}{\sin(31{,}8°)} \cdot 50\,m \approx 87{,}79\,m$

b) $\sphericalangle APB = 180° - (124{,}3° + 52{,}6°) = 3{,}1°$

$\overline{AP} = \frac{\sin(52{,}6°)}{\sin(3{,}1°)} \cdot 20\,m \approx 293{,}80\,m$

21 Winkelmessung zum Beispiel mit einem Theodoliten (Genauigkeit ± 0,01°)
Längenmessung zum Beispiel mit einem Maßband (Genauigkeit ± 1 cm)
Vergleichsrechnung zum Beispiel zu Aufgabe 20 a):
Individuelle Lösung
Beispiele:
1. $\sphericalangle BAP = 80{,}6°$; $\sphericalangle PBA = 67{,}8°$
(Abweichung um je 0,1° nach oben)
$\sphericalangle APB = 31{,}6°$ (Abweichung um 0,2° nach unten)

$\overline{AP} = \frac{\sin(67{,}8°)}{\sin(31{,}6°)} \cdot 50\,m \approx 88{,}35\,m$

(Abweichung um 0,56 m nach oben gegenüber dem Wert aus Aufgabe 20 a))

2. $\overline{AB} = 49{,}95\,m$ (Abweichung um 0,05 m nach unten)

$\overline{AP} = \frac{\sin(67{,}7°)}{\sin(31{,}8°)} \cdot 49{,}95\,m \approx 87{,}70\,m$

(Abweichung um 0,09 m nach unten gegenüber dem Wert aus Aufgabe 20 a))
Am Beispiel aus Aufgabe 20 b) kann gezeigt werden, dass sich bei absolut kleinen Winkelgrößen wie 3,1° Messfehler relativ deutlich auswirken.

3. $\overline{AB} = 20{,}05\,m$, $\sphericalangle BAP = 124{,}4°$
(Abweichungen um 0,05 m und 0,1° nach oben)

$\overline{AP} = \frac{\sin(52{,}6°)}{\sin(3{,}0°)} \cdot 20{,}05\,m \approx 304{,}34\,m$

(Abweichung um 10,54 m nach oben gegenüber dem Wert aus Aufgabe 20 b))

22 a) $\triangle PQR$: $\gamma = \sphericalangle PRQ = 180° - (77° + 64°) = 39°$

$\overline{PR} = \frac{\sin(\beta)}{\sin(\gamma)} \cdot \overline{PQ} = \frac{\sin(64°)}{\sin(39°)} \cdot 450\,m \approx 642{,}7\,m$

$\overline{QR} = \frac{\sin(\alpha)}{\sin(\gamma)} \cdot \overline{PQ} = \frac{\sin(77°)}{\sin(39°)} \cdot 450\,m \approx 696{,}7\,m$

$\triangle PRT$: $\overline{RT} = \overline{PR} \cdot \tan(\delta) \approx 334{,}6\,m$

$\triangle QRT$: $\varepsilon = \sphericalangle TQR$, $\tan(\varepsilon) = \frac{\overline{RT}}{\overline{QR}} = 0{,}4801...$,
also $\varepsilon \approx 25{,}6°$
Der Punkt T liegt etwa 334,6 m oberhalb der Horizontebene. Er erscheint von Q aus unter einem Erhebungswinkel von etwa 25,6°.

b) $\overline{PT} = \frac{\overline{RT}}{\sin(\delta)} \approx 724{,}6\,m$; $\overline{QT} = \frac{\overline{RT}}{\sin(\varepsilon)} \approx 772{,}9\,m$
Der Beobachter ist in P etwa 724,6 m, in Q etwa 772,9 m von T entfernt.

23 a) $\varepsilon = 180° - (\alpha + \beta) = 49{,}6°$; $\varepsilon = \sphericalangle ACB$;
$\overline{BC} = 373{,}3922806\,m$
$\zeta_1 = 180° - (\delta + 90°) = 60{,}7°$; $\zeta_1 = \sphericalangle BPC$;
$h_1 = 209{,}5379754\,m$
Winkel γ war bei dieser Berechnung überflüssig.
b) $\overline{AC} = 338{,}2509877\,m$
$\zeta_2 = 180° - (\gamma + 90°) = 58{,}2°$; $\zeta_2 = \sphericalangle APC$;
$h_2 = 209{,}7244979\,m$
Beide Ergebnisse unterscheiden sich um
$0{,}186522492\,m = \Delta h$
Die Höhe des Berges liegt also bei
$\frac{1}{2}(h_1 + h_2) \pm \frac{1}{2}\Delta h$.
$h = 209{,}6312367\,m \pm 0{,}093261246\,m$

24 $\overline{AB} = 721{,}42\,m$

25 $\overline{BC} = \sqrt{\overline{AB}^2 + \overline{AC}^2 - 2\overline{AB}\,\overline{AC}\cos\alpha} = 4{,}96\,km$
$\beta = 36{,}13°$

26 $\cos\delta = \frac{b^2 + e^2 - a^2}{2be}$; $\delta = 110{,}49°$;
$\frac{f}{2} = \sqrt{\left(\frac{e}{2}\right)^2 + b^2 - 2\frac{e}{2}b\cos\delta} = 1{,}854 \cdot b$;
$\frac{b}{\sin\varepsilon} = \frac{\frac{1}{2}f}{\sin\delta}$, $\varepsilon = 30{,}35°$

27 $\sphericalangle BAR = 90° - \alpha = 78{,}2°$
$\sphericalangle BRA = 180° - (90° + \sphericalangle BAR) = 11{,}8°$
$\overline{AR} = 586{,}8083952\,m$
$\sphericalangle ARS = 180° - (\alpha + 90°) = 78{,}2°$
$\sphericalangle ARM = 2 \cdot \sphericalangle ARS = 156{,}4°$
(Einfallswinkel = Reflexionswinkel)
$\sphericalangle AMR = 180° - (\alpha + \beta + \sphericalangle ARM) = 1{,}55°$
$\overline{RM} = 8144{,}276481\,m$
da $\sphericalangle ARS = \sphericalangle SRM$ und $\overline{SR} \perp \overline{BC}$, gilt:
$\sphericalangle MRC = \sphericalangle ARB = 11{,}8°$
$h = 1665{,}472385\,m$
Der Gipfel des Matterhorns liegt 1665,47 m über dem See.

28 Kreisausschnitt AM_2B (kleiner Kreis):
$A_1 = 35{,}82\,cm^2$
Kreissegment AB (großer Kreis): $A_2 = 8{,}79\,cm^2$
ABM_2: $A_3 = 3{,}40484983\,cm^2$
$A_g = \pi \cdot r_2^2 + A_1 - A_2 - A_3 = 337{,}79\,cm^2$

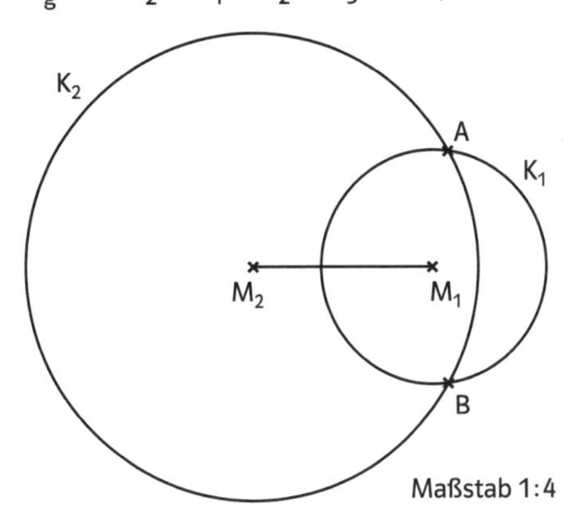

29 a) $r = \sqrt{\frac{1}{2} \cdot \frac{s^2}{1 - \cos\beta}} = 4{,}41\,cm$
b) $\sin\frac{\alpha}{2} = \frac{r}{\overline{MS}}$; $\overline{MS} = 7{,}24\,cm$

Exkursion Additionssätze

Seite 206

1 $\sin(\alpha - \beta) = \sin(\alpha + (-\beta))$
$= \sin(\alpha)\cos(-\beta) + \cos(\alpha)\sin(-\beta)$
$= \sin(\alpha)\cos(\beta) - \cos(\alpha)\sin(\beta)$

Seite 207

2 $\cos(\alpha - \beta) = \cos(\alpha + (-\beta))$
$= \cos(\alpha)\cos(-\beta) + \sin(\alpha)\sin(-\beta)$
$= \cos(\alpha)\cos(\beta) + \sin(\alpha)\sin(\beta)$

3 a) $\cos(-\alpha) = \cos(0 - \alpha) = 1 \cdot \cos\alpha + 0 = \cos\alpha$
b) $\cos(\alpha + 90°) = \cos(\alpha - (-90°))$
$= \cos\alpha \cdot 0 + \sin\alpha \cdot (-1) = -\sin\alpha$
c) $\sin(90° - \alpha) = 1 \cdot \cos\alpha + 0 = \cos\alpha$
d) $\sin(-\alpha) = \sin(90° - (\alpha + 90°)) = \cos(\alpha + 90°)$
$= -\sin\alpha$ (wg. c) und b))

4 a) $2\sin\left(\frac{\alpha + \beta}{2}\right)\cos\left(\frac{\alpha - \beta}{2}\right)$
$= 2\left(\sin\frac{\alpha}{2}\cos\frac{\beta}{2} + \cos\frac{\alpha}{2}\sin\frac{\beta}{2}\right)\left(\cos\frac{\alpha}{2}\cos\frac{\beta}{2} + \sin\frac{\alpha}{2}\sin\frac{\beta}{2}\right)$
$= 2\left(\cos^2\frac{\beta}{2}\sin\frac{\alpha}{2}\cos\frac{\alpha}{2} + \sin^2\frac{\alpha}{2}\sin\frac{\beta}{2}\cos\frac{\beta}{2}\right.$
$\left. + \cos^2\frac{\alpha}{2}\sin\frac{\beta}{2}\cos\frac{\beta}{2} + \sin^2\frac{\beta}{2}\sin\frac{\alpha}{2}\cos\frac{\alpha}{2}\right)$
$= 2\left(\sin\frac{\alpha}{2}\cos\frac{\alpha}{2} + \sin\frac{\beta}{2}\cos\frac{\beta}{2}\right) = \sin\alpha + \sin\beta$

b) $2\cos\left(\frac{\alpha+\beta}{2}\right)\cos\left(\frac{\alpha-\beta}{2}\right)$

$= 2\left(\cos\frac{\alpha}{2}\cos\frac{\beta}{2} - \sin\frac{\alpha}{2}\sin\frac{\beta}{2}\right)\left(\cos\frac{\alpha}{2}\cos\frac{\beta}{2} + \sin\frac{\alpha}{2} + \sin\frac{\beta}{2}\right)$

$= 2\left(\cos^2\frac{\alpha}{2}\cos^2\frac{\beta}{2} - \sin^2\frac{\alpha}{2}\sin^2\frac{\beta}{2}\right)$

$= \left(2\cos^2\frac{\alpha}{2}\cos^2\frac{\beta}{2} - \left(1-\cos^2\frac{\alpha}{2}\right)\left(1-\cos^2\frac{\beta}{2}\right)\right)$

$= 2\cos^2\frac{\alpha}{2} - 1 + 2\cos^2\frac{\beta}{2} - 1$

$= \cos\alpha + \cos\beta$

5 a) $\sin(2\alpha) = \sin(\alpha+\alpha) = \sin\alpha\cos\alpha + \sin\alpha\cos\alpha$
$= 2\sin\alpha\cos\alpha$

b) $\sin(3\alpha)$
$= \sin(\alpha + 2\alpha) = \sin\alpha\cos 2\alpha + \cos\alpha\sin^2\alpha$
$= \sin\alpha(\cos^2\alpha - \sin^2\alpha)$
$+ \cos\alpha(\sin\alpha\cos\alpha + \sin\alpha\cos\alpha)$
$= 3\sin\alpha\cos^2\alpha - \sin^3\alpha = 3\sin\alpha(1-\sin^2\alpha) - \sin^3\alpha$
$= 3\sin\alpha - 3\sin\alpha\sin^2\alpha - \sin^3\alpha$
$= 3\sin\alpha - 4\sin^3\alpha$

6 einfacher:
$\cos(2x) = \cos^2 x - \sin^2 x$ (wie in Aufgabe 9)
$= (1-\sin^2 x) - \sin^2 x$
$= 1 - 2\sin^2 x$
$x = \frac{\alpha}{2} \Longrightarrow \cos(\alpha) = 1 - 2\sin^2\frac{\alpha}{2} \Longrightarrow \left|\sin\frac{\alpha}{2}\right| = \sqrt{\frac{1-\cos\alpha}{2}}$
$\cos(2x) = \cos^2 x - \sin^2 x = \cos^2 x - 1 + \cos^2 x$
$= 2\cos^2 x - 1$
$x = \frac{\alpha}{2} \Longrightarrow \cos(\alpha) = 2\cos^2\frac{\alpha}{2} - 1 \Longrightarrow \left|\cos\frac{\alpha}{2}\right| = \sqrt{\frac{1+\cos\alpha}{2}}$

7 $\cos(3\alpha)$
$= \cos(2\alpha + \alpha)$
$= \cos(2\alpha)\cos(\alpha) - \sin(2\alpha)\sin(\alpha)$
$= (1 - 2\sin^2(\alpha))\cos(\alpha) - 2\sin(\alpha)\cos(\alpha)\sin(\alpha)$
$= \cos(\alpha) - 2\sin^2(\alpha)\cos(\alpha) - 2\sin^2(\alpha)\cos(\alpha)$
$= \cos(\alpha) - 4\sin^2(\alpha)\cos(\alpha)$
$= \cos(\alpha)(1 - 4\sin^2(\alpha))$

8 a) $x_Q = \cos\alpha;\ y_Q = \sin\alpha$
$x_{Q'} = \cos(\varphi + \alpha) = \cos\varphi\cos\alpha - \sin\varphi\sin\alpha$
$= x_Q\cos\varphi - y_Q\sin\varphi$
$y_{Q'} = \sin(\varphi + \alpha) = \sin\varphi\cos\alpha + \cos\varphi\sin\alpha$
$= x_Q\sin\varphi + y_Q\cos\varphi$

b) Ähnlichkeit von Dreiecken: $\triangle OQ_FQ \sim \triangle OP_FP \Longrightarrow$

$\frac{\overline{OQ}}{\overline{OQ_F}} = \frac{\overline{OP}}{\overline{OP_F}} \Longrightarrow \frac{1}{x_Q} = \frac{r}{x_P}$

$\frac{\overline{OQ}}{\overline{QQ_F}} = \frac{\overline{OP}}{\overline{PP_F}} \Longrightarrow \frac{1}{y_Q} = \frac{r}{y_P}$

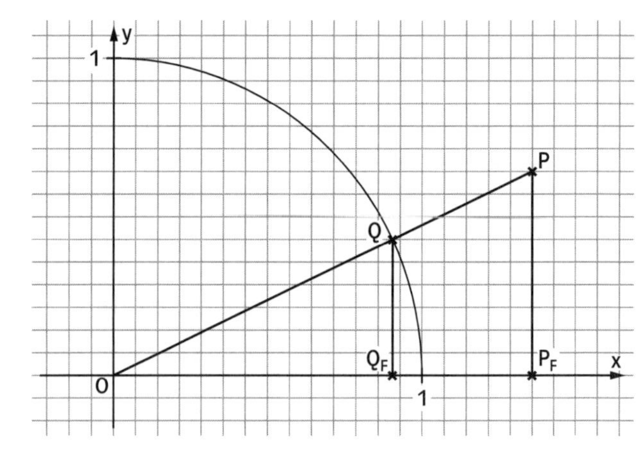

c) $x_{P'} = x_{Q'}\cdot r = x_Q r\cos\varphi - y_Q r\sin\varphi$
$= x_P\cos\varphi - y_P\sin\varphi$

$y_{P'} = y_{Q'}\cdot r = x_Q r\sin\varphi + y_Q r\cos\varphi = x_P\sin\varphi + y_P\cos\varphi$

9 a)

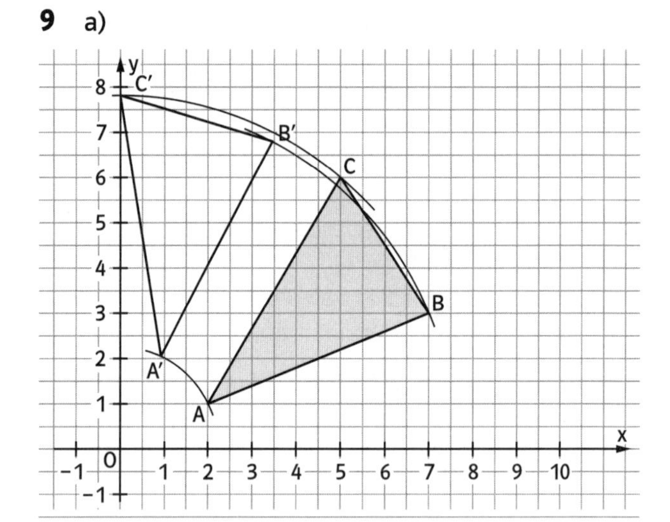

b) $x_{A'} = 2\cos(40°) - \sin(40°) \approx 0{,}9$;
$y_{A'} = 2\sin(40°) + \cos(40°) \approx 2{,}1$;
$x_{B'} = 7\cos(40°) - 3\sin(40°) \approx 3{,}4$;
$y_{B'} = 7\sin(40°) + 3\cos(40°) \approx 6{,}8$;
$x_{C'} = 5\cos(40°) - 6\sin(40°) \approx 0{,}0$;
$y_{C'} = 5\sin(40°) + 6\cos(40°) \approx 7{,}8$

10 $x_{P'} = -y_P;\ y_{P'} = x_P$

Sachthema: Vom Himmel hoch

Seite 210

1 Zur Drake-Gleichung (siehe Internet, Wikipedia, Stichwort „Drake-Gleichung"):
Die Drake-Gleichung dient zur Abschätzung der Anzahl der technischen intelligenten Zivilisationen in unserer Galaxie, der Milchstraße. Sie wurde von Prof. Dr. Frank Drake entwickelt und im November 1960 auf einer Konferenz in Green Bank, USA vorgestellt. Die Formel gilt seither als Grundlage aller weiterführenden Diskussionen in Bezug auf die Suche nach extraterrestrischem Leben.
Die Gleichung lautet: $N = R_* \cdot f_S \cdot f_P \cdot n_e \cdot f_l \cdot f_i \cdot f_c \cdot L$
Bedeutung der Variablen:
N Anzahl der technischen intelligenten Zivilisationen in unserer Galaxie
R_* mittlere Sternentstehungsrate pro Jahr
f_S Anzahl der sonnenähnlichen Sterne
f_P Anteil an Sternen mit Planetensystem
n_e Anzahl der Planeten in der Ökosphäre (Bereich, in dem die Bedingungen für die Entstehung von Leben möglich scheinen)
f_l Planeten mit Leben
f_i Planeten mit intelligentem Leben
f_c Interstellare Kommunikation (Anzahl der intelligenten Zivilisationen, die Interesse an Kommunikation mit anderen haben)
L Lebensdauer einer technischen Zivilisation
Bestimmend für die Aussagekraft der Drake-Gleichung sind die Unsicherheiten der einzelnen Faktoren. Besonders zu den letzten fünf Faktoren gibt es bestenfalls sehr weit streuende Vermutungen über den korrekten Wert. Dadurch wird die aus dem Produkt unsicherer Faktoren abgeschätzte Gesamtzahl intelligenter Zivilisationen extrem ungenau. Ihre Aussagekraft ist also sehr beschränkt.

Zum Wow-Signal (siehe Internet, Wikipedia, Stichwort „Drake-Gleichung"):
Das so genannte Wow-Signal war ein Radiosignal, das der Astrophysiker Jerry R. Ehman am Big Ear-Radioteleskop der Ohio State University am 15. August 1977 aufzeichnete. Es kann ausgeschlossen werden, dass das Signal terrestrischen Ursprungs ist oder von einem Objekt innerhalb des Sonnensystems stammt. Das Signal dauerte 72 Sekunden und wiederholte sich niemals. Die Natur des Signals bleibt deshalb ungeklärt.
Die empfangenen Intensitäten wurden aufsteigend codiert mit den Zahlen 1 bis 9, über 9 hinaus mit den Buchstaben A bis Z. Dabei bedeutet „Z" die höchste empfangene Intensität. Ehman war verblüfft, wie das Intensitätsprofil dem gleicht, das ein lokalisiertes Signal in der verwendeten Antenne erzeugen würde. Daher umkreiste er auf dem Computer-Ausdruck den Zeichencode „6EQUJ5" der Intensitätsvariation mit einem Stift und schrieb den Kommentar „Wow!" an den Seitenrand. Dieser Kommentar wurde zum Namen des Signals.

Zur Arecibo-Botschaft (siehe Internet, Wikipedia, Stichwort „Arecibo-Botschaft"):
Die Arecibo-Botschaft ist eine Botschaft von der Erde an mögliche Außerirdische in Form eines Radiowellen-Signals. Sie wurde am 16. November 1974 ausgehend vom Arecibo Observatorium gesendet, dem weltweit größten Radioteleskop in der Nähe von Arecibo, Puerto Rico. Als Hauptautor der Botschaft gilt Frank Drake (s.o.).
Die Botschaft enthält binär codierte Informationen über die Biologie und Anatomie des Menschen, sowie über die menschliche Population und die Herkunft des Signals. In der Grafik im Schülerbuch sind die mit dem Signal übertragenen Nullen und Einsen farbig gruppiert dargestellt, um die zusammenhängenden Objekte zu zeigen.
Die Nachricht besteht aus insgesamt 1679 Bit. Ein Empfänger müsste diese Anzahl in seine Primzahlen, 23 und 73, zerlegen und die Folge von Bits anschließend in einer 23 × 73-Matrix als Schwarzweißbild anordnen. Um die enthaltenen Objekte der Nachricht zu erkennen, müsste ein Empfänger anschließend Leerzeilen als Absätze und leere Spalten als seitliche Abtrennungen benachbarter Objekte identifizieren.
Der erste, in der Grafik weiß gefärbte Teil der Botschaft zeigt zehn Objekte, die die Zahlen 1 bis 10 in binärer Codierung darstellen. Dabei stellt ein farbiges Rechteck eine Eins dar, ein nicht farbiges, schwarzes Rechteck eine Null. Die zehn Objekte sind durch Leerspalten seitlich getrennt. Der zweite, in der nebenstehenden Grafik violett eingefärbte Teil der Botschaft stellt eine Leseanleitung für den auf ihn folgenden, dritten Teil der Botschaft dar.
Er besteht aus einem Objekt, das 5 × 5 Felder misst. Die fünf Spalten ergeben gemäß der Leseanleitung des ersten Abschnitts von links nach rechts die Zahlenfolge „1 6 7 8 15". Diese sind als die Ordnungszahlen bzw. Protonenanzahlen der chemischen Elemente Wasserstoff, Kohlenstoff, Stickstoff, Sauerstoff und Phosphor zu decodieren. Alle fünf Stoffe stellen wichtige Elemente der Biochemie dar und sind die Elemente, aus denen die menschliche DNA aufgebaut ist.
Gemäß vorhergehender Leseanleitung ergibt der dritte – in der Grafik grün eingefärbte – Teil vier

Nukleotide, die Bausteine der menschlichen DNA. Dabei gibt jedes der 12 Objekte jeweils von links nach rechts die Anzahl der enthaltenen Elemente an. Die erste Spalte zeigt die Anzahl der enthaltenen Wasserstoffatome (Ordnungszahl 1), die zweite die Anzahl der Kohlenstoffatome (Ordnungszahl 6) usw.
Der zweispaltige, in der Grafik weiß eingefärbte Streifen in der Mitte des vierten Teils der Botschaft repräsentiert die Zahl 4294441822. Dies soll die ungefähre Anzahl der Nukleotide des menschlichen Genoms darstellen, welche allerdings nur ca. $3 \cdot 10^9$ beträgt.
Die den Streifen umgebene, in der Abbildung blau eingefärbte Doppelhelix zeigt die Form der menschlichen DNA.
Nachdem in den ersten vier Teilen der Nachricht Informationen über die Biochemie des Menschen codiert wurde, geht der fünfte Teil mit insgesamt drei Objekten auf die menschliche Anatomie und die Menschheit ein.
Das erste, in der Grafik blau-weiß eingefärbte Objekt zeigt die Größe des Menschen. Der weiß eingefärbte Teil zeigt die Zahl 14 (binär 1110 von rechts nach links gelesen) in der Mitte eines senkrechten Balkens. Der senkrechte, in der Grafik blau eingefärbte Balken deutet an, dass es sich um eine Höhenangabe handelt. Die Höhe errechnet sich aus der dargestellten Zahl 14 multipliziert mit der Wellenlänge der Nachricht, 12,6 cm. Das Ergebnis lautet 176,4 cm, die ungefähre Größe eines Menschen.
Das mittlere, rot eingefärbte Objekt zeigt die grobe Skizze der menschlichen Gestalt. Somit ist mit den beiden ersten Objekten codiert, dass es sich bei dem Menschen um einen ca. 1,76 Meter hohen Zweifüßer handelt. Der Kopf des Strichmännchens ist umgeben von der Doppelhelix des vierten Absatzes, um einen Bezug dazu herzustellen.
Das rechte Objekt zeigt die Zahl 4292853750, die grobe Anzahl der Erdbevölkerung zur Zeit der Absendung der Botschaft (1974).
Der sechste, in der Grafik gelb eingefärbte Teil der Nachricht stellt unser Sonnensystem und die Position des Planeten Erde darin dar.
Die Größe der Objekte repräsentiert dabei die ungefähren Größenverhätnisse der Himmelskörper. Die Sonne ist insgesamt 3×3, also neun Felder groß, der fünfte und sechste Planet, die Gasriesen Jupiter und Saturn, ist jeweils drei Felder, Uranus und Neptun zwei Felder und alle anderen Planeten ein Feld groß.
Um den Heimatplaneten der Menschheit zu kennzeichnen, befindet sich das Objekt, das die Erde repräsentiert, direkt unter dem Strichmännchen des fünften Absatzes und ist um ein Feld nach oben verschoben.

Der siebte und letzte Teil zeigt Informationen über das sendende Observatorium, das Arecibo Observatorium. Genau unter der Erde des sechsten Teils der Nachricht befindet sich, in der Grafik violett gefärbt, eine Skizze des Observatoriums.
Der weiß eingefärbte Teil zeigt die binär codierte Zahl 2430 in der Mitte eines waagerechten Balkens. Dieser, in der Grafik blau eingefärbte Balken deutet an, dass es sich um eine Breitenangabe handelt. Die Breite errechnet sich aus der dargestellten Zahl 2430 multipliziert mit der Wellenlänge der Nachricht, 12,6 cm. Das Ergebnis lautet ca. 306 m, der ungefähre Durchmesser der Antenne. Seit dem Senden des Signals wird viel über die Interpretierbarkeit des Signals diskutiert. Einige Kritiker sind der Meinung, die Botschaft sei unverständlich, da sehr viele mathematische Tricks notwendig seien, um die Nachricht zu decodieren. Man stelle sich vor, eine vergleichbare Nachricht wäre vor 150 Jahren hier angekommen – sie wäre nicht begreifbar gewesen.

Seite 211

2 In Dreieck RSE gilt: $\tan\varphi = \frac{r}{a}$, wobei a der Abstand Raumschiff–Erde ist,

also $a = \frac{r}{\tan\varphi}$, das ist $7{,}1 \cdot 10^{11}$ km bis $3{,}6 \cdot 10^{12}$ km.

Das sind etwa 4700 AE bis 24000 AE.
1 AE (astronomische Einheit) = Entfernung Sonne–Erde.
Hier ist noch bemerkenswert, dass das Ergebnis mit der Sinusfunktion dasselbe ist, weil φ so klein ist.
Bei gleichbleibender Geschwindigkeit dauert die Reise etwa $6 \cdot 10^6$ sec bis $3 \cdot 10^7$ sec, d.h. etwa 0,19 Jahre bis 0,95 Jahre.

3 1) Information aus dem Schülerbuch (Randspalte): V ≈ 1,083 · 1021 m3

Aus $V = \frac{4}{3}\pi r^3$ ergibt sich

$r = \left(\frac{3V}{4\pi}\right)^{\frac{1}{3}} \approx 6{,}37 \cdot 10^6\,\text{m} = 6370\,\text{km}$

$U = 2\pi r \approx 40030\,\text{km}$

2) Information aus dem Schülerbuch (Randspalte): $\alpha = 66{,}56°$

Also: $b = \frac{2\pi r\alpha}{360} \approx 7400\,\text{km}$

Seite 212

4 1) Information aus dem Schülerbuch (Randspalte, Seite 211): a = 384000 km
Multiplikation der Gleichung aus dem Schülerbuch, Seite 212, oben, mit $x^2(a - x)^2$ ergibt:
$81(a - x)^2 = x^2$
Da x und $a - x$ positiv sind, kann man auf beiden Seiten die Wurzel ziehen:

$9(a - x) = x$; $10x = 9a$; $x = 0{,}9a = 345\,600\,\text{km}$
Die Rechnung stimmt.
2) Information aus dem Schülerbuch (Randspalte):
Mond hat Durchmesser $d = 3480\,\text{km}$, also
$r_M = 1740\,\text{km}$. In der vorhergehenden Aufgabe wurde $r_E = 6370\,\text{km}$ berechnet.

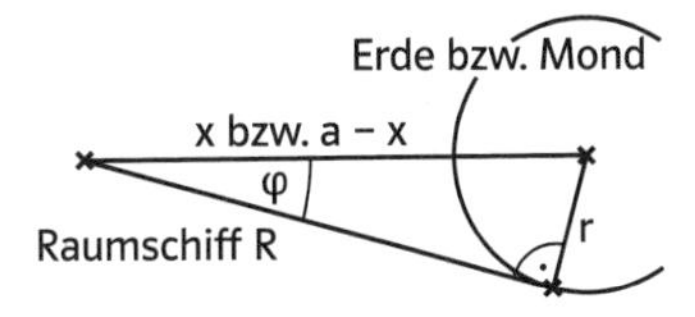

Aus der Skizze ergibt sich jeweils für den halben Sehwinkel φ:

$\sin\varphi_E = \frac{r_E}{x}$; also $\varphi_E = 1{,}06°$

$\sin\varphi_M = \frac{r_M}{a - x}$; also $\varphi_M = 2{,}60°$

Der Mond erscheint also deutlich größer, etwa zehnmal so groß wie von der Erde aus. Aber auch die Erde erscheint dort etwa viermal so groß wie der Mond von der Erde aus.

5 Der Äquator wird als Kreis abgebildet. Mittelpunkt ist N, Radius des Kreises ist $x = 2r$, wie sich z. B. aus dem Strahlensatz ergibt.

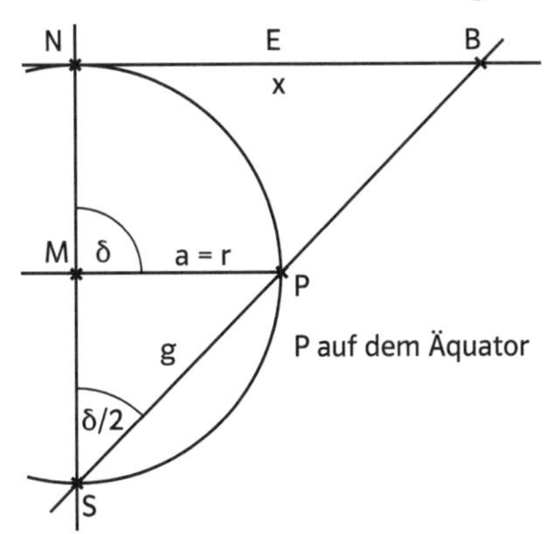

6

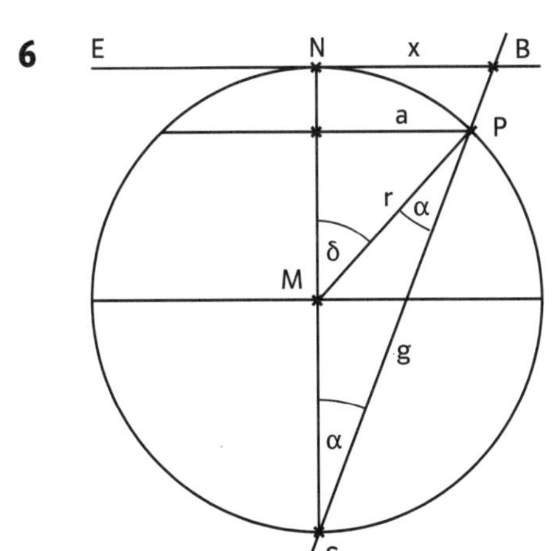

Es sei $\alpha = \sphericalangle PSM$. Dreieck PMS ist gleichschenklig, also beträgt auch der Winkel bei P α.
Der Winkel bei M hat $180° - \delta$.
Für die Winkelsumme ergibt sich:
$2\alpha + (180° - \delta) = 180°$.
Daraus ergibt sich die Behauptung $\alpha = \frac{\delta}{2}$.
Im Dreieck SBN gilt $\tan\alpha = \frac{x}{2r}$; also $x = 2r\tan\alpha$ und $x = 2r\tan\frac{\delta}{2}$. Die Werte für die Orte der Tabelle sind mit dieser Formel berechnet worden, wobei $\delta = 90 - \varphi$ und φ die geografische Breite des Ortes sind.

Ort	Spitzbergen	Karlsruhe	Punta Arenas
φ	78°	49°	−53°
x/cm	2,1	7,5	59,8

Seite 213

7 Zum Graphen auf Seite 213 oben: Bis etwa 90° ist die Entfernung x der Orte vom Nordpol auf der Projektionsebene nahezu proportional zu δ. Erst dann steigt die Kurve stark an, so dass die Entfernung x für Orte auf der Südhalbkugel sehr stark zunimmt (vgl. den Wert von Punta Arenas in der Tabelle der vorhergehenden Aufgabe).
Damit ergeben sich für diese Orte starke Verzerrungen. Sinnvollerweise wird man also die stereografische Projektion nur bis etwa $\delta = 90°$ verwenden (also bis zum Äquator), damit keine allzu großen Verzerrungen auftreten.

8 Information aus dem Schülerbuch (Randspalte auf Seite 211): $a = 384\,000\,\text{km}$.
Außerdem ist $b = 63\,700\,\text{km}$.
Nach Anwendung des Satz des Pythagoras ergibt sich $c = 378\,700\,\text{km}$.

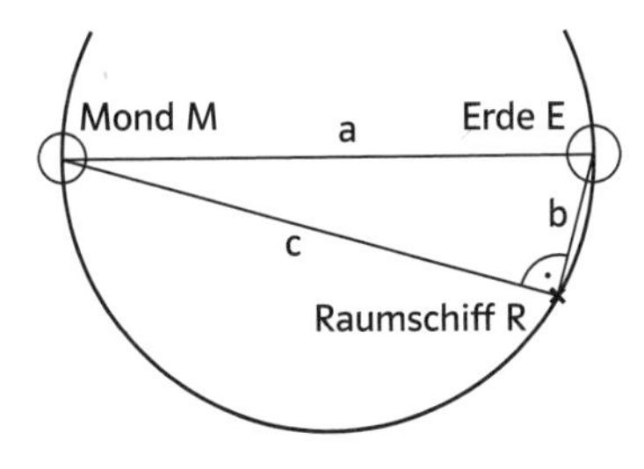

Ob sich der Winkel zwischen Mondrichtung und Erdrichtung beim Weiterflug verändert, hängt von der Bahn des Raumschiffs ab. In der Zeichnung ist der Thaleskreis mit Durchmesser ME gezeichnet. Bleibt R auf dem Thaleskreis, so bleibt der Winkel sogar gleich. Verläuft der Kurs von R ins Innere des Thaleskreises, wird der Winkel größer. Verläuft der Kurs von R ins Äußere des Thaleskreises, wird der Winkel kleiner.

9 1) $h = \overline{QS}$ ist die Höhe der Kugelkappe, die man von R aus sieht. Aus der Formelsammlung entnimmt man für die Oberfläche der Kugelkappe $A = 2\pi r h$.
Aus Dreieck MPQ ergibt sich für den Winkel φ:
$\sin\varphi = \frac{r-h}{r}$.
Aus Dreieck RMP ergibt sich für den Winkel φ:
$\sin\varphi = \frac{r}{r+d}$.
Daraus ergibt sich durch Gleichsetzen $\frac{r-h}{r} = \frac{r}{r+d}$.
Multiplikation mit $r(r+d)$ ergibt:

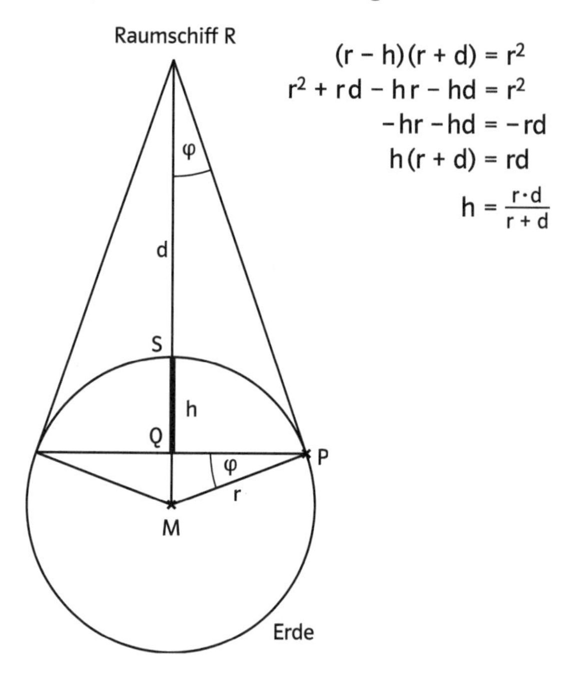

$$(r-h)(r+d) = r^2$$
$$r^2 + rd - hr - hd = r^2$$
$$-hr - hd = -rd$$
$$h(r+d) = rd$$
$$h = \frac{r \cdot d}{r+d}$$

Der Anteil der Oberfläche $A = 2\pi r h$ der sichtbaren Kugelkappe an der gesamten Erdoberfläche $O = 4\pi r^2$ beträgt dann (Ergebnis für h einsetzen):
$\frac{A}{O} = \frac{2\pi r h}{4\pi r^2} = \frac{h}{2r} = h \cdot \frac{1}{2r} = \frac{r \cdot d}{r+d} \cdot \frac{1}{2r} = \frac{d}{2(r+d)}$.
Durch Einsetzen von $d = 9r$ ergibt sich:
$\frac{A}{O} = \frac{2\pi r h}{4\pi r^2} = \frac{9r}{2 \cdot 10r} = \frac{9}{20} = \frac{45}{100} = 45\,\%$.
Das Ergebnis erhält man auch aus dem Kathetensatz in Dreieck MPR:
$\overline{PM}^2 = \overline{QM} \cdot \overline{RM}$; also $r^2 = (r-h)(r+d)$; weiter wie oben.
2) Damit man 25 % der Erdoberfläche sieht, muss gelten: $\frac{d}{2(r+d)} = \frac{1}{4}$.
Daraus ergibt sich $d = r = 6370\,\text{km}$.

Seite 214

10 Die Aufgabe kann mit einem Tabellenkalkulationsprogramm oder mit dem GTR im Folgenmodus bearbeitet werden (siehe Rechneranzeigen).

1) $d(n) = d(n-1) + 0{,}01 \cdot (200 - d(n-1))$
$d(10) = 290{,}4\,\text{km}$
$d(60) = 254{,}7\,\text{km}$
2) Durch Ablesen in der Tabelle ergibt sich:
Die Höhe 250 km ist nach etwa 69 Sekunden erreicht.

```
Plot1 Plot2 Plot3
nMin=0
\u(n)■u(n-1)+0.0
1*(200-u(n-1))
 u(nMin)■300
\v(n)=
 v(nMin)=
\w(n)=
```

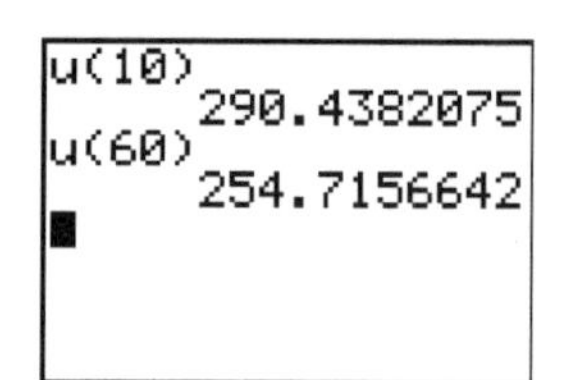

n	u(n)
63	253.09
64	252.56
65	252.03
66	251.51
67	251
68	250.49
69	249.98

n=69

3) An der Rekursion erkennt man, dass beschränktes Wachstum mit Sättigungsgrenze $S = 200$ vorliegt. Daher liegt die Kreisbahn in 200 km Höhe.

11 1) Der Äquator reicht in Afrika von 9° westlicher Länge bis 43° östlicher Länge, umfasst also etwa 52°. Das ist ein Anteil von $\frac{52}{360} = 14{,}4\,\%$ vom Erdumfang. Da sich das Raumschiff mit gleichbleibender Geschwindigkeit bewegt, braucht es 14,4 % von 88 Minuten und 20 Sekunden, also rund $12\frac{3}{4}$ Minuten, um Afrika zu überfliegen.
2) Die Umlaufzeit beträgt 5300 Sekunden. Der Erdumfang beträgt rund 40 000 km. Das Raumschiff hat also die Geschwindigkeit $7{,}55\,\frac{\text{km}}{\text{s}}$. Das ist etwa 22fache Schallgeschwindigkeit.

Seite 215

12 1) Die Aussage der Statistiker ist so zu verstehen, dass irgendwann im Laufe von 300 000 Jahren ein solches Ereignis eintritt. Die Lebenserwartung eines Menschen beträgt etwa 80 Jahre. Also ist die gesuchte Wahrscheinlichkeit $\frac{80}{300\,000} \approx 0{,}027\,\%$.
Die Wahrscheinlichkeit, beim Lotto mit einem Tipp sechs Richtige zu erzielen, beträgt
$\frac{6}{49} \cdot \frac{5}{48} \cdot \frac{4}{47} \cdot \frac{3}{46} \cdot \frac{2}{45} \cdot \frac{1}{44} = \frac{1}{13\,983\,816} \approx \frac{80}{1\,119\,000\,000}$.
Ein Meteoreinschlag ist also etwa 3700-mal so wahrscheinlich. Allerdings betrifft er praktisch die gesamte Menschheit. Dass irgendein Mensch mal im Lotto einen Sechser erzielt, ist dagegen ein sicheres Ereignis.
2) Zwei Meteoriteneinschläge können als unabhängige Ereignisse angesehen werden, weil sich zwei solche Meteoriten wegen der großen Abstände im Weltraum praktisch nicht beeinflussen. Andere Himmelskörper, insbesondere die Sonne und Jupiter, beeinflussen aber sehr wohl die Bahnen der Meteoriten.

Seite 216

13 1) **Lineares Modell:** Der Luftdruck steigt linear bis zum Erdboden.
Ansatz: $L(h) = mh + c$, wobei h in km und L(h) in Hektopascal gemessen werden.
Die Konstanten m und c können berechnet werden aus den Angaben $L(30) = 22$ und $L(20) = 78$.
Damit erhält man das LGS
$30m + c = 22$
$20m + c = 78$
mit der Lösung $m = -\frac{28}{5}$ und $c = 190$,
also $L(h) = -\frac{28}{5}h + 190$.

Exponentielles Modell: Der Luftdruck steigt exponentiell bis zum Erdboden.
Ansatz $E(h) = c\,a^h$, wobei h in km und E(h) in Hektopascal gemessen werden.
Die Konstanten a und c können berechnet werden aus den Angaben $E(30) = 22$ und $E(20) = 78$.
Damit erhält man das Gleichungssystem
$c\,a^{30} = 22$
$c\,a^{20} = 78$
Man dividiert die erste Gleichung durch die zweite und erhält
$a^{10} = \frac{22}{78}$; $a = \left(\frac{22}{78}\right)^{\frac{1}{10}} \approx 0{,}8811$; $c = \frac{22}{a^{30}} \approx 980{,}5$.
Also $E(h) \approx 980{,}5 \cdot 0{,}8811^h$.
2) Für das lineare Modell ergibt sich am Erdboden $L(0) = 190$.
Für das exponentielle Modell ergibt sich am Erdboden $E(0) \approx 980{,}5$.
Das exponentielle Modell passt also wesentlich besser zum Bodenwert 1000.
3) 1% des Bodenwertes beim linearen Modell beträgt 1,9. Die Gleichung $L(h) = 1{,}9$ liefert die Lösung $h = 33{,}6$.
1% des Bodenwertes beim exponentiellen Modell beträgt 9,8. Die Gleichung $E(h) = 9{,}8$ liefert die Lösung $h = 36{,}4$.

14 1) An Fig. 1 bestimmt man den Radius s des Breitenkreises der beiden Orte:
$s = r\sin(90° - \varphi) \approx 4734\,\text{km}$.
Zum Bogen b zwischen beiden Orten auf dem Breitenkreis gehört der Winkel $\lambda = |\lambda_C| + \lambda_R = 100{,}2°$.
Damit ist $b = \frac{2\pi s \lambda}{360} \approx 8279\,\text{km}$.
2) Chicago hat die rechtwinkligen Koordinaten
$u \approx 190\,\text{km}$; $v \approx -4730\,\text{km}$; $w \approx 4262\,\text{km}$.
3) Dreieck NRC (Fig. 3) hat drei rechte Winkel.
Für dieses Kugeldreieck gilt also der Winkelsummensatz nicht.

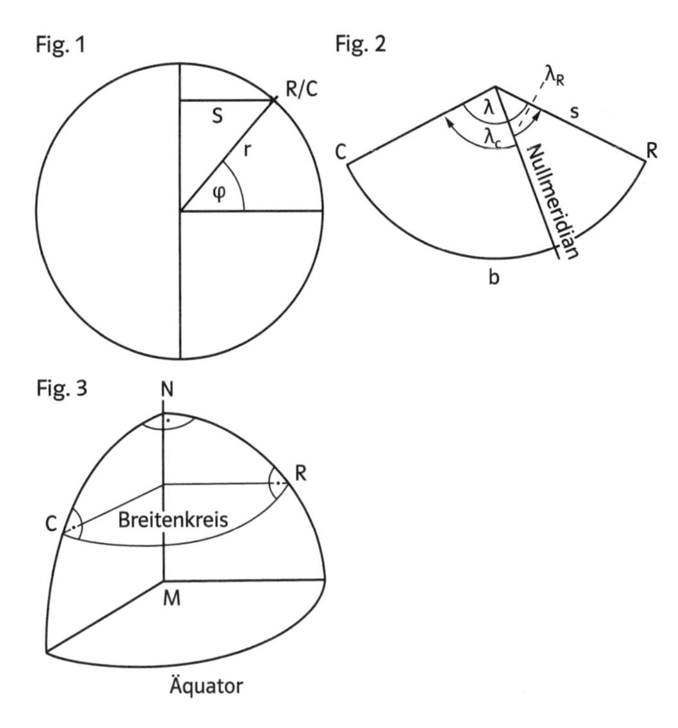

Seite 217

15 Zur Bestimmung der kürzesten Entfernung (Fig. 4/5)

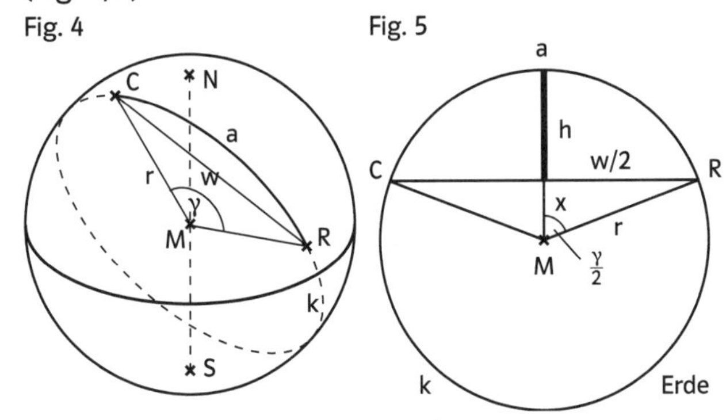

Die Länge der Strecke w (durch die Erde) von Rom nach Chicago beträgt:
$w = \sqrt{(4622 - 190)^2 + (1025 + 4730)^2}\,\text{km} \approx 7264\,\text{km}$
Um die Entfernung a von R und C auf dem Großkreis k zu bestimmen, benötigt man den Winkel $\gamma = \sphericalangle RMC$; damit lässt sich a berechnen: $a = \frac{\gamma}{180°}\pi r$.
Winkel γ kann man aus dem gleichschenkligen Dreieck MRC (siehe Fig. 5) mit $w = 7264\,\text{km}$ (s.o.) bestimmen: $\sin\frac{\gamma}{2} = \frac{w}{2r}$. Damit ergibt sich $\gamma \approx 69{,}5°$ und $a \approx 7730\,\text{km}$. Das ist deutlich weniger als über den Breitenkreis (8279 km).
1) Die geradlinige Verbindung von Rom und Chicago ist im Vergleich mit den Wegen über b und k um
$1 - \frac{7264}{8279} \approx 12{,}3\,\%$ bzw. $1 - \frac{7264}{7730} \approx 6{,}0\,\%$ kürzer.
2) Für die gesuchte Höhe h gilt (Fig. 5): $h = r - x$,
wobei $x = \sqrt{r^2 - \left(\frac{w}{2}\right)^2} \approx 5233\,\text{km}$.
Daraus ergibt sich $h \approx 1137\,\text{km}$.
Ein Tunnel in einer solchen Tiefe wäre unmöglich, weil die feste Erdkruste nur etwa 30 km dick ist.